Veronika Pavel

australien
westen und zentrum

Reisevorbereitung und -planung

Unterwegs in Australien

Perth

Südwesten

Perth – Broome

Broome – Darwin

Darwin – Alice Springs

Alice Springs – Adelaide

Adelaide – Perth

Anhang

Perth

Südwesten

PER ▸ BME

BME ▸ DRW

DRW ▸ ASP

ASP ▸ ADL

ADL ▸ PER

Anhang

Veronika Pavel

australien

westen und zentrum

Veronika Pavel
Australien Westen und Zentrum
erschienen im
REISE KNOW-HOW Verlag

© Helmut Hermann
Untere Mühle
D - 71706 Markgröningen

2007 · 2008 · 2010 · 2012
5. aktualisierte Auflage 2014

ISBN 978-3-89662-542-7

www.reise-know-how.de
eMail-Adresse des Verlags:
verlag@rkh-reisefuehrer.de

Gestaltung und Herstellung
Konzept: Carsten Blind
Inhalt: Carsten Blind
Karten: Helmut Hermann, Carsten Blind
Druck: mediaprint, Paderborn
Fotos: siehe Anhang

Dieses Buch ist erhältlich in jeder Buchhandlung in
Deutschland, Österreich, Schweiz, Niederlande und Belgien.
Bitte informieren Sie Ihren Buchhändler über
folgende Bezugsadressen:

D: PROLIT GmbH, Postfach 9, 35461 Fernwald, www.prolit.de
      (sowie alle Barsortimente)
CH: AVA-Verlagsauslieferung AG, Postfach 27, 8910 Affoltern, www.ava.ch
A: Mohr Morawa Buchvertrieb GmbH,
      Sulzengasse 2, 1230 Wien, www.mohrmorawa.at
NL, B: Willems Adventure, www.willemsadventure.nl

Wer im Buchhandel trotzdem kein Glück hat, bekommt
unsere Bücher auch über unsere Büchershops im Internet (s.o.).

Wir freuen uns über Kritik, Kommentare und Verbesserungsvorschläge.
Alle Informationen und Daten in diesem Buch sind mit größter Sorgfalt
gesammelt und vom Lektorat des Verlags gewissenhaft bearbeitet und
überprüft worden. Da inhaltliche und sachliche Fehler nicht ausgeschlossen
werden können, erklärt der Verlag, dass alle Angaben im Sinne der Produkt-
haftung ohne Garantie erfolgen und dass Verlag wie Autor keinerlei Verantwortung
und Haftung für inhaltliche und sachliche Fehler übernehmen. Die Nennung
von Firmen und ihren Produkten und ihre Reihenfolge sind als Beispiel ohne
Wertung gegenüber anderen anzusehen. Qualitätsangaben sind subjektive
Einschätzungen der Autoren.

REISEZIEL AUSTRALIEN

Grenzenlose Weite und eine unglaubliche Naturvielfalt kennzeichnen den Westen des Fünften Kontinents. Westaustralien ist für seine sonnigen Tage und einzigartigen Kontraste berühmt: tiefrotes Outback mit Jahrmillionen alten Felsformationen, türkisblauer Indischer Ozean mit weißen, feinsandigen Stränden, üppiges Grün im gemäßigten Südwesten. Naturattraktionen, die in dieser Intensität und Vielfalt ihresgleichen suchen: Riesige Walhaie und majestätische Mantarochen am Ningaloo Riff, Delfine hautnah, Sandsteinformationen und Schluchten in den Kimberleys, uralte Baumriesen in der südlichen Region.

Perth, Hauptstadt des Bundesstaates Western Australia, **ist Ausgangspunkt der Reise.** Die Stadt am Swan River vereint den entspannten Lebensstil der Australier mit der Geschäftigkeit einer Millionenmetropole. Nicht weit davon locken erstklassige Weingüter mit stilvollen Unterkünften. Im Landesinneren spürt man den Geist der Pioniere in den Goldfeldern. Taucher, Schnorchler und Wassersportler finden an den endlosen Stränden, Korallenriffen und versunkenen Schiffswracks ideale Bedingungen. Ausgedehnte Rinder- und Schaffarmen prägen das Bild auf dem Weg nach Norden und im Landesinneren. Rauhe Landschaften mit fantastischen Schluchten und die jahrtausendealte Kultur der Ureinwohner können auf Wandertouren aktiv erlebt werden.

Aufgrund der unterschiedlichen Klimazonen ist auch dieser Teil Australiens ein ganzjähriges Reiseziel. Für individuelle Reisen mit Mietwagen oder Wohnmobil findet man nahezu perfekte Bedingungen und eine gute touristische Infrastuktur. Abseits ausgetretener Pfade erleben naturbegeisterte Reisende das „wahre Australien" im Allradfahrzeug auf zahlreichen Outbackpisten.

Zur Konzeption dieses Buches

Dieser Reiseführer erweitert das Reise Know-Buch „Australiens Osten und Zentrum" um den Westteil des Kontinents. Vielfach wird der Westen von Zweit- und Drittbesuchern Australiens bereist. Doch auch Reisende, die das erste Mal „Down under" entdecken, werden sich schnell für den Westen begeistern.

Das Buch ist in erster Linie für Individualreisende geschrieben, die mit Mietwagen oder Wohnmobil das Land auf eigene Faust entdecken und erleben möchten. Neben einer allgemeinen Einführung zu Land und Leuten werden umfangreiche Tipps zur Planung, Vorbereitung und Durchführung einer Westaustralienreise gegeben.

Der Aufbau des Reiseteils folgt einer Fahrtroute von Perth durch den Südwesten und dann von Perth entlang der Küste über Broome nach Darwin. Von dort aus geht es durch das Rote Zentrum und das südaustralische Outback in den Süden nach Adelaide. Über die Nullarbor Plain führt die Reise wieder zurück nach Westaustralien. Abstecher und Alternativrouten sowie die Beschreibung aller wichtigen Outbackpisten ergänzen die Routenbeschreibungen. Für alle Strecken und Ortschaften finden sich ausführliche Erläuterungen mit Hinweisen auf mögliche Aktivitäten. In den Nationalparks werden Wandervorschläge unterbreitet. Hotel- und Campingplatzempfehlungen sowie Restauranttipps erleichtern und erweitern die Reiseplanung vor Ort. In vielen Exkursen geht es um typisch australische Themen und Hintergrundinformationen.

Im Anhang finden sich weiterführende Internetseiten zur Eigenrecherche, eine Entfernungstabelle und ein Literaturverzeichnis.

Eine schöne und erlebnisreiche Reise wünscht Ihnen *Veronika Pavel*

TEIL I: Reisevorbereitung

Reisehöhepunkte Australien 16

Australien: Daten und Fakten 22
Geschichte 24
Aboriginal People 31
Geographie 36
Klima und Klimazonen 40
Zeitzonen 41
Die Tierwelt 42
➕ Erste Hilfe bei Schlangebiss 46
Die Pflanzenwelt 53
Kultur 56
Sport 60
Tauchen 64
Sprache 68
Bildungswesen 72

Reisevorbereitung 73
Einreisebestimmungen 73
Ein-/Ausreise 74
Führerschein 75
Geld und Devisen 75
Reiseversicherungen 77
Gesundheit 77

Reiseplanung 81
Dauer einer Australienreise /
Regionen 81
Die besten Reisezeiten 81
❌ Checkliste –
was muss alles ins Gepäck? 82
Anreise per Flugzeug 85
Inlandsflüge 87

Reisen in Australien 90
Autofahren in Australien 90
On the Road 92
ℹ Hilfreiche Begriff für Autofahrer .. 93
Mietwagen 94
Camper 96
Mietwagen oder Camper? 101
Fahrzeugkauf 103
Öffentliche Verkehrsmittel
und Gruppenreisen 104

Unterkünfte 107
Hotels, Motels, Apartments 108
Resorts, Privatzimmer 109
Jugendherbergen,
Backpacker-Hostels 110
Campingplätze und Cabins 111
Nationalpark-Campgrounds 112
Wildes Campen und Bushcamps 112
Reisen im Outback 113
⚠ Vorsichtsregeln im Outback 116
Reiserouten 117
Reisevorschläge 117
Essen und Trinken 120
Reisen mit Kindern 126

Alles weitere von A – Z 129
Auskunft/Adressen, Auswandern 129
Banken 129
Behinderte 129
eMail und Internet 129
Fahrradfahren 130
Feiertage und Ferien 130
Fluggesellschaften 131
Fotografieren 131
Genehmigungen/Permits für Straßen. 131
Heiraten 132
Jobben/Arbeiten 132
Kleidung 132
Landkarten 133
Maße und Gewichte 133
Motorradfahren 133
Notfall 134
Öffnungszeiten 134
Post, Rabatte 135
Radio und Fernsehen 135
Rauchen 135
Reiseveranstalter 136
Sicherheit 136
Sonnenschutz 136
Souvenirs 137
Straßenmaut 137
Strom 137
Studium 138
Sprachkurse 138
Telefonieren 138
Wandern 139
Waschen 140
Zeitungen und Zeitschriften.............. 140
Zeitunterschied 140

TEIL II:
Unterwegs in Australien

★ **Reisehöhepunkte**
Übersicht s.S. 16/17

Western Australia

Überblick 142
★ **Perth** 147
Geschichte 148
Adressen & Service Perth 149
Stadtbesichtigung City 162
Sehenswertes außerhalb der City .. 167
  Perth Zoo, Cottesloe Beach.............. 167
  Scarborough Beach 167
  Hillarys Boat Harbour und
  Aquarium of Western Australia 167
Umgebung von Perth 168
  Fremantle 168
★   Rottnest Island 172
  Carnac Island 176
  Swan Valley 176
  John Forrest National Park 177
  Avon Valley National Park 178

Rundreise durch den Südwesten

Überblick 179
» Routenvorschlag Südwesten 180
Von Perth nach Hyden (Wave Rock) .. 182
York 183
Wave Rock... 184
Auf dem Great Northern Highway
von Perth nach Kalgoorlie 187
Kalgoorlie-Boulder 193
★ ➋ **Special-Tour:** Great Central Road
  und Gunbarrel Highway –
  von Westaustralien in das
  Rote Zentrum 198
Norseman 204

Esperance 206
Umgebung von Esperance 210
★   Great Ocean Drive 210
  Lake Warden Wetlands 210
  Woody Island und Recherche
  Archipelago 211
Cape Le Grand National Park............. 211

Cape Arid National Park 214
Stokes National Park 216
Ravensthorpe 216
Hopetoun 217
Fitzgerald River National Park 217
Bremer Bay 220
★ Stirling Range National Park 221
Porongurup National Park 222

Albany 224
Umgebung von Albany 228
  Frenchman Bay 228
  Torndirrup National Park 228
  Whaleworld 229
  Two Peoples Bay Nature Reserve .. 231
  Waychinicup National Park 231

Von Albany nach Denmark 232
West Cape Howe National Park 232
Denmark 234
Umgebung von Denmark 236
William Bay National Park 237
★ Walpole-Nornalup National Park 238
Walpole 240
Mount Frankland National Park,
Fernhook Falls 241
Shannon National Park 241
Northcliffe 242
Windy Harbour....................................... 242
D'Entrecasteaux National Park 243
Warren National Park 243
Pemberton 244
Glucester National Park 244
Beedelup National Park 248
Augusta 250
Cape Leeuwin 251
Auf der Caves Road von Augusta
nach Dunsborough 252
★ Leeuwin-Naturaliste National Park .. 252
Margaret River 255
Yallingup · Cape Naturaliste 259
Dunsborough 260
Busselton 260

Ludlow Tuart Forrest NP 263
Bunbury 263
Australind 265
Mandurah 266
Rockingham 267

Von Perth nach Broome entlang der Küste

Überblick 268
▶▶ Routenvorschlag Perth – Broome .. 270
Yanchep National Park 272
Lancelin 272
Nambung National Park (Pinnacles) .. 273
Cervantes 274
Jurien Bay 275
Port Denison und Dongara 275

Geraldton 277
Umgebung von Geraldton 283
  Abrolhos Islands 283
  Chapman Valley 284

Northampton 285
Hutt River Province 285
Kalbarri National Park 288
Kalbarri 291

Outback Coast – Gascoyne 295

Shark Bay 296
  Hamelin Pool 297
  Useless Loop und Steep Point 298
  Dirk Hartog Island 298
  Nanga Bay 298
  Shell Beach 300
  Denham 301
  François Peron National Park 301

Monkey Mia 305
Carnarvon 307
  ➡ **Abstecher in das westaustralische
  Outback:** Kennedy Range
  National Park und Mount
  Augustus National Park 311
Blow Holes, Red Bluff
und Gnaraloo Station 317
Ningaloo Reef 319
Coral Bay 320

Yardie Creek Run – Auf Allradpisten
nach Exmouth 325
Exmouth 327
Cape Range National Park 333

Die Pilbara Region 337

Parburdoo 338
Tom Price 338
Karijini National Park 341
  ➡ **Alternativroute:** Mit dem
  Geländewagen vom Karijini
  National Park in den Millstream
  Chichester National Park und
  weiter zur Küste 349
  ➡ **Alternativroute:** Auf dem
  Küstenhighway von Exmouth
  nach Port Hedland 352
Onslow 352
Mackerel Islands 353
Karratha – Dampier 356
Burrup Halbinsel 357
Roebourne und
die Point Samson Halbinsel 359
South Hedland 361
Port Hedland 361

Die Kimberly Region

Von Port Hedland nach Broome –
Der Eigthy Mile Beach 365

Broome 367
  Adressen & Service Broome 368
  Sehenswertes in Broome 375
Sehenswertes außerhalb Broomes ... 378
Dampier Peninsula –
Cape Leveque 380

Alternativroute durch das Inland: Von Perth nach Broome auf dem Great Northern Highway

Überblick 384
▶▶ Reisevorschlag 384
New Norcia 385
Dalwallinu 386
Wubin 386
Paynes Find 387

Mount Magnet 387
Cue 389
Meekatharra 391
Kingford Smith Mail Run:
Von Meekatharra zum Mount
Augustus Nationalpark 393
Newman 393
Umgebung von Newman 397
Rudall River National Park –
abseits der Zivilisation 398
Alternativstrecke: Von Newman
über Marble Bar zur Küste 399

The Kimberley – Von Broome nach Darwin auf der Gibb River Road

Übersicht 401
➔ Routenvorschlag: Broome –
Darwin auf der Gibb River Road .. 403
Derby 410
Windjana Gorge National Park
und Tunnel Creek National Park 414
Lennard River Gorge 416
Bell Gorge 416
Mornington Wildlife Sanctuary 417
Galvans Gorge 418
Manning Gorge 418
➔ **Abstecher:** Kalumburu Road –
Mitchell Plateau 419
El Questro 425
Kununurra 425
Umgebung von Kununurra 429
Weiterfahrt
in das Northern Territory 431
Keep River National Park 431
Timber Creek 432
Gregory National Park 432

Alternativstrecke: Von Broome bis Kununurra auf dem Great Northern Highway

Fitzroy Crossing 434
Geikie Gorge National Park 435
Halls Creek 437

Umgebung von Halls Creek 438
Purnululu National Park
(Bungle Bungle) 438
Warmun (Turkey Creek) 442
➔ **Abstecher nach Wyndham**........... 443
➔ **Special-Tour:** Tanami Track –
Von Halls Creek nach Alice Springs .. 445

Northern Territory

Überblick 448

Darwin 450
Adressen & Service Darwin 452
Stadtbesichtigung 458
Sehenswertes außerhalb der City .. 461

Von Darwin nach Alice Springs (durch den Kakadu National Park)

Überblick 462
➔ Routenvorschlag Darwin –
Alice Springs 462
Arnhem Highway 465
Mary River National Park 466
Kakadu National Park 468
➔ **Alternativstrecke:** Auf dem
Stuart Highway bis Pine Creek 475
Litchfield National Park 475
Pine Creek 479
Katherine 479
Nitmiluk National Park
(Katherine Gorge) 480
Cutta Cutta Caves 482
Mataranka 482
Elsey National Park 484
Tennant Creek 484
➔ **Abstecher:** Gum Tree 485

Alice Springs 486
Geschichte 486
Adressen & Service Alice Springs .. 488
Stadtbesichtigung 493

Rundreisen im Roten Zentrum

Überblick 497
➔ Routenvorschlag Rotes Zentrum .. 500

West MacDonnell Ranges 500
Hermannsburg 502
Finke Gorge National Park /
Palm Valley 503
Watarrka National Park (Kings
Canyon) via Mereenie Loop Road 503
Yulara 505
Uluru-Kata Tjuta National Park 506
Kata Tjuta (Olgas) 508
Rückfahrt nach Alice Springs 509
East MacDonnell Ranges 510
Adressen & Service Rotes Zentrum... 513
➔ Outbackpisten im Zentrum 515

South Australia
Überblick 517

Von Alice Springs nach Adelaide auf dem Stuart Highway
Überblick 519
➔➔ Etappenvorschlag Alice –
Adelaide 519
Coober Pedy 520
Port Augusta 524
Clare Valley 526

Alternativstrecke: Südaustralisches Outback
Alice Springs – Adelaide auf dem Oodnadatta Track und durch die Flinders Ranges
Überblick 527
➔➔ Routenvorschlag Alice Springs –
Adelaide 527
Über die Old South Road von Alice
Springs durch den Witjira National
Park nach Oodnadatta 528
Oodnadatta 530
Auf dem Oodnadatta Track
nach Süden 531
Adressen & Service zum
Oodnadatta Track 532
Flinders Ranges 533
Flinders Ranges National Park 535
Wilpena (Flinders Ranges NP) 536

Adelaide 538
Geschichte 538
Adressen & Service Adelaide 540
Stadtbesichtigung (Innenstadt) 547
**Sehenswürdigkeiten
außerhalb der City** 553
North Adelaide 553
Glenelg 553
Port Adelaide 553
Umgebung von Adelaide 555
Barossa Valley 555
Adelaide Hills 558
Fleurieu Peninsula 559
Kangaroo Island 560
Yorke Peninsula 566

Die Nullarbor Plain: Von Port Augusta nach Norseman
Überblick 567
Entfernungen 569

Eyre Peninsula 570
Whyalla 570
Port Lincoln 571
Umgebung von Port Lincoln 572

Von Port Lincoln entlang
der Westküste bis Ceduna 573
Von Port Augusta nach Ceduna
auf dem Eyre Highway 576
Gawler Ranges National Park 577
Von Ceduna nach Norseman 579
Nullarbor National Park 583

Anhang
Abkürzungen 590
Entfernungstabelle 590
Nützliche Internetseiten 591
Literaturhinweise 592
Bildnachweis 593
Stichwortverzeichnis 604
Karten Schnellübersicht 612

ℹ Exkurse und Zusatzinformationen

Das Land „Down under" 25

Erste Hilfe bei Schlangenbiss 46

Western Australia Wildlife Kalender 51

Wildblumen in Westaustralien 55

Spielkasinos 57

Rodeos in Westaustralien –
Lieblingsveranstaltungen der
Landbevölkerung 59

Tauchen 64

Der Royal Flying Doctor
Service (RFDS) 78

Tipps zum Langstreckenflug 88

Hilfreiche Begriffe für Autofahrer 93

Nationalparks in Australien 113

Damper – australisches Buschbrot .. 123

Weinbau in Australien 124

Nationalparkgebühren
in Westaustralien 150

Quokkas 175

Die Leeuwin Strömung 176

Munda Biddi Trail – mit dem
Mountainbike von Perth
nach Albany 178

Holland Track –
auf den Spuren der Goldsucher 186

Wasser für die Goldfelder 189

Paddy Hannan –
die Legende von Kalgoorlie 194

Golden Quest Discovery Trail 196

Len Beadells Bomb Roads 197

Ann Beadell Highway 203

Südliche Glattwale
in Westaustralien 219

Bibbulum Track –
zu Fuß durch den Südwesten 230

Waldbrände und „Fire Trees" 245

Höhlen an der Cape to Cape Coast... 254

Wein in der Margaret River Region... 256

Cape to Cape Track 258

Rock Lobster 279

HMAS SYDNEY – das ungelöste Geheimnis des Zweiten Weltkrieges 282

Die Batavia – sagenumwobenes
Schiffswrack und Top-Tauchspot 284

The Wool Wagon Pathway –
Mit dem Geländewagen im
Landesinneren unterwegs 284

Dugongs 303

Project Eden – das bedeutenste
Artenschutzprojekt Australiens 305

Kingsford Smith Mail Run:
Outbackpiste in das Herz
Westaustraliens 317

Ningaloo Reef – Das west-
australische Tauchparadies 319

Walhaie 323

Wer war Harold E. Holt? 329

Eisenerz in der Pilbara 339

Asbest in Wittenoom 348

Staircase to the Moon........................... 359

Der längste und schwerste
Güterzug der Welt 364

Perlmutt und Perlen 369

Miners Pathway –
Auf den Spuren des Goldrauschs 387

Canning Stock Route (CSR)................. 395

Boab Trees – Affenbrotbäume 409

The Buccaneer Archipelago 413

Jandamarra –
der Held der Kimberleys 415

Luxuriöse Camps in der Einsamkeit.. 422

Bradshaw Paintings............................... 423

The Ord River Irrigation Sheme –
das Bewässerungsprojekt
am Ord River 428

Diamanten in den Kimberleys 430

Devonian Great Barrier Reef 437

Krokodile 467

Arnhem Land... 469

Camel Cup –
ein wahres Outback-Event................... 490

Larapinta Trail... 501

Kamele in Down under 512

Outbackpisten im Zentrum................. 515

Opale 521

Channel Mail Run –
der längste Postflug der Welt............. 522

Nationalpark-Gebühren
in Südaustralien 528

Birdsville Track... 534

Austern.. 575

Der Googs Track 580

Edward John Eyre (1815–1901).......... 582

Durch die Nullarbor
auf der Railroad Service Road............. 586

Die Reisehöhepunkte
Australien Westen und Zentrum ⭐
Folgendes sollten Sie nicht verpassen (▶ Karte s.S. 18/19):

1 Perth (WA, s.S. 147)
Die pulsierende Hauptstadt des Westens mit herrlichen Stränden, einer modernen City und grünen Parks.

2 Rottnest Island (WA, s.S. 172)
Stadtnahe Insel mit Traumständen, kleinen Kängurus und ohne Autos.

3 Great Ocean Drive bei Esperance (WA, s.S. 210)
Der schönste Küstenabschnitt im Südwesten – paradiesische Buchten und azurblaues Wasser.

4 Stirling Range und Porongurup National Park (WA, s.S. 221)
Wie Inseln erheben sich die Granitdome über dem flachen Umland und laden zum Wandern ein.

5 Valley of the Giant (WA, s.S. 238)
Im Tal der Giganten wachsen die riesigen Tingelbäume bis zu 80 m in die Höhe. Der Spaziergang auf den schwingenden Fußgängerstegen des Tree Top Walks durch die Baumkronen ist ein unvergessliches Erlebnis.

6 Leeuwin-Naturaliste NP (WA, s.S. 252)
Mit zwei Leuchttürmen, zahlreichen Tropfsteinhöhlen, wilden Küstenabschnitten, Walbeobachtungsplattformen und bewunderns-werten Artisten auf Surfbrettern bietet der Küstennationalpark bei Margaret River für mehrere Tage Abwechslung.

7 Allraderlebnis Gunbarrel Highway (WA/NT, s.S. 198)
Einsamkeit und faszinierende Wüstenlandschaften prägen die Geländewagentour von Westaustralien in das Rote Zentrum des Kontinents.

8 Hutt River Province (WA, s.S. 285)
Ein echtes Unikum ist Prinz Leonard, das Oberhaupt des kleinen unabhängigen Staates im Mittleren Westen.

9 Kalbarri National Park (WA, s.S. 288)
Spektakuläre Ausblicke auf die vom Murchison River gegrabenen wilden, rot leuchtenden Schluchten.

10 Shark Bay (WA, s.S. 296)
Zum Greifen nahe sind die Delfine, die täglich an den Strand von Monkey Mia kommen. Erlebnisreich ist die Fahrt per Geländewagen zu den traumhaften Buchten und Campingspots des François Peron NP.

11 Ningaloo Reef u. Cape Range NP (WA, s.S. 319)
Die Antwort Westaustraliens auf das Great Barrier Riff. Das Korallenriff ist direkt von der Küste des Cape Range National Parks zugänglich. Die größte Attraktion ist das Schnorcheln mit Walhaien.

12 **Karijini NP** (WA, s.S. 341)
Die tiefen Schluchten zählen zu den Urlandschaften der Erde. Wanderpfade führen in die Schluchten und zu kühlenden Pools.

13 **80 Mile Beach** (WA, s.S. 365)
Der wohl längste und einsamste Strand, den man sich überhaupt vorstellen kann: Muschelnsammeln, Angeln oder einfach nur ausruhen.

14 **Broome** (WA, s.S. 367)
Einst Perlenstadt, heute Touristenzentrum mit tropischem Flair und gemütlichem Lebenswandel. Der stadtnahe Cable Beach bietet beste Voraussetzungen einige Zeit in Broome zu verweilen.

15 **Gibb River Road u. Mitchell Plateau** (WA, s.S. 419)
Die Piste durch die Kimberley Region ist von wilden Schluchten und komfortablen Safaricamps geprägt. Das Mitchell Plateau mit seinem sagenhaften Wasserfall und den faszinierenden Aboriginalfelszeichnungen lohnen die rauhe Anfahrt.

16 **Purnululu (Bungle Bungle) NP** (WA, s.S. 438)
Felsen wie Bienenkörbe. Egal ob am Boden oder aus der Luft – der Nationalpark zählt zu den beeindruckensten Landschaften des Kontinents.

17 **Kakadu NP** (NT, s.S. 468)
Aboriginal-Kultur, Krokodile, Wasserfälle und tropische Sumpf- und Savannenlandschaft sind die Höhepunkte des größten Nationalparks Australiens.

18 **MacDonell Ranges** (NT, s.S. 500 und 510)
Felsformationen und Schluchten östlich und westlich von Alice Springs bilden besonders für Allradfahrer und Campingfreunde ein lohnendes Ziel.

19 **Uluru Kata Tjuta NP** (NT, s.S. 506)
Der Ayers Rock ist das bekannteste geologische Phänomen Australiens. Australische Ureinwohner vermitteln auf einer geführten Tour rund um den roten Felsen Einblicke in die Kultur der Ureinwohner.

20 **Coober Pedy** (SA, s.S. 520)
Vor allem Staub, Opale und Glücksritter findet man im skurrilen Outbackstädtchen Coober Pedy am Stuart Highway. Wer will, kann selbst nach Opalen suchen.

21 **Arkaroola u. Flinders Ranges NP** (SA, s.S. 533)
Auf Wanderungen und Allradtouren in den ältesten Landschaftsformationen der Erde bieten sich immer wieder grandiose Ausblicke.

22 **Adelaide** (SA, s.S. 538)
Die freundliche und ruhige Hauptstadt Südaustraliens beeindruckt durch seine großartige Architektur und den guten Einkaufs- und Einkehrmöglichkeiten.

23 **Kangaroo Island** (SA, s.S. 560)
Das Tierparadies Kangaroo Island südlich von Adelaide beherbergt u.a. Koalas, Schnabeltiere, Seelöwen und Kängurus.

Broome 14

16 Purnululu NP

Ningaloo Reef 11

Perth 1

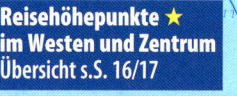

Reisehöhepunkte ★ im Westen und Zentrum
Übersicht s.S. 16/17

Valley of the Giant 5

3 Great Ocean Drive

Kakadu NP 17

18 MacDonnell Ranges

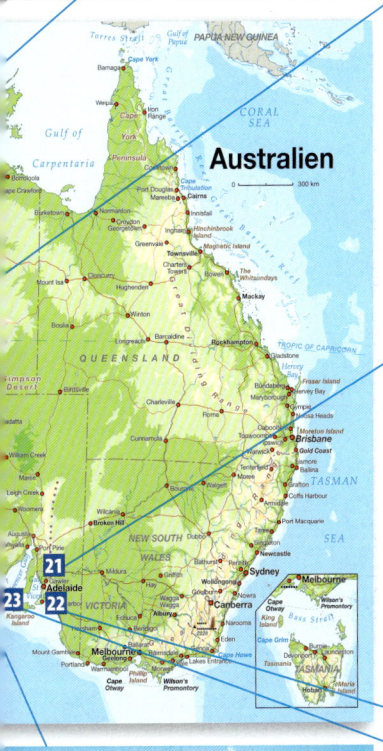
Australien

21 Flinders Ranges NP

22 Adelaide

Uluru Kata Tjuta NP 19

23 Kangaroo Island

Bitte schreiben oder mailen Sie (verlag@rkh-reisefuehrer.de), wenn sich in Australien Dinge verändert haben oder Sie Neues wissen. Wir beantworten jede Zuschrift. Danke!

TEIL I:
Reisevorbereitung und -planung

Australien: Daten und Fakten

Überblick

Australien besteht nicht nur aus einer der ältesten, sondern auch eine der größten und trockensten Landmassen der Welt. Mit einer Fläche von 7.682.300 qkm ist das Land das sechstgrößte der Erde (ungefähr so groß wie die USA, ohne Alaska). Die weiteste Ost-West-Ausdehnung des Festlandes beträgt 3983 km, von Nord nach Süd sind es 3138 km. Die gesamte Küstenlinie (einschließlich Tasmanien) hat eine Länge von 36.735 km. Der Bundesstaat **Western Australia** umfasst mit 2,5 Mio. qkm fast die Hälfte der gesamten Landmasse Australiens.

Landschaften und Jahreszeiten

Die Oberfläche ist überwiegend flach und wird von immensen Wüsten und Halbwüsten im Landesinneren bedeckt. An der Ostküste erhebt sich die 3000 km lange **Great Dividing Range,** welche im Süden in die Australischen Alpen mündet.

Im Westen dominieren mit der Great Sandy Desert, Gibson Desert, Great Victorian Desert und der Tanami Desert meist trockene Wüsten und Halbwüsten. Bis auf wenige Bergketten längs der Nord- und Nordwestküste (Kimberley, Hamersley Ranges) ist das westaustralische Tafelland mit durchschnittlichen Höhen von 300 bis 600 Metern sehr flach. Der Küstenstreifen im Süden, Südwesten und Westen sowie die Darling Ranges östlich von Perth, bilden mit Plantagen und Ackerland die fruchtbare Ausnahme. Im Norden befinden sich Savannen und Steppen.

Die **Jahreszeiten** in „Down under" sind denen der Nordhalbkugel entgegengesetzt. Das heißt, der australische Sommer dauert von November bis Februar und der Winter von Juni bis August. Ein Drittel Australiens, nördlich des Wendekreises des Steinbocks (Tropic of Capricorn), liegt in den Tropen. Dies bringt für den Norden und Nordwesten ganzjährig zwar kaum Temperaturschwankungen, jedoch eine ausgeprägte Regenzeit (Wet Season) mit hoher Luftfeuchtigkeit in der Zeit von Dezember bis März mit sich. Im Zentrum herrscht typisches Wüstenklima mit extrem heißen, trockenen Sommern und milden Wintern. Der Süden und Südwesten des Kontinents ist von mediterranem Klima geprägt: heiße Sommer und kühle Winter.

Besiedlung

Derzeit leben in Australien etwa 22,7 Millionen Menschen, davon in Western Australia 2,3 Mio., im Northern Territory 230.000 und in South Australia 1,6 Mio. Einwohner.

Aufgrund der Großflächigkeit ergibt dies natürlich eine sehr dünne Besiedlung mit im Durchschnitt nur drei Einwohnern pro Quadratkilometer. Allerdings leben 60% aller Australier in den südöstlichen Bundesstaaten New South Wales und Victoria. Das Landesinnere und der Norden sind nur äußerst dünn besiedelt. Die größten Städte sind **Sydney** mit 4,5 Mio. und **Melbourne** mit 4 Mio. Einwohnern. Weitere Metropolen sind **Brisbane** (2 Mio. Ew.), **Perth** (1,6 Mio. Ew.) und **Adelaide** (1,2 Mio. Ew.). Landeshauptstadt ist **Canberra** im *Australian Capital Territory* (ACT).

Aboriginal People besiedelten den Kontinent vor über 60.000 Jahren. Die Europäer entdeckten Australien erst im 17. Jahrhundert, wobei es der Engländer James Cook war, der Australien dem Britischen Empire als Kolonie vorschlug. Die ersten Siedler erreichten die Botany

Bay bei Sydney am 26. Januar 1788. Westaustralien wurde erstmals im Jahr 1616 vom Holländer Dirk Hartog betreten.

In den Folgejahren bis heute ist Australien ein typisches Einwanderungsland. Die Haupteinwanderungswellen fanden nach dem 2. Weltkrieg statt. Mittlerweile ist jeder vierte Australier unmittelbarer Abkömm-ling eines Einwanderers. Im Laufe der Jahrzehnte entstand so ein multiethnischer Bevölkerungsmix der verschiedensten Nationalitäten.

Offizieller Name und Flagge

Der **offizielle Name Australiens** lautet **Commonwealth of Australia.** Obgleich das Land über ein souveränes Parlament verfügt, ist die Königin von England das offizielle Staatsoberhaupt. Die Regierung wird von der Mehrheitspartei bzw. Parteienkoalition und dem entsprechenden Premierminister geführt.

Die **Nationalflagge** ist blau mit einem Union Jack im linken oberen Viertel. Darunter ist ein großer weißer, siebenstrahliger Stern, der *Commonwealth*

Star genannt wird. Sechs Strahlen stehen für die ursprünglich sechs Bundesstaaten und der siebte Strahl für die Territorien. Auf der rechten Hälfte der Flagge ist das Sternbild „Kreuz des Südens" dargestellt. Dieses Sternbild ist nur auf der Südhalbkugel zu sehen.

Verwaltung

Australien verfügt über eine Föderation von **sechs Bundesstaaten** (New South Wales, Victoria, Queensland, South Australia, Tasmania, Western Australia), **zwei Territories** (Northern Territory, Australian Capital Territory) sowie einer Anzahl externer Territorien (Norfolk Island, Cocos Islands, Christmas Island, Macquarie Island und Australian Antarctica).

Ökonomie

Die Wirtschaft basiert auf dem Handel mit zwei wichtigen Blöcken: den Ländern des asiatisch-pazifischen Raums (China, Japan, USA, Kanada, Singapur, Taiwan, Neuseeland) und den Ländern der Europäischen Union (EU). Bodenschätze, landwirtschaftliche Güter und der Tourismus sind die wichtigsten Wirtschaftszweige des Landes. Dank der im immensen Maße vorhandenen Bodenschätze und Mineralien (Eisenerz, Kupfer, Zink, Gold, Diamanten) ist die Minenindustrie der führende Wirtschaftszweig Westaustraliens. Freihandelsabkommen mit China und die weltweit gestiegene Rohstoffnachfrage haben dem Land einen beispiellosen Wirtschaftsboom mit hohe Wachstumsraten beschert und die Konjunktur läuft weiter rund. Staatsverschuldung und Arbeitslosenzahlen (5,3% März 2013) sind konstant niedrig.

Australiens Geschichte

vor etwa 60.000 Jahren
Einwanderung der Urbevölkerung über damals noch existente Landbrücken oder schmale, seichte Meerengen. Die geheimnisvolle, am anderen Ende der Welt vermutete *Terra Australis Incognita* („Unbekanntes südliches Land") blieb lange von den großen Entdeckern unerkannt.

1606
Der Portugiese *Louis Vaez de Torres* durchquert die Meerenge zwischen Cape York und Neuguinea (Torres Strait). Im selben Jahr landet das holländische Schiff *Duyfken* mit dem Forscher *Willem Jansz* an der Westküste von Cape York. Er betritt als erster Europäer Australien.

1616
Der Holländer *Dirk Hartog* erreicht die Westküste Australiens bei Shark Bay (heutiges Dirk Hartog Island) und proklamiert Neu-Holland.

1642
Erneut ist es ein Holländer, *Abel Janszon Tasman,* der Tasmanien entdeckt. 1643 segelt er, nachdem er zunächst Neuseeland entdeckt hatte, entlang der Nordküste. Die Holländer kartografieren große Teile der Küste. Gleichwohl sind ihre Berichte von „grausamen Wilden", Wüsten und Steppen keine Aufforderung für die holländische Regierung, das Land zu kolonisieren.

1688
Der Engländer *William Dampier* landet an der Nordwestküste (im heutigen Dampier) und nennt es Neubritannien.

1770
Der große Entdecker Captain **James Cook** ankert mit der *HMS Endeavour* auf dem Rückweg aus dem Südpazifik in der Botany Bay (südlich von Sydney). Zuvor

Nachbau der Endeavour, Darling Harbour

erfolgt ein erster Landgang bei Cape Everard im heutigen Bundesstaat Victoria. Im Namen des British Empire nimmt er Australien für die Englische Krone in Besitz. An Bord der Endeavour befinden sich eine Reihe von Wissenschaftlern, darunter der Botaniker William Banks, der die Tier- und Pflanzenvielfalt aufzeichnet. Cook folgt der Küste in nördlicher Richtung und empfindet sie als fruchtbar und für „eine Besiedlung geeignet". Das Land wird **New South Wales** getauft. Auf der Weiterfahrt entlang der Queensland-Küste rammt die Endeavour ein Riff bei Cape Tribulation (Kap der Leiden). Während der Reparatur lernt Cook freundlich gesinnte Ureinwohner kennen. Seine Empfehlungen zur Besiedlung Australiens stoßen jedoch in Großbritannien zunächst auf taube Ohren. Das British Empire ist zu sehr mit den Vorgängen im amerikanischen Unabhängigkeitskrieg beschäf-

tigt. Die Englische Krone entscheidet sich dafür, zunächst einen Sträflingstransport nach Australien zu entsenden.

1788

Im Mai 1787 legt eine Flotte von insgesamt 11 Schiffen unter dem Kommando von Captain *Arthur Philipp* von England ab. Sie landen am 18. Januar 1788 in der Botany Bay. Wenige Tage später wird wegen günstigerer Siedlungsbedingungen in Sydney Cove vor Anker gegangen. Man schrieb den 26. Januar, heute der Nationalfeiertag „Australia Day". Captain Philipp wird der erste Gouverneur von New South Wales und behält dieses Amt bis 1792.

In den Folgejahren, zwischen 1788 und 1868 werden über 100.000 Sträflinge nach Australien deportiert, darunter auch Kleinkriminelle, Kinder und Jugendliche. Sie alle sind am Aufbau der neuen Kolonie beteiligt. Nach ihrer Entlassung aus der Gefangenschaft werden sie zu Siedlern und Bauern – das junge und unerschlossene Land bietet allen die gleiche Chance.

Das Land „Down under"

Mit der Bezeichnung „Down under", wörtlich als „unten drunter" zu übersetzen, wollten die Engländer einst sagen, dass ihre australische Kolonie auf der „gegenüberliegenden" Seite der Weltkugel lag. In den Worten schwang jedoch immer auch ein wenig Spott über die primitiven Sträflingsabkömmlinge in der Ferne, denn schließlich war England geographisch „oben" und Australien „unten". Mittlerweile, erst recht nach dem Welthit „Down under" der Gruppe „Men at Work" in den 1980ern, hat sich Down under als Synonym für Australien eingebürgert und wird nicht ohne Stolz von den Aussies selbst verwendet.

1793

Die ersten freien Siedler kommen mit Schiffen aus Großbritannien, darunter auch *John McArthur,* der das zähe Merino-Schaf einführt. 1807 geht der erste Wollexport zurück nach England.

1801–1830

Matthew Flinders umschifft den australischen Kontinent und fertigt detaillierte Karten an. Zusammen mit *George Bass* segelt er am Ende der Reise rund um Tasmanien. Die stürmische Bass Straight trägt fortan seinen Namen. 1803 wird mit Hobart die erste sträflingsfreie Siedlung gegründet. Die Entdecker Wentworth, Blaxland und Lawson finden 1813 eine Route über die Blue Mountains und öffnen so die zur Viehzucht bestens geeigneten westlichen Ebenen. **1824** wird Brisbane (Queensland), **1829** Perth (Westaustralien), **1835** Melbourne (Victoria), **1836** Adelaide (South Australia) gegründet. Die Furcht vor den ebenfalls expansiven Franzosen spielt eine treibende Rolle bei der Gründung der Kolonien.

Die Landnahme durch die Siedler erfolgt größtenteils illegal und ohne System: Viehfarmer, sogenannte Squatters, ziehen ins Land und besetzen in der unwirtlichen Umgebung Weideflächen für ihre Schafe.

Erst unter Gouverneur *Lachlan Macquarie* entsteht in New South Wales eine gesetzestreue Kolonialverwaltung. Neue Siedlungen wie Bathurst, Port Macquarie oder Newcastle werden gegründet. In Sydney entstehen unter dem Architekten Francis Greenway, einem ehemaligen Sträfling, bedeutende Gebäude.

1835

Nachdem London die Sträflingsdeportationen weitgehend einstellt, kommen immer mehr Siedler ins Land. Viehzüchter und Bauern folgen den Routen der ersten Forscher und beginnen mit der Schafzucht.

1838

John Eyre meistert erfolgreich die erste Ost-West-Durchquerung des Kontinents. Begleitet von Aboriginal People bewältigt er die trostlose Nullarbor Plain und stößt im heutigen Albany wieder auf die Zivilisation.

1844

Ludwig Leichhardt, ein emigrierter Deutscher, schafft die Durchquerung von Brisbane nach Darwin. Seine zweite Expedition, diesmal von Ost nach West durch das Landesinnere, endet tragisch, er bleibt für immer verschollen.

Im Kakadu-Nationalpark wurden in neuester Zeit Felsmalereien entdeckt, die vermutlich Leichhardt mit Pferd darstellen. Sie entstanden um oder nach 1845.

1850

Das britische Parlament beschließt, dass die neuen Kolonien eine eigene Verfassung festlegen dürfen.

1851

Der erste Goldrausch. Gold wird in Ophir in New South Wales gefunden. Die Kunde davon breitet sich schnell aus und allerorten setzen sich die „Digger" in Bewegung, um das Edelmetall zu finden. So werden vor allem in Victoria in Ballarat, Bendigo und Castlemaine bedeutende Goldfunde gemacht. In den Folgejahren zieht der Goldrausch über eine Million Glücksritter und Siedler an. Mit den Goldfunden von Kalgoorlie (Westaustralien) im Jahr 1892 folgt eine zweite große Einwanderungswelle.

1860

O'Hara Burke, William J. Wills und *William King* durchqueren erstmals den Kontinent von Melbourne in Richtung Norden. Die Gruppe erreicht den Golf von Carpentaria an der Nordküste.

1862

John MacDouall Stuart erreicht die Nordküste beim heutigen Darwin. Seine Angaben sind später der Grundstein für den Bau der Telegrafenlinie durch das heutige Alice Springs. Der Stuart Highway (Explorer's Way) folgt ungefähr seiner Route.

1891

Die australische Labour-Partei wird gegründet.

1901

Gouverneur Lord Hopetoun erklärt am 1. Januar 1901 **Australien zum Mitglied des Commonwealth.** Die Kolonien New South Wales, Victoria, South Australia, Queensland, Western Australia und Tasmanien werden damit in einem gemeinsamen Staat zusammengefasst. Der Herzog von York und Cornwall eröffnet in Melbourne, der vorläufigen Hauptstadt, das erste Bundesparlament. Das offizielle Staatsoberhaupt ist die britische Königin Victoria. In Australien erfolgt ihre Vertretung bis heute durch einen von ihr ernannten General-Gouverneur. 1907 erhält der australische Bund den Dominion-Status zuerkannt und damit die nahezu vollständige Unabhängigkeit von Großbritannien.

1914–1918

Australien folgt den Briten gemeinsam mit Neuseeland in den 1. Weltkrieg. Die ANZAC-Truppen (Australian and New Zealand Army Corps) besetzen die deutschen Kolonien Neuguinea, das Bismarck-Archipel und West-Samoa. Am 25. April müssen die Australier in der Schlacht gegen die Türken bei Gallipoli eine verlustreiche Niederlage mit über 8500 Opfern hinnehmen. Der Tag gilt seitdem, im Gedenken an die australischen Kriegstoten, als ANZAC-Day.

1927

Die neue Hauptstadt Canberra, seit dem 12. März 1913 bereits offizielle Hauptstadt, wird nun auch Regierungssitz. Canberra gewinnt damit den Wettstreit zwischen Melbourne und Sydney.

1928

John Flynn gründet den *Royal Flying Doctor Service* in Cloncurry (Queensland).

1929

Die Weltwirtschaftskrise trifft Australien hart: Die wichtigen Exporte für Weizen und Wolle brechen dramatisch ein, und die Arbeitslosenquote steigt auf über 25%.

1938

Premierminister *Robert Menzies* verhängt, wie die Amerikaner, ein Wirtschaftsembargo gegen Japan.

1939

Australien folgt den Briten in den 2. Weltkrieg und entsendet Truppen nach Europa.

1941/1942

Die Japaner rücken unaufhaltsam näher. Nach dem Überfall auf Pearl Harbour (Hawaii) im Dezember 1941 besetzen sie Singapur und bombardieren im Februar 1942 die nordaustralischen Städte Darwin und Broome. Später folgen Cairns und Townsville. Auch die Küste um Sydney wird das Ziel japanischer Bomben. Gemeinsam mit dem US-General Mac Arthur werden die Japaner in der Schlacht im Korallenmeer und im Dschungelkrieg von Neuguinea zurückgedrängt. Nach dem Ende des 2. Weltkriegs beginnt unter Premierminister *Benedict Chifley* (Labour Party) eine neue Einwanderungspolitik.

1951
Der ANZUS-Pakt (Australia–New Zealand–USA) wird als Verteidigungsbündnis geschlossen. Der Pakt ist die Basis für die Kriegsbeteiligung in Korea (1953). 1954 tritt Australien der SEATO (South East Asia Treaty Organisation) bei und nimmt von 1965 bis 1972 am Vietnamkrieg teil.

1954
In Mary Kathleen (Queensland) wird Uran entdeckt.

1956
Olympische Spiele in Melbourne.

1962
Wahlrecht für Aboriginal People.

1966
Das Englische Pfund wird abgeschafft und vom Australischen Dollar abgelöst – ein weiterer Schritt zur Loslösung von der Englischen Krone.

1967
Die *White Australia Policy* der konservativen Regierung wird aufgehoben. Zum ersten Mal werden Aboriginal People bei einer Volkszählung berücksichtigt und erhalten alle Bürgerrechte.

1972
Der Labour-Politiker *Gough Whitlam* wird Premierminister. Die Aboriginal People erhalten das Selbstbestimmungsrecht, und in den verschiedenen Bundesstaaten werden Land Councils gegründet. Die Kolonie Papua Neuguinea wird aufgegeben. Australien öffnet sich wirtschaftlich den südostasiatischen Ländern. Große Einwanderungswellen aus allen Teilen der Welt. 1973 erhält *Patrick White* den Nobel-

preis für Literatur für sein Werk „Voss", welches vom deutschen Einwanderer Ludwig Leichhardt erzählt.

1973
Einweihung des *Sydney Opera House.*

1974
Der tropische Wirbelsturm „Tracy" verwüstet die nordaustralische Stadt Darwin.

1975–1983
Malcom Fraser von der liberalen Partei wird neuer Premier, nachdem Gough Whitlam nach einer Korruptionsaffäre vom General-Gouverneur des Amtes enthoben wurde.

1976
Der *Aboriginals Land Rights Act* wird verabschiedet. Er regelt die Rückgabe wichtiger Stammesgebiete an die Ureinwohner.

1983–1992
Bob Hawke von der Labour Party wird zum Premierminister gewählt. Er führt die Politik seiner Vorgänger fort.

Sydney Opera House

New Parliament, Canberra

1985
Uluru und *Kata Tjuta* (Ayers Rock und Olgas) werden den australischen Ureinwohnern zurückgegeben. Im sogenannten „Australia Act" werden die letzten Vollmachten der Englischen Krone (z.B. Vetorechte des General-Gouverneurs) abgeschafft.

1988
Die **200-Jahr-Feier** der weißen Besiedlung wird von massiven Protesten der Aboriginal People begleitet. Königin Elizabeth II. eröffnet das neue Parlamentsgebäude in Canberra.

1991
Australien kämpft im ersten Golfkrieg an der Seite der USA.

1992
Paul Keating (Labour) löst Bob Hawke in einer Kampfabstimmung als Premierminister ab. Der Wirtschaftskrise mit über 11% Arbeitslosigkeit begegnet Keating mit einer massiven Privatisierungskampagne (u.a. Telstra, Qantas)

und Subventionsabbau. Keating leitet den Versöhnungsprozess mit den Ureinwohnern ein

Das *Mabo*-Gesetz des High Court regelt die grundsätzlichen Landrechte der indigenen Australier, nachdem Australien nicht mehr als „Terra Nullius" (unbewohntes Land vor der Ankunft weißer Siedler) begriffen wird.

1994
Die bislang längste und größte Dürreperiode in der Geschichte Australiens zwingt viele Farmer zur Aufgabe. Die Regierungen von Großbritannien und Australien entschädigen die Testopfer der Atombombenversuche von Maralinga mit 13,5 Mio. Dollar.

1996
Wahlsieg der Liberal-Demokraten unter *John Howard*. Seine Politik begrenzt die Landrechts-Forderungen der australischen Ureinwohner.

1999
Bei einer Volksabstimmung entscheidet sich eine knappe Mehrheit der Australier wider Erwarten für die Beibehaltung der Monarchie und den Verbleib im Commonwealth.

2000
Olympische Spiele in Sydney. „The best games ever" (IOC-Präsident Samaranch) steigern die Popularität Australiens als Reiseziel und Einwanderungsland. John Howard führt die Mehrwertsteuer ein und sorgt durch weitere Privatisierungsmaßnahmen und teilweise unpopuläre Reformen für einen nachhaltigen Wirtschaftsaufschwung. Die Arbeitslosenquote sinkt auf unter 6%.

2001
Nach den Anschlägen vom 11. September in den USA gilt das Interesse der Howard-Regierung der inneren Sicherheit. Der Bombenanschlag der sich 2002

auf Bali gegen australische Touristen richtet, bestätigt diesen Kurs.

2003
Australien nimmt trotz massiver Bevölkerungsproteste mit einem kleinen Soldatenkontingent am zweiten Golfkrieg im Irak teil.

2004
Die Eisenbahnverbindung von Alice Springs nach Darwin wird eröffnet. Die Schienen durchqueren nun den Kontinent von Süd (Adelaide) nach Nord (Darwin). John Howard wird als Premierminister für seine vierte Amtszeit gewählt.

2006
In Melbourne finden im März die Commonwealth Games statt, das größte Sportereignis in Victoria seit den Olympischen Spielen 1956.

2007
Der Chef der Arbeiterpartei Kevin Rudd wird zum neuen Ministerpräsidenten gewählt und löst damit die elfjährige Präsidentschaft Howards und seiner Liberal-Nationalen Koalition ab.

2008
Im Februar entschuldigt sich Rudd offiziell für das Unrecht, das die Weißen in der Vergangenheit den Aborigines zufügten.

2010
Julia Gillard, ehemalige Vizepremierministerin übernimmt von Rudd das Premierministeramt und ist somit erste Frau an der Spitze Australiens.

2011
Die britische Königin Elizabeth II., formal australisches Staatsoberhaupt, besucht zum 16. Mal Australien.

2013
Eine extreme Hitzewelle und unkontrollierbare Buschbrände fordern Todesopfer und verwüsten riesige Landflächen im Südosten Australiens und auf Tasmanien.

Her Majesty The Queen – austral. Briefmarke aus den 1980er-Jahren

Im März 2013 entschuldigt sich die australische Regierung bei den Opfern der Zwangsadoption. Zwischen 1950 bis 1975 wurden 225.000 Kinder gegen den Willen ihrer Mütter zur Adoption freigegeben.

Kevin Rudd löst Gillard nach parteiinternen Auseinandersetzungen wieder als Premier ab! Im September wird der konservative Tony Abbott mit großer Mehrheit zum neuen Premierminister von Australien gewählt.

Olympia 2000 – das Aquatic Centre, Sydney

Aboriginal People

In my dreams I hear my tribe
Laughing as they hunt and swim
But dreams are shattered by a rushing car
By grinding tram and hissing train
And I see no more my tribe

Kath Walker

Die australische Geschichte begann vor über 60.000 Jahren, als erste Nomadenstämme den australischen Norden über damals noch existente Landbrücken besiedelten. Zeugen dieser frühen Besiedlung sind Skelettfunde am Lake Mungo (Mungo National Park) in New South Wales. Vermutlich begann die Besiedlung von Indonesien aus. Durch einen steigenden Meeresspiegel und driftende Landmassen trennte sich der australische Kontinent wieder vom asiatischen Subkontinent.

Die Aboriginal People (von lat. *ab origine*) oder *Indigenous People* (Eingeborene), wie die Ureinwohner genannt werden, entwickelten durch die Jahrtausende lange isolierte Lage Australiens eine eigene Kultur. Schnell breiteten Sie sich vom fruchtbaren Norden über den gesamten Kontinent aus. Sie erwarben erstaunliche Fähigkeiten, selbst im rauen und trockenen Inland zu überleben. Sesshaftigkeit war angesichts des Reichtums (oder auch des Mangels) den das Land bot, keine Notwendigkeit. Als Nomaden zogen sie durch das Land oder lebten in Höhlen und Felsüberhängen. Zur Jagd wurden Speerschleudern (Woomera), Keulen (Nulla Nulla) und Bumerangs (Kylic) benutzt. Nur einige Stämme entlang der Ostküste bauten aus Baumrinde Hütten (sog. Miamias). Die Frauen waren beim Sammeln von Früchten, Beeren und Gräsern von großer Bedeutung. Sie sicherten die Nahrungsgrundlage, wenn der Jagderfolg der Männer ausblieb.

Terra Australis

Vor der Besiedlung durch den „Weißen Mann" lebten die Ureinwohner auf der *Terra Australis* („Land im Süden") ungestört von äußeren Einflüssen. In der übrigen Welt nahm man an, dass die *Terra*

Nullius (Niemandsland) von keinem Volk bewohnt wurde. Die Schätzung über die tatsäch-liche Zahl der Bewohner schwankt zwischen 300.000 und 1.000.000. Sie lebten in Gruppen ohne Hierarchien, Entscheidungen wurden gemeinschaftlich getroffen. Die Stammesältesten waren für die Übermittlung der traditionellen „Traumzeit-Geschichten" (dreamtime stories) zuständig.

Das Land wurde nie im heutigen Sinne bewirtschaftet. Die Nutzung erfolgte durch kontrolliertes Verbrennen *(Fire stick farming)*, einer Urform der Landwirtschaft. Der Begriff des Eigentums war nicht bekannt. Das Land wurde genutzt und gehütet, jedoch nicht besessen. Stets wiederkehrende Gewohnheiten im Umgang mit der Natur wurden streng befolgt.

300 verschiedene Sprachen

Man schätzt, dass einst fast 300 verschiedene Sprachen und Dialekte gesprochen wurden. Davon werden heute lediglich noch rund 70 von größeren Gruppierungen gesprochen. Um dem Land und dem naturverbundenen Leben gerecht zu werden, verfügen die Sprachen beispielsweise über Dutzende Ausdrücke für die verschiedenen Tageszeiten. Aus dem gesprochenen Wort haben sich einige wenige Schreibsprachen entwickelt, die jedoch nur in Poesie und Literatur Verwendung finden.

Da die Schriftform in der damaligen Zeit unbekannt war, waren Schnitzereien, Gravuren, Felsbilder und Rindenmalereien die bevorzugten Ausdrucksmittel der australischen Ureinwohner. Ein typisches Merkmal ihrer Malerei ist die Verwendung von Erdfarben (Ocker), Holzkohle und Tonerde und die Reduktion auf einzelne Punkte *(Dot Paintings)*. Im Arnhemland und Kakadu National

Park sind Felsmalereien fast ausschließlich im Röntgenstil zu sehen, während in der Kimberley Region der *Bradshaw*-Stil mit figürlichen Darstellungen vorrangig Anwendung findet. Musik und Tanz werden in gemeinschaftlichen **Coroborees** ausgedrückt. In ihren Tänzen imitieren sie Traumzeitwesen, die Jagd und die Fruchtbarkeit. Durch den erzählerischen Charakter entwickeln sich die Tänze zu theatralischen Darbietungen mit inszenierter Dramaturgie. Rhythmisches Klopfen mit Schlaghölzern und das bekannte **Didgeridoo** – eine aus ausgehöhlten Eukalyptusstämmen hergestellte Basspfeife – begleiten die Tänze in monotoner, tranceähnlicher Weise. Geschichten der Traumzeit, Traditionen, Naturheilverfahren und Naturkunde wurden vielfach durch Gesang weitervermittelt – ein Grund dafür, dass das Wissen heute zunehmend verkümmert.

Dreamtime

Mangels einer geschriebenen Aufzeichnung sind nur mehr Fragmente der Traumzeitgeschichten geblieben. Der Begriff *dreamtime* (Traumzeit) ist dabei schwer und nur unzureichend zu definieren. In der endlosen Traumzeit wurden Tiere, Menschen, Pflanzen, das Land und spirituelle Wesen erschaffen und stehen seitdem in enger Verbindung zueinander. Aus dieser Verwandtschaft entstanden Stämme, Gesetze, Rituale, Kunst und Sprachen. Zauber und Magie sind dabei ein wichtiger Teil des Glaubens. Magie dient dazu, Nahrung zu finden, Kranke zu heilen oder Kriminelle zu bestrafen. Die Aboriginal People glauben, dass jede Person ein Abkömmling eines Tieres oder einer Pflanze ist.

Noch heute herrscht in Aboriginal-Communities zweierlei Recht: die australische Gesetzgebung zum einen und

Felsmalerei, Nabulwijbulwinj-Motiv

das Stammesrecht *(Tribal Law)* zum anderen. Wobei letzteres von den Behörden nur teilweise geduldet wird. Die Strafzeremonien sind Teil einer zu alten Traditionen zurückkehrenden Bewegung.

Einfluss der Siedler

Mit den ersten Sträflingstransporten der Briten und den in das Land ausschweifenden Siedlern kam es zu den ersten, meist feindseligen Kontakten. Die kulturellen Gegensätze hätten nicht größer sein können, die „Steinzeit" wurde mit der „Zivilisa

tion" konfrontiert, und umgekehrt. Für die indigenen Australier begann das traurigste Kapitel ihrer langen Geschichte. Sie wurden gejagt, getötet oder versklavt und als Untermenschen behandelt. Später versuchte die Kolonialregierung durch die Entsendung von Missionaren und die Errichtung von Reservaten dem Verfall der Kultur Einhalt zu gebieten. Es schien jedoch nur ein vordergründiges Interesse gewesen zu sein. Rücksichtslos wurde den Aboriginal People weiterhin das Land

enteignet. In den Jahren von 1953 bis 1964 fanden in der südaustralischen Wüste sogar Atombombenversuche statt, ohne dass ein Schutz oder eine Umsiedlung der dort lebenden Menschen stattgefunden hätte. Erst in den 1990er Jahren erreichten die Ureinwohner, nach zähen Verhandlungen mit den Briten, dass Entschädigungsgelder in Höhe von 13,5 Mio. Austral-Dollar gezahlt wurden.

In den 1960er Jahren trat langsam ein Gesinnungswandel in der australischen Gesellschaft ein. 1961 erhielten die Aboriginal People das Wahlrecht zuerkannt. 1967 wurden sie erstmals bei Volkszählungen erfasst. Im 1976 beschlossenen *Aboriginal Lands Right Act* wurden den ursprünglichen Besitzern wichtige Heiligtümer zurückgegeben, so z.B. der Uluru (Ayers Rock). Erst 1980 wurde die Rassentrennung an Schulen und in manchen Stadtbezirken endgültig aufgehoben.

Mabo-Urteil

1992 annullierte der Oberste Gerichtshof im sog. Mabo-Urteil die Terra-Nullius-Doktrin, nach der Australien zum Zeitpunkt der Kolonisierung unbewohntes Land war. Das Grundsatzurteil führte 1993 zur Verabschiedung des *Native Title Act* (Gesetz zu Ureinwohnerlandrechten). Zentraler Aspekt war ein Verhandlungsrecht (Right to Negotiate), also ein Recht auf Verhandlung in Konfliktfällen.

Mit der konservativen Regierung *John Howards,* die seit 1996 im Amt ist, mussten die Ureinwohner im Versöhnungsprozess der frühen 1990er Jahre Rückschläge hinnehmen. Entschädigungen, Sozialprogramme und Absicherung traditioneller Landrechte sind kaum mehr im Repertoire Howards enthalten. Vielmehr verfolgt die aktuelle

Regierungspolitik die Förderung der Eigenverantwortlichkeit (Self Management, Self Empowerment), wobei sie sich der durch jahrhundertelange Unterdrückung und Diskriminierung entstandenen Verantwortung zu entziehen versucht. Insbesondere die auf ihre Traditionen bedachten Aboriginal-Gemeinschaften werden es dadurch zukünftig noch schwerer haben, ihre eigenen Lebensformen gegenüber den gängigen Entwicklungsvorstellungen der Mehrheitsbevölkerung durchzusetzen.

Auch die Landrechte der australischen Ureinwohner sind gefährdet. Durch die Mabo-Entscheidung von 1992 und das Wik-Urteil von 1996 erhielten die Ureinwohner endlich das Recht, auf öffentliches Land Anspruch erheben können. Der Zutritt zu heiligen Stätten und zu traditionellen Jagd- und Fischfanggebieten wurde rechtlich abgesichert. Wiedergutmachungsforderungen standen in Aussicht.

1998 verfügte die Regierung im *Native Title Amendment* eine Einschränkung zum Landrechte-Gesetz (Native Title Act): Ansprüche auf Gebiete, die vom Staat an Minen- und Bergbaugesellschaften oder Landwirte verpachtet sind, können ab sofort nicht mehr erhoben werden. Lediglich finanzielle Entschädigungen sind noch möglich. Verschlechtert haben sich dadurch insbesondere die Aussichten, die zweitgrößte Uranmine der Welt in Jabiluka am Rande des Kakadu National Parks zu stoppen.

„Stolen Generation"

Im Falle der bis 1970 gewaltsam ihren Familien entrissenen Aboriginal-Kinder, der sog. „Stolen Generation", konnte sich die Regierung erst 2008 zu einer offiziellen Entschuldigung durch Premierminister Rudd durchringen. Tausende von Mischlingskindern wurden von ihren Familien getrennt und in Pflege-

familien und Missionsstationen untergebracht. Die Labour-Regierung unter Paul Keating hatte den staatlich verordneten Kindesentzug 1995 ungeschminkt als Genozid im Sinne der Genfer Konvention von 1948 bezeichnet. Die Geschichte der Stolen Generation ist im Film „Rabbit Proof Fence" in erschütternder Weise dargestellt (läuft in Deutschland unter dem Titel „Long Walk Home").

Im Jahr 2000 erfolgte der denkwürdige Auftritt der populären Aboriginal-Band Yothu Yindi bei den Olympischen Spielen in Sydney. Mit dem Song „Treaty" wurde der längst überfällige Vertrag zwischen Aboriginal People und Regierung erneut eingefordert. Jedes Jahr finden seitdem öffentlichkeitswirksame Protestmärsche mit bis zu einer halben Million Teilnehmern statt, die für die Rechte der Ureinwohner eintreten. Denn noch sind viele Lücken vorhanden. So fehlt bis heute in der australischen Bundesgesetzgebung ein generelles Verbot rassistischer Diskriminierung.

Tourguide im Kakadu National Park

Das Verhältnis der weißen Bevölkerung zu den indigenen Australiern ist ein viel diskutiertes und oft heikles Thema. Vorurteile prägen die Stimmung und Gespräche. „Abos", wie sie verächtlich genannt werden, gelten als faul und ausschließlich von staatlicher Stütze lebend. Aus Sicht der Ureinwohner scheint die Situation indes mehr als verständlich: Nach vielen Jahrtausenden der Eintracht wurde ihre Welt systematisch und in radikalem Tempo zerstört. Die geistige und physische Entwurzelung hat zu Lethargie und Depressionen geführt. Der Wille, gegen die Obrigkeit die Hand zu erheben, ist allzu schnell gebrochen worden.

Dotpainting

Kulturelles Erbe erhalten

Trotzdem gibt es für die Zukunft auch Anlass zur Hoffnung: Die Mehrheit der Australier hat heute erkannt, welches Unrecht den Ureinwohnern zugefügt wurde und sieht deren Kultur als Erbe der Nation. Indigene Australier werden heute als Arbeitskräfte in vielen Bereichen der Industrie, Landwirtschaft und des Bergbaus als gleichwertige Mitarbeiter angestellt.

Vor allem ist es jedoch der Tourismus, der den Ureinwohnern eine Chance gibt. In selbstverwalteten Tourismusprojekten (wie z.B. WAITOC in Westaustralien), im Kakadu National Park und am Uluru (Ayers Rock) profitieren sie vom Interesse an ihrer Kultur und Geschichte.

Ihre Malerei, insbesondere die typischen *Dot Paintings,* hat einen festen Platz in Galerien des Landes. Sie bietet in erster Linie den Frauen eine Chance auf Anerkennung und Verdienst. Das australische Didgeridoo erfreut sich bei Touristen einer steten Beliebtheit als Souvenir. Unter dem Logo „ROC" *(Respecting our Culture)* werden künftige Tourismusprojekte gefördert.

Die dreifarbige Flagge gilt seit 1971 als Symbol der Ureinwohner und verleiht ihnen Stärke, Einheit und Stolz. Entworfen wurde sie von Harold Thomas, dem ersten Aborigine, der sein Examen an einer australischen Kunstakademie abgeschlossen hat.

Internet-Adressen zum Thema

The Aboriginal and Torres Strait Island Commission: www.atsic.gov.au

Aboriginal Tourism Association: www.ataust.org.au

Aboriginal-Kunst: www.aboriginalart.com.au, www.anggnarra.com

Aboriginal-Nachrichten: www.koorimail.com

Permits zur Durchquerung von Aboriginal-Gebieten, Central Lands Council: www.clc.org.au

Western Australian Indigenous Tourism Operators Committee: www.waitoc.com

Gesellschaft für bedrohte Völker: www.gfbv.de

Geografie

	Australien	**Europa**
Fläche qkm	7,686 Mio. qkm	10,1 Mio.
Bevölkerung	22,7 Mio.	740 Mio.
Einwohner pro qkm	2,9	65

Australien besteht im Wesentlichen aus zwei Landmassen: dem Festland und der Insel Tasmanien. Mit fast 37.000 Küstenkilometern gilt das Land als Inselkontinent. Er hat sich zu Beginn des Mesozoikums aus dem Zerfall des einstigen Urkontinents Gondwana entwickelt, welcher aus einem Zusammenschluss aus Afrika, Südamerika, Indien und der Antarktis sowie Australien und Neuseeland bestand. Vor ungefähr 40 Millionen Jahren trennte sich Australien von den letzten Nachbarn, der Antarktis und Neuseeland. Wahrscheinlich ist der Kontinent 2–3 Milliarden Jahre alt, ein Urgestein der Erdgeschichte. Trotz dieser zunächst vorhandenen Gemeinsamkeiten mit der südostasiatischen Inselwelt hat sich Australien in den letzten 40 Millionen Jahren eigenständig und isoliert entwickelt. Die Flora und Fauna hat sich ihrer Umgebung entsprechend endemisch entwickelt. Ein typisches Beispiel hierfür sind die unzähligen Wildblumenarten in Westaustralien.

Flach und trocken

Mit seiner Fläche nimmt Australien immerhin 5,7% der globalen Landfläche ein. Es ist der kleinste und nach der Antarktis trockenste Erdteil, fernab der übrigen Welt gelegen. Australien ist außerdem mit nur 300 m Durchschnittshöhe der flachste aller Kontinente, selbst der höchste aller Berge auf dem Festland, der Mount Kosciuszko, erreicht nur 2228 m. Der höchste Berg auf australischem Territorium ist allerdings der Big Ben mit 2745 m auf Heard Island.

Westaustralien hat seine höchste Erhebung mit dem Mount Meharry (1287 m). Mit dem Mount Augustus besitzt der Bundesstaat den größten Felsen des Kontinents.

Rundum Wasser

Von Deutschland liegt Australien rund 20.000 km entfernt, zur südamerikanischen Küste sind es 15.000 km, zur afrikanischen rund 8000 km und selbst zu Neuseeland noch 2000 km.

Der Kontinent wird von verschiedenen Meeren begrenzt: im Osten der Pazifische Ozean, im Südosten die Tasman-See, im Westen der Indische Ozean und im Norden das Timor-, Arafura- und Korallenmeer.

Extreme Entfernungen

Legt man zwei Landkarten gleichen Maßstabs übereinander, so hätte ganz Europa Platz in Australien. Die geänderten Größenverhältnisse bedeuten für Reisende schon beim Anblick der Straßenschilder eine Umstellung: nicht 10 oder 20 Kilometer lauten die Entfernungen, sondern 200, 500 oder gar 1000 Kilometer. Die Entfernungen des

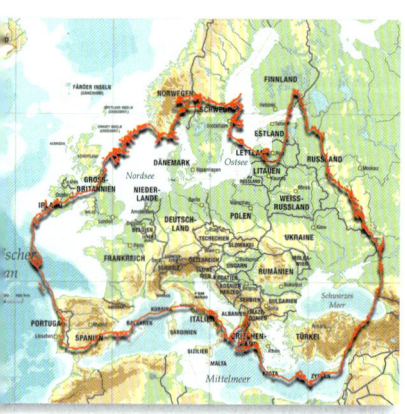

Größenvergleich Europa / Australien

Drei landschaftliche Großräume

Das westaustralisches Tafelland

Fast zwei Drittel des australischen Kontinents werden vom trockenen westaustralischen Tafelland bedeckt. Es umfasst nicht nur den Bundesstaat Western Australia, sondern auch das Northern Territory, South Australia und weite Teile von Queensland. Bis auf wenige Bergketten längs der Nord- und Nordwestküste (Kimberley, Hamersley Ranges) ist das Tafelland mit durchschnittlich Höhen von 300 bis 600 Metern sehr flach.

Riesige Wüsten

Ausgedehnte Wüstengebiete schließen sich nahtlos an einen schmalen fruchtbaren Küstenstreifen im Westen an. Die Great Sandy Desert, Gibson Desert, Great Victorian Desert im Westen, die Tanami Desert im nördlichen Zentrum und die „baumlose" Nullarbor Plain im Süden sind die größten Wüsten des Kontinents. Im Norden finden sich Savannen und Steppen.

Fruchtbare Regionen

Der Süden, Südwesten und die Darling Ranges östlich von Perth bilden mit Ackerland und ausgedehnten Weizenfeldern eine fruchtbare Ausnahme. Eine messbare Bevölkerungsdichte scheint, sieht man vom Großraum Perth und den südwestlichen Kleinstädten ab, kaum vorhanden.

Kontinents werden dann auch gerne unterschätzt. Eine vernünftige Reiseplanung ist unbedingt anzuraten, will man nicht den ganzen Tag in monotoner Weise auf Landstraßen verbringen.

Speziell Westaustralien gilt als Land der Kilometer. Zwischen einzelnen Sehenswürdigkeiten muss oftmals einfach „gefahren" werden, denn dazwischen gibt es weder Siedlungen noch Sehenswertes.

Je nach verfügbarer Zeit ist es daher sinnvoll, vom gut ausgebauten inneraustralischen Flugnetz Gebrauch zu machen. Die Australier selbst haben eine ganz andere Einstellung zu den Entfernungen. So nehmen sie gerne in Kauf, dass der tägliche Weg zur Arbeit mit ein oder zwei Fahrstunden verbunden ist oder ein Besuch bei Freunden mehrere Stunden Fahrzeit kostet.

Die Städte expandieren flächenmäßig weit in das Umland – Platz ist ja schließlich genug vorhanden. Kleinflugzeuge werden im menschenleeren Inland oft genutzt und fast jede Farm hat ihren eigenen „Airstrip" (Landepiste).

Die großen Kontraste sind es, die faszinieren. Hier die pulsierenden Metropolen und Städte an den Küsten, dort das einsame Outback, üppig grüne Regenwälder, endlose Strände oder subalpine Bergregionen.

Das mittelaustralische Tiefland

Outback pur

Das weite, offene Land im Landesinneren wird gemeinhin als Outback bezeichnet. Es beginnt dort, wo die meist

Unterwegs auf dem Oodnadatta Track

fruchtbaren Küstengürtel wieder in flaches Land übergehen. Rote Erde, dünner Sträucher- und Grasbewuchs prägen das Bild.

Imposante Berge

Aus dem tief liegenden zentralen Becken ragen bizarre Gesteinsformationen wie Ayers Rock (Uluru, NT), Olgas (Katja Tjutja, NT), Mount Augustus (WA), zerfurchte Bergketten wie MacDonnell Ranges (NT) oder eindrucksvolle Schluchtensystem wie im Karijini National Park (WA) empor. Einige Berge weisen beachtliche Höhen auf: Mount Woodroffe (1660 m) in den Musgrave Ranges und Mount Zeil (1531 m) in den westlichen MacDonnell Ranges reihen sich gar in die Phalanx der höchsten Bergen des Kontinents ein. Ein ideales Terrain für Bergwanderer, sofern die klimatischen Bedingungen mitspielen. Wanderungen im Outback sollten generell in der kühleren Jahreszeit von von Mai bis September unternommen werden. Entlang der westlichen Mac Donnell Ranges führt beispielsweise in mehreren Etappen der Weitwanderweg Larapinta Trail (▶ Exkurs s.S. 501).

Wüste und Salzseen

Die tiefste Senke stellt der südaustralische Lake Eyre mit 12 m unter NN dar. Die Umgebung der Salzseen, welche vor allem im südaustralischen Outback entlang des Oodnadatta Tracks (Lake Eyre North, Lake Eyre South, Lake Frome, Lake Torrens) und in den Gawler Ranges (Lake Gairdner) sowie im westaustralischen Outback (Lake Carnegie u.a.) zu finden sind, ist vom typischen kontinentalen Wüstenklima geprägt. Extrem heiße und trockene Sommer sind in diesen Gegenden nicht unbedingt eine Empfehlung für Reisende. Auch hier gelten als beste Reisezeit die Monate Mai bis Oktober.

Die Wüste lebt

Gelegentliche Regenfälle lassen die Salzseen zum Leben erwachen. Urplötzlich finden sich Millionen von Vögeln inmitten der Wüste ein – ein Schauspiel, das leider nur etwa alle zehn Jahre zu beobachten ist. Mitunter fällt jahrelang kein einziger Regentropfen und Dürreperioden machen den Farmern und ihrem Vieh das Leben zur Qual. Die Flüsse Murray und Darling sind die Lebensadern des Südens. Der Murray River ist mit über 2500 km der längste Fluss des Kontinents und das wichtigste Trinkwasserreservoir für South Australia und Adelaide.

Artesische Wasserbecken

Zahllose Flüsse versickern und versanden im Landesinnern. Unter der Oberfläche der mittelaustralischen Senke befinden sich riesige artesische Becken, d.h. hier lagern in porösem Stein eingelagerte Wassermengen, die unter hohem Druck stehen. Farmer und Eisenbahner haben sich diese Wasservorräte bei der Erschließung des Landes zu Nutze gemacht. Durch Bohrungen entstanden Brunnen, die jedoch teilweise nie wieder verschlossen wurden. Viele Reservoirs sind deshalb schon ausgetrocknet. Ein gutes Beispiel für artesische Brunnen („Wells") findet man entlang der alten Viehtriebsroute Canning Stock Route (▶ Exkurs s.S. 395).

Das ostaustralische Hochland

Der Osten des Kontinents ist von einem fast 3000 km langen paläozoischen Gebirgszug begleitet. Dieser beginnt im Norden bei den ersten Hügeln von Cape York und endet mit den Australischen Alpen von New South Wales und Victoria im Süden. Tatsächlich gehören auch die tasmanischen Berge dazu, welche sich, von der Bass Strait unterbrochen, als Fortsetzung der Great Dividing Range darstellen.

Hohe Gipfel

Die höchsten Berge des Kontinents sind Mount Kosciuszko (New South Wales, 2228 m), Mount Bogong (Victoria, 1986 m) und Mount Bartle Frere (Queensland, 1604 m).

Die Flüsse, die den Berg- und Hügelregionen entspringen, entwässern entweder nach Osten in das ostaustralische Flachland (Eastern Lowlands) oder in das abflusslose zentrale Becken, in dem sich artesische Becken oder Salzseen bilden.

Regenwälder

Charakteristisch für die Gebirgszüge sind die Regenwälder im Norden (Nord-Queensland). Ihre Artenvielfalt beruht auf den immens hohen Niederschlägen während der Regenzeit (Dezember bis März) und den ganzjährig tropisch heißen Temperaturen.

Abkühlung

Nach Süden hin tritt ein merklicher Temperaturrückgang in der Bergregionen ein. Reisende, die entlang der Ostküste unterwegs sind und denen der Sinn nach etwas Abkühlung steht, sollten zur Abwechslung in die höheren Gefilde der landeinwärts gelegenen Berge ausweichen. So bieten beispielsweise die *Atherton Tablelands* bei Cairns oder der *Lamington National Park* südlich von Brisbane dank der Höhenlage stets ein etwas kühleres Lüftchen. Auch der Süden des Kontinents hat aufgrund kalter, von der Antarktis beeinflusster Winde, immer ein deutlich kühleres Klima. Besonders deutlich wird dies in den Wintermonaten auf Kangaroo Island, entlang der Nullarbor Plain und im Südwesten (Esperance, Albany).

Reiche Pflanzen- und Tierwelt

Zu den angenehmen Temperaturen in den höheren Regionen kommt die Artenvielfalt bei Flora und Fauna hinzu. Während die Küstenregionen weitgehend von Monokulturen (z.B. Zuckerrohrplantagen im tropischen Queensland) und intensiv genutzten Weideflächen beherrscht werden, findet man im sogenannten „Hinterland" (welches die Australier tatsächlich genauso nennen) ursprüngliche und naturbelassene Wälder mit endemischen Arten.

Schnee im Süden

Im Südosten erreichen die Temperaturen und die Berge im Winter ein Niveau, das sogar Skifahren ermöglicht. Der Schwierigkeitsgrad der Skigebiete lässt sich indes nicht mit europäischen Alpinregionen vergleichen. Sanfte Hügel dominieren das Bild – mit ein Grund dafür, dass das „Cross-Country Skiing" (Skiwandern) immer populärer wird. Die Schneesicherheit der letzten Winter war aber eher schlecht.

Great Barrier Reef

An der Ostküste des Kontinents erstreckt sich mit einer Länge von über 2300 km das größte Korallenriff der Erde.

Klima und Klimazonen

Der größte Teil des Kontinents liegt im Bereich der subtropischen Hochdruckzone, die für beständiges Wetter sorgt. Neben der Antarktis ist Australien daher der niederschlagsärmste und trockenste Kontinent der Erde. Australien teilt sich grob in zwei Klimazonen. Im Norden, oberhalb des Wendekreises des Steinbocks (Tropic of Capricorn), liegen ca. 40% des Landes in der Tropenzone.

Die südlichen Gebiete befinden sich in einer subtropischen und gemäßigten Klimazone, wobei im Landesinneren das typische Wüstenklima vorherrscht.

Die **Jahreszeiten** sind denen der Nord-Halbkugel entgegengesetzt:

Frühling:	September bis November
Sommer:	Dezember bis Februar
Herbst:	März bis Mai
Winter:	Juni bis August

Aufgrund der Größe des Kontinents gibt es jedoch innerhalb der Klimazonen erhebliche Abweichungen. Während es in den gemäßigten Gebieten deutliche Jahreszeiten gibt, kennt die Tropenzone nur die Trockenzeit (Dry Season) im Winter und die Regenzeit (Wet Season) im Sommer. Die höchste Temperatur wurde mit 50,7 Grad im Januar 1960 in Oodnadatta (South Australia) gemessen, die niedrigste mit minus 23 Grad am 29. Juni 1994 am Charlotte Pass (New South Wales). Den Rekord für längste Hitzeperiode hält das Städtchen Marble Bar in Westaustralien.

Wetterbericht

Unter **www.bom.gov.au** ist eine fundierte Wettervorhersage zu finden.

Winterwunderland mit verschneiten Bergen in den Australischen Alpen

Low Isles, Great Barrier Reef

Zeitzonen

Australien hat drei Zeitzonen:

▶ Die **Eastern Standard Time** (EST) in New South Wales, Australian Capital Territory, Victoria, Tasmanien und Queensland.

▶ Die **Central Standard Time** (CST) in South Australia und im Northern Territory.

▶ Die **Western Standard Time** (WST) in Western Australia.

CST ist eine halbe Stunde früher als EST, WST ist zwei Stunden früher als EST. In den australischen Staaten – außer im Northern Territory, Queensland und Western Australia – herrscht von Ende Oktober bis Ende März Sommerzeit, d.h., die Uhren werden dort um eine Stunde zurückgedreht.

▶ MEZ – Western Time: + 7 h.

Aufgrund dieser komplizierten Regelung empfiehlt sich nach Überquerung einer Staatsgrenze oder nach einem inneraustralischen Flug stets der Blick auf eine lokale Uhr, um die eigene auf die offizielle Zeit umzustellen.

Flora und Fauna

Die Geschichte der australischen Tier- und Pflanzenwelt steht in engem Zusammenhang mit „Gondwana" – dem südlichen Teil des Urkontinents. Die einstige geologische Landverbindung der Kontinente ist bei Flora und Fauna noch heute erkennbar. So sind in Südamerika – ebenso wie in Australien – Beuteltiere, Laufvögel und Palmfarne heimisch. Aufgrund der erdgeschichtlichen Isolation konnten sich Pflanzen- und Tierarten unbeeinträchtigt von evolutionären Vorgängen eigenständig entwickeln. Sie blieben bis heute als sog. endemische Arten erhalten. Beispiele aus der Tierwelt sind eierlegende Säugetiere sowie zahlreiche Beuteltiere, die in anderen Erdteilen fast vollständig von höheren Säugetieren verdrängt wurden.

Die Tierwelt

Zur Fauna des Fünften Kontinents gehören etwa 300 wildlebende Säugetierarten. Zu den heimischen Reptilien und Amphibien werden 480 Echsen-, 170 Schlangen-, zwei Krokodil- und 20 Schildkrötenarten gezählt.

Nicht zu vergessen sind ca. 3500 Fischarten, die in den australischen Süß- und Meeresgewässern heimisch sind. An Land kommen noch etwa 750 Vogelarten sowie unzählige wirbellose Landtiere wie Spinnen, Insekten und Krebse hinzu.

Säugetiere

Eierlegende Säugetiere (Monotremes)

Die wohl außergewöhnlichste Tiergruppe, die nur noch in Australien und, mit Ausnahmen, in Neuguinea vorkommt, sind die eierlegenden Säugetiere. Zu den **Kloakentieren** gehören das Schnabeltier und der Ameisenigel. Harn, Kot,

Eier und Sperma verlassen ihren Körper zur selben Öffnung, die sogenannte Kloake. Dies ist bei Reptilien und Vögeln ebenso der Fall, jedoch säugen Schnabeltiere und Schnabeligel ihre Jungen.

Das **Schnabeltier** (Platypus), mit dunkelbraunem Fellkleid, Entenschnabel und Schwimmhäuten, hält sich in Flüssen und Bächen auf, meist in den tropischen Regenwäldern entlang der Ostküste, aber auch im kühleren Süden. Durch die fortschreitende Zivilisation schrumpft der Lebensraum der scheuen Tiere leider enorm. Gute Beobachtungsmöglichkeiten bieten sich auf Kangaroo Island (South Australia).

Schnabeligel (Echidna) sind, wie der Name schon sagt, den Igeln ähnlich und haben einen röhrenartigen Schnabel. Die Tiere bringen 2–7 Kilogramm auf die Waage und kommen in allen Klima- und Vegetations-zonen des Kontinents vor. Sichtungen sind auf Kangaroo Island (Südaustralien), rund um Perth und entlang der Westküste (z.B. Kalbarri) möglich. Auffällige Grabungen rund um Termitenbauten deuten darauf hin, dass ein Echidna am Werk war oder gerade noch ist. Leuchten Sie mit einer Taschenlampe in die Löcher, möglicherweise ist das Tier gerade beim graben.

Beuteltiere (Marsupials)

Die altertümliche Unterklasse der Säugetiere ist fast ausschließlich in Australien und auf den umliegenden Inseln beheimatet. Wichtigstes Kennzeichen ist der Beutel der Weibchen, in dem sich das in embryonalem Zustand geborene Junge, fest mit einer Zitze verbunden, in einer Zeitspanne von zwei bis sieben Monaten weiterentwickelt. Anschließend verlassen die Winzlinge den Beutel zeitweise und kehren nur noch zum Säugen oder bei Gefahr dorthin zurück.

Zu den bekanntesten Beuteltieren zählen die **Kängurus** und ihre Verwandten. Häufigste Arten sind die Riesen-känguru (Red Kangaroo, Grey Kangaroo), Wallaroos und die kleineren Wallabies. Die kleinste Art misst im Sitzen gerade 23 cm, die größte Art dagegen 1,80 m. Das Gewicht der hüpfenden Gesellen liegt zwischen 500 Gramm und 90 kg. Mit ihren bis zu 3 m hohen und 12 m weiten Sprüngen erreichen sie eine Geschwindigkeit von 80 km/h.

Kängurus sind praktisch im ganzen Land heimisch. Durch die Veränderung des Lebensraumes (Rodung, Straßenbau etc.) und die Einführung natürlicher Feinde (Wildkatzen, Füchse) wurden die kleineren Arten stark dezimiert. Die größeren indes erfreuen sich der erweiterten Futterflächen und vermehren sich stark. Viele Landwirte klagen über die Tiere, die ihnen die Wiesen abgrasen (insbesondere bei Trockenheit) und schießen die Tiere ab, was in gewissem Umfang sogar offiziell gestattet ist. Das Fleisch wird in erster Linie als Tierfutter verwendet. Seit den 1990er Jahren hält es jedoch vermehrt Einzug in die Speise-

Wombat

karten der Restaurants. Zahlreiche Exemplare und seltene Känguru-Arten findet man beispielsweise in den Flinders Ranges (South Australia), auf Rottnest Island bei Perth, in der Kimberley Region (WA) und in den MacDonnell Ranges (NT).

Nach den Kängurus zählen die **Wombats** aus der Familie der Plumpbeutler zu den größten Beuteltieren. Die kurzbeinigen und pummeligen Gestalten wiegen bis ca. 30 kg. Sie leben vorzugsweise im Busch und in den lichten Eukalyptuswäldern des Südens. Die dämmerungs- und nachtaktiven Tiere schlafen in Erdhöhlen und ernähren sich trotz ihres kräftigen Gebisses von Blättern, Wurzeln und Gras. Wombats lassen sich in Western Australia am besten in der Goldfields Region sowie bei Eucla beobachten.

Der **Koala** zählt zur Familie der Beutelbären und lebt in lichten Eukalyptuswäldern. Die Baumbewohner, die übrigens nichts mit Bären gemeinsam haben, sind im Norden (Queensland) kurzhaarig und silbergrau und wiegen zwischen 5 und 7 kg. Im Süden (Victoria) hingegen sind sie langhaarig und mit Gewichten von 8 bis 12 kg deutlich schwerer. Die meist nachtaktiven Tiere ernähren sich ausschließlich von Eukalyptusblättern. Auf den Boden kommen

Känguru

Koala

Numbat

sie nur herunter, um den Futterbaum zu wechseln. In Zeiten der weißen Besiedlung waren Dingos und australische Ureinwohner die Hauptfeinde der posierlichen Tiere, heute ist es die Abholzung, der Autoverkehr und Infektionskrankheiten, die den Bestand am meisten gefährden. Gute Chancen, Koalas in freier Wildbahn zu erleben, ergeben sich auf Kangaroo Island (Südaustralien) sowie in Queensland und Victoria.

Eine weitere große Familie sind die **Kletterbeutler** (Possums). Sie leben in den Bäumen der australischen Wälder. Es gibt maus- bis fuchsgroße Tiere, solche mit langen Schwänzen und andere mit Flughäuten zwischen den Gliedmaßen. Die Ernährung reicht von Insekten und Blättern bis hin zu Fleisch. Zu Gesicht bekommt man sie eher selten, doch nachts geben sie unüberhörbare Geräusche von sich. Gerne räumen sie auch mal die Mülltonnen auf Campingplätzen aus. Mit einiger Sicherheit können sie im Walpole-Nornalup National Park (WA), gesehen werden.

Weitere Beuteltierarten sind die acht Arten der Familie der **Nasenbeutler** bzw. **Beuteldachse.** Dazu gehören beispielsweise der dachsartige Gefleckte Kurznasenbeutler (Northern Brown Bandicoot) oder der kaninchenartige Große Kaninchennasenbeutler (Rabbiteared Bandicoot). Zur Familie der **Raubbeutler** bzw. **Fleischfresser** werden unter anderem der **Ameisenbeutler** (Numbat) gezählt. Der katzenartige Termitenfresser ist vom Aussterben bedroht und lebt nur noch im Südwesten Australiens. Dort hat ein Schutzprogramm zu fruchten begonnen und die tagaktiven Tiere sind wieder häufiger anzutreffen. Ein guter Platz, um das Tiersymbol Westaustraliens lebend zu beobachten, ist das Dryandra Woodland nahe Narrogin.

Weitere Raubbeutler sind der Tasmanische Teufel (Tasmanian Devil), der Fleckschwanzbeutelmarder (Spottedtailed Quoll), der Beutelmaulwurf (Marsupial Mole) sowie der bereits ausgestorbene Beutelwolf (Tasmania Tiger).

Höhere Säugetiere

Zu den sogenannten höheren Säugetieren Australiens zählen die **Nagetiere** mit 51 Arten, **Flughunde** und **Fledermäuse** (58 Arten) sowie die **Meeressäuger** wie Robben, Seelöwen, Seekühe, Wale und Delfine mit etwa 60 Arten. Hinzu kommen noch 17 Arten eingeführter und verwilderter Säugetiere wie Fuchs, Kaninchen, Dingo, Ziege, Katze, Schwein, Esel, Kamel, Wasserbüffel und Rotwild.

Kriechtiere und Lurche
(Reptiles, Amphibians)

Krokodile

In Australien leben etwa 675 Reptilienarten. Die bekanntesten sind die beiden Krokodilarten: Das große **Leistenkrokodil** oder „Saltie", wie es in Australien genannt wird, lebt in den Gewässern des nördlichen Teils Australiens. Die auch für Menschen gefährlichen Reptilien sind keineswegs nur im Salzwasser heimisch. Sie sind an allen Flussläufen und Küsten im Norden, vor allem auch im Kakadu National Park (NT) sowie entlang der Kimberley Küste (WA) anzutreffen.

Die für den Menschen meist ungefährliche Gattung der **Süßwasserkrokodile** (Johnstonkrokodile oder „Freshie") lebt in tropischen Süßgewässern. Zu den besten Beobachtungsplätzen zählen die Wasserläufe in den Kimberleys (Windjana Gorge, Ord River), Katherine Gorge (NT) und Litchfield National Park (NT).

Achtung! Generell muss im gesamten tropischen Norden an der Küste sowie in allen Flussläufen von einer latenten Krokodilgefahr ausgegangen werden. Warntafeln sind deshalb unbedingt zu beachten!

Echsen

Zahlreichen Echsen (Lizards) leben überwiegend in den warmen Regionen des Landes. In Australien leben fünf Echsenfamilien, die alle ungiftig sind. Man unterscheidet Geckos (7–25 cm lang, großer Kopf), Flossenfüßler (Snake Lizards, 15–75 cm lang, keine Vorderbeine), Agamen (Dragons, 0,2–1 m lang, drachenähnliche Gestalt), Warane (Goannas oder Monitor Lizards, 0,2–2,5 m lang, sehen aus wie kleine Saurier) und Skinke (Skinks, 8–75 cm lang, eidechsenähnliches Aussehen).

Schlangen

Australien wird von sechs **Schlangenfamilien** mit 165 Arten besiedelt: Die *ungiftigen* Blindschlangen, Pythons und Warzen-Wasserschlangen (nicht zu verwechseln mit den sehr giftigen Sea Snakes) sowie die *giftigen* Familien der Nattern, Giftnattern bzw. Giftschlangen sowie die Ruderschwanz- und Plattschwanz-Seeschlangen. Insgesamt gelten 25 Schlangenarten für den Menschen als gefährlich.Schlangen kommen im trockenen Gebiet wie auch in Wald- und Buschlandschaften vor.

Für Panik oder übersteigerte Furcht besteht zunächst kein Grund. In Australien werden zwar jährlich rund 3000

Salzwasserkrokodil

Water Monitor

Menschen von Schlangen gebissen, aber durch entsprechende Hilfen und Gegengifte sterben davon nur ein bis zwei Menschen. Die meisten Schlangen sieht man als Reisender tot am Straßenrand liegen. Auch hier nochmals Vorsicht: ihr Beißreflex funktioniert noch 50 Minuten nach dem Tod!

Wichtige Vorsichtsmaßnahmen:

▸ Beim Camping das Zelt und Auto stets gut verschließen.

▸ Nachts Taschenlampen zum Ausleuchten des Wegs benutzen.

▸ Schuhe, Kleider und Schlafsäcke vor Benutzung kontrollieren.

▸ Beim Wandern festes Schuhwerk tragen und immer fest auftreten, damit die scheuen Tiere durch die Erderschütterung die Flucht ergreifen.

▸ Vorsicht auch beim beim Feuerholz sammeln: Schlangen lieben es, unter alten Bäumen, Ästen und Steinen zu verweilen. Auch in sogenannten „Schutzhütten" (Huts) suchen Schlangen gerne Schutz. Riskant kann es für Kinder werden, wenn sie in Erdlöchern, Baumstümpfen und Felsspalten graben.

Grüne Baumpython

Erste Hilfe bei Schlangenbiss

▸ Opfer beruhigen und möglichst nicht mehr bewegen, damit das Gift nicht durch den gesamten Körper pulsiert.

▸ Bissstelle nicht behandeln

▸ mit flexibler Binde oder mit gerissenen Stoffstreifen das gebissene Körperteil straffbinden – aber nicht abbinden! Bei der Bissstelle beginnen, zuerst nach unten und dann nach oben, möglichst um das gesamte Körperteil.

▸ den Körperteil schienen – wenn der Biss in der Hand ist, dann nur den Unterarm und in eine Schlinge legen. Wenn der Biss im Fuß oder am Bein ist, dann das gesamte Bein schienen (z.B. mit Ast, Fotostativ o.ä.).

▸ Patient liegend und ruhig lagern. Arzt holen oder in das nächstliegende Krankenhaus fahren.

▸ Druckverband nie selbst lockern!

Für die Erste Hilfe eignet sich ein Breitbandserum oder ein schlangenspezifisches Serum. Durch die Giftspuren am Biss kann die Art der Schlange bestimmt werden, daher den Biss nicht auswaschen oder aussaugen (es gibt dafür spezielle Vakuumpumpen).

Detaillierte Informationen über Schlangengifte und Gegengifte stellte die Universität Melbourne ins Internet: www.avru.org.

Giftnotruf:
131126

Schildkröten

Schildkröten (Turtles) sind nur im Wasser vertreten. Interessanterweise lebt trotz klimatisch optimaler Bedingungen keine Landschildkröte auf dem Kontinent. Neben den sechs Arten von Meeresschildkröten (Sea Turtles) kommen 15 Arten von Süßwasserschildkröten (Freshwater Turtles) vor. Gute Beobachtungspunkte sind Shark Bay (WA) und Heron Island (Queensland). Kleine Süßwasserschildkröten sind in den Wasser-läufen des Kakadu National Park (NT) sowie in den Bächen der Kimberley Region (WA) anzutreffen.

Vögel

Die Vogelwelt Australiens umfasst etwa 720 Arten, wovon rund 300 als Zugvögel regelmäßig nach Australien kommen. Alle Arten aufzuführen, übersteigt die Möglichkeiten dieses Buches, daher sind hier nur die auffälligsten Arten genannt.

Zu den farbenfrohesten und lautesten Vögeln in Australien zählen **Papageien** und **Sittiche.** Man unterscheidet zwischen Kakadus (Cockatoo), die

eine markante Federhaube tragen, den bunt gefiederten Loris (Lorikeets) und den echten Papageien (Parrots), zu denen auch die Sittiche zählen.

Gute Beobachtungsplätze für Kakadus befinden sich mehr oder weniger überall im Outback, wo Wasserstellen anzutreffen sind, z.B. im Kalbarri National Park (WA), in den Kimberleys (WA) und in den MacDonnell Ranges (NT). Die farbenfrohen Loris lassen sich gerne im Litchfield National Park (NT) sehen. Exemplare echter Papageien findet man im Westen weniger zahlreich als im Osten. Der Kragensittich (Australian Ringneck) ist der am häufigsten vorkommende Papagei Westaustraliens. Im Yanchep National Park (WA) können Sie die farbenprächtigen Tiere in Massen bewundern.

Der **Emu,** neben dem Känguru das zweite Wappentier Australiens, ist nach dem Strauss der zweitgrößte Vogel der Welt. Die flugunfähigen Tiere werden etwa 1,80 m groß und wiegen bis zu 55 kg. Sie leben vorzugsweise in trockenen Graslandschaften. Ihr Fleisch wird immer beliebter. Deshalb werden die Tiere auf über 160 Farmen in Australien gezüchtet. Beste Beobachtungspunkte

Emu

befinden sich im Kalbarri National Park und im François Peron National Park (beide WA).

Die schwarz gefiederten, ebenfalls flugunfähigen **Helmkasuare** (Southern Cassowary) sind durch Rodung der Regenwälder stark bedroht. Die Vögel mit ihren blauroten Hälsen leben nur in den tropischen Regenwäldern im äußersten Norden Queenslands.

Ein Nationalvogel ist der **Kookaburra,** genannt der „Lachende Hans" (Laughing Kookaburra), mit seinem scheppernden Gelächter. Dieser größte Eisvogel der Welt (bis 45 cm Spannweite) lebt in den lichten Wäldern der Ostküste und im Süden Australiens. Sein naher Verwandter, der blue-winged Kookaburra, hat etwas blauere Flügel und ist kleiner. Er ist im Norden und in der Pilbara Region an der Westküste beheimatet.

Storch

Das andere Wappentier Westaustraliens ist neben dem Numbat der Schwarzschwan (Black Swan). Mit bis zu zwei Metern Spannweite ist er der größte heimische Wasservogel. Anzutreffen sind die schwarzen Schwäne am Swan River und Lake Monger in Perth.

Weitere auffällige Vögel sind **Störche** (Jabiru), **Greifvögel** wie Habichte, Adler, Falken sowie **Kraniche** und die weit verbreiten **Trappen** (Australian Bustards). In großen Schwärmen fliegen **Tauben** (Pigeons) über das Land. Davon leben allein 22 einheimische Arten im Land, weitere drei wurden von Europäern eingeführt.

Riffhai

Meerestiere

Fische

Vor der australischen Küste leben rund 170 Haiarten. Die größte Art stellen die **Walhaie** (Whale Sharks) mit über 15 m Länge dar. Sie ziehen alljährlich zwischen März und Juni am Ningaloo Reef

Adlerrochen

Westaustraliens vorbei. Es ist ein ganz besonderes Erlebnis neben den imposanten, ungefährlichen Planktonfressern dahinzuschnorcheln.

Einige Haiarten sind für den Menschen gefährlich, dazu zählen die Blau-, Tiger-, Hammer- und Weißhaie. Blauhaie sind rund um Australien anzutreffen, allerdings nur selten direkt an der Küste. Tigerhaie tummeln sich gerne am Shark Bay (WA). Hammerhaie leben in den wärmern Küstengewässern im Norden und die Weißhaie schwimmen entlang der Südküste des Kontinents. Sie verursachen die häufigsten Haiunfälle in Australien.

In potentiellen Haigewässern sollten einige Vorsichtsmaßnahmen beachtet werden: Baden Sie nur an bewachten oder mit Hai-Netzen ausgestatteten Stränden. Vermeiden Sie Orte an denen Robbenkolonien leben oder an denen intensiv geangelt wird. Baden Sie nicht bei Dunkelheit oder in der Dämmerung im Meer und hören Sie auf die Hinweise der Einheimischen.

Nahe Verwandte der Haie sind **Rochen** (Rays). Der größte unter ihnen ist der ungefährliche Riesenmanta oder Teufelsrochen (Manta Ray) Mit einer Spannweite von maximal 6 m „fliegt" er majestätisch durch die Meere. Am Ningaloo Reef (WA) sowie rund um Lady Elliot Island (Great Barrier Reef, QLD) werden die Tiere häufig gesichtet. Die kleinere Art der **Stachelrochen** (Stingray), die sich meist am sandigen und schlammigen Grund bewegen, können für Menschen schmerzhaft werden, wenn auf den Schwanzstachel getreten wird.

Tückisch ist der **Steinfisch** (Stonefish). Er sieht aus wie ein mit Algen belagerter Stein und hält sich vorzugsweise in warmen, flachen Küstengewässern auf. Tritt man darauf,

Qualle

so gilt es, unverzüglich einen Arzt aufzusuchen, um sich ein Gegengift verabreichen zu lassen.

Die meisten Fische sind jedoch ungiftig und in ihrer Farbenpracht wunderschön anzusehen. Auf den meisten Ausflugs- und Tauchbooten sind Fischerkennungstafeln vorhanden. Interessierte können sich die wasserfesten Tafeln im Buchhandel und in Tauchshops besorgen.

Quallen

Quallen zählen zu den größten Gefahren für den Menschen. Vor der Küste Nordaustraliens schwimmen während der Sommermonate (November bis April) die farblosen Würfelquallen (Sea Wasp oder Box Jellyfish). Die wirbellosen Meerestiere haben über drei Meter lange Tentakel, die bei Berührung sehr schmerzhaft sind und zu Krämpfen führen können. Deshalb darf während der genannten Zeit nur an Stellen mit Quallennetzen (Stinger-Net) im Meer gebadet werden. Als Erste-Hilfe-Maßnahme wirkt bei Quallengift Essig oder Zitronensäure. Beides ist häufig an den Stränden vorhanden. Auf keinen

Fall Süßwasser auf die Wunde träufeln! Anschließend zum Arzt gehen. Unterschätzen Sie das Gift nicht – insbesondere Kinder sind gefährdet! Am äußeren Riff treten die Quallen nicht auf, d.h. dort kann gefahrlos geschnorchelt und getaucht werden.

Insekten und Spinnen

Das lästigste Insekt ist zweifellos die einfache Fliege. Sie beherrscht im Sommerhalbjahr das gesamte Outback und ist besonders in Regionen mit Weidewirtschaft (und dies sind nun mal die meisten Gegenden) eine Plage. So kommt es im Roten Zentrum vor, dass man den Tag über nur mit einem Fliegennetz über dem Kopf herumläuft. Eine Linderung der Plage naht, wenn kalte, winterliche Outbacknächte eintreten.

Die Gefahr durch **Spinnen** wird gerne übertrieben. In Australien leben sieben

Golden Orb Spider

für den Menschen gefährliche Spinnenarten. Dazu zählt die Sydney-Trichternetzspinne (Sydney Funnelweb Spider), die jedoch nicht nur in Sydney vorkommt, sondern in der gesamten gemäßigten Zone des Südens. Sollte der seltene Fall eines Bisses eintreten, so muss sofort das Krankenhaus aufgesucht und ein Gegengift gespritzt werden. Die Rotrücken-Spinne (Redback Spider) mit ihrem kugelförmigen Körper mit roten Flecken lebt in ganz Australien. Auch für diese Spinne gibt es ein wirksames Gegengift. Seit es Gegengifte gibt, wurde kein einziger Todesfall mehr verzeichnet!

Western Australia Wildlife-Kalender

Wann?	Was?	Wo?
Januar/ Februar	Suppenschildkröten *(Green Turtle)* und Unechte Karettschild- kröte *(Loggerhead Turtle)* (Nist- saison und einige Brutplätze)	Outback Coast – Ningaloo Marine Park
	Zwergpinguine *(Little Penguin)*	Peel – Shoalwater Islands Marine Park
März	Korallenlaiche (7 bis 10 Tage nach Vollmond)	Outback Coast – Ningaloo Marine Park
	Walhaie *(Whaleshark)*	Outback Coast – Ningaloo Marine Park
	Zwergpinguine	Peel – Shoalwater Islands Marine Park
	Suppen- und Unechte Karett- schildkröten (Nistsaison)	Outback Coast – Ningaloo Marine Park
April	Korallenlaiche	Outback Coast – Ningaloo Marine Park
	Walhaie	Outback Coast – Ningaloo Marine Park
	Zwergpinguine	Peel – Shoalwater Islands Marine Park
Mai	Mantarochen	Outback Coast – Ningaloo Marine Park
	Korallenlaiche	Outback Coast – Ningaloo Marine Park
	Walhaie	Outback Coast – Ningaloo Marine Park
	Zwergpinguine	Peel – Shoalwater Islands Marine Park
Juni	Buckelwale *(Humpback Whale)*	Outback Coast – Ningaloo Marine Park
	Zwergpinguine	Peel – Shoalwater Islands Marine Park
	Walhaie	Outback Coast – Ningaloo Marine Park
	Mantarochen	Outback Coast – Ningaloo Marine Park
Juli/ August	Buckelwale	Outback Coast – Ningaloo Marine Park
	Südliche Glattwale *(Southern Right Whale)*	Great Southern – Albany, Bremer Bay, South West; Great Australian Bight (SA)
	Mantarochen	Outback Coast – Ningaloo Marine Park
September/ Oktober	Buckelwale	Perth, Outback Coast – Ningaloss Marine Park, Esperance Region, Great Southern – Albany, South West Geo- graphe Bay, Midwest Region Kalbarri
	Südliche Glattwale	Great Southern – Albany, Bremer Bay, South West
	Mantarochen	Outback Coast – Ningaloo Marine Park
ab Oktober	Zwergpinuine	Peel – Shoalwater Islands Marine Park
November	Buckelwale	Perth, Outback Coast – Ningaloss Marine Park, Esperance Region, Great Southern – Albany, South West Geographe Bay, Midwest Region Kalbarri

	Mantarochen	Outback Coast – Ningaloo Marine Park
	Zwergpinuine	Peel – Shoalwater Islands Marine Park
	Suppen- und Unechte Karettschildkröten (Nistsaison)	Outback Coast – Ningaloo Marine Park
Dezember	Zwergpinuine	Peel – Shoalwater Islands Marine Park
	Suppen- und Unechte Karettschildkröten (Nistsaison)	Outback Coast – Ningaloo Marine Park

Westaustraliens ganzjährige Fauna-Präsenz

Was?	Wo?
Kurzschwanzkänguru *(Quokka)*	Perth – Rottnest Island
Schwarze Schwäne	Perth
Kängurus und Wallabies	Ganz WA
Possums: Ringschwanzbeutler *(Common Ringtail Possum)* Honigbeutler *(Honey-Possum)* Fuchskusu *(Common Brush-tail Possum)*	Ganz WA
Emus	Ganz WA
Gabelschwanz-Seekühe *(Dugongs)* (mit 10.000 Dugongs die weltweit größte Population)	Outback Coast – Shark Bay
Delfine: Große Tümmler *(Bottlenose Dolphin)*	Outback Coast – Monkey Mia (Shark Bay), Perth, Peel – Rockingham, Mandurah, South West – Bunburry
Streifendelfin, Atlantischer Fleckendelfin *(Indo-Pacific humpbacked Dolphin)*	Kimberley
Robben, Seelöwen, Zwergpinguine	Perth; Peel – Shoalwater Island Marine Park; Great Southern – King George Sound
Gould's Goanna	Pilbara
Kaninchennasenbeutler *(Bilby)*	Pilbara
Krokodile	Kimberley (WA)
Kragenechse *(Frilled Lizard)*	Kimberley, NT
Plumpbeutler *(Wombat)*	Goldfields – Eucla
Ameisenbeutler *(Numbat)*	Southwest
Lachender Hans *(Kookaburra)*	Southwest

Wildlife-Aktivitäten

Was?	Wo?
Schwimmen mit Delfinen	Im Südwesten: Rockingham, Mandurah, Bunbury; Eyre Peninsula (SA): Streaky Bay
Schnorcheln mit Walhaien	Outback Coast: Ningaloo Marine Park (März–Juni)
Schnorcheln mit Mantarochen	Outback Coast: Ningaloo Marine Park (Mai–November)
Whale Watching	Entlang der Küste von Esperance bis zum Ningaloo Riff/Exmouth (in der Saison – s.o.)

Die Pflanzenwelt

Australiens Flora ist eigenständig und zeichnet sich durch sehr viele endemische Arten aus. Der Norden ist von einer tropischen Gras- und Baumsavanne geprägt. Im Westen und im Zentrum nehmen vorwiegend Graslandschaften und Trockenbuschsteppen das Land ein. Im Südwesten wachsen die unterschiedlichsten Buscharten und Eukalyptuswälder. An der Ostküste breiten sich Mangroven- und Regenwälder aus. Im Südosten und auf Tasmanien dominieren Eukalyptuswälder.

Der **Eukalpytus** (Gum Tree) ist der bekannteste Baum Australiens. Mit ca. 700 Arten zählt er zu den artenreichsten Laubbäumen der Erde. Er hat sich an sämtliche Klimabedingungen im Land angepasst. So wachsen im trokkenen, heißen Zentrum die mit kalkweißen Stämmen markant emporragenden Geisterbäume (Ghost Gum). Im kalten Bergland im Südosten Australiens dominiert dagegen der Schnee-Eukalyptus (Snow Gum). Die höchsten Arten erreichen 90 Meter! Ein weiterer Mammutbaum ist der Karri, der im Südwesten rund um Pemberton/Walpole wächst

Eukalyptusbaum

und von September bis Februar mit seinen weißen Blüten auffällt.

Neben den Eukalypten sind etwa 850 **Akazienarten** (Wattles) in Australien zu finden. Sie sind vom Strauch bis zur Baumgröße auf dem gesamten Kontinent vertreten. Kennzeichnend für Akazien sind die gut riechenden, meist gelben oder weißen Blüten.

Regenwald

Protee

Baobab

Das Hartlaubgewächs der **Proteen** fällt besonders während der Blütezeit mit leuchtenden, bürstenförmigen Blütenständen auf. Wie auch die Eukalypten gehören viele Proteen zu den Feuerpflanzen. Das heißt, sie benötigen zur Vermehrung und Entwicklung von Zeit zu Zeit Brände, um die Samen aus den harten Fruchtkapseln freizulegen.

Die als lebende Fossilien geltende **Palmfarne** (Cycad), wachsen auf dem gesamten Kontinent (z.B. im Palm Valley, Northern Territory) und werden bis zu 1500 Jahre alt.

Eine Besonderheit im Nordwesten ist Australische **Baobab** (Boab Tree). Der bis zu 15 m hohe Baum fällt durch seinen flaschenartigen Stamm ins Auge. Der Baum kann bis zu 300 Liter Wasser für trockene Zeiten speichern. Die Ureinwohner haben sich dies früher zunutze gemacht und die Stämme angezapft (s. Exkurs S. 409).

Ein echter Höhepunkt für Pflanzenfreunde sind Regenfälle im Outback, wenn innerhalb kürzester Zeit farbenfrohe Pflanzen auf der roten Erde blühen. Die riesigen Wildblumenteppiche sind im südlichen und mittleren Teil Westaustraliens während des Frühlings eine wahre Augenweide (s. Exkurs S. 55).

Literaturtipps

Fehling, L.: **Australien Natur-Reiseführer,** Tiere und Pflanzen am touristischen Wegesrand. München 2007; Idealer Reisebegleiter mit verständlichen Erklärungen und Bilder zu Tieren und Pflanzen.

Stadt Frankfurt/M. (Hrsg): **Gondwana.** Die Pflanzenwelt von Australien und ihr Ursprung. Palmengarten, Sonderheft Nr. 28. Frankfurt/M. 1998. Wissenschaftlich fundierte Broschüre über die Vegetation Australiens. Simpson, K. und Day, N.: **Field Guide to the Birds of Australia.** Melbourne 2010. Mit dem Buch wird die Identifizierung der vielen Vögel einfacher. Gute Abbildungen und kurze Erklärungen (englisch).

Wildblumen in Westaustralien

Rote, blaue, gelbe, violette Blumen – riesige Blütenteppiche soweit das Auge reicht! Von August bis Oktober/November ist Wildblumenblüte in Westaustralien, eine wahre Augenweide, nicht nur für Botaniker.

Mit über 8000 Arten von Blütenpflanzen hat Westaustralien eine der artenreichsten natürlichen Floren weltweit. Es ist also nicht nur die enorme Blütenmenge, die naturgemäß schon aus der Fläche heraus entsteht, sondern die enorme Vielfalt, die den „Wildblumenstaat" Westaustralien ausmacht. Ein Grund liegt in der isolierten Lage des Südwestens. Er ist von zwei Ozeanen und zwei Wüsten begrenzt. So konnten sich vor allem dort viele endemische Arten entwickeln. Man schätzt, das 75-85% aller Pflanzen nur im räumlich begrenzten Südwesten und nirgendwo anders auf der Welt wachsen.

Dazu zählen unter anderem das Kängurupfötchen (Kangaroo Paw), deren Blüte aussieht wie die Pfote eines Kängurus, der Westaustralische Weihnachtsbaum (Christmas Tree), dessen Blütentrauben goldorange blühen und nach Honig duften sowie die fleischfressende Pflanze Krugblatt (Pitcher Plant), die in ihren zu kleinen Krügen geformten Blättern Insekten fängt.

Einer der artenreichsten Pflanzenfamilien im Südwesten sind die Proteengewächse (proteaceae), die mit herrlich blühenden Arten vertreten sind. Dazu gehören zum Beispiel die baumartigen Banksien mit ihren großen Blütenständen. An Wanderwegen und am Strand sieht man häufig die kleinen, farbenprächtige Blüten der Rautengewächse (boronia), die mit 46 Arten in Westaustralien vertreten sind. Zwischen Esperance und Geraldton sind mehr als 350 Orchideenarten (orchids) registriert, die sich vor allem in Farbe, Blütenform und Größe voneinander unterscheiden.

Touren:

Während der Wildblumensaison werden in vielen Orten zwischen Albany und Kalbarri organisierte Wildblütentouren angeboten. So bietet zum Beispiel Australian Pinnacle Tours ab Perth Tagestouren an (www.australianpinnacletours.com.au). Weitere Touranbieter sind im Reiseteil in den jeweiligen Städten aufgeführt.

Informationen:

Ausführliche Informationen sind bei The Wildflower Society of WA (www.ozemail.com.au/~wildflowers/) erhältlich. Die Gesellschaft bietet während der Blütezeit auch Touren an. Gute

Broschüren veröffentlicht die Naturschutzbehörde. Diese sind in den jeweiligen Büros, in vielen Visitor Centres des Südwestens sowie über die Internetseite www.naturebase.net erhältlich. Die Datenbank www.florabase.net ist bei der Identifikation der Pflanzenarten behilflich. Zur Bestimmung der Pflanzen unterwegs bietet sich die bunte Broschüre „Wildflowers of the Western State" mit vielen Bildern und kurzer Beschreibung an (in den Visitor Centres und in Souvenirshops erhältlich).

Achtung: Wildblumen dürfen nicht gepflückt werden!

Kultur

Die kulturellen Ursprünge des Landes gehen weit über die weiße Siedlungsgeschichte hinaus. Höhlen- und Felsmalereien der Aboriginal People dokumentieren die Jahrtausende alte Kulturgeschichte des Landes. Nach anfänglichen Minderwertigkeitskomplexen gegenüber Europa hat sich in Down under eine repräsentative Kulturszene mit international herausragenden Künstlern und Werken entwickelt. Kunst und Kultur werden von der australischen Gesellschaft hoch geschätzt.

Blick von der Sydney Harbour Bridge

Architektur

Zu Beginn der weißen Besiedlung orientierte sich die Architektur aus praktischen Gründen an den gängigen Baustilen der ehemaligen Heimat. Veränderungen, wie beispielsweise große schattenspendende Veranden, ergaben sich durch die extremen Klimabedingungen. Während der streng symmetrischen, gregorianischen Periode zeichnete sich der kreative Sträfling und Architekt Francis H. Greenway (1777–1837) mit Bauwerken wie den Hyde Park

Universität Sydney

Barracks und der St James Kirche in Sydney aus. In der viktorianischen Periode mit ihren Elementen der Gotik und Renaissance wurden ungewöhnliche Formen mit neuesten technischen Errungenschaften wie beispielsweise Gusseisen zusammengeführt. Zu den Architekten dieser Phase zählen Harold D. Annehaar (1866–1933), der sich gegen den importierten Stil auflehnte und Edmund T. Blacket (1817–1883), der die Gotik wieder aufleben ließ. Moderne Architektur wurde vom Amerikaner Walter Burley Griffin, der Canberra entwarf und dem Dänen Jörn Utzon, der das Opernhaus in Sydney baute, nach Australien importiert. Der bedeutendste zeitgenössische Architekt ist Phillip Cox. Einer seiner Verdienste ist die Gestaltung des Darling Harbour in Sydney oder der Entwurf des Ayers Rock Resort.

Malerei

Die **Malerei der Ureinwohner** ist in Übersee besser bekannt, als die Werke weißer australischer Maler. Noch heute dienen ihnen die alten Zeichen und Symbole der Vorfahren als Vorlage. Wegen des großen internationalen

Interesses entwickelten sich zahlreiche Kunstzentren auf dem Kontinent. In den Städten findet man oft Galerien mit Aboriginalwerken. Aber auch auf dem Lande, insbesondere im Norden des Landes werden in Aboriginal-Communities häufig Werke direkt von den Künstlern verkauft (s. Reiseteil).

Zu den renommiertesten weißen Malern des Landes zählte im 19. Jahrhundert Conrad Martens (1801–1878), der sich der Landschaftsmalerei widmete. Im 20. Jahrhundert lebte und malte Hans Heysen (1877–1968), dessen Bilder meist an den Eukalyptusbäumen erkennbar sind. Russel Drysdale (1912–1981) erreichte mit kargen, dürren Landschaftsbildern Bekanntheit. Sydney Nolan (1917–1992) bannte Australiens neuere Geschichte auf Leinwand.

Country Music – im wahrsten Sinn des Wortes

Musik

Musik und Australien – da denkt man zunächst an das Sydney Opera House, dann vielleicht an bekannte Rockmusik-Hits der 1980er und 1990er Jahre. Australiens bekannteste Sopranistinnen Nellie Melba und Joan Sutherland heimsten internationale Erfolge ein und trugen nicht unwesentlich dazu bei, dass das Interesse an Oper und klassischer Musik bei den Australiern zunahm. Inzwischen besitzt jede australische Metropole ihr eigenes Symphonieorchester, welches nationale und internationale Tourneen durchgeführt.

Spielkasinos

Im britisch-puritanischen Australien waren Spielkasinos stets verboten. 1973 wurde auf Tasmanien in der Hauptstadt Hobart das erste eröffnet. Lange Jahre profitierte Tasmanien von seiner Sonderrolle, bis auch andere Bundesstaaten die lukrative Einnahmequelle erkannten. So wurden Kasinos in Adelaide, Perth, Townsville, Cairns, Melbourne und Sydney eröffnet. In Melbourrne, steht Australiens größte Spielbank, das Crown Casino am südlichen Yarra-Ufer. Unzählige Spielautomaten („einarmige Banditen"), Roulette- und Baccara-Tische befinden sich in den großen Hallen. Selbst das traditionelle Münzspiel „Two up", das vormals illegal in Kneipen gespielt wurde und als inoffizielles Nationalspiel gilt, wird in den Kasinos gespielt. Bei dem Spiel werden zwei Münzen hochgeworfen und auf die Kopf/Zahl-Relation gewettet. Die Spiel- und Wettleidenschaft der Australier wird eigentlich nur noch von den asiatischen Besuchern übertroffen, die ihre Abende gerne in den Kasinos verbringen.

Die Bedeutung der Aboriginal-Musik nimmt ebenfalls zu. So errang die Rockband Yothu Yindi mit ihrem Bandleader Mandawuy Yunupingu durch ihren Welthit „Treaty" international Aufmerksamkeit. Bei ihrem Auftritt bei den Olympischen Spielen in Sydney traten sie medienwirksam für die Rechte der australischen Ureinwohner ein. Bei jüngerem Publikum ist die Rock- und Popmusik aus dem eigenen Land außerordentlich populär. Die ältere Generation erinnert sich gerne an AC/DC („Hell's Bells"), Men at Work („Down under"), INXS („Beautiful Girl") und Midnight Oil („Blue Sky Mining"). Mainstream-Popmusik von Kylie Minogue erobert im neuen Jahrtausend die Hitparaden.

Australische Folk- und Countrymusik stammt von namhaften Vertretern wie Slim Dusty, Ted Egan oder John Williamson. Sie wird gerne am Lagerfeuer, bei Festen und natürlich beim alljährlichen Country Music Festival in Tamworth (NSW) angestimmt. Eine Zusammenfassung der besten Songs wie Waltzing Matilda (die inoffizielle Nationalhymne Australiens), Botany Bay oder The Wild Colonial Boy finden sich auf CDs wie „Aussie Singalong" oder „Australian Collection" wieder.

Film

In einem nicht zu unterschätzenden Maß werden Australien und seine Bewohner durch Filme und Dokumentationen dargestellt. Wer nun gleich an Kultfilme wie „Crocodile Dundee", „Mad Max" oder „Priscilla – Queen of the Desert" denkt, dem sei gesagt, dass australische Filmemacher auch anspruchsvolle Arbeiten ablieferten.

Bereits 1896 wurden bewegte Bilder (Stummfilme) in Australien produziert. Namhafte Filme wie „The Story of the Kelly Gang" (1906), „On the Beach" (1959) oder „The Sundowners" wurden auf dem Fünften Kontinent gedreht. In den 1980er füllten Streifen wie „Mad Max", „The Man from Snowy River" und „Crocodile Dundee" die Kinos in aller Welt. Es folgten Erfolgsfilme wie „Muriels Hochzeit", „Death in Brunswick", „Priscilla – Queen of the Desert" und „Schweinchen Babe". Das aufrüttelnde Drama „Rabbit-Proof Fence" (in Europa unter „Long Walk Home" in den Kinos) handelt von Aboriginalkindern, die bis in die 1970er zwangsweise von ihren Eltern getrennt wurden. Gute Werbung für die Naturschönheiten Westaustraliens machte 2008 der Film „Australia" in aller Welt. Peter Weir, Bob Weis und Robert Merritt sind australische Regisseure, die sich einen Namen in Hollywood gemacht haben. Beliebte Drehorte sind u.a. das Outback bei Broken Hill (Kulissenstadt Silverton), Coober Pedy und die Wildnis des Kakadu National Parks.

Literatur

Die frühe Literatur des Landes erzählt von Sträflingen, Goldgräbern, Buschräubern und Siedlern. Als einer der ersten griff Adam Lindsy Gordon (1833–1870) diese Themen auf, gefolgt von den Erfolgsautoren Henry Lawson (1867–1922) und A.B. (Banjo) Paterson (1864–1941). Patrick White (1912–1990), der erste Literaturnobelpreisträger Australiens, und Morris West („Des Teufels Advokat", „Kinder der Sonne") sowie Colleen McCullough („Dornenvögel") zählen zu den international bekanntesten Schriftstellern.

Rodeos in Westaustralien – Lieblingsveranstaltungen der Landbevölkerung

Wild West Down under: Pferdefreunde, Liebhaber wilder Sportarten und Frauen mit Hang zu ganzen Kerlen können sich in Westaustralien in den siebten Rodeo-Himmel katapultieren lassen. Rodeos haben Tradition. Fast jede Stadt, die etwas auf sich hält, veranstaltet einmal im Jahr ein Rodeo. Die besten australischen Cowboys, „Jackaroos" genannt, treten dann gegeneinander an.

Wenn der Reiseplan zeitlich passt, sollte man sich einen der folgenden Wettbewerbe nicht entgehen lassen: In Boddington, etwa zwei Autostunden südöstlich von Perth am Hotham River gelegen, findet seit 1976 das größte Rodeo im Kulturkalender Westaustraliens statt.

Immer am ersten Samstag im November stellen die Jackaroos ihre Fähigkeiten in diversen Disziplinen wie Bareback Riding und Bull Riding unter Beweis. Vor allem letztere Disziplin erfordert Mut und Geschick, denn nur wer es schafft, sich mindestens acht Sekunden auf dem Rücken eines Bullen zu halten, erreicht die nächste Runde. Ein vielfältiges Rahmenprogramm mit Live-Musik und Schafschur sorgt jedes Jahr für eine volle Arena – im Schnitt kommen rund 2000 Zuschauer.

Weitere Informationen auf ▶ http://www.boddingtonlionsrodeo.com.au

Wer sich am ersten Juli-Wochenende in der Kimberley Region aufhält, erlebt in Fitzroy Crossing im Rahmen des Kimberley Rodeo Circuit das volle Programm. Dort messen die wagemutigsten Cowboys der umliegenden Farmen ihre Kräfte. In Derby findet im August das Derby Outback Rodeo statt. Das Rodeo in Kununurra ist für sein Wagenrennen berühmt-berüchtigt. Dabei werden Cowboys in Mülleimern auf Rädern hinter Bullen hergezogen. Der Erste, der die Ziellinie überquert, gewinnt. Übrigens küren auch die Frauen mit genauso großem Ehrgeiz alljährlich ihre Champions!

Mehr Infos über den Rodeosport in Westaustralien auf
▶ www.nrcwa.com

Sport

Australien ist eine wahrhaft sportbegeisterte, um nicht zu sagen sportverrückte Nation. Die populärsten Sportarten sind Cricket, Aussie Rules Football, Rugby, Pferderennen, Motorsport, Schwimmen, Golf und Tennis. Am Beispiel der Olympischen Spiele konnte man aber sehen, dass auch Sportarten wie Fußball oder Basketball durchaus Potenzial haben. Bei Turnieren und Wettkämpfen herrscht eine begeisterte Atmosphäre. Ein Drittel aller Australier treibt aktiv Sport und in den Schulen werden sportliche Aktivitäten bereits früh gefördert. In Zusammenarbeit mit Schulen und Clubs werden Talente intensiv aufgebaut. Die Elite trainiert dann in den Fördereinrichtungen des Australian Institute of Sports in Canberra.

Die ältere Bevölkerung trifft sich in den Bowling Clubs und Golfanlagen zum Sport unter freiem Himmel. Im privaten Bereich wird sehr viel gejoggt, gesegelt und gesurft – kein Wunder bei rund 36.000 km Küstenlinie und meist angenehmem Klima.

Der Bewegungsdrang ist leider nicht allen zuteil, denn die Mehrheit konsumiert lieber passiv vor dem Fernseher oder im Pub. Untersuchungen beweisen sogar die bedenkliche Entwicklung, dass das australische Volk nach den Amerikanern zu den Übergewichtigsten der Welt zählt. Wer in öffentlichen Bars und Clubs den zahlreichen Pferderennen, endlosen Cricket-Übertragungen oder lebhaften Aussie-Rules-Spielen folgt, nutzt die Zeit, um der Wettleidenschaft zu frönen.

Aus dieser Sportbegeisterung heraus resultierte die Austragung der **Olympischen Spiele im Jahr 2000 in Sydney.** Nach jahrelanger Vorbereitung strahlte „Down under" während der XXVII. Sommerspiele ein fantastisches Bild in die Welt hinaus. Australische Athleten hatten sich gut vorbereitet und waren mit 58 Medaillen im eigenen Land so gut wie nie zuvor. **2018** folgt mit den *Commonwealth Games* an der Gold Coast ein weiteres sportliches Großevent in Down Under.

Namhafte Sportler in Down under

Zu den großen Sportlern und Sportlerinnen des Landes zählen der Cricketstar *Don Bradmann,* der in den 1930er und 1940er Jahren als Kapitän der australischen Mannschaft über 6900 „Runs" verzeichnete, die Schwimmlegende *Dawn Fraser,* die bei den Olympischen Spielen in Melbourne (1956), Rom (1960) und Tokyo (1964) siegte, *Evonne Goolagong,* die als erste Aboriginal-Frau 1971 das Tennisturnier in Wimbledon gewann. Als Tennis-Doppel schrieben „The Woodies", *Mark Woodford* und *Todd Woodbridge,* in den 1990ern Geschichte. Zur selben Zeit glänzte der Schwimmer *Kieren Perkins* mit Fabelweltrekorden, gefolgt von *Grant Hackett* und Superstar *Ian Thorpe* („Thorpedo").

Statue von Sir Donald Bradman, Adelaide

Australien Rules Football

Zu den Stars auf dem Golfplatz zählt *Greg Norman* („The Shark"). Unvergessen auch die Auftritte der schwarzaustralischen Läuferin *Cathy Freeman,* die die Olympische Flamme in Sydney entzündete und später Gold über 400 m gewann. Neben den Individualsportlern gewannen die Nationalmannschaften im Cricket und Rugby unzählige Weltmeisterschaften und Turniere.

Nationalsportarten in Australien

Cricket

Cricket, die Nationalsportart Nummer 1, beeinflusst das Leben der Australier so stark wie der Fußball die Europäer. Das für Laien schwer verständliche und ewig dauernde Spiel (ein Spiel kann mehrere Tage andauern) ist das beherrschende Thema im Sommer. Egal ob am Strand, in den Kneipen oder beim Busfahren – jeder unterhält sich gerne über die letzten „Runs" und „Wickets". Das Spiel erinnert stark an Baseball – nur ein wenig komplizierter und länger. Wer die Regeln verstehen möchte, sollte sich auf der Website des Australischen Cricketverbandes näher einlesen (http://aus.cric info.com). Wesentlich kurzweiliger ist es allerdings, sich die Regeln von einem echten Aussie erklären zu lassen (möglichst in einem Pub oder live beim Spiel). Egal, ob Sie es dann verstanden haben oder nicht – die Begeisterung für den Sport wird ein wenig greifbarer.

Australian Rules Football

Was im Sommer das Cricket, ist im Winter *„Australian Rules Football"* – kurz „Footie". Das dem Rugby ähnliche Spiel wird nur auf nationaler Ebene gespielt und findet seine größten Anhänger in Victoria, Südaustralien, Tasmanien und Westaustralien. Die „Australian Football League" (www.afl.com.au) findet jährlich von März bis September statt und endet mit dem Grand Final. Ziel des Spiels ist es, einen ovalen Ball, über das oben offene Tor zu kicken. Gespielt wird viermal 30 Minuten, Handspiel ist erlaubt – nur die Tore müssen mit dem Fuß erzielt werden. Schnelligkeit, harter körperlicher Einsatz und ein begeistertes Publikum zeichnen diese Sportart aus. Ein Stadionbesuch ist ein echtes Australienerlebnis!

Soccer (Fußball)

Fußball ist in Australien weit weniger verbreitet als andere Mannschaftssportarten. Doch seit Auftritte der *Socceroos,* wie die australische Nationalmannschaft genannt wird, bei der WM 2006 in Deutschland und 2010 in Südafrika, wird „Kicken" zunehmend populärer in Down Under.

Rugby

In Queensland und New South Wales, aber auch in den anderen Staaten in Down under, erfährt Rugby eine riesige Popularität. Der Spielbetrieb ist untergliedert in *Rugby League* (national) und *Rugby Union* (international). Insbesondere wenn Spiele der Nationalmannschaft anstehen, fiebert die ganze Nation mit. Das Spiel mit dem eiförmigen Ball ähnelt dem *Aussie Rules Football.*

Pferderennen

Es gibt sicherlich einige pferdeverrückte Nationen, aber dem wettfreudigen

Australien ist in diesem Kreis der Lorbeer kaum zu nehmen. Wo sonst gibt es ein Pferderennen, das Anlass für einen offiziellen Feiertag ist, wo ein Pferd, das beinahe zu einem internationalen Konflikt geführt hätte? So geschehen mit *Phar Lap,* dem erfolgreichsten australischen Rennpferd aller Zeiten. Als es bei einem Renntermin in den USA unter mysteriösen Umständen umkam, hätte dies fast zu diplomatischen Verwicklungen geführt. Das Tier steht heute ausgestopft im National Museum in Melbourne. Alljährlich am ersten Dienstag im November findet das größte Rennen des Landes statt, der Melbourne Cup – ein offizieller Feiertag im Bundesstaat Victoria! Auch in den anderen australischen Staaten wird am Cup Day in den Büros und Werkhallen mehr gefeiert als gearbeitet. Die Rennergebnisse vom Wochenende füllen ganze Seiten in den Montagsausgaben der Tageszeitungen.

Pferderennen haben eine lange Tradition in Australien. Bereits 1799 wurde der erste Wettlauf ausgetragen. Die Pferde kamen mit den Sträflingstransporten ins Land. Einige von ihnen entkamen in die Wildnis und gelten als die Urahnen der „Brumbies", die als Wildpferde herrenlos im Landesinneren umherstreifen.

Wassersport

Weil mehr als 80% der Bevölkerung an der Küste lebt und die Sonne (meist) im Übermaß scheint, hat Wassersport jeglicher Art eine enorme Bedeutung für

Surfer am Strand

Kanu-Tour

Jung und Alt. Wellenreiten, Windsurfen, Tauchen, Schwimmen, Segeln und Rudern erfreuen sich großer Beliebtheit. Ein besonderes Highlight sind die Wettkämpfe der braungebrannten und gestählten Rettungsschwimmer (Lifesaver). Bei sogenannten Surf-Carnivals messen sie sich beim Brandungsschwimmen, Surfboardpaddeln und Laufen. Die internationale Elite auf dem Surfbrett trifft sich jährlich im März in Margaret River (▶ s.S. 255).

Tennis, Golf

Aufgrund des meist guten Wetters haben sich Tennis und Golf zu Volkssportarten entwickelt. Die meisten Tennis- und Golfplätze sind der Öffentlichkeit zugänglich. So kann man sich selbst als Anfänger auf einem der über 1400 Golfplätze des Landes versuchen. Das Tennisspiel hat seinen Saisonhöhepunkt während des Grand Slam Turniers „Australien Open" im Januar in Melbourne (www.ausopen.org). Aber auch der international besetzte Hopman Cup, Anfang Januar, in Perth ist ein sehenswertes Turnier, bei dem gemischte Teams gegeneinander antreten (www.hopmancup.com.au).

Bowling

Bei den älteren Jahrgängen ist das gemächliche und gesellige Bowling außerordentlich beliebt. In beinahe jedem Ort befindet sich eine Anlage, auf der fein in weiß gekleideten Senioren ihre Kugeln rollen lassen.

Skifahren

Zugegebenermaßen klingt es etwas ungewöhnlich, wenn Aussies vom Skisport sprechen. Tatsächlich ist der Skilauf in den alpinen Regionen von New South Wales, Victoria und auf Tasmanien in den Wintermonaten von Juni bis August möglich. Für Langläufer (Cross-Country) bestehen in der sanften Hügelwelt allerdings deutlich mehr Möglichkeiten als für Alpinskifahrer. Ambitionierte Australier zieht es eher nach Neuseeland, Europa oder Nordamerika.

Australischer Humor …

Tauchen

Die Vielfalt der Tauchplätze reicht von kalten, stürmischen Gewässern rund um Tasmanien und in Südaustralien bis hin zu warmen, ruhigen Plätzen am Great Barrier Reef. Tauchen (Scuba-Diving) ist in Down under bei Einheimischen und Touristen eine sehr beliebte Sportart. Das Netz der Tauchschulen und Tauchtourenanbieter ist dicht, insbesondere im tropischen Norden in der Ferienmetropole Cairns. Neben dem artenreichen Tier- und Korallenbestand zählen Höhlen und Schiffswracks zu den Highlights der Unterwasserwelt vor Australiens 36.735 km langen Küstenlinie.

Voraussetzungen für das Tauchen

Ein gültiger, international anerkannter Tauchschein sowie das Logbuch muss vor Antritt eines Tauchgangs und beim Ausleihen von Equipment vorgelegt werden.

Wer einen Tauchschein in Australien erwerben möchte, muss mindestens 12 Jahre alt sein und benötigt eine tauch-ärztliche Gesundheitsuntersuchung („Medical"). Diese kann am schnellsten vor Ort durchgeführt werden. Wer sich bereits vor Reiseantritt Gewissheit über seine Tauchtauglichkeit verschaffen möchte, sollte in der Heimat einen Tauchmediziner aufsuchen. Auf www. prodive.com.au ist ein englischsprachiges Tauglichkeitsformular abzurufen, das unterschrieben werden muss.

Tauchkurse

Die weltweit größten Tauchverbände sind PADI, SSI, NAUI und CMAS. In Australien und im pazifischen Raum dominieren die Verbände PADI und SSI. Die Inhalte der Ausbil-dungen sind mehr oder weniger identisch und die Verbände erkennen die Lizenzen gegenseitig an. Daher kommt es weniger auf den Verband als auf die Qualität der Tauchschule und ihrer Lehrer an. Nach erfolgreichem Abschluss eines Tauchkurses erhält jeder Teilnehmer ein Logbuch, in das die Tauchgänge eingetragen werden müssen. Beim Ausleihen von Tauchausrüstung oder auf Tauchschiffen wird

fast immer nach Schein und Logbuch gefragt.

Es werden verschiedene Stufen bei der Tauchausbildung angeboten:

Schnuppertauchen

Hierfür ist keine Erfahrung notwendig – man muss allerdings Schwimmen können. Das Angebot ist lediglich eine Erfahrung, bei der man das Tauchen mit Gerätschaft bis max. 5 m Tiefe ausprobiert wird. Es qualifiziert nicht zum Tauchen!

Open Water

Die 4–5 Tage dauernden Kurse qualifizieren zum Tauchen mit Partner ohne Aufsicht bis zu einer empfohlenen Tiefe von etwa 18 m. Die Kosten liegen zwischen A\$ 450 und A\$ 900.

Advanced Open Water

Für die Teilnahme am Kurs ist der Open Water Schein notwendig. Nach dem meist dreitägigen Kurz zählt man zu den fortgeschrittenen Tauchern. Die empfohlene maximale Tauchtiefe wird mit 40 m angegeben.

Rettungstaucher (Rescue Diver)

Der Schein ist der erste Schritt zum professionellen Tauchen. Die Voraussetzung für die vier- bis fünftägigen Kurse ist ein bestandener Advanced Open Water Diver.

Divemaster

Der Schein ermächtigt den Besitzer zur Arbeit in der Tauchindustrie, wie zum Beispiel Führen von Tauchgängen, Mitarbeit bei der Ausbildung etc. Voraussetzung für den Erwerb des Divemasters ist der Rettungstaucher.

Tauchlehrer (Dive Instructor)

Nach bestandenem Kurs darf man als qualifizierter Tauchlehrer arbeiten und Taucher eigenständig ausbilden. Voraussetzung ist der bestandene Divemaster. Daneben gibt es weitere Spezialkurse

wie Wracktauchen, Höhlentauchen und Unterwasserfotografie.

Fragen ...

Was ist bei der Auswahl eines Tauchkurses und einer Tauchexkursion zu beachten?

▶ Wieviel **Zeit** wird am Tauchplatz tatsächlich verbracht, und wie lange dauert die Schiffsfahrt dorthin? Ist die Zeit zwischen den Tauchgängen zu knapp bemessen (meist schlingt man noch ein Mittagessen hinunter), so wird alles hektisch und der Genuß unter Wasser geht verloren. Bei mehrtägigen Exkursionen ist es stets ratsam, auf dem Boot zu übernachten (Liveaboard), um tägliche Transferfahrten zu sparen. Ebenso sollten Sie beim Veranstalter nach der **Anzahl der Tauchgänge** pro Ausflug fragen. Bei Tagesausflügen sind es in der Regel zwei. Doch auch dies hängt von der Verweildauer am Tauchplatz ab.

▶ **Wieviel ausgebildete Tauchlehrer bzw. Betreuungspersonen** sind auf dem Schiff und wie viele gehen wirklich mit ins Wasser? Als frisch gebackener Taucher fühlt man sich in der Nähe eines Tauchlehrers immer am sichersten.

▶ **Wie groß ist das Tauchboot** und wieviel Gäste werden mitgenommen? Nichts ist schlimmer als ein kleines Schiff, auf dem es vor lauter Passagieren kaum Platz für die eigene Ausrüstung gibt.

▶ Welche **Ausrüstungsgegenstände** sind im Preis inkludiert? Sinnvoll ist es, die eigene Taucherbrille (Mask) und Schnorchel (Snorkel) mitzunehmen. Für Fehlsichtige gibt es Korrekturbrillen, die gegen einen kleinen Aufpreis verliehen werden. Wer besonders große oder kleine Füße hat, sollte dies gleich bei Buchung angeben, um

passende Flossen an Bord zu erhalten. Langarmige Neoprenanzüge werden in der Regel gegen Mehrkosten verliehen, üblich sind „Shorties".

Verpflegung ist im Preis meist enthalten, nicht jedoch die Getränke.

Achtung: Zwischen dem letzten Tauchgang und einem Flug müssen *mindestens 24 Stunden* liegen!

Australiens Tauchplätze

Westaustralien

Westaustralien hat sich durch zahlreiche, willentlich versenkte Wracks mehrere künstliche Riffe geschaffen und sich dadurch bei Tauchern einen guten Namen gemacht. Herausragend ist natürlich das Ningaloo Reef an der Westküste – ein Muss für jeden Taucher! Von Süd nach Nord sind nachfolgend die besten Tauchgründe aufgeführt:

Esperance: 1991 lief das japanische Frachtschiff „Sanko Harvest" auf ein Riff 21 Seemeilen vor dem Hafen von Esperance auf und sank. Was ursprünglich als Umweltdisaster eingeschätzt wurde, wurde zum Vergnügen für die Tauchwelt. Das zweitgrößte Schiffswrack der Welt und das größte vor der australischen Küste ist 174 m lang und beheimatet unter Wasser eine Vielzahl von Meeresbewohnern. Das Wrack liegt zwischen 13 und 44 m Tiefe. Außerdem sind Tauchausflüge zum Recherche Archipel möglich.

Albany: Das ehemalige Australische Marinekriegsschiff „HMAS Perth" wurde 2001 vor der Küste von Albany versenkt. Der Schiffsboden liegt auf 35 m Tiefe. Der Mast des aufrecht stehenden Schiffes schaut noch ein paar Meter aus dem Wasser. Die „HMAS Perth" ist eines der größten tauchbaren Wracks der südlichen Hemisphäre. In das Wrack wurden vor dem Versenken für Taucher breite Öffnungen gefräst, so dass man das Innere an vielen Stellen leicht betauchen kann. Der ehemalige Walfänger Cheynes III liegt ebenfalls vor Albany auf Grund.

Dunsborough: Im Dezember 1997 hat die westaustralische Regierung das Marinekriegsschiff „HMAS Swan" versenken lassen. Das Wrack liegt im Schutz von Cape Naturaliste in 30 m Tiefe. Es berührt gerade die Oberfläche des klaren Wassers und ist vom Land aus sichtbar. Um das Schiff herum wurde eine fischfangfreie Zone eingerichtet, um eine vielfältige Meeresflora und -fauna zu schaffen. Die Zugänge zum Schiff und die Lichtverhältnisse wurden speziell auf die Bedürfnisse von Hobbytauchern abgestimmt. Das Schiff liegt in ruhigen Gewässern, die von Tauchern aller Erfahrungsstufen gefahrlos aufgesucht werden können. Geführte Exkursionen werden angeboten.

Bunbury: Bevor die „Lena" 20 Bootsminuten vor der Küste Bunburys mit viel Getöse 2003 versank, war sie als illegales Fangschiff eine Bedrohung für seltene Meerstiere. Das Wrack bietet heute für Tausende von Unterwassertieren einen Lebensraum. Aus den Bullaugen wachsen farbenprächtige Korallen und Fische aller Art bevölkern das Schiff.

Geraldton: Das einstmals illegal operierende Fangschiff „South Tomi" liegt in 24 m Tiefe etwa 4 km vom Strand entfernt. Dadurch ist es besonders leicht zu erreichen. Die „South Tomi" dient nun als künstliches Riff und Tauchparadies. Nicht nur das explosive Ende des Schiffes im Jahr 2004 war spektakulär. Bereits im März 2001 schrieb sie Seefahrtsgeschichte: Die Australische Marine jagte das 52 m lange Schiff, das mit hunderten Tonnen illegalem Fisch beladen war, rund zwei Wochen lang kreuz und quer über 6100 Kilometer durch den Ozean. Dabei handelte es sich um die längste Verfolgungsjagd eines Piratenschiffs in der Geschichte Australiens. Ein weiteres Highlight für Unterwasserfans ist das 1629 gesunkene holländische Schiff Batavia, das etwa drei Bootsstunden von Geraldton nahe der Abrohol Islands auf Grund liegt.

Coral Bay und Exmouth: Das Ningaloo Reef ist der Tauchtipp in Westaustralien und von vielen Experten als die „bessere Alternative" zum riesigen Great Barrier Reef im Osten des Kontinents eingeschätzt. Die Sicht ist meist gut. Highlights sind die majestätischen Mantarochen (Mantarays, Mai–Nov) und die riesigen Walhaie (März–Juni) sowie die fischreiche Navy Pier in Exmouth.

Broome: Das 300 km vor der Küste befindliche Rowley Shoals Atoll zählt zu einem der zehn besten Tauchplätzen der Welt, mit Sichtweiten bis zu 60 Meter. Nur per Bootscharter erreichbar.

Südaustralien

Mount Gambier: Im Kratersee kann man in bis zu 60 m tiefe Sinklöcher tauchen.

Kangaroo Island: Schiffswracks sind die Hauptattraktion vor der nordwestlichen Landspitze Cape Borda.

Port Lincoln: Für unerschrockene Taucher werden Käfigtauchgänge zu Weißen Haien angeboten (www.rodneyfox.com.au).

Queensland

Das **Great Barrier Reef** ist die Traumdestination für Taucher aus aller Welt.

Cooktown/Lizard Island: Die Insel nördlich von Cooktown (Ausflüge auch ab Cairns) bietet eine lohnende Unterwasserwelt.

Port Douglas: Von hier werden Touren zu den nördlichen Riffen angeboten.

Cairns: „Tauchhauptstadt" in Queensland mit unzähligen Tauchschulen und einem großen Ausflugsangebot zum Riff.

Townsville/Ayr: Von Townsville und Ayr aus locken neben dem Riff auch interessante Schiffswracks.

Whitsunday Island / Airlie Beach: Günstige Tauchkurse zwischen den Inseln und am Riff, jedoch eher trübe Wasserqualität.

Mackay: Hervorragende Tauchreviere am Creedlin Reef und Catacombes.

Rockhampton: Ausgangspunkt für Ausflüge auf die vorgelagerten Keppel Islands, wo relativ kostengünstige Tauchgänge angeboten werden.

Gladstone/Heron Island: In Gladstone werden mehrtägige Touren nach Heron Island angeboten – einer der besten Plätze am Riff überhaupt.

Bundaberg: Ausflüge nach Lady Elliot Island, mit bestem Tauchrevier und Mantarochen. Ist wie Lady Mushgrave Island von besonderem Korallenreichtum umgeben.

New South Wales

Byron Bay: Interessant ist vor allem Julian Rocks Marine Reserve, mit Schildkröten, Walen (saisonal), Haien, tropischen Fischen und Delfinen.

Sydney: Im Aquarium (Oceanworld) in Manly werden Tauchgänge und Kurse angeboten.

Jervis Bay: Von Huskisson aus werden Tauchgänge in der Bucht, mit Delfinen und Walen (je nach Jahreszeit), angeboten.

Victoria

Wilsons Promontory: Große Population Seerobben, die unter und über Wasser beobachtet werden können.

Warrnambool/Port Campell National Park: Wracktauchen an der legendären Shipwreck-Coast, für erfahrene Taucher.

Bellarine Peninsula: Wracktauchen, nur wenige Bootsminuten vom Festland – durch das Schiff kann man durchtauchen!

Tasmanien

King Island: Hier liegen Schiffswracks jeglichen Alters. Nur für erfahrene Taucher!

Tasman Peninsula: Tauchprofis finden hier Höhlen, Steilwände, Seetangwälder, Robben und Delfine.

Ausführliche Informationen zu den besten Tauchspots in Australien sind auf www.diveoz.com.au zu finden.

Sprache

In Australien wird Englisch gesprochen. Für eine Individualreise reicht das herkömmliche Schulenglisch aus. Problematisch wird es, wenn Sie einen waschechten Australier treffen, der breites australisches Englisch, das sogenannte „Strine", spricht. Als Ausländer versteht man davon zunächst recht wenig, bis der Gewöhnungseffekt allmählich einsetzt.

Durch die Aussprache und eigene Wortkreationen hebt sich das australische Englisch vom Britischen ab. Für Ausdrücke des „Aussie-Slang" gibt es ganze Wörterbücher (s. „Literaturhinweise").

Nachfolgenden einige Aussie-typische Wörter und Ausdrücke:

Abbo	Aboriginal (abwertend) – niemals selbst verwenden!
Alice	Abk. für Alice Springs
Anzacs	Kriegsveteranen des Australia and New Zealand Army Corps
apple eaters	/apple islander Bewohner der Insel Tasmanien
Aussie	Australier
Aussie Rules	kurz für *Aussie Rules Football,* auch *Footy*
ay?	Wie bitte? Hä?
B.Y.O.	Abk. für „Bring Your Own", für Restaurants ohne Ausschanklizenz
back of beyond	Outback
Backpacker Hostel	privat geführte Jugendherbergen; Budget-Unterkunft mit Mehrbettzimmern
banana bender	Bewohner von Queensland
barbie/BBQ	Abk. für Barbecue = Grill
barra	Abk. für Barramundi, wohlschmeckender Süßwasser-Speisefisch
bathers	(swimmers, cozzies, togs) – Badeanzug
beef road	Strecke, auf der Rinderlastzüge (Road Trains) fahren
bikies	Motorradfahrer
bikkies	Kekse
billabong	Wasserloch, Teich, Tümpel
billy	Teepott aus Blech – *billy tea* = Tee über dem offenen Feuer
bitumen	Asphalt
blackfella	Aboriginal („Schwarzer Kumpel")
bloke	Kerl, Typ, Kumpel
bloody	beliebtestes Adjektiv zur Verstärkung in jeglicher Form, z.B. „bloddy hot", „bloody booze", „bloody gate"
blue	(to have a) Streit, körperliche Auseinandersetzung
bogged	im Schlamm oder im Sand festfahren
boogie board	halbgroßes Surfbrett zum Drauflegen und Dünen surfen
boomer	großes Känguru
boomerang	hölzerne Wurfwaffe
booze	Alkohol
bore	Bohrloch, Brunnen – das Wasser daraus ist nicht immer genießbar, meist sehr salzhaltig

bottle shop	Spirituosengeschäft
bottoms up!	Trinkspruch: das Glas in einem Zug leeren!
breckie	Frühstück
brumbie	Wildpferd
bucks	Dollar
bugger	Mist, so ein Sch …
bull dust	feiner Staub im Outback
bullbar	(oder roobar) Rammschutz vor dem Autokühler
bullshit!	Quatsch! Das stimmt nicht!
bunks	Etagenbetten (z.B. im *Backpacker* Hostel)
bunyip	Fabelwesen der Aboriginal-Legenden
bush	alles außerhalb der Städte
bush tucker	Essen im australischen Busch
Cabin	Wohncontainer oder kleine Hut
campoven	großer gußeiserner Topf mit Deckel, der traditionell beim Kochen und Backen am offenen Lagerfeuer zum Einsatz kommt
carbie	Vergaser
chasm	enge Schlucht, Klamm
chink	Chinesen
chips	Pommes frites
chook	Huhn
cocky	Kakadu oder Farmer
cooler/esky	Kühlbox
coon	abwertend für Ureinwohner
cop, copper	Polizist
corroboree	zeremonielles Fest, Zusammenkunft der Ureinwohner
corrugated road	Wellblechpiste
counter meal/lunch	Thekenessen im Pub
creek	Flusslauf, Bach
crow eater	Südaustralier
cuppa	kurz für „a cup of …", eine Tasse
Damper	Buschbrot aus Mehl, Wasser und Backpulver, wird direkt im Feuer gebacken
deli	Lebensmittelgeschäft
didgeridoo	Aboriginal-Blasinstrument
digger	früher Goldgräber, später Soldat
dill	Trottel, Idiot
dip	Senke, verbreitetes Warnschild, wenn z.B. ein ausgetrockneter Wasserlauf durchquert wird. Achtung – langsam fahren!
dirt road	Piste, nichtasphaltierte Straße
distillate	alter Ausdruck für Diesel
dreamtime	Schöpfungszeit in der Aboriginal-Mythologie
drink with the flies	alleine trinken
dugout	künstliche Wohnhöhle in Opalstädten (typisch für Coober Pedy)
dunny	Plumps-Klo

Ear basher	Schwätzer
early bird	Frühaufsteher, Frühbucher
esky	tragbare Kühlbox/Kühltasche
Facilities	sanitäre Einrichtungen
fair dinkum	ehrlich
fair enough	okay, gut
fill up station	Tankstelle
footy	kurz für *Aussie Rules Football,* auch Aussie Rules
fossicking	Edelsteine suchen
freshies	Abk. für Freshwater Crocodile
G'day	Guten Tag *(= Good Day, G'Day Mate)*
gap	schmaler Felsdurchbruch
gravel road	Schotterstraße
grid	in die Fahrbahn eingelassene (Vieh-)Gitter
grog	jede Art von trinkbarem Alkohol
Hang on	Moment noch! Komme gleich!
homestead	Farmhaus / Gebäudekomplex
Jack	Wagenheber
jackaroo	(junger) Outback-Cowboy
jerry can	Benzin-Reservekanister (gemeint waren urspr. die typischen 20-l-Wehrmachtskanister; jerry = deutscher Soldat)
joey	BabyKänguru
jug	Bierkrug
jumbuck	Schafsbock
Kiwi	Neuseeländer
krauts	Deutscher (veraltet)
Larrikin	Halbstarker, Rocker
line	extrem schwere Geländewagenpiste
loo	Toilette, Waschraum
Mate	Kumpel, Freund
middy	Biermaß (285 ml)
mozzy/mossies	Moskitos, Stechmücken
mud map	Landkarte, die mit einem Stock auf dem Boden gemalt wird oder einfache Kartenskizze
Never never	Wüstengebiet im Inland
nips	Japaner
no worries	keine Sorge, alles okay
nulla nulla	Schlagkeule der Ureinwohner
Outback	unwirtliches Hinterland, abseits der Zivilisation
Oz	„Land of Oz" nennen Aussies gern ihr Land, in Anlehnung an den Kinderbuch-Klassiker *Wizard of Oz* („Zauberer von Oz"), das in einem magisch schönen Zauberland spielt (auch als Musical, Lied *Over the Rainbow*)
Paddock	eingezäunte Weide
pansy	Schwuler

petrol	Benzin
pissed	betrunken
pokies	Spielautomaten
pom, pommie	abwertend für Engländer
pot	Biermaß in WA/VIC/QLD
Quack	Arzt
Reckon	aber sicher, darauf kann man wetten („I reckon")
rego	Abk. für Registration = Fahrzeugzulassung
road train	langer Lkw mit bis zu drei Anhängern
roo	Abk. für Känguru
roofrack	Dachständer fürs Fahrzeug
Salties	Abk. für Salzwasser-/Leistenkrokodile
schooner	Biermaß (NSW, QLD, SA)
scrub	Buschgebiet
sealed road	asphaltierte Straße („bitumen")
she'll be right	Alles in Ordnung
shout	Aufforderung eine Runde zu spendieren („it's your shout, mate!")
singlet	ärmelloses T-Shirt/Muskelshirt
slab	Packung mit 24 Bierflaschen/-dosen
station	Farm im Landesinneren
stinger	Qualle (auch *box jellyfish*)
stockman	Viehtreiber, Cowboy
stubby	kleine Bierflasche
sunbake	Sonnenbaden
sundowner	Drink zum Sonnenuntergang
surfie	Wellenreiter
swag	Outback-Schlafsack
swagman	australischer Landstreicher
Tassie	Abk. für Tasmanien
telly	Abk. für Television = Fernseher
thongs	Badeschlappen
true blue	waschecht („a true blue Aussie")
tucker	Essen, Lebensmittel
Undies	Unterwäsche
unsealed road	nicht asphaltierte Straße
ute	Abk. für Utility Truck = kleiner Lieferwagen mit Pritsche
Walkabout	rituelle Wanderung der Aboriginal People
washout	Auswaschung auf der Straße
waxhead	Surfer
wet	Regenzeit im Norden („the wet season", „in the wet")
willy willy	Wirbelsturm, Sandhose
X-ing	Pedestrian Crossing = Fußgängerüberweg
X-mas	Christmas = Weihnachten
Yabbie	Süßwasserkrebs
yank	Amerikaner

Bildungswesen

In Australien besteht für Kinder zwischen 6 und 15 Jahren Schulpflicht. Das Erziehungswesen liegt in der Verantwortung der Regierungen der Bundesstaaten und Territorien und wird auch von diesen finanziert. Der normale Ausbildungsgang beginnt mit dem Kindergarten oder einer einjährigen Vorschule, gefolgt vom Besuch der Grundschule. In der siebten bzw. achten Klasse erfolgt der Wechsel in die Sekundarstufe. Insgesamt umfasst die schulische Ausbildung 12 Jahre, wobei die Jugendlichen auch nach dem 10. Schuljahr abgehen können. Allerdings wird nur der Abschluss nach dem 12. Jahr als Zulassung für die Universität oder das College anerkannt. Der Anteil privater Schulen ist in Australien relativ hoch, obwohl diese verhältnismäßig teuer sind. So besuchen fast 30% aller Schüler private Lernanstalten, deren Träger meist Religionsgemeinschaften sind. Außerdem werden von unterschiedlichen Volksgruppen private Schulen betrieben, um den Fortbestand ihrer Kultur und Sprache zu sichern.

Die berufliche Aus- und Weiterbildung erfolgt an Lehranstalten, wie den TAFE-Colleges *(Technical And Further Eduction)*. Sie bieten parallel zur praktischen Ausbildung berufsbegleitenden Unterricht. Über 200 unabhängige Universitäten und Fachhochschulen bieten Studiengänge an.

Für die Kinder und Jugendlichen im Outback und in den dünn besiedelten Gebieten gibt es eine australischen Besonderheit im Bildungswesen, die **„School of the Air".** 1951 wurde dieser besondere Fernunterricht ins Leben gerufen: Kinder auf abgelegenen Farmen, in Aboriginal-Communities, Bergbausiedlungen, Straßenbaulagern und auf Reisen erhalten ihren Schulunterricht über Funk. Die Funkschule umfasst die Vorschule und die Primary School bis zur 7. Klasse. Zweimal in der Woche wird Gruppenunterricht für Kinder gleichen Bildungsstands online erteilt. Ansonsten schickt der Lehrer schriftliche Arbeiten per Internet und korrigiert sie auch auf diesen Wegen. Die Schüler werden größtenteils von ihren Eltern betreut, manche Familien stellen sogar eigene Lehrer für ihre Kinder ein. Damit sich die Schüler der Unterrichtsgruppen auch persönlich kennenlernen, werden in regelmäßigen Abständen Treffen organisiert. Der Abschluss der „School of the Air" entspricht dem der öffentlichen Schulen in Australien. Die weitere Schullaufbahn kann theoretisch ebenfalls per Fernunterricht fortgesetzt werden, doch wechseln die meisten „Funkschüler" dann auf ein Internat, um den höheren Schulabschluss zu absolvieren.

Reisevorbereitung

Einreisebestimmungen

Zur Einreise nach Australien sind ein Reisepass sowie ein **Einreise-Visum** erforderlich. Der Reisepass muss noch mindestens 6 Monate gültig sein. **Kinder** benötigen einen gültigen **Kinderreisepass,** ein Kinderausweis genügt nicht! Bitte beachten Sie unbedingt die verschiedenen Einreisevorschriften der asiatischen Länder, falls Sie dort einen Zwischenstopp einlegen.

Das einfache, ein Jahr gültige **Touristenvisum,** das sogenannte **Electronic Travel Authority (ETA 601** oder auch das **eVisitor 651),** ist eine elektronische Aufenthaltsgenehmigung, die einen Aufenthalt bis zu maximal drei Monaten, auch bei mehrmaliger Einreise, ermöglicht. Visa können auf der Webseite der australischen Einwanderungsbehörde, www.immi.gov.au, beantragt werden. Gute Reisebüros oder Reiseveranstalter fordern aber weiterhin, zusammen mit der Flugbuchung, ein sogenanntes *ETA* (Electronic Travel Authority) für Sie an. Nötig dafür sind folgende Angaben: Name, alle Vornamen, Geburtsdatum, Nationalität, Reisepass-Nummer und Gültigkeitsdauer. Die Daten werden beim Abflug von der Fluggesellschaft und bei der Einreise von den australischen Behörden überprüft. Lassen Sie sich in jedem Fall von Ihrem Reiseveranstalter eine Kopie der ETA geben. Bürger osteuropäischer Staaten müssen das Touristenvisum nach wie vor direkt bei der australischen Botschaft einholen. Sollten Sie ohne Visum am Flughafen erscheinen, so besorgt Ihnen die Fluggesellschaft oder ein kommerzieller Visa-Service ein Touristenvisum gegen eine individuelle Gebühr.

Visum für längere Aufenthalte

Das **Besuchervisum** (600) gilt für einen befristeten Aufenthalt in Australien von 3, 6 oder 12 Monaten. Mit diesem Visatyp ist man berechtigt, touristischen oder geschäftlichen Aktivitäten nachzugehen und Freunde sowie Familienmitglieder zu besuchen. Es kann von außerhalb und innerhalb Australiens beantragt werden. Das Besuchervisum ist auf dem Postweg bei der australischen Botschaft erhältlich oder es kann online (e600) beantragt werden. Die Kosten per Post betragen 130 A$, online ist es kostenfrei. Visagebühren werden von der australischen Botschaft nur noch per Kreditkarte akzeptiert. Für Schüler und Studenten sind verschiedenartige Visa erhältlich. Hilfestellung dazu bietet die Suchmaschine auf der Internetseite der australischen Einwanderungsbehörde www.immi.gov.au/Visit.

Das **Working Holiday Visum** beinhaltet eine Arbeits- und Aufenthaltsgenehmigung für maximal 12 Monate. Dabei darf bei einem Arbeitgeber nicht länger als jeweils drei Monate gearbeitet werden. Um die Arbeitsstellen muss sich der Reisende selbst kümmern – die besten Tipps kursieren üblicherweise in den Backpacker-Hostels und Jugendherbergen (▸ s. Jobben S. 118). Die **Youth Hostel Association** (www.yha.com.au) hat ein spezielles Paket für arbeitsuchende Backpacker geschnürt, so dass der Einstieg erleichtert wird. Das Working Holiday Visum kann zweimal im Leben von kinderlosen, ledigen Personen im Alter von 18 bis 30 beantragt werden. Die Beantragung ist nur noch online im Internet möglich, Kosten 420 A$.

Infos

In Deutschland: Australische Botschaft, Wallstr. 76–79, 10179 Berlin, Tel. 030-8800880, Fax 030-880088210, www.germany.embassy.gov.au

In Österreich: Australische Botschaft, Mattiellistr. 2–4, 1040 Wien, Tel. 01-506740, Fax 01-5041178, www.austria.embassy.gov.au

In der Schweiz: Australian Immigration & Trade Service, Postfach 457, 3800 Interlaken, Tel. 033-8260026, Fax 033-8260027, www.aits.ch (Visa-Anträge als Download auf dieser Seite).

Botschaften und Konsulate in Australien

In Australien verfügen Deutschland, Österreich und die Schweiz über Botschaften in Canberra und Konsulate in den wichtigsten Städten (Adressen s. bei den Städten). Sie sind behilflich, wenn Dokumente oder Geldmittel verloren gehen oder rechtlicher Beistand erforderlich ist.

Deutsche Botschaft, 119 Empire Circuit, Yarralumla, Canberra, Tel. 02-62701911, Fax 02-6270 1951, Bereitschaftstelefon: 0061-0-417497503, www.canberra.diplo.de

Österreichische Botschaft, 12 Talbot St, Forrest, Canberra, Tel. 02-6295 1533, Fax 02-62396751; www.austria.org.au

Schweizer Botschaft, 7 Melbourne Ave, Forrest, Canberra, Tel. 02-6162 8400, Fax 02-6273 3428, www.eda.admin.ch

Einreise

Im Flugzeug erhalten Sie eine **Einreisekarte** *(Passenger Incoming Card),* die Sie wahrheitsgemäß ausfüllen müssen. Auf der Karte wird u.a. nach dem Zweck Ihrer Reise (Holiday), der Reisedauer und einer ersten Adresse gefragt. Außerdem werden Fragen zu mitgeführten Gütern, Devisen und Lebensmitteln gestellt. Die Einreisekarte legen Sie bei der Passkontrolle mit vor. Zollfrei dürfen persönliche Gegenstände und Sportgeräte, 50 Zigaretten (oder 50 g Tabak), 2,25 Liter Alkohol (inkl. Wein oder Bier) und bis A$ 10.000 in bar ohne Deklaration eingeführt werden.

Der Zoll darf Datenträger auf unerwünschte Inhalte wie z.B. Pornografisches überprüfen. Daher ist es möglich, dass Laptops, Digitalkameras u.a. kontrolliert werden.

Quarantänebestimmungen:

Australiens einzigartige Flora und Fauna ist potenziell von Schädlingen und Erregern bedroht, die eingeführt werden könnten. Bestimmte Krankheiten, wie z.B. Tollwut, existieren auf dem Fünften Kontinent bislang nicht. Verboten sind daher die Einfuhr lebender Tiere, Muscheln, Felle, Häute, Elfenbein, frische Lebensmittel (Fleisch, Obst, Gemüse, Milchprodukte) und Pflanzen (Saatgut, Nüsse, Blumen etc.). Die Quarantänebestimmungen sind streng. Teilen Sie den Behörden bei der Einreise unbedingt und ehrlich alle Waren mit, die möglicherweise unter die strengen Auflagen fallen. Die Kontrollen erfolgen durch speziell trainierte Hunde, die alles und jeden, der das Land betreten möchte, beschnüffeln. Außerdem wird das gesamte Gepäck bei der Einreise nochmals durchleuchtet. Zuwiderhandlungen werden mit sofortigen Geldbußen geahndet. Haustiere müssen ebenfalls zunächst sechs Monate in Quarantäne – die Mitnahme des eigenen Hundes erübrigt sich deshalb in den meisten Fällen.

Nähere Informationen erteilt das Department of Agriculture (www.daff.gov.au).

Ausreise

Die australische **Ausreisesteuer** wird, ebenso wie alle anderen anfallenden Flugsteuern und -gebühren, bereits mit dem Ticketpreis vorab bezahlt. Eine *Outgoing Passenger Card* muss allerdings noch ausgefüllt und beim Zoll abgegeben werden.

Steuerrückerstattungsverfahren

(Tourist Refund Scheme): Für Güter, die mindestens A$ 300 kosteten und höchstens 60 Tage vor Abreise in einem

Geschäft gekauft wurden, kann am Ausreise-Flughafen die Erstattung der 10%igen australischen Mehrwertsteuer (GST – Goods and Services Tax) sowie der Weinausgleichssteuer (WET, 14,5%) eingefordert werden. Wichtig ist dabei, dass Sie bei der Ausreise eine Quittung des Händlers (Tax Invoice) sowie die Ware (im Handgepäck) vorlegen.

Tipp: Achten Sie beim Einkauf darauf, dass der Händler eine Steuerrechnung mit seiner 11-stelligen Steuernummer (ABN) ausstellt, denn ohne diese Angaben auf der Rechnung erfolgt keine Erstattung.

Führerschein

Zusätzlich zum gültigen nationalen Führerschein fordern die australischen Behörden im Falle von Kontrollen entweder einen internationalen Führerschein oder eine beglaubigte englischsprachige Übersetzung des nationalen Führerscheins. Diese Vorschrift gilt für alle Fahrer, die im Mietvertrag bei Fahrzeugübernahme eingetragen werden.

Wichtig: Ein internationaler Führerschein wird in Deutschland nur noch ausgestellt, wenn gleichzeitig der alte „graue Lappen" oder der rosafarbene EU-Führerschein in den neuen EU-Kartenführerschein umgewandelt wird. Dies ist zum einen mit Kosten und zum anderen mit erheblicher Wartezeit (ca. 3-6 Wochen) verbunden. Handeln Sie also frühzeitig!

Tipp zur Sicherheit

Fertigen Sie sich von allen Dokumenten (Reisepass, Kreditkarte, Bankkarte, Führerschein, Flugticket) **zwei Sätze Kopien** an. Verwahren Sie diesen getrennt von den Original-Dokumenten (z.B. im Koffer oder in der Reisetasche). Den anderen Satz belassen Sie daheim bei Freunden oder Verwandten, die notfalls aktiv werden können. Alternativ die Dokumente einscannen und als pdf-Datei auf Ihrer/einer eMail-Adresse zum Download hinterlegen.

Geld und Devisen

Die offizielle Landeswährung ist der **australische Dollar** (abgekürzt AUD, AU$ oder A$). 1 A$ = 100 Cent. Im Umlauf sind Münzen (5, 10, 20, 50 Cents sowie 1 und 2 A$) und Scheine (5, 10, 20, 50 und 100 A$). Die Ein- und Ausfuhr ist ohne Beschränkung möglich. Beträge über A$ 10.000 müssen allerdings deklariert werden.

Der australische Dollar ist weder an den US-Dollar noch an den Euro gekoppelt. Entsprechend eigenständig ist sein Kursverlauf. Ob und inwieweit ein frühzeitiger Dollarkauf zur Absicherung der Urlaubskosten sinnvoll ist, hängt vom Währungsverlauf ab. Wer sich gegen einen plötzlich teureren australischen Dollar absichern möchte, kauft die meisten Reiseleistungen vorab in Europa und bezahlt in Euro oder Franken. So lassen sich Mietwagen/ Camper, Hotels und auch Tagesausflüge vorab buchen und das Budget bleibt ohne Kursrisiko.

Wechselkurs:
(Stand Drucklegung)
1 A$ = 0,67 €
1 € = 1,49 A$
Aktueller Kurs z.B.
www.goyax.de
www.oanda.com
www.reisebank.de

Unterwegs und für den täglichen Bedarf sind folgende Geldmittel empfehlenswert:

Bargeld

Bereits vorab in Europa sollten Sie einen gewissen Betrag in australische Dollar tauschen. So verfügt man nach Ankunft am ersten Flughafen in Australien über das nötige Kleingeld, um beispielsweise das Taxi oder den Flughafenbus zum Hotel oder zur Vermietstation zu bezahlen. Ausländische Banknoten werden in

Australien am Flughafen, in großen Hotels und in den Banken in Bargeld getauscht.

Um das Risiko des Verlusts und Diebstahls gering zu halten, sollten nie größere Mengen Bargeld mitgeführt oder im Auto deponiert werden. Bargeld können Sie jederzeit aus Geldautomaten abheben, den *Automatic Teller Machines* (ATM). Entweder mit Ihrer Kredit-, Postbank- oder Maestro-Bankkarte. Hat Ihre Bankkarte ein V-Pay-Logo in der oberen Ecke (das gelb-dunkelblaue „V" der Visa-Kreditkarte mit der Aufschrift „PAY" darunter), kann mit einer solchen Karte im außereuropäischen Ausland kein Geld mehr abgehoben werden! Prüfen Sie also vor der Abreise Ihre Bank- oder Postbankkarte auf dieses chipbasierte Zahlungssystem hin und halten Sie gegebenenfalls Rücksprache mit Ihrem Geldinstitut.

Geldautomaten

Zur Geldausgabe benötigen Sie Ihre Geheimzahl, und will der Automat die Art der Transaktion wissen, so drücken Sie „CR" (für Credit). Die Gebühren belaufen sich auf EUR 4–6 pro Abhebung.

Kreditkarten

Die gängigsten Kreditkarten sind **Visa** und **MasterCard,** mit Einschränkung auch American Express und Diners Club. In Geschäften, Supermärkten, Tankstellen, bei Tourveranstaltern, in Hotels und Restaurants werden sie als Zahlungsmittel gerne akzeptiert. An Geldautomaten kann mit der entsprechenden Geheimzahl ebenfalls Bargeld abgehoben werden. Die Gebühren richten sich nach dem Kartentyp sowie nach dem Guthaben, welches sich eventuell auf dem Kartenkonto befindet.

Einige Kreditkarten bieten zusätzliche Versicherungsleistungen, wie z.B. eine Reiserücktrittskostenversicherung oder zusätzliche Fahrzeugversicherungen. Diese Versicherungen gelten i.d.R. nur, wenn die Reise oder Fahrzeugmiete mit der Karte bezahlt wird. Bei Fahrzeugversicherungen ist zu bedenken, dass es dem Vermieter egal ist, welche Zusatzversicherungen Sie eventuell über eine Karte bereits haben. Er wird trotzdem von Ihnen die Kaution verlangen oder Ihnen entsprechende Zusatzversicherungen anbieten, denn der Mietvertrag kommt zwischen Ihnen und dem Vermieter und nicht zwischen der Kreditkartenfirma und dem Vermieter zustande. Informieren Sie sich in jedem Fall genau, welche Versicherungsleistungen tatsächlich mit der Kreditkarte abgedeckt sind. Im Kleingedruckten sind es meist weniger, als die Werbung verspricht.

Vorsicht! Geben Sie Ihre Kreditkarte nie unbeaufsichtigt aus der Hand. Dies gilt vor allem für Restaurants und Ladengeschäfte und vor allem für Einkäufe in südostasiatischen Ländern!

Im Falle des Kartenverlusts oder des Missbrauchs sollte die Karte sofort gesperrt werden. Hierfür werden folgende kostenlose Rufnummern in Australien angeboten:

▸ **Mastercard (BankCard):** 1-800-120113
▸ **Visa:** 1-800-125440
▸ **American Express:** 1-300-132639 oder 02-92718664
▸ **Diners Club:** 1-300-360060

Zentrale Sperrnummer in Deutschland: 0011-49-116116 (für Kreditkarten, Bankkarte und Chipkarten für Mobiltelefone).

Reiseschecks

Nach wie vor können Sie Austral-Dollar-Reiseschecks bei Ihrer Hausbank kaufen. Diese können in Australien in Banken oder bei der Post in Bargeld getauscht werden, was meist mit einer zusätzlichen Gebühr verbunden ist (**Tipp:** die WestPac Bank tauscht gebührenfrei). In nur wenigen Geschäften können Austral-Dollar-Reiseschecks direkt als Zahlungsmittel verwendet werden – es erfordert jedoch in den meisten Fällen einen kundigen Filialleiter, der schon einmal einen Reisescheck gesehen hat. Reiseschecks werden bei Verlust ersetzt (Kaufquittung getrennt aufbewahren!) und stellen so ein sehr sicheres Zahlungsmittel dar. Wenig sinnvoll ist es, Euro- oder US-Dollar-Reiseschecks mitzuführen. Sie können nur gegen Gebühren und zusätzlichen Kursverlust in Banken zu Bargeld gemacht werden.

Eigenes Konto in Australien

Reisende, die sich über einen längeren Zeitraum im Land aufhalten, können sich in Australien ein eigenes Konto anlegen. Dieses sog. *Savings Account* ist bei einigen Banken, wie beispielsweise

der ANZ-Bank (www.anz.com.au) für ein paar Dollar im Monat erhältlich, inklusive Bankkarte und Online-Banking. Ein größerer, einmaliger Geldbetrag kann auf ein solches Konto von Europa überwiesen (oder vor Ort eingezahlt werden) und landesweit an allen Filialen abgehoben werden.

Reiseversicherungen

Bei Buchung der Reise empfiehlt sich grundsätzlich der Abschluss einer **Reiserücktrittskosten-Versicherung**. Sie trägt mögliche Stornokosten, falls die Reise aus Krankheitsgründen, Arbeitsplatzverlust oder wegen nicht bestandener Prüfungen abgesagt werden muss. Campermieten, Kreuzfahrten und generell Leistungen mit höherem Stornokostenrisiko sollten außerdem mit einer **Reiseabbruch-Versicherung** abgesichert werden, denn Vermieter oder Reedereien erstatten normalerweise nichts, wenn die Reise erstmal angetreten wurde.

Beispiel: Ihr Reisepartner stolpert nach drei von 30 Campermiettagen unglücklich und bricht sich das Bein. Sie müssen die Reise gemeinsam abbrechen. Der Vermieter berechnet trotzdem die volle Miete. In diesem Fall erstattet eine Reiseabbruchversicherung die nicht in Anspruch genommenen Miettage und eventuelle Mehrkosten (z.B. durch Flugumbuchung) für eine frühzeitige Rückreise.

Gesundheit

Bei einer Reise durch Australien ist man nur wenigen Gesundheitsrisiken ausgesetzt. Die Hygiene ist hervorragend, die Trinkwasserqualität in aller Regel gut. Es genügt, die gleichen Gesundheitsregeln zu beachten wie zu Hause. Die medizinische Versorgung ist flächendeckend. Entlang der Küsten findet man in jedem größeren Ort ein Hospital und niedergelassene Ärzte. Das großflächige und dünn besiedelte Outback wird vom *Royal Flying Doctor Service* (RFDS) versorgt. Im Notfall hilft der RFDS selbstverständlich auch Touristen. Die Australier sind über das staatliche Gesundheitssystem *Medicare* oder private Krankenversicherungen versichert.

Mit deutschen, österreichischen und Schweizer Krankenkassen besteht kein Gesundheitsabkommen mit Medicare. Reisenden wird deshalb der Abschluss einer **Auslands-Krankenversicherung** für die gesamte Dauer des Aufenthalts dringend empfohlen! Behandlungskosten müssen zunächst vor Ort in bar bezahlt werden. Die Kosten (alles quittieren lassen) können nach Rückkehr bei der Versicherung zur Erstattung eingereicht werden. Weitere Informationen auf www.health.gov.au.

Adressen von Ärzten und Krankenhäusern sind in den *Yellow Pages* (Telefonbuch, Gelbe Seiten) sowie für die Städte im Reiseteil des Buches aufgeführt.

Die Notrufnummer für ganz Australien lautet: 000

Der **Giftnotruf** ist unter **131126** erreichbar.

RFDS-Basis

Der Royal Flying Doctor Service (RFDS)

„Wie kann Australien flächendeckend medizinisch versorgt werden?" Diese Frage stellte sich der Presbyterianer Priester John Flynn (1880–1951). Seine Idee war es, ein Netz von Flugbasen zu schaffen, so dass auch der entlegenste Winkel des Landes im Notfall schnell erreicht werden konnte. Sein Traum wurde im Mai 1928 verwirklicht, als das erste Flugzeug in Cloncurry (QLD) zum ersten medizinischen Notfall beordert wurde, damals noch als Ableger der Qantas unter dem Namen Aerial Medical Service.

Die erste RFDS-Basis wurde 1939 in Alice Springs gegründet. Die Kommunikation basierte lange Jahre auf dem „Pedal-Radio", einer Erfindung des deutschstämmigen Technikers Alfred Traeger. Sein Funkgerät wurde durch Pedalantrieb mit Strom versorgt und war bald auf jeder Outback-Farm installiert. Neben modernen Funkgeräten wird heute meist das Telefon benutzt, um die fliegenden Ärzte zu ordern. Sie kommen nicht nur in Notfällen, sondern auch in regelmäßigen Abständen zu Sprechstunden auf die Farmen und zu den Aboriginal-Communities. Mal fliegt der Zahnarzt ein, mal ist es ein Kinderarzt und oft wird Selbsthilfe über Funk angewiesen. Jede Farm verfügt über eine standardisierte Notfallapotheke.

Das gesamte Inland wird heute über 21 RFDS-Basen mit 61 Flugzeugen versorgt. Kein Patient muss länger als zwei Stunden auf Hilfe warten! Der australische Staat ist an der Finanzierung zu zwei Dritteln beteiligt, der Rest des Budgets muss über Spenden und Sponsoren aufgebracht werden. Die RFDS-Basen können in verschiedenen Orten Australiens besichtigt werden, z.B in Alice Springs, Broken Hill oder Kalgoorlie (www.flyingdoctor.org.au).

Alle gängigen **Medikamente** sind in Apotheken und Drogerien (Pharmacies, Chemists) erhältlich, teilweise nur auf Rezept eines australischen Arztes. Verschreibungspflichtige Medikamente dürfen mitgeführt werden – im Zweifel sollte ein ärztliches Attest im Handgepäck sein. Mietfahrzeuge und Camper verfügen in der Regel über keinen Verbandskasten, packen Sie daher ein kleines Notfallset mit Pflastern, Verbandsmaterial, Dreieckstuch etc. ein!

Impfungen

Für die Einreise nach Australien sind offiziell keine Impfungen erforderlich, sofern Sie sich innerhalb der letzten sechs Tage vor Einreise nicht in einem Gelbfiebergebiet aufgehalten haben. Besondere Gesundheitsbescheinigungen werden bei Einreise nicht benötigt. Prüfen Sie dennoch bei dieser Gelegenheit Ihren allgemeinen Impfschutz. Das in den nordaustralischen Tropenregionen periodisch auftretende Dengue Fieber und Ross River Fieber wird durch Moskitos übertragen. Hierbei handelt es sich um eine Arbovirus-Infektion mit guter Prognose, die durch Einnahme von Antibiotika bekämpft werden kann. Suchen Sie bei Unwohlsein und Fieber schnellstmöglichst einen Arzt auf. Beim Besuch südostasiatischer Stopover-Ziele gilt es, die besonderen Gesundheitsbestimmungen der bereisten Länder zu beachten. Aktuelle Informationen auf www.crm.de oder bei den Tropeninstituten.

Sonnenschutz

Aufgrund der geographischen Lage Australiens ist die UV-Strahlung der Sonne extrem stark. Schützen Sie sich vor allzu langer Sonneneinstrahlung und vermeiden Sie Sonnenbäder in den Mittagsstunden von 11 bis 15 Uhr.

Schützen Sie sich mit einem breiten Hut, bedeckender Kleidung (T-Shirt oder langarmiges Hemd), einer guten Sonnenbrille und Sonnenschutzmittel. Wenn Sie zu allergischen Hautreaktionen neigen, nehmen Sie die bewährte Sonnencreme von zu Hause mit. Ansonsten erhalten Sie Sonnenschutzcreme mit hohem Lichtschutzfaktor preisgünstiger in Australien, z.B. in den Supermarktketten Coles oder Woolworth. Der australische Standard für Sonnencreme ist weltweit einer der strengsten.

Kinder sollten besonders vor der Sonne geschützt werden. Hierzu eignet sich besonders UV-Sonnenschutzbekleidung, welche auch zum Baden getragen wird (s.a. Kapitel „Unterwegs in Australien – Reisen mit Kindern"). Vermeiden Sie unter allen Umständen einen Sonnenbrand, denn „die Haut vergisst nichts". Die hohe Hautkrebsrate hat bei den meisten hellhäutigen Australiern zu einem Umdenkprozess geführt. „Modische Bräune" ist nur noch an wenigen Szene-Stränden angesagt.

Insektenschutz

Schützen Sie sich in den tropischen Regionen vor Insektenstichen (Moskitos und Sandfliegen), da diese, neben dem unangenehmen Juckreiz, immer auch eine mögliche Gefahr von Krankheitsübertragungen bedeuten. Tragen Sie in der Dämmerung möglichst helle, dichtgewobene Bekleidung (z.B. das legendäre moskitodichte G1000-Gewebe von Fjällräven) und benutzen Sie ein Mückenschutzmittel. Bewährt sind z.B. die australischen Mittel *RID* oder *Aerogard*. Beide Mittel sind recht aggressiv gegenüber Schleimhäuten und Kunststoffen – vermeiden Sie daher den Kontakt mit

Trockenheit …

Augen, Kunststoffbrillengläsern und Plastikuhren. Eine Daueranwendung sollte vermieden werden. Erhältlich sind die Mittel in Supermärkten und in Drogerien. Bei Stichen gibt es zur Linderung des Juckreizes „After-Bite"-Stifte und -Salben beim Chemist. Hotelzimmer, Wohnmobile und Zelte sollten über Fliegengitter verfügen, damit die unangenehmen Plagegeister draußen bleiben. Die Fliegenplage trifft im australischen Sommer alle Outback-Reisenden – im Winter (Mai bis September) ist sie dank kühler Nächte kein Thema. Gegen die nervigen Plagen hilft nur ein Fliegennetz, welches man sich über den Hut stülpt, oder das Warten auf die hereinbrechende Dämmerung.

Wasser

Angesichts warmer Temperaturen und des damit verbundenen Flüssigkeitsverlusts ist eine regelmäßige und ausreichende Flüssigkeitszufuhr zwingend erforderlich. Führen Sie stets eine Wasserflasche auf Wanderungen mit sich. Im heißen Sommer sollten pro Person und Tag mindestens drei bis fünf Liter Trinkwasser einkalkuliert werden. Ein Wasserkanister mit fünf oder zehn Liter Fassungsvermögen kann in jedem Supermarkt gekauft werden und sollte als Reserve im Mietwagen an Bord sein. Bei Touren abseits der Zivilisation muss zusätzlich eine Reserve von 20 Liter pro Person eingeplant werden. Leitungswasser kann fast überall getrunken werden, jedoch schwankt die Wasserqualität stark. Mal ist es stark chloriert, mal schmeckt es sehr mineralisch, wenn es aus unterirdischen Reservoirs stammt.

Thrombosegefahr auf Langstreckenflügen

Langes Sitzen in unveränderter Position kann zu Beinthrombosen führen. Besonders gefährdet sind Raucher, Bluthochdruck-Patienten, Übergewichtige und Frauen, welche die Pille einnehmen. Beachten Sie deshalb einige Vorsichtsmaßnahmen: Trinken Sie keinen Alkohol, aber ausreichend und viel Wasser während des Fluges, stehen Sie in regelmäßigen Abständen auf und machen Sie Dehnungs- und Anspannungsübungen, tragen Sie eventuell Kompressionsstrümpfe. Halten Sie ggf. Rücksprache mit Ihrem Arzt.

Reiseplanung

Dauer einer Australienreise

Der große Westen des Kontinents hat es verdient, umfassend bereist zu werden. Doch die zur Verfügung stehende Urlaubszeit ist erfahrungsgemäß begrenzt. Mehr als drei oder vier Wochen Urlaub sind heutzutage oft nicht möglich. Da bleibt es nicht aus, dass Kompromisse gemacht werden müssen. Einerseits will man möglichst viel sehen, andererseits soll die Erholung nicht zu kurz kommen. Vermeiden Sie unter allen Umständen, dass Sie täglich im Auto mehrere hundert Kilometer abspulen müssen und vom ersten bis zum letzten Urlaubstag auf Achse sind. Planen Sie Ruhetage ein und lassen Sie auf Wanderungen und Ausflügen Landschaft und Natur aktiv auf sich wirken. Im Reiseteil des Buches sind bei den jeweiligen Routen Vorschläge zur Zeiteinteilung verzeichnet.

Verschiedene Regionen

Die Vielfalt der Landschaften und Städte lassen jede Region in einem besonderen Licht erscheinen. Für Reisende, die sich etwas abseits der touristischen Hauptschauplätze bewegen möchten, ist der Westen Australiens die erste Wahl. Zu beachten sind neben den rein landschaftlichen Gesichtspunkten auch die gewünschten Aktivitäten. Taucher planen einen längeren Aufenthalt am Ningaloo Reef ein. Wüstenfans bevorzugen eine intensive Allradtour durch das Outback. Wanderer erleben die Natur am intensivsten in den Nationalparks im Südwesten.

Allein die Städteliebhaber sind im Westen etwas „unterversorgt", denn nur die Metropole Perth verspricht lebhaftes Großstadtleben. Und Badeurlauber beschließen den Urlaub mit einem erholsamen Strandaufenthalt am Ende der Reise. Oder am liebsten von allem etwas? Unter den Routenvorschlägen finden Sie vielfältige Kombinationsmöglichkeiten!

Die besten Reisezeiten

Australien kann grundsätzlich ganzjährig bereist werden. Jedoch verfügt der Kontinent über verschiedene Klimazonen mit unterschiedlichen Reisezeitempfehlungen. Kein Monat ist für alle Regionen gleichermaßen gut geeignet. Umgekehrt gibt es für jede Klimazone und jede Region eine beste Reisezeit. Neben den klimatischen Aspekten spielen natürlich auch persönliche Interessen (Flora, Fauna, Städte, Verwandtenbesuche) und zwingende Gegebenheiten, wie z.B. Schulferien, eine gewichtige Rolle. Es kommt also darauf an, sich die Vorteile einer bestimmten Klimazone zu Nutze zu machen und die Reiseroute so zu legen, dass möglichst überall ein Optimum erzielt wird. Das Land erstreckt sich vom tropischen Norden mit extrem heißen Sommern bis zum gemäßigten Süden mit kühlen Wintern.

Eine **Reise durch Westaustralien** sollte sich ebenfalls immer an den klimatischen Gegebenheiten orientieren. Da sich der Bundesstaat über mehrere Breitengrade und damit mehrere Klimazonen erstreckt, muss bei der Planung insbesondere die immense Hitze im australischen Sommer sowie die Regenzeit im Norden und Nordwesten des Landes beachtet werden.

Tropischer Norden

Regionen: Top End (Darwin, Kakadu NP, Litchfield NP), **Kimberley-Region** (Kununurra – Broome – Port Hedland – Exmouth). **Gulf Savannah** (Cairns – Darwin)

Checkliste ☑ Was muss alles ins Gepäck?

Handgepäck (Tagesrucksack, Reisetasche)

☐ Reisepass (noch mind. 6 Monate gültig)
☐ Visum
☐ Kreditkarte oder/und Maestro-Bankkarte
☐ Australische Dollars (Anfangsbestand)
☐ Führerschein
☐ Internationaler Führerschein
☐ Reiseplan/Reiseverlauf
☐ Flugtickets
☐ Bahnfahrkarte (Rail & Fly Fahrschein)
☐ Voucherheft (Gutscheine für Mietwagen, Camper, Hotels etc.)
☐ Telefonkarte (evt. vor Ort kaufen)
☐ Zahnbürste (evt. Rasierzeug)
☐ Feuchtigkeitscreme, Lippenfettstift
☐ Foto-/Videokamera, Speicherkarten und Ladegerät
☐ Pullover/Jacke
☐ Ersatz-T-Shirt
☐ Reiselektüre
☐ Reiseführer

Achtung: Es dürfen nur max. 100 ml Flüssigkeit in durchsichtigen Beuteln im Handgepäck mitgeführt werden. Taschenmesser – auch wenn sie noch so klein sind – dürfen ebenfalls nicht mit an Bord!

Reisegepäck (Koffer, Reisetasche, Rucksack)

☐ Unterwäsche
☐ Kurze Hose
☐ Lange Hose
☐ T-Shirts
☐ Socken
☐ Hemd/Bluse
☐ Fleece-Jacke/Weste
☐ Regenjacke
☐ Sandalen
☐ Joggingschuhe/Halbschuhe
☐ Mütze/Hut
☐ Taschenlampe
☐ Waschzeug

☐ Mückenschutz (evt. vor Ort kaufen)
☐ Sonnencreme (evt. vor Ort kaufen)
☐ Badehose/Badeanzug
☐ Kleines Handtuch
☐ Wäscheklammern
☐ Wäscheleine/Seil
☐ Kopien von Reisepass/Führerschein/Kreditkarte

Für Daheim

☐ Kopien von Reisepass/Führerschein/Kreditkarte
☐ Adressenliste
☐ Auslands-Krankenversicherung abgeschlossen?
☐ Reiserücktritts-/Reiseabbruchversicherung abgeschlossen?

Die beste Reisezeit für den tropischen Norden ist die Trockenzeit von Mai bis Oktober. Warme bis heiße Temperaturen (25–35 °C) und eine geringe Niederschlagswahrscheinlichkeit kennzeichnen die **Dry Season.** Besonders schön ist das Land kurz nach der Regenzeit (April bis Juni), wenn die Pflanzenwelt saftig grün ist und Wasserfälle und Flüsse noch ausreichend Wasser haben.

Gegen Oktober/November ist die Pflanzenwelt trocken und verdorrt. Häufig werden kontrollierte Buschfeuer entfacht und eine schwarze, verbrannte Vegetation begleitet den Reisenden über viele Kilometer. Die asphaltierten Highways sind ganzjährig zu befahren. Einige Pisten hingegen sind nach heftigen Regenfällen länger gesperrt, bzw. unpassierbar, so z.B. die Gibb River Road oder kleinere Pisten im Kakadu National Park.

Zentrum (Outback)

Regionen: Südaustralisches Outback (Stuart Highway, Flinders Ranges, Oodnadatta Track, Simpson Desert), **Rotes Zentrum** (Alice Springs, Ayers Rock, westliche und östliche MacDonnell Ranges), **Westaustralien** (Great Central Road, Tanami Track, Canning Stock Route)

Die beste Reisezeit für das Zentrum ist der australische Winter von April bis Oktober. Die Temperaturen liegen in dieser Zeit tagsüber zwischen angenehmen 24 und 30 °C, die Nächte kühlen in den Monaten Juli und August bis

zum Gefrierpunkt ab. Dieses typisch kontinentale Wüstenklima hat den weiteren großen Vorteil, dass sich die Belästigung durch Fliegen in Grenzen hält: eine kalte Nacht und die lästigen Plagegeister sind millionenfach dezimiert. Der größte Nachteil des australischen Winters sind sicherlich die kurzen Tage. Das Tagesziel sollte gegen 17 Uhr erreicht sein, da es wenig später bereits stockfinster wird. Reisende sollten es zu dieser Zeit den Australier gleich tun: früh bei Sonnenaufgang aufstehen und den Tag nutzen!

Das **Outback** ist im australischen Sommerhalbjahr (Oktober bis März) extrem heiß. Backofenartige Gluthitze von 40 bis 45 °C im Schatten ist keine Seltenheit. An Aktivitäten wie Wanderungen ist kaum zu denken und Flüssigkeit sollte literweise konsumiert werden. Gegen einen relativ begrenzten Aufenthalt, z.B. zum Besuch des Ayers Rock (Uluru Kata Tjuta National Park) ist nichts einzuwenden, doch für ausgiebige Outback-Touren gibt es bessere Zeiten im Jahr.

Westküste

Regionen: Western Australia (Perth – Broome)

Die Westküste von Perth bis Broome lässt sich im Prinzip **ganzjährig** bereisen, doch sollten die Hinweise zur Regenzeit im tropischen Norden beachtet werden. Von Coral Bay an nordwärts muss mit einer tropischen Regenzeit

*East Alligator River,
Northern Territory*

von November bis März und extrem heißen Sommertemperaturen gerechnet werden. Planen Sie Ihre „Reiserichtung" mit den Klimazonen! Eine Tour von Perth nach Broome findet am besten von März bis Juli statt, die Reise in umgekehrter Richtung besser von August bis November. Im ersten Fall ist die Regenzeit im Norden gerade vorbei, im anderen Fall steht sie bevor. Perth selbst ist in den Wintermonaten (Juni, Juli, August) mit Tagestemperaturen von 14 bis 22 °C immer etwas kühler – ein Umstand, der sich bei einem Städteaufenthalt verschmerzen lässt.

Süden

Regionen: South Australia (Adelaide, Kangaroo Island, Eyre Peninsula, Nullarbor Plain), **Südwesten** (Perth – Kalgoorlie – Esperance – Albany)

Die beste Reisezeit für den südlichen Kontinent ist der australische Sommer von Oktober bis März. Zu dieser Zeit herrschen warme Tagestemperaturen (25 bis 35 °C), wobei wie überall in Australien mit länger andauernden Hitze- und Trockenperioden zu rechnen ist. Entlang der Südküste weht im Sommer meist ein angenehm frischer Wind.

Im Winter indes wird es kühl und ungemütlich. Die Niederschläge nehmen zu und die Tagestemperaturen sinken auf 8 bis 15 °C. Außer in den Australischen Alpen (Victoria, New South Wales) und auf Tasmanien fällt jedoch kein Schnee.

Empfehlungen

Reisen durch Australien sollten daher wie folgt geplant werden:

Reisezeit April – Juni: Tourbeginn im Süden (eher kühl), Tourende im Norden (ideales Klima, grüne Vegetation, nach der Regenzeit).

Reisezeit Juli – August: Verzicht auf den Süden (zu kalt, schwerpunktmäßig Reise durch das Zentrum (ideales Outbackklima mit kalten Nächten) und den Norden (trocken und warm).

Reisezeit September – November: Tourbeginn im Norden (noch vor Beginn der Regenzeit), Tourende im Süden (frühlingshaft warme Temperaturen).

Reisezeit Dezember – März: Verzicht auf den Norden (heiß, feucht, Regenzeit), schwerpunktmäßig Reise durch den australischen Süden (warme Sommer).

Sonnenaufgang im Barossa Valley

Anreise per Flugzeug

Dass ein Flug nach Australien 24 Stunden oder länger dauert, gehört in das Reich der Legenden. Tatsächlich beträgt die reine Flugzeit zwischen 17 und 20 Stunden, hinzu kommen die Stunden beim Umsteigen in Asien oder Arabien.

Die kürzesten Flugverbindungen bestehen von Deutschland über Asien nach Perth oder Darwin (ca. 12,5 Std. plus 4,5 Std.), nach Sydney oder Melbourne dauert es etwas länger (ca. 12,5 Std. plus ca. 8 Std.). Sanfter formuliert: Down under liegt nur vier Mahlzeiten und drei Kinofilme entfernt!

Buchungsklassen

Die günstigste Buchungsklasse ist die **Economy Class,** auch „Tourist Class" genannt. Der übliche Sitzabstand beträgt zwischen 79 und 86 cm. Jeder Zentimeter zählt naturgemäß bei einem solch langen Flug und dennoch: nach einer Weile wird's überall eng! Regelmäßiges Aufstehen und Herumlaufen streckt und durchblutet die gebeugten Glieder. Einige Fluggesellschaften bieten eine Premium-Economy Class mit deutlich mehr Sitzplatzabstand und einer guten Lehnenneigung zu einem moderaten Aufpreis an.

Die **Business Class** hat mit 120–150 cm deutlich mehr Sitzplatzabstand, breite Liege- oder Schlafsessel und einen besseren Service. Die sehr teure *First Class* (Erste Klasse) wird nur noch von wenigen Fluggesellschaften angeboten.

Flugpreise

Die Flugpreise sind je nach Airline und Saisonzeit unterschiedlich. Last-Minute Preise sind nicht erhältlich. Im Gegenteil, je früher ein Linienflug gebucht wird, desto günstiger ist er! Nutzen Sie die Angebote der Reiseveranstalter, die beispielsweise spezielle Fly-Drive Pakete zu vergünstigten Konditionen auflegen. Die günstigste Saisonzeit ist traditionell der Zeitraum Mai/Juni, die teuerste Zeit von Anfang bis Ende Dezember. Bei flexibler Reisezeit lassen sich hier schnell 300 Euro pro Person und Flug einsparen! Wenden Sie sich für weitere Informationen an einen erfahrenen Australienveranstalter (z.B. in Deutschland: Best of Travel Group, Tel. 0180-3307273, Fax 0180-5352595, www.best-of-australia.de).

Flugrouten

Die Ostroute ist die günstigste und schnellste Flugverbindung nach Australien, insbesondere auch nach Perth und Darwin.

Die Westroute über Nordamerika (USA oder Kanada) ist mit United Airlines und Air New Zealand möglich, jedoch muss häufig umgestiegen werden. Weltreisende bevorzugen meilenbasierende **Round-The-World-Tickets** der Flugallianzen *Star Alliance* und *One World,* welche die vielfältigsten Kombinationen ermöglichen.

Langstreckenflüge

Die Wahl der richtigen Fluggesellschaft hängt von verschiedenen Faktoren ab.

Flugziel-Flugroute: Die Flugroute sollte möglichst direkt zum gewünschten Flugziel erfolgen. Es nützt nichts, wenn innerhalb Australiens zusätzliche (kostenpflichtige) Inlandsflüge erforderlich sind, die zudem die Anreise erheblich verlängern.

Stopover-Ziel: Wird ein bestimmtes Stopover-Ziel gewünscht, so muss die Auswahl der Fluggesellschaft entsprechend erfolgen.

Sonstige Faktoren sind eventuelle Meilenguthaben bei einem bestimmten

Vielfliegerprogramm, der Flugpreis und natürlich die Themen Sicherheit, Platzangebot, Unterhaltungsprogramme und der „Ruf" einer Airline.

Flughäfen

Australien hat sieben internationale Flughäfen (Gateways):

Adelaide, Brisbane, Cairns, Darwin, Melbourne, Perth und Sydney. Alle anderen Flughäfen müssen mit einem zusätzlichen Inlandsflug angeflogen werden.

Überblick Airlines

→ **Qantas** (*QF,* www.qantas.com.au) fliegt in Kooperation mit Emirates alle sieben Gateways an und ist somit ideal für die klassische Westaustralientour Perth – Darwin. Abflughäfen in Deutschland: Frankfurt, Hamburg, München und Düsseldorf. Stopover sind in Singapur und Dubai möglich. Die „Premium Eco" und die Business Class (mit echten Liegebetten) sind höherwertige Buchungsklassen. QF und ihr Billig-Ableger **Jetstar** (**JQ,** www.jetstar.com) haben das größte Inlandsflugnetz und auf vielen Strecken quasi ein Monopol.

→ **Cathay Pacific** (CX, www.cathaypacific.com) fliegt von Frankfurt via Hongkong nach Adelaide, Brisbane, Cairns, Melbourne, Perth und Sydney. Unter Geschäftsreisenden gilt CX als erste Wahl. Eine Premium Eco und die Business Class sind komfortable Optionen, die First Class bietet Luxus pur. CX erlaubt auch in der Economy Class 30 kg Freigepäck. Im Rahmen der OneWorld-Allianz wird ein Round-The-World-Ticket angeboten. So ist z.B. die Flugroute Frankfurt – Santiago de Chile – Osterinsel – Papeete – Neuseeland – Australien – Hongkong – Frankfurt eine verführerische Option.

→ **Emirates** (EK, www.emirates.com) fliegt in Kooperation mit Qantas von Frankfurt, Düsseldorf, Hamburg oder München via Dubai nach Perth, Sydney, Melbourne und Brisbane. Stopover sind in Dubai, Bangkok und Singapur möglich. Hier darf auch in der Economy Class 30 kg Freigepäck pro Person mitgenommen werden! Gegen Aufpreis kann in die Business- oder First Class gewechselt werden.

→ **Singapore Airlines** (*SQ,* www.singaporeairlines.com) fliegt von Frankfurt via Singapur nach Adelaide, Brisbane, Melbourne, Darwin, Perth und Sydney. Die Aufpreise für die bekannt gute Business- und First Class sind recht hoch. SQ kooperiert im Inland mit *Virgin Australia* (VA).

→**Malaysia Airlines** (*MH*, www.malaysiaairlines.com) fliegt von Frankfurt via Kuala Lumpur nach Adelaide, Brisbane, Melbourne, Darwin, Perth und Sydney. Vorteilhaft sind günstige Aufschläge für die Business Class und die Möglichkeit eines Aufenthalts auf den malaysischen Inseln für geringe Mehrkosten.

Weitere Airlines für die Asien-Route sind:

→**Thai Airways** (www.thaiairways.com)

→**Korean Air** (www.koreanair.com) und **Asiana** (via Seoul, www.flyasiana.com)

→**China Airlines** (über Taiwan, www.china-airlines.com) und

→**Japan Airlines** (via Tokio, www.jal.com), Qatar Airways (über Doha, www.qatarairways.com).

Stopover-Aufenthalte

bieten die angenehme Möglichkeit, die lange Flugstrecke aufzuteilen. Je nach Airline sind Stopover in Dubai, Singapur, Bangkok, Kuala Lumpur, Seoul oder Hongkong möglich. Ein Stopover-Programm enthält idealerweise die Flughafen-Hotel-Transfers, Hotelübernachtung(en) und eine Stadtrundfahrt. Der Erholungsfaktor eines Stopover-Aufenthalts in einer asiatischen Metropole sollte indes bei 95% Luftfeuchtigkeit und 35 °C Hitze nicht überbewertet werden. Oftmals ist es angenehmer, das Zielland schnellstmöglich zu erreichen, was im Falle der „nahen" Flugziele Perth und Darwin auch problemlos zu realisieren ist.

Eine gute Alternative zu den relativ hochpreisigen australischen Bade-Resorts (z.B. in Broome oder in Queensland) bieten Badeaufenthalte auf malaysischen Inseln oder in Thailand. Hier lässt sich im Anschluss an eine Australien-Reise noch ein preiswerter Strandurlaub anhängen. Auch ein kurzer **Transit-Aufenthalt** lässt sich sinnvoll nutzen: In Singapur kann am Flughafen das Schwimmbad besucht werden (Badekleidung einpacken, Handtücher werden gestellt) oder eine kostenlose Stadtrundfahrt unternommen werden. In Hongkong bietet Cathay Pacific kostenlose Citytouren an.

Inlandsflüge

Die australische Fluggesellschaft **Qantas** (QF) und ihr **Tochter Jetstar** (JQ) haben ein ausgezeichnetes Flugnetz im Inland – selbst entlegene Winkel und Orte werden regelmäßig angeflogen. Auf wichtigen Hauptstrecken fliegt zusätzlich noch **Virgin Australia (VA)**. Virgin Australia gilt als zuverlässig und ist der einzig ernsthafte Konkurrent der lange Zeit monopolistischen Qantas.

Die Buchung der Inlandsflüge sollte vorab erfolgen, da es ansonsten vor Ort bei begrenzter Reisezeit zu Engpässen, Wartetagen oder sehr hohen Tarifen kommen kann. Zu jedem Langstreckenticket können Inlandsflüge hinzugebucht werden. Bei Qantas- und Cathay Pacific Langstreckenflügen gibt es spezielle Tarife mit bereits im Preis eingeschlossenen Inlandsflügen. Singapur Airlines bietet einen Airpass in Kooperation mit Virgin Australia an.

Buchung im Internet

Auf den vielgeflogenen Strecken zwischen den Metropolen, z.B. Sydney – Melbourne, Brisbane – Sydney, lohnt die Buchung einzelner Strecken über das Internet. Auf den Seiten von www.qantas.com.au, www.jetstar.com und www.virginaustralia.com lassen sich günstige Flüge direkt buchen. Sie sind allerdings meist nicht umbuchbar oder im Falle

einer Stornierung nicht erstattungsfähig. Das Geld wird sofort von Ihrer Kreditkarte abgebucht, das Ticket muss online ausgedruckt werden.

Australische Inlandsflüge müssen nicht rückbestätigt werden. In Perth, Sydney oder Melbourne sollte man allerdings gut zwei Stunden vor Abflug am Flughafen sein, da sich insbesondere in den Morgenstunden lange Schlangen an den Schaltern bilden. Beachten Sie, dass das Gepäcklimit nicht bei allen Fluggesellschaften und Strecken im Inland gleich ist. Bei manchen kürzeren Strecken (mit kleinen Flugzeugen) liegt das Gepäcklimit häufig unter 20 kg.

Tipps zum Langstreckenflug

▸ **Anreise zum Flughafen:** Die Anreise zum nächstgelegenen Flughafen kann per Zubringerflug oder per Bahn (Rail & Fly Ticket) erfolgen. Viele Flugtarife beinhalten eine der beiden Möglichkeiten oder bieten sie gegen geringen Aufpreis an. Bei mehreren Reisenden lohnt oft ein Mietwagen für die Anreise zum Flughafen. Die großen Autovermieter bieten hierfür günstige Pauschalen.

▸ Die **Flugroute** sollte möglichst direkt mit maximal einem Stopover zum Ziel in Australien führen. Achten Sie auf die Dauer des Zwischenaufenthalts

bei direkten Flügen. Bei Tagesaufenthalten (z.B. Ankunft am Morgen, Weiterflug am Abend) buchen Sie am besten ein Tageszimmer in einem Flughafen-Hotel. Mit einigen Stunden Schlaf zwischendurch kommt man deutlich entspannter in Australien an.

▸ **Gabelflüge:** Nutzen Sie die Möglichkeit zu Gabelflügen ohne Aufpreis, d.h. der Zielflughafen muss nicht identisch mit dem Abflughafen sein. Beispiel: Hinflug nach Darwin und Rückflug von Perth wäre bei Singapore Airlines problemlos möglich.

▸ **An Bord:** Tragen Sie unterwegs bequeme, lockere Kleidung. Nehmen Sie einen warmen Pullover oder eine Jacke mit an Bord – durch die Klimaanlagen kann es empfindlich kühl werden. Bewegen Sie sich regelmäßig, trinken Sie viel Wasser und wenig Alkohol, um einer möglichen Thrombose-Gefahr vorzubeugen.

▸ **Vielflieger-Programme:** Melden Sie sich beim Vielflieger-Programm der gebuchten Fluggesellschaft an, um Meilen zu sammeln – beim nächsten Mal springt vielleicht schon ein Freiflug oder eine Prämie raus. Die Anmeldung erfolgt direkt bei der Airline im Internet. Die erteilte Vielfliegernummer muss dann in die Buchung eingetragen werden. Beachten Sie aber auch, dass Vielfliegerprogramme vornehmlich der Kundenbindung dienen. Nicht immer bietet die bevorzugte Meilen-Airline für Ihren Zweck und Ihre Reise die schnellste und sinnvollste Flugverbindung!

▸ **Sitzplatzreservierung:** Bei vielen Airlines ist eine Sitzplatzreservierung im Vorfeld möglich. Sitzplätze an den Notausgängen können grundsätzlich nicht vorab reserviert werden, sondern erst beim Check-in. Hilfreich ist die Webseite www.seatguru.com, dort können Sie die Sitzplatzeinteilung einsehen!

▸ **Online-Check-In:** Viele Airlines bieten die Möglichkeit, bis zu 48 Stunden vor Abflug im Internet einzuchecken. Sitzplätze können dann fest reserviert und der Boarding Pass bereits ausgedruckt werden. Vorteil außerdem ist ein separater Check-In Counter („Baggage Drop").

▸ **Mahlzeiten an Bord:** Vegetarisches Essen und spezielle Kindermahlzeiten müssen vorab bestellt werden! Es fallen hierfür keine Extrakosten an.

▸ **Gepäck:** Beachten Sie das strikte Gewichtslimit von 20–30 kg für das aufgegebene Gepäck. Die Maße und das Gewicht für das Handgepäck variiert bei den Fluggesellschaften. Nagelscheren, Taschenmesser u.ä. sind nicht erlaubt, und nur noch 0,1 l Flüssigkeiten in durchsichtigen Plastik-

Verpflegung an Bord – „Guten Appetit!"

tüten. Gaskartuschen und Benzinflaschen sind verboten! Schusswaffen nur nach vorheriger Genehmigung im aufgegebenen Gepäck. Die Gepäckstücke sollten nicht abgeschlossen werden, da die Flughafenbehörden aus Sicherheitsgründen zum Aufbrechen von Koffern oder Schlössern berechtigt sind.

▸ Packen Sie wegen der sehr trockenen Luft an Bord eine Feuchtigkeitscreme ein.

▸ **Ohrenprobleme:** Ohrstöpsel mit Ventil ermöglichen den automatischen Ausgleich des Luftdrucks, was bei Starts und Landungen sehr angenehm ist (www.earplanes.de, erhältlich in Apotheken).

▸ **Raucher:** Alle Flüge nach Australien sind grundsätzlich Nichtraucher-Flüge. Nehmen Sie notfalls Nikotin-Pflaster oder Nikotin-Kaugummis mit.

▸ **Business Class:** Überlegen Sie, ob sich angesichts der langen Flugdauer nicht der Aufpreis für die bequeme Premium Economy Class oder Business Class lohnt. Viele Airlines bieten hierfür attraktive Tarife. Manchmal können auch Teilstrecken in Business Class gebucht werden.

▸ **Flugsteuern und -gebühren:** Sämtliche europäische und australische Flughafensteuern, Sicherheitsentgelte, Abflugsteuern, Lärmsteuern und Treibstoffzuschläge sind bereits im Flugschein enthalten. Vor Ort muss am Flughafen nichts mehr extra bezahlt werden. Diese Gebühren belaufen sich mittlerweile auf EUR 650 pro Person, je nach Anzahl der Flüge und angeflogenen Städte! In bestimmten asiatischen Ländern (z.B. Indonesien) und in Neuseeland muss vor Ort eine separate Abflugsteuer bezahlt werden.

Reisen in Australien

Neben den individuellen Fortbewegungsmitteln Mietwagen und Camper lässt sich Australien auch per Überlandbus, Eisenbahn oder Flugzeug bereisen. Ein Nachteil haftet den drei letztgenannten an: Der Reisende gelangt damit lediglich von Stadt zu Stadt. Sehenswürdigkeiten unterwegs, Nationalparks entlang der Route oder individuelle Rast- und Fotostopps entfallen zwangsläufig. Ein „Reisen auf eigene Faust" ist nur bedingt möglich. Das „eigene" Fahrzeug in Form eines Campers oder Mietwagens bietet sich also an. Australien ist aufgrund seiner hervorragenden Infrastruktur für Selbstfahrertouren in idealer Weise geeignet. Das Land ist ein ausgesprochen sicheres Reiseziel für Mietwagentouristen. Wer sich in bestimmten Regionen, z.B. im Outback nicht sicher fühlt, oder das Reisen in einer Gruppe Gleichgesinnter erleben will, sollte sich einer geführten Tour anschließen.

Autofahren in Australien

In Australien wird links gefahren! Der Fahrer sitzt rechts, der Beifahrer immer links am Straßenrand. Viele Reisende bevorzugen aufgrund dieser Umstellung ein Automatik-Fahrzeug, um das ungewohnte Schalten mit der linken Hand zu vermeiden. Dies ist bei den größeren Mietwagentypen kein Problem, bei Campmobilen in Ausnahmefällen bei den großen 4- und 6-Bett-Wohnmobilen erhältlich. Allrad-Camper haben generell ein Schaltgetriebe. An den Linksverkehr gewöhnt man sich schnell. Hat man erst einmal den lebhaften Großstadtverkehr überstanden, reist es sich außerhalb der Städte entspannt. Auch beim Linksverkehr gilt an Kreuzungen rechts vor links! Bei den zahlreich vorhandenen Kreisverkehren hat immer der „Kreis" Vorfahrt. Einfahrende Autos müssen warten.

Alle Hauptverbindungsstraßen sind asphaltiert. Im **Outback** und in den Nationalparks sowie in abseits der Hauptrouten gelegenen Regionen findet man zahlreiche Schotter- und Sandpisten (gravel roads, unsealed roads), die aus versicherungsrechtlichen Gründen nur mit Allrad-Mietfahrzeugen befahren werden dürfen. Beachten Sie Schilder, Warntafeln und offizielle Straßensperrungen.

Bei heftigen Regengüssen werden unbefestigte Straßen schnell rutschig, häufig entstehen sogenannte **Floodways,** Wasserfurten, die die Straßen queren. Die Wasserstandsanzeiger am Straßenrand zeigen zwar die Tiefe an, aber die meist sehr Strömung von der Seite sollten Sie nicht unterschätzen!

Achtung Roadtrains! Halten Sie großen Abstand, wenn Sie hinter einem **Roadtrain** herfahren, jenen Lastwagen-Konvois mit bis zu 3 Anhängern, 53 m Gesamtlänge und bis zu 86 Rädern. Eines könnte Steine schleudern. Stellen

Nur für Allradfahrzeuge …

Sie sich auf den enormen Windsog ein, der beim Überholen entsteht, und auch auf die lange Zeit, die Sie dazu benötigen. Bei entgegenkommenden Roadtrains auf Pisten die Geschwindigkeit verlangsamen oder ggf. am Straßenrand anhalten, um das Risiko eines Steinschlags zu vermindern.

Das **Tempolimit** innerhalb geschlossener Ortschaften beträgt 50 km/h, auf Autobahnen und Landstraßen gelten 100 km/h oder 110 km/h. Nur im Northern Territory gibt es keine Geschwindigkeitsbeschränkung! An Schulen und Kindergärten darf während der Schulzeiten nur mit 30 km/h entlanggefahren werden. Halten Sie sich an die Tempolimits. Überschreitungen werden mit hohen Bußgeldern geahndet!

Die **Alkoholgrenze** beträgt 0,5 Promille. Einige Autovermieter schreiben gar 0,00 vor. Beachten Sie hierzu das Kleingedruckte im Mietvertrag. An Wochenenden werden verstärkt Kontrollen durchgeführt. Für alle Fahrzeuginsassen gilt **Anschnallpflicht**. Kinder müssen in speziellen Baby-Seats (Kindersitze) oder Booster-Seats (Sitz-Erhöhungen) sitzen (▶ Kapitel „Reisen mit Kindern", S. 126).

Führerschein: ▶ s.S. 75

Das **Mindestalter,** um einen Wagen/Camper zu mieten, beträgt 21 Jahre, das Höchstalter in manchen Fällen 75 Jahre. Manche Autovermieter verlangen einen Aufpreis, wenn der Fahrer unter 25 Jahre alt ist.

Fahrzeugversicherung

Beschädigungen am Fahrzeug sind immer möglich. Bedenken Sie, dass Sie in Australien weit höhere Kilometerleistungen erbringen als zu Hause. Schon ein kleiner Stein in der Windschutzscheibe kann einen kostenpflichtigen Schaden verursachen. In Australien deckt die gesetzlich vorgeschriebene Haftpflichtversicherung (über die jeder Mietwagen/Camper verfügt) nur Personenschäden, nicht jedoch Sachschäden. Es fahren daher eine ganze Menge unversicherter Leute durchs Land.

Sollte einer von denen Ihr Fahrzeug beschädigen oder ein Unfallgegner begeht Fahrerflucht, so nimmt sie der Vermieter erst einmal in die Pflicht und behält die maximal mögliche Selbstbeteiligung (SB) ein. Ob es etwas vom Unfallgegner zu holen gibt, ist äußerst ungewiss. Im Klartext: Selbst wenn Sie nicht Schuld an Fahrzeugschaden sind, so haften Sie in der Höhe der maximalen SB für den Schaden. Es empfiehlt sich daher, die angebotenen Zusatzversicherungen abzuschließen, um die SB deutlich zu reduzieren.

Bei fast allen Vermietern muss bei Anmietung eine **Kaution per Kreditkarte hinterlegt werden.** Die Kaution wird zurückerstattet, wenn das Fahrzeug unbeschädigt und vollgetankt zurückgegeben wird. Wird keine Zusatzversicherung abgeschlossen, wird die maximal mögliche Kaution tatsächlich von der Kreditkarte abgebucht – im Falle von Campermieten sind dies i.d.R. A$ 5000. Die Rückbuchung erfolgt erst bei Abgabe intakten Fahrzeugs. Der

Verfügungsrahmen der Karte ist in solchen Fällen für die Dauer der Miete und bis zur erfolgten Rückbuchung massiv eingeschränkt!

Treibstoffversorgung

Die Versorgung mit Benzin und Diesel ist sehr gut. Selbst auf langen Etappen wie dem Stuart Highway liegen selten mehr 250 km zwischen den einzelnen Rasthäusern und Tankstellen. Auf Outback-Pisten muss immer regelmäßig nachgetankt werden – hier liegen oftmals 400 km oder mehr zwischen den Vorsorgungsstützpunkten. Hinzu kommt ein erhöhter Verbrauch der Fahrzeuge bei Allradbetrieb auf sandigen Passagen. Roadhouses (Rasthäuser) bieten neben Treibstoff meist ein Restaurant mit herzhaften, üppigen Trucker-Menüs. Dem Roadhouse ist außerdem oft ein Campingplatz oder ein einfaches Motel angeschlossen.

Die Preise für Benzin und Diesel sind ungefähr gleich hoch. Entlang der Küsten und im Süden liegt das Preisniveau bei erfreulich niedrigen A$ 1,20 bis 1,50 pro Liter, in entlegenen Gebieten und im Outback kann der Liter jedoch leicht über A$ 1,60 kosten. Fast alle Tankstellen akzeptieren die gängigen Kreditkarten. Nur entlegene Farmen (Stations) verlangen Bargeld. Einen Überblick über die aktuellen Spritpreise bieten die Seiten www.fuelwatch.com .au oder www.carsguide.com.au/tool-and-advice.

„On the road"

Halten Sie sich an die vorgeschriebenen **Geschwindigkeitsbeschränkungen und schnallen Sie sich an,** Kinder müssen in Kindersitzen gesichert werden.

Niemals den **Linksverkehr** in Vergessenheit geraten lassen! Faustregel: Der Beifahrer muss immer am Straßenrand

sitzen. Lassen Sie in den Großstädten das Auto stehen und besichtigen Sie zu Fuß!

Für Mietfahrzeuge gilt: Kontrollieren Sie in regelmäßigen Abständen **Ölstand, Kühlwasser** und **Keilriemenspannung.** Der Mieter ist speziell bei Langzeitmieten für die Einhaltung von Inspektionsintervallen und für Ölwechsel verantwortlich. Besprechen Sie dies vorab mit dem Vermieter!

Lassen Sie keine **Wertsachen** im geparkten Auto offen liegen.

Planen Sie die **Tagesetappen** mit ausreichend Zeit für Rastpausen, Fotostopps, Wanderungen und Besichtigungen. Auf endlosen, schnurgeraden Highway-Routen (z.B. Stuart Hwy) dürfen es ruhig mal 600 km am Tag sein, die bei einem Schnitt von 100 km/h in sechs Stunden abgespult werden können. Auf Küstenetappen mit Abstechern und Fotostopps sinkt die **Durchschnittsgeschwindigkeit** erfahrungsgemäß auf ca. 80 km/h. Mit jedem Kilometer mehr sinkt die Aufmerksamkeit und das Unfallrisiko steigt. Muten Sie sich also nicht zuviel zu. Lieber einen Landesteil intensiv erleben und einen Part des Landes auslassen, als unter Zeitdruck und in Hektik zu reisen. Nutzen Sie die Möglichkeit, besonders **schöne Streckenabschnitte** auf den ausgeschilderten *Tourist Drives* oder *Scenic Roads* zu befahren. Planen Sie so, dass Sie bei Einbruch der Dämmerung das Tagesziel erreicht haben!

Nationalparks liegen selten direkt am Highway, sondern müssen über schmale, oft kurvenreiche Stichstraßen angefahren werden. Fahren Sie hier besonders vorsichtig, insbesondere, wenn es sich um unbefestigte Wege handelt.

Vermeiden Sie Nachtfahrten! Die Kollisionsgefahr mit Tieren ist enorm groß. Weite Teile West- und Zentralaustraliens sind „Unfenced Cattleland",

Hilfreiche Begriffe für Autofahrer

Abblendlicht	headlight
Abschleppseil	tow rope
Allradantrieb einschalten	engage four wheel drive
Anlasser	starter
Auspuff	muffler
Automatikgetriebe	automatic transmission
Batterie	battery (low, empty)
Benzinmangel	lack of fuel
Benzin	Regular
Superbenzin	Premium
Autogas	LPG (Liquid Petroleum Gas)
Diesel	Diesel, Distillate
Benzintank	fuel tank
Bergungsgurt	snatch strap
Beule	dent
Birne	light bulb
Blinker	indicator
Bremse	break
Dichtung	seal, gasket
Elektr. Sicherung	electric fuse
Entlegenes Gebiet	remote area
Ersatzrad	spare wheel (spare tire)
Erste-Hilfe-Kasten	first aid box
Felge	rim
Freilaufnaben sperren	to lock the free hubs
Gaspedal	accelerator
Handbremse	hand brake
Kabel, Leitung	wire, cable
Keilriemen	fan belt
Klimaanlage	air condition
Kopfverletzung	head injury
Kühler	radiator
Kühlwasser	cooling water
Kühlwasserschlauch	radiator hose
Kupplung	clutch
Landkarte	touring map
Lenkung	steering
Lichtmaschine	generator, alternator
Luftdruck	air pressure
Medizinische Hilfe	medical assistance
Motor	engine, „donk"
Motoröl	oil
Notfall	emergency
Panne	breakdown

Plattfuß	flat tire
Radaufhängung	suspension
Radkreuz	wheelbrace
Reifen	tire, nobbies
Reifenschlauch	tube
Reifenprofil	tire tread
Riss in der	cracked
Frontscheibe	windscreen
Schalter	switch
Schaltgetriebe	gearbox
Scheibenbremse	disc brake
Servolenkung	power steering
Sicherungskasten	fuse box
Trommelbremse	drums
Überbrückungskabel	jumper cable, battery jumper leads
Undichte Wasserpumpe	leaking water pump
Unfall	accident
Ventil	valve
Verletzter	injured person
Wagenheber	jack
Werkzeug	tool, tool box
Winde	winch
Zündschlüssel	ignition key
Zündung	ignition
Zündkerze	spark plug
Zusammenstoß	crash
Zylinderkopf	cylinder head

Rinder laufen ohne Begrenzung von Weidezäunen frei herum. Fahren Sie deshalb immer vorausschauend. Wenn ein Tier vor Ihnen die Straße überquert, bremsen Sie sanft und weichen Sie nicht abrupt aus.

Die **Automobilclubs** versorgen Mitglieder europäischer Autoclubs mit ermäßigten Landkarten und Unterkunftsverzeichnissen. Mitgliedskarte daher nicht vergessen!

Verhalten bei Pannen

Selbst bei bestens gewarteten und neuwertigen Autos sind Pannen und Defekte möglich. Im Pannenfall bewahren Sie Ruhe und informieren sich über den Schaden. Ein Reifenschaden kann mit Hilfe des verfügbaren Bordwerkzeugs schnell behoben werden. Mietwagen und Camper verfügen i.d.R. nur über ein Ersatzrad. Bei nächster Gelegenheit (Roadhouse, Reifenwerkstatt) sollte das defekte Rad deshalb geflickt werden. Tritt ein Mechanik- oder Elektrikschaden auf, so ist der regionale Automobilclub zu verständigen, der ein Pannenfahrzeug schickt. Die entsprechende Notrufnummer finden Sie bei den Fahrzeugunterlagen und im Reiseteil des Buches. Alle renommierten Vermieter sind mit ihren Fahrzeugen Mitglied im Automobilclub. Sofern das Auto bestimmungs- und vertragsgemäß eingesetzt wurde, trägt der Vermieter die Kosten für eine Bergung oder Reparatur.

Da die Kommunikation im Pannenfall, abseits der Städte, selbst per Handy oft nicht möglich ist, müssen andere Autofahrer über die Notlage informiert werden, was dank der allgemeinen Hilfsbereitschaft kein Problem ist. Eine offene Kühlerhaube genügt meist, damit die Ersten anhalten, um ihre Hilfe anzubieten. Bei gravierenden Defekten oder Unfällen bei Mietfahrzeugen ist der Vermieter bemüht, so schnell wie möglich ein Ersatzfahrzeug zu organisieren oder das vorhandene Fahrzeug zu reparieren. Mit Wartezeiten muss in beiden Fällen aufgrund der beträchtlichen Entfernungen gerechnet werden. Ein Anspruch auf Erstattung nicht genutzter Miet- und Urlaubstage besteht nicht – ein kulanter Vermieter bezahlt jedoch eventuell erforderliche Übernachtungen.

Die Beschaffung von Ersatzfahrzeugen ist insbesondere bei defekten Wohnmobilen während der Hochsaison (August bis Oktober und Dezember bis Februar) schwierig. Zögern Sie nicht, in solchen Fällen ein Alternativ-Programm selbst zu organisieren, z.B. die Teilnahme an einer geführten Tour. Keinem ist geholfen, wenn Sie drei Tage im Hotelzimmer Trübsal blasen, während die Ersatzteile für Ihr Auto irgendwo im Land unterwegs sind.

Mietwagen

Mietwagenstationen befinden sich in allen größeren Städten. Die großen Anbieter wie Hertz, Avis, Thrifty, Budget oder Europcar verfügen außerdem über Flughafendepots. Die Anmietung an den privatisierten Flughäfen ist jedoch mit höheren Tagessätzen verbunden, die für die gesamte Mietdauer berechnet werden! Häufig lohnt es sich daher, zur Anmietung das nächstgelegene Stadtdepot per Taxi anzufahren.

Die Camperanbieter Apollo und Britz verfügen ebenfalls über eine kleine Pkw-Flotte, die über die jeweiligen Camperdepots abgewickelt wird. Daneben existieren eine Reihe lokaler Vermieter, die jedoch häufig nur innerhalb eines bestimmten Radius tätig sind.

Die meisten Vermieter unterscheiden die städtischen Zonen (Metropolitan Areas = Städte entlang der Ost- und Südküste) und entfernten Zonen (Remote Areas = Städte im Northern Terri-

tory und Western Australia). Bei letzteren Mieten fallen neben höheren Mietpreisen meist auch Einweg- bzw. Rückführgebühren an.

Das Angebot verschiedener Fahrzeugtypen ist groß. Wählen Sie das Fahrzeug lieber eine Kategorie höher, der Fahrkomfort und das Platzangebot sind gleich um Klassen besser, und Ihr Rücken wird es Ihnen auf den langen Fahretappen danken. Die Mietpreise sind ganzjährig auf einem Preisniveau, Schwankungen durch Saisonzeiten gibt es nur bei Allrad-Mietwagen. Die Mietpreisberechnung erfolgt durch die 24-Stunden-Regel: erfolgt die Annahme morgens um 9 Uhr, so muss die Abgabe ebenfalls bis 9 Uhr erfolgen. Andernfalls werden zusätzliche Miettage in Rechnung gestellt.

Übernahme

Kontrollieren Sie den Mietwagen bei Übernahme genau auf Schäden. Selbst kleinste „Chips" in der Windschutzscheibe oder Beulen im Blech sollten im Übernahmeprotokoll bzw. Mietvertrag notiert werden.

Überprüfen Sie den Zustand der Reifen und werfen Sie einen Blick auf das Ersatzrad. Lassen Sie sich zeigen, wo das Werkzeug zum Reifenwechsel und der Wagenheber verstaut sind.

Lassen Sie sich bei Mietwagen die technischen Funktionen, z.B. eines Tempomats erklären. Bei Allradfahrzeugen muss der Gebrauch von Freilaufnaben, Allradantrieb und Untersetzung erklärt werden.

Bei Übernahme wird ein rechtsgültiger Mietvertrag mit dem Vermieter geschlossen. Jeder Fahrer muss im Mietvertrag aufgeführt sein. Die Übernahme- und Abgabezeiten müssen dem Vermieter genau mitgeteilt werden. Bei Mietwagen ist gegen Aufpreis eine Übernahme am Flughafen möglich.

Abgabe

Das Fahrzeug muss vor Abgabe vollgetankt werden. Eine Reinigung des Fahrzeugs wird meist nicht verlangt. Um Ärger zu vermeiden, empfiehlt sich bei grob verschmutzten Fahrzeugen die vorherige Fahrt durch eine Waschanlage.

Mietwagen müssen zur vereinbarten Zeit am vereinbarten Ort zurückgegeben werden. Ein Miettag beträgt 24 Stunden, Verspätungen werden ab der zweiten Stunde als Extra-Tag berechnet. Über Änderungen muss der Vermieter unbedingt frühzeitig informiert werden. Verlangen Sie vom Vermieter die sofortige Rückerstattung der Kaution (bzw. die Vernichtung des Kreditkarten-Abdrucks), wenn das Fahrzeug in Ordnung ist.

Tipps zur Reise mit dem Mietwagen

▸ Verzichten Sie in Perth oder Adelaide wegen des Großstadtverkehrs und der chronischen Parkplatznot auf ein Fahrzeug. Fast alles lässt sich zu Fuß und mit öffentlichen Verkehrsmitteln erkunden.

▸ Die Fahrzeuge haben ausnahmslos CD-Player . Navigationsgeräte finden sich bislang nur in den Luxus-Modellen der großen Vermieter oder gegen Aufpreis.

▸ Ist eine Einwegmiete geplant, so sollte das Fahrzeug unbedingt vorab reserviert werden. Andernfalls beginnt vor Ort eine Suche mit überraschend hohen Preisen.

▸ Tanken Sie bei Outback-Etappen immer rechtzeitig.

Camper

Australien ist ein Land für Camper und den Campingurlaub. Jeder kleine und kleinste Ort entlang der Küsten verfügt über einen Campingplatz (Caravan Park, Holiday Park, Tourist Park), zusätzlich bieten Nationalparks und das offene Land unbegrenzte Möglichkeiten. Australische Rentner entfliehen zu Tausenden den kühlen Wintern im Süden und fahren mit ihren Wohnwagen und Wohnmobilen in die warmen nördlichen Gefilde. Von dieser hervorragenden Infrastruktur machen Touristen gerne Gebrauch. Vor allem die deutschsprachigen Gäste sind es, die den Camperurlaub in Australien schätzen gelernt haben. Nicht wenige kehren jedes Jahr nach Australien zurück, um dort ein Stück unabhängige Freiheit im „Campervan" zu genießen.

Campertypen

Die Wahl des richtigen Gefährts hängt von verschiedenen Faktoren ab: Fahrzeuggröße (Personen/Bettenzahl), Komfortanspruch (mit oder ohne Dusche/

Toilette), Preis (Reisebudget), Fahrtroute (evt. Geländetauglichkeit). Zur Auswahl stehen folgende Modelle:

Hi-Top Campervan

Toyota Kleinbus (Apollo, Britz/Maui) für 2 Erwachsene bzw. 2 Erwachsene und 1 Kind. Mit Kochgelegenheit und Kühlschrank, ohne Du/WC, mit 5-Gang-Schaltung. Die Klimaanlage funktioniert nur während der Fahrt. Nur als Benziner erhältlich, Verbrauch ca. 14 Liter/100 km. Umbau der Sitzgruppe zum Bett täglich erforderlich. Werfen Sie unbedingt einen Blick auf die Bettmaße – diese sind bei einigen Vermietern deutlich zu klein dimensioniert. Kinder können bei einigen Hi-Top-Modellen vorne in der Mitte sitzen (nur Beckengurt). Fazit: ein Fahrzeug für Reisende mit einfachen Ansprüchen.

2-Bett-Camper mit Dusche/WC

Camper für 2 Erwachsene auf Mercedes-Sprinter-Basis oder ähnlicher. Die Ausstattung genügt mit „Nasszelle" und Klimaanlage im Wohnbereich (nur bei Außenstrom funktionsfähig) höheren Ansprüchen. Die Sitzgruppe muss täglich zum Bett umgebaut werden. Vergleichen Sie die Bettmaße! Keine Kindersitzbefestigung möglich. Durchgang vom Führerhaus zum Wohnbereich i.d.R. möglich. Die Fahrzeuge sind schnell, noch relativ kompakt und mit Dieselmotor recht sparsam (ca. 12–15 Liter/100 km). Fazit: eine Empfehlung für alle Paare.

3-Bett, 4-Bett oder 6-Bett-Motorhomes

Klassische Alkoven-Wohnmobile (Apollo, Britz/Maui, u.a.) mit großem Doppelbett über dem Führerhaus und zusätzlichen Betten im Wohnbereich. Komplettausstattung mit Klimaanlage, Dusche/WC, Küche mit Mikrowelle, teilweise TV-Gerät. Die Fahrzeuge auf VW-Crafter- oder Mercedes-Sprinter-Basis verfügen über 5-Gang-Getriebe (teilweise auch Automatik erhältlich), sparsame Dieselmotoren (ca. 14–17 Liter/100 km), Durchgang Fahrerkabine/Wohnbereich. Ein ideales Auto für komfortbewusste Reisende, Familien mit Kindern oder zwei Ehepaare. Bei vier Reisenden sollte eher das 6-Bett-Auto gewählt werden, da dann keiner im schwankenden Heckbereich mitfahren muss, sondern in der Mittelsitzgruppe Platz findet.

Allrad-Camper mit Hubdach („Bushcamper")

Auf Basis der klassischen Toyota Landcruiser Troopcarrier (HZJ 78) gebaute Allrad-Camper (Apollo, Britz). Für den rauen Geländeeinsatz (Gibb River Road, Bungle Bungle, Cape York etc.) dank 180-Liter-Dieseltank und robuster, zuverlässiger Bauweise bestens geeignet. Bulliger 4,2 Liter Dieselmotor, zuschaltbarer Allradantrieb, 5-Gang Getriebe und Untersetzung (keine Differentialsperren), Küchenblock und elektrische Kühlbox sind vorhanden. Ein kompaktes, robustes Allradfahrzeug für (fast) alle Unternehmungen. Fahrzeuge mit Hubdach sind luftiger in der Nacht und haben während der Fahrt einen niedrigeren Schwerpunkt.

Deluxe-Allrad-Camper auf Pickup-Basis (Apollo)

Die Wohnkabine sitzt auf einem Toyota HiLux-Chassis und ist deutlich geräumiger als beim Bushcamper. Ein Hubdach sorgt für gute Belüftung, zusätzlich ist (bei Außenstrom) eine Klimaanlage im Wohnbereich vorhanden. Die Diesel-Tankkapazität von nur 70 Litern (plus zwei weitere Zusatzkanister), die Ausmaße und das Gewicht schränken die Gelände-tauglichkeit jedoch ein. Für moderate „Soft Adventure"-Touren dennoch ein komfortabler Kompromiss. Erhältlich für zwei oder vier Personen .

Allradfahrzeug
mit Campingausstattung

Für Reisen in Schönwetterregionen (Outback, Nordaustralien) ist ein Geländewagen mit Campingausstattung (Zelt, Kocher, elektrische Kühlbox, Schlafmatten und -säcke) eine gute Empfehlung. Diese Fahrzeuge werden z.B. von Britz angeboten. Nachteilig sind der aufwendige tägliche Auf- und Abbau und das umständliche Ein- und Ausräumen der Kochutensilien. Für Familien bzw. vier Reisende eigentlich wiederum eine gute Wahl, insbesondere wenn man ein allradtaugliches Fahrzeug für die Reise braucht.

Übernahme des Fahrzeugs

Die Übernahme (wie auch die Abgabe) ist nur in den größeren Städten Adelaide, Alice Springs, Brisbane, Cairns, Darwin, Melbourne, Perth und Sydney möglich. Broome (WA) wird von den meisten Vermietern gegen erhebliche Zusatzgebühren angeboten. Einwegmieten sind grundsätzlich zwischen allen Depots möglich. Einige Vermieter verlangen hierfür Einweg- oder Rückführgebühren, andere erlassen diese bei einer Mietdauer über 21 Tagen.

Bei Campern ist der Transfer zum Depot (und zurück) nicht im Mietpreis enthalten. Es empfiehlt sich, hierfür ein Taxi zu nehmen. Die Mietpreisberechnung beim Camper erfolgt durch die Kalendertag-Regel, d.h. Anmiet- und Abgabetag müssen als jeweils ein Miettag bezahlt werden. Die Abholung am ersten Miettag ist ab 9 Uhr morgens möglich, die Abgabe am letzten Miettag muss bis 16.30 Uhr erfolgen. Bitte die genauen Depot-Öffnungszeiten der Vermieter beachten – diese sind am

Wochenende oft eingeschränkt. Bei frühem Weiterflug muss das Fahrzeug am Vortag abgegeben werden.

Fahrzeugkontrolle

Kontrollieren Sie den Camper bei Übernahme genau auf Schäden. Selbst kleinste Macken in der Windschutzscheibe oder Beulen im Blech sollten im Übernahmeprotokoll bzw. Mietvertrag notiert werden. Kontrollieren Sie auch den Unterboden und das Dach auf Schäden!

Überprüfen Sie den Zustand der Reifen und werfen Sie einen Blick auf das Ersatzrad (spare wheel). Fordern Sie notfalls neue Reifen an, auch wenn es Ärger und Verdruss beim Personal verursachen sollte. Lassen Sie sich außerdem zeigen, wo das Werkzeug zum Reifenwechsel und der Wagenheber verstaut sind und wie sich das Ersatzrad demontieren lässt.

Bei vielen Vermietern erhält man nur noch eine **Einweisung in das Fahrzeug** per DVD – scheuen Sie sich aber nicht nachzufragen, denn der Vermieter sollte eine umfassende Einweisung erteilen! Dazu zählt der Bettenbau, Abwasser/Wassertanks (waste water tank, fresh water tank), Gebrauch von Dusche/WC (shower/toilet), Klimaanlage (air condition), Gasherd (gas stove), Mikrowelle (micro wave), Gas und Gasflaschen (LPG, gas bottle), Stromanschluss (electric power) und Sicherungskasten (fuse box). Ein Wasserschlauch zum Auffüllen des Frischwassertanks muss vorhanden sein. Bei Allradfahrzeugen muss der Gebrauch von Freilaufnaben (free hubs), Allradantrieb (four wheel drive mode) und Untersetzung (low gear) erklärt werden. Die Innenausstattung muss vollständig sein (Geschirr, Besteck, Kochgeschirr, Leintücher, Handtücher, Bettwäsche, Schlafsäcke/Decken).

Seien Sie nötigenfalls hartnäckig und beharren Sie auf Ihrem Recht, eine umfassende Einweisung und ein intaktes, vollständig ausgestattetes Fahrzeug zu erhalten!

Mietpreise

Mietpreis sind i.d.R. unbegrenzte Freikilometer, die komplette Fahrzeugausstattung und eine Standardversicherung (SB) mit A$ 5000 Selbstbeteiligung enthalten. Wird keine Zusatzversicherung zur Reduktion der SB abgeschlossen, so werden bis zu A$ 7500 von der Kreditkarte als Kaution abgebucht. Bei der Rückbuchung können durch Kursschwankungen Änderungen des Betrags entstehen!

Achtung: Prüfen Sie vor Abreise sowohl Tages- wie auch absolutes Kreditlimit Ihrer Kreditkarte, damit es keine Probleme bei der Kautionsabbuchung oder weiteren Zahlungen gibt!

Nicht im Mietpreis eingeschlossen sind i.d.R. Zusatzversicherungen, örtliche Steuern in Höhe von 2% des Mietpreises, Campingtisch/stühle, Treibstoff. Ob Einweggebühren anfallen, hängt von der Mietdauer und der Reiseroute ab. Bei langen Mietdauern gelten Maximalbeträge für die Zusatzversicherungen.

Bei den Mietpreisen gibt es **zwei Preismodelle: Flex-Raten** und **Standard-Raten:**

Flex-Raten sind ein Instrument des Vermieters, die Auslastung der Fahrzeugflotte in eine bestimmte Richtung zu lenken. Die Flex-Raten werden wöchentlich und für jede einzelne Mietstation neu festgelegt und können bei den Reiseveranstaltern abgefragt werden. Eine frühe Buchung ist vorteilhaft, da die Flex-Raten dann meist noch auf einem günstigen Niveau liegen. Je später die Buchung erfolgt, desto teurer werden die Autos.

Standard-Raten sind nach Miettag, Saisonzeit und Mietdauer gestaffelt und für das ganze Jahr im Voraus festgelegt. Mehrere Mieten bei einer Firma können in diesem Fall zu einer Gesamtmiete zusammengefasst werden. Sie kommen dann in die günstigere Preisstaffel.

Tipp: All-Inclusiv-Raten beinhalten neben der bestmöglichen Versicherungsoption die örtlichen Steuern (sog. stamp duty, 2% des Mietpreises), Einweggebühren sowie Campingtisch und -stühle. Wer möglichen Diskussionen und Überraschungen bei der Anmietung aus dem Weg gehen möchte, sollte deshalb ein All-Inclusive-Paket („Sorglos-Paket") buchen, da hierbei, abgesehen vom Treibstoff, keine Zusatzkosten anfallen.

Die **Camperbuchung** sollte im Paket mit dem Flug bei einem Spezialveranstalter für Australienreisen vorgenommen werden. So weiß man vorab genau, was kostenmäßig anfallen wird. Langzeitmieten bieten die renommierten Vermieter Apollo, Britz, Maui.

Einwegmieten in WA

Klären Sie vorab, zu welchen Bedingungen und Kosten eine **Anmietung** oder **Rückgabe in Broome** möglich ist. Oft fallen hierfür immense Einweg- bzw. Rückführgebühren an oder Zusatzkosten für einen Fahrzeugwechsel vom 2WD-Camper zum 4WD-Camper. Meistens ist es günstiger, ein- und dasselbe Fahrzeug für die Gesamtstrecke Perth – Darwin zu mieten.

Fahrzeugausstattung

Bei den meisten Anbietern ist die gesamte Ausstattung (Kochgeschirr, Besteck, Bettwäsche, Schlafsäcke, Leintücher, Handtücher) im Mietpreis enthalten. Lassen Sie sich für kühle Outback-Nächte noch ein oder zwei Decken zusätzlich geben. Ein Campingtisch und Campingstühle sind unbedingt erforderlich. Sollten diese nicht zur Basisausstattung gehören, können sie im Depot günstig dazu gemietet werden.

Abgabe des Fahrzeugs

Das Fahrzeug muss vor Abgabe vollgetankt werden. Eine Reinigung des Fahrzeugs wird von einigen Vermietern verlangt. Um Ärger zu vermeiden empfiehlt sich bei grob verschmutzten Fahrzeugen die vorherige Fahrt durch eine Waschanlage. Auf Campingplätzen sind meist Wasserschläuche zum Abspritzen verfügbar. Der Camper muss zur vereinbarten Zeit am vereinbarten Ort zurückgegeben werden. Andernfalls muss der Vermieter unbedingt frühzeitig informiert werden. Eine Erstattung für nicht genutzte Miettage erfolgt nicht. Verlangen Sie vom Vermieter die sofortige Rückerstattung der Kaution (bzw. die Vernichtung des Kreditkarten-Abdrucks), wenn das Fahrzeug in Ordnung ist.

Tipps zur Reise mit dem Camper

▸ Bei der Auswahl des Campers sollte nicht allein der Grundpreis den Ausschlag geben. Achten Sie auf Dinge wie Qualität (Alter der Fahrzeuge!), Bettmaße, Ausstattungsdetails, mögliche Einweggebühren, Versicherungs- und Ausstattungskosten.

▸ Lassen Sie sich das Fahrzeug mit all seinen Funktionen bei Übernahme genau erklären. Halten Sie vorhandene Schäden schriftlich fest.

▸ Wenn Sie ein großes Wohnmobil mit Toilette mieten, beachten Sie bitte, dass nicht jeder Campingplatz eine Dump-Station (Sewage Dump Point) besitzt.

▸ Meiden Sie No-Name und Billig-Anbieter. Im Pannenfall kann meist kein Ersatzauto geliefert werden. Außerdem ist mit Wartungs- und Sicherheitsmängeln bei den meist alten Autos zu rechnen.

▸ Statt sperriger Hartschalenkoffer sollten weiche Reisetaschen benutzt werden.

▸ Besuchen Sie in der ersten großen Stadt den Automobil-Club, um einen aktuellen Campingführer zu kaufen.

▸ Häufigste Unfallursache sind Unachtsamkeiten beim Parken und Rangieren. Lassen Sie sich beim Bewegen der Wohnmobile auf Parkplätzen grundsätzlich vom Beifahrer einweisen!

▸ Nehmen Sie ein Seil (Wäscheleine) und ein paar Wäscheklammern sowie eine Taschenlampe mit.

Mietwagen oder Camper?

Für Reisende, die bereits in den USA oder Kanada mit der einen oder anderen Variante gute Erfahrungen gemacht haben, stellt sich die Frage meist nicht. Camper sind Camper und sollten es auch in Australien bleiben. Mietwagenfahrer wollen den Komfort des täglichen Hotelzimmers nicht missen, was in Australien ebenfalls und fast überall problemlos möglich ist. Der Mietwagenfahrer reist zunächst sehr preiswert und flexibel. Autos sind bereits ab EUR 30/Tag in jeder größeren Stadt Australiens erhältlich. Allerdings ist an der Westküste eine Annahme oder Abgabe „zwischendurch" (z.B. in Exmouth oder Broome) nicht oder nur mit hohen Zusatzkosten möglich. Das Fahrzeug, egal ob Camper oder Mietwagen, steht hier und da sicherlich mal zwei oder drei Tage nutzlos auf einem Parkplatz herum.

Wer neben dem Mietwagen ein Zelt mitnimmt oder die Zeltausrüstung vor Ort mietet, reist am günstigsten. Wer stattdessen jede Nacht in einem Zimmer übernachten will (Hotel, Motel, Cabins) nähert sich preislich dem teureren Campmobil. Mangels einer Kochgelegenheit muss der Mietwagenfahrer häufiger ein Restaurant aufsuchen – der Camperfahrer indes baut auf Selbstverpflegung. Camperreisende finden auf Campingplätzen eher den Kontakt zu anderen Reisenden und zu Einheimischen als Hotel-Touristen. Der Erholungsfaktor ist hingegen durch die tägliche „Arbeit" mit Kochen, Aufbauen, Abbauen etwas eingeschränkt. Für die Unentschlossenen im Folgenden eine Zusammenfassung von Vor- und Nachteilen:

☺ Vorteile Mietwagen-Tour

▸ Preiswerte Fahrzeugmieten ohne saisonale Schwankungen. Einwegmieten meist ohne Aufpreis möglich.

▸ Mietdepots in vielen Städten und direkt am Flughafen. Hotelanlieferung möglich.

▸ Mietwagen sind komfortabler, wendiger und leiser als Camper.

▸ Ein kleiner Mietwagen mit Zelt ist die preiswerteste Individual-Reiseart.

▸ Die klassische Mietwagentour mit vorgebuchten Hotels gibt Planungssicherheit (feststehende Preise, Routenplanung im Vorfeld, komfortable Hotelstandards). Zeitraubende Suchaktionen nach verfügbaren Hotelzimmern werden vermieden.

▸ Kontakte zur Bevölkerung bei Übernachtung in Bed&Breakfast-Häusern und auf Farmen.

☹ Nachteile Mietwagen-Tour

▸ Hotelübernachtungen erfolgen meist in Städten, weniger in Nationalparks.

▸ Tägliches Ein- und Auspacken der Koffer.

▸ Kaum Selbstverpflegung möglich. Restaurantbesuche treiben die Kosten nach oben.

▸ In den Ferienzeiten empfiehlt sich die Vorausbuchung der Hotels – ein starrer Routenverlauf ist die Folge.

▸ Große Mietwagentypen sind Benzinfresser.

☺ Vorteile Camper-Tour

▸ Flexibles Reisen ohne festgelegtes Zeitraster – das Bett ist immer dabei. Vorausbuchung der Campingplätze außerhalb der Ferienperioden selten erforderlich.

▸ Naturnahes Reisen durch Übernachtungen in Nationalparks. „Wildes Campen" möglich.

▸ Selbstverpflegung im Fahrzeug dank kompletter Küchenausstattung problemlos und täglich möglich.

▸ Tägliches Ein- und Auspacken der Koffer entfällt.

▸ Größere Campertypen und Allrad-Camper mit sparsamen Dieselmotoren.

▸ Allrad-Camper sind für Outback-Touren ideal geeignet, größere Motorhomes für den Familien-Urlaub.

☹ Nachteile Camper-Tour

▸ Höhere Preise für die tägliche Miete und für die Fahrzeugversicherungen.

▸ Große Camper und Motorhomes für den Großstadtverkehr untauglich. Lärmpegel während der Fahrt deutlich höher.

▸ Fahrzeugannahme und -abgabe nur in größeren Städten. Kürzere Einwegmieten mit Gebühren behaftet.

Fazit

Die Wahl des Mietfahrzeugs hängt letztlich von der persönlichen Präferenz des Einzelnen ab. In der Praxis ist auch ein Mix möglich: An der warmen Westküste wird mit dem Camper gefahren, im kühleren Süden wird einer Mietwagentour der Vorzug gegeben und im Zentrum eine geführte Rundreise unternommen.

Fahrzeugkauf

Für Reisende, die sich länger als drei Monate im Land aufhalten, kann sich der Kauf eines eigenen Fahrzeugs lohnen. Generell kann mit jedem Vermieter über spezielle Langzeittarife verhandelt werden. Sie erhalten dann auf jeden Fall ein neuwertiges Fahrzeug mit der Sicherheit, im Pannenfall ein Ersatzauto zu bekommen.

Regeln beim Gebrauchtwagenkauf

Beim **Kauf eines privaten Gebrauchtwagens** müssen einige Regeln beachtet werden. Das Auto muss über eine ausreichend lange Zulassung (Registration) verfügen. Das Erneuern der Zulassung kostet, je nach Bundesstaat zwischen A$ 400 und A$ 800 pro Jahr. Ein sog. *Road Worthy Certificate* (ähnlich einem TÜV-Bericht) muss für jedes Fahrzeug vorhanden und gültig sein. Die Erneuerung ist mit einer eingehenden Werkstattprüfung verbunden, was meist zusätzliche Kosten verursacht. Die Hürden der Zulassung sind in den einzelnen Bundesstaaten unterschiedlich hoch: Western Australia und South Australia gelten als einfach, Queensland und New South Wales als eher aufwendig. In New South Wales ist beim Verkauf zudem ein autorisierter Mängelbericht *(Pink Slip)* vorzulegen. Das erworbene Fahrzeug muss haftpflichtversichert werden (Third Party Personal Insurance, „Green slip" genannt). Diese Versicherung deckt alle durch einen Unfall verursachten Personenschäden ab. Zusätzlich kann eine „Third Party Property Insurance", also eine Autoversicherung, abgeschlossen werden, die für verursachte Materialschäden aufkommt. Viele Versicherungen weigern sich mittlerweile, Australienreisende ohne einen festen Wohnsitz zu versichern. Andere nehmen dieses Klientel nur zu relativ hohen Prämien unter Zugrundelegung von Fahrzeugwert, Fahreralter und Versicherungsdauer auf. Bei Fragen zu Versicherung und Zulassung helfen die örtlichen Automobilclubs weiter.

Die typischen Traveller-Cars sind Kombis vom Typ Ford Falcon oder Holden

Commodore. Sie gelten mit ihren groß-volumigen Motoren zwar als Spritsäufer, aber als zuverlässig. Im Falle eines Defekts hat beinahe jede Werkstatt im Land Ersatzteile vorrätig.

Für ein zuverlässiges Auto mit einem Kilometerstand bis 200.000 sollten ca. A$ 4000 bis 8000 kalkuliert werden. Wer das ganze Land auch abseits der üblichen Highway-Routen erleben will, muss einen Geländewagen oder Allrad-Camper kaufen. Hier führt kein Weg an Toyotas HiLux- (Doppelkabiner) und Landcruiser-Modellen (Troopcarrier, Modell HLX 75-78) vorbei. Die robusten Dieselmotoren halten bei etwas Pflege über 400.000 km. Für ein nicht zu altes Exemplar müssen ab A$ 18.000 investiert werden.

Probleme

Ein grundsätzliches Problem ist das Alter der Gebrauchtwagen. Die meisten angebotenen Autos sind durchweg älteren Datums und seit vielen Jahren im Alltagseinsatz. Die Kilometerleistungen sind enorm hoch. Die Wahrscheinlichkeit, mit technischem Defekt liegen zu bleiben, ist daher enorm hoch. Mangels regelmäßiger Wartung an Bremsen, Lenkung, Antriebswellen usw. fährt stets auch ein Sicherheitsrisiko mit. Im Falle eines Totalschadens haften Sie für den Gesamtwert des Fahrzeugs. Fordern Sie zum Vergleich immer das Angebot eines Vermieters an! Die zusätzliche Sicherheit und die Qualität eines Neufahrzeugs sollte Ihnen einen Aufpreis wert sein.

Vorsicht: Immer mehr Gebrauchtwagen in Australien sind mit Schulden belastet, daher sollten Sie vor dem Kauf unbedingt das „Personal Property Securities Register" nach möglichen Belastungen des Fahrzeugs prüfen (www.ppsr.gov.au).

Öffentliche Verkehrsmittel und Gruppenreisen

In den Großstädten führt kein Weg an den öffentlichen Verkehrsmitteln vorbei. In Perth oder Adelaide kann auf ein Fahrzeug gänzlich verzichtet werden (dichter Großstadtverkehr und teure Parkplätze). Das Angebot an öffentlichen Verkehrsmitteln ist in den Metropolen nahezu perfekt und preisgünstig. Busse, Straßenbahnen, U-Bahnen, Züge und Fähren sind aufeinander abgestimmt. Tages- oder Mehrtagestickets sind in allen Städten erhältlich. Besorgen Sie sich im Tourist Office der jeweiligen Stadt einen Übersichtsplan für das Verkehrsnetz.

Überlandbusse

Greyhound-Bus und andere regionale Busgesellschaften bringen Reisende von Ort zu Ort. Busse sind als Verkehrsmittel, dank der angebotenen Kilometer-Pässe oder Rundreisepässe, sehr preiswert. Inhaber eines Jugendherbergs-Ausweises (YHA) reisen nochmals 10% günstiger. Vor jeder Fahrt mit Greyhound muss eine Reservierung vor-

Greyhound

genommen werden, Tel. 1300473946, www.greyhound.com.au. Der größte Nachteil für Reisende ist, dass der Bus nur von Stadt zu Stadt fährt. Alle Sehenswürdigkeiten und Nationalparks unterwegs bleiben links liegen. In Westaustralien fährt Greyhound nur von Darwin nach Broome und zurück. Die Strecke Broome – Perth entlang der Küste und durch das Inland fährt Integrity mehrmals wöchentlich (www.integritycoachlines.com.au, Tel. 1-800-226339). Die Ortschaften und Parks im Südwesten fährt TransWA an (www.transwa.wa.gov.au, Tel. 1-300-662205)

Busrundreisen und Kleingruppentouren

Hotel-Busrundreisen durch Australien sind eine komfortable Sache. Die bekanntesten australischen Veranstalter sind *AAT Kings* und *Australian Pacific Tours,* die ihre Touren in den vielfältigsten Varianten mit deutscher oder englischsprachiger Reiseleitung anbieten. Daneben gibt es Reiseveranstalter wie z.B. *Karawane Reisen* (www.karawane.de), die neben Individualreisen (Mietwagen, Campern) Programme mit geführten **Kleingruppentouren,** speziell auch für Westaustralien anbieten.

Der Vorteil einer geführten Reise liegt zum einen in der Reiseleitung. Kein noch so gutes Reisehandbuch kann einen leibhaftigen Reiseleiter ersetzen, der Land und Leute aus langjähriger Erfahrung kennt. Die Organisation der Reise, angefangen von der Flugreservierung bis zur Hotelbuchung, wird Ihnen abgenommen. Der Stressfaktor ist äußerst gering, denn man wird chauffiert. Diejenigen, deren Schulenglisch nur noch in Fragmenten vorhanden ist, sollten sich einer deutschsprachig geführten Gruppe anschließen. Allen anderen sei eine internationale Gruppe mit eng-

lischsprachiger Führung empfohlen. Nichts ist unterhaltsamer, als mit Australiern, Kanadiern, Amerikanern, Neuseeländern und Europäern gemeinsam zu reisen. Bei den klassischen Busreisen liegt die Gruppengröße bei 29 bis 48 Personen, der Altersdurchschnitt bei ca. 50–60 Jahren. Kleingruppen-Veranstalter (z.B. *wa nt tours, Western Travel Bug, Australian Pinnacle Tours*) führen Rundreisen bereits ab vier Personen durch. Busrundreisen sind aufgrund der eingeschlossenen Leistungen und des Komforts keine billige, aber eine preiswerte Angelegenheit.

Wer es günstiger und naturverbundener möchte, sollte sich einer **Camping-Safari** anschließen. Hierbei wird in 2-Personenzelten, meist auf den üblichen Caravan Parks, übernachtet. Die Mahlzeiten werden gemeinsam zubereitet (und das Geschirr gemeinsam abgespült) – der Teamgedanke spielt eine beträchtliche Rolle. Längere Campingsafaris decken in 30 Tagen die klassische Australienroute oder den Westen ab. Kürzere Touren mit 3 bis 5 Tagen Dauer werden vor allem im Roten Zentrum (z.B. von *Connections)* oder im Top End (z.B. von Intrepid, Top Deck) in unterschiedlichen Komfortstufen angeboten.

Camping-Safari

The Ghan Railway

Kreuzfahrten

Fluss- und Hochseekreuzfahrten sind in verschiedenen Landesteilen Australiens möglich. Auf dem längsten Fluss, dem Murray River, werden mit der „Murray Expeditions" erholsame Flussfahrten angeboten (ab/bis Adelaide). Kreuzfahrten entlang der Kimberleyküste beginnen in Broome oder Darwin und sind ein exklusives und außergewöhnliches Erlebnis. Spezielle Tauchschiffe unternehmen Touren an das Ningaloo Reef.

Schiff am Great Barrier Reef

Die Tourangebote sind im Reiseteil aufgeführt.

Eisenbahn

Die Bundesstaaten Western Australia (Westrail), Victoria (V-Line) und New South Wales (Countrylink) besitzen ein gut funktionierendes System regionaler Eisenbahnen. Für Touristen sind die klassischen Fernreisezüge der Great Southern Railway reizvoll:

- 🚆 **The Ghan:** Sydney – Melbourne – Adelaide – Alice Springs– Darwin
- 🚆 **Indian Pacific:** Sydney – Broken Hill – Adelaide – Perth

Die Fahrt ist im Gold Kangaroo Service (1. Klasse Schlafwagen, inkl. Mahlzeiten), Red Kangaroo Service (2. Klasse Schlafwagen) und im Daynighter Seat (Schlafsessel) möglich.

Information: www.gsr.com.au

Flugsafaris

Mehrtägige exklusive Flugsafaris durch Westaustralien werden von Air Adventure Australia angeboten (www.air adventure.com.au).

Tagesausflüge

Die wichtigsten im Überblick:

- **Perth:** Nambung NP (Pinnacles), Swan River Cruise, Margaret River
- **Monkey Mia:** Segeltörns, François Peron NP
- **Coral Bay/Exmouth:** Tauchen und Schnorcheln am Ningaloo Reef, Cape Range NP
- **Tom Price:** Karijini NP
- **Broome:** Rundflüge Kimberley und Cape Leveque, Perlenfarm
- **Darwin:** Litchfield NP, Kakadu NP (2–3 Tage), Sunset Dinner Cruise
- **Alice Springs:** Stadtrundfahrt, Westl. MacDonnell Ranges, Heißluftballonfahrt
- **Ayers Rock:** Aboriginal-Touren, Sternwarte, Outback-Dinner, Rundflüge
- **Coober Pedy:** Opal-Tour, Mail-Run (Outback-Postbote)
- **Adelaide:** Barossa Valley, Kangaroo Island (2–3 Tage)

Wanderungen

Beachten Sie für Wanderungen folgende wichtige Grundregeln:

- Informieren Sie sich vorab über Länge und Schwierigkeitsgrad der Wanderung. Nehmen Sie einen ausreichenden Wasservorrat mit.
- Tragen Sie feste Schuhe, einen Sonnenhut und Sonnencreme. Nehmen Sie eine Landkarte mit, und gehen Sie nach Möglichkeit niemals alleine. Bleiben Sie auf den ausgewiesenen Pfaden.
- Beachten Sie im tropischen Norden unbedingt die Krododil-Warntafeln. Füttern oder streicheln Sie keine einheimischen Tiere, Sie könnten gebissen werden.

Unterkünfte

Ein Land wie Australien, das vom Tourismus lebt, bietet dem Reisenden eine breite Auswahl verschiedener Unterkunftsarten. Vom einfachen Campingplatz über das Backpacker-Hostel bis zum luxuriösen Insel-Resort ist für jeden Geschmack und Geldbeutel etwas dabei. In den meisten Küstenregionen kann i.d.R. ohne Reservierung oder mit flexiblen Hotelpässen (s.u.) gereist werden. Ein umfangreiches Übernachtungsverzeichnis ist bei den Filialen der Automobilclubs in Australien erhältlich.

Für WA ist das kostenlose Unterkunftsverzeichnis „Western Australia Accommodation and Tours Listing" mit Hotels, Motels, B&B-Häusern, Farmunterkünften, Backpacker Hostels und Campingplätzen empfehlenswert. Es ist im Visitor Centre in Perth erhältlich, oder im Internet unter www.staywa.net.au. Für Farmaufenthalte gibt es eine separate Broschüre (www.farmstaywa.com).

Reservierung

Reservierungen sollten überall dort im Voraus vorgenommen werden, wo die Reisezeit begrenzt ist und die Kapazitäten eingeschränkt sind. **In Westaustralien gibt es von April bis Oktober** erfahrungsgemäß **Engpässe** für Hotels und Campingplätze in Broome. Für Monkey Mia sollten Sie auf jeden Fall ganzjährig vorab reservieren (Camping und Hotel). Von Juli bis November sollten für Hotels im Kakadu NP, Ayers Rock Resort und am Kings Canyon unbedingt eine bestätigte Zimmerreservierung vorliegen. In Perth, Adelaide, Sydney und Melbourne sollte für die Zeiträume großer Sportereignisse und anderer Events (z.B. Mardi Gras in Sydney) eine Reservierung vorgenommen werden.

Preise

Die Zimmerpreise sind von der Lage, Ausstattung und Saisonzeit abhängig. Entsprechend der Hotelklassifizierung im Reiseteil des Buches gelten folgende Übernachtungspreise als Richtwerte:

★   **bis A$ 30 pro Person** bzw. bis A$ 75 pro Zimmer Hostel, YHA im Mehrbettzimmer bzw. Doppelzimmer

★★   **A$ 80–140 pro Zimmer** Motelzimmer oder Cabin

★★★   **A$ 145–180 pro Zimmer** Hotelzimmer Mittelklasse-Hotel

★★★★   **A$ 185–250 pro Zimmer** Hotelzimmer Deluxe-Hotel

★★★★★   **über A$ 250 Hotelzimmer** First-Class-Hotel oder Luxus-Resort

Esplanade Hotel, Fremantle

Ein Kind bis 12 Jahre übernachtet im Zimmer der Eltern umsonst. Mahlzeiten sind i.d.R. nicht im Übernachtungspreis enthalten. In den Städten besteht die Möglichkeit, preiswert im Coffee Shop um die Ecke zu frühstücken. Ein hoteleigener Shuttle-Bus ist nur bei Flughafenhotels im Service inbegriffen. Ansonsten muss ein Taxi oder der Flughafenbus bezahlt werden.

Hotels, Motels, Apartments

Die offizielle **Klassifizierung** der Hotels bzw. Motels reicht von **2 bis 5 Sternen.**

Ein gutes Stadthotel erkennt man an der zentralen Lage und der umfassenden Ausstattung. **Hotels der 3–4 Sterne-Kategorie** verfügen über Zimmer mit Bad oder Dusche/WC, Klimaanlage, Tee-/Kaffeekocheinrichtungen, Bügeleisen, Bügelbrett, Föhn, TV/Radio und Selbstwähltelefon. Typische Vertreter der Mittelklasse sind die Hotels der Accor-Kette (Novotel, Ibis, Mercure), Flag-Choice

Hotels (Comfort Inn, Quality, Clarion, Econo Lodge) und Best Western. Hier kann im Normalfall nichts falsch gemacht werden, da Service, Sauberkeit und Komfort strengen Richtlinien unterliegen.

Die luxuriöse 5-Sterne-Kategorie besitzt größere Zimmer und eine nochmals bessere Zimmer- und Hotelausstattung, wie z.B. Swimmingpool, Sauna, Fitness-Raum, Restaurants, Bars und Konferenzeinrichtungen. Die First-Class-Hotels der Großstädte befinden sich zudem immer in bester Lage. Wer entsprechend tief in die Tasche greift, darf dann beispielsweise in Perth auf den Swan River blicken.

Hotels und Motels der **2-Sterne-Kategorie** liegen meist etwas außerhalb der Zentren an den Aus- bzw. Einfallstraßen. Die Zimmer sind kleiner und manchmal etwas abgewohnt. Eine Zimmerinspektion vor Bezug ist ratsam.

Für Langzeiturlauber und Familien sind **Apartments** mit einem oder zwei Schlafzimmern eine gute Wahl. Sie sind mit einer vollständig ausgestatteten

Küchenzeile zur Selbstverpflegung ausgestattet.

Flexibel reisen mit Hotelpass: *Choice, Go Koala* und *Best Western* bieten die Möglichkeit, offene Hotelgutscheine im Voraus zu günstigen Preisen zu erwerben. Im Hotel der jeweiligen Hotelkette wird dann jeweils ein Gutschein „zur Bezahlung" vorgelegt. Die Reservierung für das jeweilige Zimmer sollte allerdings auch in diesem Fall einige Tage vor Ankunft erfolgen, um nicht vor ausgebuchtem Hotel zu stranden.

Alle Hotelketten veröffentlichen ein Hotelverzeichnis mit der genauen Klassifizierung und Beschreibung der Hotels. Der Kauf der Hotelgutscheine muss vor Abreise beim Reiseveranstalter erfolgen.

Resorts

Urlaubs-Resorts in Broome oder Insel-Resorts entlang der Queensland-Küste und im Great Barrier Reef eignen sich ausgezeichnet für einen erholsamen Aufenthalt nach einer kilometerfressenden Perth – Darwin Tour. Per Inlandsflug ist Broome oder Cairns von Darwin aus schnell erreicht! Die Auswahl und das Preisgefüge sind breit gefächert. In Queensland reicht die Palette von exklusiven Luxus-Resorts wie Lizard Island oder Orpheus Island bis zu preiswerten „Budget-Inseln" wie Great Keppel Island oder Lady Elliott Island. Preiswerter sind die Hotels in den Badeorten auf dem Festland, z.B. an den Northern Beaches nördlich von Cairns (Trinity Beach, Palm Cove, Port Douglas). In Broome befinden sich entlang des Cable Beach mehrere hervorragende Resorts (▶ s. Broome S. 367).

Privatzimmer

Bed & Breakfast

Privatzimmer mit Frühstück werden im ganzen Land unter der Bezeichnung „Bed & Breakfast" vermietet. Meist handelt es sich um Häuser mit 2–4 Zimmern mit persönlichem Kontakt zu den Betreibern. Die Ausstattung der Räumlichkeiten ist sehr individuell, was auch den Charakter der B&B-Häuser bestimmt.

Cable Beach Club, Broome

Wer also gerne Kontakt mit Einheimischen hat, ist hier richtig aufgehoben. Die Hausbesitzer geben meist gute Hinweise zu Sehenswertem in der Umgebung und Übernachtungstipps für die weitere Reise.

Farm Stays

Auf einigen Farmen besteht die Möglichkeit zu übernachten und am Leben der Landwirte aktiv oder passiv teilzunehmen. Der Zimmerstandard reicht von einfach bis luxuriös, zum Teil wird das Bad der Gastgeber mitbenutzt. In der Regel wird Vollverpflegung geboten. Reservierungen sind zwingend notwendig. Im Reiseteil und im Internet auf

www.bedandbreakfast.com.au
www.ozbedandbreakfast.com und
www.australianbedandbreakfast.com.au

finden Sie eine Auswahl an Privatzimmern.

Jugendherbergen, Backpacker-Hostels

Wer preiswert mit dem Bus durchs Land fährt, übernachtet meist in Jugendherbergen (Youth Hostel Association, YHA) oder Backpacker-Hostels. Der Kontakt zu anderen Travellern ist schnell hergestellt und nicht selten trifft man immer wieder dieselben Leute. Mitfahrgelegenheiten, Autoverkäufe und Jobs werden an den schwarzen Brettern inseriert.

Viele Jugendherbergen haben mittlerweile einen guten Standard. Die Mehrbett- (Männer und Frauen getrennt), Doppel- und Einzelzimmer sind sauber, die Öffnungszeiten flexibel und die sonstige Ausstattung mit Selbstkocher-Küche, Waschmaschinen und Aufenthaltsräumen gut. Bei vielen Hostels schwankt aufgrund häufig wechselnder Besitzer die Qualität und es gibt durch-

Backpacker-Hostel

aus „schwarze Schafe". Dauerbewohner tragen nicht immer zum gepflegten Aussehen eines Hostels bei. Lassen Sie sich die Zimmer vorher zeigen! Für eine Vorauswahl ist auch die Seite www.hostels.com hilfreich.

Für die YHAs ist ein gültiger Jugendherbergsausweis erforderlich, den man auch in Australien erwerben kann! Auch wenn das Wort „Jugend" häufig fällt– es gibt keine Altersbeschränkung! Ein YHA-Ausweis verhilft zu Ermäßigungen bei Buspässen, auf Ausflügen und bei Sehenswürdigkeiten.

Information: www.yha.com.au

Backpacker-Organisationen wie *Nomads* oder *VIP-Backpackers* haben ein ähnliches System mit eigenen Hostels und kontrolliertem Qualitätsstandard. Wer Mitglied ist, erhält günstigere Raten und Rabatte. Infos:

www.nomadsworld.com.au und
www.vipbackpackers.com.

Eine Reservierung ist in den meisten Fällen nicht notwendig, aber hilfreich. Diebstahl ist in Mehrbettzimmern (dormitories) leider immer wieder ein Thema. Verschließen Sie Ihre Wertsachen im „Hostel-Safe" an der Rezeption!

Campingplätze und Cabins

Die Infrastruktur für Camper ist nahezu perfekt. Fast jeder Ort und selbst das kleinste Roadhouse verfügt über einen Campingplatz. Die Bezeichnung der Campingplätze variiert zwischen *Caravan Park, Holiday Park* und *Tourist Park.* Der australische Autoclub publiziert ein umfassendes, klassifiziertes Tourist-Park-Verzeichnis. Die meisten Campingplätze sind sehr sauber und gepflegt. Die besseren Plätze verfügen neben großzügigen Stellplätzen über Kiosk, BBQ-Area (Grillplätze), Kinderspielplatz, Schwimmbad, Waschmaschinen, Trockner und Dump-Stationen für die chemischen Toiletten der Wohnmobile. Uneingeschränkt empfehlenswert sind die großen Ketten **Big 4** (www.big4.com.au) und **Top Tourist Park** (www.toptouristparks.com.au). Viele Campmobil-Anbieter haben mit diesen Ketten ein Abkommen und bieten Mietern 10% Ermäßigung auf den Übernachtungspreis.

Wohnmobilfahrer benötigen einen Stellplatz mit Stromanschluss (Powered Site). Die Abwassertanks der Fahrzeuge werden an den gekennzeichneten Stellen per Schlauch entleert. Für die Fäkalientanks existieren separate Dump-Stations. Zeltreisenden genügt ein einfacher Stellplatz (Unpowered site).

Eine Vorausbuchung ist praktisch nie erforderlich, sieht man von den erwähnten Ausnahmen ab (s.o., Reservierung). Ein Stellplatz (2 Pers.) kostet zwischen A$ 25 (ohne Strom) und A$ 45 (mit Strom) pro Nacht.

Statt im Zelt oder Hotels können Mietwagenreisende auf den Caravan Parks auch in sog. **Cabins** übernachten. Dabei handelt es sich um feststehende Huts oder Bungalows. Die besseren Varianten sind mit kleiner Küchenzeile, Dusche/WC und Klimaanlage ausgestattet. Bei der Budget-Version müssen die sanitären Gemeinschaftsanlagen des Camping-platzes genutzt werden. Der Preis für eine Cabin (2–4 Pers.) liegt zwischen A$ 80–120 pro Nacht. Die Vorgänger der Cabins sind die **On-Site Vans,** feststehende Wohnwagen, meist mit Vorzelt/Vorraum. Diese Wohnwagen gehören zur aussterbenden Spezies, doch im Outback und auf kleinen Campingplätzen findet man sie noch. Meist sind die Wohnwagen für 2–4 Personen ausgelegt und kosten zwischen A$ 50–110 pro Nacht.

Australische Campingleidenschaft

24-Stunden-Rastplätze

Eine einfache und günstige Übernachtungsmöglichkeit für Camper sind die *24 h Rest Areas* in WA. Die großzügen Parkplätze liegen meist an Flussufern und sind mit Picknicktischen und einfachen Toiletten ausgestattet, oft jedoch ohne Wasserversorgung. Viele Einheimische nutzen diese kostenlose Möglichkeit zum Übernachten. Die abendliche Stimmung am Lagerfeuer ist auch etwas ganz besonderes. Die 24-h-Rastplätze sind im Reiseteil angegeben. Das Faltblatt „A Guide to Roadside Amenities and Rest Areas" ist in den Filialen des Autoclubs und an vielen Raststätten erhältlich.

Nationalpark-Campgrounds

Die australische Tierwelt ist in der Morgen- und Abenddämmerung besonders aktiv. Nirgendwo lässt sie sich besser als in den zahlreich vorhandenen Nationalparks beobachten. In zahlreichen Nationalparks im Westen gibt es einen zentralen Campground (s. Reiseteil) oder mehrere verstreut liegende Campsites (Stellplätze). Die meisten können mit dem Fahrzeug angefahren werden. Wanderer erreichen in manchen Nationalparks entlegene Campsites zu Fuß.

Nationalpark-Campgrounds sind einfach ausgestattet, ein Plumpsklo und ein Wasserhahn sind, neben einer manchmal vorhandenen Dusche, die einzigen „Komforteinrichtungen". Beim Ranger am Parkeingang oder mittels Selbstregistrierung (collection box = Geldbox) muss der Parkeintritt und der Übernachtungsobulus (ca. 5–10 A$ pro Fahrzeug) entrichtet werden. Eine Reservierung im Voraus ist nur in den seltensten Fällen erforderlich, z.B. in der Ferienzeit (Dez–Jan) im Cape Range National Park.

Offene Feuer sind in vielen Nationalparks wegen der Buschbrandgefahr nur zu bestimmten Jahreszeiten gestattet! Ein Gas- oder Benzinkocher sollte daher auf jeden Fall mitgenommen werden.

Wildes Campen und Bushcamps

Einsame Strände und sternenklare Outbacknächte laden dazu ein, die eine oder andere Nacht fernab der Zivilisation zu verbringen. Wildes Campen wird grundsätzlich geduldet, sofern es sich nicht um ausgewiesenes Privatland handelt. In Stadtnähe und bei Verbotsschildern („No Camping") sollte man das wilde Campen allerdings unterlassen. Im Outback gilt es ein Bushcamp nie in einem ausgetrockneten Flussbett aufzuschlagen. Regenfälle, die Hunderte Kilometer entfernt niedergingen, können urplötzlich als Springfluten auftreten. Eine Selbstverständlichkeit: Das Camp muss sauber verlassen werden – der eigene Müll ist komplett mitzunehmen! Lagerfeuer sollten sorgsam entfacht werden. Bei großer Dürre sind offene Feuer verboten. In Nationalparks darf meist kein Feuerholz gesammelt werden, d.h. man muss bereits außerhalb des Parks entsprechendes Brennmaterial suchen.

Reisen im Outback

Das australische Outback besteht nicht nur aus Ayers Rock und Olgas. Neben diesen „Highlights", die man sicherlich gesehen haben will, machen mehrere Faktoren den Reiz des Outbacks aus: der funkelnde Sternenhimmel der südlichen Hemisphäre, flirrende Hitze, roter Sand und schmale Pisten, Spinifex-Gräser und Eukalypten, gastfreundliche (und manchmal wortkarge) Bewohner, Jahrtausende alte Urgebirge, Aboriginalkultur, die Stille und die Geräusche der Wüste – all das ist australisches Outback. Vielfältig, fremd und bald vertraut.

Das Befahren vieler klassischer Outback-Pisten darf heutzutage als „Soft-Adventure" bezeichnet werden. Die fahrerischen Herausforderungen halten sich dank regelmäßiger Pflege der Pisten in Grenzen. Trotzdem sollte, allein schon aus versicherungsrechtlichen Gründen, ein Allradauto (4WD) vorhanden sein. Ein „Four Wheel Drive" bietet die Sicherheit, auch unter widrigen Bedingungen weiterzukommen. Dank großer Räder und guter Bodenfreiheit reist man ausgesprochen sicher und komfortabel.

Nationalparks in Australien

Schon 1879 wurde mit dem Royal National Park der erste Nationalpark Australiens gegründet. Über 10% der australischen Fläche stehen heute unter Naturschutz, wobei der Schutzstatus der über 2000 National Parks, Conservation Areas, Wilderness Areas und State Parks sehr unterschiedlich ist. Zwölf von Ihnen gehören zum Weltkulturerbe (World Heritage Area) der UNESCO, darunter Uluru-Kata Tjuta NP (Ayers Rock Olgas), Gagudju (Kakadu NP), Purnululu NP (Bungle Bungles), Shark Bay, Fraser Island, die Regenwälder in Nord-QLD und in Central NSW, Lord Howe Island und das Great Barrier Reef.

Detailinformationen im Internet auf:

www.npws.nsw.gov.au (NSW)
www.nprsr.qld.gov.au (QLD)
www.parkweb.vic.gov.au (VIC)
www.parksandwildlife.nt.gov.au (NT)
www.parks.sa.gov.au (SA)
www.parks.tas.gov.au (TAS)
www.dpaw.wa.gov.au (WA)

Wellblechpisten

Der Zustand unbefestigter Pisten (unsealed road, dirt road, gravel road) ist höchst unterschiedlich. Je nachdem, wann der letzte Grader-Trupp eine Piste glattgehobelt hat, kann sie nahezu perfekt oder absolut „terrible" sein. Schotter- und Sandpisten werden durch den Erosionsprozess von Wind, Temperatur und Regen sowie den Verkehr häufig in Wellblech- oder Waschbrettpisten verwandelt. Der Höhenunterschied dieser **corrugations** (Differenz zwischen „Kamm" und „Senke") beträgt nicht selten über 10 cm, also ein Auf und Ab in dichter Folge. Die Ermüdung für Mensch und Material ist beträchtlich. Beim Befahren einer Wellblechpiste stellt sich ein unangenehmer Effekt ein: Fährt man zu langsam, wird das Fahrzeug regelrecht zerrüttelt, fährt man zu schnell, wird die Fahrt zwar ruhiger, jedoch sinkt die Bodenhaftung erheblich. Vor Kurven muss daher zwingend abgebremst werden, sonst wird das Fahrzeug mangels Haftung geradewegs ins Abseits befördert. Auch die Bremswege sind deutlich länger!

Der hohe Schwerpunkt von Geländewagen und Allradcampern (insbesondere Hochdach- und Dachzeltfahrzeuge) bildet eine zusätzliche Gefahr. In Kurven und an seitlich abfallenden

Steilpassagen kann das Fahrzeug im ungünstigen Fall umkippen. Auf gepflegten Pisten sollten 80 km/h die maximale Geschwindigkeit sein.

Bulldust

Auf schlechten Passagen muss mit derben Schlägen und tiefen, kaum sichtbaren Staublöchern gerechnet werden. Man spricht bei diesem feinen, talkumähnlichen Staub, der kilometerweite Staubfahnen hinterlässt und alles mit einer roten Schicht überzieht, vom typisch australischen „bulldust". Fahren Sie auf Bulldust-Passagen langsam, um Reifen- und Achsschäden zu vermeiden.

Flussdurchquerungen

Flussdurchquerungen sollten mit Bedacht angegangen werden. In krokodilfreien Regionen ist ein vorheriges Durchwaten ratsam. Im Zweifel auf andere Fahrzeuge warten. Schalten Sie vor der Durchquerung einer Furt den Allradantrieb ein sowie, je nach Tiefe, auch die Untersetzung. Fahren Sie dann im zweiten oder dritten (untersetzten) Gang durch. Tiefe Wasserfurten dürfen nur durchquert werden, wenn das Fahrzeug über einen hoch gelegten Luftansaugstutzen („Schnorchel") verfügt. Die Fahrt durch den Fluss oder das Wasserloch sollte langsam und konstant bewältigt werden. Je weniger es spritzt, desto besser für den Motor und das Auto. Beachten Sie, dass Wasserschäden grundsätzlich nie versichert sind. Wer sein Auto am Strand bewegt, einsackt und von der Flut überrascht wird, handelt grob fahrlässig und haftet im schlimmsten Fall für den gesamten Fahrzeugwert.

Sand

In tiefsandigen Gebieten kann der Reifendruck kurzfristig auf 1 bar oder weniger reduziert werden, jedoch nur, wenn ein Kompressor oder eine Luftpumpe zum Wiederauffüllen im Bordgepäck sind. Das Pannenrisiko steigt durch eine solche Maßnahme allerdings.

Tiere

Rinder, Schafe und australische Wildtiere (Kängurus, Emus) stellen mangels Weidezäunen (unfenced cattleland) eine permanente Kollisionsgefahr dar, insbesondere in der Dämmerung. Fahren Sie deshalb vorausschauend und mit angemessener Geschwindigkeit. Vermeiden Sie Nachtfahrten!

Allrad-Technik

Bislang verfügen nur moderne Geländewagen (z.B. Toyota Prado, Landcruiser GXL) über einen permanenten Allradantrieb und elektronische Helfer wie Antiblockiersystem (ABS) oder Anti-Schleudersystem (ESP). Die meisten Geländewagen und 4WD-Camper, die gemietet werden können, sind weiterhin sehr simpel gebaut und folgen der klassischen Technik mit zuschaltbarem Allradantrieb ohne elektronische Helfer.

Das bedeutet, dass das Fahrzeug im Normalbetrieb von den Hinterrädern angetrieben wird (Modus H2). Die Vorderachse wird bei Bedarf zugeschaltet (H4). Hierfür müssen jedoch rechtzeitig die vorderen (manuellen) Freilaufnaben von „Free" auf „Lock" geschaltet werden. Der Wechsel von H2 auf H4 kann dann während langsamer Fahrt vonstatten gehen. In schwerem Gelände, in tiefem Sand und bei Flussdurchfahrten muss eventuell der Untersetzungsmodus (L4) eingeschaltet werden, was nur im Stand funktioniert. Das Auto wühlt sich damit bereits im 2. oder 3. Gang fast überall heraus. In jeder Stufe stehen die üblichen 5 Gänge und ein Rückwärtsgang zur Verfügung.

Gute Pisten können allein mit dem Heckantrieb bewältigt werden. Erfahrene Allradfahrer schwören jedoch darauf, auf nicht asphaltierten Straßen grundsätzlich mit gesperrten Freilaufnaben und Allradantrieb (H4) zu fahren.

Das Fahrverhalten der kopflastigen Fahrzeuge wird dadurch stabilisiert. Allerdings kostet Allradantrieb ein bis zwei Liter Sprit pro 100 Kilometer extra, in schwerem Gelände (häufige Fahrten in L4) können es bis zu zehn Liter mehr sein. Sie werden erstaunt sein, was ein 4WD so alles aushält und welche Geländefähigkeit er besitzt.

Routen, Tracks und Pisten

Die wichtigsten Outback-Routen sind im Exkurs „Outbackpisten im Zentrum" (▶ s.S. 515) sowie in den Special-Tours (▶ s.S. 195, 349 und 445) beschrieben. Zu den regelmäßig gepflegten Pisten gehören die Tanami Road, die Great Central Road (Warburton-Laverton Road), der Birdsville Track, Strzelecki Track, Oodnadatta Track sowie die Plenty und Sandover Highway. Die Gibb River Road (WA) ist in Teilen heftig korrugiert, aber meist gut befahrbar.

Folgende Routen sollten mit Umsicht, ohne Eile und am besten mit vorhandener Allrad-Erfahrung befahren werden: Mitchell Plateau (Abstecher von der Gibb River Road nach Norden), Purnululu NP (Bungle Bungle), Gunbarrel Highway, Simpson Desert, Canning Stock Route. Für all diese Routen ist eine Genehmigung des Fahrzeugvermieters erforderlich. Führen Sie immer eine möglichst detaillierte Karte (Hema Maps, www.hemamaps.com.au) oder ein Navigationsgerät mit sich!

Fahrzeugausstattung

Die Liste der wünschenswerten Fahrzeugausstattung ist lang. Sie umfasst Reifenflickzeug und -kompressor, Kühlerschlauch, Keilriemen, Sicherungen, Bergungsgurte, Abschleppseil, Verbandskasten (kein Pflichtutensil in Australien!), Spaten und vor allem ein zweites Ersatzrad. Ein gewöhnlicher

Vorsichtsregeln im Outback

▸ **Straßenzustand:** Informieren Sie sich grundsätzlich und in regelmäßigen Abständen über den Straßenzustand. Ein ordentlicher Regenschauer genügt, um eine normalerweise gut befahrbare Piste zu einer unpassierbaren Schlammfurche werden zu lassen.

Informationen sind außerdem unter folgenden Rufnummern erhältlich:

WA: Für WA wird die Befahrbarkeit von Outbackpisten auf der Internetseite www.mainroads.wa.gov.au auf dem aktuellen Stand gehalten (Tel. 1-800-013314)

NT Road Report (Northern Territory) Tel. 1-800-246199, www.dpi.nt.gov.au

SA Road Report (South Australia) Tel. 1-300-361033, www.dpti.sa.gov.au

QLD - RACQ (Queensland) Tel. 1-300-130595, www.racq.com.au

▸ **Anmelden/Abmelden:** Informieren Sie vor der Abfahrt in entlegene Gebiete das letzte Roadhouse, den Ranger oder eine lokale Polizeistation über die geplante Route. Vergessen Sie eine eventuelle Rückmeldung nicht. Bleiben Sie auf den ausgewiesenen Pisten und Tracks. Querfeldein-Touren schaden der Vegetation und führen zwangsläufig zum Festsitzen (bogging).

▸ Führen Sie immer einen ausreichenden **Wasservorrat** im Fahrzeug mit (empfohlen werden 20 Liter pro Person), und trinken Sie in regelmäßigen Abständen! Auf Wandertouren muss für jede Stunde mindestens ein Liter Wasser pro Person mitgenommen werden.

▸ **Im Falle einer Panne:** Schützen Sie sich vor der Sonne. Verlassen Sie das Fahrzeug nicht. Querfeldein-Märsche führen in der unbarmherzigen Hitze zum Kollaps.

▸ Umsichtiges, vorausschauendes Fahren schont die Reifen und hilft Pannen vermeiden! Unterziehen Sie das Fahrzeug vor jeder Fahrt einer kurzen Kontrolle.

4WD-Mietwagen oder Mietcamper verfügt selbst gegen Aufpreis nicht über solches Wunschzubehör. An den meisten Allradcampern ist z.B. überhaupt keine Vorrichtung für ein zweites Ersatzrad vorgesehen.

Vermieter wie Mieter vertrauen darauf, dass das Fahrzeug dank einer regelmäßigen Wartung und der relativen Neuwertigkeit von größeren Defekten verschont bleibt oder im Falle einer Panne besser ausgerüstete (einheimische) Outbackfahrer helfen. Bei längeren Fahrzeugmieten helfen sich manche Reisende durch Zukauf nützlicher Gegenstände selbst. Camping-, Autozubehör- und Secondhand-Shops (Schrottplätze) bieten reiche Auswahl. Der Erwerb eines Klappspatens oder eines Reifenpannen-Sprays (Tire Pilot o.ä.) hilft zumindest, das Gewissen zu beruhigen. Achten Sie bereits bei der Fahrzeugübernahme auf den guten Zustand der Reifen. Buchen Sie, falls nicht serienmäßig vorhanden, einen Satelliten-Not-Peilsender (EPIRP = Emergency Position Indicating Radio Beacon). Dieser kann im Notfall zur Ortung aktiviert werden. Ein Missbrauch wird jedoch streng bestraft!

Für extreme Unternehmungen wie Canning Stock Route oder Simpson Desert sollte ein Vermieter gewählt werden, der in der Lage ist, Zusatz-Equipment bereitzustellen.

Reiserouten

Die **Entfernungen** im Land **werden häufig unterschätzt!** Viele Highways werden fälschlicherweise oft als Küstenstraßen bezeichnet, tatsächlich verlaufen sie meist kilometerweit von der eigentlichen Küste entfernt im Landesinneren. Um Sehenswürdigkeiten und Landschaften genießen und erleben zu können, sind deshalb Abstecher unumgänglich, die viel Zeit und viele Kilometer kosten.

Eintönige Strecken zwischen den Sehenswürdigkeiten können in Western Australia nur bedingt durch Inlandsflüge abgedeckt werden, da häufig keine passenden Flugverbindungen existieren. Dies bedeutet, dass gefahren werden „muss" und dafür die notwendige Zeit eingeplant werden sollte.

Zur **Zeiteinteilung** für die verschiedenen Routenabschnitte finden Sie jeweils Vorschläge im Reiseteil. Diese Empfehlungen sind nur Anhaltspunkte. Reisende mit mehr Zeit können zusätzliche Alternativrouten, Abstecher und Verlängerungsaufenthalte einbauen. Touristen mit weniger Zeit müssen entweder längere Tagesetappen bewältigen oder Inlandsflüge, Zug- oder Buspassagen einschieben.

Planen Sie moderate Tagesetappen, 250 bis 400 km sind genug. Mit Fotostopps, Besichtigungen und Rastpausen sind Sie damit den ganzen Tag unterwegs. Planen Sie für den Fall einer Panne auch den einen oder anderen Puffertag ein.

Entfernungstabelle: ▶ s. Anhang

Im Internet sind verschiedene Routenplaner zu finden. Wer möchte, kann sich auf www.travelmate.com.au die gewünschten Reiserouten kilometergenau erstellen lassen. Die Seiten der Autoclubs informieren ebenfalls über Routen und Straßenzustände:

www.rac.com.au, www.aant.com.au, www.mynrma.com.au.

Reisevorschläge

Bei den folgenden, unverbindlichen Vorschlägen handelt es sich um mögliche Reiserouten, die selbstverständlich abgewandelt und verändert werden können. Wichtig ist, dass bei begrenzter Reisezeit keinesfalls versucht werden sollte, die im Reiseteil beschriebenen Fahrtrouten komplett selbst zu fahren, sondern auch mit Inlandsflügen zu arbeiten. Ganz klar: Je mehr Zeit zur Verfügung steht, desto intensiver können einzelne Abschnitte bereist werden.

Bemerkungen zur Anreise: Als Abflug-ort kommt natürlich nicht nur Frankfurt in Frage. Auf Hin- und Rückflug sind Stopover-Aufenthalte möglich.

Westaustralien Perth – Darwin
(Reisezeitraum April bis Oktober)

Reisebeginn im Süden, Reiseende im Norden (nach Ende der Regenzeit)

Reisedauer: ab 24 Tage

Verlauf:

✈ Flug Frankfurt – Perth, evt. mit Stopover in Asien

🏨 Aufenthalt in Perth mit Stadtrund-fahrt und Ausflug nach Fremantle

🚐 Camper- oder Mietwagentour Perth – Broome – Darwin, entweder mit dem Allradfahrzeug (Gibb River Road Broome – Kununurra) oder mit dem 2WD-Fahrzeug auf der Highway-Route.

✈ Rückflug Darwin – Frankfurt

Verlängerungsoptionen:

Rotes Zentrum: ✈ Flug Darwin – Alice Springs, 🚐 Camper- oder Miet wagentour Rotes Zentrum mit Ayers Rock und Umgebung, ✈ Flug Alice Springs – Perth – Frankfurt

Outback (Mai–Oktober): 🚐 4WD-Tour Kununurra – Halls Creek – Tanami Road – Alice Springs – Ayers Rock und Umgebung – Oodnadatta Track – Flinders Ranges – Adelaide, ✈ Rückflug Adelaide – Frankfurt

Tropisches Queensland: ✈ Flug Darwin – Cairns, Badeaufenthalt in Cairns oder Northern Beaches, ✈ Flug Cairns – Frankfurt

Sydney: ✈ Flug Darwin – 🏨 Sydney, Stadtaufenthalt in Sydney, ✈ Flug Sydney – Frankfurt

Westaustralien Darwin – Perth
(Reisezeitraum Juli bis November)

Reisebeginn im Norden (vor Beginn der Regenzeit), Reiseende im Süden

Reisedauer: ab 24 Tage

Verlauf:

✈ Flug Frankfurt – Darwin, evt. mit Stopover in Asien

🏨 1–2 Übernachtungen mit Stadtbesichtigung Darwin

🚐 Camper – oder Mietwagentour Darwin – Kakadu NP – Katherine – Kununurra – Gibb River Road (4WD) / Highway-Route (2WD) – Broome – Perth.

🏨 2–3 Übernachtungen in Perth mit Stadtbesichtigung

✈ Rückflug Perth – Frankfurt, evt. mit Stopover in Asien

Verlängerungsoptionen:

Südwesten: 🚐 Camper oder Miet-wagentour Perth – Kalgoorlie – Esperance – Albany – Margaret River – Perth, ✈ Rückflug Perth – Frankfurt

Outback (Mai–Oktober): 🚐 4WD-Tour Perth – Great Central Road – Ayers Rock – Alice Springs – Oodnadatta Track – Flinders Ranges – Adelaide, ✈ Rückflug Adelaide – Frankfurt.

Südwesten und South Australia: 🚐 Camper – oder Mietwagentour Perth – Albany – Esperance – Norse-man – Nullarbor Plain – Eyre Peninsula – Adelaide – Kangaroo Island. ✈ Rückflug Adelaide – Frankfurt.

Tasmanien: ✈ Flug Perth – Melbourne – Hobart; 🚐 Camper – oder Mietwagentour Tasmanien, ✈ Rückflug Hobart – Melbourne/ Sydney – Frankfurt

Südwesten und South Australia
(Reisezeitraum November bis März)

Reisedauer: 24 Tage

Verlauf:

- ✈ Flug Frankfurt – Perth
- 🏛 Aufenthalt in Perth mit Stadtrundfahrt und Ausflug nach Fremantle
- 🚗 Camper- oder Mietwagentour durch den Südwesten: Perth – Margaret River – Albany – Esperance – Kalgoorlie – Norsman – Nullarbor Plain – Eyre Peninsula – Kangaroo Island – Adelaide.
- ✈ Rückflug Adelaide – Frankfurt

Verlängerungsoptionen:

Great Ocean Road: 🚗 Camper- oder Mietwagentour Adelaide – Kangaroo Island – Grampians National Park – Great Ocean Road – Melbourne. ✈ Rückflug Melbourne – Frankfurt.

Tasmanien: ✈ Flug Perth/Adelaide – Hobart; 🚗 Camper – oder Mietwagentour Tasmanien, ✈ Rückflug Hobart – Melbourne/Sydney – Frankfurt

Outback 1: ✈ Flug Perth – Alice Springs; 🚗 Rundfahrt mit Camper oder Mietwagen durch das Rote Zentrum: Alice Springs – Ayers Rock – Kings Canyon – Alice Springs. ✈ Rückflug Alice Springs – Darwin – Frankfurt. (Achtung: von November bis März herrscht extreme Hitze im Zentrum!)

Outback 2: 🚗 Allradtour Kalgoorlie – Great Central Road – Ayers Rock – Kings Canyon – Alice Springs – Oodnadatta-Track – Flinders Ranges – Adelaide. ✈ Rückflug Adelaide – Frankfurt. (Achtung: von November bis März herrscht extreme Hitze im Zentrum!)

„Kurztrip" Western Australia
(Reisezeitraum April bis November)

Reisedauer: 14 Tage

Verlauf:

- ✈ Flug Frankfurt – Perth
- 🏛 4 Tage Aufenthalt Perth mit Stadtrundfahrt und Tagesausflügen Pinnacles, Margaret River oder Karri-Wälder
- ✈ Flug Perth – Monkey Mia, 2 Tage Aufenthalt mit Delfinbeobachtung
- ✈ Flug Monkey Mia – Exmouth; 3 Tage Aufenthalt mit Ausflügen Ningaloo Reef und Cape Range NP
- ✈ Flug Exmouth – Broome; 4–6 Tage Aufenthalt mit Flugsafari Kimberley-Region
- ✈ Flug Broome – Perth, Perth – Frankfurt

*Australien –
am Rand der Welt*

Essen und Trinken

Australiens Küche war bis in die 1950er Jahre sehr von der englischen Kochkunst geprägt. Durch den Einfluss der Einwanderer hat sie sich in den Jahren danach zunehmend verändert. Eine australische Mischung aus asiatischer und kontinentaler Küche entstand. In den Großstädten ist mit thailändisch, vietnamesisch, chinesisch, indisch, afrikanisch, griechisch, italienisch oder deutsch fast jede denkbare Gourmetrichtung vertreten. Unter der eigentlichen australischen Küche versteht man in der Regel verschiedene Steak-Sorten bzw. Kotelett mit Salat und Pommes *(chips)*. An der Küste gibt es in jeder Ecke frische Fish & Chips (frittierter Fisch mit Pommes frites, in Papier eingewickelt). In den letzten Jahren sind Spezialitätenrestaurants im „native australian cuisine"-Stil, mit Känguru-Filets, Krokodil-Burgers, Macadamia-Nuss- Kuchen und weiteren Leckereien auf der Speisekarte, zunehmend erfolgreich.

Restaurantbesuche sind in Australien preislich gesehen teurer als in Europa. Restauranttipps finden sich in den lokalen Tageszeitungen, in Touristenbroschüren und im Internet, wie z.B. auf www.citysearch.com.au oder www.bestrestaurants.com.au.

Das Buch „West Australian Food Guide" von R. Broadfield bietet gute Hilfe bei der Auswahl.

Frühstück (Breakfast)

In Australien werden in der Regel drei Mahlzeiten pro Tag eingenommen. Zum einfachen Frühstück *(Continental Breakfast)* wird in der Regel Toastbrot mit Butter, Marmelade, Honig, Vegemite (ein bei Australiern überaus beliebter, gewöhnungsbedürftiger Brotaufstrich auf Hefebasis) und Tee/Kaffee serviert. Wird ein **„Fully Cooked Breakfast"** (oder American Breakfast) geordert, gibt es zusätzlich Rühr- und Spiegelei, Speck (bacon), Würstchen (sausages), gebratene Bohnen (baked

beans), Spaghetti und Kartoffelpuffer. Bei den meisten Hotels sind keine Mahlzeiten im Übernachtungspreis enthalten. Nutzen Sie den Coffee-Shop um die Eck fürs Frühstück, das ist meist deutlich günstiger als im Hotel. Auf organisierten Rundreisen ist das Frühstück häufig inkludiert. In den Städten schmeckt das Frühstück auch in Cafés, die sich in den Einkaufszentren befinden und in der Regel ab 7 Uhr geöffnet sind. Ein Continental Breakfast im Café kostet A$ 10–20, ein warmes Frühstücksbuffet A$ 20–30. Auf Campingplätzen, in Hostels und Jugendherbergen stehen in den Küchen Toaster, Wasserkocher und Kühlschränke zur Verfügung.

Mittagessen (Lunch)

Zum Mittagessen wird nicht allzu viel gegessen – meist leichte Speisen wie Salate, Sandwiches und Blätterteigpasteten mit Füllungen aller Art (Pies). In den Großstädten besucht man dazu am besten die **Food Malls** in Kaufhäusern und Einkaufszentren, Kleinrestaurants und Imbisse mit meist internationalen Gerichten. Restaurants und Cafés bieten meist ebenfalls Mahlzeiten und Snacks in der Mittagszeit an. Außerhalb der Städte ist die Auswahl wesentlich geringer und man ist auf Takeaways, Fastfood-Ketten, Roadhouses oder Selbstverpflegung angewiesen. Auf geführten Touren erhält man das Mittagessen in Form von Lunchpaketen oder einfachen Picknicks mit Sandwiches und Salaten. Für ein leichtes Mittagessen in einer Foodmall müssen Sie mit Preisen zwischen A$ 8 und A$ 12 rechnen, in Restaurants und Pubs (üppige Counter-Meals) mit A$ 12–25. Zwischendurch gibt es traditionell einen Nachmittagstee mit Keksen (Bikkies oder Scones) oder Kuchen. Der Tee wird meist mit Milch getrunken.

Abendessen (Dinner)

Die Hauptmahlzeit des Tages in Australien ist das Abendessen. Egal ob im Privathaushalt, beim Camping oder im Restaurant, am Abend wird grundsätzlich warm gegessen. In den Städten laden Restaurants, Hotels, Pubs und Bars zum Essen ein. In den meisten Lokalen muss gewartet werden, bis ein Tisch zugewiesen wird. Für bekannte und beliebte Restaurants in den Großstädten ist häufig eine Reservierung sinnvoll, insbesondere freitags und samstags. Wer gut essen gehen will, sollte sich nicht unbedingt im Strandlook zum Lokal begeben, denn das Einhalten eines gewissen Dress-Codes wird erwartet. Nicht alle Restaurants schenken alkoholische Getränke aus – dies ist den sogenannten „Licensed Restaurants" vorbehalten. In „BYO"-Lokalen (Bring Your Own) ist es gestattet, selbst Wein oder Bier mitzubringen. Manchmal wird dann eine „Corkage Fee" („Korkengeld") verlangt. Auf dem Lande gibt es in Pubs und Hotels meist günstige und schmack-

hafte Gerichte am Tresen, die sogenannten „Counter Meals".

Im Reiseteil finden Sie empfehlenswerte Restaurants in unterschiedlichen
Preiskategorien. Orientierung Restau-
rantpreise: Fleischgericht mit Beilage A$
25–38; dreigängiges Menü A$ 40–80;
Bier (0,285 l) A$ 4,50; Tischwein (0,2 l)
ab A$ 5; Softdrinks (0,2l) ab A$ 3,50,
Cappuccino ab A$ 3,50. **Tipp:** Häufig
werden günstige Tagesmenüs angeboten – fragen lohnt sich meist!

Barbecue (BBQ)

Eine besondere beliebte Variante des
Abendessens ist das gesellige Barbecue
(*BBQ* oder *Barbie*). In jedem Privatgar-
ten, Campingplatz und in vielen öffentlichen Parks stehen Grills (meist mit Gas
oder elektrisch), die für ein paar Cents
aktiviert werden können. Fleisch und
Wurst wird dann in rauen Mengen auf
den Grills gebrutzelt. Als Beilagen werden Salate und Brote gereicht. Zum BBQ
gehören natürlich auch große Mengen
Bier, das am liebsten eiskalt aus *cans*
(Dosen) oder *stubbies* (Flaschen) getrunken wird.

BBQ

Bushtucker

Typisch australisch ist *Bushtucker*. Dazu
zählen Wild, Fische, Meerestiere, Muscheln, Ameisen, Würmer, Wurzeln, Nüsse, Blüten, Pilze und Samen, sowie andere gesammelte und gefangene Nahrung, wie sie ursprünglich von den
Ureinwohner gegessen wurde. Vieles davon wird roh verspeist. Für uns Europäer
ist es jedoch bekömmlicher, die Gerichte
auf dem offenen Feuer zuzubereiten und
mit Gewürzen und Früchten abzu-
schmecken.

Auf einigen Touren im Outback
(Northern Territory, Südaustralien,
New South Wales) werden echte Bush-
tucker-Gerichte angeboten. Am besten
schmeckt es, wenn indigene Australier
die Speisen zubereiten. Was in den
Restaurants der Städte unter Bushtucker
angeboten wird, besitzt meist nur noch
den Hauch der ursprünglichen Natur-
küche.

Restaurant-Tipps

▸ **Trinkgeld geben** *(tipping)* ist eher un-
üblich, nur in gehobenen Lokalen sind
5 bis 10% des Rechnungsbetrages angebracht.

▸ **Rauchen** ist in allen öffentlichen geschlossenen Räumen, dazu zählen
auch Restaurants, Cafés u. Pubs, verboten. Wenn Sie trotzdem rauchen
„müssen" sollten Sie sich auf die Terrasse oder in den Garten setzen.

▸ Der **Brotteller** steht links vom Teller,
nehmen Sie also nicht die Sachen ihres rechten Tischnachbarn.

▸ **Kreditkarten** sollten nur in Ausnahmefällen zur Zahlung aus der
Hand gegeben werden. Selbst in den
besten Restaurants Perths hat es
schon Betrugsfälle gegeben!

Damper – Australisches Buschbrot

Damper ist das australische Buschbrot, das stilecht in der Asche des Lagerfeuers oder im „campoven", einem gusseisernen Topf mit Deckel über heißen Kohlen gebacken wird.

Zutaten: 500 g Mehl, 1 1/2 Teelöffel Salz und etwas Wasser.

Mischen Sie Mehl und Salz mit etwa 3 Esslöffel Wasser und verrühren Sie dies zu einem glatten Teig (ggf. etwas mehr Wasser hinzugeben). Dann zu einem dicken Fladen kneten. Packen Sie den Teig in Alufolie (es geht allerdings auch ohne) und legen Sie ihn auf heiße Kohlen und bedecken Sie ihn ebenfalls mit Kohlen. Backzeit etwa 30 min. Anschließend warm mit Butter genießen. Eine andere Variante ist den Teig in einen gusseisernen Topf mit Deckel, dem sogenannten Campoven, auf heißen Kohlen zu backen. Wer es im gewöhnlichen Backofen probieren möchte, der sollte den Teig ohne Alufolie bei 180 °C. etwa 30 Minuten backen.

Getränke

Alkoholausschank und -verkauf

Alkohol, egal welcher Art, wird nur in Pubs, Bars und lizenzierten Restaurants ausgeschenkt. Ansonsten sind Alkoholika nur in speziellen Spirituosenläden (Bottle Shops) erhältlich. Diese haben meist längere Öffnungszeiten.

Bier

Das beliebteste Getränk ist zweifelsohne Bier. Immer kalt, am besten direkt aus der Dose, oder aus kleinen Glasflaschen mit Drehverschluss (stubbies). Zu den bekanntesten Biersorten zählen *Victoria Bitter* (VB aus Victoria), Foster (überregional), *XXXX* (Four Ex aus Queensland), *Tooheys* (aus New South Wales), *Emu* (Südaustralien) und *Swans* (Westaustralien). Großer Beliebtheit erfreuen sich auch Leichtbiere (z.B. *Lite Ice*) und alkoholfreie Biere. Bierdosen und -flaschen werden vorzugsweise in Sixpacks, 12er oder 24er-Kisten im Bottle Shop verkauft. Einzelflaschen oder Dosen sind jedoch auch erhältlich. Im Trend liegen Mikrobrauereien mit unterschiedlichen Biersorten, wie z.B. Mango-Ingwer Bier. Die Seite www.microbrewing.com.au listet Mikrobrauereien auf.

Wein

Neben Bier wird Wein als Tischgetränk in Australien immer populärer. Der Rebensaft aus den bekannten Weinbaugebieten Südaustraliens, New South Wales, Victorias und Westaustraliens besitzt eine hervorragende Qualität.

Weinbau in Australien

Wein wird in allen australischen Staaten und Territorien angebaut. Die Hauptanbaugebiete befinden sich jedoch in New South Wales, South Australia, Victoria und Western Australien. In den anderen Staaten/Territorien ist der Anbau von Reben auf sehr kleine Flächen beschränkt. Seit dem 18. Jahrhundert wird in Down under Weinbau betrieben. Der Rebensaft wurde in erster Linie für

den inländischen Markt produziert, erst mit dem Anbau neuer Rebsorten in den 1960er Jahren und modernen Anbaumethoden erlebte die Winzerei einen starken Aufschwung, und die Produkte erhielten weltweite Beachtung. Inzwischen sind zahlreiche australische Weine qualitativ mit den bekannten Produkten aus Frankreich, Italien und Kalifornien vergleichbar. Australien ist mit einer Produktion von 9 Mio. Hektolitern Wein der siebtgrößte Weinproduzent der Welt. Davon werden 40% exportiert. Hinter den klassischen Weinländern Frankreich, Italien und Spanien ist Australien der viertgrößte Weinexporteur weltweit. Die eingeführten Reben stammen aus Frankreich, Italien, Portugal und Deutschland. Zu den wichtigsten Sorten zählen bei den Rotweinen Cabernet Sauvignon, Shiraz, Ruby Cabernet, Pinot Noir, Merlot, Malbec und Cabernet Franc. Bei den Weißweinen sind es Chardonnay, Semillon, Chenin Blanc, Riesling, Sauvignon Blanc, Traminer, Colombard, Verdelho und Muscadelle. Besondere Spezialiäten des Landes sind Cuvées, aufwendige Kompositionen guter Weine. Zu den bekanntesten Cuvées zählen Penfolds „Grange", Rosemount Estate „GSM" und der Alliance „Hattrick". Weitere Informationen auf ▶ www.wineaustralia.com.au

Weinberg in One Tree Hill, Südaustralien

Mit rauchiger Note: Billy Tea

Nichtalkoholische Getränke

Beliebte Erfrischungsgetränke sind (frisch gepresste) Fruchtsäfte aus Mangos, Trauben und Zitrusfrüchten. Wie überall in der Welt sind Softdrinks wie Cola und Zitronenlimonade (Sprite) beliebt. Mineralwasser kann in Flaschen und Kanistern (5 und 10 Liter) gekauft werden. Leitungswasser ist häufig stark chloriert, kann aber überall bedenkenlos getrunken werden. Zur Geschmacksverstärkung empfehlen sich dickflüssige Fruchtsirups (cordial), die mit Wasser gemischt werden.

Besonders lecker sind Milchmischgetränke wie „Iced Coffee" und „Iced Chocolate", die auch in Rasthäusern erhältlich sind. Zum Frühstück oder nach dem Essen genießen die Australier gerne einen typisch australischen Milchkaffee (white flat) oder Tee (morning tea, afternoon tea). Zu den Spezialitäten am Lagerfeuer gehört der traditionelle *Billy tea*. Unter dem „Billy" versteht man einen völlig verrußten Teekessel („boil the billy"), der über dem offenen Feuer erhitzt wird. Die Teeblätter werden hineingeworfen und mit einem Stock umgerührt.

Tipps für Selbstversorger und Camper

Der Lebensmitteleinkauf erfolgt am besten in den großen Shopping Centres wie *Coles* und *Woolworth*. Die großen Einkaufszentren befinden sich in der Regel an den Ein- und Ausfallstraßen der Städte. Das Parken ist zwar problemlos, aber Vorsicht bei überdachten Parkplätzen – beachten Sie die Höhe Ihres Fahrzeugs! Alle großen Geschäfte akzeptieren Kreditkarten (Visa und MasterCard). In den Innenstädten sind Supermärkte eher Mangelware – das Notwendigste ist in den rund um die Uhr geöffneten *Convenience Stores* erhältlich. Im Outback findet man in kleineren Städten, an Tankstellen und auf Campingplätzen inkaufsmöglichkeiten. Das Preisniveau für Lebensmittel in Supermärkten liegt insgesamt etwas höher als in Europa. Fleisch und Fisch sind geringfügig günstiger, Milchprodukte, Süßwaren, Getränke, Obst und Gemüse sind teurer.

Tipp: Wer beim englischen Vokabular bezüglich Essen und Trinken Hilfe benötigt, sollte sich das Büchlein „Englisch für Australien" (Kauderwelsch Band 150) von Reise Know-How zulegen.

Reisen mit Kindern

Die lange Flugreise mit Kindern anzutreten, ist zwar eine Herausforderung, aber es lohnt sich. Denn Australien ist ein sehr kinderfreundliches Reiseland, und die kleinen Gäste sind überall gerne gesehen. Bei einer durchdachten Routen- und Saisonwahl ist auch das Klima für Kinder kein Problem – im Gegenteil, in Shorts und T-Shirts fühlen sich die Kleinen pudelwohl. Die Zeitverschiebung verkraftet der Nachwuchs ohne Probleme und meist schneller als der Organismus der Erwachsenen.

Damit die Australienreise für die Familie ein schönes Erlebnis wird, sollten einige Dinge bei der Planung und Durchführung beachten werden:

Ausweis/Visum

Alle Kinder benötigen einen gültigen Kinderreisepass und ein gültiges Visum für die Einreise.

Flüge

Bei den Langstreckenflügen wird für Kleinkinder unter zwei Jahre *(Infants)* 10% des Erwachsenenpreises verlangt (zzgl. volle Steuern und Gebühren). Das Kind hat dann jedoch keinen Sitzplatzanspruch und muss bei vollbesetzten Fliegern auf dem Schoß die Zeit überdauern. Schlafen auf dem Boden ist nicht gestattet! Überlegen Sie sich deshalb gut, ob Sie nicht auch fürs Kleinkind ein Ticket mit Sitzplatzanspruch erwerben – sicherer ist es sowieso. Für Kinder von zwei bis einschließlich elf Jahren muss ein Sitzplatz gebucht werden. Die Ermäßigung beträgt 33%.

Empfehlenswert sind **Abflüge am Abend oder in der Nacht.** Kinder schlafen dann in der Regel schneller und länger als auf Tagflügen. Versuchen Sie Ihre Sitzplätze möglichst vor dem Abflug zu reservieren oder seien Sie frühzeitig beim Check-in. Normalerweise werden Familien zusammengesetzt. Für Kleinkinder (bis ca. 8 kg) sind die Babywannen (Größe 71 cm x 31 cm) an der Sitzreihe hinter den Trennwänden vorgesehen. Die ersten Sitzreihen sind für größere Kinder problematisch, da dort die Armlehnen nicht hochgeklappt werden können und ein „Querschlafen" (falls Platz) nicht möglich ist. Bei einigen Airlines werden für Kleinkinder Zusatzgurte ausgegeben, was allerdings gefährlicher ist, als das Kind ohne Gurt festzuhalten. Die sicherste Methode ist ein eigener Sitzplatz und bei Bedarf ein mitgebrachter Autositz (fragen Sie bereits bei der Buchung, welche Autositze im Flugzeug zugelassen sind!). Wer sowieso plant, mit dem Auto oder Camper durch Australien zu reisen, sollte diese Lösung in Erwägung ziehen. Fragen Sie aber vorher bei Ihrer Fluggesellschaft nach, ob der Sitz im Flugzeug zugelassen ist oder nicht. Qantas fordert zum Beispiel eine schriftliche Zulassung des Kindersitzes, ansonsten darf er nicht benutzt werden!

Tipp: Melden Sie beim Betreten des Flugzeugs eventuelle Sonderwünsche der Stewardess.

Das **Unterhaltungsprogramm** an Bord ist besonders für größere Kinder sehr faszinierend und sorgt für einen kurzweiligen Zeitvertreib. Ordern Sie für Kinder spezielle Kinder-Mahlzeiten oder vegetarisches Essen. Milch oder Gläschen werden von der Crew gerne aufgewärmt, auch mitten in der Nacht. Zusätzlich können Leckereien wie Kekse oder Früchteriegel „für zwischendurch" mitgeführt werden. Mineralwasser erhält man an Bord. Um **Ohrprobleme** beim Druckausgleich zu vermeiden, reichen Sie bei Start und Landung einen Schnuller oder ein Getränk. Eine andere

Möglichkeit sind spezielle Ohrstöpsel mit Ventil, die den Luftdruckunterschied ausgleichen (erhältlich in der Apotheke, www.earplanes.de). Grundsätzlich gilt für Kinder wie für Erwachsene: trinken, trinken und nochmals trinken!

In das **Handgepäck** gehören kleine Spielsachen. Außerdem einpacken: Schmusetier, Bücher, MP 3 Player, Ersatzkleidung, Halstuch, leichte Mütze gegen die kalte Belüftung, Wickelzubehör, Schnuller, Babyflasche, zusätzliche Nahrung, kleine Reiseapotheke mit Fieberzäpfchen, Nasentropfen, Mittel gegen Erbrechen und Durchfall, Klammerpflaster, Desinfektionsmittel, ggf. ein Beruhigungsmittel oder Einschlafsaft! Sprechen Sie vorher mit ihrem Kinderarzt. Decken und Kissen sind an Bord erhältlich.

Kulanterweise darf neben dem aufgegebenen **Gepäck** ein Kinderwagen und/oder ein Autositz ohne Extrakosten befördert werden. Kinderwagen können bis zum Gate (vor dem Einstieg ins Flugzeug) benutzt und müssen erst dort abgegeben werden. Im Gegensatz zum durchgecheckten sonstigen Gepäck, kann der Kinderwagen bei Zwischenlandungen eventuell angefordert werden.

Mit Kindern unterwegs in Australien

Die wohl bequemste und kinderfreundlichste Art, mit dem Nachwuchs in Australien zu reisen ist per **Wohnmobil.** Sie reisen unabhängig, und die Kinder müssen sich nicht täglich an neue „vier Wände" gewöhnen. Campingplätze verfügen fast immer über Spielplätze und Pools – ein idealer Ausgleich zum Autofahren. In Hotels erhalten Kinder meist ohne Aufpreis ein Kinderbett. Bei der **Routenplanung** sollten lange Fahretappen und extreme Hitze vermieden werden. Planen Sie ausreichend Zeit für Besuche in Tierparks und an Stränden ein.

Fahrzeugauswahl

Camper sind für Familien mit Kindern gut geeignet. Bei der Auswahl ist darauf zu achten, ob sich Kindersitze befestigen lassen (in Fahrtrichtung!). Hi-Top-Camper haben vorne drei Sitzplätze, wobei der mittlere Sitz nicht kindersitztauglich ist. Prüfen Sie das Fahrzeug-Layout bei der Buchung. In großen Motorhomes sitzt der Nachwuchs weit entfernt in der Hecksitz-

gruppe. Besser ist hier eine Mittelsitzgruppe! Ein wichtiges Kriterium ist der Stauraum. Wird ein Kinderwagen mitgeführt, so sollte dieser während der Fahrt sicher verstaut werden können.

Eine gute Alternative zum Wohnmobil sind große Mietwagen oder Geländewagen mit Zeltausrüstung. Allen Mitreisenden wird dabei guter Fahrkomfort geboten.

Kindersitze

Alle Auto- und Campervermieter bieten gegen einen geringen Aufpreis Kindersitze an. Die Benutzung ist gesetzlich vorgeschrieben. Babys bis 9 kg sitzen in einem „Babysafe" (baby capsule) gegen die Fahrtrichtung, Kleinkinder von 9–18 kg in Kindersitzen (child seat) und Kinder bis 32 kg (ca. 8 Jahre) auf einer Sitzerhöhung (booster seat). Die Sitze werden entweder per Dreipunktgurt oder mit einem zusätzlichen Gurt am sogenannten Anchor-Point befestigt. Lassen Sie sich die Befestigung des Sitzes bei der Übernahme demonstrieren. Der eigene Kindersitz darf mitgenommen werden!

Kinderwagen

Für Städte, Museen, Flughäfen und längere Wanderungen mit Kleinkindern ist ein ordentlicher Kinderwagen oder Babyjogger sehr praktisch. Allerdings sind Rolltreppen meist zu schmal (oder nicht vorhanden). In Geschäften sind Aufzüge häufig schwer zu finden und dürfen nur mit Hauspersonal benutzt werden. Aber die hilfsbereiten Australier fassen bei Treppen gerne mit an.

Babynahrung und -bedarf

Die Auswahl an Babynahrung (Gläschen, Milchpulver) ist gut, jedoch sind die Zutaten auf Englisch nicht für alle verständlich. Meist sind Gewürze und Konservierungsstoffe enthalten. Zuckerfreie Waren (z.B. Reiswaffeln, Früchte-Brei) gibt es meist in den „Health Food"-Regalen. Windeln, Flaschen, Schnuller findet man in den großen Supermärkten. Geschlossene und abgepackte Babynahrung darf nach Australien eingeführt werden, sie muss jedoch bei der Einreise angegeben werden.

Kleidung

Sonnenschutz-Kleidung ist Pflicht! Sinnvoll sind luftige langarmige Kleidungsstücke, Sonnenhut (muss die Ohren und den Nacken bedecken) und Sonnenbrille. Feste, geschlossene Schuhe sind neben Sandalen erforderlich. UV-Schutzanzüge und Bade-Shirts sind in den australischen Supermärkten recht günstig erhältlich. Münzbetriebene Waschmaschinen und Trockner gibt es auf allen Campingplätzen, ebenso in Jugendherbergen und Motels.

Sonnen- und Insektenschutz

Sonnencremes mit hohem Schutzfaktor und Insektenschutzmittel sind in Australien überall erhältlich. Bei empfindlicher Haut sollten die bewährten Mittel von daheim verwandt werden. Nützlich ist ein Moskitonetz, das über den Kinderwagen oder das Bett gespannt werden kann.

Souvenirs

Zur Erinnerung an das Land sind Bilderbücher mit typisch australischer Tierwelt oder australische Plüschtiere für die Kleinen eine nette Idee.

Literaturtipp: J. Scott, P. Rees: „Für Eltern verboten: Australien: Der cool verrückte Reiseführer"; Hamburg 2013. Fakten über das Land, unterhaltsam für Kinder zusammengestellt.

Alles weitere von A – Z

Adressen / Auskunft

Für Deutschland, Schweiz und Österreich:

Tourism Australia, Neue Mainzer Str. 22, 60311 Frankfurt a.M.,
Tel. 069–27400622, Fax 069–27400640, www.australia.com.

In Australien: Jeder Bundesstaat/Territorium unterhält ein eigenes Fremdenverkehrsbüro. Die genauen Adressen finden Sie im Reiseteil. In den Hauptstädten sind zusätzlich Niederlassungen der anderen Staaten vertreten. Für die Planung sind die jeweiligen Internetadressen zusammengefasst.

▸ **Westaustralien:**
www.westernaustralia.net,
www.westaustralien.de
▸ **Northern Territory:**
www.nttc.com.au,
www.northern-territory.de
▸ **South Australia:**
www.tourism.sa.gov.au und
www.southaustralia.com
▸ **New South Wales:**
www.tourism.nsw.gov.au
▸ **Queensland:**
www.tq.com.au;
www.queensland.de
▸ **Victoria:**
www.tourism.vic.gov.au und
www.visitvictoria.com
▸ **Australian Capital Territory/Canberra:**
www.visitcanberra.com.au
▸ **Tasmanien:**
www.discovertasmania.com

Auswandern

Wer für immer in Down under leben und arbeiten will, muss die *Permanent Residence* beantragen. Das Auswahlverfahren ist kompliziert und streng. Die Qualifikation erfolgt entweder über ein Punktesystem, eine hohe Geldanlage, Familienzusammenführung, Heirat oder eine Unternehmensgründung. Informationen erteilen die australische Botschaft oder das Department of Immigration (www.immi.gov.au). Auf www.australien-info.de finden sich im Forum Beiträge zum Thema Auswandern.

Banken

Die großen Banken Australiens sind *ANZ, Commonwealth, National* und *Westpac.* Sie sind in praktisch allen Städten vertreten. Die Öffnungzeiten sind Mo–Do 9.30–16 Uhr, Fr bis 17 Uhr (▸ s.a. Kapitel Reisevorbereitung „Geld und Devisen", S. 75).

Behinderte

Die Einrichtungen für barrierefreies Reisen wurden in den letzten Jahren deutlich verbessert. Fluggesellschaften, Hotels, Campingplätze, Touristenattraktionen, Nationalparks (nur teilweise) und öffentliche Verkehrsunternehmen sind generell gut auf Behinderte eingestellt. Avis und Hertz bieten behindertengerechte Mietwagen (Reservierung zwingend notwendig). Mehr Informationen auf www.nican.com.au. Bezüglich behindertengerechten Unterkünfte wird man im Unterkunftsverzeichnis des Autoclubs fündig. Für WA ist die Organisation People with Disabilities WA (Oasis Lotteries House, 37 Hampden Rd, Nedlands, Tel. 1-800-193331 oder 08-93866477, www.pwdwa.org) eine hilfreiche Adresse.

eMail und Internet

In den meisten Hotels, Backpacker-Hostels und auf zahlreichen Campingplätzen sind Internet-Terminals vorhanden. Internet-Cafés bieten die günstigsten Surf-Kosten. In Bibliotheken ist oft ein Gratis-Zugang (ohne eMail-Versand) vorhanden. Im Reiseteil unter „Wie, wo, was …" sind Internet-Cafés aufgeführt. In vielen Hotels und an Flughäfen stehen W-LAN-Hotspots zur Verfügung, Internet-Zugang dann per Kreditkarte. Kostenlose Hotspots finden sich in den Großstädten in vielen Cafés, an Bahnhöfen und Reisezentren und in so gut wie allen McDonalds- und Starbucks- Restaurants.

Fahrradfahren

Große Hitze, enorme Entfernungen und die dünne Besiedlung sind die besonderen Herausforderungen für Radfahrer. Speziell Westaustralien und das Northern Territory eignen sich aus diesen Gründen kaum für eine abwechslungsreiche Radtour. Entlang der Highways gibt es die Möglichkeit, auf dem Randstreifen zu radeln. Auf Sand- und Waschbrettpisten kommt man kaum vorwärts. In den Städten Brisbane, Melbourne, Adelaide und Perth sind zahl-reiche Radwege angelegt, so dass sich diese Städte auch per Mietrad entdecken lassen. Im Reiseteil unter „Wie, wo, was …" sind Fahrradvermieter aufgeführt. In zahlreichen Regionen, z.B. im Südwesten, in den Flinders Ranges, den Bergregionen von Victoria und auf Tasmanien bieten Radreiseveranstalter geführte Touren an. In Australien besteht für Radfahrer Helmpflicht!

Im Flugzeug werden Fahrräder innerhalb der üblichen Freigepäckgrenze befördert. Das Rad sollte in einen stabilen Pappkarton verpackt werden. In den Überlandbussen werden Räder nur nach vorheriger Anmeldung transportiert. Weitere Infos ▸ www.bfa.asn.au, Bicycles Federation Australia.

Feiertage und Ferien

1. Januar: New Years Day

26. Januar: Australia Day

1. Montag im März: Labour Day (nur WA)

Ostern: Good Friday (Karfreitag) und Easter Monday (Ostermontag)

25. April: Anzac Day

1. Montag im Mai: May Day (nur NT)/ Labour Day (nur QLD)

Anfang Juni: Foundation Day (nur WA)

2. Montag im Juni: Queen's Birthday (alle Staaten außer WA)

6. Oktober: Queen's Birthday (nur WA)

2. Montag im Oktober: Labour Day (SA)

25. Dezember: Christmas Day (an Weihnachten sind fast alle Geschäfte und touristische Attraktionen geschlossen)

26. Dezember: Boxing Day, Proclamation Day (SA)

Hinzu kommen noch besondere Feiertage in den einzelnen Bundesstaaten. Fällt ein Feiertag auf das Wochenende wird er am nächsten Werktag nachge-

Weihnachtsbaum in Melbourne

holt! Schulferien sind in der Regel von Mitte Dezember bis Ende Januar, außerdem je zwei Wochen zu Ostern, Winterferien im Juni/Juli und im Frühjahrsferien im September/Oktober. Je nach Bundesstaat variieren die Termine. Aktuelle Daten nach Bundesstaaten finden Sie auf www.oztourism.com.au/school_holidays.htm

Fluggesellschaften

→ Air New Zealand, Tel. 132476
→ Cathay Pacific, Tel. 131747
→ Emirates, Tel. 1300 303777
→ Garuda Indonesia, Tel. 1300 365331
→ Jetstar, Tel. 131538
→ Malaysia Airlines, Tel. 132627
→ Qantas, Tel. 131313
→ Singapore Airlines, Tel. 131011
→ Virgin Australia, Tel. 136789

Die Adressen der Stadtbüros können den aktuellen Flugplänen bzw. den Yellow Pages (Gelben Seiten) entnommen werden. Die Internetadressen finden Sie im Kapitel Reiseplanung. Die regionalen Fluggesellschaften sind im Reiseteil bei den jeweiligen Städten aufgeführt.

Fotografieren

Digitalbilder können von Internet-Cafés aus nach Hause gemailt oder in einem „Online-Fotoalbum" gespeichert werden. Zur Sicherheit empfiehlt es sich, ein Kartenlesegerät plus Kabel oder zumindest das PC-Anschlusskabel der Kamera mitzunehmen. Im Internet-Café oder im Fotoshop können Sie sich eine CD Ihrer Daten brennen lassen (ca. A$ 10 pro CD). Vergessen Sie das Ladegerät für die Akkus nicht, ideal ist hierfür ein 12-Volt-Ladegerät fürs Auto (Anschluss am Zigarettenanzünder). Nehmen Sie in jedem Fall genügend Speicherkarten mit!

Negativ- und Diafilme sind meist nur noch im Fachhandel erhältlich. Filmentwicklungen und Abzüge besorgen Chemists und Fotogeschäfte.

Fototipps:

▸ Ein *Polfilter* verdunkelt den blauen Himmel bzw. sättigt die Farben und eliminiert Spiegelungen auf dem Wasser.

▸ Wer beim Schnorcheln gerne fotografiert, kann sich eine wasserdichte Wegwerfkamera kaufen. Teilweise werden Unterwasserkameras oder wasserdichte Gehäuse auch von Tauchveranstaltern vermietet.

▸ Ein oder mehrere Tütchen *Silica-Gel* (Apotheke) in der Foto-/Filmtasche absorbieren die Feuchtigkeit, was sich besonders in feuchten Regionen und während der Regenzeit empfiehlt. Zwischendurch muss das Trockenmittel immer mal wieder in einem Backofen oder auf einer Herdplatte getrocknet werden, um es wieder aufnahmefähig zu machen.

▸ Menschen, insbesondere Aboriginal People, nie ohne vorherige Erlaubnis fotografieren!

Genehmigungen / Permits für Straßen

Für die Zufahrt bzw. Durchfahrt von Aboriginal-Land ist in vielen Fällen eine Genehmigung (Permit) notwendig. So benötigt man z.B. für die Zufahrt in den Rudall River NP (bei Newman/Pilbara/WA), die Einfahrt nach Kalumburu (Kimberleys/WA) oder das Befahren des Gunbarrel Highways, der Great Central Road (beide von WA in das Rote Zentrum/NT) sowie die Mereenie Loop Road (Rotes Zentrum/NT) eine amtliche Bescheinigung.

Permits werden über folgende Stellen erteilt:

▸ **WA:** Department of Aboriginal Affairs, www.daa.wa.gov.au

▸ **Südliches NT:** Central Lands Council, www.clc.org.au

▸ **Nördliches NT:** Northern Lands Council, www.nlc.org.au

▸ **Südwest-SA:** Maralinga Tjarutja, www.maralingatjarutja.com, Tel.08-8625 2946

▸ **Nordwest-SA:** Anangu Pitjantjatjara, www.waru.org/resources

In den meisten Fällen kann das Permit online beantragt werden, in anderen Fällen wird es direkt vor Ort erteilt. Nähere Hinweise dazu im Reiseteil.

Heiraten

Eine **Eheschließung** ist in Australien kein Problem. Sie wird von einem *Celebrant of Marriage* vorgenommen (Adressen auf www.civilcelebrants. com.au). Zuvor ist ein offizieller Vordruck des Standesamtes „The Registry of Birth, Death and Marriages" auszufüllen (Adressen über die Website der Australischen Botschaft www.germany .embassy.gov.au). Die erforderlichen Papiere müssen mindestens vier Wochen vor der Trauung nach Australien gesandt werden, je nach Bundesstaat sind unterschiedliche Dokumente erforderlich. Klären Sie die Details mit dem ausgewählten Celebrant of Marriage. Die Kosten der Zeremonie sind je nach Staat und Gemeinde unterschiedlich. Damit die Eheschließung zuhause auch anerkannt wird, muss eine amtliche Eintragung beim Standesamt erfolgen. Hierfür ist neben dem „Marriage Certificate" auch das beglaubigte „Full Marriage Certificate" (mit Eintragungsnummer und Angabe der Eltern) hilfreich. Die Beglaubigung wird in allen Bundes-

hauptstädten im Department of Foreign Affairs and Trade vorgenommen.

Internet

▸ s.o. bei „eMail und Internet"

Jobben / Arbeiten

Für 18–30jährige („ledig und kinderlos") ist das Arbeiten in Australien dank des *Working Holiday*-Visums (s. „Einreise") deutlich einfacher geworden. Nehmen Sie am besten schon von zuhause aus Kontakt mit möglichen Unternehmen auf. Wer einfach nur jobben will, um sich sein Taschengeld für die Weiterreise zu verdienen, sollte sich in der Backpackerszene umhören. Beliebt sind Arbeiten auf Farmen (Obst- und Gemüseplantagen), in der Gastronomie sowie in den Hostels (putzen, Rezeption, Management etc.). Das Lohnniveau für Aushilfskräfte ist in den Städten den hohen Lebenshaltungskosten angeglichen, auf dem Land liegt es deutlich niedriger. Es gibt eine Reihe von Organisationen, die „Travel & Work"-Programme anbieten, beispielsweise www.taw.com.au, www. travelworks.de oder www.stepin.de. Allerdings: Die meisten der angebotenen Leistungen können selbständig meist preisgünstiger organisiert werden.

Literaturhinweis:
Buchspieß, A.: *Australien, Reisen und Jobben,* Reise Know-How

Kleidung

Den Klimazonen entsprechend sollte die Reisebekleidung gewählt werden. In Nordaustralien benötigt man außer leichten, atmungsaktiven Sommersachen und Sandalen kaum weitere Bekleidung. Für Wanderungen und Spaziergänge sollten festes Schuhwerk oder bequeme Joggingschuhe im Gepäck sein. Trekkingstiefel sind nur auf Tasmanien und in den Australischen

Alpen sowie auf mehrtägigen Wanderungen erforderlich.

Für kühle Tage und Nächte im australischen Winter braucht man, bei Reisen durch das zentrale Outback und den Süden, entsprechend warme Kleidung. Am besten, man packt einen Fleece- oder Wollpullover ein und trägt bei Kälte mehrere Schichten übereinander („Zwiebelschalenprinzip"). Eine leichte Regenjacke gehört ganzjährig ins Reisegepäck. Im tropischen Norden sollte in den Abendstunden dichtgewobene Outdoorkleidung zum Schutz vor Moskitos getragen werden.

Bei Restaurantbesuchen sei an die in Australien üblichen Dress Codes erinnert. Sie werden sich beim Besuch eines gepflegten Speiselokals in Perth oder Sydney deplatziert fühlen, wenn Sie in rustikalen, nicht mehr ganz frischen Outback-Klamotten eintreffen. Eine saubere Stadthose/-rock und ein gebügeltes Hemd/Bluse gehören für solche Fälle auf jeden Fall in das Reisegepäck. In weniger schicken Restaurants und auf dem Lande weisen eindeutige Schilder (wie No shirt, no shoes, no service) auf die geforderte Art der Mindestbekleidung hin. Soll heißen: Mit ärmellosem T-Shirt (singlet) und Badeschlappen (thongs) wird keiner bedient.

Da im größten Teil des Landes fast ganzjährig warme Tagestemperaturen herrschen, sind als Standardkleidung kurze Hose/Rock, T-Shirt und Sandalen angesagt. Wäsche kann fast überall, in Hotels oder auf Campingplätzen, in den für jedermann zugänglichen Laundries (Waschsalons) für ein paar Dollar gewaschen werden. Als Sonnenschutz sollte möglichst immer eine Kappe oder ein Sonnenhut getragen werden. Typische australische „Souvenir"-Bekleidung sind die klassischen Akubra-Hüte, eine qualitativ hochwertige Kopfbedeckung, an der man lange Freude hat.

Landkarten und Navigationsgeräte

Kartenmaterial und Atlanten sind in Buchläden, an Tankstellen und in den Filialen der Automobilclubs erhältlich. Dort erhalten Mitglieder deutscher, österreichischer und Schweizer Clubs Ermäßigungen (Mitgliedsausweis mitnehmen). Empfehlenswert und sind die Karten von *Hema Maps* (www.hemamaps.com.au), in Deutschland unter www.landkarten-versand.de erhältlich.

Viele Auto- und Campervermieter bieten mehrsprachige Navigationsgeräte gegen Zusatzkosten an. Wer sein eigenes Gerät mitnehmen möchte sollte bei der Software darauf achten, dass nicht nur die Städte mit drauf sind. Empfehlenswert sind hier wieder Hema-Karten bzw. und Software, da sie auch abseits der großen Straßen und Städte genaue Angaben liefern.

Maße und Gewichte

In Australien gilt offiziell das metrische System. Distanzen und Geschwindigkeiten werden in Kilometern angegeben, Temperaturen in Celsius-Graden und Gewichte in Kilogramm. Trotzdem verwenden die Australier …

für **Entfernungen** immer noch gerne *miles*: 1 km = 0,62 mi / 1 mi = 1,6 km

für **Größen** *feet*: 1 m = 3,28 ft

für **Temperaturen**
Fahrenheit: 20 ˚C = 68 ˚F
Formel: ˚C = [˚F-32] : 1,8

und für **Gewichte**
pounds: 1 kg = 2,2 lb

Motorradfahren

Das Motorrad ist als Fortbewegungsmittel beliebt, wenngleich die Hitze unter dem Helm manchmal unerträglich ist. Wer eine Motorradreise plant, sollte seine Ausrüstung (Helm, Lederkombi, Gepäcktaschen und Schuhe) am besten selbst mitbringen.

Mietmotorräder werden von lokalen Anbietern angeboten, sind jedoch meist mit Kilometer- und Routeneinschränkungen versehen. Einwegmieten sind fast immer ausgeschlossen. Prüfen Sie den Zustand des Fahrzeugs bei der Übernahme genau. Für den Kauf von Motorrädern gilt im Prinzip dasselbe wie für den Autokauf (s.o., Abschnitt „Fahrzeugkauf").

Verschiffung: Wer sein Bike von zuhause mitbringen möchte, sollte es per Spedition verschiffen (Dauer ca. 6 Wochen) oder per Luftfracht versenden (teuer). Die Kosten sind vom Volumen (Kiste) und Gewicht abhängig. Das erforderliche Carnet de Passage wird vom Automobilclub ausgestellt. Details zum Transport liefern die großen Speditionen wie zum Beispiel Danzas oder Hapag Lloyd.

Notfall

In ganz Australien gilt für Polizei, Feuerwehr und Notarzt die gemeinsame **Notfall-Rufnummer 000**.

Polizeistationen sind in den großen Orten im Reiseteil angegeben, weitere Infos zur Polizei auf www.afp.gov.au, für Westaustralien unter www.police.wa.gov.au, für Northern Territory unter www.police.nt.gov.au und für Südaustralien www.sapolice.sa.gov.au.

Giftnotruf: 131126

Öffnungszeiten

Banken: ▶ s. „Banken"

Büros/Behörden: Mo–Fr 9–17 Uhr

Geschäfte: Die Öffnungszeiten sind zwar unterschiedlich, allerdings schließen die meisten Geschäfte in den Städten früh. In der Regel sind sie Mo–Fr 9–17 Uhr, Sa bis 16 Uhr geöffnet. Donnerstags oder freitags (je nach Stadt) ist bis 21 Uhr geöffnet. Einkaufszentren und Fußgängerzonen sind außerdem sonntags von 10 bis 16 Uhr geöffnet.

Post

Die Postämter sind Mo–Fr 9–17 Uhr geöffnet, in den Großstädten zusätzlich am Samstagvormittag. Auf dem Land übernehmen häufig Lebensmittelgeschäfte oder Tankstellen die Aufgaben der Poststelle.

In den Postshops sind Briefmarken, Verpackungsmaterial und meist auch Souvenirs erhältlich. Eine günstige Alternative zur Postkarte und zum Brief (je A$ 2,60) sind Aerogramme (A$ 2,20) oder Postkarten (A$ 2,20) mit bereits aufgedruckten Briefmarken, beide in Postämtern erhältlich.

Postlagernd: Reisende können ihre Post in den Postämtern in ganz Australien abholen, sie wird 30 Tage lang kostenlos aufbewahrt. Gegen Gebühr wird sie länger gelagert oder weitergeschickt. Neben der Anschrift des Empfängers (Vor- und Nachname) mit gewünschtem Postamt (z.B. GPO Perth, WA 6000) muss der Vermerk „Poste restante" stehen. Zur Abholung ist Ihr Reisepass nötig. In speziell aufgestellten Terminals kann geprüft werden, ob Post vorhanden ist.

Die Adressen der wichtigsten Postämter sind im Reiseteil unter ▶ „Wie, wo, was …" angegeben. Weitere nützliche Infos sowie die Adressen der Postämter sind auf www.auspost.com.au zu finden.

Rabatte

Mit dem WA Pass (A$ 20) erhalten Sie bei vielen Attraktionen, Touren, in Unterkünften und Restaurants Vergünstigungen. Der Pass und mehr Informationen sind erhältlich auf www.wapass.com.au.

Radio und Fernsehen

Der öffentliche Rundfunk- und Fernsehsender ABC (Australian Broadcasting Corporation) ist landesweit zu empfangen. Die genauen Frequenzen sind auf www.abc.net.au zu erfahren. Danbeben gibt es zahlreiche Privatsender. Die **Deutsche Welle** ist über Kurzwelle oder Satellit zu empfangen, Frequenzen auf www.deutschewelle.de. Der Privatsender SBS sendet jeweils morgens eine halbe Stunde Nachrichten in deutscher Sprache.

Im Outback und fernab der Radiostationen ist ein Radioempfang nur über Mittelwelle (AM) möglich. Es lohnt sich, Musikcassetten oder CDs von zuhause mitzunehmen.

Rauchen

Rauchen ist in öffentlichen Gebäuden und in vielen Restaurants entweder verboten oder nur noch in besonders gekennzeichneten Zonen gestattet. Insbesondere in Bezug auf Kinder ist das Rauchverbot in WA sehr streng – so darf auf bzw. in der Nähe von Spielplätzen und an **Stränden** nicht geraucht werden!

Die Nichtbeachtung des Rauchverbots wird mit A$ 10.000 Bußgeld geahndet. Tabakkauf ist erst ab 18 Jahren gestattet. Seit 2013 werden die Zigaretten in Einheitsverpackungen ohne Logos der Herstellerfirmen verkauft. Zigaretten sind in Australien teuer (A$ 18 für 25 Stück), die Einfuhr ist auf 50 Stück beschränkt.

Reiseveranstalter

Das Fremdenverkehrsamt Australiens verteilt ein Verzeichnis deutscher, österreichischer und schweizer Reiseveranstalter, die Australien im Programm haben. Die Reiseabwicklung über einen kompetenten Spezialveranstalter ist ratsam. Eine empfehlenswerte Buchungadresse sind die Australien-Spezialveranstalter der **Best of Travel Group,** die über 12 Büros in Deutschland, Österreich und der Schweiz verfügen. Kataloge und Beratung unter Tel. 01803-37273, www.best-of-australia.de.

Vorteile bei Buchung über Reiseveranstalter:

▸ Kompetente Beratung

▸ Geringer Organisationsaufwand

▸ Kein Währungsrisiko durch Zahlung in Euro oder Schweizer Franken

▸ Hotels, Camper, Mietwagen werden in Verbindung mit einem Flug im Komplettangebot (z.B. Fly and Drive-Angebote) meist günstiger angeboten als einzeln.

▸ Der Reisepreis-Sicherungsschein (= Kundengeldabsicherung) garantiert Ihnen, dass Sie im Falle einer Firmenpleite Ihre Anzahlung zurückerhalten. Ab zwei gebuchten Hauptleistungen (z.B. Flug und Mietwagen) tritt Ihre Buchungsstelle rechtlich als Veranstalter Ihrer Reise auf. Im Falle von Beschwerden oder Streitigkeiten wird der Prozess in Ihrem Heimatland und nicht in Australien geführt. Ein Rechtsstreit in Australien ist langwierig und kostspielig. Es ist daher ratsam, auf Direktbuchungen (z.B. übers Internet) weitgehend zu verzichten.

Sicherheit

Australien ist ein sehr sicheres Reiseland. Trotzdem gilt es, die üblichen Vorsichts-

maßnahmen einzuhalten. Schließen Sie das Auto in belebten Gegenden und auf öffentlichen Parkplätzen immer ab. Lassen Sie keine Wertgegenstände (Fotoapparate, Geldbörsen etc.) offen herumliegen! Nutzen Sie in den Hotels die vorhandenen Zimmersafes, oder geben Sie Ihre Wertsachen (inklusive Flugticket, Reisevoucher und Reisepässe) an der Rezeption ab. Fertigen Sie Kopien von allen wichtigen Dokumenten an. Insbesondere für Backpacker sollte gelten: den Drink in Nachtclubs und Discotheken im Auge zu behalten (K.O. Tropfen!), nicht per Anhalter fahren und von Ausflügen ins einsame Hinterland mit kurzzeitigen Reisebekanntschaften absehen!

Sonnenschutz

▸ s. Kapitel Reisevorbereitung – „Gesundheit"

Souvenirs

Neben Plüschkoalas, Verkehrsschildern, Hüten und T-Shirts sind Kunstgegenstände der australischen Ureinwohner (Didgeridoos, Bumerangs etc.) beliebte Mitbringsel. Qualitativ gute **Aboriginalkunst** ist in den Galerien der Städte zu finden. Erkundigen Sie sich ruhig über die Herkunft der Gegenstände, und fragen Sie nach dem Künstler. Das *Certificate of Authenticity & Provenance* (COA) gilt als Nachweis echter Aboriginalkunst. Empfehlenswerte Geschäfte sind im Reiseteil unter „Wie, wo, was …" aufgeführt.

Ein beliebtes Souvenir sind auch **Opale.** Der Wert eines Edelsteins ermittelt sich aus der Qualität (Großflammigkeit und Brillanz der Farben) sowie der Größe. Die teuerste Art ist der Black Opal. Der Boulder Opal ist in der Regel günstiger und häufiger anzutreffen als der White Opal oder Light Opal. Kaufen

Didgeridoos

Sie nur massive Edelsteine. Bei Dubletten und Tripletten handelt es sich lediglich um eine dünne Schicht Edelstein mit aufgeklebtem Hintergrund.

Vorsicht bei eingefassten Steinen, bei diesen handelt es sich oft um solch dünne aufgeklebte Varianten. Die wohl persönlichste Note hat der selbst gefundene Opal – z.B. aus Coober Pedy.

Bei Outdoorfreunde sind die Wachsjacken und -mäntel von Driz-A-Bone sehr beliebt, ebenso die praktischen Workingboots (knöchelhohe Stiefel mit Gummieinsatz). Biertrinker erfreuen sich an Bierkühlern (Beercooler, Stubbieholder) aus Neopren oder Styropor mit landestypischen Aufdrucken. In den Bottleshops gibt es eine große und günstige Auswahl, sowie weitere Promotionartikel der Brauereien.

Typisch australische und schmackhafte Kleinigkeiten zum Mitbringen sind Honig (besonders aus Tasmanien), Wein, Macadamia-Nüsse, Vegemite (Brotaufstrich) und Kekse (z.B Schokoladenbiskuits Tim Tam von Arnotts).

Straßenmaut

WA, NSW und Victoria erheben auf einigen Motorways (Autobahnen) Maut. Auf den gebührenpflichtigen Straßen sind elektronische Erfassungen angebracht, für die sogenannte *e-Tags* benötigt werden. Fragen Sie schon bei der Anmietung Ihres Fahrzeugs, ob ein solcher e-Tag im Fahrzeug vorhanden ist und ob dieser genutzt werden darf. Ansonsten gibt es auch Visitor e-Passes, die online oder telefonisch gekauft werden können..

Strom

Die Spannung in Australien beträgt 220–240 Volt Wechselstrom mit 50 Hz. Die Steckdosen sind für zwei bis drei Stifte ausgelegt, ein spezieller Adapter

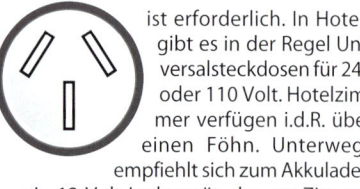

ist erforderlich. In Hotels gibt es in der Regel Universalsteckdosen für 240 oder 110 Volt. Hotelzimmer verfügen i.d.R. über einen Föhn. Unterwegs empfiehlt sich zum Akkuladen ein 12-Volt-Ladegerät, das am Zigarettenanzünder angeschlossen wird.

Tipp: Kaufen Sie den Adapter schon am Abflughafen, dann ersparen Sie sich die Suche in Australien.

Studium

Zum Studium in Australien benötigt man ein *Student Visa* und muss grundsätzlich Studiengebühren bezahlen. Bei einigen Austauschprogrammen ist das Visum und die Studiengebühr inkludiert. Infos zu Studiengängen und Praktikas findet man auf der Webseite der australischen Regierung auf ▶ www.studyinaustralia.gov.au oder über den Deutschen Akademischen Austausch Dienst unter www.daad.de.

Sprachkurse

Sprachkurse dürfen bis zu 12 Wochen Dauer in Voll- oder Teilzeit mit einem Touristenvisum besucht werden. Einer der führenden Anbieter ist *Navitas English* (www.navitasenglish.com) mit Niederlassungen in Sydney, Brisbane, Perth, Melbourne, Cairns und Darwin.

Telefonieren

Telefonieren im Festnetz

Australien verfügt über ein modernes Telefonnetz. Verbindungen nach Übersee funktionieren einfach und perfekt im Direktwahlverfahren. Die größte Telefongesellschaft ist Telstra. Von einer Telefonzelle können Sie problemlos Ortsgespräche (A$ 0,40) sowie Ferngespräche (nach Zeit berechnet) führen.

Die Apparate funktionieren mit Münzgeld und/oder Telefonkarten, die in Zeitungsläden (News Agents) und bei der Post vertrieben werden („Phone cards sold here"). Kreditkartentelefone findet man an Flughäfen und in Großstädten.

Telefonkarten

Mit sogenannten *Phone Away Cards* können Sie von Hoteltelefonen und allen öffentlichen Anschlüssen günstig telefonieren. Es gibt unzählige Gesellschaften, die diese Karten vertreiben. *Prepaid Phone Cards* erhalten Sie an Zeitungskiosken. Erkundigen Sie sich, wieviel die Gesprächsminute in die Heimat kostet und ob die Einwahl kostenlos oder gebührenpflichtig ist. Mit der Karte (die häufig aussieht wie ein Kassenzettel) erhalten Sie eine Zugangs- und Kartennummer, die Sie vor der eigentlichen Rufnummer vorwählen müssen. Der Kartenwert ist begrenzt.

Mobiles Telefonieren

Die deutsche Wortschöpfung „Handy" ist in Australien nicht gebräuchlich. Mobiltelefone werden „Mobile" oder „Cell Phone" genannt. In Australien wird das 900- und 1800-MHz-Band verwendet. Entlang der Küste sowie in den größeren Städten funktionieren deshalb Handys mit D1-, D2- oder E-Plus-Vertrag. Für Vodafone (D2) besteht ein Kostenvorteil bei den Gesprächsgebühren. Im Outback besteht meist keine Verbindung. Wer überall erreichbar sein möchte, muss ein teures Satelliten-telefon mieten (Anbieter: z.B. www.philcomm.com.au, www.satcom.com.au). Der in vielen Allradcampern eingebaute Satelliten-Notrufsender leistet im Fall des Falles für weit weniger Geld gute Dienste (s. „Reiseplanung / Camper").

Drandenken, dass bei Handy-Anrufen teure Roaming-Gebühren anfallen – deshalb die Mailbox grundsätzlich abschalten! Günstiger ist es, sich vor Ort, z.B. im Telstra, Vodafone oder Optus Shop, eine Prepaid-SIM-Karte zu kaufen und diese in Ihr mitgebrachtes Mobiltelefon einzusetzen. Das Telefon muss hierfür „SIM-Lock-free" sein.

Tipp: Der Internetdienst www.mojoknows.com.au bietet „Reisepakete" für Australien an. Sie erhalten vor Abflug eine australische SIM Karte (die bereits für Sie aktiviert wurde) mit Ihrer Rufnummer – dann können Sie diese schon zuhause an Freunde und Familie weitergeben –, Gespräche und SMS in die Heimat werden dadurch billiger.

Vorwahlnummern

von Australien: **+61**

02 New South Wales

03 Victoria, Tasmanien, südliches New South Wales

07 Queensland

08 Südaustralien, Northern Territory, Westaustralien, westliches New South Wales.

‣ Nationale **Auskunft:** 1234 oder 12455

‣ Internationale Auskunft: 1225

‣ Telefonbücher: White Pages (www.whitepages.com.au) oder Branchenverzeichnisse Yellow Pages (www.yellowpages.com.au).

‣ Alle 1-800- und 1-300-Rufnummern sind gebührenfrei (toll free), jedoch nur innerhalb Australiens erreichbar.

Internationale Vorwahlnummern

von Australien aus:

‣ Nach **Deutschland: 0011 49 + Vorwahl (ohne Null)** + Rufnummer

‣ In die **Schweiz:** 0011 41 + Vorwahl (ohne Null) + Rufnummer

‣ Nach **Österreich:** 0011 43 + Vorwahl (ohne Null) + Rufnummer

R-Gespräche (Gebühr zahlt Empfänger) sind möglich: nach Deutschland unter Tel. 1-800-881490, nach Österreich Tel. 1-800-881430, in die Schweiz Tel. 1-800-881410.

Weitere Infos zur Telekommunikation im Internet auf

www.aca.gov.au
www.telstra.com.au
www.optus.com.au
www.vodafone.com.au

Wandern

Wandern ist in den Nationalparks, insbesondere in Victoria, NSW; im Südwesten und auf Tasmanien eine beliebte Beschäftigung. Für einige Wanderwege benötigen Sie Genehmigungen. Zum Teil sind die Wege frühzeitige „ausgebucht". Ebenso wie in den europäischen Alpen sind auch auf den australischen Höhenzüge schnelle Wetterumschwünge üb-

Zeitungskiosk

lich und entsprechende Kleidung ratsam. Wasser darf ebenfalls nie im Wandergepäck fehlen. Schwere Bergstiefel sind nur in alpinem Gelände erforderlich, ansonsten sind leichte Trekkingschuhe so gut wie immer ausreichend.

Weitere Infos auf
www.bushwalkingaustralia.org

Waschen

Unterwegs die Kleidung zu waschen, ist kein Problem. Größere Hotels bieten einen Waschservice (Laundry Service) an. Auf Campingplätzen, in Motels und in Hostels stehen Münzwaschmaschinen und Trockner zur Verfügung. Meist erhält man an der Rezeption kleine Waschmittelportionen. Eine paar Meter Schnur und ein paar Wäscheklammern im Gepäck ersetzen notfalls den Wäschetrockner.

Zeitunterschied

MEZ zu westaustralischer Zeit (Perth): + 7 h

MEZ zu ostaustralischer Zeit (Sydney / Melbourne): + 9 h

Zeitungen und Zeitschriften

In allen Großstädten gibt es große Lokalzeitungen. „The Australian" ist die wichtigste landesweite Tageszeitung. Empfehlenswerte Nachrichtenmagazine sind „The Bulletin" und „Time". Deutschsprachige Zeitungen, wie das Auswandererblatt „Die Woche", berichten über Neuigkeiten aus der europäischen Heimat. In den Bibliotheken der Metropolen sind im Lesesaal meist auch internationale Zeitungen vorhanden. Für die aktuelle Berichterstattung führt mittlerweile kein Weg mehr am Internet vorbei. Anstatt wie früher die Tageszeitung gemütlich im Café zu lesen, ertappt man sich immer häufiger dabei, im Internet-Café ein Stündchen vor dem Bildschirm zu sitzen. Nachrichten bieten z. B. www.spiegel.de, www.profil.at, www.weltwoche.ch u. v. a.

Bitte schreiben oder mailen Sie (verlag@rkh-reisefuehrer.de), wenn sich in Australien Dinge verändert haben oder Sie Neues wissen. Wir beantworten jede Zuschrift. Danke!

Teil II Unterwegs in Australien

Western Australia

Überblick

Western Australia (WA) ist der größte Bundesstaat Australiens. Mit über 2,5 Mio. qkm nimmt er über ein Drittel des Fünften Kontinents ein. WA bietet von allen australischen Staaten die wohl einsamsten und schönsten Landschaften, gepaart mit dem städtischen Flair einer großen Metropole und mit einer hervorragenden Infrastruktur. Gerade einmal 2,3 Mio. Einwohner (10% der Gesamtbevölkerung Australiens) leben in Western Australia. Die meisten davon wohnen im Südwesten des Bundesstaates, allein 1,6 Mio. in der quirligen Hauptstadt Perth. Weitere einwohnerstarke Städte sind Fremantle und Umgebung (43.000 Ew.), Kalgoorlie/Boulder und Albany (je 33.000 Ew.), Bunbury (31.000 Ew.), Geraldton (19.800 Ew.), Karratha (20.000 Ew.) und Broome (15.000 Ew.).

Der Staat ist in zehn Regionen unterteilt (▶ s. Karte S. 143, lila Namen), von denen jede ihren eigenen Charakter besitzt. Fantastische Strände, vielfältige Nationalparks, zerfurchte Schluchtenlandschaften, einsam gelegene Outback-Städtchen und faszinierende Wildblumenwiesen sind nur einige wenige Attraktionen, die für bleibende Eindrücke bei Besuchern sorgen.

Ausreichend Zeit und ein eigenes Fahrzeug (Mietwagen oder Camper) sind die besten Voraussetzungen, um die Vielfalt und Schönheit des riesigen Westteils des Kontinents kennenzulernen.

Westaustralien

0 |———————| 250 km

— · — · —   Regionengrenze

© RKH VERLAG HERMANN

Perth

Timor Sea

Joseph
Bonaparte
Gulf

Indian

Ocean

Wyndham
Kununurra
RD
RIVER

Derby   GIBB   **KIMBERLEY**
GREAT
Broome
Fitzroy   NORTHERN   Halls Creek
Crossing   1

**Purnululu
NP**

**Tanami
Desert**

TANAMI   RD

Sandfire Roadhouse   NORTHERN
Great Sandy Desert

Port Hedland   GREAT
Dampier   HWY
Karratha   Marble Bar   **PILBARA**
**Millstream
Chichester NP**

ROAD

STOCK

Pilbara
Exmouth   **Karijini
NP**
Tom Price   Newman   **Gibson Desert**

Coral
Bay

Minilya Roadhouse   **Little Sandy Desert**
CANNING

GASCOYNE
Carnarvon

Shark
Bay   **MID WEST**   Warburton   GUNBARREL   HWY
Monkey Mia   RD
Overlander   Wiluna
Denham   Roadhouse   Meekatharra   GREAT
CENTRAL
Kalbarri NP   GOLDFIELDS
Kalbarri   **Great Victoria Desert**

Geraldton   Leonora   **GOLDFIELDS**

Cervantes
Nambung NP   **HEARTLANDS**   HWY   Kalgoorlie   **Nullarbor Plain**
Lancelin   GREAT   Coolgardie   Eucla
EASTERN   94
Hyden   Norseman   1   EYRE
Perth   (Wave Rock)   HWY   **Great**
Fremantle
Mandurah   20   **PEEL**   40   **Australia Bight**
Bunbury   SOUTH   Ravensthorpe   **ESPERANCE**
Cape Naturaliste   WESTERN   30   **Fitzgerald**   1
HWY   **River NP**   Esperance
Margaret River   10   Denmark   **Stirling**   **Cape Le
Cape**   **Range NP**   **Grand NP**
Leeuwin   Albany   **Porongurup
NP**   **Southern   Ocean**
**GREAT
SOUTHERN**

Geografie   Die Landschaftsformen des Staates erstrecken sich von weitem, flachen Weideland im Süden, über halbtrockene Wüstenlandschaften,
reizvolle wüstenartige Landschaften in den westlichen Küstenregionen, bis hin zu den trockenen, mineralreichen Wüsten Great Sandy
und Gibson Desert im Norden. Die höchsten Erhebungen bilden die
Stirling Ranges im Südwesten und die Hamersley Ranges im Nordwesten. Dort befindet sich auch der höchste Berg Westaustraliens:
Mount Meharry mit 1250 m. Weiter nördlich zieht sich die King Leopold Range durch das Gebiet der Kimberley.

Wirtschaft   Durch die reichlich vorhandenen Bodenschätze (Bauxit, Eisenerz,
Kupfer, Gas, Öl, Diamanten, Gold) geht es dem Bundesstaat wirtschaftlich sehr gut. Die Minenindustrie ist die treibende Kraft einer
florierenden Binnen- und Außenwirtschaft. Vom ökonomischen Aufschwung des letzten Jahrzehnts profitiert speziell die Bauindustrie.
Durch die stabile Arbeitsmarktlage leistet sich praktisch jede Familie
ihr Eigenheim. Da genügend Platz vorhanden ist, dehnen sich die
Städte bis weit in das Umland aus.
    Auch dem Tourismus wird eine stetig steigende Bedeutung bei-
gemessen. Es sind vor allem die Zweit- und Drittbesucher Australiens,
die WA für einen Besuch auserkoren haben. Weitere wirtschaftliche
Standbeine des Staates sind die Landwirtschaft (Rinder- und Schafzucht, Obst, Getreide) sowie die Fischerei (Hummerfang).

Geschichte   Tausende Jahre bevor die ersten Europäer das Land betraten, bevölkerten australische Ureinwohner viele Regionen Westaustraliens. Im
Jahr **1616** landete der Holländer **Dirk Hartog** mit seinem Schiff
„Eendracht" in der Shark Bay. Hartog nagelte zum Beweis seines Besuchs einen gravierten Zinnteller an einen Baum auf der nach ihm be-
nannten Insel Dirk Hartog Island. Weitere holländische Schiffe trieb es
auf ihrem Weg nach Indonesien über das afrikanische Kap der guten
Hoffnung durch entsprechende Winde an die Westküste Australiens.
Das Land im Süden schien den Holländern eine nähere Erforschung
wert zu sein, denn sie erhofften sich dort mehr als nur Riffe, Sand und
reizbare wilde Eingeborene. Aus diesem Grund rüstete **Anthony von
Diemen,** der Generalgouverneur der Holländisch-Ostindischen Kom-
panie, **1642** eine Expedition zur kartographischen Erfassung des noch
„verbleibenden unbekannten Teils der Erdkugel" aus. Der „Expeditions-
leiter" Abel Tasman fand Australien jedoch nicht, weil er zu weit südlich gesegelt war. Er traf indes auf die Insel Tasmanien, die er für das
Festland hielt und es nach seinem Auftraggeber Vandiemensland benannte. Zwei Jahre später wurde Tasman an die Nordküste Australiens
ausgeschickt. Er berichtete jedoch nur von „nackten und elenden, über
den Strand streifenden Gesellen,… und häufig äußerst unfreundlich".
Mit ihnen würde es keinen Handel geben und somit erlosch das wirtschaftliche Interesse der Dutch East India Companie.

1688 und **1689** besuchte der englische Abenteurer **William Dampier** die Nordwestküste Australiens. Auch er beschrieb die Bewohner des Landes äußerst negativ und die Landschaft als nackt, sandig und wasserlos. Als James Cook im Jahr **1770** den Osten des Kontinents für die britische Krone in Besitz nahm, blieb der westliche Teil zunächst unbeansprucht. Den ersten inoffiziellen Besiedlungsversuch starteten **1826** die Briten in der Gegend des heutigen Albany.

1827 kehrte **Captain James Stirling** von einer Expedition zurück und berichtete dem britischen König deutlich positiver von einer Gegend um den heutigen Swan River. Nicht zuletzt um Besiedlungsversuchen anderer Nationen zuvorzukommen, erhielt er den Auftrag zur Gründung einer neuen Kolonie. Im April **1829** landete zunächst **Captain Charles Fremantle** mit seiner Fregatte „Challenger" in der Mündung des Swan Rivers und nahm in auf einen Schlag zweieinhalb Millionen Quadratkilometer in den Besitz der britischen Krone. Er nannte das neue Territorium „Western Australia". In England wurden die ersten Siedler mit wahren Traumvorstellungen von Westaustralien geködert und schifften schon wenig später auf der „Parmelia" unter Kapitän James Stirling ein. Dass die Küste und das Land niemals kartografisch korrekt vermessen worden war, wurde bereits kurz nach Ankunft der „Parmelia" in peinlicher Weise deutlich. Der Kapitän wollte beim Anblick der Flussmündung eine Abkürzung zwischen einer Insel und dem Ufer nehmen und lief mit den Siedlern an Bord auf einen Felsen auf. Es ertrank dabei jedoch niemand. Endlich an Land angekommen, gründeten die Siedler die Swan River Kolonie, benannt nach den hier zahlreich vorkommenden schwarzen Schwänen. Später wurde daraus **Western Australia**. Im Gegensatz zu den östlichen Kolonien wurde das Land erstmals ohne Strafgefangene urbar gemacht. Die neuen Siedler verdrängten vielfach gewaltsam die Urein-

An der Kimberley-Küste

Perth

wohner, die schon seit über 10.000 Jahren in dem Gebiet ansässig waren. Teilweise wurden ganze Stämme ausgerottet. Die Kolonie wuchs stetig (s.a. Perth Geschichte): Mit den ersten **Goldfunden 1885** in den Kimberleys kamen immer mehr Menschen nach Westaustralien. Die ergiebigen Funde in der Pilbara-, Ashburton- und Murchison Region und später dann in Coolgardie und Kalgoorlie machten Westaustralien zu einem Anziehungspunkt tausender Migranten, vor allem aus den östlichen Teilen des Landes. Die Eigenständigkeit Westaustraliens wurde bereits 1890 durchgesetzt. 1901 war Western Australia Gründungsmitglied des neugegründeten Australischen Bundes. Die Goldproduktion fiel nach 1903 rasch und so wurde der Anbau von Weizen und die Schafzucht gefördert. Die isolierte Lage des Staates wurde mit dem Bau der Eisenbahnlinie des Indian Pacific 1917 und Einrichtung der Flugverbindung Adelaide – Perth 1929 deutlich verbessert. Nach dem Zweiten Weltkrieg kam die aus Europa stammende Bevölkerung dank der landwirtschaftlichen Produktion und dem in den 1960er Jahren begonnenen Abbau von Bodenschätzen zu einem gewissen Wohlstand, während die meisten Aboriginal People bis heute in ihren Stadtteilen, Communities und Outstations in ärmlichen Verhältnissen leben.

Highlights   Zu den Höhepunkten einer Westaustralienreise zählen die Millionenstadt Perth mit der vorgelagerten Hafenstadt Fremantle, die fantastischen Strände des Südwestens (von vielen als die schönsten in ganz Australien anerkannt!), die Nationalparks rund um Esperance, die Karriwälder bei Pemberton, die bizarren Kalksteinsäulen (Pinnacles) im Nambung National Park, die Delfine von Monkey Mia, der Marine Park Shark Bay mit dem François Peron National Park, das spektakuläre Ningaloo Reef mit Walhaien, Korallen und Mantarochen, die tiefen Schluchten des Karijini National Park, Perlenstadt Broome und schließlich die abwechslungsreiche und isolierte Kimberley-Region im Norden.

Reisezeit   Die beste Reisezeit ist leicht zu bestimmen: Der Norden und das Outback sollten von Mai bis Oktober bereist werden, also außerhalb der Regenzeit und möglicher Unwägbarkeiten betreffend der Überschwemmungen. Der Südwesten und Perth hat seine beste Reisezeit von Oktober bis April, also im australischen Sommerhalbjahr.

Internet   **Fremdenverkehrsbüro:** www.westernaustralia.com
Nationalparkbehörde: www.dpaw.wa.gov.au

Perth

Überblick

Perth (1,6 Mio. Ew.) ist die abgeschiedenste Großstadt Australiens – manche behaupten sogar weltweit. Die nächstliegende Metropole ist Adelaide und selbst diese liegt immerhin 2800 km entfernt. Nach Melbourne oder Sydney ist es sogar weiter als nach Jakarta oder Singapur. Dennoch muss das mit 5400 qkm flächenmäßig riesige Perth keinesfalls den Vergleich mit den anderen Großstädten Australiens scheuen. Die moderne Skyline der drittgrößten australischen Stadt vermischt sich wunderbar mit kolonialer Architektur.

Grüne Parks säumen den breiten Swan Rivers inmitten der City, ideale Einkaufsmöglichkeiten, großes Angebot an Restaurants und Kneipen, eine herausragende Kulturszene, kilometerlange Strände am Indischen Ozean sowie der sehr entspannte Lebensstil der Einwohner machen Perth zu einer unglaublich reizvollen und attraktiven Stadt. Mit Sicherheit ist Perth ein Urlaubsziel, das mehr ist nur Ankunfts- oder Abreiseort. Problemlos lässt es sich hier länger aushalten. Planen Sie für die Stadt mindestens einen ganzen Tag ein, für die Umgebung wenigstens einen weiteren, besser zwei weitere Tage.

Perth ist dank seiner sehr guten Infrastruktur ein idealer Ausgangs- und Endpunkt einer Westaustralienreise. Viele Fluggesellschaften fliegen die Stadt über ihre asiatischen Drehkreuze an. Besonders vorteilhaft ist dabei die angenehm kurze Flugzeit: So dauert zum Beispiel der Flug von Singapur nach Perth nur viereinhalb Stunden!

Durch die brummende Rohstoffindustrie wurde Perth in den letzten Jahr sehr reich, internationale Konzerne investieren Milliarden und es entstand ein beispielloser Bauboom. Jede Woche kommen hier Hunderte Familien neu an, um sich ihr Stück vom Kuchen zu sichern. Das treibt die Preise, auch die im Tourismus.

Klima

Skyline von Perth bei Sonnenaufgang

In Perth herrscht ein angenehmes mediterranes Klima mit langen, heißen Sommermonaten (Dez./Feb.), die gelegentlich von der steifen Brise des „Fremantle Doctor" abgekühlt werden. Tagsüber ist mit

Temperaturen von 22 bis 37 Grad zu rechnen und nachts sinkt das
Thermometer auf durchschnittlich 17 Grad ab. In den milden, kühlen
Wintermonaten (Juni–Aug.) herrscht bei häufigem Regenfall eine
durchschnittliche Tagestemperatur von 18 Grad, nachts fällt das
Quecksilber auch mal auf nur 6 Grad.

Geschichte

1826 setzte sich der britische **Captain James Stirling** mit Vehemenz
dafür ein, dass die britische Präsenz auch im Westen Australiens erforderlich sei. Die Souveränität müsse über den gesamten Kontinent
gesichert werden, um den Erzfeind Frankreich von der Besiedlung ab-
zuhalten. So nahm **Captain Charles Fremantle** im Mai 1829 das Land,
das als der Westen von Neu-Holland bekannt war, formal in Besitz. Es
wurden zunächst zwei Siedlungsorte ausgewählt: Der erste an der
Flussmündung des Swan River wurde Fremantle genannt. Der zweite
Ort, ein Stück flussaufwärts, sollte das Verwaltungszentrum werden
und wurde nach der Stadt Perth in Schottland benannt. Bereits im
Juni 1829 ging Stirling als Gouverneur mit den ersten Siedlern an Land.
Weitere Siedler, meist Engländer der Mittelschicht, folgten. Darin bestand jedoch das Problem: Da der Großteil der Siedler keine große
Erfahrung mit Ackerbau und Viehzucht hatte, war der Neuanfang sehr
hart. Zum Aufbau einer funktionierenden Infrastruktur fehlte es an
den richtigen Arbeitskräften. Um dieses Missverhältnis aufzuheben
und die Entwicklung voranzubringen, wurden ab 1850 über 10.000
Sträflinge als Arbeitskräfte aus England deportiert. Von da an ging es
aufwärts: Die Fisch- und Holzindustrie wurden ausgeweitet, Landwirtschaft und Handel nahmen zu und die ersten Nebenindustriezweige
wie Werkstätten, Hotels und Gastronomie entstanden. **1856 wurde**

Perth offiziell gegründet. Im Jahr 1870 gab man die Sträflings-deportationen schließlich auf. Ein erster echter Bevölkerungs- und Wirtschaftsboom folgte in den 1890er Jahren mit den Goldfunden in den Kimberleys und in Kalgoorlie. Perth wurde das Zentrum des lukrativen Goldhandels und ein neues Selbstvertrauen entstand im Westen. Noch heute sind es die reichen Mineralienfunde und der Abbau von Eisenerz, Uran, Bauxit, Nickel, Erdgas, Öl, Diamanten und Mineralsanden, die Perth seine wirtschaftliche Dynamik sichern. Die Metropole ist heute die am schnellsten wachsende Stadt in Australien. Jahr für Jahr gewinnt die Stadt 40.000 bis 60.000 Einwohner hinzu und dehnt sich dadurch mit Satellitenstädten flächenmäßig bis weit in die Umgebung aus.

Adressen & Service Perth

An- und Abreise

Per Flugzeug Der Flughafen mit vier Terminals liegt etwa 30 Autominuten nördlich der Innenstadt. Information: www.perthairport.com.au.

Von und zum Terminal 3 fährt der **Connect Shuttle Bus** (Tel. 1-300-666806, www.perthairportconnect.com.au), der an mehreren Haltestellen in der Innenstadt sowie an der East Perth Train Station stoppt (Flughafen – City einfach A$ 15). Zwischen Terminal 1 (international) und Terminal 2 verkehren kostenlose Busse zu Terminal 3 und 4 (national) und umgekehrt. Vom und zum nationalen Terminal 3 und 4 fahren auch Busse des öffentlichen Nahverkehrs in die St Georges Tce in der City (Nr. 37, tagsüber bis 18 Uhr alle 30 Min., danach und So jede Stunde, Fahrzeit etwa 55 Min., A$ 3,60).

Mit dem **Taxi** benötigen Sie je nach Verkehrsaufkommen etwa 40 Minuten bis in die City. Die Fahrt vom Flughafen in die Innenstadt kostet etwa A$ 38, nach Scarborough A$ 55 und nach Fremantle A$ 60 (hinzu kommen jeweils A$ 2 Flughafenzuschlag).

Per Bahn und Bus **Überregionale Züge** wie der *Indian Pacific* aus Sydney bzw. Adelaide, der *Prospector* aus Kalgoorlie sowie der *Avonlink* aus Northam und Busse von **TransWa** fahren im East Perth Rail and Bus Terminal (West Pde, East Perth, Tel. 08-93262600, www.transwa.wa.gov.au) ab, drei Haltestellen vom zentralen Bahnhof in der Wellington Street entfernt (s. „Öffentliche Verkehrsmittel").

Überlandbusse von Integrity (www.integritycoachlines.com.au, Tel. 1-800-226339) stoppen vor der Wellington Street Bus Station.

Per Auto **Von Osten** kommend führt der Great Eastern Highway über den Vorort Midland, am Flughafen vorbei in Richtung Stadtzentrum. Wer **von Norden** auf dem Mitchell Freeway anreist, kann die Stadt in Richtung Flughafen auf dem Graham Farmer Freeway „unterfahren" oder direkt im Zentrum die Schnellstraße verlassen. **Von Süden** stößt man im Stadtteil Victoria Park auf den Great Eastern Highway und kann direkt in die Innenstadt abbiegen. **Parkmöglichkeiten** sind in der Innenstadt hauptächlich in Parkhäusern und zeitlich limitierten Parkbuchten zu finden. Verzichten Sie darauf, ein Wohnmobil oder einen Mietwagen für die Dauer des Stadtaufenthalts anzumieten. Nutzen Sie stattdessen das gute und meist kostenlose Busnetz der Stadt!

Perth

Infos

Western Australia Tourist Centre: 55 William St, Tel. 08-94831111 oder 1-800 812808, Mo–Fr 9–17.30 Uhr, Sa 9.30–16.30 Uhr, So 11–16.30 Uhr, www.westernaustralia.com. Hier erhalten Sie Broschüren, Karten und persönliche Auskünfte über die Stadt sowie über den gesamten Bundesstaat WA. Außerdem Touren, Hotelbuchungen und Karten für Veranstaltungen.

Die **nützlichen Broschüren** im Taschenformat wie „Your Guide to Perth & Fremantle", „Hello Perth and Fremantle" und „What's on in Perth, Fremantle & Surrounds", sind am Flughafen und in Unterkünften erhältlich und bieten gute Stadtpläne, aktuelle Veranstaltungstipps, Rabattkarten sowie nützliche Infos zur Stadt.

Nationalparkbehörde: Das Department of Parks and Wildlife (DPaW) (17 Dick Perry Ave, Technology Park, Kensington, Tel. 08-92199000, Mo–Fr 8–17 Uhr, www.dpaw.wa.gov.au) bietet hervorragende Informationen zu allen Nationalparks in WA und verkauft interessante Bücher über Flora, Fauna, Camping und Wandern sowie Landkarten.

Nationalparkgebühren in Westaustralien

Die Nationalparks in Westaustralien sind die Herzstücke des Landes und werden von der Naturschutzbehörde (Department of Parks and Wildlife **(DPaW),** verwaltet. Für die meisten Parks wird eine Eintrittsgebühr erhoben. Diese kann jeweils am Parkeingang als **Day Pass** (A$ 12 pro Fahrzeug) oder beim diensthabenden Ranger entrichten werden. Der Tagespass gilt für mehrere Parks, vorausgesetzt man besucht sie am gleichen Tag. Wesentlich einfacher und deutlich günstiger ist der Kauf des **WA Holiday Park Pass** (A$ 44 pro Fahrzeug), der Ihnen für vier Wochen ab Ausstellung den Zutritt zu allen Parks (ausgenommen sind Monkey Mia und Valley of the Giants Tree Top Walk) ohne weitere Zahlungen oder Registrierungen ermöglicht.

Für diejenigen, die länger als einen Monat reisen, bietet sich der **All Parks Pass** (A$ 88 pro Fahrzeug) an, der ein Jahr gültig ist. Der Holiday Pass und Jahrespass ist in den DPaW Büros, bei zahlreichen Touristinformationen sowie in einigen Nationalparks direkt an den Eingangsstationen oder Besucherzentren erhältlich. Die Adressen der DPaW-Büros sind in diesem Buch bei den Beschreibungen der einzelnen Städte aufgeführt. Campinggebühren müssen unabhängig von den Eintrittspässen bezahlt werden!

Folgende National- und Conservationsparks verlangen Eintritt:

▶ **Perth und Umland:** Yanchep, John Forrest, Serpentine, Walyunga und Avon Valley
▶ **Mid-West:** Lesueur, Nambung (Pinnacles), Kalbarri
▶ **Gascoyne:** François Peron (bei Monkey Mia), Cape Range (bei Exmouth)
▶ **Pilbara:** Millstream-Chichester und Karijini
▶ **Kimberley:** Tunnel Creek, Windjana Gorge, Mitchell River, King Leopold Ranges, Purnululu und Mirima (bei Kununurra)
▶ **South West:** Gloucester, Warren, Beedelup, Shannon und D'Entrecasteaux
▶ **Great Southern:** Porongurup, Stirling Range und Fitzgerald River
▶ **Esperance:** Cape Le Grand, Cape Arid und Stokes

Weitere Informationen sind auf www.dpaw.wa.gov.au zu finden.

Öffentliche Verkehrsmittel

Das öffentliche Verkehrsnetz ist gut ausgebaut und innerhalb der **Free Transit Zone** in der Stadt können Busse und Bahnen kostenlos genutzt werden. Außerdem verkehren drei Gratis-Buslinien (**CAT** – Central Area Transit), die mehr oder weniger alle Sehenswürdigkeiten und Einkaufsstraßen in der Innenstadt und in Northbridge in kurzen Abständen verbinden. An den Bushaltestellen werden die Abfahrtszeiten angezeigt und in den Bussen werden die Haltestellen angesagt. Alle CAT-Busse sind rollstuhl- und kinderwagentauglich. In den Stoßzeiten und während der Mittagspause sind die Busse häufig überfüllt. Sie fahren unter der Woche allerdings im Fünf- bis Zehn-Minuten-Takt.

Der **Blue CAT** fährt die Nord-Süd Route von der Barrack St Jetty nach Northbridge und zurück (Mo–Do 6.50–19.30 Uhr, Fr bis 1 Uhr, Sa 8.30–1 Uhr, So 8.30–19 Uhr). Der **Red CAT** verbindet East Perth mit der Outram St in West Perth (Mo–Do 6–19.30 Uhr, Fr 6–21 Uhr, Sa/So 10–18.15 Uhr). Der **Yellow CAT** startet von der Wellington St Bus Station nach Osten bis Claisebrook Station (Mo–Do 6–19.30 Uhr, Fr 6–21 Uhr, Sa/So 8.30–19 Uhr). Der **Green CAT** fährt die Strecke Leederville Station und Esplanade Busport via City West, West Perth und St Georges Terrace (Mo–Fr 6–19.30 Uhr).

Busse in die Vororte fahren am Wellington Street Bus Station und am Transperth Esplanade Busport ab. Weitere Bushaltestellen sind entlang der St Georges Terrace.

Züge

Züge in die Stadtteile und Vororte fahren alle ab Perth Central Train Station. Es gibt vier Hauptstrecken (s. Plan). Achten Sie darauf, dass manche Haltestellen nicht von jedem Zug der Linie angefahren werden. Eine neue Strecke über Rockingham bis Mandurah im Süden ist geplant.

Fähren

Schiffe verkehren täglich zwischen Barrak St Jetty und Mends St Jetty in South Perth (6.50–19.15 Uhr, im Sommer Fr/Sa bis 21.15 Uhr). Von dort lassen sich der Zoo und die Old Mill zu Fuß erreichen (s. Stadtbesichtigung).

Fahrkarten und Auskünfte

Der Fahrkartenpreis richtet sich nach der Zonenanzahl (insgesamt 9 Zonen), die befahren werden. Einzelfahrscheine (eine Zone A$ 2,80, zwei Zonen A$ 4,20) sind in den Bussen und Fähren oder an Ticketautomaten erhältlich (sie akzeptieren meist nur Münzen). Sie sind 90 Minuten gültig. Mehrfachkarten sind an Zeitungskiosken sowie an den Transperth InfoCentres (s.u.) erhältlich. Alle Tickets müssen im

Perth Züge

©RKH VERLAG HERMANN

JOONDALUP LINE
Clarkson
Currmbine
Joondalup
Edgewater
Whitford
Warwick
Stirling
Glendalough
Leederville

Perth

City West
West Leederville
Subiaco
Daglish
Shenton Park
Karrakatta
Loch Street
Showgrounds (SE)
Claremont
Swanbourne
Grant Street
Cottesloe
Mosman Park
Victoria Street
North Fremantle
FREMANTLE LINE

MIDLAND LINE
West Midland
East Guildford
Guildford
Success Hill
Bassendean
Ashfield
Bayswater
Meltham
Maylands
Mt Lawley
East Perth
Claisebrook
McIver

Perth

McIver
Claisebrook
Belmont Park (SE)
Burswood
Victoria Park
Carlisle
Oats Street
Welshpool
Queens Park
Cannington
Beckenham
Kenwick
Maddington
Gosnells
Seaforth
Kelmscott
Challis
Sherwood
ARMADALE LINE

Perth

Bus, auf der Fähre oder an der Bahnstation entwertet werden – bei jeder Fahrt, auch beim Umsteigen! Ein Tagesticket, ein *DayRider,* kostet derzeit A$ 11,60.

Weitere Auskünfte zu Fahrplänen und Tickets in den vier **Transperth InfoCentres,** (Esplanade Busport, Mounts Bay Rd; Perth Station, Wellington St; Perth Underground Station, Eingang Murray St; Wellington Street Bus Station, 376 Wellington St) sowie unter Tel. 136213. Detaillierte Infos finden sich auch auf www.transperth.wa.gov.au.

Stadtrund-fahrten

Eine günstige Möglichkeit, die Stadt und ihre Sehenswürdigkeiten zu erkunden, ist eine Fahrt mit einem der kostenlosen **CAT-Bussen** (s.o.).

Das Unternehmen **Citysightseeing** bietet Stadtrundfahrten mit einem offenen Doppeldeckerbus und Tonbandkommentaren (Erw. A$ 30, Kinder A$ 10, Fam. A$ 72; Tel. 08-92038882, www.city-sightseeing.com). Die Fahrgäste können an 15 Haltestellen beliebig aus- und wieder zusteigen. Abfahrten 7x täglich an der Barrack St Jetty bzw. Wellington St Bus Station.

Geführte Segway-Touren bietet *Segway Tours* an, Barrack Street Jetty, Tel. 08-93255790, www.segwaytourswa.com.au. Ab A$ 80.

Reizvoll ist auch eine Schifffahrt auf dem Swan River mit **Captain Cook Cruises**. Von der Barrack St Jetty fahren die modernen Boote den Swan River bis Fremantle flussabwärts (Tel. 08-93253341, www.captaincookcruises.com.au). Es werden auch Kombi-Touren mit Tram und Schiff angeboten (s.a. Touren).

Wie, wo, was …

Autoclub

Royal Automobilclub Western Australia (RAC-WA), 832 Wellington St, West Perth (beim Harbour Town Factory Outlet), Tel. 131703, Mo–Fr 8.30–17 Uhr, www.rac.com.au, Pannendienst Tel. 131111; großes Angebot an Landkarten, Atlanten, Detailkarten. Ein detailliertes Unterkunfts- und Campingplatzverzeichnis für WA, Reiseinfos sowie Autoversicherungen sind erhältlich. Mitglieder europäischer Autoclubs erhalten vergünstigte Preise für Karten und Bücher (Mitgliedskarte nicht vergessen).

Auto- und Camper-vermietungen

Für die Stadtbesichtigung ist kein Auto notwendig, da man mit öffentlichen Verkehrsmitteln in der City gut und günstig fährt. Die Strände und Fremantle können per Bus, Bahn und Schiff leicht erreicht werden. Zu beachten ist, dass für Fahrzeugmieten ab/bis Perth meist dieselben Konditionen gelten wie für andere Großstädte wie Sydney oder Melbourne. Deutlich restriktiver (Kilometerbeschränkungen, Mindestmietdauern) und mit hohen Einweggebühren versehen sind Mieten, welche von Perth in entlegene Orte entlang der Westküste oder in das Northern Territory führen. So ist es z.B. kaum möglich, eine preiswerte Automiete von Perth nach Exmouth (oder umgekehrt) zu bekommen. Hier ist es i.d.R. günstiger, das Auto zurück nach Perth zu fahren. Campervermieter bieten Darwin, Alice Springs und Adelaide als nächstgelegene Depots zur Abgabe des Fahrzeugs an. Broome ist bei allen Vermietern mit hohen Zuschlägen bei Annahme oder Abgabe verbunden.

▸ **Apollo Motorhomes,** 266 Great Eastern Highway, Belmont, Tel.1-800-777779

▸ **Avis Car Rental,** 46 Hill Street, Perth, Tel. 08-93257677 und Flughafen, Tel. 08-92771177

▸ **Britz/Maui,** 471 Great Eastern Highway, Redcliffe, Tel. 08-94783488.

▸ **Budget,** 960 Hay St, Perth, Tel. 08-94803111 und Flughafen

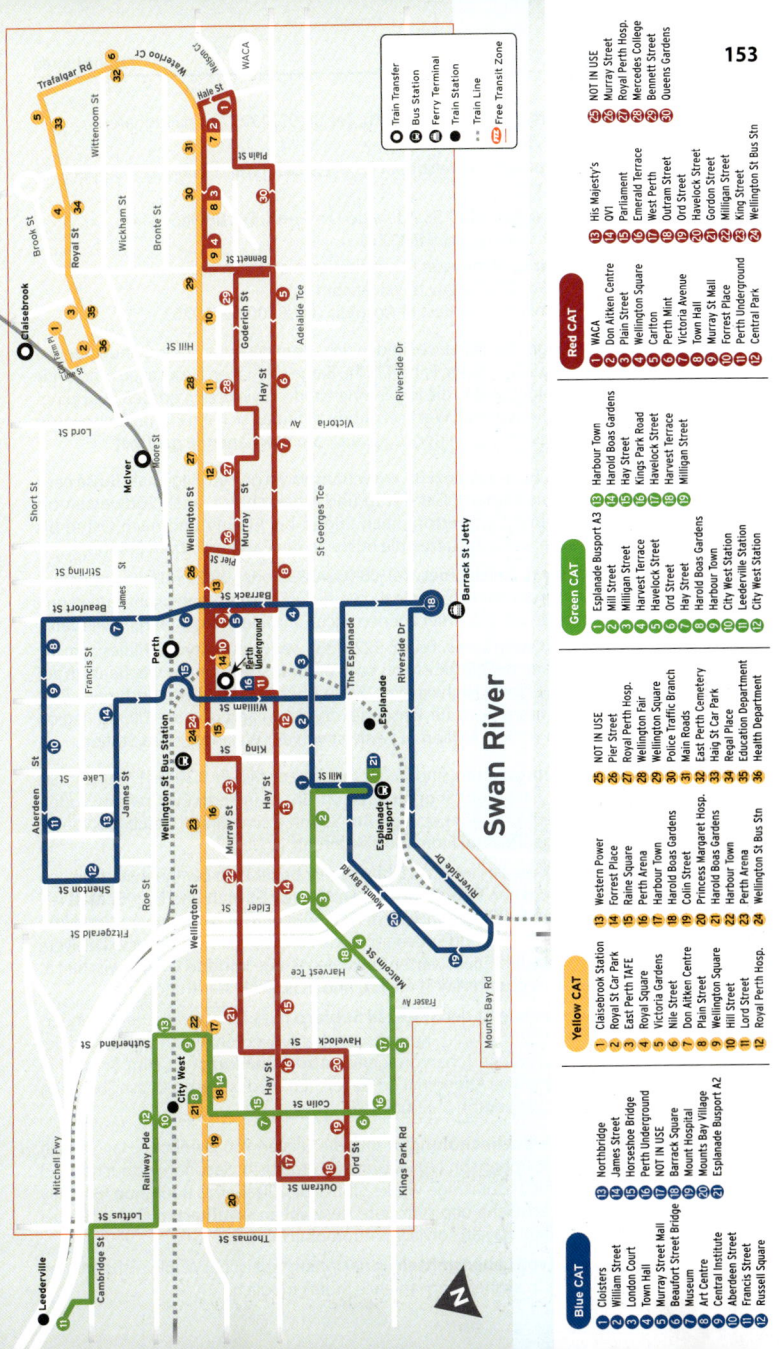

Swan River

Legend:
- ◯ Train Transfer
- Ⓑ Bus Station
- Ⓕ Ferry Terminal
- Train Station
- Train Line
- ••• Free Transit Zone

Blue CAT
1. Cloisters
2. William Street
3. London Court
4. Town Hall
5. Murray Street Mall
6. Beaufort Street Bridge
7. Museum
8. Art Centre
9. Central Institute
10. Aberdeen Street
11. Francis Street
12. Russell Square
13. Northbridge
14. James Street
15. Horseshoe Bridge
16. Perth Underground
17. NOT IN USE
18. Barrack Square
19. Mount Hospital
20. Mounts Bay Village
21. Esplanade Busport A2

Yellow CAT
1. Claisebrook Station
2. Royal St Car Park
3. East Perth TAFE
4. Royal Square
5. Victoria Gardens
6. NOT IN USE
7. Nile Street
8. Don Aitken Centre
9. Plain Street
10. Hill Street
11. Lord Street
12. Royal Perth Hosp.
13. Western Power
14. Forrest Place
15. Raine Square
16. Perth Arena
17. Harbour Town
18. Harold Boas Gardens
19. Colin Street
20. Princess Margaret Hosp.
21. Harold Boas Gardens
22. Harbour Town
23. Perth Arena
24. Wellington St Bus Stn
25. NOT IN USE
26. Pier Street
27. Royal Perth Hosp.
28. Wellington Square
29. Wellington Square
30. Police Traffic Branch
31. Main Roads
32. East Perth Cemetery
33. Haig St Car Park
34. Regal Place
35. Education Department
36. Health Department

Green CAT
1. Esplanade Busport A3
2. Mill Street
3. Milligan Street
4. Harvest Terrace
5. Havelock Street
6. Ord Street
7. Hay Street
8. Harold Boas Gardens
9. Harbour Town
10. Leederville Station
11. City West Station
12. City West Station
13. Harbour Town
14. Harold Boas Gardens
15. Hay Street
16. Kings Park Road
17. Havelock Street
18. Harvest Terrace
19. Milligan Street

Red CAT
1. WACA
2. Don Aitken Centre
3. Plain Street
4. Wellington Square
5. Carlton
6. Perth Mint
7. Victoria Avenue
8. Town Hall
9. Murray St Mall
10. Forrest Place
11. Perth Underground
12. Central Park
13. His Majesty's
14. QVI
15. Parliament
16. Emerald Terrace
17. West Perth
18. Outram Street
19. Ord Street
20. Havelock Street
21. Gordon Street
22. Milligan Street
23. King Street
24. Wellington St Bus Stn
25. NOT IN USE
26. Murray Street
27. Royal Perth Hosp.
28. Mercedes College
29. Bennett Street
30. Queens Gardens

▸ **Hertz Cars,** 39 Milligan St, Perth, Tel. 08-93217777 und Flughafen, Tel. 08-94794788

▸ **Kea Campers,** 135 Welshpool Rd, Welshpool, Tel. 1-800-252555 oder 08-93518113

▸ **Thrifty Car Rentals,** 198 Adelaide Tce, Perth, Tel. 08-94647444 und Flughafen, Tel. 08-94647715

▸ **Travel Car Centre** bietet Langzeitmieten ab Perth an (Tel. 02-99056928, www.travelcar.com.au), in Deutschland über Best of Australia, Tel. 0700-52729263

Banken/ Geld

Filialen der großen Banken befinden sich alle in der Innenstadt. Öffnungszeiten sind Mo–Do 9.30–16 Uhr, Fr bis 17 Uhr. Bargeld erhalten Sie an allen Automatic Teller Machines (ATM), die in der Innenstadt sowie in den großen Shopping-Centres zu finden sind. Wechselstuben befinden sich am Flughafen sowie in der City, diese haben in der Regel auch am Wochenende geöffnet.

Busse

▸ **Transwa,** Tel. 1-300-662205, www.transwa.wa.gov.au. Regionale Busse nach Norden bis Kalbarri, Geraldton und Meekatharra, nach Südwesten bis Augusta und Pemberton, nach Süden bis Albany und nach Osten bis Esperance. In Perth starten die Busse an der East Perth Train Station.

▸ **South West Coach Lines,** Tel. 08-93242333 oder 08-97541666, www.transdevsw.com.au, hat sich auf die südwestliche Ecke des Staates konzentriert und fährt ab City Busport. Hier können auch Fahrräder mitgenommen werden.

▸ **Integrity Coach Lines,** Tel. 08-92261339, www.integritycoachlines.com.au; fährt entlang der Westküste bis nach Broome sowie einmal wöchentlich auf dem Great North Highway von Perth über Coral Bay/Exmouth nach Port Hedland. Interessant für Reisende, die das Inland und die Pilbara Region erkunden wollen. Abfahrt in Perth ist von der Wellington Bus Station.

Einkaufen

Ladenöffnungszeiten sind in der Innenstadt Mo–Fr 8.30 bis17.30 Uhr, Sa. bis 17 Uhr, „Late Night Shopping" bis 21 Uhr ist in Perth City freitags, außerhalb des Zentrums donnerstags. Am Sonntag sind einige Geschäfte von 12 bis 17 Uhr geöffnet (in Fremantle bereits ab 10 Uhr).

In Perth gibt es alles, was das Einkaufsherz begehrt. In der Innenstadt, in den parallel gelegenen **Fußgängerzonen Murray St Mall** und **Hay St Mall** reihen sich die Kaufhäuser aneinander. Dazwischen lockern kleinere Geschäfte mit Mode, Schmuck und Souvenirs sowie Cafés das Bild auf. Etwas exklusivere Shops sind in der sehenswerten Einkaufspassage **London Court** zwischen St Georges Terrace und Hay St Mall zu finden (s. auch Stadtrundgang).

Für Modefreunde ist der **Stadtteil Subiaco** mit westaustralischer Designerkleidung erwähnenswert. Kunstgegenstände werden in den Galerien in der King Street veräußert, hervorragende **Aboriginalkunst** ist zum Beispiel in der Creative Native Aboriginal Art Gallery (im UG des Forrest Chase Shopping Centre, 419 Wellington St) erhältlich.

Gut sortierte **Buchhandlungen** sind die Filialen von Dymocks (Hay St Mall) und Angus & Robertson (195 Murray St) erhältlich. Secondhandbücher und zum Teil deutschsprachige Werke gibt es bei Elizabeth's Bookshop (845 Hay St). Eine beachtliche und sehr gute Auswahl an **Landkarten** finden Sie bei Mapworld (900 Hay St) sowie im Automobilclub (s.o.).

Der Einkauf von **Lebensmitteln** in der Innenstadt ist bei Woolworths (Murray St Mall) und in kleinen Convenience Stores möglich.

Für die große Reise kauft man besser in den **großen Einkauszentren außerhalb des Zentrums** an den Ausfallstraßen ein:

▶ Nach Süden: auf dem Albany Highway (12 km): Westfield Carousel Shopping Centre

▶ Nach Norden: am West Coast Highway, bzw. von der Mitchell Fwy-Ausfahrt Whitfords (18 km): Whitfords Shopping Centre

▶ Nach Osten bzw. nahe am Flughafen, am Great Eastern Highway (16 km): Midland Gate Shopping Centre.

Campingzubehör und Outdoorbekleidung sind bei Midland Disposal Stores (158 Murray St, Ecke Barrack St) und bei Wellington Surplus (317-335 Wellington St, Ecke Pier St) erhältlich.

Gateway Duty Free (Ecke Murry St Mall/Barrack St) bietet eine breite Palette „zollfreier" Ware an (Alkohol, Elektronik, Kosmetika, Souvenirs, Zigaretten) – für den Kauf unbedingt Flugticket und Reisepass bereithalten.

Für Schnäppchenjäger und **Outlet Fans** ist Harbour Town in Perth die einzige Adresse mit Markenkleidung, Schuhe, Geschenkartikeln, Restaurants und Cafés (840 Wellington St, West Perth, westlich vom Mitchell Fwy, mit Red CAT Bus Stop 21, tägl. geöffnet).

Beliebte **Märkte** in Perth sind Galleria Art and Craft Market mit lokaler Handwerkskunst und Geschenken (Sa/So 9–17 Uhr, zwischen Western Australian Museum und Art Gallery). Etwas außerhalb der City im Stadtteil Subiaco finden der Subiaco Pavillion Market mit Souvenirs, Töpferware, Schmuck und Essen (Ecke Roberts/Rokebay Rds, Subiaco, Do–Fr 10–21 Uhr, Sa/So 10–17 Uhr) und der größere Station Street Market (Fr–So 9–17.30 Uhr, direkt neben der Bahnstation) mit zusätzlichem Obst- und Gemüseangebot. (per Zug mit der Fremantle Line bis Subiaco). Weitere Märkte finden in den Vororten Gosnells (Do–So 10–17.30 Uhr) und Wangarra (Wanneroo Market, Fr–So 8–17 Uhr) statt.

Fahrrad-vermietung/-shops

Die Erkundung der Stadt und Umgebung per Fahrrad ist aufgrund der geringen Steigungen und dem großen Radwegenetz ideal. In den Zügen von Transperth dürfen Fahrräder außerhalb der Stoßzeiten umsonst mitgenommen werden. In Australien gilt Helmpflicht für Radfahrer!

About Bike Hire (Riverside Drv, Causeway Car Park, bei der Causeway Bridge, Tel. 08-92212665, www.aboutbikehire.com.au) vermietet Fahrräder und Inlineskates, auch für längere Touren (▶ s. Exkurs Munda Biddi Trail S. 178). *Cycle Centre* (282 Hay St, Tel. 08-93251176) verkauft und vermietet Neu- und Gebrauchträder sowie Kindersitze, Anhänger etc. *Bell-A-Bike* (Tel. 08-93852006) bringt die Mieträder zu Ihrer Unterkunft.

Mehr Infos zum Radfahren sind bei Bicycle Transportation Alliance (2 Delhi St, West Perth, Tel. 08-94207210) erhältlich. Gute Radkarten gibt es bei BikeWest (441 Murray St).

Fähren

▶ In der Stadt: s. öffentliche Verkehrsmittel

▶ Nach Rottnest Island: s. Umgebung von Perth, ▶ S. 172

Regionale Fluggesellschaften

• Kookaburra Air, Tel. 08-94172258, www.kookaburraair.com.au

• Virgin Australia, Tel. 136789, www.virginaustralia.com

Foto/Video

Gut sortiert ist das Perth Camera House (717 Hay St Mall).

Internet   Viele Terminals befinden sich im Traveller's Club (559 Wellington Street, Mo–Sa 9–20 Uhr, So 10–19 Uhr). Weitere Internet-Cafés finden Sie entlang der Barrack, William und Wellington Sts sowie in fast allen Backpacker Hostels. In der *State Library* (James St, Northbridge) kann gratis gesurft werden.

Konsulate   Alle Botschaften haben ihren Sitz in Canberra (s. „Reisevorbereitung/Botschaften und Konsulate"). Bei Problemen ist es zunächst meist hilfreicher, das in Perth befindliche Konsulat zu kontaktieren:

- **Deutsches Konsulat:** 16 St Georges Tce, Perth, Tel. 08-93258851
- **Österreichisches Konsulat:** The Atrium Building, 168 St Georges Tce, Perth, Tel. 08-92617035
- **Schweizer Konsulat:** 40 Hillway, Nedlands, Tel. 08-93897097

Krankenhäuser
- Royal Perth Hospital, Wellington St, Tel. 08-92242244
- Princess Margaret Children's Hospital, Roberts Rd, Subiaco, Tel. 08-93408222

Notfall   Notruf (Polizei, Feuerwehr, Rettungsdienst) 000

Polizei: Curtin House, 60 Beaufort St, Tel. 08-92233718

Giftnotruf 131126

Apotheken: City Chemist, 663 Hay St Mall, Tel. 08-93214773 (tägl. geöffnet); Beaufort Street 24h Chemist, 647 Beaufort St, Mt Lawley, Tel. 08-93287775.

Parken   ▸ s. Anreise per Auto

Zentrale und große Parkplätze, alle kostenpflichtig, befinden sich am Cultural Centre in Northbridge (Einfahrt von der Roe St oder William St), am Perth Convention Centre (Mounts Bay Rd, westlich vom Transperth City Busport) und etwas östlich von der Barrack Street Jetty bzw. Swan Bells am Riverside Drive. In der Innenstadt selbst gilt es, die Markierungen an den Bordsteinen sowie die Parkverbotsschilder und –anweisungen genau zu beachten (häufig sind diese sehr schwer zu verstehen). Andernfalls muss man mit drastischen Geldbußen, und sogar mit Parkkrallen oder dem Abschleppwagen rechnen.

Post   General Post Office (GPO), Forrest Place, direkt neben dem Visitor Centre, Mo–Fr 8–17.30 Uhr, Sa 9–12.30 Uhr. Postlagernd-Adresse: Post Restante, Perth GPO, WA 6000.

Sport   Die einfachste Methode, sich sportlich zu betätigen, ist das Walken und Joggen entlang der beiden Ufer des Swan Rivers und durch den Kings Park. Die herrlich breiten Wege sind auch für Radler und Inline-Skater einladend.

Wassersport wird wie in allen anderen Metropolen und Küstenstädten auch in Perth aus vollen Zügen genossen und dementsprechend praktiziert. Neben Surfen und Schwimmen an den herrlichen Stränden (s.u.) gibt es im Süden der Stadt einen Wasserskipark (Troode St, Spearwood) und im Vorort Embleton das riesige Schwimm- und Vergnügungsbad Bayswater Waves (Ecke Broun Ave/Priestley St, Mo–Fr 5.30–20.30 Uhr, Sa/So 7.30–19Uhr). Ein öffentlicher 18-Loch Golfplatz ist in Burswood, beim Casino (Roger Mackay Drv, Burswood, vom Graham Farmer Fwy gegenüber dem Belmont Racecourse, Tel. 08-94702992). Dort kann jedermann gegen Gebühr Golf spielen.

Großer Zuschauersport wird im Dezember/Januar beim Tennisturnier Hopeman Cup im Burswood Dome (Great Eastern Hwy, Burswood) geboten. Tolle Ereignisse sind Rugby- und Aussie Rules Football-Spiele im Members

Equity Stadium (310 Pier St, East Perth) oder Subiaco Oval (Roberts Rd, Subiaco). (Spielpläne und Karten s. Kultur- und Unterhaltungsangebote)

Strände
Perth verfügt über herrliche Strände. Zwar gibt es auch entlang des Swan Rivers einige schöne Badestellen, doch wesentlich schöner sind die Ozeanstrände entlang der sogenannten „Sunset Coast", wie sich der etwa 30 km lange Küstenstreifen vor der Metropole nennt (www.sunsetcoast.com.au). Relativ stadtnah ist der beliebte **Cottesloe Beach** (7 km, per Zug der Fremantle Line bis Bahnhof Cottesloe, dann ca. 10 Gehminuten oder per Bus Nr. 102 ab Wellington St Bus Station). Kaum weiter entfernt vom CBD ist der **City Beach** (9 km, Bus Nr. 81, 84 oder 85 ab Wellington St, gegenüber Bus Station). Hier veranstalten „Surfies" auf ihren Brettern regelmäßig nächtliche Wettkämpfe.

Ein Stück weiter von der Innenstadt entfernt, aber absolut lohnend ist der kilometerlange und nicht nur bei Surfern beliebte **Scarborough Beach**. Anfahrt per Bus Nr. 400 ab Busterminal Wellington St (ca. 40 Min.) oder per Zug bis Glendalough und dann mit Bus Nr. 400 oder 408 zum Strand. Per Auto: Mitchell Fwy nach Norden, Ausfahrt Green Rd/Scarborough Beach Rd bis zum Strand. Hier sind ausreichend Gratis-Parkplätze vorhanden.

Generell ist den Anweisungen der Life-Guards (Strandwacht) Folge zu leisten. Baden Sie nur innerhalb des durch Fahnen markierten Bereichs! Bei Sturmwarnungen nicht baden!

Souvenirs
Ein besonderes Andenken an Perth sind Münzen und Schmuck aus der Goldschmelze The Mint (s. Stadtrundgang).

Taxis
Swan Taxis, Tel. 131330; Black & White Taxis, Tel. 131008; Independent Taxis, Tel. 08-93757777

Telefonieren
Vorwahl für Western Australia 08
• Auskunft national 1223
• Auskunft international 1225. Telefonkarten sind in Zeitungsgeschäften erhältlich.

Touren
Stadtrundfahrten s.o. „Öffentliche Verkehrsmittel".

Flussfahrten: Captain Cook Cruises bietet verschiedene Bootsfahrten auf dem Swan River an (Barrack St Jetty, Pier 3, Tel. 08-93253341, www.captaincookcruises.com.au). Ein besonderes Highlight ist die „City of Lights Dinner Cruise", eine abendliche Schifffahrt mit Abendessen. Besonders schön ist der Blick auf die erleuchtete Stadt (Do–Sa 19.30–22.30 Uhr, A$ 110).

Rundflüge: Heli West bietet am Wochenende Hubschrauberrundflüge über die Stadt. Start vom Jandakot Airport, Buchungen über Tel. 08-94141000 oder online www.heliwest.com.au).

Auf Rundflügen in kleinen Sportflugzeugen zeigt **Kookaburra Air** (Tel. 08-94172258, www.kookaburraair.com.au) seinen Gästen die Stadt und ihre Umgebung aus der Luft.

Touren in das Swan Valley und nach Rottnest Island: s. Umgebung von Perth

Ausgedehnte Touren durch Westaustralien, die in der Regel in Perth starten, finden Sie im ersten Teil des Buches „Unterwegs in Australien" (▶ s.S. 104f). Empfehlenswerte Kleingruppentouren mit deutscher Reiseleitung in Westaustralien bietet *wa nt tours* an (Tel. 08-94476575, www.want-tours.au.com).

Züge   Der Fernreisezug *Indian Pacific* verbindet Sydney mit Perth und umgekehrt. Jeweils dienstags und samstags läuft der Zug am West Perth Rail Terminal ein und verlässt ihn wieder mittwochs und sonntags in Richtung Osten. Weitere Infos unter Tel. 132147 oder www.railaustralia.com.au.

Die Strecke zwischen Perth und Kalgoorlie wird täglich vom *Prospector* befahren. Die Linie des *Australind* führt von Perth nach Bunburry (auch täglich). *AvonLink* verbindet Perth mit Merridin via Northam. Fahrpläne und Tickets sind in der East Perth Train Station (s. An- und Abreise) oder unter www.transwa.wa.gov.au erhältlich.

Essen und Trinken

Perth hat vielleicht nicht ganz so viele Restaurants wie Sydney oder Melbourne, doch die Vielfalt erscheint annähernd ähnlich groß. Von australischer Küche über asiatische Spezialitäten bis hin zu europäischen Gerichten finden Sie zahlreiche Einkehrmöglichkeiten für jedes Budget. Spezialitäten in Perth sind insbesondere Fisch und Meeresfrüchte wie Barramundi, Garnelen (Tiger Prawns), Hummer (Lobster) und Flusskrebse (marron oder freshwater crayfish). Hervorragend ist auch die Qualität des westaustralischen Weins, vornehmlich aus der Umgebung von Margaret River und dem Swan Valley. Für Fleischliebhaber bietet die Küche herzhafte Steaks westaustralischer Rinder.

Hinweise: Wie überall in Australien ist der Ausschank von Alkohol nur in lizenzierten Restaurants erlaubt. Selten sind Gaststätten mit dem Zeichen „BYO" anzutreffen. Dort können bzw. müssen alkoholische Getränke wie Bier und Wein selbst mitgebracht werden. Für das Entkorken des selbst mitgebrachten Weins wird meist eine „Entkorkgebühr" (corkage) verlangt.

Rauchen ist in Restaurants und Kneipen nicht bzw. nur in ausgewiesenen Bereichen erlaubt!

Zur Mittagszeit kann man sich für A$ 10–15 günstig und gut in den zahlreichen **Food Malls** in den Einkaufspassagen in der City verköstigen.

Hungrige treibt es am Abend in den Stadtteil Northbridge. Dort befindet sich in der James St und Lake St das Zentrum der Restaurant- und Café-Szene von Perth. Auf knapp einem Quadratkilometer haben sich über 40 Gastronomiebetriebe und Kneipen angesiedelt. Von Dienstag bis Samstag wird abends regelmäßig auch Live-Musik gespielt. **Asiatische Küche** findet man hauptsächlich entlang der William Street. In den Vororten **Leederville** (Oxford St) und **Subiaco** (Beaufort und Hay Sts) hat sich in den letzten Jahren eine trendige Restaurant- und Kneipenszene etabliert.

Restaurants/ Cafés und Bars

- **Halo Café,** gutes Restaurant in herrlicher Lage direkt am Swan River mit moderner australischer Küche (Barrack St Jetty, Tel. 08-93254575, Mo–Fr ab Mittag, Sa/So ab 8 Uhr, abends ist eine Reservierung sinnvoll, Hauptgerichte ab A$ 35)

- **Subiaco Hotel,** gepflegtes Lokal in historischem Gebäude mit lokaler Küche, einer guten Weinkarte und Fassbier. Stimmungsvolle Bar am Abend. (465 Hay St, Subiaco, Tel. 08-93813069, Hauptgerichte ab A$ 26).

- **The Conservatory,** coole Bar auf dem Dach mit BBQ und Tapas. Der super Blick auf die Stadt ist gratis (356 Murray St, Tel. 08-94811960; am Montag Ruhetag).

- **Old Swan Brewery,** originelles Café-Restaurant in der 1857 gegründeten Brauerei, direkt am Swan River auf Höhe des Botanischen Gartens. Bereits

zum Frühstück geöffnet (173 Mounts Bay Road, Tel. 08-92118999, Haupt-
gerichte ab A$ 30).
- **Grosvenor Hotel,** einladender Biergarten mit amerikanischer Küche, zen-
tral gelegen, bereits zur Mittagszeit sehr beliebt (339 Hay St, Tel. 08-93253799,
Hauptgerichte ab A$ 25).
- **Moon & Sixpence,** beliebter englischer Pub in der City mit Bier vom Fass
(300 Murray St).
- **Brass Monkey,** stimmungsvoller Pub mit Live-Unterhaltung und lokal ge-
brautem Bier (Ecke William/James St, Northbridge).
- **The Mustang Bar,** große Bar im US-Stil, beliebt bei jungen Leuten.
Mittwochs ist Backpacker-Fest mit günstigen Drinks und BBQ (46 Lake St,
Northbridge).

Kultur- und Unterhaltungsangebote

Infos

Nützliche **Broschüren** und **Internetseiten** für Veranstaltungstermine sind
„What's on Perth, Fremantle & Surrounds", www.ticketmaster.com.au sowie
www.whatson.com.au. Die Broschüren sind im Visitor Centre erhältlich.
Ansonsten bietet die Donnerstags-Ausgabe der großen Tageszeitung „The
West Australian" die aktuellen Termine. Für Live-Musik Auftritte in Pubs ist das
gratis Heft „X-Press Magazine" hilfreich (liegt in Kneipen und Bars aus). Ein gu-
ter Begleiter ist auch das Heft „The Perth Nightlife Guide" das in Hotels und
Hostels ausliegt.

Karten

Karten für Veranstaltungen (Konzerte, Theater, Tanz, Sport) sind bei Ticketek
erhältlich (Tel. 1300 795 012; www.ticketek.com.au; Verkaufsstellen: His
Majesty's Theatre, 825 Hay St; Perth Concert Hall, 5 St Georges Tce und
Playhouse Theatre, 3 Pier St).

**Musik, Tanz
und Theater**

Musik, Tanz, Theater finden in der Perth Concert Hall (5 St Georges Tce) statt.
Tanz, Ballett und Theater werden im Playhouse Theater (3 Pier St) sowie im His
Majesty's Theater (Ecke Hay/King Sts) geboten. Weitere Spielstätten sind in den
Vororten Subiaco, Nedlands und Burswood. Rock- und Popmusik wird haupt-
sächlich im Burswood Theatre (Great Eastern Hwy, Burswood) gespielt.

Kinos

Die großen **Kinos** befinden sich entlang der Murray und Hay Street (Hoyts
Cinecentre, 139 Murray St; Hoyts Cinema City, Hay St, gegenüber der Town
Hall; Piccadilly Cinema, Hay St Mall). Dienstag ist Kinotag mit günstigten
Eintrittspreisen. Etwas ausgefallenere Filme sieht man im Cinema Paradiso,
(64 James St, Northbridge), im Astor (659 Beaufort St Mount Lawley) und im
Leederville Luna Cinemason (155 Oxford St Leederville). IMAX (3D) Filme wer-
den im Omni Theatre (Railway Pde, Ecke Sutherland St, West Perth) gezeigt.

Das aktuelle Kinoprogramm findet man unter www.perth.citysearch.com.au
unter der Sektion *Film*.

Casino

Das **Crown Casino** (Great Eastern Hwy, Burswood, von der Innenstadt Ausfahrt
südöstlich nach der Causeway Bridge, Tel. 08-93627646) ist ein Vergnügungs-
komplex mit Casino, Hotel, Restaurants, Golfplatz und großem Park. Wer seinem Spieltrieb nachkommen will, kann dies an 123 Spieltischen rund um die
Uhr tun. Pop-Konzerte und große Sportveranstaltungen (u.a. Tennis Hopeman
Cup, zweifacher Austragungsort der Schwimm-WM) finden im Burswood
Dome statt.

Perth

Galerien und Museen Sehenswerte **Galerien und Museen** befinden sich im Perth Cultural Centre (James St, Northbridge – nördlich der Perth Train Station) und in der **Art Gallery of Western Australia** (Mi–Mo 10–17 Uhr, kostenlose Führungen Eintritt frei, www.artgallery.wa.gov.au) mit wechselnden Ausstellungen westaustralischer Künstler. Das **Perth Institute of Contemporary Art** (Di–So 11–18 Uhr, www.pica.org.au, Eintritt frei) mit moderner Kunst sowie das sehenswerte **Western Australian Museum** (tägl. 9.30–17 Uhr, www.museum.wa.gov.au, Eintritt frei) rundet das Angebot ab. (s.a. Stadtrundgang).

Festivals **Festivals:** Highlight der Kulturszene ist das **Perth International Arts Festival** mit Musik, Tanz, Theater und Film an diversen Austragungsstätten (Jan/Feb, www.perthfestival.com.au).

Die **Perth Royal Show** im September ist eine landwirtschaftliche Veranstaltung mit Rodeo, Vergnügungsangeboten und zahlreichen Verpflegungsstätten. Hier zählt das Erlebnis mehr als die Ausstellung: man trifft waschechte Outback-Australier mit Working-Boots und Akubra-Hüten genauso wie Familien und Rentner. Auch für Touristen durchaus einen Besuch wert! (Claremont Showgrounds, www.perthroyalshow.com.au).

Gleichfalls im September findet das **Wildflower Festival** im Kings Park statt. Die Blütenpracht, Tanz- und Musikdarbietungen begeistern Besucher (www.bgpa.wa.gov.au). Ein weiteres Event, ist das **Perth Pride Festival**, ein fröhliches Fest mit Kunst, Musik und Unterhaltung, das in erster Linie Homosexuelle anspricht (www.pridewa.asn.au).

Unterkunft und Camping

Hotels ***** **Sheraton Perth,** 207 Adelaide Tce, Tel. 08-92247777. First-Class Hotel, nur 10 Gehminuten zum Zentrum.

***** **Rendevouz Observation City,** Scarborough Beach, Tel. 08-92451000. Hochhaus-Hotel direkt am Strand mit bestem Service, ca. 30 Autominuten von der Innenstadt entfernt.

**** **Miss Maud Swedish Hotel,** 97 Murray St, Tel. 08-93253900. Gemütliches Stadthotel im skandinavischen Stil, Übernachtung inkl. Frühstück.

**** **Novotel Langley,** Ecke Adelaide Tce/Hill St, Tel. 08-92211200. Modernes Hotel in zentraler Lage mit Restaurant, gemütlichem irischen Pub sowie Sauna und Fitness im 12. Stock (Traumhafter Blick auf die Südstadt und den Swan River). Kostenlose Parkplätze im Parkhaus.

**** **Esplanade Hotel Fremantle,** Ecke Marine Tce/Essex St, Fremantle, Tel. 08-94304000. Hotel im Kolonialstil, direkt im Herzen von Fremantle gelegen, leider zeitweise recht laut.

**** **Citygate Perth,** 707 Wellington St, Tel. 08-93277000. Ordentliches großes Haus mit Pool auf dem Dach, 1 km nordwestlich vom Stadtkern entfernt.

**** **Comfort Inn Bel Eyre Motel – Airport,** 285 Great Eastern Hyw, Belmont, Tel. 1-800-672733. Mittelklassemotel zwischen Flughafen und Innenstadt, kostenloser Flughafen Shuttle.

*** **Sullivans Hotel,** 166 Mounts Bay Rd, Tel. 08-93218022. Gepflegtes Hotel westlich der City mit Pool und Gratis-Fahrradverleih, direkt an der blauen Buslinie (Stopp 20) gelegen.

Apartments **** **Mantra on Hay,** 201 Hay St, Tel.08-92674888. Hotel mit Selbstversorger-Apartments, direkt an der Gratis-Buslinie in die City gelegen.

**** Seashells Resort Scarborough Beach, Tel. 08-93416644, Scarborough Beach. Ausgezeichnetes Apartment-Hotel mit Strandzugang und Blick auf den Indischen Ozean. (Ideal, um am Ende oder Anfang der Reise ein paar Tage Strandurlaub zu verbringen.) Einkaufszentrum nur 2 Gehminuten entfernt.

**** Hillarys Harbour Resort Apartments, 68 Southside Drv, Hillarys Boat Harbour, Tel. 08-92627888 oder 1-800-240078. Neue Apartmentanlage mit 1-3 Zimmer Wohnungen für Selbstversorger direkt am Yachthafen.

Gästehäuser und B&B

**** Above Bored Bed&Breakfast, 14 Norham St, North Perth, Tel. 08-9444545, www.abovebored.com.au. Empfehlenswertes B&B ca. 5 km nördlich der Innenstadt.

**** Pension of Perth, 3 Throssel St, Tel. 08-92289049, www.pension-perth.com.au. Freundliche Frühstückspension in historischem Haus nördlich der Innenstadt .

**** Fremantle Colonial Accommodation, 215 High St, Fremantle, Tel. 08-94306568. Zimmer und Apartments für Selbstversorger in kolonialen Gebäuden, nur wenige Gehminuten vom Zentrum Fremantles entfernt.

Jugend-herbergen, Hostels

** YMCA Jewell House, 180 Goderich St, East Perth, Tel. 08-93258488. Einzel-, Doppel- und Familienzimmer im Hochhaus, 10 Gehminuten ins Zentrum, direkt an der gratis CAT-Buslinie gelegen.

* bis ** Perth City YHA, 300 Wellington Street, Tel. 08-92873333. Neue, große Jugendherberge im Zentrum. Es gibt auch Doppel- und Familienzimmer mit Bad. Allerdings ist es ziemlich laut in der Nacht!

* Billabong Backpackers Resort, 381 Beaufort St, Mount Lawley, Tel. 08-93287720. Moderne Unterkunft mit Pool, ca 5 Min. von Northbridge entfernt. Auch Doppel- und Familienzimmer, alle Zimmer mit Bad und Balkon.

* Freo Backpackers Inn, 11 Packenham St, Fremantle, Tel. 08-93367106. Große Mehrbett- und Doppelzimmer in guter Lage.

Camping

Perth International Tourist Park CP, 186 Hale Rd, Forrestfield, Tel. 1-800-626677. Ordentlicher Platz mit Cabins in Flughafennähe, mit Busverbindung in die City – o.k. für den ersten oder letzten Miettag des Campers.

Perth Vineyards Big 4 Holiday Park CP, 91 Benara Rd, Caversham, Tel. 1-800-679992. 14 km nördlich der Stadt, direkt am Fluss gelegener Campingplatz mit Cabins. Guter Ausgangspunkt für Ausflüge in das Swan Valley.

Woodman Point Holiday Park Big 4, 132 Cockburn Road, Munster, Tel. 1-800-244133. 10 km südlich von Fremantle und 30 km nach Perth, nahe zum Strand mit gutem Big 4 Service.

Blick vom King's Park über den Swan River

Stadtbesichtigung

Die **Innenstadt** von Perth ist dank der rechtwinklig angelegten Straßen sehr übersichtlich. Fast alle Sehenswürdigkeiten lassen sich gut zu Fuß erkunden. Wer müde wird oder nicht gehen möchte, kann sich der Gratis-Busse (CAT) bedienen, die auf verschiedenen Routen die Stadt durchqueren und an zahlreichen Attraktionen der Stadt stoppen.

Der nachfolgend beschriebene **Stadtrundgang** ist so konzipiert, dass vorab auf die sehenswerten Gebäude der Stadt eingegangen wird und anschließend detailliert die Theater, Museen und Kunstgalerien besprochen werden.

Kings Park Um einen Überblick von Perth zu bekommen bietet sich zu Beginn des Stadtrundganges ein Besuch des **Kings Park** an (mit dem Red CAT bis Stopp Nr. 26, Parkplätze sind von der Fraser Ave erreichbar). Der 5 qkm große Park ist von einem Netz an Wander- und Radwegen durchzogen. Im Frühling blühen artenreiche und farbenprächtige Wildblumen (s.a. Festivals). Aussichtspunkte befinden sich an der östlichen Grenze des Parks nahe der Fraser Avenue. Der Aussichtsturm DNA-Tower, der formal an ein DNA Doppel-Helix Molekül erinnert, steht südlich des Parks am Forrest Drive. Weitere Infos zum Park und seinen Wanderwegen sind im Besucherzentrum an der Fraser Avenue erhältlich (www.bgpa.wa.gov.au).

Aus den Parkanlagen hinaus führt der Weg entlang der **St Georges Terrace,** vorbei am Torbogen **Barracks Arch**. Es handelt sich dabei um den Überrest einer Kaserne, in der Soldaten einst die Sträflinge bewachten. Später wurden Kriegsveteranen darin untergebracht. Wegen des Baus des Mitchell Freeways musste der Rest des Gebäudes leider abgerissen werden. Ein Stück weiter östlich steht **The Cloister** (gegenüber Mill St), eine von Bischof Hale erbaute Knabenschule (1858). Auf der King Street Richtung Norden wartet schon das prachtvolle **His Majesty's Theatre (1904)** auf ihren Besuch. Es ist Heimstätte des westaustralischen Balletts und der Oper. Weiter auf der St Georges Terrace nach Osten, erkennt man auf der anderen Straßenseite das koloniale Gebäude der **Old Perth Boys School,** die 1853 erbaut und aufwendig restauriert wurde. Es beherbergt heute ein gemütliches Café sowie das Informationszentrum der Denkmalschutzbehörde National Trust – dort sind weitere Details zu vielen historischen Gebäuden der Stadt erhältlich.

Nach etwa 600 m zweigt der sehenswerte **London Court** nach Norden ab. Die historische Einkaufspassage im Tudor-Stil von 1937 erinnert mit den Nachbildungen der Uhr von Rouen/Frankreich (am Eingang St Georges Tce) und des Big Ben (am Eingang von der Hay St Mall) stark an das „alte Europa". Souvenirshops und Cafés reihen sich in den kleinen Fachwerkhäusern aneinander.

Nach Durchquerung der Einkaufspassage erreichen Sie die belebte **Fußgängerzone Hay Street Mall.** Parallel dazu folgt die zweite

Fußgängerzone Murray Street Mall. In deren Mitte öffnet sich der **Forrest Place**, der größte und wichtigste Platz der Innenstadt. Hier treffen sich Straßenmusiker, Demonstranten, Schausteller und Touristen ebenso wie Geschäftsleute. Viele StraßenCafés und Bänke laden zum Verweilen ein. Das monumentale Gebäude auf der linken Seite ist das General Post Office. Direkt daran schließt sich das Visitor Centre an, das mit seinen freundlichen und hilfsbereiten Mitarbeitern und der Vielzahl an Prospekten und Flyern einen Besuch wert ist. Gegenüber befindet sich das große Einkaufzentrum mit dem Kaufhaus Myers. Sollten Sie zur Mittagszeit hier sein, nutzen Sie das breite Angebot an Restaurants, Food Malls und Cafés. Da ist für jedermann etwas dabei.

Die Hay Street Mall trifft im Osten auf die Barrack Street. An der Ecke befindet sich die **Town Hall.** Das Rathaus wurde, wie viele andere öffentliche Gebäude der Stadt, von Sträflingen errichtet (1867-1870). Was kaum zu glauben ist: ihr Glockenturm war einst der höchste Punkt im Stadtzentrum.

Zurück auf der St Georges Terrace bildet (in östlicher Richtung) nach der Cathedreal Avenue die Anglikanische Kirche **St Georges Cathedral** von 1888 einen reizvollen Gegensatz zu den Hochhäusern mit ihren modernen Glasfassaden. Daneben befindet sich **The Old Deanery,** ein in den 1850er Jahren erbautes Wohnhaus für den ersten Dekan von Perth, Reverend George Pownall. **St Andrews Uniting Church** auf der anderen Straßenseite der Pier Street wurde erst 1906 erbaut.

Gegenüber, umsäumt von großen Bäumen steht das **Gouvernment House**, das von 1859 bis 1864 errichtet wurde. Das Gebäude

The Old Deanery

*Im Innenhof
der Perth Mint*

mit seinen gotischen Bögen und Türmchen ist in Anlehnung an den *Tower of London* gestaltet. Leider kann es nicht besichtigt werden. Nur der weitläufige Garten ist meistens dienstags von 12–14 Uhr geöffnet.

The Perth Mint

Fast ein Pflichtbesuch ist **The Perth Mint** in der Hay Street/Ecke Hill Street. Die 1899 eröffnete Münzpräge ist heute ein Museum, das viele Details zum Thema Goldsuche und -verarbeitung liefert. Außerdem werden ausgefallene Münzen, Nuggets und Schmuck im angeschlossenen Shop verkauft (tägl. 9–17 Uhr, www.perthmint.com.au).

Der schnellste Weg zurück zur St Georges Terrace/Gouvernment House ist der Red CAT Bus, der direkt vor The Mint abfährt und an der Ecke Hay/Pier Sts (Stopp Nr. 13) anhält.

Barrack Street

Folgt man nun der Barrack Street in Richtung Swan River, breitet sich linker Hand der schöne Park **Stirling Gardens** aus. Die Grünflächen des einstigen botanischen Gartens grenzen an das mit Säulen bestückte Gerichtsgebäude **Supreme Court**. Dahinter das winzige Sandsteinhaus

Swan Bells

Old Courthouse – das älteste erhaltene öffentliche Gebäude der Stadt stammt aus dem Jahr 1836. Nach einer lebhaften Vergangenheit als Schule, Kirche, öffentliche Versammlungshalle und Konzerthalle ist heute darin ein kleines Gerichtsmuseum (Francis Burt Law Museum) eingerichtet (Mo, Di, Fr 10–14.30 Uhr, Eintritt frei). In Richtung Fluss schließen sich die **Supreme Court Gardens** an, in denen die Geschäftsleute gerne ihre Mittagspause verbringen.

Das nächste markante Gebäude in Richtung Swan River ist der zur Millenium Feier errichtete „Glockenturm" **Swan Bells.** Im architektonisch raffiniert konzipierten Turm sind mehrere Glocken und Uhren ausgestellt. Von oben bietet sich ein fantastischer Ausblick auf die Stadt und den Fluss (tägl. 10–16.30 Uhr, Mai-Sept. bis 16 Uhr). Verlockend sind die Cafés und Restaurants an der **Barrack Street Jetty** mit Blick auf den breiten Flusslauf des Swan River. Von hier starten die Fähren und Ausflugsboote nach South Perth, Fremantle und Rottnest Island.

Kulturelles Zentrum im Norden

Cultural Centre

Wer nun nicht mehr zu Fuß gehen möchte, setzt sich am besten direkt an der Jetty in den Blue CAT Bus und fährt zum **Cultural Centre** in den Norden der Stadt (Haltestelle Museum oder Alexander Library). Zu Fuß ist das Kulturelle Zentrum von Perth über die Barrack Street und Wellington Street (Fußgängerbrücke über den Bahnhof) nach ca. 2 km erreicht.

Western Australian Museum

Vorweg sei gesagt, dass Museumsfreunde gut und gerne einen ganzen Tag im **Western Australian Museum** (s. Kultur- und Unterhaltungsangebote) verbringen können. Für diejenigen, die nur einen

Western Australian Museum

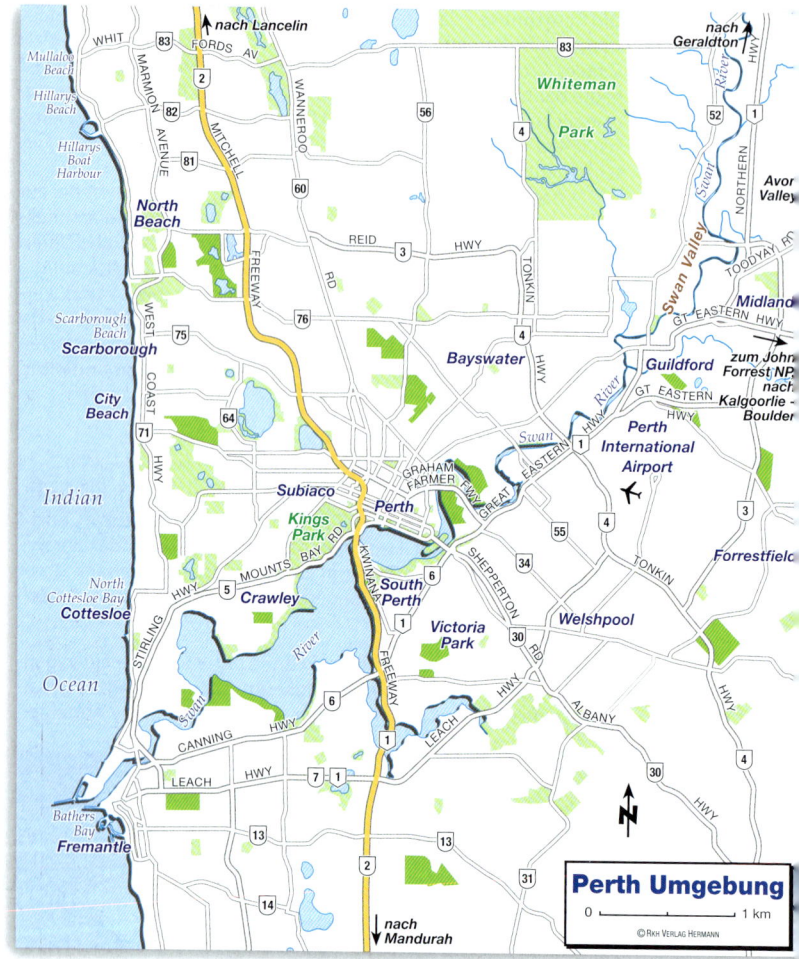

kurzen Überblick erhalten möchten, genügen auch 1–2 Stunden. Der
große Gebäudekomplex des Museums beherbergt Exponate aus den
Bereichen Flora und Fauna, Aboriginalkultur des Katta Djinoong
Stammes sowie eine beeindruckende Ausstellung zur Erdentstehung
„Diamonds to Dinosaurs".

**Western
Australia
Gallery**

Auf der anderen Seite der James Street Mall liegt die **Western
Australia Art Gallery** (s. Kultur- und Unterhaltungsangebot) – eine
ausgezeichnete Kunstsammlung mit vielen Aboriginal-Kunstwerken,

alter und moderner Kunst sowie wechselnden Ausstellungen.

Weitere Kunstsammlungen beherbergt das **Perth Institute of Contemporary Art** (s. Kultur- und Unterhaltungsangebote).

Sehenswertes außerhalb der Innenstadt

Perth Zoo

Am Südufer des Swan River liegt The Perth Zoo (20 Labouchere Rd, South Perth, tägl. 9–17 Uhr, www.perthzoo.wa.gov.au), eine über 100 Jahre alte Anlage, die mit großen Gehegen und vielen einheimischen und exotischen Tierarten den Besucher begeistert.

Anfahrt: Fähre von der Barrack St Jetty zur Mends St Jetty, dann ein kurzer Fußmarsch. Per Auto auf dem Kwinana Fwy (Nr.2) nach Süden.

Sir James Mitchell Park

Einen herrlichen Blick auf die Skyline der Stadt, insbesondere bei Sonnenuntergang, genießt man im Sir James Mitchell Park in Südperth. Erreichbar über den Kwinana Fwy in südliche Richtung.

Cottesloe Beach

Gerne wird er der „Strand der Schönen und Reichen" genannt. Tatsächlich jedoch treffen sich dort Alt und Jung, Arm und Reich, Einheimische und Touristen aus aller Welt. Der Strand ist gesäumt von Cafés, Restaurants und Shops. Wassersportgeräte aller Art können geliehen werden. ▸ Anfahrt: s. Strände.

Scarborough Beach

Einen herrlichen, kilometerlangen Strand bietet der Vorort Scarborough, etwa 18 km nördlich des Stadtzentrums. Hinter Hochhäusern und Appartmentblocks lockt der lange und feinsandige Sandstrand zum Spazieren, Sonnen, Baden, Surfen und Kite-Surfen. Mit seinen Bilderbuchwellen eignet sich der Strand für Surfanfänger ebenso wie für Fortgeschrittene. Wer hier länger bleiben möchte, sollte sich in eines der guten Hotels (s. Unterkunft und Camping) einmieten. Anreise: s. Strände.

Hillarys Boat Harbour und Aquarium of WA

Etwa 25 Autominuten nördlich der Stadt hat sich zwischen Neubausiedlungen der riesige Yachthafen Hillarys Boat Harbour zu einem touristischen Zentrum entwickelt. Einkaufs- und Einkehrmöglichkeiten sowie das neue **Aquarium of Western Australia** (AQWA) locken in den Sommermonaten unzählige Besucher an. Schnorchler

Cottesloe Beach

und Taucher können sogar in eines der Becken eintauchen, und mit den großen Fischen schwimmen (Hillarys Boat Harbour, Sorrento Quay, Tel. 08-94477500, tägl. 10-17 Uhr, www.aqwa.com.au). Baden kann man ansonsten auch am angeschlossenen Strand neben dem Hafen.

Anfahrt: Mit dem Auto auf dem Mitchell Fwy bis Ausfahrt Hepburn Avenue/Sorrento oder auf dem West Coast Hwy bzw. West Coast Drv. Mit öffentlichen Verkehrsmitteln können Sie am Wochenende (nur Sa, So und Feiertagen), mit dem Zug (Joondalup Line) bis Greenwood Station und dann per Bus 456 zum Hafen gelangen, unter der Woche mit dem Zug bis Warwick Train Station und mit dem Bus Nr. 423.

Umgebung von Perth

Fremantle

Die Umgebung von Perth besteht in erster Linie aus modernen Stadtvierteln und Satellitenstädten („Residential Areas") – typische Kennzeichen der Bevölkerungsexplosion im Großraum Perth. Einen Kontrast dazu bildet die noch immer sehr charmante Hafenstadt Fremantle. Die in den 1890er Jahren von Sträflingen erbauten Docks und Hafengebäude wurden mühevoll restauriert, als die Stadt 1987 als Austragungsort der legendären Segelregatta „America's Cup" benannt wurde. Galt Fremantle einst als Domizil der Künstler Perths, wurde es nach der aufwendigen Sanierung eine begehrte Wohngegend und vor allem auch ein sehenswertes und lebehaftes Ausflugsziel für Touristen aus aller Welt.

Historisches Fremantle

Anfahrt	**Per Bahn** ab Perth Central Train Station (Wellington St) mit der Fremantle Line bis Fremantle. Mit den **Schiffen** von Oceanic Cruises (www.oceaniccruises .com.au) und Captain Cook Cruises (www.captaincookcruises. com.au) können Sie ab Barrack Street Jetty direkt in den Hafen von Fremantle schippern. Beide haben einen Ticketschalter an der Jetty. Vom Flughafen Perth verkehrt ein **Airport-Shuttle Bus** direkt nach Fremantle (s. Perth An- und Abreise).
	Mit dem **Auto** ist Fremantle entweder über den Canning Hwy oder über den Stirling Hwy entlang des nördlichen Ufers des Swan Rivers erreichbar. Kostenlose Parkplätze sind entlang der Ord Street (beim Arts Centre) und entlang der Marine Terrace südlich des Fishing Boat Harbour vorhanden. Preiswerte Tagesparkplätze befinden sich am Victoria Quay und nördlich des Bahnhofs.
Infos	Fremantle Town Hall, Ecke Adelaide/William Sts, Mo–Fr 9–17 Uhr, Sa 9–16 Uhr, So 10–16 Uhr, Tel. 08-94317878, www.fremantlewa.com.au.
	Zur Geschichte der Stadt finden sich umfassende Informationen auf der Seite des Fremantle Prison www.fremantleprison.com.au.
Öffentliche Verkehrsmittel	In Fremantle verkehren ebenfalls Gratisbusse. Die CAT Busse fahren Mo–Fr von 7.30–18.30 Uhr, Sa/So und Feiertags von 10–18.30 Uhr im 10 Min. Takt. Weitere Infos unter www.transperth.com.au.
	Kommentierte **Stadtrundfahrten** sind mit der Fremantle Tram ab Fremantle Town Hall möglich (tägl. 10-17 Uhr, Abfahrt jede Stunde).
Essen und Trinken	Am **Fishing Boat Harbour** gibt es zum Mittagessen einen herrlichen Meerblick gratis dazu. Vom Fish & Chips-Imbiss bis hin zu erstklassigen Restaurants finden Sie hier alles. Besonders zu empfehlen ist **Cicerello's,** der fangfrischen Fisch, Muscheln, Austern und Krebse mit Pommes Frites in Papier eingewickelt offeriert. Die Attraktion bei Cicerello's ist das 22 m lange Aquarium mit heimischen Meerestieren. Für einen Drink oder ein Bier ist **The Sail & Anchor** (64 South Tce) im historischen Gebäude eine gute Adresse. Von Fr–So bieten sich die Essensangebote auf den **Märkten** (E Shed Markets und Fremental Markets s. Stadtrundgang) an.
Unterkunft	▸ s. Perth Unterkunft und Camping

Stadtrundgang

An der 1907 eröffneten **Fremantle Railway Station** beginnend, folgt man der Phillimore Street nach Südwesten. Quert man die Bahngleise, so erreicht man die Hafenanlagen **Victoria Quay.** Die alten Lagerhallen des Kais sind alphabetisch gekennzeichnet: vom C Shed fahren die Ausflugsboote nach Rottnest Island, am E Shed findet am Wochenende der E Shed Market (Fr–So 9–18 Uhr, Essensstände bis 21 Uhr) mit Imbiss-, Souvenir- und Geschenkständen sowie Live-Unterhaltung statt. Im B Shed ist das **Fremantle Motor Museum** mit einer Sammlung historischer Autos und Motorräder, teilweise aus australischer Produktion, eingerichtet (tägl. 9.30–17 Uhr). Nur wenige Schritte weiter, am Ende des Kais, liegt das architektonisch auffällige und sehenswerte neue **WA Maritime Museum** (tägl. 10.30–17 Uhr, Tel. 08-94318444, www.museum.wa.gov.au/maritime) sowie das ausrangierte U-Boot **HMAS Ovens** (Führungen tägl. von 10–15.30 Uhr, alle 30 Min.).

1 Sehenswertes
1 Railway Station (Bahnhof)
2 E-Shed Markets
3 Fremantle Motor Museum
4 WA Maritime Museum
5 Round House + Tunnel
6 Shipwreck Galleries
7 Fremantle Prison
8 Town Hall + Tourist Info
9 Fremantle Arts Centre +
  Fremantle History Museum
10 Monument Hill

⌂ Unterkünfte
1 Esplanade Hotel
2 Freo Backpackers Inn

Fremantle
0 ⊢———————⊣ 500 m
—— Free CAT Bus
© RKH VERLAG HERRMANN

Folgen Sie der Bahnlinie in südlicher Richtung zur Erhebung Arthurs Head, wo sich das **Round House** (westl. Ende der High St, tägl. 10.30–15.30 Uhr, Eintritt per Spende) befindet. Das erste zivile Gefängnis der Swan River Kolonie von 1831 ist ein gut erhaltener, runder Sandsteinbau mit winzigen Zellen und einem Innenhof. Von der Rückseite bietet sich ein guter Blick auf den Hafen. Unter dem alten Gefängnis verläuft der **Whalers Tunnel** (Ende High St, tägl. 10-15.30 Uhr), eine unterirdische Verbindung zwischen Stadt und Strand, die 1837 von der Walfanggesellschaft erbaut wurde.

Vom Round House durchqueren Sie die Dünen und überqueren daraufhin die Gleise zu den **WA Maritime Museum Shipwreck Galleries** (Cliff St, tägl. 9.30–17 Uhr). Neben der sehenswerten Architektur des Gebäudes bietet das Museum interessante Ausstellungen über gesunkene Schiffe vor der westaustralischen Küste im 17. Jahrhundert. Südlich des Museums, wieder über die Bahn hinüber, gelangen Sie

WA Maritime Museum

Perth

nach etwa 400 m zum **Fishing Boat Harbour.** Der Hafen war während des America's Cup Schauplatz vieler Veranstaltungen und präsentiert eine Reihe netter Cafés und Restaurants.

Zurück in der Stadt durchqueren Sie die große und angenehm schattige Parkanlage **The Esplanade Reserve** und schlendern entlang der Collie Street zur South Terrace, bekannt als Fremantles berühmter **Cappuccino Strip.** Zahlreiche Cafés und Coffee Shops bestimmen das Straßenbild. Hier spielt sich am Wochenende und am Abend das Leben der Stadt ab. Nehmen Sie Platz und genießen Sie die quirrlige Atmosphäre – das Motto heißt „Sehen und gesehen werden"!

An der Ecke South Terrace/Henderson Street findet von Freitag bis Sonntag der farbenfrohe **Fremantle Market** statt. Dieser wurde bereits 1897 eröffnet. Von Einrichtungsgegenständen über Kleidung und Bücher bis hin zu getrockneten Wildblumen ist so gut wie alles an den Ständen zu erstehen. Von der Henderson Street über die Parry und Fairbairn Streets führt der Fußweg direkt zum bekannten **Fremantle Prison** (The Terrace, tägl. 10-17 Uhr, Führungen alle 30 Min., Mi und Fr aufregende Nachttouren, www.fremantleprison. com.au). Das in den 1850er Jahren von Sträflingen erbaute Sandsteingebäude wurde bis 1991 als „Verwahrungsanstalt" benutzt. Für abenteuerlustige und körperlich fitte Besucher werden zweieinhalbstündige Touren durch das 1 km lange und 20 m tiefe Tunnellabyrinth mit Booten, Schutzhelmen und Stirnlampen angeboten (Anmeldung erforderlich, Tel. 08-93369200, A$ 55).

Im dazugehörigen Convict Café werden themenorientierte Speisen, wie „Einbrecher-Burger" serviert.

Zurück in der Innenstadt (Parry Street – William Street – Kings Square) erreicht man die **Town Hall** mit ihrem reich verzierten, gut sichtbaren Glockenturm. Das Rathaus wurde am 22. Juni 1887 zum Goldenen Jubiläum von Queen Victoria eröffnet. Zwischenzeitlich wurde es mehrfach renoviert und ist heute Veranstaltungsstätte und zugleich Touristeninformation der Stadt (▶ s. Infos).

Town Hall

Nicht nur für Kunstinteressierte lohnt der etwas längere Fußweg entlang der Adelaide Street nach Norden (oder CAT Bus Stop Nr. 6) zum **Fremantle Arts Centre** (Ecke Ord/Finnerty Sts, tägl. 10–17 Uhr, www.fac.org.au, Eintritt frei). Das im beeindruckenden Gebäude der ehemaligen Irrenanstalt von 1860 untergebrachte Kunstzentrum, bietet unterschiedlichste Kunstformen- und arten sowie im Sommer großartige Freiluftkonzerte. Im Shop sind ausgefallene Geschenke und Souvenirs der anspruchsvolleren Art zu finden. Im gleichen Gebäude ist das **Fremantle History Museum** beheimatet (So–Fr 10.30–16.30 Uhr, Sa u. Feiertags 13–17 Uhr, Eintritt frei). Hier ist alles Wissenswerte zur Aboriginal-Geschichte sowie zur Kolonialisierung der Gegend zu erfahren.

Vom **Monument Hill** südöstlich des Arts Centre hat man einen guten Blick auf die gesamte Stadt und die Hafenanlagen.

Rottnest Island

Bereits 1696 landete der Holländer *Willem de Vlamingh* auf der kleinen Insel an der Küste vor Perth. Den Namen „Rotte-Nest" (holl. Ratten Nest) gab er der Insel im Glauben, dass es sich bei den unzähligen kleinen Baumkängurus (Quokkas), die die Insel bevölkern, um riesige Ratten handelte. Die kleine fast autofreie Insel wartet mit malerischen Buchten und Stränden, guten Tauch- und Schnorchelrevieren (s. auch Tauchen in West- und Südaustralien ▶ S. 64), mediterranem Klima und ganzjähriger badetauglichen Wassertemperaturen (▶ s. Exkurs S. 176) auf. „Rotto", wie die Insel von den

Perth

Einheimischen genannt wird, sollte auf jeden Fall einen Platz in Ihrem Reisekalender finden – vielleicht als erholsamer Schluss einer Westaustralientour!

Alle Schiffe vom Festland ankern in der **Thomson Bay** an der Ostküste. Diese recht touristisch erschlossene Ecke der Insel ist jedoch auch der einzige Ort des Eilands. Hier findet man Supermärkte, Bäckereien, Fast Food Imbisse, Souvenirshops, Unterkünfte, die Fahrradvermietung, die Touristeninformation (s. Infos) sowie das Museum zur Geschichte der Insel (Rottnest Island Museum, hinter der Thomson Bay Settlement Shopping Mall, tägl. 11–16 Uhr). Die Siedlung in der **Geordie Bay** besteht nur aus Ferienbungalows, einem Café und kleinen Shops (alle sind nur im Sommer geöffnet).

Der beste Weg, die 11 km lange und 4,5 km breite Insel zu erkunden, ist zweifelsohne **per Fahrrad.** Leicht hügeliges Terrain und die asphaltierte Küstenstraße eignen sich ideal hierfür. Alternativ dazu gibt es den **Bayseekers Bus**, der die Insel stündlich umrundet (Abfahrt von der Hauptbushaltestelle hinter den Shops). Ansonsten können Sie sich auch einer zweistündigen geführten Tour über die Insel anschließen. Kostenlose Führungen rund um Thomson Bay bieten ehrenamtliche Fremdenführer an (Infos im Visitor Centre). Seit November 2005 kann der 30 m hohe Leuchtturm im Rahmen von Führungen bestiegen werden (Buchung im Visitor Centre).

Die zahlreichsten Inselbewohner sind die etwa 50 cm großen **Quokkas,** die tagsüber den Schatten suchen. Sie sind Großteils an den Menschen gewöhnt. Das Füttern der kleinen Kängurus ist verboten!

Von September bis Dezember werden von der Insel aus Walbeobachtungfahrten (Whale Watching) angeboten. Ein besonderes Highlight auf der Insel ist das jährlich im Februar stattfindende Channel Swim Race. Über 2000 Schwimmer stürzen sich in die Fluten

Rottnest Island

und kraulen 19,2 km vom Cottesloe Beach (10 km südlich von Fremantle) zur Insel. Begleitet wird das Spektakel von unzähligen Booten, die den gesamten Hafen der Thomson Bay belagern. Infos unter www.rottnestchannelswim.com.au.

Anreise

Per Schiff: **Rottnest Express** (www.rottnestexpress.com.au) fährt mehrmals täglich ab Perth, Barrack St Jetty (Tel. 08-94215888, Dauer ca. 45 Min., H/R A$ 95) und ab Fremantle B-Shed Victoria Quay (Tel. 08-93356406, Dauer ca. 25 Min., H/R A$ 75) sowie Fremantle Northport (Tel.08-94305844).

Rottnest Fast Ferries (www.rottnestfastferries.com.au) verkehrt in den Sommermonaten dreimal täglich von Hillarys Boat Harbour auf die Insel (Tel. 08-9246 1039, H/R A$ 84). **Parken:** In **Fremantle** gibt es am Victoria Quay einen kostengünstigen Tagesparkplatz, ein weiterer befindet sich nördlich des Bahnhofs. Wer über Nacht auf der Insel bleiben will, kann sein Auto am Northport unterstellen. In **Perth** befindet sich ein kostenpflichtiger Tagesparkplatz östlich der Barrack Street Jetty (▶ s. Stadtplan Perth).

Per Flugzeug: **Rottnest Air Taxi** (www.rottnest.de, Tel. 1-800-500006 oder 08-92925027) bietet Flüge ab Perth Jandakot Airport sowie Rundflüge über die Insel an.

Infos

Das **Rottnest Island Visitor Centre** am Ende der Main Jetty in Thomson Bay hält wichtige Informationen zur Insel bereit (tägl. 8.15–17 Uhr, Tel. 08-93729732, www.rottnestisland.com). Für den Bayseeker Bus ist ein Tagespass im Infozentrum erhältlich (All-Day Pass, A$ 15).

Unterkunft und Camping

Bei der Zimmersuche ist das Visitor Centre gerne behilflich und übernimmt auch die Reservierung für Sie. Während des Sommers und in den Schulferien (Jan.) sollte unbedingt die Unterkunft im Voraus gebucht werden! Die Preise sind stark saisonabhängig. Über das Visitor Centre (Tel. 08-94329111 oder 1-800-111111) können Sie fast alle Unterkünfte auf der Insel buchen.

***** **Hotel Rottnest,** Bedford Rd, Thomson Bay, Tel. 08-92925011. Gepflegtes Hotel in der ehemaligen Sommerresidenz des Gouverneurs von Western Australia mit Restaurant und Bar.

**** **Rottnest Lodge,** Tel. 08-92925161. Aparte Unterkunft mit Zimmern und Selbstverorger-Apartments am kleine See.

* **Rottnest Island YHA,** Kingstown Barracks, Tel. 08-93729780. Jugendherberge mit Mehrbett-, Doppel- und Familienzimmern

* **Camping Area,** Thomson Bay, Tel. 08-94329111. Großer, schattiger Campingplatz (alle Stellplätze ohne Strom).

Weitere *****Villas**, ******Cottages** und ****Cabins** sind Unterkunftsalternativen auf der Insel – Buchung per Internet oder im Visitor Centre.

Fahrradverleih

Es gibt nur einen Vermieter auf der Insel. Rottnest Bike Hire (Thomson Bay, Tel. 08-92925105) bietet Fahrräder, E-Bikes, Tandems und Kinderanhänger. Aufgrund der Windverhältnisse und kurzen Steigungen ist ein Fahrrad mit Gangschaltung oder ein Elektro-Bike empfehlenswert. Vergessen Sie nicht, genügend Wasser mitzunehmen! Außerhalb von Thomson Bay ist kein Wasser auf der Insel erhältlich. Es gilt Helmpflicht! Neben dem Mietpreis wird eine Kaution von A$ 25/50 Kaution verlangt (auch per Kreditkarte). Der Verleih hat nur bis 15.30 Uhr geöffnet – also rechtzeitig zurückradeln!

Quokkas

Die kleinen Kängurus mit ihrem zottigen Fell und graubraunem kurzem Schwanz haben starke Ähnlichkeit mit Ratten. Ihr Körperbau mit langen kräftigen Hinterbeinen und kurzen bekrallten Vorderläufen weist jedoch auf ihre Zugehörigkeit zur Gattung der Kängurus hin. Tatsächlich zählen sie zu den Kurzschwanzkängurus. Mit einer Sitzhöhe von 30 cm und einem Gewicht von 2–4 kg sind sie leicht zu übersehen. Die meist nachtaktiven Tiere verstecken sich tagsüber im Schatten von Bäumen und Büschen. Ihr Lebensraum beschränkt sich von Gingin bis zur Green Range im Südwesten, östlich von Albany sowie Rottnest Island. Auf dem Festland lebten sie bis in die 1930er Jahre vorwiegend in Feucht- und Sumpfgebieten und in anderen dichten Vegetationszonen. Ihre Population auf dem Festland ist inzwischen vor allem durch Füchse extrem dezimiert – sie sind dort nur noch in wenigen kleinen Gebieten, vorwiegend mit dichter Ufervegetation, zu finden. Das Kurzschwanzkänguruh steht unter Artenschutz und ist stark gefährdet. Die größte Anzahl Quokkas behauptet sich heute auf der fuchsfreien, fast baumlosen und trockenen Insel Rottnest Island, wo sie und ihre Verhaltensweisen auch genauesten studiert werden. Sie haben sich in ihrem Verhalten an die Lebensbedingungen der Insel angepasst. So gebären sie beispielsweise nur einmal im Jahr und zwar im späten Sommer. Die Jungen verlassen im August den schützenden Beutel der Mutter und werden dann bis Oktober unabhängig. Auf dem Festland indes werden die Jungen das ganze Jahr über geboren. Die Lebenserwartung der Tiere liegt bei ca. zehn Jahren, wobei sie ab einem Alter von zwei Jahren geschlechtsreif sind.

Quokkas gelten als gesellig und leben in Familiengruppen. Die männlichen Tiere dominieren die Gruppe. Untereinander existiert eine stabile Rangordnung. In der

Regel kennen sie aber kein Territorialverhalten. Die Kurzschwanzkängurus sind absolut stumm, sie geben nicht mal bei Auseinandersetzungen oder dergleichen Geräusche von sich. Quokkas ernähren sich von Gräsern und Kräutern sowie von Blättern, die sie in ihrem Magen bakteriell verdauen. Problematisch auf Rottnest Island ist für die kleinen Gesellen die Fütterung durch Touristen. Deshalb sollte darauf verzichtet werden!

Quokkas auf Rottnest Island

Tauchen/	Rottnest Malibu Dive (Tel. 09–92925111) vermietet Tauchequipment,
Wassersport	Surfboards und bietet zudem Tauch- und Schnorcheltouren an.

Organisierte	Touren auf und über die Insel sowie Übernachtungspakete und Walbeobach-
Touren auf	tungstouren bieten die o.g. Fähranbieter an.
die Insel	

Carnac Island

Ein Tipp für Tierfreunde ist eine Bootstour (Nov-April) auf die kleine wilde Insel Carnac, 10 km südwestlich von Fremantle gelegen. Die einstige Walfangstation steht heute unter Naturschutz. An den Stränden tummeln sich die sehr seltenen Australischen Seelöwen (Australian Sea Lions) und Neuseeland-Seebären (New Zealand Fur Seals). Delfine können regelmäßig im Meer bei Carnac beobachtet werden. An den Klippen der Insel nisten zahlreiche Seevögel und Weißflügelpinguine (Little Penguin). Im Inselinneren schlängeln sich hochgiftige Tigerotter (Tiger Snakes).

Oceanic Cruises (s. Rottnest Island Anreise), veranstaltet Tagestouren zur Insel mit Schnorchelausrüstung und geführtem Strandspaziergang.

Charter 1, (Tel. 04-28604794, www.charter1.com.au), bietet Segeltouren zur Insel an.

Die Leeuwin Strömung

Taucher und Schnorchler finden rund um Rottnest Island oder an der Bussleton Jetty eine erstaunliche Unterwasserwelt vor. Über 400 tropische und subtropische Fischarten, wirbellose Meerestiere, Korallen und Schwämme wurden bislang registriert. Diese große Vielfalt ist durch die außergewöhnlich warme Meeresströmung des Leeuwin Current in diesen Breiten erklärbar. Das schmale Warmwasserband fließt vom Sunda Shelf, zwischen Nordwest-Australien und Indonesien, bis zum Cape Leeuwin (▶ s.S. 251), dann ostwärts bis in die Great Australien Bight bevor sie sich an der Westküste Tasmaniens verläuft. Das Wasser der Leeuwin Strömung ist nicht nur warm und klar, sondern auch reich an Nährstoffen. Die Strömung transportiert Larven von tropischen Meeresbewohnern nach Süden. Dank der warmen Wassertemperatur können diese dort weiter überleben und bilden so für wirbellose Meerestiere (Langusten) und Fische eine ausgezeichnete Nahrungsquelle.

Swan Valley

Das älteste Weinanbaugebiet Westaustraliens (seit 1829) liegt nur eine halbe Autostunde östlich von Perth. Die Stadt **Guildford** am Great Eastern Highway ist das südliche Eingangstor des Swan Valley. Das Gebiet ist mit über 30 Weingütern, hervorragenden Restaurants und Cafés, Unterkünften, Kunstgalerien, historischen Gebäuden, Brauereien, einer Käse- und Schokoladenfabrik ein geeigneter Ort, um einen ruhigen Tag außerhalb der Großstadt zu verbringen. Für Weinliebhaber lohnt sich eine geführte **Tagestour** per Bus und Schiff durch das Tal am Fuße der Darling Ranges. Häufig sind darin der Besuch eines oder mehrerer Weingüter (mit Weinproben) einge-schlossen. Selbstfahrer sollten den ausge-schilderten 32 km langen **Swan Valley Drive** (Route 203) nutzen, um die Region und ihre Attraktionen zu erkunden.

Bei den **Weinen** sind jugoslawische, englische und italienische Einflüsse spürbar. Der Wein wird oft als Verschnitt (Blend), z.B. Burgun-dy, vermarktet. Körperreiche, vollmundige Rot- und Weißweine sind charakte-ristisch für das Swan Valley. Zu den Spezialitäten des Tales zählt der Muscat Gordo Blanco. Am zweiten Oktoberwochenende fin-det Westaustraliens größtes Wein- und Speisefestival **„Spring in the Valley"** statt.

Infos **Swan Valley and Eastern Region Visitor Centre,** Historic Guildford Court-house, Ecke Meadow/Swan Sts, Guildford, Tel. 08-93799400, tägl. 9–16 Uhr, www.swanvalley.com.au. Die Landkarte „Swan Valley Guide and Map", die zur Erkundung der Region optimal ist, bekommen Sie hier kostenlos. (Infos zu Öffnungszeiten der Weingüter und Beratung bzgl. der Unterkünfte.)

Anreise Mit öffentlichen Verkehrsmitteln ist Guildford mit dem Zug der Midland Line ab Perth erreichbar. Von dort müssen Sie sich einer Tour anschließen oder ein Fahrrad (s. Perth Fahrradverleih/-shop) mieten.

Mit dem eigenen Fahrzeug ist das Tal schnell über den Great Eastern Highway (Ausfahrt Guildford) erreichbar.

Touren Von Perth werden eine Vielzahl von Tagestouren angeboten, zum Beispiel:

Captain Cook Cruises (s. Touren Perth) schippert den Swan River flussauf-wärts und bietet Mahlzeiten mit Weinproben an Land.

Out and About Wine Tours kombiniert die Highlights des Tals per Schiff und Bus, Tel. 08-9377 3376, www.outandabouttours.com.au.

Unterkunft und Camping ***** **Novotel The Vines Resort&Country Club,** Verdelho Drv, The Vines, Tel. 08-92973000; edles Resort am Nordende des Swan Valley mit Golfplatz.

**** **Hansons Swan Valley,** 60 Forest Rd, Henley Brook, Tel. 08-92963366; idyl-lisch gelegenes Haus mit gutem Komfort und Frühstück.

Campingplatz s. Perth Unterkunft und Camping.

John Forrest National Park

Nur 26 km nördöstlich der Großstadt genießt man im ältesten Nationalpark Westaustraliens in den Darling Ranges ein beschauli-ches Naturerlebnis. Vom Aussichtspunkt des Parks (ca. 1 km vom Great Eastern Hwy) hat man den idealen Blick auf Perth und die Granitfelsen der Umgebung. Spannend ist auch der 340 m lange, stillgelegte Eisenbahntunnel von 1893, durch den man entweder wandern oder radeln kann. Ansonsten gibt es weitere Wanderwege durch das Buschland zu Teichen und Wasserfällen. Autofahrer folgen dem Scenic Drive (10 km, asphaltiert) durch den Park. Picknicktische, Grills und überdachte Hütten sowie genügend Parkraum sind vor-handen. Camping ist nicht erlaubt.

Anfahrt   **Anfahrt** über den Great Eastern Highway: Es sind zwei Ausfahrten vom Highway ausgeschildert. **Infos** unter www.naturebase.net, beim Nationalparkbüro
in Mundaring (Mundaring Weir Road, Tel. 08-92951955) oder in der Rangerstation im Park (Tel. 08-92988344). Der Park kostet Eintritt (▶ s. Kasten S. 150).

Avon Valley National Park

Das 80 km östlich von Perth gelegene grüne Tal, war einst Heimat
zahlreicher englischer Siedler, als in Perth die Versorgung knapp wurde
und man nach fruchtbarem Land suchte. Insbesondere im Frühjahr
blühen hier unzählige Wildblumen. Heute ist der Fluss im Winter und
Frühling ein beliebtes Ausflugsziel für Kanufahrer (zu anderen Jahreszeiten ist der Fluss ausgetrocknet). Ein Wanderweg führt am Fluss entlang, Picknicktische und Zeltplätze sind vorhanden. Der Park mit
Granitfelsen, einem besonderen Waldbestand und einer reichen
Vogelwelt ist über die Ortschaft Midland, die Toodyay Road, Morangup
Road und Quarry Road erreichbar. Die Zufahrten zum Park sind nicht
asphaltiert! Infos beim Ranger (Tel. 08-95742540) oder unter www.
naturbase.net.

„Munda Biddi Trail" – mit dem Mountainbike von Perth bis Albany

Der fast 1000 km lange Radweg „Munda Biddi Trail"
führt durch einen der schönsten Abschnitte durch
Südwestaustralien von Perth nach Albany.

Munda Biddi bedeutet in der Sprache der Nyoongar Aboriginal People soviel wie „Weg durch den Wald".
Die Bike-Route beginnt beim Skulpturenpark in Mundaring bei Perth, wo viele Künstler den Ort in eine bunte und le-
bensfrohe Enklave verwandelt haben. Weiter geht es dann durch bewaldetes
Gelände, vorbei an Wiesen voller Wildblumen, idyllischen Orten und einstigen
Bahnhöfen.

Stationen unterwegs sind zum Beispiel Dwellingup, eine atmosphärische
Kleinstadt nahe des Murray River, oder der Logue Brook Dam mit dem kristall-
klaren Lake Brockman. Der See lädt ein zum paddeln, baden oder Wasserski fahren. Als Radfahrer übernachtet man entweder im Zelt oder im jeweiligen Gästehaus in einem der kleinen Orte. Fahrräder können in Perth oder Dwellingup ab
etwa A$ 15 pro Tag gemietet werden. Der Trail ist sehr gut ohne Begleitfahrzeug
befahrbar, wer gerne Unterstützung hat, kann sich einer geführten Tour anschließen. Die Fahrt erfolgt überwiegend auf guten Schotter- und Waldwegen.

Mehr Details zur Route, aktuelle Informationen und Landkarten gibt es unter:
www.mundabiddi.org.au

Rundreise durch den Südwesten

Überblick

Der Süden Westaustraliens erwartet den Besucher mit einer vielseitigen Landschaft voller Naturschönheiten. Grüne Wälder, farbenprächtige Wildblumenwiesen, fantastische Strände, liebliche Ortschaften und vielfältige Nationalparks lassen eine Reise durch den Südwesten zu einem abwechslungsreichen Erlebnis werden. Überraschenderweise wird diese Region nur von wenigen Australien-Reisenden in Augenschein genommen: für Urlauber, die die Vorteile des sanften Tourismus und die Unberührtheit der Natur zu schätzen wissen, genau das Richtige.

Der westlichste Zipfel Australiens liegt nur drei bis fünf Fahrstunden von Perth entfernt. Östlich von Perth bieten die Goldfelder eine faszinierende Mischung aus weiten Landschaften, kleinen historisch interessanten Ortschaften und riesigen Bergbaustätten. Die Stadt Kalgoorlie ist das pulsierende Zentrum der Region. Weltbekannt ist auch die Stadt Hyden mit dem Wave Rock, einem 15 Meter hohen Granitfelsen in Gestalt einer riesigen Welle. Während der Wildblumensaison erblüht die Region in unvorstellbarer Pracht. Weiter östlich erstreckt sich die einsame Nullarbor Plain, die sich von Norseman nach Südaustralien erstreckt.

Auf der Küstenroute beeindruckt die Gegend um Esperance mit spektakulären Küstenlandschaften, hoch aufragenden Granitfelsen, schneeweisen Stränden und dem türkisblauen Ozean – ein Paradies für Liebhaber von Sonne und Meer. Das Recherche Archipel besteht aus über 200 Küsteninseln. Albany und die Nationalparks Stirling Range und Porongorup bieten herrliche Ausblicke und wunderbare

Südwesten

Wandermöglichkeiten. In den Riesenwäldern von Pemberton stehen die bis zu 80 Meter hohen Karri-Bäume. Margaret River ist bei Weinliebhabern und Surfern gleichermaßen bekannt und beliebt. Und auf dem Weg zurück nach Perth erwartet den Besucher im Städtchen Busselton der längste Bootssteg der südlichen Hemisphäre.

Die meisten Straßen im Südwesten sind asphaltiert. Ausnahmen stellen die stellen die Pisten in einigen Nationalparks dar. Dort bietet ein Allradfahrzeug den Vorteil, zu den teils abgelegenen Campgrounds, Stränden und Sehenswürdigkeiten zu gelangen. Für die meisten Zwecke ist ein zweiradgetriebenes Fahrzeug allerdings vollkommen ausreichend. Auch wenn die Entfernungen im Südwesten eher moderat erscheinen, so sollte nicht unterschätzt werden, dass man auf den zum Teil schmalen und kurvenreichen Straßen wesentlich länger als auf den schnurgeraden Highways des Landes benötigt.

Für die Tourplanung sollten mindestens 10 Tage für den Südwesten einkalkuliert werden, jeder Tag mehr ist ein Gewinn! Man beachte, dass der Küstenabschnitt zwischen Perth / Fremantle und Bunbury immer mehr von Wohnsiedlungen verbaut und zersiedelt ist und dort kaum Sehenswertes geboten ist.

Routenvorschlag Südwesten

19 Tage   **Rundreise ab/bis Perth**
(Allradfahrzeug empfohlen, Gesamtstrecke: 2873 km)

1. Tag:	Perth – Hyden (Wave Rock) (340 km)
2. Tag:	Hyden – Kalgoorlie-Boulder (398 km via Marvel Loch)
3. Tag:	Kalgoorlie-Boulder
4. Tag:	Kalgoorlie-Boulder – Esperance (392 km)
5. Tag:	Esperance – Cape Le Grand NP (62 km)
6. Tag:	Cape Le Grand NP – Cape Arid NP (110 km)
7. Tag:	Cape Arid NP – Esperance (123 km)
8. Tag:	Esperance – Fitzgerald River NP (246 km)
9. Tag:	Fitzgerald River NP – Stirling Range NP (242 km)
10. Tag:	Stirling Range NP – Porongurup NP – Albany (105 km)
11. Tag:	Albany und Umgebung (50 km)
12. Tag:	Albany – Denmark (54 km)
13. Tag:	Denmark – William Bay NP – Denmark/Parry Beach (40 km/48 km)
14. Tag:	Denmark/Perry Beach – Pemberton (192 km/170 km)
15. Tag:	Pemberton – Augusta (125 km)
16. Tag:	Augusta – Leeuwin Naturaliste NP – Margaret River (60 km)
17. Tag:	Margaret River – Cape Naturaliste – Bussleton (100 km)
18. Tag:	Bussleton – Rockingham – Fremantle (215 km)
19. Tag:	Fremantle – Perth (19 km)

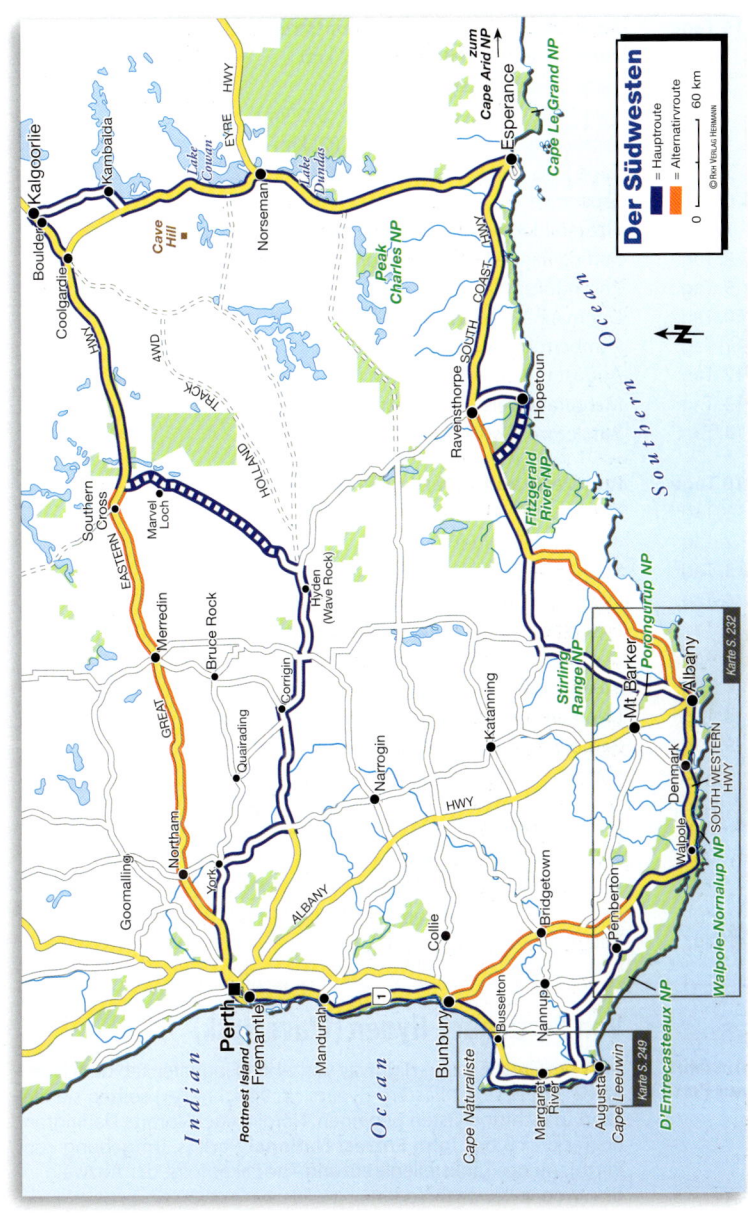

Südwesten

14 Tage   **Rundreise ab/bis Perth (Gesamtstrecke: 2451 km)**
 1. Tag: Perth – Kalgoorlie-Boulder (592 km)
 2. Tag: Kalgoorlie-Boulder
 3. Tag: Kalgoorlie-Boulder – Esperance (392 km)
 4. Tag: Esperance – Cape Le Grand NP (62 km)
 5. Tag: Cape Le Grand NP – Esperance (62 km)
 6. Tag: Esperance – Hopetoun / Fitzgerald River NP (239 km / 246 km)
 7. Tag: Fitzgerald River NP – Stirling Range NP (242 km)
 8. Tag: Stirling Range NP – Porongurup NP (49 km)
 9. Tag: Porongurup NP – Denmark (102 km)
10. Tag: Denmark – Pemberton (192 km)
11. Tag: Pemberton – Augusta (125 km)
12. Tag: Augusta – Leeuwin Naturaliste NP – Margaret River (60 km)
13. Tag: Margaret River – Cape Naturaliste – Bussleton (100 km)
14. Tag: Bussleton – Perth (234 km)

10 Tage   **Rundreise ab/bis Perth (Gesamtstrecke: 2292 km)**
 1. Tag: Perth – Kalgoorlie-Boulder (592 km)
 2. Tag: Kalgoorlie-Boulder
 3. Tag: Kalgoorlie-Boulder – Esperance (392 km)
 4. Tag: Esperance und die umliegenden Nationalparks (ca. 130 km)
 5. Tag: Esperance – Stirling Range NP (412 km)
 6. Tag: Stirling Range NP – Albany (90 km)
 7. Tag: Albany – Denmark (54 km)
 8. Tag: Denmark – Karri Wälder – Pemberton (192 km)
 9. Tag: Pemberton – Margaret River / Leeuwin-Naturaliste NP (149 km)
10. Tag: Margaret River – Perth (281 km)

4 Tage   **Kurzreise ab/bis Perth (Gesamtstrecke: 1106 km)**
 1. Tag: Perth – Albany (411 km)
 2. Tag: Albany – Pemberton (246 km)
 3. Tag: Pemberton – Margaret River – Busselton (215 km)
 4. Tag: Busselton – Perth (234 km)

 # Von Perth nach Hyden (Wave Rock)

Ausfahrt aus Perth   Auf dem Great Eastern Highway vorbei am Flughafen (ab dem Flughafen ist der Great Eastern Bypass Nr. 94 schneller) sollten sie die Fahrt in Richtung Osten beginnen. Nördlich des Vororts Darlington erstreckt sich der **John Forrest National Park** (s. Umgebung von Perth). An der Tankstellenkreuzung The Lakes folgt der Abzweig in das Avon Valley nach York.

Mit öffentlichen Verkehrsmitteln lässt sich der Wave Rock mit Transwa (www.transwa.wa.gov.au) besuchen (Hinfahrt Dienstag, Rückfahrt Donnerstag). Der Bus hält am Roadhouse in Hyden. Geht es einfach nur darum, den Wave Rock einmal gesehen zu haben, so sollte man sich einer geführten Tagestour anschließen (s. Perth Touren).

Fast endlose Weizenfelder kennzeichnen den „Wheat Belt", die Kornkammer Westaustraliens. Dazwischen liegen zahlreiche Schaffarmen, die immer wieder durch regelmäßig wiederkehrenden Dürreperioden in wirtschaftliche Not geraten.

York

Die schmucke Stadt **York**, die als älteste Inlandsiedlung Westaustraliens (1831) gilt, ist mit ihren restaurierten alten Gebäuden, einladenden StraßenCafés und unterhaltsamen Festivals ein beliebtes Wochenendziel. Die sehenswerten historischen Häuser und Museen stehen an der Hauptstraße **Avon Terrace.** Von Süd nach Nord sind speziell die **Old Townhall** (1911), das **Castle Hotel** von 1853 (Ecke Avon Tce/South St) und das in den 1840er Jahren erbaute **Court House** (Gericht) besonders reizvoll. In letzterem befinden sich neben zwei Gerichtssälen auch Gefängniszellen und die alte Polizeistation (tägl. 10–16 Uhr geöffnet). Schräg gegenüber lohnt sich der Blick auf das **Settlers House** von 1845 und die schöne Oldtimer-Sammlung im **Motor Museums** (116 Avon Tce, tägl. 9.30–15 Uhr, Eintritt frei).

Von der Avon Terrace gelangt man auf Höhe der Pool Street zur Hängebrücke über den Avon River. Die Brücke wurde 1853 als erster Übergang über den Fluss von Sträflingen erbaut und in den 1990er Jahren komplett restauriert. Auf der anderen Seite des Flusses befindet sich das kleine **Residency Museum** (Brook St, Di–Do 13–15 Uhr, Sa/So 11–15.30 Uhr, Eintritt frei) mit zahlreichen Relikten aus der Gründungszeit der Stadt.

Information **York Tourist Bureau (Old Townhall),** 81 Avon Tce, Tel. 08-96411301, www.yorkwa.com.au, tägl. 9–17 Uhr.

In York finden zahlreiche **Veranstaltungen** und Festivals statt, deren Spektrum von Jazz (September), über Antikmärkte bis hin zu Oldtimer Rennen reicht. Der Veranstaltungskalender ist beim Visitor Centre (s.o.) erhältlich.

Unterkunft und Camping **Übernachtungmöglichkeiten** gibt es in der Stadt zwar eine Menge, doch während der Festivals kann es trotzdem eng werden.

*****Settlers House,** 125 Avon Tce, Tel. 08-96411096; Zimmer in historischem Gemäuer.

* **Kookaburra Backpackers,** 152 Avon Tce, Tel. 08-96412936; Backpacker-Hostel, bekannt für das gute Frühstück.

Mount Bakewell Caravan Park, Eighth Rd, Tel. 08-96411421; nördlich der Innenstadt gelegener CP mit schattigen Plätzen.

Südwesten

In der Gegend um York bieten auch einige Farmen Zimmer mit Frühstück an (Infos im Visitor Centre).

 # York – Corrigin

Um von **York** nach **Corrigin** zu fahren gibt es zwei Varianten. Die kürzere Strecke führt von York direkt nach Osten über Quairading und weiter nach Corrigin (130 km). Etwas länger, aber dafür um einiges abwechslungsreicher, ist die Variante von York dem Southern Highway nach Süden bis Brookton zu folgen, um dann ostwärts nach Corrigin abzubiegen (160 km). Die Kleinstadt **Beverley** am Highway hat ein kleines Luftfahrtmuseum (139 Vincent St, tägl. 9–16 Uhr) und **Brookton** ist ein idealer Zwischenstopp für eine Mittagspause im öffentlichen Park. 18 km westlich von Corrigin liegt die **Kunjin Animal Farm** (tägl. 10–16 Uhr) mit Emus, Kängurus, Ziegen und Alpacas.

Corrigin
Corrigin (1200 Ew.) ist eine typische Stadt im Weizengürtel, die außer einem Roadhouse, zwei Hotels und einem skurrilen Hundefriedhof nicht viel zu bieten hat. Während des Frühjahrs sind die Wildblumen in der Region eine Augenweide. Vorbei am Salzsee **Kondinin Lake,** der bei ausreichendem Wasserstand von Surfern und Wasserskifahrern genutzt wird, erreicht man das 400-Einwohner-Dorf **Kondinin** mit Roadhouse, Campingplatz, Motel und Hostel. Von hier sind es noch 60 km bis Hyden.

Hyden
Gerade mal 190 Menschen leben in **Hyden**. Trotzdem gehört das Städtchen zu den bekanntesten Orten im Südwesten. Grund dafür ist die 6 km östlich von Hyden liegende Felsformation Wave Rock. Der Ort dient als Rastplatz und Übernachtungsort für Touristen.

Das **Visitor Centre** (www.waverock.com.au) liegt direkt an der Hauptstraße. Empfehlenswert ist das gut ausgestattete *****Hyden Hotel** (2 Lynch St, Tel. 08-98805052) mit Restaurant und Pool.

Wave Rock

Die 15 m hohe Granitwelle zählt zu den meistbesuchten Naturdenkmälern im Südwesten. Die nahezu kahle, 110 m lange Felsformation sieht aus wie eine Welle, die kurz vor dem Brechen erstarrt ist. Sie ist mit ihren grauschwarzen Streifen, die das Ergebnis von Wasserabflüssen sind, ein Teil des sonst eher unscheinbaren Hyden Rock. In einer Untersuchung wurden die Kristalle des Granits auf das Alter von 2700 Mio. Jahren geschätzt. Leider ist das Bild der Welle durch die niedrige, von Menschenhand errichtete Steinmauer auf der oberen Kante des Felsens getrübt. Die Mauer soll das Regenwasser auf dem Berg ableiten und in ein nahe gelegenes Wasserreservoir führen. Für den Zugang zum Wave Rock wird von der Gemeindeverwaltung Eintritt verlangt (Ticketautomat am Parkplatz).

Südwesten

Wave Rock

Weiter östlich, zwanzig Gehminuten entfernt, befindet sich die Felsformation **Hippo's Yawn,** eine kleine Felsenhöhle aus der Aboriginal-Geschichte.

Nördlich des Wave Rock liegen die weniger spektakulären Granitformationen **The Humps, Mulka's Cave** und **Gnamma Hole.** Von den **King Rocks** hat man einen ausgezeichneten Blick auf die Umgebung (Anfahrt: 17 km auf der East Hyden Road, dann nach Norden auf die Kings Rock Rd). Für Hobby-Astronomen lohnt sich bei klarem Himmel ein abendlicher Besuch im **Stargate Observatory** (East Hyden Rd, 2 km östlich des Wave Rock, Tel. 08-98807049, Touren von April–Okt um 19.30 Uhr, Nov–März 20 Uhr, 4 Tage vor und nach Vollmond geschlossen; eine Buchung ist notwendig).

Unterkunft und Camping

Das Übernachtungsangebot beschränkt sich auf den **Wave Rock Caravan Park** mit Stellplätzen, Cabins und Backpackerunterkünften (Tel. 08-98805022). Der Kiosk des Campingplatzes ist gleichzeitig das **Tourist Office** mit Souvenirverkauf. Dahinter befindet sich ein kleines Wildgehege.

1 km nördlich liegen am Ufer des Lake Magic die Selbstversorger-Bungalows (bis zu 8 Pers.) des *****Wave Rock Resort** (Tel. 08-98805022).

 ## Weiterfahrt nach Kalgoorlie

Auf einer gut gepflegten Piste kann direkt von Hyden über Marvel Loch zum Great Eastern Highway gefahren werden (Hyden – Kalgoorlie 398 km) – oder man wählt mit dem Geländewagen den abenteuerlichen **Holland Track** (Hyden – Kalgoorlie 380 km). Die kürzeste asphaltierte Verbindung zum Great Eastern Highway, verläuft über Kondinin, Narembeen und Merredin (Hyden – Kalgoorlie 519 km)

Holland Track – auf den Spuren der Goldsucher

Als 1892 bei Coolgardie Gold gefunden wurde, strömten Tausende Glücksritter in das Landesinnere. Neben denen aus Perth, kamen auch viele aus dem Osten Australiens. Sie reisten per Schiff nach Albany, fuhren anschließend mit dem Zug nach York und ritten von dort mit Pferden oder gingen zu Fuß die letzten 500 km durch den Busch bis zu den Goldfeldern. In Broomehill, einer Ortschaft auf halbem Weg zwischen Albany und York, wurde erkannt, dass ein direkter Weg zu den Goldfeldern lukrativer wäre. So könnten Proviant und Ausrüstung schneller und günstiger nach Coolgardie gelangen und der Ort selbst profitiere auch davon. 1893 machte sich John Holland, ein erfahrener Buschmann und Känguru-jäger, auf den Weg, um eine Route durch den Busch zu schlagen. Schon nach zwei Monaten war die Abkürzung von Albany zu den Goldfeldern geschafft. In den folgenden drei Jahren nutzen etwa 18.000 Menschen den Pfad, danach war die Eisenbahnverbindung nach Coolgardie fertiggestellt. Der südliche Teil des Holland Track wurde fortan von den Getreidefarmen genutzt, auf dem nörd-lichen Abschnitt (Hyden-Coolgardie) übernahm die Natur wieder die Regie – der Pfad wurde sehr schnell wieder überwuchert und war bald als solcher kaum mehr zu erkennen.

1992 wurde dieser Teil der Route wieder für Reisende eröffnet, im Jahr 2000 komplett mit neuen Wegweisern ausgestattet. Der Track führt zum Teil durch unwegsamen dichten Busch, vorbei an bizarren Granitformationen und ver-lassenen Brunnen. Für die 380 km lange Strecke von Hyden nach Coolgardie sollte man sich mindestens ein bis zwei Tage Zeit nehmen. Im Sommer wird es extrem heiß und im Winter können Regenfälle die Piste schnell unpassierbar werden lassen. Campen ist nur auf den ausgewiesenen Stellen entlang der Strecke erlaubt. Vor dem Befahren sollte man den Rat der örtlichen Polizeistation in Hyden oder Coolgardie einholen. Mehr Information auf ▶ www.tlccwa.org.au und www.drivewa.com.au.

Streckenhinweise

Von **Hyden nach Norseman** gelangt man auf direktem Weg über eine gepflegte Schotterpiste, die als **„Granite & Woodlands Disco-very Trail"** vermarktet wird. Markant sind die isoliert in der Land-schaft verstreuten Granitfelsen und die lichten Baumlandschaften. Die Piste ist eine Verlängerung der East Hyden Road und führt über

die Salzseen **Lake Hope** und **Lake Johnston** (Campingplatz, Pick-nick und Toiletten) direkt nach Osten (Hyden – Norseman 299 km). Infos über den aktuellen Pistenzustand erteilt das Shire of Kondinin (Tel. 08-98891006) und das Shire of Dundas (Tel. 08-90391205).

Direkter Weg zur Südküste: Wer die Goldfelder auslässt, kann von Hyden auf dem durchgehend asphaltierten **Brookton Highway** an die Südküste nach Ravensthorpe fahren (195 km).

Auf dem Great Northern Highway von Perth nach Kalgoorlie

Südwesten

Die 615 km lange Strecke verläuft von Perth durch das Avon Valley so-wie durch zahlreiche kleine Städte und den endlos scheinenden Weizengürtel des Landes, bis sie in der Goldgräberstadt Kalgoorlie endet. Im Frühling ist die Blumenpracht am Straßenrand eine schöne Abwechslung zur tristen Asphaltmagistrale. Parallel zum Highway ver-läuft eine Pipeline, die das im Landesinneren rare Wasser von Perth nach Kalgoorlie transportiert (▶ Exkurs s.S. 189). Touristisch wird die Strecke daher als **Golden Pipeline Heritage Trail** (www.goldenpi-peline.com.au) beworben. Ab und an weist ein Schild entlang der end-los geraden Straße auf ein altes Pumpwerk oder eine verlassene Schule hin. Trotz der großen Distanz ist die Strecke gut an einem Tag zu schaf-fen, da es unterwegs nicht viel Interessantes zu sehen gibt.

Ausfahrt aus Perth   Die Ausfahrt verläuft bis zu The Lakes genauso wie die Strecke zum Wave Rock (s.o.).

Northam

Northam (7000 Ew.) ist das Zentrum des Avon Valley und damit eine lebendige Stadt, die vom Highway jedoch umfahren wird. Die Stadt war einst der Endbahnhof der Eisenbahnstrecke von Perth in Richtung Osten. Die Weiterreise von Northam erfolgte für die Goldgräber auf der Straße. Im Stadtkern sind einige alte Häuser liebevoll restauriert, der alte Bahnhof beherbergt ein Eisenbahnmuseum (So 10–16 Uhr). Der Spaziergang über die längste Hängebrücke Australiens darf nicht ausgelassen werden. Von Juli bis September kann man mit dem Kanu auf dem Avon River bis Perth paddeln!

Northam – Hängebrücke über den Avon River

Northam Tourist Bureau, 2 Grey St, Tel. 08-96222100, tägl. 9–16.30 Uhr, www.visitnortham.com.au.

Merredith

Die nächste nennenswerte Ansiedlung ist **Merredin** (630 Ew.). Der Name Merredin stammt von den Merritt Bäumen, einer Eukalyptusart, die am Parkplatz beim Bahnhof zu sehen sind. Die lokalen Aboriginal People machten aus dem Holz der Bäume ihre Speere. Das Zentrum der Stadt mit einem Supermarkt, einem Hotel, einer Bank und einer Post befindet sich nördlich der Eisenbahngleise. Beim Bahnhof gibt es ein **Visitor Centre** (Barrack St, Tel. 08-90411668, www.wheatbelttourism.com, Mo–Fr 10–16 Uhr). Gleich dahinter, im alten Bahnhof, ist das **Eisenbahnmuseum** mit einer Dampflok von 1897 eingerichtet (Mo–Sa 9–15, So 13–16 Uhr, Mittagspause von 12–13 Uhr). Der alte hölzerne **Wasserturm** (1893) wurde bis in die 1960er Jahre für die Wasserzufuhr der Lokomotiven genutzt. Eine kuriose Attraktion ist die **Toiletten-Ausstellung** mit den neuesten und komfortabelsten „Busch-Toiletten" Westaustraliens. Sie wurden zur Ansicht (und zur Benutzung!) vom Besitzer des Two Dogs Hardware Shop zusammengetragen und für die Öffentlichkeit zur Schau gestellt (am östlichen Ende der Barrack St). In **Merredin** stößt die Asphaltstraße von Kondinin (Hyden) auf den Highway.

Southern Cross

Das Städtchen **Southern Cross** (1100 Ew.) ist keine wirkliche Abwechslung. Zum Tanken oder für ein kühles Getränk ist die Ortschaft dennoch einen Stopp wert. Erwähnenswert ist zudem, dass die Straßen nicht wie üblich, nach australischen oder englischen Entdeckern, Staatsmännern und deren Verwandtschaft benannt sind, sondern nach Sternen und Sternbildern. Wie jedes Dorf entlang des Highways hat auch Southern Cross ein Museum mit rostigen Relikten aus der Zeit des Goldrauschs (Yilgarn History Museum, Antares St, Mo–Sa 9.30–16 Uhr, So 13.30–16 Uhr).

Übernachten ist im ****Palace Hotel** (Tel. 08-904915555) oder auf dem Campingplatz (Tel. 08-90491212) am östlichen Ortsausgang möglich.

Zwischen Southern Cross und Coolgardie erstreckt sich der 15.250 qkm große **Goldfields Woodlands National Park,** der den Boorabbin National Park mit einschließt. Der Nationalpark ist kaum erschlossen und schützt vor allem die verbliebenen Baumbestände. Bis in die 1960er Jahre wurden für die Goldfelder und für den Bau der Eisenbahntrasse ganze Wälder abgeholzt. Im südöstlichen Teil des Parks befindet sich bei dem imposanten Granitfelsen Victoria Rock (43 km südlich von Coolgardie) ein einfacher Campingplatz.

Coolgardie

Coolgardie, die einst wichtigste Stadt in den Goldfeldern, verkam im Laufe der Jahre zu einem verschlafenen Straßendorf am Highway.

Es scheint, als sei die Zeit hier stehen geblieben. Hübsch restaurierte Gebäude zieren die breite, kaum befahrene Hauptstraße Bayley Street, an der nur die wenigen parkenden Pick-Ups erahnen lassen, dass hier tatsächlich noch jemand wohnt. Am Nachmittag kann man mit etwas Glück den einen oder anderen der 1000 Einwohner erspähen, der mit tief ins Gesicht gezogenem Hut und Working-Boots nach der Arbeit in der Mine zum Pub schlendert. Als 1892 Arthur Bayley in der Gegend von Southern Cross eine große Menge Gold fand, sprach sich das schnell herum und tausende Goldsucher machten sich auf den mühsamen Weg dorthin. Innerhalb von zehn Jahren wurde Coolgardie („Mother of the Goldfields") mit über 16.000 Bewohnern zur drittgrößten Stadt Westaustraliens. Als das Oberflächengold dahinschwand und 1963 die Original Mine Bayley's Reward geschlossen wurde, begann der Niedergang der Stadt.

Infos   Im **Visitor Centre** (Court House, 62 Bayley St, Tel. 08-90266090, Mo–Fr 9–16 Uhr, Sa/So 10–15 Uhr, www.coolgardie.wa.gov.au) erhält man eine genaue Beschreibung der historischen Gebäude und Sehenswürdigkeiten. Im gleichen Gebäude ist der Besuch des **Goldfields Exhibition Museum** mit vielen Erinnerungen an die goldenen Zeiten der Stadt zu empfehlen (Öffnungszeiten wie Visitor Centre). Das Leid und die Kriminalität, die während des Goldrausches hier herrschten, sind auf den Grabsteinen der beiden **Friedhöfe** am westlichen Stadtausgang nachzulesen.

Unterkunft und Camping   **Übernachtungsmöglichkeiten** bietet der Haven Caravan Park in der Hauptstraße (Tel. 08-90266123) sowie das **Coolgardie Motel (43 Bayley St, Tel. 08-90266080).

Wasser für die Goldfelder

Mit der Entdeckung des Goldes wurde schnell deutlich, dass ohne Wasser kein intensiver Abbau des Edelmetalls erfolgen konnte. Wasser war und ist im Landesinneren noch immer ein knappes und kostbares Gut. Die Regierung stellte daraufhin Überlegungen zur Wassergewinnung an: Einer der Vorschläge war, ein Wasserreservoir bei Perth zu bauen und von dort per Pipline bis nach Kalgoorlie zu transportieren. Der Plan wurde ziemlich kompliziert, weil das Wasser zwischen Perth und Kalgoorlie bergauf gepumpt werden musste – Kalgoorlie liegt 400 m höher als Perth! Trotz aller Schwierigkeiten und gegen den Widerstand im Parlament, begann 1898 der Ingenieur C.Y. O'Connor mit der Planung des Vorhabens. Im Januar 1903 war die 2,5 Mio. Pfund teure Pipline fertiggestellt. Das Wasser wurde im neu gebauten Mount Charlotte Water Reservoir in Kalgoorlie aufgefangen und von dort in die Stadt und zu den Minen geleitet. C.Y. O'Connor erlebte die Einweihung der Pipline nicht mehr, da er sich wegen der permanenten Kritik das Leben nahm. Noch heute, nach über hundert Jahren, erhalten die Bewohner Kalgoorlies, der umliegenden Kleinstädte und Farmen entlang der Pipeline ihr Wasser aus Perth. Für den 550 km langen Weg benötigt das Wasser knapp 10 Tage.

Südwesten

Kalgoorlie-Boulder

Die Doppelstadt Kalgoorlie-Boulder (32.000 Ew.) ist das Zentrum der westaustralischen Goldindustrie und gleichzeitig eine wichtige Versorgungszentrale der regionalen Landwirtschaft.

Geschichte   Kalgoorlies Geschichte nahm im Juni 1893 ihren Anfang. Damals fanden die irischen Goldsucher Paddy Hannan, Thomas Flanagan und Daniel („Dan") Shea im Gebiet der heutigen Hannan Street an der Erdoberfläche Gold (▶ s. Exkurs S. 196). Der Fund Hannans löste den größten Goldrausch in Australiens Geschichte aus. Der 1,6 km lange Straßenabschnitt, auf dem damals das Gold gefunden wurde, wird noch heute als „The Golden Mile" bezeichnet. Mit der Entdeckung weiterer, tiefer liegenderer Goldadern einige Kilometer südlich entstand die Ortschaft Boulder. 1989 schlossen sich die beiden vormals eigenständigen Gemeinden Kalgoorlie und Boulder zu einer Stadt zusammen. Sie ist mit 32.000 Ew. der zweitgrößte Ort des Staates. Die Goldförderung und dessen Verarbeitung ist noch immer die Haupteinkunftsquelle der Region. Jährlich werden 800.000 Unzen Gold gewonnen. Die Stadt hat sich jedoch nicht nur auf die Bedürfnisse der Minenarbeiter eingestellt. Sie bietet einige interessante Sehenswürdigkeiten, gute Einkaufsmöglichkeiten, urige Pubs und eine breite Palette an Unterkünften.

Als Reisender genießt man nach einer zumeist langen Fahretappe (egal aus welcher Richtung) die Annehmlichkeiten im heißen Outback. Für all diejenigen, die in Richtung Adelaide die Nullarbor Plain erkunden wollen (▶ s. Kapitel „Die Nullarbor Plain") oder durch die Great Victoria Desert auf der Great Central Road in das Rote Zentrum reisen (▶ s. Special Tour S. 198), gilt es, hier nochmals die Vorräte aufzustocken, das Fahrzeug durchzuchecken und vor allem

die Vorzüge der Stadt zu genießen. Um ihre Geschichte zu erfahren und das Flair der Goldgräbermetropole zu genießen, sollte mindestens ein ganzer Tag für Kalgoorlie eingeplant werden.

Infos | **Kalgoorlie Goldfields Visitor Centre,** 316 Hannan St, Tel. 08-90211966, www.kalgoorlietourism.com, Mo–Fr 8.30–17 Uhr, Sa/So 9–14 Uhr; Informationen zu Stadt, Touren und Unterkünfte, außerdem Literatur zur Geschichte des Goldrauschs und Souvenirverkauf. Erkundigen Sie sich, wann in der Super Pit Mine Sprengungen (blasts) stattfinden – das sollten Sie nicht verpassen! In **Boulder** befindet sich ein weiteres Tourist Bureau im Goldfields War Museum (106 Burt St, Tel. 08-90931083, Mo–Fr 10–16 Uhr, Sa/So 9–13 Uhr).

Nationalpark-Büro, 32 Brookman St, Tel. 08-9080 5555, Mo–Fr 8.30–16.30 Uhr; Auskünfte und Erlaubnis zum Campen für den Goldfields Woodland National Park und die Naturreservaten im Norden und Süden von Kalgoorlie.

Im **Department of Aboriginal Affairs** (Ecke Cassidy/Brookman Sts, Tel. 08-90939900, www.daa.wa.gov.au) sind Genehmigungen für die Durchfahrt von Aboriginal-Gebieten (Great Central Rd, Gunbarrel Hwy, Anne Beadell Hwy) erhältlich.

An- und Abreise | **Per Flugzeug:** Qantas fliegt täglich Perth – Kalgoorlie und zurück (Tel. 131313), Skywest bedient die Strecke mehrmals wöchentlich (Tel. 1-300-660088). Der Flughafen liegt nur wenige Kilometer südöstlich der Innenstadt von Kalgoorlie. **Mietwagen** sind am Flughafen von Avis (Tel.136333), Budget (Tel. 1-300 362848), Europcar (Tel. 131390), Hertz (Tel. 133039), Thrifty (Tel. 1-300 367227) erhältlich.

Per Bus und Bahn: Perth-Goldfields Express (16 Lane St, Ecke Hay St, Tel. 1-800-620440, www.goldrushtours.com.au) bedient die Strecke zwischen Perth über Kalgoorlie-Boulder und weiter über Menzies, Leonora bis Laverton mehrmals wöchentlich. Von Kalgoorlie (Bahnhof) fährt dreimal wöchentlich ein Bus von **Transwa** nach Esperance und zurück (Tel. 1-300-662205, www.transwa.wa.gov.au).

Der **Bahnhof** in Kalgoorlie befindet sich nahe des Zentrums in der Forrest St (Höhe Wilson St). **The Prospector,** ein Schnellzug der TransWa, fährt täglich in nur 6 Stunden von Perth nach Kalgoorlie und zurück (s. Perth Züge). Der **Indian Pacific** (Tel. 132147, www.gsr.com.au) stoppt auf seiner Reise von Perth nach Sydney Mittwoch- und Samstagabend in Kalgoorlie und auf der Rückreise von Sydney nach Perth Montag- und Freitagabend.

Automobilclub | RAC, Ecke Hannan/Porter Sts, Mo–Fr 9–17 Uhr, Tel. 131703.

Einkaufen | Hinter dem Visitor Centre befindet sich ein großes Coles Shoppingcentre (7 Tage geöffnet). Rund um die Uhr hat Hannans Foodmart (Ecke Maritana/Collins Sts) geöffnet. Hannans Boulvard Shopping Centre (Graeme St, Verlängerung der Maritana St nach Norden) ist ein großes Einkaufszentrum, in dem sich auch die Post befindet. Typisches Souvenir der Region ist natürlich Gold: Als Nugget, Goldstaub oder als Schmuck wird es in zahlreichen Shops entlang der Hannan Street angeboten. Aboriginal-Kunst ist in der Goldfields Aboriginal Art Gallery (222 Dugan Street) erhältlich.

Essen und Trinken | Im **Saltimbocca** (90 Egan St, Tel. 08-90228028, Mo–Sa ab 18 Uhr) wird bestes italienischen Essen serviert. Im klassischen **Exchange Hotel** (Hannan St) gibt es deftige Counter Meals, kühles Bier und hin und wieder Livemusik. Im **Palace Hotel** (Ecke Hannan/Maritana Sts) lässt es sich an einem Tisch auf dem Balkon gut speisen und die Bar lockt mit ihrem stimmungsvollen Ambiente. Das **Top**

Südwesten

End Thai Restaurant (73 Hannan St Tel. 08-90214286) bietet gute thailändische Küche an.

Festivals

Aufgrund der Abgeschiedenheit von anderen Großstädten unterhalten sich die Bürger mit zahlreichen Veranstaltungen gerne selbst. Der Event-Kalender ist ganzjährig gefüllt mit Paraden, Sportveranstaltungen und Straßenfesten. Termine sind im Visitor Centre und unter www.kalgoorlietourism.com erhältlich.

nternet und Post

Netzone (248 Hannan St, Shop 6, am Platz beim Visitor Centre, Mo–Fr 10–19 Uhr, Sa/So 10–17 Uhr) bietet Internetzugänge, ansonsten haben die Hotels und Campingplätze Internetterminals. Postämter gibt es in Kalgoorlie (204 Hannan St, Mo–Fr 9–17 Uhr) und in Boulder (85 Burt St, Mo–Fr 8.30–17.30, Sa 8.30–12 Uhr).

Notfall

Polizei: Bookman St, Tel. 08-90219777
Krankenhaus: Piccadilly St, Tel. 08-90805888

Stadtrundfahrten, Öffentliche Verkehrsmittel

Die Innenstadt von Kalgoorlie und von Boulder kann bequem zu Fuß erkundet werden. Die Sehenswürdigkeiten außerhalb des Zentrums liegen indes weit voneinander entfernt. Wer kein eigenes Auto hat oder einfach umfassende „Insider"-Informationen wünscht, sollte sich einer geführten Tour von **Goldrush Tours** anschließen (16 Lane St, Tel. 1-800-620440, www.goldrushtours.com.au, tägl. 9.30 Uhr, Buchung im Visitor Centre). Zwischen Kalgoorlie und Boulder verkehren öffentliche Busse von Goldenlines (Tel. 08-90212655) wochentags von 8–18 Uhr.

Taxi

Tel. 131008.

Unterkunft und Camping

**** **Yelverton Quest Kalgoorlie** (210 Egan St, Tel. 08-90228181); Apartments und Zimmer in bester Qualität.

*** **Ibis Style Kalgoorlie Hotel** (45 Egan St, Tel. 08-90805900); modernes Hotel im Stadtzentrum.

** **The York Hotel** (259 Hannan St, Tel. 08-90212337); 1901 erbautes Gebäude, einfache Zimmer mit Balkon, Übernachtung inklusive Frühstück.

* **Kalgoorlie Backpackers** (166 Hay St, Tel. 08-9091 1482); saubere und ruhige Zimmer mit Klimaanlagen, große Küche und kühlem Schwimmbad.

* **Kalgoorlie Golddust Backpackers** YHA (192 Hay St, Tel. 08-90913737); ordentliches Hostel mit Doppelzimmer und Pool wenige Gehminuten vom Visitor Centre entfernt.

Prospector Holiday Park (Ecke Great Eastern Hwy/Ochiltree St, Tel. 1-800-800907); empfehlenswerter Platz mit viel Schatten, luftiger Campingküche, Pool und Internetkiosk etwa 3 km südlich des Visitor Centres.

Discovery Holiday Parks Kalgoorlie (286 Burt St, Boulder, Tel. 1-800-004800); gepflegte Anlage, Stellplätze, Cabins und Selbstversorger-Chalets.

Sehenswertes in Kalgoorlie-Boulder

Entlang der Hannan Street stehen einige prächtige und gut renovierte Gebäude aus den Gründerjahren. Beeindruckend ist die 1908 erbaute **Town Hall,** die wochentags von 10–15 Uhr für Besucher geöffnet ist. Davor steht die Bronzestatue des legendären **Paddy Hannan**. Sehenswert ist auch das 1901 gebaute **York Hotel** und das **Post Office** in der Hannan Street. Der **Bahnhof** (Forrest St) wurde bereits 1896 gebaut und wirbt mit dem längsten Bahnsteig Australiens, wichtig vor allem

Kalgoorlie

0 ———————— 600 m

© RKH Verlag Hermann

zu **8**
nach Leonora /
Wiluna **7**

Mt Charlotte

Parkeston

Williamstown

Goldfields

6
Shamrock

4 **2**
2

Boulder   Hwy   Rd

3 **3** **1**

Cassidy   St

1 **2**

Central

Wilson St

Kalgoorlie

Lane St

Oswald   St

Kino

Federal   Rd

Goldfields   Hwy

Super Pit

nach
Norseman,
Esperance

9

Südwesten

4

5

Lionel St

Nethercott St

Charles St

4

Forrest St
Dugan St
Hay St
Hannan St
Egan St
Maritana Ave

5 **13**

Throssell   St

zum Great Eastern Hwy
nach Perth, Coolgardie
zum Flughafen

*Race-
course*

Maxwell St

Hampden St

Adeline

Johnston St

Ivanhoe St

Boulder

Miller St
North-Tce
Davis St
Wittenoom St

Clancy St
Hamilton St
Lane St

12

11 **i**

10

Birt St

zum **6**

Unterkünfte & Camping

1 Yelverton Quest Kalgoorlie
2 Ibis Style Kalgoorlie Hotel
3 Kalgoorlie Backpackers
4 Kalgoorlie Golddust YHA
5 Prospector Holiday Park
6 Kalgoorlie Accomodation
  Village
  The York Hotel
  (s. Sehenswertes **2**)

Essen + Trinken

1 Saltimbocca
2 Exchange Hotel
3 Palace Hotel
4 Top End Thai
  Restaurant

Sehenswertes

1 Town Hall
2 The York Hotel
3 Post Office
4 Bahnhof
5 Questa Casa
6 WA Museum
  Kalgoorlie - Boulder
7 Mt Charlotte

8 Miners Hall of Fame
9 Super Pit
10 Boulder Town Hall
11 Palace Theatre
12 Loopline Railway
   Museum
13 Royal Flying
   Doctors

Miners Hall
of Fame

GOLD PANNING

für den Indian Pacific Fernzug, der auf seinem Weg von Sydney nach Perth in Kalgoorlie einen Stopp einlegt. Nicht nur für Männer ist der Tagesbesuch der **Questa Casa,** dem ältesten Bordell Australiens, spannend – Führungen für jedermann werden täglich um 14 Uhr angeboten (133 Hay St, Buchung im Visitor Centre). Die Geschichte der Goldfelder ist im **WA Museum Kalgoorlie-Boulder** am Ende der Hannan Street dargestellt. Der Eingang des hervorragenden Museums befindet sich unterhalb des roten, unübersehbaren Stahlförderturms der Ivanhoe Mine, von dessen Spitze sich ein schöner Blick auf die Stadt eröffnet (tägl. 10–16.30 Uhr, Tel. 08-90218533, www.museum.wa.gov .au). Auf der anderen Seite des Goldfield Highway ragt der Hügel **Mount Charlotte** mit seinem Wasserreservoir aus der flachen Landschaft. Von oben blickt man auf die riesigen Tagebauminen und die Stadt.

Dem Goldfield Highway nach Norden folgend, ist nach 5 km die Zufahrt zum gut aufgemachten Freilichtmuseum **Miners Hall of Fame** (tägl. ab 9 Uhr) ausgeschildert. Hinter dem Eingangshaus stehen alte Bergwerkshütten, Zeltlager und Wasserlöcher, in denen man selbst Gold waschen kann. Höhepunkt des Besuchs ist die Fahrt in den 36 m tiefen Bergwerksschacht, ausgerüstet mit Helm und Grubenlampe. Unten wird man von einem pensionierten Minenarbeiter in die Geheimnisse der Goldsuche eingeweiht, wobei man dazu des australischen Slangs mächtig sein sollte! Nicht verpassen sollte man danach die Demonstration der Goldschmelze. Zur Erholung lädt im Anschluss daran der chinesische Garten zum Verweilen ein.

Paddy Hannan – die Legende von Kalgoorlie

Der 1843 in Irland geborene Patrick (Paddy) Hannan wanderte im Alter von 20 Jahren nach Australien aus. Nachdem er einige Jahre bei seinem Onkel auf den Goldfeldern in Ballarat (VIC) verbrachte, zog er auf eigene Faust von Goldfeld zu Goldfeld und versuchte sein Glück. Zwischendurch schuftete er sechs Jahre lang in neuseeländischen Goldminen. 1889 kam er dann schließlich nach Westaustralien, genauer gesagt auf die Goldfelder bei Southern Cross. Dort traf er Arthur Bayley, der gerade seinen Claim in Coolgardie abgesteckt hatte. Bayleys Ausführungen über den Goldreichtum in Coolgardie begeisterten Hannan. Er reiste gemeinsam mit seinem Freund Tom Flanagan dorthin und schürfte bereits nach kurzer Zeit sein erstes Gold. Gerüchte über weitere Goldfunde am östlich gelegenen Mount Youle machten ihn hellhörig: wieder packte er seine Sachen, um mit seinen Kameraden Flanagan und Shea neue Goldadern zu finden. Unterwegs campierten die drei am Fuße des Mount Charlotte, laut Historie weil eines der Pferde ein Hufeisen verloren hatte. Durch Zufall fanden sie dort am 10. Juni 1893 an der Oberfläche Goldnuggets. Mit 100 Unzen Gold ritt er sieben Tage später zurück nach Coolgardie und ließ den das Landstück auf seinen Namen eintragen. Die drei Freunde blieben nicht lange in der Region, sondern folgten dem Ruf des Goldes bis an ihr Lebensende. Hannan suchte bis zu seinem Ruhestand als 69-Jähriger nach Gold; er verstarb 1925 in Melbourne.

Super-Pit

Von der Hannan Street auf dem Goldfield Highway nach Süden zweigt nach 4 km eine Stichstraße zum **Super Pit Lookout** ab. Vom Aussichtspunkt (tägl. 6–21 Uhr geöffnet) blickt man in ein riesiges, von Menschenhand geschaffenes Tagebauloch. Bevor die Grube ausgehoben wurde, befanden sich an dieser Stelle rund 80 kleine Untergrundminen auf der sogenannten Golden Mile. Die Super Pit, die von Kalgoorlie Consolidated Gold Mines betrieben wird, hat inzwischen die gigantischen Ausmaße von 3,2 km Länge, 1,3 km Breite und 330 m Tiefe. Selbst die monströsen Minenkipplaster erscheinen dem Betrachter wie Spielzeugautos. Die Fahrzeuge transportieren das abgebaute Gestein aus der Grube zur Verarbeitung. Ein Truck benötigt durchschnittlich 30 Minuten bis er beladen, aus der Mine herausgefahren, die Fracht entladen und wieder hinunter gefahren ist. Aufgrund der schweren Last benötigen die Lkws zwei Drittel der Zeit für die Auffahrt. Zur Zeit sind in der Mine 31 Lastwagen im Einsatz, jeder mit einem Wert von A\$ 4 Mio. Doch im Vergleich zur jährlichen Goldproduktion von 850.000 Unzen sind diese Kosten von eher untergeordneter Bedeutung. Am Aussichtspunkt wird die Geschichte der Mine sowie der Verarbeitungsprozess („crushing" – das Herauslösen des Golds aus dem eisenerzhaltigen Gestein) auf Informationstafeln erklärt. Ein besonderer Höhepunkt sind die regelmäßig stattfindenden Sprengungen in der Mine. Die Uhrzeiten erfährt man im Visitor Centre und auf dem Display am Aussichtspunkt. Kostenlose Führungen durch die Super Pit werden während der Boulder Market Days (s.o.) angeboten, ansonsten sollte man bei größerem Interesse eine Tour mit Goldrush Tours buchen. Weitere Informationen sind im Super Pit Shop in Boulder (2 Burt St) erhältlich.

Boulder

Boulder wird als eigenständige Stadt kaum wahrgenommen. Die Hauptstraße (Burt St) hat jedoch fast genauso viel Charme wie Kalgoorlies Hannan Street. Die schmucke **Boulder Town Hall** (Ecke Burt/Brookman Sts) stammt aus dem Jahr 1908. Im Inneren befindet sich ein kunstvoller Vorhang vom englischen Künstler Phillip Goatcher. Das Rathaus ist Di–Do von 9–16.30 Uhr für die Öffentlichkeit zugänglich. Ein schönes Beispiel für den Art-Deco-Baustil des vergangenen Jahrhunderts ist das **Palace Theatre Building** (1937), schräg gegenüber der Town Hall. Entlang der Burt Street findet jeden dritten Sonntag im Monat der **Boulder Market Day** statt (9.30–13.30 Uhr). Kunstwerke, Schmuck, allerlei Kleinkram und leckere Snacks werden in bunter Atmosphäre feilgeboten. Im kleinen **Loopline Railway Museum** am Bahnhof von Boulder (Ecke Burt/Hamilton Sts, tägl. 9–13 Uhr) sind alte Gegenstände aus der Zeit der damals stark frequentierten Eisenbahntrasse ausgestellt. Die Eisenbahn wurde für Touristen wieder zum Leben erweckt (www.loopline.com.au).

Immer einsatzbereit ist der **Royal Flying Doctor Service (RFDS)**, dessen Basis am Flughafen ist. Im RFDS-Besucherzentrum erhalten Sie einen Einblick in die Arbeit der fliegenden Ärzte, die ein riesiges Outbackgebiet rund um Kalgoorlie versorgen (Mo–Fr 10–15 Uhr, Führungen 10.15 Uhr, Mai–Okt zusätzlich 14 Uhr, Tel. 08-90937595, vom 24.12. bis 3.1. geschlossen). Sollte man auf seiner Reise noch nie die Gelegenheit gehabt haben, eine RFDS-Basis zu besuchen, kann man hier die Gelegenheit nutzen, mehr über die segensreiche, gemeinnützige Organisation zu erfahren.

Golden Quest Discovery Trail

Für Reisende, die den Goldsuchern von einst folgen wollen, ist der 965 km lange Golden Quest Discovery Trail genau das Richtige. Die in Art einer Themenstraße markierte Piste beginnt in Coolgardie und führt durch einsame Land-schaften nach Norden. Ehemalige Minenstädte, einstmals legendäre, heute meist verfallene Pubs, rostige Fördertürme und faszinierende Geisterstädte säumen den Weg und bieten bizarre Fotomotive. Vorbei am Salzsee Lake Ballard verläuft die Route bis zum Wendepunkt in Laverton und von dort zurück nach Kalgoorlie-Boulder. Übernachtungs- und Tankmöglichkeiten bestehen unterwegs in Menzies, Leonora und Laverton. Etwa die Hälfte der Strecke ist asphaltiert, der Rest ist meist Schotter- oder Sandpiste. Ein Geländewagen ist daher empfehlenswert. Planen Sie mindestens zwei bis drei Tage für die Tour ein. Die detaillierte Beschreibung sowie das Kartenmaterial ist im Golden Discovery Trail Guide Book enthalten, das im Visitor Centre in Kalgoorlie verkauft wird.

Len Beadells Bomb Roads

Len Beadells (1923–1995) legendäre **„Gunbarrel Road Construction Party"** baute in den 1950er und 1960er Jahren im westlichen Zentrum Australiens rund 6500 km an Pisten und Tracks, in Gegenden, in die zuvor meist noch kein weißer Mann seinen Fuß gesetzt hatte, geschweige denn mit einem motorisierten Fahrzeug gefahren wäre. Der Grund waren militärische Langstrecken-Raketentests in Woomera (SA). Entlang der Flugbahn der Raketen, der sogenannten „Line of Fire", wurden Vermessungs- und Beobachtungspunkte angelegt. Da die Raketen über weitgehend unbewohntes Gebiet flogen, mussten dazu erst einmal die entsprechenden Wege angelegt werden, um dorthin zu gelangen.

Die militärische Geschichte der **Bomb Roads** ist zweifellos bedenkenswert und verwerflich. Ein Vorteil davon ist jedoch, dass man sich als Outback-Enthusiast über ein einzigartiges Wegenetz freuen kann. Zu den Bomb Roads gehören der **Gunbarrel Highway** (▶ s.S. 198 Special Tours), **Anne Beadell Highway** (▶ s.S. 203), **Connie Sue Highway** (Rawlinna/Nullarbor – Warburton), **Sandy Blight Junction Road** (Giles – Kintore), **Gary Highway** (Gunbarrel Highway – Gary Junction), **Windy Corner Road** (Gary Highway – Talawana) und **Canning-Papunya Road** (Callawa/Canning Stock Route Well 35 – Papunya). Die Bezeichnung „Highway" sollte dabei mit Vorsicht genossen werden. Die meisten Tracks werden seit Jahrzehnten nicht mehr gepflegt, kein Grader-Trupp sorgt für eine angenehme Fahrt. Übelste Auswaschungen, von Spinifex-Gräsern überwucherte Fahrspuren und tiefsandige Passagen müssen bewältigt werden.

Eine gute Ausrüstung (Satellitentelefon, 2 Ersatzräder, Zusatztanks), Wüstenerfahrung und ein Konvoi von mindestens zwei Fahrzeugen sollten vorhanden sein. Spezialisten wie Connie Sue Beadell und Mick Hutton (www.beadelltours.com.au) bieten Tag-a-long Touren an, denen man sich als Selbstfahrer anschließen kann.

Beadells Erlebnisse sind in einigen Taschenbüchern mit witzigen Karikaturen (von ihm selbst angefertigt), vielen Fotografien und trockenem australischen Humor festgehalten. Die Bücher sind für alle Outback-Reisenden eine fesselnde und unterhaltsame Lektüre, denn sie beschreiben im Detail die Entstehungsgeschichte der berühmten Pisten. In gut sortierten Buchläden und in den ABC Shops erhält man u.a. die Bücher „Too Long in the Bush", „Blast the Bush", „Bush Bashers", „Still in the Bush", „Beating about in the Bush", „Outback Highways" und „End of an Era". Mit Fug und Recht kann man behaupten, dass Beadell die Ikone der australischen Outbackfahrer ist, schließlich gibt es unter ihnen kaum einen, der Beadell nicht kennt. Die offizielle Website mit mehr Hintergrundinformationen lautet ▶ www.beadell.com.au.

Südwesten

Special Tour

Great Central Road und Gunbarrel Highway – von Westaustralien in das Rote Zentrum

Die **Great Central Road** und der **Gunbarrel Highway** bieten die Möglichkeit, um von Westaustralien direkt in das Rote Zentrum zu gelangen. Beide Routen versprechen ein wahres Outback-Erlebnis, wobei der Schwierigkeitsgrad der Pisten höchst unterschiedlich ist.

Die fahrerisch wesentlich einfachere Variante ist die **Great Central Road**, die fälschlicherweise oft als Gunbarrel Highway bezeichnet wird. Sie beginnt in Laverton und führt über Warburton und Giles zum Ayers Rock. Die sandige, teilweise waschbrettartige Piste kann mit einem herkömmlichen Allradcamper („Bushcamper") problemlos befahren werden. Touristisch wird die Route als Teil des „Outback Highway", der von Laverton über Alice Springs bis nach Winton in Queensland führt, vermarktet (www.outback-hwy.org.au).

Der **„Original"-Gunbarrel Highway** beginnt in Wiluna und verläuft nördlich der Great Central Road vorbei an der Wetterstation Giles in das Northern Territory. Die Piste endet südlich von Kulgera am Stuart Highway. Für die 1400 km des Gunbarrel Highway ist ein bestens ausgerüsteter Geländewagen (s.u.) ein Muss! Für beide Strecken wird eine **Genehmigung (Permit)** benötigt (s.u.).

Geschichte   Der Gunbarrel Highway wurde nach drei Jahren „Bauzeit" 1958 fertiggestellt. Der bekannte Outback-Pionier **Len Beadell** schuf mit seinem Team die erste Ost-West Verbindung zur Carnegie Homestead (650 km nördlich von Kalgoorlie). Unterwegs baute die legendäre „Gunbarrel Road Construction Party" die Giles Meteorological Station (Wetterstation) und den dazugehörigen Flugplatz, bevor sie in die unwirtliche Gibson Desert vorstieß. Der Name *Gunbarrel* entstammt dem Wunschgedanken Beadells, die Piste gerade wie ein Gewehrlauf durch den Busch zu treiben. Entlang des Tracks erinnern noch heute Metalltafeln und die Namen von Bäumen und Hügeln an den Pionier.

Literaturtipp: Len Beadell schrieb sieben lesenswerte Bücher über sein Leben und seine Arbeit im Outback. Im Werk „Too Long in the Bush" dokumentierte er die harten Jahre während des Baus des Gunbarrel Highway.

Beste Reisezeit   Die beste Reisezeit ist von April bis Oktober. Im Sommerhalbjahr wird es extrem heiß und nach Regenfällen sind die Pisten oft gesperrt.

Reisedauer   Die Great Central Road ist in gut 3–4 Tagen zu bewältigen (ab Laverton bis Ayers Rock). Für den Gunbarrel Highway sollten mindestens 6–7 Tage kalkuliert werden.

Infos   Auskünfte zu den Pistenzuständen erteilen die **Polizeistationen** in Wiluna (Tel. 08-99817024), Laverton (Tel. 08-90882777) und Yulara (08-89562166) oder die

Internetseiten www.mainroads.wa.gov.au (für WA) und www.dpi.nt.gov.au (für NT). Informationen zur Strecke sind im Laverton Tourist Centre (Laver Place, Tel. 08-90311750), im Büro des Shire of Wiluna (Scotia St, Tel. 08-99818000, www.wiluna.wa.gov.au) und im Visitor Centre in Alice Springs (▶ s.S. 488) erhältlich. Weitere Tipps und Hinweise auf www.exploreoz.com/treknotes.

Genehmigungen, An- und Abmeldung

Da sowohl die Great Central Road als auch der Gunbarrel Highway durch Aboriginal-Land führen, sind zwei (kostenfreie) **Permits** des **Department of Aboriginal Affairs** (Perth) und des **Central Land Council** (Alice Springs) erforderlich. Die Internetadressen sind im Teil I („Alles weitere von A–Z"/Genehmigungen) zu finden. Die Permits können online beantragt und ausgedruckt werden. Mit den Genehmigungen ist es gestattet, in den Gemeinden unterwegs zu tanken und einzukaufen, jedoch nicht zu campen!

Wer den verlassenen Abschnitt des alten Gunbarrel Highway zwischen Warakurna und Warburton befahren will, benötigt eine weitere Genehmigung von Ngaanyatjarra Land Council (Tel. 08-89501711, www.Ngaanyatjarra.org.au) und muss folgende Bedingungen erfüllen: mindestens zwei, höchstens fünf Fahrzeuge müssen gemeinsam fahren und mit RDFS-Radio oder Satellitentelefon ausgestattet sein.

Wer auf dem Gunbarrel unterwegs ist, muss sich jeweils bei der **Polizeistation** am Anfangs- und Endpunkt (Wiluna, Yulara) **an- bzw. abmelden**. Dies dient der eigenen Sicherheit!

Hinweis für Mietfahrzeuge: Für das Befahren beider Routen, insbesondere jedoch des Gunbarrel Highway ist eine schriftliche Erlaubnis des Vermieters bei Buchung des Fahrzeugs einzuholen.

Ausrüstung

Die Great Central Road ist mit einem normalen Geländewagen oder einem Allradcamper recht problemlos befahrbar. Auf den sandigen Passagen ist der Allradantrieb nützlich, ansonsten kann auf der gut gepflegten Piste mit 60-80 km/h dahingerollt werden. Unterstützung im Fall einer Panne bieten die Roadhouses und Aboriginal-Communities am Wegesrand, oder aber andere Reisende auf dem recht häufig befahrenen Track.

Auf dem Gunbarrel Highway muss ein guter Geländewagen mit zwei Ersatzrädern, stabilem Wagenheber (Hi-Lift), Schaufel, Bergungsgurte, Werkzeug und Ersatzteile, Kompass/GPS, RFDS-Radio und/oder Satellitentelefon (mindestens jedoch ein Notfall-Peilsender) zur Verfügung stehen (s. Teil I „Reisen im Outback"). Pro Person sind mindestens 10 l Wasser mitzuführen, da es unter Umständen sehr lange dauern kann, bis ein anderes Fahrzeug vorbeikommt.

Versorgung und Unterkünfte

Wiluna: Shop, Werkstatt, Hotel/Motel und Campingplatz (beide Tel. 08-99817012), Tankstelle (Mo–Fr 9–17 Uhr, Sa bis 15 Uhr).

Carnegie Homestead: Zimmer, Campingplatz, Shop, Tankstelle (bei Tageslicht geöffnet, nur Barzahlung), Tel. 08-99812991.

Warburton Roadhouse: Shop, Zimmer, Campingplatz, Tankstelle, Mo–Do 8-17 Uhr, Fr bis 19 Uhr, Sa/So 9–15 Uhr (WA-Zeit!), Tel. 08-989567656.

Warakurna Roadhouse: Shop, Tankstelle, kleine Werkstatt, Campingplatz, Motelzimmer und Backpackerunterkünfte, Mo–Fr 8.30–18 Uhr, Sa/So 9–15 Uhr (NT-Zeit!), Tel. 08-89567344.

Docker River Store: Shop und Tankstelle (Mo–Fr 9–12 Uhr und 14–16.30 Uhr, Sa 9–11 Uhr, So nur zum Tanken 11-12 Uhr), Tel. 08-89567373.

Yulara/Ayers Rock Resort: alles verfügbar ▶ s.S. 505.

Südwesten

Laverton: voller Service, Tankstelle (Mo–Do 6.30–18 Uhr, Fr bis 19 Uhr, Sa/So 8-17 Uhr).

Cosmo Newbery Roadhouse (85 km östlich von Laverton): Shop, Tankstelle (Mo–Fr 9–17 Uhr, Sa 9–12 Uhr), Tel. 08-90375969.

Tjukayirla Roadhouse (260 km westlich von Warburton): Shop, Campingplatz, Zimmer, Tankstelle (Mo–Fr 7–18 Uhr, Sa/So 8–17 Uhr), Tel. 08-90371108.

Notfall

Polizei (s. Infos)

Royal Flying Doctor Service: RFDS Western Operations (Kalgoorlie), Tel. 08-94141200; RFDS Central Operations (Alice Springs) Tel. 08-89525355.

Automobilclub: RACWA Leonora Tel. 08-90376711, AANT Yulara Tel. 08-89562188. Achtung! Beim Abschleppen und Bergen in entlegenen Gebieten entstehen enorm hohe Kosten, die bei Mietfahrzeugen in aller Regel (Vertrag beachten!) vom Mieter zu tragen sind!

Landkarten

WestPrint: Gunbarrel Highway, 1:1,5 Mio

Hema Maps: Serie Great Desert Tracks, 1:1,25 Mio

Fahrtroute Great Central Road (West-Ost-Richtung)

Laverton – Warburton (560 km)

Laverton, ein kleiner Minenort (Gold und Nickel) am Great Northern Highway hat alle Annehmlichkeiten für Reisende. Sogar ein Besucherzentrum (Infos zur Great Central Road) und ein Schwimmbad sind vorhanden. Entlang der breiten, staubigen Wellblechpiste, die ursprünglich schlicht Warburton-Laverton Road hieß, folgen nun die beiden von Aboriginal-Communities betriebenen Rasthäuser **Cosmo Newbery** und **Tjukayirla.**

    Warburton ist eine große Aboriginal-Gemeinde mit einem Roadhouse, in dem Aboriginal-Schnitzereien verkauft werden.

Warburton – Yulara (562 km)

– Dieser Streckenabschnitt verläuft entlang der gut gepflegten und häufig genutzten Great Central Road. Sehenswert ist unterwegs die **Giles Meteorological Station,** von der täglich drei Wetterballone abgeschickt werden (Besichtigungen sind bei Voranmeldung unter Tel. 08-89567358 möglich). Auf dem Weg zum Ayers Rock passiert man das **Warakurna Roadhouse.** 30 km südöstlich vom Rasthaus

Giles Meteorological Station

zweigt der **alte Gunbarrel Highway** (Mulga Park Road) nach Süd-osten nach Südaustralien ab. Er trifft südlich von Kulgera auf den Stuart Highway.

Auf der Great Central Road gelangt man als nächstes in die Aboriginal-Gemeinde **Docker River** (Tankstelle und Shop). Die Straße folgt dem Verlauf der Petermann Ranges, an deren Fuß sich **Lasseter's Cave** befindet. Harold Lasseter hatte in der Gegend angeblich eine reiche Goldader entdeckt. Als er sie wieder aufsuchen wollte, erkrankte er und harrte in der Höhle aus. Beim Versuch, sich nach Docker River durchzuschlagen, starb er 1931 trotz der Hilfe von Aboriginal People. Das Goldriff wurde bis heute nicht gefunden. Eine Metalltafel an der Höhle erinnert an Lasseter. Das Campen ist hier nicht mehr gestattet!

Auf den nächsten 100 km auf der staubigen Waschbrettpiste leuchten in der Ferne die Bergrücken der Katja Tjuta (Olgas) am Horizont auf. Kurz hinter der Einfahrt in den **Uluru-Kata Tjuta National Park** (▶ s.S. 506) ist die Straße asphaltiert.

Zeitzone   Die Uhr muss zwischen Giles und Docker River um 1,5 h vorgestellt werden.

 ## Fahrtroute Gunbarrel Highway (West-Ost-Richtung)

Entfernungstabelle Gunbarrel Highway

West nach Ost Ges.km	Distanz	Ort	Ost nach West Distanz	Ges.km
0	–	Wiluna	283	1401
283	283	Harry Johnston Water	67	1118
350	67	Carnegie Station	151	1051
501	151	Abzweig Eagle Hwy	54	900
555	54	Geraldton Historical Society Brunnen	1	846
556	1	Westl. Grenze Gibson Desert Nature Reserve	31	845
587	31	Everard Junction (Abzweig Gary Hwy)	8	814
595	8	Abzweig zum Mount Everard	33	806
628	33	Südliche Grenze Gibson Desert Nature Reserve	15	773
643	15	Abzweig zum Mount Beadell	35	758
678	35	Notabilis Bore	25	723
703	25	Len Beadells Tree	11	698
714	11	Abzweig Heather Hwy	84	687
798	84	Kreuzung Heather Hwy/Great Central Rd	41	603
839	41	Warburton Roadhouse	213	562
1052	213	Kreuzung Great Central Rd/Gunbarrel Hwy	16	349
1068	16	Abzweig Giles Meteorological Station	1	333
1069	1	Warakurna Roadhouse	29	332
1098	29	Abzweig Gunbarrel Hwy	66	303
1164	66	WA/NT Grenze	10	237
1174	10	Docker River	38	227
1212	38	Lasseters Cave	135	189
1347	135	Westl. Grenze Uluru-Kata Tjuta National Park	54	54
1401	54	Yulara / Ayers Rock Resort	–	0

Südwesten

Wiluna bis Carnegie Homestead (350 km)

Die kleine Gemeinde **Wiluna** am Goldfields Highway ist der Startpunkt für den Gunbarrel Highway und die Canning Stock Route (▶ s.S. 395). Mit Hotel/Motel, Campingplatz, Lebensmittelladen, Post, Polizei, Bank und Tankstelle ist Wiluna mit allem Wesentlichen ausgestattet.

Der erste Teil des Weges ist eine gute, festgefahrene Erdpiste mit zahlreichen Kuhgittern (Grids). Mit dem Erreichen des Höhenzugs der **Princes Range** und der südlich der Piste liegenden **Wongawol Station** (223 km östlich von Wiluna) dominiert rauher Schotter. Je nach Jahreszeit und Regenfall sind auf den folgenden Kilometern ein paar Bachquerungen zu meistern. Die Piste wird in diesem Bereich von den Farmbetreibern regelmäßig gepflegt. Zwischen dem Salzsee Lake Carnegie und der Farm liegt das schön gelegene **Camp Harry Johnston Water,** das zum Rasten oder Übernachten (nur mit Genehmigung der Wongawol Station) einlädt. Auf der hübsch gepflegten Rinderfarm **Carnegie Station** gibt es Farmzimmer, einen Campingplatz und eine Tankstelle.

Carnegie – Everard Junction (237 km, schwierige Piste)

Von Carnegie nach Osten wird die Piste deutlich schlechter und fahrerisch anspruchsvoller. Der Track führt durch sandiges Terrain. Tiefe Spurrillen machen das Vorankommen langsam und schwierig. Etwa 120 km östlich der Farm befindet sich **Mangkili Claypan,** eine großes Senke, in der nach Regenfällen lange Wasser steht. Ist die Claypan noch feucht, bleiben Fahrzeuge unweigerlich stecken – daher am besten weiträumig umfahren! Westlich des **Gibson Desert Nature Reserve** wird der Gunbarrel Highway wirklich anspruchsvoll. Sandige Abschnitte und tiefe Auswaschungen wechseln sich mit waschbrett-

Len Beadell Tree

artigen Streckenabschnitten ab. Jahrzehntelang hat kein Grader mehr den Pfad geebnet. Bei **Everard Junction,** dem Abzweig zum **Gary Highway**, sind die Zeichen von Len Beadell nicht zu übersehen.

Everard Junction – Warburton
(252 km, schwierige Piste)

Von Everard Junction verläuft der Track entlang einer Hügelkette bis zum **Mount Beadell.** Von der Anhöhe genießt man einen fantastischen Blick auf die einsame Landschaft. Ein beliebter Übernachtungsplatz ist **Camp Beadell,** südlich des Berges. Starke Auswaschungen und tiefsandige Passagen sind bis zum Abzweig auf den Heather Highway zu bewältigen. Der **alte Gunbarrel Highway** führt nun von der Kreuzung nach Südosten bis Jackie Junction, dann nördlich der Great Central Road durch eine Dünenlandschaft bis zum Warakurna Roadhouse. Die alte Piste ist extrem schwer zu befahren, außerdem ist eine zusätzliche Genehmigung (s.o.) erforderlich.

Der **Heather Highway** bis Warburton ist nochmals von starken Auswaschungen geprägt. Die letzten 48 km vor dem Erreichen der Great Central Road sind indes in gepflegtem Zustand..

Der weitere Verlauf von Warburton bis Yulara ist unter der Great Central Road beschrieben (s.o.).

Anne Beadell Highway – Einsamkeit pur

Die rund 1400 km lange Piste führt von Laverton nach Coober Pedy. Sie ist extrem einsam und daher nur für versierte und erfahrene Allradfahrer geeignet. Die Befahrung selbst ist nicht besonders schwierig, doch sollte man sich die enorme Entfernung vor Augen halten, die mehr oder weniger auf einem schmalen und sandigen Feldweg bewältigt werden muss. Entlang der Strecke gibt es nur wenig Sehenswertes, sieht man von einigen verlassenen Farmhäusern ab. Der Reiz des Tracks liegt vielmehr in der Einsamkeit und seiner Naturschönheit.

Der „Highway" wurde von Len Beadell als „Bomb Road" (▶ s. Exkurs S. 197) angelegt und nach seiner Frau Anne benannt. Unterwegs gibt es nur sehr wenige Tank- und Versorgungsmöglichkeiten in den Aboriginal-Gemeinden, für die Durchfahrtsgenehmigungen benötigt werden (www.daa.wa.gov.au). Es gibt keine Garantie, dass man eine Passiererlaubnis erhält! Außerdem benötigt man für die vom Verteidigungsministerium verwaltete und zeitweise geschlossene Woomera Area ebenfalls eine Durchfahrtsgenehmigung (www.defence.gov.au/woomera/index.htm).

Südwesten

Von Kalgoorlie-Boulder nach Esperance

Knapp 400 km sind es von den Goldfeldern an die fantastischen Strände von Esperance. Unterwegs findet sich außer der kleinen Stadt Norseman und dem Abzweig zum Eyre Highway, der nach Südaustralien führt, nichts besonders Sehenswertes. Von Kalgoorlie Boulder führt der **Goldfield Highway** durch hügeliges Terrain über Kambalda auf den **Coolgardie Esperance Highway** nach Süden. **Kambalda,** das sich in zwei Stadtteile (Kambalda East und West) aufgliedert, ist ein Versorgungszentrum für die umliegenden Nickel- und Goldminen. Südöstlich von Kambalda liegt der 510 qkm große Salzsee **Lake Lefroy,** auf dessen Salzkruste sich die Einheimischen sonntags mit ihren „Strandseglern" Rennen liefern.

Die Ortschaft **Widgiemooltha** („Widgie") ist berühmt für den größten Goldnugget-Fund der Region. Eine Nachbildung des 1136 Unzen schweren Klumpens, der 1931 gefunden wurde, ist am Roadhouse-Parkplatz ausgestellt. Das kleine Rasthaus bietet einfache Zimmer und einen Campingplatz (Tel. 08-90208030).

 # Abstecher zum Cave Hill Nature Reserve

Große Felsen in karger Landschaft findet man im **Cave Hill Nature Reserve,** dass von Widgie aus auf einer 50 km langen, gut ausgebauten Piste (50 km) erreicht wird. Der größte Felsen hat eine Länge von 1,5 km und ist einer der größten Granitklötze im Südwesten. An seinem Fuß befindet sich eine große Höhle. Im Schutzgebiet sind zwei einfache Campgrounds (mit Picknicktischen und Plumpsklos) auf der westlichen Felsseite angelegt. Um den Felsen herum befinden sich viele Fahrwege, was leicht zur Verwirrung und Verirrung führen kann. Von der Infotafel am südöstlichen Ende des Cave Hill führt eine rauhe Piste über Higginsville auf den Coolgardie Esperance Highway.

Norseman

1894 war der Goldsucher Laurie Sinclair mit seinem Pferd „Harry Norseman" auf dem Weg von Coolgardie in die Dundas Hills, wo sein Bruder arbeitete. Während er hier über Nacht campierte, scharrte sein Pferd ein dickes Goldnugget frei. Daraufhin wurde das ertragreiche Norseman Goldriff entdeckt und die Stadt Norseman gegründet. Noch heute sind in der Umgebung Goldminen, in denen Gold abgebaut wird. Die Stadt ist das Verwaltungszentrum des riesigen Shire of Dundas, der weit in die Nullarbor Plain hineinreicht. Für Reisende in Richtung Osten ist es die letzte Stadt vor Ceduna (SA). An der nördlichen Ortseinfahrt zweigt der **Eyre Highway** nach South Australia ab (s. Kapitel Adelaide – Norseman). Das Rasthaus an der Kreuzung wird hauptsächlich von Truckern zum Tanken und

*Kamele
in Norseman*

Rasten angefahren – hier bestehen gute Chancen, schwere Road Trains mit drei Anhängern zu fotografieren.

Das Zentrum der 1000-Einwohner-Stadt mit Kneipe, Autowerkstätten, Supermarkt, Videoverleih, Bank und Post liegt ein Stück südlich des Roadhouse, parallel zum Highway. Die breite Hauptstraße (Roberts St) mit ihren schmucken Häusern ist ein Hinweis auf den Reichtum in der Zeit des Goldrauschs vor 110 Jahren. Sehenswert sind die **Wellblech-Kamele** am Kreisverkehr in der Prinsep Street. Sie sind eine Reminiszenz an die Kamelkarawanen der Pionierzeit, die Baumaterial und Nahrungsmittel heranschafften. Die Bronzestatue von „Norseman", dem berühmten Namensgeber-Pferd, steht an der Ecke Roberts und Ramsay Streets.

Infos

Im **Norseman Tourist Centre** (Roberts St, Tel. 08-90391071, tägl. 9–7 Uhr, www.norseman.info) erfährt man mehr über die Geschichte und Sehenswürdigkeiten der Stadt – zudem erhält man Informationen über die Zustände der umliegenden Straßen. Im schattigen Park rund um das Visitor Centre lässt es sich prima entspannen, mit Picknicktischen und Grills ist er auch ideal für eine Mittagsrast geeignet. In den Sommermonaten verspricht das örtliche Freibad Abkühlung (tägl. 12–18 Uhr geöffnet). Einen guten Blick über die Stadt und ihre Umgebung hat man vom **Beacon Hill Lookout.** Der Hügel ist über die Mines Road nach Osten erreichbar.

Unterkunft und Camping

*** Great Western Hotel,** Prinsep St, Tel. 08-90391633
* **Lodge 101 Guest House / Backpackers,** 101 Prinsep St, Tel. 08-90391541
Gateway Caravan Park, Prinsep St, Tel. 08-90391500

 ## Streckenhinweise

Von Norseman nach Westen führt eine Schotterpiste direkt nach Hyden und zum Wave Rock (▶ s.S. 184).

Mit einem Geländewagen können die Küstennationalparks Cape Arid und Cape Le Grand über den **Coastal Parks Drive** (bis Esperance

500 km) angefahren werden. Die Fahrt verläuft zunächst auf dem Eyre Highway bis Balladonia. Dort zweigt eine rauhe Piste nach Süden ab, direkt in den Cape Arid National Park. Anschließend geht es auf asphaltierter Straße bis in den Cape Le Grand National Park und weiter bis nach Esperance (▶ s.S. 206ff).

22 km südlich von Norseman liegen die **Granitfelsen Dundas Rocks,** die von unbekannten „Künstlern" mit Graffitis besprüht wurden. Am Fuß der Felsen ist ein Picknickplatz angelegt, Campen ist auch gestattet.

╟→ Abstecher zum Peak Charles NP (4WD)

Nach weiteren 60 km zweigt eine Piste zum **Lake King** und in den wenig besuchten **Peak Charles National Park** nach Westen ab. Die beiden hohen Granitberge Peak Charles (651 m) und Peak Eleanora (501 m) sind etwas für ambitionierte Wanderer. Am Fuß des Peak Charles befindet sich ein einfacher Campground (Plumpsklo, kein Wasser). Von dort führt der zum Teil steile Weg auf den Gipfel (ca. 1,5 h H/R). Der letzte Teil des Pfads ist nicht markiert und nur für erfahrene „Bergsteiger" empfehlenswert. Doch auch von halber Höhe bietet sich ein sagenhafter Weitblick über die flache Landschaft und die Salzseen im Westen. Für die Rückfahrt zum Highway kann man 24 km nördlich des Parkausgangs die Kumarl-Lake King Road nach Osten nutzen.

Esperance

Esperance, seine fantastischen Strände und die umliegenden Nationalparks sind Höhepunkte einer Tour durch den Südwesten, für die man sich mindestens zwei Tage Zeit nehmen sollte.

Geschichte Während eines Sturms suchten 1792 zwei französische Fregatten am Observatory Point Schutz. Eines der Schiffe hieß „L'Esperance" (= Hoffnung) und gab der Bucht ihren Namen. Die Inselwelt vor der Küste wurde nach dem zweiten Schiff „La Recherche", benannt. Der Aboriginalname für die Region ist „Kepa Kurl", was soviel wie „Platz, an dem das Wasser wie ein Bumerang niederliegt" bedeutet. Matthew Flinders besuchte die Küste 1801 und vergab den vorgelagerten Inseln und markanten Landpunkten ihre Namen wie z.B. Thistle Cove oder Lucky Bay. Vierzig Jahre später passierte John Eyre auf seiner Überland-expedition Adelaide-Albany die Küste der Esperance Bay. 1863 trieben die Dempster Brüder Schafe, Rinder und Pferde von Northam nach Esperance, um sich hier niederzulassen.

Mit der Entdeckung von Gold in Dundas (Norseman), Coolgardie und Kalgoorlie wurde 1895 schließlich die Stadt Esperance als Hafenstadt gegründet. Schon zwei Jahre später hatten sich zwei Zeitungen, eine Brauerei und vier Hotels in Esperance etabliert. Die per Schiff

Esperance

0 — 300 m
©RKH VERLAG HERMANN

nach Norseman
zum Cape Le
Grand NP

*Esperance
Bay*

Hicks St
Windich St
Dempster St
Kemp St
The Esplanade
James St
CALM
Andrew St
The Esplanade
Harbour Rd
Bostock St
zum Ocean Drive
Orr St
Doust St
Rotary Lookout
Wireless Hill
Lovers Beach

❶ Sehenswertes
1 Museumsdorf
2 Municipal Museum
3 Esperance Aquarium
4 Tanker Jetty

🏠 Unterkünfte & Camping
1 Island View
  Apartemente
2 Best Western
  Hospitality Inn
3 The Jetty Resort
4 Esperance B&B
  by the Sea (außerhalb)
5 Blue Waters Lodge YHA
6 Esperance Seafront CP
7 Bathers Paradies
8 Esperance Bay
  Holiday Park

🍴 Essen & Trinken
1 Bonaparte Seafood
  Restaurant
2 The Taylor Street
  Cafe & Restaurant

kommenden Goldsucher schlugen zuerst in Esperance ihre Zelte auf, bevor sie weiter in den Norden zogen. Mit der Eröffnung der Eisenbahnlinie Perth-Coolgardie nahm die Bedeutung der Stadt jedoch deutlich ab. Für eine intensive Landwirtschaft waren die Böden zu salzhaltig. Zusätzlich erschwerten Dürreperioden den Anbau von Getreide und Viehfutter. In den 1960er Jahren wurde ein geeigneter Dünger gefunden und die Farmen konnten gewinnbringend wirtschaften.

Inzwischen ist Esperance ein etabliertes Landwirtschaftszentrum und vom geschäftigen Industriehafen werden jährlich 300.000 Tonnen Fracht exportiert, vornehmlich Argrarprodukte und Mineralien. Der Tourismus ist eine wichtige Einnahmequelle für die Stadt – die fantastischen Strände und die umliegenden Nationalparks sind in den Sommermonaten (Oktober–April) Anziehungspunkte für Reisende aus dem In- und Ausland.

Sehenswertes in der Stadt

Der Spaziergang durch das **historische Museumsdorf,** das aus einigen Holzhütten mit netten Souvenirshops, Galerien und Cafés besteht, ist eines der wenigen Dinge, die man in der Stadt unternehmen kann (Ecke Dempster/Kemp Sts). Im **Municipal Museum** (Ecke James St/Esplanade, tägl. 13.30–16.30 Uhr) sind allerlei Fundstücke, die mit Esperance und seiner Stadtgeschichte zu tun haben, zusammengetragen. Entlang des südlichen Abschnittes der Esplanade bis zum Hafen liegt der **Stadtstrand.** Dieser und die dahinter liegende Parkanlage laden zum Baden, Joggen und Faulenzen ein.

Tipps für Reisende mit Kindern: Zwischen Taylor Street Jetty und Hafen

Südwesten

Esperance Museum Village

befindet sich ein Parkgelände mit schönen Spielplätzen und einer Miniatureisenbahn. Im neuen **Esperance Aquarium** (37 Esplanade) sind Fische aus den Gewässern des Recherche Archipelagos zu bewundern. Live erleben kann man die Unterwasserwelt am Ende der **Tanker Jetty,** wo jedermann schnorcheln kann. Hier tummeln sich Neuseeländische Seebären, die von den Fischabfällen der Angler angelockt werden. Deutlich mehr Zeit sollte man für die Umgebung der Stadt, insbesondere für den Great Ocean Drive einplanen (s.u.).

Infos

Esperance Visitor Centre, Historic Museum Village, Dempster St, Tel. 08-90712330, www.visitesperance.com, Mo/Di/Do 9–17 Uhr, Mi, Fr 8–17 Uhr, Sa 9–16 Uhr, So 9–14 Uhr; Auskünfte zu Unterkünften, Touren und Sehenswürdigkeiten in Stadt und Umgebung. Außerdem: Fahrradverleih!

Nationalparkbüro, 92 Dempster Rd, Tel. 08-90832100, Mo–Fr 8.30–17 Uhr; beste Informationen und Karten zu den umliegenden Nationalparks. Verkauf der Nationalpark-Pässe (▶ s. Exkurs S. 113/150).

An- und Abreise

Virgin Australia fliegt täglich Perth – Esperance und zurück (Tel. 136789, www.virginaustralia.com). Per Bus mit **Transwa** von Perth nach Esperance und zurück (Tel. 1-300-662205, www.transwa.wa.gov.au). Tickets und Fahrplanauskünfte sind im Visitor Centre erhältlich.

Essen, Trinken und Einkaufen

Im **Bonaparte Seafood Restaurant** (51 The Esplanade, Tel. 08-90717727, Reservierung sinnvoll) werden frischer Fisch und andere Meerestiere sowie Fleisch und vegetarische Gerichte serviert. Hauptgerichte ab A$ 25. Im gleichen Haus befindet sich **Ollies Café** mit einer guten Frühstückskarte.

Einen schönen Blick auf die Bucht hat man von **The Taylor Street Tearooms Café & Restaurant** (Taylor St Jetty, Tel. 08-90714317) mit Kaffee und Kuchen oder Abendmenüs. Hauptgerichte ab A$ 14.

Für Selbstversorger ist das Shopping Centre (Ecke James/Forrest Sts) mit Imbissständen und Supermarkt die erste Adresse.

Internet und Post	**Internetzugang:** Computer Alley, 69c Dempster St, Mo–Sa 9–17 Uhr **Post:** Ecke Andrew/Dempster St, Mo–Fr 9–17 Uhr
Notfall	**Polizei,** Dempster St, Tel. 08-90711900 **Krankenhaus,** Hicks St, Tel. 08-90719222
Touren	Sehr zu empfehlen sind Bootsausflüge zwischen den Inseln des Recherche Archipelagos und Woody Island (s. Umgebung von Esperance) mit **Mackenzie's Island Cruises** (71 Esplanade, Tel. 08-90715757, www.woodyisland.com.au). Zu fairen Preisen werden Halbtages- und Tagestouren angeboten; zwischen Juni und Oktober hat man gute Chancen Wale live zu beobachten. **Aussie Bight Expeditions** (Tel. 08-90717778, Buchung im Visitor Centre) bietet Allradtouren in die Nationalparks Cape Arid und Cape Le Grand an. **Kepa Kurl** (Esperance Museum Village, Ecke Dempster/Kemp St, Tel. 08-90721688, www.kepakurl.com.au) bietet Touren in die Umgebung an. Bei diesen Ausflügen kann man sehr viel Detailles über die Ureinwohner und ihr Leben in der Region erfahren. Rundflüge werden von **Esperance Helitours** (Tel. 0428761106) über die fantastische Inselwelt und Küstenlandschaft durchgeführt.
Tauchen	Das Wrack der „Sanko Harvest", ein 174 m langes, japanisches Frachtschiff, das 1991 ca. 38 km vor der Küste sank, ist mittlerweile in ein künstliches Riff und ein Paradies für Taucher umgewandelt worden (▶ s. Exkurs Teil I, S. 64). Zudem gibt es zwischen den Inseln des Recherche Archipelagos ein spektakuläres Unterwasserleben zu bestaunen. Tauchexkursionen werden von Esperance Diving & Fishing (Tel. 08-90715111, www.esperancedivingandfishing.com.au) veranstaltet.
Unterkunft und Camping	****** Island View Apartements,** 14–15 The Esplanade, Tel. 08-90720044; zentral gelegene, komfortable Ferienwohnungen, ideal für Familien. ***** Best Western Hospitality Inn,** The Esplanade, Tel. 08-9071199; gutes Mittelklassehotel mit Blick direkt auf die Bucht und den schönen Badestrand. ***** The Jetty Resort,** 1 The Esplanade, Tel. 08-90713333; neues Hotel mit Zimmern und Selbstversorger Apartments am nördlichen Ende der Esplanade bei der Tanker Jetty. ***** Esperance B&B By the Sea,** Lot 34 Stewart St, über die Twilight Beach Rd, beim Blue Haven Beach, Tel. 08-90715640; empfehlenswerte Unterkunft, etwas außerhalb der Stadt, dafür mit traumhaftem Blick auf die Twilight Bay. *** Blue Waters Lodge YHA,** 299 Goldfields Rd, Tel. 08-90711040; großes Hostel 20 m vom Strand und 1,5 km von der City entfernt. *** Esperance Backpackers,** 14 Emily St, 08-90714724; preiswerte Unterkunft direkt in der Innenstadt. **Esperance Seafront Caravan Park,** Goldfields Rd, Tel. 08-90711251; gepflegter Top Tourist Park am nördlichen Eingang zur Innenstadt. **Bathers Paradies,** Westmacott St, Tel. 08-90711014; schattiger Platz, etwas abseits der Innenstadt, fünf Gehminuten zum Strand, mit Cabins. **Esperance Bay Holiday Park Big 4,** 162 Dempster St, Tel. 08-90712237; großer Platz mit gutem Service, leider mit sehr viel Verkehrslärm von den Bahngleisen und der Hafenzufahrt.

Südwesten

Umgebung von Esperance

Great Ocean Drive

Die 40 km lange Rundfahrt entlang traumhafter Strände und Buchten ist unbestritten das Highlight eines Esperance-Aufenthalts. Der Beginn des Great Ocean Drive ist am **Rotary Lookout** auf dem Wireless Hill (Anfahrt über die Twilight Beach Road am Hafen) ausgeschildert. Vom Aussichtspunkt und dem kurzen Rundweg blickt man über die Stadt und die vorgelagerte Inselwelt. Im Anschluss daran gibt es bis zum Observatory Point einen Traumstrand nach dem anderen. Die weißen Pulverstrände ergeben mit dem türkisblauen Meer einzigartige Kontraste. Unschwer kann man sich hier ein herrliches Leben in einem der eleganten Strandhäuser vorstellen. Zum sicheren Baden eignet sich der **Twilight Beach,** bei Windsurfern sind **Fourth Beach** und **Observatory Beach** beliebt. Die Brandung ist am **West Beach,** aber auch an den Windsurfstränden sehr gut zum Wellenreiten geeignet. Auf Höhe des **Salmon Beach** stehen die 46 m hohen Windturbinen der **Nine Mile Beach Wind Farm,** die zusammen mit der Windfarm an der Ten Mile Lagoon ein Viertel des Strombedarfs von Esperance erzeugen.

Am **Observatory Point** fährt man steil hinunter zum Parkplatz. Von dort steigt man auf Holztreppen hinauf zur Aussichtsplattform. Hier kann man die gesamte Twilight Bay überblicken.

Am Ende der Rundfahrt lohnt es sich, den **Pink Lake** für einen weiteren Stopp einzuplanen. Der Salzwassersee erscheint je nach Sonneneinstrahlung und Wassertemperatur in leuchtendem pink. Die Farbverände-rung wird von einer salzwasserresistenten Algenart (Dunaliella salina) hervorgerufen, die während der Blüte Beta Carotin produziert (s.a. Pink Hutt Lagoon bei Kalbarri).

Lake Warden Wetlands

Das Feuchtgebiet am nördlichen Stadtrand umfasst mit dem Pink Lake acht Seen. Tausende Wasser- und Wandervögel brüten hier. Zur Beobachtung dient der 3,6 km lange **Kepwari Wetland Walk Trail** mit Hinweistafeln und zwei Unterständen.

Aussichtspunkt am Great Ocean Drive

Woody Island und Recherche Achipelago

Die 105 Inseln des Recherche Archipelago (auch „Bay of Isles" genannt) dominieren mit ihren spitzen Bergen das Küstenbild. Kolonien von Australischen Seelöwen, Neuseeländischen Seebären, Zwergpinguinen und eine Vielfalt an Wasservögeln leben auf den Inseln. Der Archipel steht unter Naturschutz, nur **Woody Island** kann ohne Genehmigung besucht werden. Vogelbeobachtungen, Wanderungen (zwei Wanderwege), Angeln und Schnorcheln sind die Hauptaktivitäten, welche die Insel bieten kann.

Ein gutes Schnorchelrevier liegt in der geschützten Bucht an der Bootsanlegestelle. Schnorchelausrüstungen werden am Kiosk des Camps verliehen. Das Eiland wird von McKenzies Island Tours (s. Touren) angefahren. Während der Weihnachtsferien (26.12.–16.1.) verkehrt mehrmals täglich eine Direktfähre. Das Unternehmen betreibt auch das Safaricamp mit feststehenden Hütten und Zelten. Es gibt aber auch Stellplätze für das eigene Zelt (Sept–April geöffnet, Reservierung empfehlenswert).

Südwesten

Cape Le Grand National Park

Eine sagenhafte Szenerie erwartet Besucher des **Cape Le Grand National Park,** 60 km östlich von Esperance. Hohe Granitberge, paradiesische weiße Strände, flache Sandheide mit Malleegestrüpp, eine reiche Tierwelt und schön gelegene Campingplätze verteilen sich über 320 qkm. Ein Tag, am besten mit Übernachtung, sollte hierfür mindestens eingeplant werden. Dann bleibt auch ausreichend Zeit, den Sonnenuntergang zu erleben und Tiere in der Dämmerung zu beobachten. Der Park kostet Eintritt (s. Nationalparkgebühren ▸ S. 150).

Anfahrt

Von Norseman kommend folgt man gleich am ersten Kreisverkehr beim Ortseingang von Esperance der Fishery Road nach Osten. Aus der Innenstadt führt die Dempster Road/Goldfields Road zur Fisherys Road. Dort ist der Abzweig auf die Merivale Road in den Nationalpark ausgeschildert.

Für 4WD-Fahrer besteht die Möglichkeit, von Wylie Bay (12 km östlich von Esperance), direkt am Strand entlang zum Le Grand Beach zu fahren (20 km, ca. 45 Min. Fahrzeit), was jedoch nicht ganz ungefährlich ist (tiefer Sand, Ebbe/Flut).

Geschichte

Die Namen der Buchten und Landzungen lesen sich wie ein Geschichtsbuch. So wurde das Cape Le Grand nach einem Offizier der „L'Esperance" (s. Esperance Geschichte) benannt. 1802 taufte Matthew Flinders eine Bucht „Lucky Bay", weil die geschützte Lage sein Schiff vor einem heftigen Sturm schützte. Thistle Cove benannte er nach dem Kapitän der „HMS Endeavour". Edward John Eyre, der auf seiner historischen Tour von Adelaide nach Westen unterwegs war, gab Rossiter Bay ihren Namen. Hier traf er den amerikanischen Kapitän Rossiter, der mit seinem Schiff „Mississippi", in der Bucht ankerte.

Blick vom Frenchmans Peak, Cape Le Grand NP

Fahrt durch den Park

Nach der Eingangsstation, an der man eine kleine Übersichtskarte erhält, und der dahinter liegenden Rangerstation führt die asphaltierte Nationalpark-Straße direkt zum **Le Grand Beach.** Der langgezogene Sandstrand ist herrlich zum Baden. Bei Ebbe darf man mit Allradfahrzeugen den Strand nach Esperance befahren (s. Anfahrt).

Der große **Campingplatz** mit Duschen und Toiletten bietet wenig Schatten, dafür indes nur ein paar Meter zum Strand. In der Bucht beginnt der 15 km **Küstenwanderweg** (Coastal Trail) nach Rossiters Bay. Ein Faltblatt mit der Beschreibung der Tour ist beim Ranger oder im Visitor Centre Esperance erhältlich. Der Pfad führt an den Buchten Hellfire Bay, Thistle Cove und Lucky Bay vorbei; insgesamt ca. 8h Gehzeit. Wem das zuviel ist, kann auch nur Teile des Weges in Angriff nehmen. Der erste Abschnitt verläuft am Fuß des Mount Le Grand (345 m), höchster Berg des Nationalparks, zur Hellfire Bay. Für diesen recht anstrengenden Part sind drei Stunden einzuplanen. Alternativ ist die **Hellfire Bay** per Auto zu erreichen. An der kleinen Bucht, auch ideal zum Baden, sind komfortable Grills mit schattigen Picknicktischen vorhanden. Ein Fußweg (40 Min.) führt von der Hellfire Bay zur **Little Hellfire Bay** in östlicher Richtung.

Frenchman Peak: Die Besteigung des 262 m hohen, markant in der ansonsten recht flachen Küstenlandschaft aufragenden Granitberges ist ein Muss, wenngleich der schattenlose und steile Aufstieg anstrengend ist (ca. 90 Min. H/R). Der fantastische Blick über die Küste, die Inseln des Recherche Archipelagos und das Hinterland, lässt die Strapazen des Aufstiegs schnell vergessen. Der Auf- und Abstieg erfolgt über die Ostflanke des Berges. Vereinzelte Steintürmchen weisen den Weg über die Westseite zum Gipfel. Wichtig: Unbedingt rutschfestes Schuhwerk anziehen und Wasser mitnehmen! Bei Regenwetter sollte auf den Aufstieg wegen Rutschgefahr verzichtet werden!

Weiter östlich zweigt eine Stichstraße nach **Thistle Cove** ab. Die schneeweiße Sandbucht ist von großen Granitplatten umsäumt.

Einzelne bizarre Felsformationen **(Whistling Rock)** ergeben traumhafte Fotomotive. Zu Fuß ist Thistle Cove von Hellfire Bay etwa zwei Stunden entfernt, bis **Lucky Bay** geht man eine weitere halbe Stunde. Die paradiesische Bucht, auch sie ist mit einem schneeweißen Sandstrand gesegnet, wird ihrem Namen vollkommen gerecht – hier muss man einfach glücklich sein. Der **Campingplatz** mit seinen terassenartigen Stellplätzen bietet Grills, Duschen, Toiletten und in der Dämmerung Wallabies direkt am Zelt. Leider bietet sich nur von wenigen Stellen ein direkter Meerblick. Wer am Strand nach Osten spaziert, erreicht am Ende der Bucht riesige Granitkugeln und eine Aussichtsplattform, die sich als tolle Fotomotive eignen.

Der Küstenwanderweg führt weiter nach **Rossiter Bay** (2,5 h), alternativ erreicht man die Bucht auch per Fahrzeug, allerdings ist die Hauptstraße ab Lucky Bay nicht mehr asphaltiert. Auch in Rossiter Bay kann der Strand bei Ebbe mit Allradfahrzeugen befahren werden. Vom Parkplatz an der **Rossiter Bay** ist der kurze Aufstieg (15 Min.) auf den **Mississippi Hill** (180 m) wegen der Aussicht sehr zu empfehlen.

Östlicher Teil des Parks

Der östliche Teil des Nationalparks ist in Küstennähe nicht über Pisten oder Straßen mit dem westlichen Teil verbunden. Einzig Dunn Rocks kann über den Strand (vom Parkplatz unterhalb des Mississippi Hill) angefahren werden. Wer ansonsten die einsamen Strandabschnitte besuchen will, muss zurück auf die Merivale Road und dem Abzweig nach **Dunn Rocks** (östliches Ende der Rossiter Bay) folgen.

Nach weiteren 24 km biegt die Orleans Bay Road nach **Wharton** und zur **Duke of Orleans Bay** ab (18 km): Das sind vielversprechende Namen – die Orte sind in der Realität noch viel schöner. Ein Teil des **Wharton's Beach** zählt noch zum Cape Le Grand National Park. Bereits außerhalb der Parkgrenze befindet sich der **Orleans Bay Campingplatz** (Tel. 08-90750033) mit Kiosk. Bei der Landspitze **Hammer Head Point** kann der Strand wieder befahren werden. Die Zufahrt ist allerdings nur mit ausreichender Bodenfreiheit des Fahrzeugs gut zu meistern.

Lucky Bay

Vom Cape Le Grand zum Cape Arid National Park

Von der Merivale Road zweigen im östlichen Verlauf weitere Pisten zum Meer ab, so z.B. **Alexander Road** (11 km, nur 4WD). Dort befindet sich ein einfacher Campingplatz (mit Toiletten) hinter den Dünen, der von einer Fischer-Kommune verwaltet wird. Angeln, Strandfahrten und Windsurfen sind hier als Aktivitäten angesagt. Noch ein Stück weiter und die Parkgrenze des Cape Arid Nationalparks ist erreicht.

Cape Arid National Park

Überblick   Der riesige Park (2800 qkm) liegt 120 km östlich von Esperance. Eine spektakuläre Küstenszenerie, schroffe Granitberge im Norden und eine große Sandheide kennzeichnen den Nationalpark ebenso wie das Gefühl von Weite und Einsamkeit. Küstenangeln, Vogelbeobachtungen, Wanderungen, 4WD-Touren und Walbeobachtungen (Juni–November) sind mögliche Aktivitäten für Besucher. Aufgrund seiner Abgeschiedenheit wird der Nationalpark nur von wenigen Reisenden besucht. Wer hineinfährt, sollte genügend Benzin, Wasser, und Lebensmittel mitnehmen und über etwas Erfahrung im Umgang mit Allradfahrzeugen verfügen. Im Park gibt es kein Trinkwasser! Ein Faltblatt sowie eine Übersichtskarte sind im Visitor Centre Esperance oder beim Ranger in Thomas River erhältlich. Die **Ranger Station** befindet sich an der Straße nach Dolphin Cove (Tel. 08-90750055).

Der südwestliche Teil um **Thomas River** ist über eine gut erhaltene Piste erschlossen und daher das Hauptziel der meisten Besucher. Um die anderen Sektionen des Parks zu erkunden, ist ein Geländefahrzeug mit großer Bodenfreiheit wegen tiefsandiger und felsiger Passagen unabdingbar. Bei Strandfahrten sind zudem die Gezeiten zu beachten. Ein Plan hierfür hängt am Infobrett am Parkeingang, ansonsten gibt der Ranger gerne Auskunft.

Von den fünf **Campingplätzen** im Park sind Thomas Creek, Seal Creek und Jorndee Creek über ordentliche Pisten zu erreichen. Die Zeltplätze Mount Ragged und Thomas Fishery sind nur per 4WD anzusteuern. Wer plant, sich auf der Balladonia Road (s.u.) in Richtung Eyre Highway durchzuschlagen, sollte eine detaillierte Landkarte (Goldfields & Esperance, 1:750.000, ISBN 07309 28748) mitführen und den Ranger über das Vorhaben unterrichten.

Küsten-region   Von Westen kommend (Merivale Road) zweigt gleich an der Parkgrenze die Piste zum **Thomas River Area,** der meist besuchten Gegend des Parks, ab. Nach der Informationsbucht am Straßenrand teilt sich die Piste. Links folgt der Campingplatz mit den Ausgangspunkten der beiden Wanderwege Len Otte Nature Trail und Tangon Coastal Walk. Rechts geht es zur **Ranger Station,** zur Little Tagon Bay und Tagon Bay.

Der 1 km lange **Len Otte Nature Trail** (Len Otte war der erste Ranger des Nationalparks) führt durch Gestrüpp auf den Granithügel

Belinup Hill. Von oben bietet sich ein hervorragender Blick auf die Yokinup Bay mit ihrem sensationellen 18 km langen Sandstrand. Der **Tagon Coastal Trail** (7 km, ca. 4 h) verläuft entlang der Küste, vorbei an Dolphin Cove, Little Tagon Bay bis nach Tagon Bay. Von dort geht es im Hinterland auf einem 4WD-Track an der Rangerunterkunft vorbei zum Ausgangspunkt zurück. Wem dies zu lange erscheint, geht in der Little Tagon Bay zum Parkplatz hinauf und folgt der Schotterpiste zum Campingplatz. Vogelfreunden ist der 4 km lange Wanderpfad zum **Boolenup Lake** sehr ans Herz zu legen. Vom Parkplatz südlich der Ranger Station verläuft der Pfad durch lichten Wald zum Ufer des Salzsees und wieder zurück. Am See und in den Bäumen leben zahlreiche Vogelarten, u.a. das seltene Southern Emu-Wren (Rotstirn-Borstenschwanz). Von den erhabenen Felsen oberhalb **Dolphin Cove** stehen die Chancen gut, zwischen Juni und November Südliche Glattwale (Southern Rightwhales) zu beobachten. Die Mütter schwimmen mit ihren Babys gerne in den seichten Gewässern der Bucht.

Mount Arid markiert mit dem Cape Arid den südlichen Zipfel des Nationalparks. Der Berg ist nur über eine Strandzufahrt von Thomas River erschlossen. Von oben bietet sich ein herrlicher Blick auf die Küste und das Inland. Östlich liegt die Bucht **Thomas Fishery.** Sie ist nicht nur zum Angeln, sondern auch zum Baden bestens geeignet. In der Bucht ist Campen erlaubt (keine Einrichtungen). In der Nähe des Strands sind noch Überreste der bereits 1910 verlassenen **Hill Springs Homestead** zu sehen.

Die nächste große Bucht **Sandy Bight** ist über die Merival Road, deren Zustand zunehmend schlechter wird, anzufahren (weiche, sandige Passagen, steile Anstiege). Die weiter nördlich und parallel verlaufende Fishery Road ist bis Baring Road/Abzweig Poison Creek wesentlich besser. In Sandy Bight liegen die beiden Campingplätze **Jorndee Creek** und **Seal Creek,** beide sind vor allem bei Anglern beliebt. Von Poison Creek gelangt man über den Strand zum 16 km östlich gelegenen **Cape Pasley**. Die Fishery Road endet nach 69 km in der einsamen **Israelite Bay,** dem östlichsten Punkt des Südwestens, der erschlossen ist. Hier stand einst eine 1876 erbaute Telegraphenstation, die Teil eines Netzwerks zwischen Perth und der Ostküste des Kontinents war. Seit der Schließung 1927 stehen nur noch ein paar Ruinen und Teile der alten Jetty.

Balladonia Road

Die **Balladonia Road** führt durch die Hügelkette Russell Range zum **Mount Ragged** und weiter bis in die kleine Ortschaft Balladonia am Eyre Highway. Vom Abzweig an der Fishery Road sind es bis zum Campingplatz Mount Ragged 50 km. Von dort bis Balladonia müssen weitere 120 km Sandtrack bezwungen werden. Der Weg ist nur für erfahrene 4WD-Fahrer eine geeignete Strecke, um zum Highway zu gelangen. Informieren Sie sich vor Abfahrt unbedingt über den Pistenzustand beim Ranger in Thomas River (s.o.).

Auf den **Tower Peak,** mit 585 m der höchste Berg der Region, führt ein kaum markierter, steiler und steiniger Pfad (3 km H/R). Der Ausblick entschädigt für die Mühen – die seltenen Einträge im Gipfelbuch verdeutlichen die Abgeschiedenheit dieser Gegend. An der Südseite des Berges befindet sich ein kleiner Campingplatz mit Toiletten und Feuerstellen (es ist allerdings kein Wasser vorhanden).

Die Balladonia Road schlängelt sich durch Buschland nach Norden. Bei **Pine Hill** passiert man alte Ruinen und Gräber früher Pioniere. Linkerhand folgt ein ausgedehnter Salzsee (bitte nicht darauf fahren oder gehen – Einsinkgefahr!). Von hier aus werden die noch verbleibenden 73 km bis Balladonia ziemlich eintönig.

 # Von Esperance nach Albany

Auf dem **South Coast Highway** in Richtung Albany ist der erste nennenswerte Küstenabstecher der Stokes National Park (80 km westlich von Esperance).

Stokes National Park

Der Küstennationalpark ist vor allem für Angler, Vogelliebhaber und Geländewagenfahrer reizvoll. Über eine gute Schotterpiste ist das **Stokes Inlet** gut zugänglich. Am Parkeingang steht eine Schautafel mit den nötigsten Informationen sowie die Ranger Station (Tel. 08-90768541).

Rund um die fast vollständig von hohen Dünen umgebene Meerwasserlagune („Inlet") sind zwei Campingplätze und ein einfacher Wanderweg angelegt. Die Küste ist in diesem Teil per Fahrzeug nicht erreichbar. Ein 4WD-Track führt außerdem von der Farrell Road durch den östlichen Teil des Nationalparks, vorbei an den Ruinen der Moir Homestead, zum Meer (kleiner Campground). 11 km westlich davon verläuft die Springdale Road nach Süden. Von ihr zweigt ein Track zur Küste bei Skippy Rock ab (kleiner Campingplatz, gut zum Schnorcheln).

Ravensthorpe

Weizenfelder und Farmen prägen die Landschaft bis in die kleine Ortschaft **Ravensthorpe** (400 Ew.). Die ehemalige Minenstadt erweckt den Anschein, als wäre die Zeit stehen geblieben. Der Supermarktbesuch zählt zu den Highlights – vom Schulheft über die Angel bis zum Joghurt ist alles erhältlich. Gegenüber werden im alten Palace Hotel (1907) deftige Mahlzeiten serviert. Die Touristen-Information (Tel. 08-98381277), die Post, eine Bank, ein Hotel und ein Campingplatz liegen an der steilen Hauptstraße.

Von Raventhorpe nach Hopetoun verlief von 1909 bis 1935 eine Eisenbahnstrecke, die heute als Weitwanderweg markiert ist. Der

Railway Heritage Walk Trail ist 38 km lang und führt mehr oder weniger parallel zur Straße. Ausführliche Informationen sind im Visitor Centre in Raventhorpe erhältlich. Die Strecke ist auch zum Radfahren gut geeignet.

Hopetoun

Von Ravensthorpe sind es 49 Asphaltkilometer bis in die Feriensiedlung Hopetoun (300 Ew.), einst ein geschäftiger Hafen für die Gold- und Kupferproduktion aus Raventhorpe. Aus dieser Zeit stammt das restaurierte Port Hotel und das Postgebäude. Außerhalb der Ferienzeit ist das Dorf regelrecht ausgestorben, nur vereinzelt stehen Angler am Hafen. Informationen, Internetzugang, kalte Getränke, Nationalparkpässe und Souvenirs sind im Geschäft „The Deck" in der Hauptstraße (Veal St) erhältlich. Übernachtungsmöglichkeiten gibt es im **Hopetoun Motel (08-98383219), *Port Hotel (Tel. 08-98383053) und auf dem Caravan Park (Tel. 08-98383096).

Hopetoun Port Hotel

Fitzgerald River National Park

Der riesige Nationalpark (3290 qkm) erstreckt sich von Hopetoun im Osten bis nach Bremer Bay im Westen. Er beeindruckt mit einer enormen Pflanzenvielfalt und einer spektakulären Küstenszenerie. Frühe Forscher und Farmer stempelten den Landstrich als unbrauchbar ab. So bezeichnete Matthew Flinders von seinem Schiff aus die Berge einfallslos als West, Mid und East Mount Barren. Hätte er sie zu Fuß bestiegen, wäre ihm aufgefallen, dass sie keinesfalls unfruchtbar (= barren) waren. Im Park wurden bislang 1784 Pflanzenarten gezählt, davon 75 endemische Arten. Daneben leben viele Tierarten (u.a. 184 Vogelarten) in dem größtenteils unerschlossenen Gebiet. Aus diesem

Südwesten

Grund wurde der Park von der UNESCO als Welt-Biosphären-Reservat geschützt.

Infos

Nur der östliche und westliche Teil der Nationalparks sind mit Fahrzeugen zugänglich. Der gesamte Mittelteil, rund um Mount Drummond, ist nur zu Fuß erkundbar. Nach Regenfällen oder wegen der Gefahr der Verbreitung der Pflanzenkrankheit Dieback (Wurzelfäule) werden einzelne Pisten gesperrt. Bitte beachten Sie hierzu die Hinweistafeln an den Zufahrten oder die Rangerhinweise (in Jerramungup: Tel. 08-98355043, am East Mount Barren: Tel. 08-98383060, an der Murray Rd: Tel. 08-98371022). Der Park kostet Eintritt (▶ s. Nationalparkpass S. 150).

Im Ostteil des NP

Die östliche Parksektion ist von Hopetoun und vom South Coast Highway (40 km westlich von Ravensthorpe) über den **Hamersley Drive** zugänglich. Entlang der 56 km langen, gut gewarteten Piste sind viele seltene Pflanzenarten zu sehen. Auffallend ist die Königs-Hakea (Royal Hakea) mit ihren bunt gefärbten Blättern.

Die bis zu 2,5 m hohe Pflanze, die aus der Ferne wie ein Kakteengewächs aussieht, ist die einzige westaustralische Pflanze, die gefärbte Blätter besitzt. Ein Schild weist auf den Campingplatz am **Four Mile Beach** hin. Der weitläufige Campingplatz (Toiletten, Gasgrills, Regenwasserspender, viele Stechmücken) liegt geschützt hinter Bäumen und Sträuchern, davor der herrliche weiße Sandstrand. Vom Parkplatz sieht man den gezackten Berg East Mount Barren. Lohnend ist ein Strandspaziergang in westlicher Richtung nach **Barren Beach**.

Vom Hamersley Drive zweigen weitere Pisten zur Küste und zum **Hamersley Inlet** ab. Vom **Cave Point Lookout** bietet sich ein toller Blick auf die Küste. Die Zufahrten nach **Quoin Head, Hamersely Dunes** (tiefer weicher Sand), **Edwards Beach** und **Whalebone Beach** sind nur für 4WD Autos geeignet. Körperlich anstrengend ist die schattenlose Besteigung des **East Mount Barren** (4 km H/R, feste Schuhe erforderlich). Der Blick von oben auf die unendliche Weite ist schlicht atemberaubend.

Royal Hakea

Südliche Glattwale in Westaustralien

Die vom Aussterben bedrohten **Southern Right Whales** werden bis zu 17 Meter lang, 80 Tonnen schwer und leben etwa 50 Jahre. Ihr rundlicher Körper hat keine Rückenflosse, daher der Name Glattwal. Abgesehen von ihren hornigen Seepocken rund um das Maul, sind die Tiere bläulich schwarz oder dunkelbraun. Sie kommen nur in den Ozeanen der Südhalbkugel vor. Ihre Migration führt sie im Sommer zur Nahrungsaufnahme in die antarktischen Gewässer. Im Winter kommen sie zur Geburt und Aufzucht ihrer Jungen, die von Juni bis August andauert, an die Südküste Australiens. In Westaustralien sieht man die Weibchen häufig südlich von Perth und in den Buchten des Fitzgerald River National Park, wo sie ihren Nachwuchs gebären. Die Kleinen werden in den ruhigen Gewässern gefüttert (die Milch wird ihnen direkt in den Mund gespritzt). Geschlechtsreif werden die Tiere mit neun oder zehn Jahren, wenn sie eine Länge von 12–13 Meter erreicht haben. Die Weibchen gebären nur alle drei Jahre ein Junges.

Früher zählten die Südlichen Glattwale zur bevorzugten Beute von Walfängern, da sie sehr langsam schwimmen (8 km/h) und im Gegensatz zu anderen Walarten nach dem Erlegen an der Wasseroberfläche trieben. Der Walfang, der seit dem 19. Jahrhundert bis in die 1960er Jahre massiv betrieben wurde, dezimierte den Bestand immens und erst in den letzten Jahren konnten sich die Tiere langsam wieder vermehren.

Der Westteil des NP 19 km östlich von Jerramungup folgt der Abzweig auf den **Pabelup Drive** (Quiss Road) in den westlichen Teil des Nationalparks. Kurz hinter der Kreuzung steht das Ranger-Hauptquartier. Von der schmalen, doch gut befahrbaren Piste, die im Bogen durch den Park in Richtung Bremer Bay verläuft, gibt es mehrere Abzweige, u.a. zur ehemaligen Spongolit Mine Twertup. Am Steinbruch sind drei Naturlehrpfade sowie eine kleine unbemannte „Forschungsstation" angelegt. Nach Absprache mit dem Ranger darf hier gecampt werden. Weiter südlich folgt der Track zum **Fitzgerald Inlet** (nur 4WD, Campingplatz). Die Point Ann Road führt zur gleichnamigen Landspitze mit einem berühmten Strand. **Point Ann** ist dafür bekannt, dass von Juni bis November von hier aus wunderbar Wale beobachtet werden können. Es wurde hierfür eine spezielle Plattform errichtet. In der Bucht gebären die Southern Right Whales ihren Jungen, was sie an der Südküste sonst nur noch in der Head of the Bight (Nullarbor Plain) tun. Der **Point Ann Heritage Trail** (1,5 km)

Südwesten

führt um die Landspitze herum. Auf dem Weg bietet sich immer wieder ein hervorragender Blick auf Mount Barren West. Ein Campingplatz mit Toiletten und Gasgrills befindet sich am St Mary Inlet, nahe bei Point Ann.

West Mount Barren liegt nur 3 km südlich des Pabelup Drive und ist über einen markierten Pfad (The Queelup Walk) zu Fuß erreichbar (4 km H/R).

Vom nächsten Abzweig gelangt man zum **Quaalup Homestead Wilderness Retreat.** Die einstige Farm von 1858 wurde liebevoll zu einer schönen Unterkunft umgestaltet, in der es sich problemlos ein bis zwei Nächte verbringen lässt. Das deutsche Betreiberpaar bietet neben Zimmern, Chalets, Campingstellplätzen auch Mahlzeiten an (Tel. 08-98374124, www.whalesandwildflowers.com.au). Von Quaalup Homestead ist die Feriensiedlung Bremer Bay direkt erreichbar. Die Pabelup Road führt von der westlichen Parkgrenze geradewegs auf den South Coast Highway.

Bremer Bay

Die kleine Ortschaft (250 Ew.) liegt nur wenige hundert Meter vom azurblauen Meer entfernt, das dort von einem schier endlos weißen Sandstrand gesäumt ist. Wohl fühlen sich hier in erster Linie Angler, doch auch Geländewagenfahrer schätzen die Tracks der Umgebung und den Strand. Von Juli bis November können mit etwas Glück auch hier Wale beobachtet werden. Folgt man der Hauptstraße bis zum Campingplatz und zweigt dann auf den Cuneo Drive ab, gelangt man zur Landspitze, von der aus man einen herrlichen Blick auf die Bucht hat.

Infos   Caltex Tankstelle an der Ortseinfahrt erhältlich.

Unterkunft und Camping   ** **Quaalup Homestead Wilderness Retreat,** s. Fitzgerald River National Park
** **Bremer Bay Resort,** 192 Framton Way, Tel. 08-98374133
Bremer Bay Caravan Park, Bremer Bay Rd, Tel. 08-98374018

Von Ravensthorpe in den Stirling Range National Park

Am Kreuzungsdorf Jerramungup (Tankstelle, Supermarkt, Unterkünfte) empfiehlt es sich, geradeaus zu fahren, um über den Stirling Range National Park nach Albany zu reisen. Schon aus der Ferne erspäht man das Gebirge des Nationalparks. 10 km nördlich der Parkgrenze steht die Nachbildung einer holländischen Windmühle aus dem 16. Jahrhundert. The Lily Dutch Windmill beherbergt ein einladendes Café mit Terrasse, Restaurant (Mo. Ruhetag), gemütliche ***Apartments und ein kleines Weingut (Tel. 08-98279205, www.the lily.com.au). Unmittelbar vor der Nationalpark-Einfahrt befindet sich das Stirling Range Retreat mit ***Chalets, **Zimmern und Campingplatz. Auf Wunsch werden geführte Wanderungen angeboten (Tel. 08-98279229, www.stirlingrange.com.au, Zimmer und Chalets sind in den Westaustralischen-Schulferien unbedingt im Voraus zu buchen!). Schräg gegenüber, im Bluff Knoll Café, gibt es mit gutem Cappuccino, Fish & Chips und kühlen Getränken alles, was Wanderer vor oder nach einer Tour brauchen (tägl. 8–21 Uhr).

Stirling Range National Park

Der Nationalpark erstreckt sich über 1160 qkm und liegt nur 80 km nördlich von Albany. Die Landschaft besticht durch ihre spektakuläre Topografie. Eine bis zu 1073 m hohe Gebirgskette erhebt sich majestätisch aus dem flachen Umland. Das Gebirge bietet hervorragende Wandermöglichkeiten und die lokale Fauna ist mit über 1500 Spezies, davon 123 Orchideenarten, außerordentlich vielfältig. Während der Wildblumenblüte (Okt–Dez) ist der Aufenthalt im Park ein einziger Augenschmaus. Im übrigen ist der bereits 1913 gegründete Nationalpark der einzige Ort in Westaustralien, in dem gelegentlich sogar Schnee fällt.

Die asphaltierte Hauptstraße Chester Pass Road durchquert den Park von Nord nach Süd. Auch die Auffahrt zum Bluff Knoll ist asphaltiert. Die Ost-West Verbindung Stirling Range Drive ist eine gut befahrbare Naturstraße. Der Park kostet Eintritt (▶ s. Nationalparkpass S. 150). Ein schöner Nationalpark-Campingplatz befindet sich an der Chester Pass Road, etwa in der Mitte des Parks (Toiletten, Gasgrills, Wasser).

Informationen zum Park sind an den Zufahrtsstraßen (Informations- und Zahlstationen) oder in der Rangerstation (Tel. 08-98279230 oder 08-98279278), beim Ranger in Miongup Springs (beim Campingplatz) sowie im Nationalparkbüro in Albany (s. Albany Infos) erhältlich.

Geschichte Matthew Flinders registrierte 1802 als erster Europäer das Gebirgsmassiv der Stirling Range und taufte einen der östlichen Gipfel Mount Rugged. Die Noongar nannten die Berge „Koi Kyeunu-ruff", was den Dunst beschreibt, der häufig um die Gipfel zieht. 1832 wurde das Gebirge vom Forscher John Septimus Roe nach dem ersten Gouverneur der Swan River Kolonie Captain James Stirling benannt.

Wanderungen Die Wanderung auf den **Bluff Knoll,** den höchsten Gipfel des Parks, ist 5 km lang (H/R) und dauert etwa 3–4 Stunden. Der riesige Parkplatz liegt bereits auf 460 m Höhe (Toiletten, Picknicktische), d.h. bereits hier genießt man einen guten Ausblick. Der zum Teil steile, mit Treppenstufen und losen Steinen übersäte Gipfelwanderweg ist anstrengend. Trinkwasser und wetterfeste Kleidung müssen mitgeführt werden. Bei Nebel oder Regen ist vom Aufstieg abzuraten, da die Sicht ohnehin durch Wolken verdeckt ist.

Wanderpfad in der Umgebung von Bluff Knoll

Der zweithöchste Berg **Toolbrunup** (1050 m) wird von der Ostseite bestiegen. Im Unterschied zum Bluff Knoll hat man von oben einen 360° Rundblick. Die anspruchsvolle Wanderung dauert etwa 3–4 h (4 km H/R). Der Pfad wird nach oben zunehmend steiler. Die Zufahrt zum Ausgangspunkt ist an der Chester Pass Road angeschrieben.

Am Stirling Range Drive sind die Wanderpfade auf den **Mount Hassell** (3 km H/R), zum **Talyuberlup Peak** (2,5 km H/R) und zum **Mount Magog** (8 km H/R) ausgeschildert. Der Aufstieg zum Mount Magog ist mit vielen Wegweisern ausgestattet, so dass man sein Ziel nicht verfehlen kann. Die Wanderung auf den **Mount Trio** (3 km H/R, mittelschwer) beginnt an der **Formby South Road,** die nach Nordwesten abzweigt.

Für ambitionierte Wanderer ist der **Stirling Ridge Walk** (20 km) von Ellen Beak bis Bluff Knoll gedacht, allerdings auf einer unmarkierten Route. Für den Weg werden 2–3 Tage veranschlagt. Genaue Informationen sind beim Ranger oder im Stirling Range Retreat erhältlich.

Hinweis: Wer abseits der üblichen Wanderwege den Park erforschen möchte, muss sich beim Ranger an- und abmelden. Manche Bereiche des Nationalparks sind wegen der Wurzelfäule Dieback gesperrt!

Porongurup National Park

Auf der Fahrt nach Albany sollte der Abstecher in den kleinen Porongurup National Park nicht fehlen. Die Berginseln aus Granit ragen hoch über das flache Umland hinaus. Man durchwandert dichte Karri Wälder und eindrucksvolle Felsplateaus mit schönen Aussichten. Die Zufahrt ist bereits sehr idyllisch: Durch saftig grüne Wiesenlandschaft schlängelt sich die kurvige Straße, vorbei an Weinreben und hübschen B&B Unterkünften.

Am östlichen Parkrand (Castle Rock Road) ist der Ausgangspunkt für den Wanderweg **Castle Rock Walk** (4 km H/R). Durch moosbedeckten Wald geht es hinauf zu riesigen Granitkugeln, die als **Balancing Rock** und **Castle Rock** bekannt sind. Die Aussichtsplattform des Castle Rock ist über eine fest montierte Leiter zu erklimmen.

An der Zufahrtsstraße (Bolganup Rd) zum Westteil befindet sich die **Ranger Station** (Tel. 08-98531095). Zahlreiche Wanderungen beginnen beim Parkplatz **Tree in the Rock** (Grills, Toiletten, Tisch). Der auf Fels gewachsene Karri Baum ist nur 100 m entfernt. Von dort gelangt man auf den Rundwanderweg **Nancy Peak Walk** (5,5 km). Der Pfad führt im Wald steil hinauf und verbindet die Gipfel Hayward Peak, Nancy Peak und Morgan's View. Für den gesamten Weg sind mindestens 2 h Gehzeit einzuplanen. Die Aussichten unterwegs sind sagenhaft und bei klarem Wetter (was oft der Fall ist) sieht man den Ozean. **The Pass** (2 km H/R) ist eine Forststraße in deren Bäume man viele Vögel beobachten und auch von dort singen hören kann. Von diesem Weg zweigt der etwas anspruchsvollere Pfad zu **Devils Slide** (4 km H/R, vom Parkplatz aus) und weiter zum **Marmabup Rock** (5 km h/r, vom Parkplatz aus) ab.

Hinweis: Vergessen Sie trotz des erstaunlich feuchten und angenehmen Klimas nicht, genügend Wasser mit auf die Wanderung zu nehmen.

Unterkunft und Camping   Das Übernachten im Park ist leider nicht gestattet. Außerhalb der Parkgrenzen bietet der schöne **Porongurup Range Tourist Park** Stellplätze auf grüner Wiese, Cabins und einen Pool (Tel. 08-98531057). Im *****Porongurup Shop & Tearoom** werden günstige Zimmer im Hostelstil angeboten (Tel. 08-98531110). Alternativ dazu bieten Weingüter in der Region Zimmer an (www.porongurup.com).

Weitere Unterkünfte findet man in der Ortschaft Mount Barker (www.mount barkertourismwa.com.au), 22 km weiter westlich.

🚗 Weiterfahrt nach Albany

Vom Porongurup sind es noch 45 km bis Albany. Entlang der Strecke liegen zahlreiche Farmen und Weingüter. Einige von ihnen bieten Zimmer mit Frühstück und sogar Weinproben an. Die Straße stößt 9 km vor Albany auf den **South Coast Highway,** der durch mehrere Vororte und Industriegebiete in die Innenstadt führt.

Albany

Die 32.000 Einwohner Stadt am King George Sound hat ein überschaubares Zentrum, schöne Strände in der Middleton Bay und liegt zudem an einem spektakulären Küstenabschnitte: auf der Halbinsel südlich der Stadt.

Geschichte 1791 entdeckte der Engländer Captain Vancouver den Naturhafen und benannte ihn Princess Royal Harbour. Er macht den Charme Albanys bis heute aus. Matthew Flinders kartografierte 1801 die Küste. Während seines Aufenthalts bestieg er den höchsten Berg der Stadt, Mount Clarence. Aus Angst vor einer französischen Kolonialisierung schickten die Briten 1826 Major Edmund Lockyer mit 52 Strafgefangenen auf der „Amity" in den Princess Royal Harbour, um dort ein Gefängnis zu errichten – bereits zwei Jahre vor der Gründung des Swan River Settlement (Perth). Er nannte die Siedlung zunächst Frederickstown. Freie Siedler folgten und nutzen das fruchtbare Umland für die Landwirtschaft. Heute ist es als Lower Great Southern bekannt. Albany war als Hafenstadt, bis zur Gründung von Fremantle, der wichtigste Anlaufpunkt für Dampfschiffe, da er über ein Kohledepot verfügte. 1835 erkannte man, dass auch der Walfang ein einträgliches Geschäft sein würde. Erst 1978 wurde die Walfangstation in Albany endgültig geschlossen. Zwischenzeitlich hatte sich Albany als Regionalstadt für die Getreidebauern und Schaffarmen etabliert. Interessanterweise wurde Albany erst am 1. Juli 1998 zur „Stadt" erklärt. Der Hafen ist heute der wichtigste im Südwesten und auch der Tourismus nimmt einen hohen Stellenwert ein.

Sehenswürdigkeiten

Die Stadt ist großzügig angelegt und durch den Grünbereich um den Mount Clarence in zwei Teile gegliedert. Es ist nicht einfach den Überblick zwischen den unzähligen Kreisverkehren und Wohnstraßen zu behalten, doch glücklicherweise herrscht an Hinweisschildern kein Mangel.

Im Zentrum **Stirling Terrace:** Das **Visitor Centre** in der alten Eisenbahnstation (großer Parkplatz gegenüber) ist ein idealer Ausgangspunkt für einen Stadtrundgang durch die historische Innenstadt. Oberhalb des Besucherzentrums befindet sich das alte **Post Office** von 1870. An der Ecke Stirling Terrace und Parade Street steht das alte **Gerichtsgebäude mit Gefängnis** (Old Gaol, 1851). In seinem Inneren ist ein kleines Heimatmuseum eingerichtet (tägl. 10–16 Uhr). Wesentlich informativer ist das **Western Australia Museum Albany** (Residency Rd, tägl. 10–17 Uhr, www.museum.wa.gov.au). Hier erfährt man alles über die Entdeckung, über die Sträflingsgeschichte und die Besiedlung des Ortes. Außerdem ist die Geschichte der Noogar eindrucksvoll dargestellt. Die geologische Entstehung der Stirling Range wird detailliert erläutert.

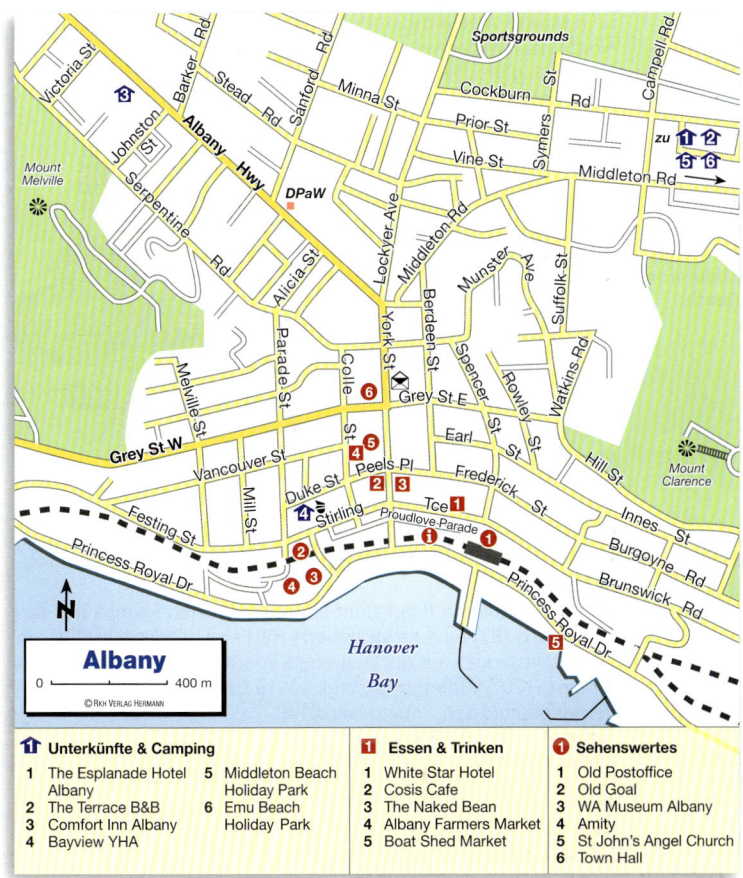

🏠 **Unterkünfte & Camping**		🔴 **Essen & Trinken**	🟠 **Sehenswertes**
1 The Esplanade Hotel	5 Middleton Beach	1 White Star Hotel	1 Old Postoffice
Albany	Holiday Park	2 Cosis Cafe	2 Old Goal
2 The Terrace B&B	6 Emu Beach	3 The Naked Bean	3 WA Museum Albany
3 Comfort Inn Albany	Holiday Park	4 Albany Farmers Market	4 Amity
4 Bayview YHA		5 Boat Shed Market	5 St John's Angel Church
			6 Town Hall

Eine Nachbildung der Brig „Amity" prangt auf der Wiese neben dem Museum (Mai–Aug: 10–15 Uhr, Sept–April: 10–17 Uhr, geführte Touren nach Absprache, Tel. 08-98415403).

Die **Hauptstraße York Street** wird von Geschäften und Cafés gesäumt und beginnt direkt am Ufer des Princess Royal Harbour. **St John's Angelican Church** (1848), die älteste Kirche Westaustraliens, und die **Town Hall** (1887) liegen nur wenige Schritte weiter nördlich. Sie verleihen der Hauptstraße ein historisches Ambiente.

Vom Gipfel des **Mount Clarence,** der fast bis zum Gipfel per Auto befahren werden kann, hat man einen wunderbaren Blick auf die Stadt und den Hafen. Das Kriegerdenkmal Desert Mounted Corps Memorial, ist den australischen Opfern des Ersten Weltkrieges gewidmet. Auf dem **Mount Adelaide**, nur wenige hundert Meter weiter östlich, ist das Militärmuseum **Princess Royal Fortress** eingerichtet (tägl. 9–17 Uhr). Westlich der Innenstadt, erhebt sich **Mount Melville,** von dessen Aussichtsturm man eine gute Weitsicht hat.

Marine Dive und Middleton Beach
Vorbei am Hafen verläuft dicht an den Klippen der **Marine Drive,** von dessen Aussichtsparkplätzen man den malerischen Anblick des Meeres und der Stadt hat. Nicht selten sieht man hier von Juli bis Oktober Wale vor der Küste.

Albany Town Hall

Im Vorort **Middleton Beach** (mit dem einzigen Sandstrand der Stadt) reihen sich Hotels und Restaurants aneinander. Spaziert man 2 km am Strand entlang Richtung Norden, gelangt man nach **Emu Point,** einer Landspitze, die den Oyster Harbour fast vollständig vom King George Sound abtrennt.

In der Middleton Road steht eines der ältesten Farmhäuser des Staates. Die 1827 erbaute **Strawberry Hill Farm** ist heute ein Museum mit Gegenständen aus der Pionierzeit. Im schattigen Garten wird Tee serviert (170 Middleton Rd, tägl. 10–16 Uhr, www.ntwa.com.au – derzeit geschlossen – Stand Jan 2014).

Infos
Albany Visitor Centre, Old Railway Station, Proudlove Pde, Tel. 08-98419290, www.amazingalbany.com.au/, tägl. 9–17 Uhr; Informationen zu Unterkünften und Sehenswürdigkeiten. Verkauf von gutem **Kartenmaterial** im Map Shop (York Street).

Nationalparkbüro (DPaW), 120 Albany Hwy, Tel. 08-98424500, Mo–Fr 8–17 Uhr; umfangreiche Informationen zu den Nationalparks der Umgebung.

An- und Abrteise
Virgin Australia fliegt täglich Perth-Albany (www.virginaustralia.com). Die Busse von Transwa verbinden auf mehreren Routen Perth mit Albany (www.transwa.wa.gov.au).

Nahverkehr
Öffentliche Busse (Loves Bus Service) verkehren Mo–Sa zwischen der Innenstadt und den Stadtteilen Middleton Beach, Emu Point, Lockyer und Spencer Park. Fahrpläne sind im Visitor Centre erhältlich.

Fahrrad-vermietung
Albany Bicycleshire, Middleton Beach, Tel. 08-98422468, www.albanybicyclehire.com, verleiht Räder (auch mit Kindersitz) und bringt sie zur Unterkunft.

Automobilclub
RAC, 110 Albany Hwy, Mo–Fr 9–17 Uhr, Tel. **131703.**

Essen, Trinken und Einkaufen	**White Star Hotel and Tanglehead Brewery** (72 Stirling Tce, Tel. 08-98411733) ist eine hervorragende Adresse, um gepflegt Essen zu gehen. Hauptgerichte ab A$ 26.

Cosis Cafe (3A/141 York St): leckere süße und deftige Speisen.

The Naked Bean (14 Peels Place): englisches Restaurant mit verschiedenen Bohnengerichten.

Frisches Obst und Gemüse wird jeden Samstagvormittag auf dem **Albany Farmer's Market** in der Collie Street (hinter der St. Johns Church) angeboten.

Sonntags von 10–13 Uhr kann man auf dem **Boat Shed Market** frischen Fisch und lokale Produkte erwerben (Princes Royal Drv, östlich des Visitor Centres).

Post und Internet

Post: Ecke Grey/York Sts, Mo–Fr 8.30–17 Uhr.

Internetzugang ist z.B. im Albany Backpackers (Ecke Stirling Tce/Spencer St) möglich.

Notfall

Polizei: 210 Stirling Tce, Tel. 08-984105555
Albany Hospital: Hardie Rd, Tel. 08-98922222

Touren

Albany Escape Tours, Tel. 08-98441945; Halb- und Ganztagesausflüge in die Nationalparks der Umgebung sowie Weintouren.

Das Schiff **Kalgan Queen** (Tel. 08-98443166, www.albanyaustralia.com) mit Glasboden fährt täglich (9 Uhr) ab Emu Point den Kalgan River hinauf. **Whalewatching Touren** werden von Mai bis Oktober von **Albany Whale Tours** (Tel. 0408451068, www.albanywhaletours.com.au, tägl. 9.30 und 13.30 Uhr) mit einem Segelkatamaran und von **Silver Star Cruises** (Tel. 08-98429876, www.whales.com.au, tägl. 9.30 und 13 Uhr) mit einem Motorkatamaran angeboten. Beide Veranstalter bieten außerhalb der Walsaison Fahrten durch den King Gorge Sound an.

Tauchen

In den Gewässern vor Albany sind die Hauptattraktionen für Taucher die Wracks der HMAS Perth, einem Zerstörer, sowie dem Walfängerboot Cheynes III. Beide sind von einer reichen, marinen Fauna und Granit- und Kalksteinriffen umgeben (▶ s. Exkurs Tauchen in WA S. 55). **Tauchtouren** werden von von *Southcoast Diving Supplies* (Tel. 08-98417176, www.divealbany.com.au) angeboten.

Unterkunft und Camping

*** **The Terrace B&B / Cottages,** 36 Marine Tce, Middleton Beach, Tel. 08-98429901; gepflegte Zimmer mit Frühstück im Haupthaus und geräumige Selbstversorger-Villas nur drei Minuten zu Fuß vom Middleton Beach entfernt.

*** **Comfort Inn Albany,** 191 Albany Hwy, Tel. 08-98414144; ordentliches Motel mit Restaurant am Highway, 1,5 km vom Stadtzentrum entfernt.

* **Bayview YHA,** 49 Duke St, Tel. 08-98423388; freundliches Hostel in einem alten Gebäude mit großen Zimmern und Küche, 400 m vom Zentrum entfernt.

Middleton Beach Holiday Park Big 4, Middleton Rd, Middleton Beach, Tel. 1-800-644674; komfortabler Platz mit Whirlpool, Campingküche, Internetzugang und Cabins, direkt hinter den Dünen des langen Sandstrandes Middleton Beach.

Emu Beach Holiday Park, Medcalf Pde, Emu Point, Tel. 1-800-984411; www.emubeach.com. Schattiger Top Tourist Campingplatz mit Cabins und Gas-BBQ, nur wenige Meter vom Strand entfernt.

Südwesten

Umgebung von Albany

Frenchman Bay
Die Halbinsel, die den Princess Royal Harbour nach Süden zum offenen Meer abgrenzt, ist mit Nationalparks, schönen Stränden und ansehnlichen Villen gesäumt. Die gut ausgebaute **Frenchman Bay Road** führt bis zur gleichnamigen Bucht. Entlang der Straße liegen einige kleine Siedlungen, mit Tankstellen, Shops und Unterkünfte.

Torndirrup National Park
Bereits 10 km südlich von Albany (Frenchman Bay Road) ist die Grenze des 39 qkm großen Torndirrup National Park erreicht. Der vielbesuchte Park ist durch eine spektakuläre Küstenszenerie und hügeliges Buschland geprägt. Campen ist im Park nicht erlaubt. Der Ranger wohnt am Parkeingang und kann bei Fragen oder Problemen jederzeit kontaktiert werden (Tel. 08-98444090).

Zu den Felsformationen „The Gap" und „Natural Bridge" führt vom großen Parkplatz ein kurzer Fußweg. **„The Gap"** ist eine 40 m tiefe Felsspalte in den Granitklippen. Die Wellen brausen heran, so dass die Gischt kraftvoll in der Spalte in die Höhe spritzt. Nur wenige Meter weiter spannt sich die mächtige Felsbrücke **„Natural Bridge"** (▸ siehe Foto S. 229) von einem Felsklotz zum anderen.

Folgt man der Frenchman Bay Road, gelangt man zu den **„Blowholes"**. Vom Parkplatz führt ein bestens ausgebauter Wanderweg steil hinunter in die felsige Bucht. Bei entsprechendem Wellengang

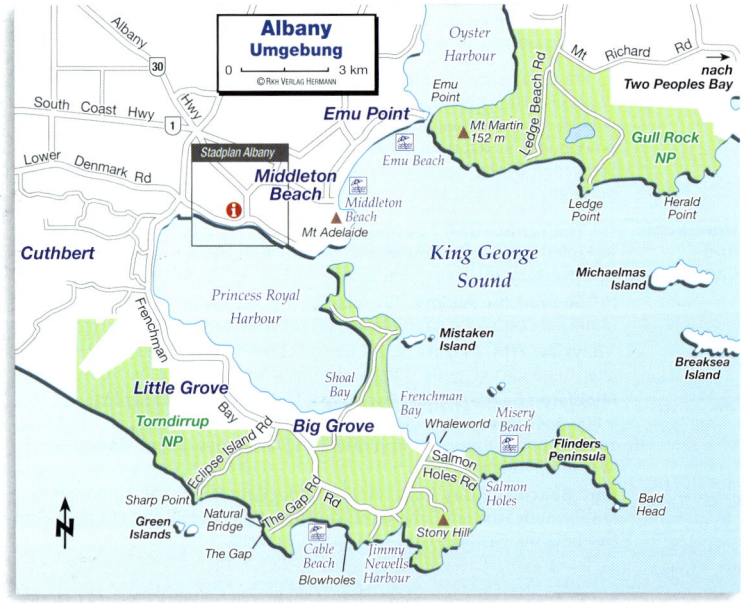

wird das Wasser durch Felslöcher fontänenartig nach oben gedrückt. Bei schwachem Wellengang ist nur ein tiefes Grummeln zu hören.

Jimmy Newells Harbour ist ein schmaler Meereseinschnitt. Lohnend ist der 500 m lange **Stony Hill Walk** – vom höchsten Berg des Parks genießt man einen perfekten Rundblick!

Salmon Holes ist ein beliebtes Surf- und Angelrevier, während der auf der nördlichen Seite des Inlets gelegene, wesentlich ruhigere **Misery Beach** zum Baden einlädt.

Der östlichste Teil heißt **Flinders Peninsula** und ist über einen schmalen Inlet von der Halbinsel getrennt. Zum **Bald Head,** der äußersten Landspitze, führt nur ein Fußweg. Die hügelige 10 km lange Wanderung (ca. 6 h H/R) begeistert durch seine tollen Aussichten und meistens wandert man mehr oder weniger alleine. Lange Hosen und geschlossene Schuhe sind wegen der stacheligen Vegetation empfehlenswert.

Whaleworld Der Museumskomplex **Whaleworld** (Frenchman Bay, tägl. 9–17 Uhr, Touren zur vollen Stunde, Tel. 08-98444021, www.whaleworld.org) wurde an Stelle der ehemaligen Cheyne Beach Whaling Station, die bis 1978 in Betrieb war, gegründet. Auf dem Gelände sind ein altes Walfangboot und ein Walöltank zu besichtigen. Im Inneren des Museums werden Filme und Bilder über das Leben und den Fang der Meeressäuger gezeigt. In der kleinen Siedlung Frenchman Bay gibt es einen Campingplatz (Tel. 08-98444015).

Natural Bridge

Südwesten

Bibbulmun Track – zu Fuß durch den Südwesten

Der Fernwanderweg erstreckt sich über die eindrucksvolle Distanz von 1000 km von Kalamunda (nahe Perth) bis Albany. Er gilt als einer der schönsten Weitwanderwege Australiens. Unterwegs durchquert er eine Reihe von Naturschutzzonen und bietet immer wieder fantastische Ausblicke auf die abwechslungsreiche Landschaft des Südwestens. Dazu gehören beispielsweise die Karri, Jarrah, Marri und Tingle Wälder. Im Frühjahr erstrahlen weite Gebiete in bunter Wildblumenpracht.

Der Bibbulmun Track ist für Wanderer jeden Alters und Könnens geeignet. Den gesamten Weg bestreiten natürlich nur die Wenigstens, doch zwei- bis dreitägige Touren werden jedes Jahr von tausenden Wanderern unternommen. Auf dem Weg findet man zahlreiche Anlaufpunkte, die per Fahrzeug erreichbar sind, so dass einzelne Teilabschnitte ohne Probleme bewandert werden können. Die Ausschilderung, ein gelbes Dreieck mit schwarzer Schlange, und die Campingplätze entlang des Tracks sind hervorragend. 48 Zeltplätze mit Schutzhütten, Regenwassertanks, Picknicktischen und Plumpsklos erleichtern den Marsch – sie liegen im Durchschnitt 20 km voneinander entfernt.

Proviant kauft man in den am Weg gelegenen Ortschaften Dwellingup, Collie, Balingup, Donnely River Village, Pemberton, Northcliffe, Denmark, Walpole und Peaceful Bay. Zur Orientierung wurde der Wanderweg in acht Sektionen eingeteilt, für die jeweils eine separate topographische Karte erstellt wurde. Diese sind in Buchläden oder in den Touristinformationen erhältlich. Für Wanderer, die sich lieber einer geführten Tour mit Gepäcktransport anschließen wollen, halten Tourveranstalter entsprechende Programme parat.

Informationen zu geführten Touren, Unterkünften an der Strecke und alles Wichtige, was man für eine Wanderung wissen muss, erteilt die Bibbulmun Track Foundation, die ihr Büro in Perth hat (862 Hay St, Tel. 08-94810551) und online unter www.bibbulmuntrack.org.au zu finden ist.

Achtung: Im Nationalpark und vor dem Whaleworld Museum werden offenbar immer wieder Autos aufgebrochen. Lassen Sie deshalb nie Wertsachen im Fahrzeug zurück.!

Two Peoples Bay Nature Reserve
Das 35 km östlich von Albany gelegene Naturreservat ist für seine seltenen Vogelarten und Beuteltiere bekannt, u.a. den ausgestorben geglaubten Braunbauch-Dickichtvogel (Noisy Scrubbird) und das Gilberts Kaninchenkänguru (Gilbert's Potoroo). Im Besucherzentrum ist viel Wissenswertes über die lokale Tierwelt zu erfahren (tägl. 10–15 Uhr, Tel. 08-98464276). **Little Beach** ist zum Baden und Relaxen ein Traum! Toiletten und Picknicktische sind im Park vorhanden, das Campen ist nicht erlaubt.

Anfahrt: Von Albany muss man auf dem South Coast Highway nach Nordosten bis King River fahren. Dort biegt die Two Peoples Bay Road zum Naturreservat ab.

Waychinicup National Park
Auch in diesem 47 qkm große Nationalpark leben einige seltene Tierarten. Doch auch die spektakuläre Küstenlandschaft ist beeindruckend.

Anfahrt: Vom South Coast Highway, 50 km nördöstlich von Albany, zweigt die Cheyne Road in den Nationalpark und zur kleinen Fischersiedlung **Cheyne Beach** (Campingplatz, Tel. 08-98461247) ab. Zum **Waychinicup Inlet** führt eine schmale Naturstraße.

An der Flussmündung gibt es einen beschaulichen Zeltplatz (kein Trinkwasser). Hier ist während der Dämmerung ein Konzert der Vogelstimmen zu hören und an manchen Stellplätzen nähern sich abends die kleinen Kurznasenbeutler (Southern Brown Bandicoot), um den Campern etwas Essbares zu entlocken. Von Cheyne Beach führen 4WD-Tracks zu weiter entlegenen Stränden des Parks.

Blick hinunter auf die Frenchman Bay

Von Albany nach Denmark

West Cape Howe National Park

Zwischen den Städten Albany und Denmark erstreckt sich der **West Cape How National Park** mit dem südlichsten Punkt des westaustralischen Festlands.

Anfahrt — Die Anfahrt erfolgt über die **Lower Denmark Road** (Ausfahrt aus Albany über die Frenchman Bay Rd). Von der gut ausgebauten Landstraße zweigt die **Cosy Corner Road** zum gleichnamigen Strand ab. Hinter den Dünen, die einen fantastischen Strand umrahmen, lädt ein einfacher Campingplatz zum Übernachten inmitten der Natur ein, allerdings ist dieser zur Hauptreisezeit von Dezember bis April geschlossen!

Der hügelige Nationalpark ist mit steilen Klippen, einsamen Buchten, Karri Wäldern ausgesprochen abwechslungsreich. Drachenflieger, Surfer, Kletterer und Allradfans können sich über die vielfältigen Möglichkeiten erfreuen, die sich ihnen bieten. Bis zum **Shelley Beach** (Camping-platz) führt eine Schotterstraße. Der Hügel oberhalb des malerischen Strandes ist der Treffpunkt für Drachenflieger. Von der Startrampe bietet sich eine grandiose Sicht über weite Teile der Südküste. Die anderen Strände weiter südlich kann man nur per Allradfahrzeug erreichen. Die Tracks sind zum Teil tiefsandig und mit steilen Anstiegen gespickt, was jedoch mit etwas Erfahrung zu meistern ist. Zum Surfen ist der **Golden Gate Beach** (westlich von West Cape Howe) ein ideales Revier. Die dunklen Felsklippen des **West Cape Howe** sind ein Paradies für Kletterer. Wer es bis zur Südspitze **Torbay Head** schafft, freut sich über den Ausblick aufs Meer. In den Gewässern des **Dunsky Beach** (Abzweig kurz vor Torbay Head) kann man entlang eines kleinen Riffs schnorcheln. Die Zufahrt

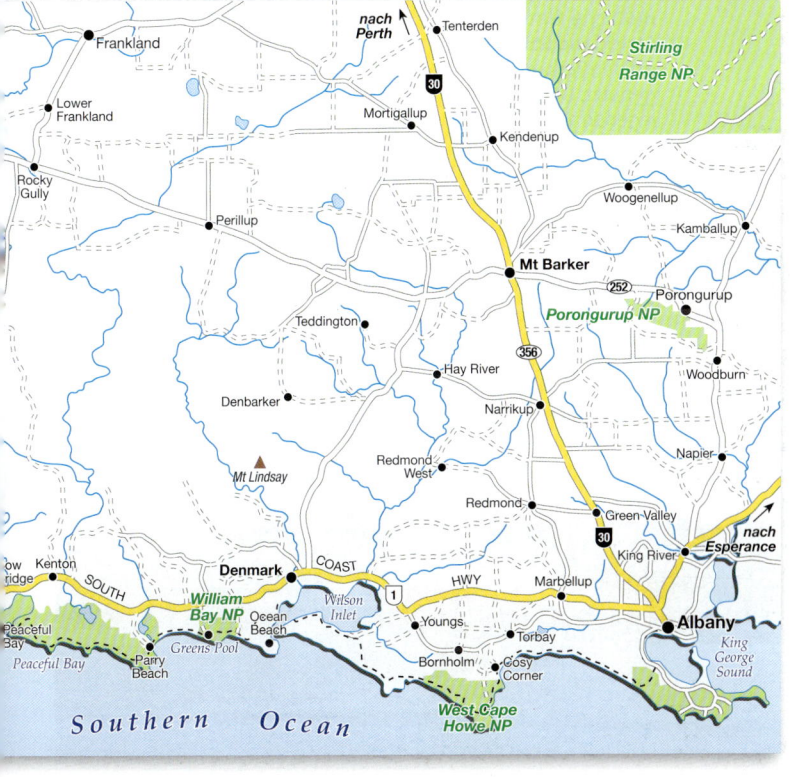

zum **Bornholm Beach** an der Westküste erfolgt über die Lower Denmark Road/Shepherds Lagoon Road (gute Piste). Der Strand ist bei Anglern beliebt, da hier schmackhafte Lachse beißen. Der **Bibbulmun Track** (▶ s. Exkurs S. 230) durchquert den gesamten Park von Cosy Corner bis Lowlands Beach. Im Nationalpark ist kein Ranger ansässig: Die Parkleitung übernimmt dafür der Ranger des Torndirrup National Park.

Wer in der Gegend übernachten möchte, kann dies in den schön eingerichteten Gästehäusern ****Cape Howe Cottages (322 Tennessee Rd South, Lowlands Beach, Tel. 08-98451295) tun. Die Anfahrt erfolgt über die Lower Denmark Rd nach Westen und dann auf der Tennessee Rd South nach Süden bis zum Lowlands Beach.

Denmark

Die 2500-Einwohner-Gemeinde am **Denmark River** ist das Touristen- und Landwirtschaftszentrum der Region. Die einladenden Cafés, gemütliche Unterkünfte und kleinen Geschäfte der Hauptstraße **Strickland Street** verleihen Denmark einen alternativen Touch. Die grünen Parkanlagen werden von Joggern und Spaziergängern gerne genutzt. Der Ort ist der Ausgangspunkt für Touren in den nahegelegenen **William Bay National Park**, zu den Weinbaubetrieben der Umgebung und zu den schönen Stränden südlich der Stadt. Für Angler ist der geschützte Naturhafen **Wilson Inlet,** der nur durch einen schmalen Ausgang mit dem offenen Meer verbunden ist, ein ruhiges Revier.

Geschichte Die **Noongar** bewohnten die Gegend schon vor über 40.000 Jahren. 1829 erforschte **Thomas Braidwood Wilson** als erster Europäer die Region. Er benannte den Fluss, den die Aboriginal People als *Kurrabup*

Denmark

(Platz der schwarzen Schwäne) bezeichneten, nach seinem Freund und Schiffsarzt Alexander Denmark. 65 Jahre später entstand an der Flussmündung eine kleine Arbeitersiedlung für die Sägemühle der Gebrüder Millar. Leider war der Wald rund um Denmark bereits nach zehn Jahren abgeholzt und die meisten Bewohner zogen vondannen. Die Verbliebenen konzentrierten sich auf die Landwirtschaft. Bis in die 1980er Jahre stieg die Einwohnerzahl stetig an. Heute ist Denmark ein beliebter Ferienort und ein Rückzugsraum für gestresste Städter.

Infos

Denmark Visitor Centre (Ecke South Coast Hwy/Ocean Beach Rd, Tel. 08-98482055, www.denmark.com.au, tägl. 9–17 Uhr). Informationen über Sehenswürdigkeiten und Veranstaltungen der gesamten Region; Buchung von Ausflügen und Unterkünften sowie Verkauf von Wanderkarten und Transwa-Bustickets. Das nächstgelegene Nationalpark-Büro befindet sich in Walpole.

Essen und Trinken

Entlang der **Strickland Street** reihen sich zahlreiche Cafés und Take-Away Shops aneinander. In den Cafés werden leckerer Kuchen, herzhafte Sandwiches und Salate angeboten. Die meisten Cafés haben unter der Woche nur tagsüber geöffnet, am Wochenende auch abends.

Für seine bekannt gute Küche, ein kühles Bier oder einen regionalen Wein lohnt sich die Fahrt in das 4 km nordwestlich von Denmark gelegene Restaurant **Southern End Brewery** (427 Mt Shadforth Rd, Tel. 08-98482600, www.southernend.com.au, Mo–Fr 9–15 Uhr, Fr–Mo zusätzlich ab 18 Uhr geöffnet, am Abend Tischreservierung empfehlenswert). Hauptgerichte ab A$ 26. Von der Terrasse und an der Fensterfront hat man einen fantastischen Ausblick.

Im **Pepper & Salt Restaurant** auf dem Forest Hill Vinyard (Weingut), 4 km westlich von Denmark, Ecke South Coast Hwy/Myers Rd, lässt es sich hervorragend speisen. Nur Do–So 12–15 Uhr, Fr 18–21 Uhr, Reservierung erforderlich, Tel. 08-98483053.

The Bushfood Factory & Café (233 Piggot Martin Rd, Youngs Siding zwischen Denmark und Albany, Tel. 08-98452359, Mi–So 10–16 Uhr, in den Schulferien täglich 10–17 Uhr). Das Schweizer Besitzerehepaar bietet eine köstliche Küche mit australischen Kräutern, Gemüse und Obst, das es selbst anbaut – die 25 km Fahrt von Denmark lohnen auf jeden Fall.

Mrs. Jones Cafe (12 Mt Shadforth Rd). Nettes Cafe innen wie außen, etwas abseits der Hauptstraße hinter dem Supermarkt.

Weinbau

Denmark zählt mittlerweile zu den etablierten **Weinbauregionen** im Süden. Entlang des **Mount Shadforth** und **Scottsdale Tourist Drive** laden mehrere Winzer zur Weinproben ein. Einen Überblick über das regionale Angebot verschafft der Denmark Liquor Store („**Great Southern Regional Wine Centre**", 22 South Coast Hwy).

Tipp: Die Broschüre *„Great Southern Food and Wine Touring Guide"* (www.greatsoutherntastewa.com) empfiehlt weitere Restaurants und Weingüter sowie kulinarische Veranstaltungen. Das Heft ist in den Visitor Centres erhältlich.

Touren

Out of Sight Tours, Tel. 08-98482814, veranstaltet Aktivtouren (Wandern, Reiten).

Südwesten

Unterkunft und Camping

Rund um Denmark gibt es eine Vielzahl von Selbstversorger-Unterkünften („self contained") und B&B-Zimmern. Viele davon liegen entlang des Wilson Inlet und am Ocean Drive. Auf der Homepage des Visitor Centres sind die Unterkünfte detailliert beschrieben. Empfehlenswert sind:

*** **Denmark Waterfront Motel,** 63 Inlet Drive, Denmark, Tel. 1-800-708056, www.denmarkwaterfront.com.au; gepflegtes Motel mit Zimmern, Apartments, Restaurant sowie Blick auf das Inlet, ca. 3 km südlich der Innenstadt.

** **Windrose B&B, 6 Harington Break,** Denmark, Tel. 08-98483502; behagliche Frühstückspension 5 km südlich der Stadt (über die Ocean Beach Rd). Die deutschstämmigen Eigentümer bieten dazu noch interessante Touren an (Wild About Wilderness Tours, s.o.).

** **The Cove Chalets,** Payne Rd, Denmark, Tel. 08-98481770; gemütliche Selbstversorger-Holzchalets für 2 bis 20 Personen im Wald – ein schöner Ort, um ein paar Tage länger zu bleiben.

* **Blue Wren Traveller's Rest YHA,** 17 Price St, Denmark, Tel. 08-98483300; kleines Hostel mit Charme in zentraler Lage.

Denmark Rivermouth Caravan Park, Inlet Drv, Denmark, Tel. 08-98481262; großer Campingplatz mit geräumigen Cabins, direkt an der Flussmündung. In der ersten Reihe am Wasser ist die Abenddämmerung am schönsten. Abends werden vom Betreiber Papageien gefüttert.

Tipp: Vor der Zufahrt führt eine Fußgängerbrücke über den Fluss. Der dichtbewachsene Pfad, der zur Brücke führt, ist zur Vogelbeobachtung morgens oder abends bestens geeignet.

Riverbend Caravan Park, Scotsdale Rd, Denmark, Tel. 08-98481107; Campingplatz mit Cabins, 2 km nordöstlich am Flussufer.

Umgebung von Denmark

Mount Shadforth Scenic Drive

Die abwechslungsreiche Ausflugstraße beginnt in der North Street (hinter der Shell Tankstelle) und führt durch eine sanfthügelige Landschaft. Grüne Wiesen, Karri Wälder und immer wieder neue Ausblicke kennzeichnen die Fahrt, die rund eine Stunde dauert. Vom 300 m hohen **Mount Shadforth** blickt man auf den Ozean und im Hinterland, bei gutem Wetter, bis zu den Bergen der Porongurup und Stirling Range.

Ocean Beach und Lights Beach

Der langgezogene **Ocean Beach** liegt dort, wo der Wilson Inlet auf das offene Meer trifft und ist über die Ocean Beach Road erreichbar (Abzweig vom Highway, 1 km westlich der Strickland St). Der Strand ist vor allem unter Surfern beliebt, da sich hier fast immer mächtige Wellen auftürmen. Surfunterricht erteilt South Coast Surfing (Tel. 08-98409041). Baden sollte man aufgrund der gefährlichen Strömungen nur am bewachten Strandabschnitt zwischen den Fahnen.

Auch der Strand **Lights Beach** am Ostrand des William Bay National Park ist ein Treffpunkt der Wellenreiter (erreichbar über Ocean Beach Road/Lights Road).

Mount Lindesay

Eine schöne Wanderung (9 km H/R) mit fantastischem Gipfelblick ist die Besteigung des 400 m hohen Granitdoms **Mount Lindesay**. Der nordwestlich der Stadt gelegene Berg wird über die Scottsdale Road/Mt Lindesay Road angefahren. Die Wanderung vom Parkplatz ist gut ausgeschildert, zwar ohne Schwierigkeit, jedoch relativ lang. Weitere Wandertipps sind in der Broschüre „Trails of Denmark" (Visitor Centre) beschrieben.

Von Denmark nach Walpole

William Bay National Park

15 km westlich von Denmark liegt der nur 19 qkm große **William Bay National Park.** Der sehenswerte Park, der über die asphaltierte **William Bay Road** erschlossen ist, verblüfft trotz seiner geringen Größe mit der Vielfalt aus Wanderdünen, Karri Wälder, Badebuchten und mächtigen Granitfelsen. Im Frühjahr tauchen die Wiesen in eine farbenfrohe Blütenpracht. Vom Parkplatz am Ende der Asphaltstraße führt ein kurzer Fußweg zur traumhaften Bucht **Green's Pool** und weiter zum davon westlich gelegenen Badestrand **Mazzoletti Beach.** Nicht weit ist es auch vom Parkplatz zu der riesigen Felsformation **Elephant Rocks,** die von oben tatsächlich wie eine gedrängte Elefantenherde aussieht. Unterhalb der Felsen lädt eine geschützte Bucht zum Baden ein.

William Bay National Park

Madfish Bay, mit der vorgelagerten Insel Madfish Island (zu der man bei Ebbe hinwaten kann), und zum **Waterfall Beach** führt eine gepflegte Sandpiste. Auf der Insel brüten Seevögel und man berichtet von vielen giftigen Schlangen, die auf dem Eiland leben. Am Waterfall Beach plätschert ein bescheidenes Bächlein etwa einen Meter zum Strand hinunter. Auch durch diesen Park verläuft der Weitwanderweg Bibbulmun Track (▶ s. Exkurs S. 230).

Südwesten

Leider ist Campen im Nationalpark nicht erlaubt, doch ein Stück, am Westrand des Nationalparks, befindet sich am ruhigen **Parry Beach** ein einfacher Campingplatz (Parry Beach Rd; gepflegte Schotterstraße).

Peaceful Bay In **Bow Bridge,** einem kleinen Straßendorf am Highway, zweigt ein schmaler Weg nach **Peaceful Bay** ab. Der Name gilt für die Bucht und die kleine Ortschaft gleichermaßen und verspricht zu Recht Ruhe und Beschaulichkeit. Von hier führt eine sandige Piste in den östlichen Teil des Walpole-Nornalup National Park. Für Wanderer ist der 13 km lange Abschnitt des **Bibbulmun Track von Peaceful Bay bis Conspicuous Cliff** (kein Badestrand!) dank seiner vielseitigen Küstenblicke interessant. Die Anfahrt erfolgt über die Ficifolia Road bzw. Conspicous Beach Road (beide sind nicht asphaltiert). Letztere zweigt 5 km östlich von Nornalup vom Highway ab.

Übernachten : Peaceful Bay Caravan Park, Tel. 08-98408060; Platz mit sehr einfachen sanitären Anlagen.

Walpole-Nornalup National Park

Der riesige Küstennationalpark (215 qkm) wurde bereits 1910 gegründet und über die Jahre ständig erweitert. Zwischenzeitlich beginnt der Park im Osten an der Peaceful Bay, umschließt die beiden Meereseinschnitte Nornalup und Walpole Inlet und grenzt im Westen direkt an den D'Entrecasteaux National Park. Nördlich des Highways zählen das berühmte Valley of the Giants sowie die Umgebung des Frankland River dazu. Die Orientierung in den drei Teilbereichen fällt durch die existierenden, bestens beschilderten Rundfahrten leicht. Im Park selbst gibt es keine Campingplätze.

Im Visitor Centre und im Nationalpark-Büro Walpole (s. Walpole Infos) sind weitere **Informationen** erhältlich.

Valley of the Giants Tourist Drive Bereits in Bow Bridge zweigt der Valley of the Giants Tourist Drive nach Norden ab. Er führt durch das „Tal der Giganten" zum berühmten Tree Top Walk – sicherlich eines der beeindruckendsten Naturdenkmäler im Südwesten. Zwar gibt es in der Region zahlreiche Karriwälder, doch wachsen nur im **Valley of the Giants** die seltenen Tingle Bäume (Tingle Trees). Die Bäume sind an ihrer rötlichen (Red Tingle / eucalyptus jacksonii) oder gelblichen (Yellow Tingle / eucalyptus guilfoylei) Rindenfärbung erkennbar. Die Baumriesen sind noch Überbleibsel der Vorzeit. Tingle Trees wuchsen bereits vor 65 Mio. Jahren auf dem Superkontinent Gondwana, als Australien, Afrika, Indien, Südamerika und die Antarktis noch fest miteinander verbunden waren. Nach der Aufsplitterung von Gondwana in einzelne Kontinente erlebte Australien eine enorme klimatische Veränderung. Nur im Südwesten war der Klimawandel weniger stark ausgeprägt und die Tingle Wälder konnten überleben. Die Baumwipfel der höchsten Giganten ragen bis zu 80 m hoch in den Himmel.

Unterwegs auf dem Tree Top Walk

Tree Top Walk

Der spektakuläre Baumwipfelpfad **Tree Top Walk** liegt inmitten des Waldes, den die Gemeinden Walpole und Denmark massiv bewerben. Der 600 m lange, aus Stahlgittern und Stahlseilen errichtete Rundweg steigt bis zu 40 m über den Waldboden an und ermöglicht von oben einen berauschenden Blick über die Baumwipfel hinweg. Da die Brücken leicht schwanken – es soll das Gefühl vermittelt werden, man sitzt in einer Baumkrone – und eine fast freie Sicht durch die Gitter zum Boden besteht, sollten sich nur schwindelfreie Personen das Vergnügen gönnen. Bodenständig bleibt man beim **Ancient Empire Trail,** der zwischen den bis zu 400 Jahre alten Tingle Bäumen hindurchführt. Der Weg beginnt hinter dem Souvenirshop. Der Tree Top Walk wird von der Nationalparkbehörde verwaltet und ist täglich von 9–16.15 Uhr geöffnet. Hier gilt der Nationalparkpass leider nicht, doch der der Eintrittpreis ist mit A$ 15 pro Person und Familien A$ 37,50 moderat. Ein Besuch lohnt sich.

Der Giants Tourist Drive trifft 4 km östlich von Nornalup wieder auf den South Coast Highway. Gleich rechterhand befindet sich der Campingplatz **Valley of the Giants Ecopark** (Tel. 08-98401313). Die kleine Siedlung **Nornalup** am Frankland River wurde 1909 vom Franzosen Pierre Bellanger im Zuge der Landbesiedlung gegründet. Heute besteht sie aus einer Tankstelle, einigen kleinen Herbergen und einem Café.

Hilltop Road und Giant Tingle Tree

Kurz vor Walpole zweigt mit dem **Hilltop-Circular Pool Scenic Drive** der zweite reizvolle Tourist Drive der Region nach Nordosten ab. Die gesamte Strecke ist geschottert und als Einbahnstraße angelegt, daher kann die Anfahrt nur von Westen aus erfolgen! Unterwegs sieht man gigantische Eukalyptusbäume. Vom **Hilltop Lookout** hat man einen sehr guten Überblick über den Frankland River und das Nornalup Inlet. Nach weiteren 3 km gelangt man zu einem Parkplatz, von dem ein 800 m langer Rundweg zum **Giant Tingle Tree,** einem vom Feuer ausgehöhlten Rot-Tingle Baum mit 24 Meter Umfang, führt. Auf der Weiterfahrt folgt eine T-Kreuzung: nach Süden geht es zurück auf den Highway, nach Norden weiter zum **Circular Pool,** einer beschaulichen Picknickstätte am Frankland River. Der Fluss verbreitert sich an dieser Stelle und bildet einen Teich (zum Baden geeignet). Von Circular Pool führt der Weg dann weiter nach Walpole zurück.

Coalmine Beach Road und Knoll Drive

Gegenüber der Hilltop Road Zufahrt zweigt die asphaltierte **Coalmine Beach Road** nach Süden ab. Der Strand am **Nornalup Inlet** ist schön zum Baden und bietet einen gut ausgestatteten Campingplatz direkt am Wasser (Coalmine Beach Top Tourist Park, Tel. 1-800-670026, www.coalminebeach.com.au). Vom Strand führt der Wanderweg **Coalminer Beach Heritage Trail** (3 km, Teil des Bibbulmun Track) zum Visitor Centre von Walpole.

Um die Halbinsel „The Knoll" führt eine asphaltierte Einbahnstraße (5 km) herum. Von diversen Aussichtspunkten blickt man auf das Nornalup und Walpole Inlet. Für Rastpausen empfehlen sich zwei schöne Picknickplätze am Wegesrand. Unter dem lichten Karri Wald sollte man die vielen Pflanzenarten und Insekten im Unterholz beachten.

Walpole

Infos

Die von Wald umgebene Kleinstadt (450 Ew.) ist mit Tankstellen, Geschäften, Cafés und dem informativen **Visitor Centre** (Pioneer Park, Tel. 08-98401111, www.walpole.com.au und www.southern forests.com.au, Mo–Fr 9–17 Uhr, Sa/So 9–16 Uhr) ein beliebter Zwischenstopp für Highway-Reisende.

Das **Nationalparkbüro** (DPaW) liegt ebenfalls am westlichen Ortsausgang. Hier werden die Nationalparks William Bay, Walpole-Nornalup, D'Entrecasteaux, Shannon und Frankland verwaltet (Tel. 08-98401207, Mo–Fr 8–17 Uhr).

Unterkunft und Camping

*** Tree Top Walk Motel,** Nockolds St, Tel. 1-800-420777

* **Walpole Lodge/Backpackers,** Pier St, Tel. 08-98401244

Der nächstgelegene Campingplatz befindet sich am Coalmine Beach (s.o.).

Touren

WOW Wilderness Cruise (2,5 h) führt über die Wasserwege von Walpole und Nornalup. Das Boot legt täglich um 10 Uhr (Hochsaison auch 14 Uhr) an der Jetty von Walpole ab. Buchungen über das Visitor Centre oder direkt unter www.wowwilderness.com.au, Tel. 08-98401036.

Die Touren sind mit A$ 35 p.P. relativ teuer und häufig sind betagtere Gäste an Bord.

Mount Frankland National Park · Fernhook Falls

Von Walpole nach Norden führt eine nicht durchgängig asphaltierte Straße zum **Mount Frankland National Park** (29 km). Vogelliebhaber schätzen die Artenvielfalt, insbesondere in den Frühjahrsmonaten. Auf den eher kurzen Wanderungen entdeckt man u.a. farbenfrohe Staffelschwänze (Wrens) zwischen den mächtigen Karri Bäumen. Nicht entgehen lassen sollte man sich den steilen Treppen- und Leiteraufstieg auf den 422 m hohen **Mount Frankland** (ca. 1 h H/R, anstrengend). Auf dem Gipfel des Granitbergs befindet sich eine umzäunte Aussichtsplattform und ein Fire Lookout Tower, ein Turm zur Sichtung von Waldbränden. Bei klarer Sicht erkennt man in der Ferne den Bluff Knoll im 145 km östlich gelegenen Stirling Range National Park (▸ s.S. 221). Vom Parkplatz am Fuße des Bergs führt ein 1,5 km langer Rundweg um den Mount Frankland. Einen einfachen **Campingplatz** mit Toilette und Wasserhahn sowie eine Schutzhütte gibt es ebenfalls beim Parkplatz.

Die Ausfahrt führt über die Beardmore Road zu den **Fernhook Falls** (6 km vom Highway entfernt). Die Wasserfälle fließen über mehrere Stufen über 15 m hinunter und bilden einen kleinen Badepool. Am Ufer sind idyllische **Camping- und Picknickplätze** eingerichtet, die von der Nationalparkbehörde verwaltet werden. Während der „White Water Season" von Juli bis Oktober lockt der Fluss zahlreiche Kanuten an.

Von Walpole über Pemberton nach Augusta

Kurz hinter Walpole empfiehlt sich ein Stopp am **John Rate Lookout.** Man schaut durch den üppig grünen Karri Wald bis zum Meer. 12 km westlich von Walpole zweigt die Schotterstraße **Mandalay Beach Road** nach **Crystal Springs** (NP-Campground) und zum **Mandalay Beach** (D'Entrecasteaux National Park, ▸ s.S. 243) ab. Dort ergibt sich von einer hölzernen Aussichtsplattform ein toller Blick bis zur Landspitze Long Point. Die auf der Plattform aufgestellte Büste ist eine Nachbildung der Gallionsfigur des norwegischen Schiffes „Mandalay", das hier während eines Sturmes 1911 kenterte. Baden ist wegen starker Strömungen nicht möglich!

Auf den folgenden Kilometern durchfährt man ein „Netzwerk" von Nationalparks, die nahtlos ineinander übergehen. Da die Parkgrenzen nicht immer genau markiert sind (was auch egal ist), verliert sich irgendwann die Kenntnis, in welchem Nationalpark man sich gerade befindet.

Shannon National Park

Durch den 535 qkm großen **Shannon National Park,** der weitgehend aus Karriwald und verstreuten Granitfelsen besteht, führt die 48 km lange Rundfahrt **„Great Forest Drive"** (Naturstraße, bei

Tingle Tree

Trockenheit gut mit 2WD zu bewältigen), die nur in eine Richtung genutzt werden darf. Auf der ruhigen Fahrt genießt man Aussichtspunkte, Picknickplätze und einen wunderschönen, endlos wirkenden Wald. Übrigens kreuzt die Rundfahrt nach 23 km wieder den Highway, so dass hier auch abgekürzt werden kann. Zu Fuß kann der Wald auf markierten Wanderwegen erkundet werden. Alle Wege und Aussichtspunkte sind am Beginn des Great Forest Drive auf einer Informationstafel beschrieben. In der ehemaligen Holzfällersiedlung **Shannon** hat die Nationalparkbehörde einen einfachen Campingplatz und gemütliche Hütten eingerichtet.

Northcliffe

Kurz hinter Shannon biegt die Straße Nr. 10 vom Highway nach Northcliffe ab. Unterwegs ist die Zufahrt zum riesigen, fast unzugänglichen D'Entrecasteaux National Park angeschrieben (4WD).

Northcliffe (850 Ew.) ist eine beschauliche Ortschaft mit Campingplatz, Motel und einem hilfreichen Visitor Centre (Wheatley Coast Rd, Tel. 08-97767203, www.northcliffe.org.au, Mo–Fr 9.30–16 Uhr, Sa/So 10–14 Uhr). In der Umgebung von Northcliffe sind einige hervorragende Mountainbike Strecken angelegt. Alljährlich finden hier im September die westaustralischen Meisterschaften statt. Im Visitor Centre ist eine Broschüre über die Routen erhältlich.

Windy Harbour

Von Northcliffe sind es 26 km bis nach **Windy Harbour,** einem kleinen Feriendorf inmitten des D'Entrecasteaux National Park. 15 km südlich von Northcliffe überragt der 180 m hohe **Mount Chudalup** die Umgebung. Zum Gipfel des Granitberges führt ein mäßig steiler Weg (1 h H/R, rutschfeste Schuhe empfehlenswert). Von oben wird deutlich, in welchem Ausmaß der Berg von Wildnis umgeben ist.

Windy Harbour und der vorgelagerte **Salmon Beach** sind bei erfahrenen Surfern wegen ihrer permanenten Brandung sehr beliebt. Von den Kalksteinklippen **Point D'Entrecasteaux** (westlich von Windy Harbour) genießt man einen fantastischen Blick auf die Küste mit Chancen zur Walsichtung. Von Windy Harbour führt ein Fußweg über das Kap zum Salmon Beach. Ein Campingplatz (kein Strom, Tel. 08-97768398) ist vorhanden.

D'Entrecasteaux National Park

Dieser 1167 qkm große Park ist größtenteils unzugänglich. Er erstreckt sich über 130 km von Long Point (nahe Walpole) bis nach Black Point (südwestlich von Pemberton). Für den Nationalpark wird Eintritt verlangt (▶ s. Nationalpark Pass S. 150). Per 2WD sind nur Windy Harbour und der Mandalay Beach (▶ s.S. 241) erreichbar, alle anderen Punkte sind definitiv nur mit Geländefahrzeugen befahrbar. Dazu zählt auch die Allradtour von Northcliffe zum **West Cliff Point** (Gesamtstrecke 133 km), einer mit steil abfallenden Klippen versehene Landspitze. Unterwegs durchquert man ursprüngliche Karriwälder, endet an weißen Stränden, Wanderdünen und Kalksteinklippen. Im Frühjahr verwandelt sich der Nationalpark mit seinen unzähligen Wildblumen in ein prächtiges Farbenmeer. Mehrere verstreut liegende Campingplätze bieten die Möglichkeit, mitten in dem Naturschauspiel ein paar Tage verbringen zu können. Die Tour beginnt und endet direkt am Visitor Centre in Northcliffe, wo auch Detailkarten verkauft werden.

Mehrere Naturstraßen biegen zwischen Northcliffe und Pemberton zum kilometerlangen **Warren Beach** ab (mit Campingplatz). Der tiefsandige und schwierig befahrbare **Warren Beach Track** führt dann am Strand entlang, durchquert den Warren River (nur von Nov–Mai möglich), bevor es auf einem Track wieder zurück nach Pemberton geht. Für die Fahrt muss unbedingt der Reifendruck abgesenkt werden!

Tipp: Drucken Sie sich vor der Fahrt die hilfreichen Streckenbeschreibung von www.exploroz.com/treknotes aus.

Warren National Park

10 km vor Pemberton zweigt die Naturstraße **Old Vasse Road** in den kleinen **Warren National Park** von der Hauptstraße (Nr. 10) ab, bei Trockenheit gut mit 2WD befahrbar. Das Schutzgebiet umfasst ein 30 qkm großes Karri Waldgebiet. Besonders beeindruckend ist der **Dave Evans Bicentennial Tree,** ein riesiger Baum mit einem Feuerwachausguck in 75 m Höhe. Die Aussichtskabine wurde 1988

im Rahmen der 200 Jahres-Feier Australiens erbaut und nach dem Lokalpolitiker Dave Evans benannt. Die Besteigung des Baumes ist möglich! Doch sollte dies nur bei Trockenheit, ruhigen Windverhältnissen und guter Schwindelfreiheit geschehen. Die erste Plattform wird erst auf 25 m Höhe erklommen. Auf der Aussichtsplatzform in 75 m Höhe schwankt der Baum bis zu 1,5 m weit! Unten am Baum ist ein großzügiger Rastplatz mit Schutzhütten, Tischen und Toiletten angelegt – ein idealer Ort, um die wagemutigen Baumbesteiger zu beobachten!

Tipp: Am Dave Evans Tree ist der Andrang der Kletterer nicht so groß wie am Gloucester Tree bei Pemberton.

Von der Old Vasse Road biegt der **Heartbreak Trail** (Einbahnstraßen-Rundfahrt) ab. Er führt steil hinunter zum Warren River, an dem idyllische Picknick- und Campingplätze angelegt sind – auch zum Radfahren eine herrliche, wenngleich hügelreiche Angelegenheit (Gesamtstrecke 12 km). Kurz nach der Einfahrt zum Heartbreak Trail passiert man das **Pemberton Wine Centre** (s. Pemberton Essen und Trinken).

Der Park kostet Eintritt (▸ s. Nationalpark Pass S. 150). Informationen sind im Nationalparkbüro in Pemberton (s.u.) erhältlich.

Pemberton

Die beschauliche Stadt (1400 Ew.) ist zwischen Weiden, Weinbergen und Wäldern eingebettet. Sie bietet für Reisende gute Übernachtungsmöglichkeiten und ein gut ausgestattetes Besucherzentrum. Pemberton wurde zwar erst 1925 offiziell gegründet, doch bereits 1862 ließen sich in der Gegend die ersten Farmer aus Perth nieder. Sie bauten Obst und Gemüse an, züchteten Schafe und Pferde. Ende des 18. Jahrhunderts begann man mit dem Aufbau der Forstwirtschaft. Allein in Pemberton wurde das Holz der umliegenden Wälder in drei Sägewerken verarbeitet. Der Grund für den Boom war der Bau der transaustralischen Eisenbahn „Indian Pacific". Das harte und dauerhafte Holz der Karribäume eignete sich bestens als Schweller für den Schienenstrang.

Gloucester National Park

Die Hauptattraktion der Stadt ist der **Gloucester Tree** im kleinen **Gloucester National Park** (Eintrittsgebühren) am östlichen Stadtrand. Die Feuerwehr nutzte den 60 m hohen Karribaum seit 1947 als Aussichtspunkt, um Waldbrände rechtzeitig zu lokalisieren. Heute klettern Touristen über die in den Baum geschlagenen 153 Eisenstangen in schwindelerregende Höhe, um einen grandiosen „Waldblick" zu erleben. Während der Weihnachtszeit muss man am Aufstieg oftmals anstehen, weshalb es ratsam ist, frühmorgens vor Ort zu sein. An den Picknicktischen am Fuß des Baumes kann es durch-

Waldbrände und „Fire Trees"

Waldbrände sind in den seltenen Karri-, Jarrah- und Marri-Wäldern des Südwestens sehr gefürchtet, da sie in kürzester Zeit einen enormen Schaden anrichten können. Im Brandfall ist es daher besonders wichtig, den Brandherd so schnell wie möglich auszumachen und die Flammen einzudämmen, bevor diese außer Kontrolle geraten. Zur Beobachtung werden heutzutage Aufklärungsflugzeuge (Spotter Plains) eingesetzt. In Ermangelung derselben bediente man sich früher anderer Methoden. Zwischen 1937 und 1952 wurden auf den höchsten Bergen und Hügeln eine Reihe von Aussichtspunkten für die Rauchmeldung aufgebaut. Das Problem war das relativ flache Land – es gab einfach zu wenig Hügel, die hoch genug waren, damit man über die hohen Karribäume hinweg sehen konnte.

Die Lösung waren Beobachtungsplattformen, die auf den jeweils höchsten Bäumen des Waldes montiert wurden. Der Bau eines sogenannten „Fire Lookouts" war ein Abenteuer für sich. Erst musste der ausgewählte Baum bestiegen werden, um ihn auf seine Tauglichkeit zu untersuchen. Dann wurde um den Stamm eine spiralförmige Leiter aus Eisenstäben angebracht. Jeder Stab, der eigentlich einem langen Nagel gleicht, wurde nach dem Vorbohren eines Lochs mit Hammer-

schlägen in den Baum getrieben. Ganz oben im Baum wurde die Krone ausgeholzt und schließlich die Beobachtungsplattform errichtet.

Die Feuerwehrleute, die in den Sommermonaten während der „Waldbrandsaison" Dienst auf den Bäumen taten, waren allein mit dem Auf- und Abstieg fast eine Stunde beschäftigt.

Insgesamt existieren dreizehn solcher Karribaum-Plattformen in den südlichen Wäldern. Der **Bicenntenial Tree** und der **Gloucester Tree** nahe Pemberton sowie der **Diamont Tree** bei Manjimup sind für die Öffentlichkeit zugänglich. Der höchste ist der Bicenntenial Tree mit einer Plattform auf 75 m über dem Waldboden. Angesichts der sonst so sicherheitsbedachten Australier grenzt es an ein Wunder, dass der Aufstieg ohne Netz und Geländer immer noch gestattet ist.

Südwesten

aus vorkommen, dass Sie ihre Mahlzeit mit den frechen Vögeln teilen müssen. Die 10 km lange **Gloucester Route** Wanderung, die
ebenfalls bei diesem Baum beginnt, überquert kleine Flüsse und
führt durch den nördlichen Teil des Karri- und Marri-Walds. Die
„Cascade"-Wanderung vom Gloucester Tree zu den kleinen Wasserfällen im Süden ist 6 km lang.

Eine weitere Attraktion ist die Fahrt mit den historischen, diesel-
betriebenen **Trambahnen** oder dem **Dampfzug** vom alten Bahnhof
durch die Wälder. Die Tram fährt täglich um 10.45 Uhr und 14 Uhr
zur Warren River Brücke und zurück (1:45 h Dauer). Die Dampflok
fährt wegen der Waldbrandgefahr nur noch an den Wochenenden
von Ostern bis November (www.pemtram.com.au). Auf Touren kann
die Arbeit im örtlichen Sägewerk **Pemberton Mill** besichtigt werden.
Hier werden riesige Karristämme mit einer monströsen Bandsäge
zerkleinert (Mo–Do 10 Uhr und 13.30 Uhr, Dauer ca. 1,5 h, Reservierung und Tickets im Millhouse Restaurant, 14 Brockman St, Tel. 08-
97761122).

An heißen Sommertagen bietet das örtliche **Freibad** eine willkommene Abkühlung (Swimming Pool Rd, gleich beim Campingplatz).

Weinbau in der Region	Zahlreiche Winzer habe sich rund um Pemberton niedergelassen und stellen hervorragende Weine her, von vollmundigen Cabernet Sauvignons bis zu zarten Chardonnays. Die meisten der Betriebe bieten Weinproben und Direktverkauf (oder sogar Übersee-Versand) an und sind täglich geöffnet. Im Visitor Centre ist die *Pemberton Wine Map* erhältlich, örtliche Touranbieter haben Weintouren im Programm. Für den Gesamtüberblick besucht man am besten das *Pemberton Wine Centre* (Old Vasse Rd, im Warren National Park, Tel. 08-97761811, tägl. 10–17 Uhr, www.pembertonwine.com.au) mit Weinprobe und Verkauf.
Infos	**Pemberton Visitors Centre,** Brockman St, Tel. 1-800-671133, www.pembertonvisitor.com.au, tägl. 9–17 Uhr; Information über die Attraktionen und Nationalparks der Umgebung. Beratung bei der Unterkunftsbuchung. Das **Karri Forest Discovery Centre** im gleichen Gebäude erklärt den Wald und seine Nutzung und das **Pioneer Museum** zeigt Bilder aus der Vergangenheit.

Gleich nebenan im **Pemberton Community Telecentre** (29 Brockman St,
Tel. 08-97761745, Mo–Fr geöffnet) besteht Internetzugang.

Im **Nationalparkbüro** (DPaW Pemberton, Kennedy St, Tel. 08-97761207, Mo–
Fr 8–17 Uhr) sind Detailinformationen über die zahlreichen Nationalparks der
Umgebung erhältlich.

Busse und Touren	Vor dem Visitor Centre halten die Busse von **Transwa** auf ihrer Route von Perth über Bunbury nach Albany. Empfehlenswerte Allradtouren (auch eintägige Tag-A-long 4WD-Touren) in die Nationalparks der Umgebung bietet Pemberton Discovery Tours (Tel. 08-97760484, www.pembertondiscoverytours.com.au).

Essen und Trinken	Die Region ist für ihre gute Küche und ihre Weine berühmt. Forellen und Süßwasserkrebse (Marrons), kombiniert mit lokalem Gemüse, findet man auf vielen Menükarten. Rund um die Stadt sind zudem mehrere kleine Weinbau-betriebe verteilt, die für ihre guten Tropfen bekannt sind. Das größte Manko an fast allen Restaurants und Einkehrmöglichkeiten ist, dass sie nur tagsüber und nicht am Abend geöffnet haben (Ausnahme Samstag). An Straßenständen werden Avocados, Zitronen, Beeren, Pfirsiche und Äpfel zum Verkauf angeboten.

King Trout Restaurant & Maroon Farm, Northcliffe Rd, am Abzweig zum Warren NP, Tel. 08-97761352, tägl. 9.30–17 Uhr; hier serviert der Schweizer Küchenchef fangfrische Forellen. Wer sich seinen Fisch selbst angeln will – bitteschön! Hauptgerichte ab A$ 22.

Silver Birch Restaurant, Widdeson St, im Karri Forest Motel, tägl. ab 18.30 Uhr; gepflegtes Restaurant mit lokaler Küche, Hauptgerichte ab A$ 18.

Sadies at the Gloucester Motel, (Ellis St, tägl. ab 18.30 Uhr); offeriert Spezialitäten aus der Region, aber auch günstige Gerichte an der Bar. Hauptgerichte ab A$ 16.

Das **Millhouse Café** (14 Brockman St, Pemberton, tägl. 9.30–17 Uhr) ist für das Frühstück oder einen leichten Mittagssnack eine gute Adresse.

Unterkunft und Camping	****** Karri Valley Resort,** Vasse Hwy, Tel. 1-800-245757; wunderschön gelegene Ferienanlage an einem kleinen See, inmitten eines dichten Karriwaldes, 22 km westlich von Pemberton, mit gemütlichen Zimmern und Chalets.

*** Pemberton Hotel (Best Western), 66 Brockman St, Tel. 08-97761017; modernes Hotel mit schönem Blick über die Stadt und die Wälder. Nichtraucherhotel!

** Gelenhaven B&B, 25 Browns Rd, Tel. 08-97760028; gemütliche Frühstückspension im Wald, 3 km nordöstlich der Stadt.

* Pemberton Backpackers YHA, 7 Brockman St, Tel. 08-97761105; freundliches Hostel an der Hauptstraße mit Internetzugang und Fahrradverleih. Tipp: eine ideale Variante, um die Gegend zu erkunden!

Pemberton Caravan Park, 1 Pump Hill Rd, Tel. 08-97761300; ansprechender Campingplatz am Ortsrand mit vielen Bäumen und noch mehr Kragensittichen (Australian Ringneck) am Frühstückstisch.

Hinweis: In den Wäldern um Pemberton gibt es weitere attraktive Resorts, Gästehäuser und Frühstückspensionen. Nähere Informationen erhalten Sie im Visitor Centre.

Streckenhinweis

Von Pemberton gelangt man auf dem gut ausgebauten **Vasse Highway** über die Ortschaft Nannup nach Busselton (134 km). So verpasst man allerdings den schönen Küstenabschnitt zwischen Cape Leeuwin und Cape Naturaliste, der über die Straßen **Vasse Highway/Steward Road/Brockman Highway** angefahren werden kann (195 km).

Der **South Western Highway** führt auf direktem Weg über Manjimup, Bridgetown nach Bunbury (und weiter nach Perth, 165 km).

Südwesten

Beedelup
National Park

Beedelup National Park

Folgt man dem Vasse Highway nach Westen, ist der **Beedelup National Park** schnell erreicht (Eintrittsgebühr). Zu den **Beedelup Falls** gelangt man auf einer 3 km langen Naturstraße, die durch einen beeindruckenden Hartholzwald verläuft. Ein kurzer Wanderweg führt vom Parkplatz in eine schmale Schlucht. Dort plätschert der Fluss über Granitfelsen etwa 100 m in die Tiefe. Per Hängebrücke überquert man den Wasserfall und blickt von dort auf das idyllisch gelegene **Karri Valley Resort** (s. Pemberton Übernachtung) an der Westgrenze des Parks. Zum Resort führt ein Fußweg. Am kleinen Stausee befinden sich Picknicktische, ein Kiosk und ein Bootsverleih.

4WD-Tour: Am Strand entlang nach Augusta

25 km westlich von Pemberton zweigt eine Geländewagenpiste in den D'Entrecasteaux National Park (s.o) ab. Der sogenannte **Black Point Track** durchquert den Donnelly River, geht weiter zum Süßwassersee **Lake Jasper** (Campingplatz) und endet am einsamen **Jasper Beach** und der Landzunge **Black Point,** die ihren Namen aufgrund des schwarzen Basaltgesteins erhielt. Der Punkt ist bei Anglern und Surfern ein beliebter Platz, aufgrund der Lage jedoch meist sehr einsam. Der Track setzt sich am Strand fort und führt später kerzengerade durch den Nationalpark wieder nach Norden zum Brockman Highway. Der Weg ist an manchen Abschnitten tief sandig (Reifendruck mindern!). Informieren Sie sich vor der Fahrt genau

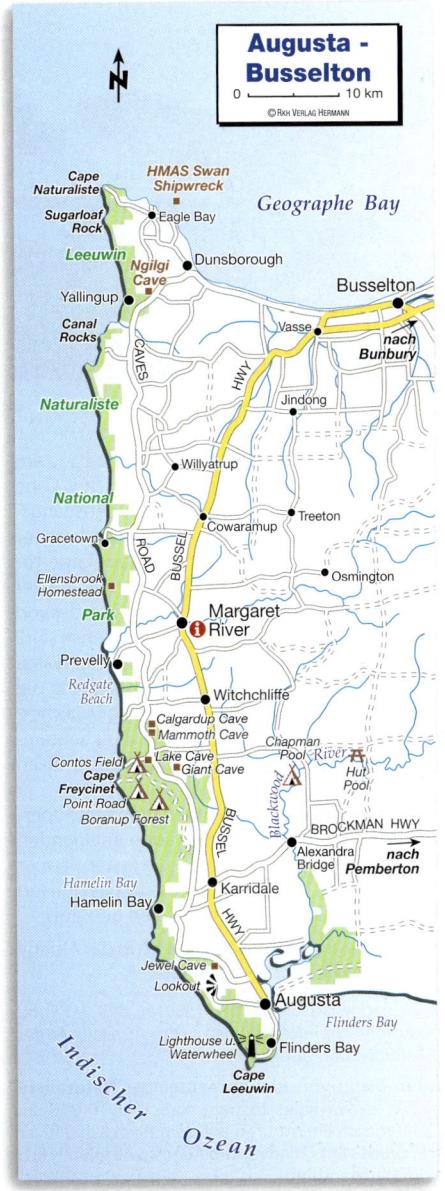

über den Pistenzustand im Visitor Centre oder bei der Polizei in Pemberton oder Augusta. Eine detaillierte Routenbeschreibung ist unter www.exploreoz.com/treknotes zu finden. Pemberton Discovery Tours (s. Pemberton Infos) bietet geführte Touren an.

Kanufahren auf dem Blackwood River

Nördlich des Brockman Highway fließt der Blackwood River, ein Paradies für **Kanufahrer** und mit Sicherheit eine schöne Abwechslung zu langen Autofahrten. Im Winter ist es sogar möglich, die gesamte Strecke von Boyup Brook (westlich von Bridgetown) bis zur Küste des Indischen Ozeans bei Augusta zu paddeln. Der Fluss ist an vielen Stellen zugänglich, um das Boot zu Wasser lassen zu können. Dort befinden sich meistens auch einfache Campingplätze, z.B. bei **Nannup** (Barrabup Pool/Campingplatz), **Sues Bridge** (Sues Road/Campingplatz), **Hut Pool** (Great Northern Rd, Piste), **Chapman Pool** (an der Glen Road) und **Alexandra Bridge** (Brockman Hwy).

Kanuverleih

Canoeing Nannup verleiht Boote und bietet geführte Flusstouren an (Poison Swamp Rd, Nannup, Tel.08-97561209).

An der Highway-Kreuzung Brockman Highway/Bussell Highway erreicht man die Tankstellen-Ortschaft **Karridale,** 14 km südlich der Stadt Augusta.

Südwesten

Flinders Bay

Augusta

Die attraktive Kleinstadt **Augusta** (1200 Ew.) ist durch ihre Lage am südlichen Ende der *„Cape-to-Cape Coast"*, wie die Küste zwischen Cape Leeuwin und Cape Naturaliste bezeichnet wird, ein guter Ausgangspunkt für den Besuch der südlichen Landspitze und zahlreicher Tropfsteinhöhlen. Hier endet auch der Weitwanderweg „Cape-to-Cape-Track" (▶ s. Exkurs S. 258). Landschaftliche Attraktionen sind der Meereseinschnitt **Hardy Inlet** und die ruhige **Flinders Bay,** in der von Mai bis Dezember Buckelwale sowie Südliche Glattwale zu sehen sind. In Erinnerung ist vielen Einwohnern das Stranden von 114 Killerwalen im Jahr 1986. Eifrige Helfer versuchten damals 60 Stunden lang die Tiere wieder ins Meer zu bekommen, was bei 96 Tieren glücklicherweise gelang. „Whalewatching"-Touren werden von Mai bis September angeboten. Weniger „seefeste" Besucher sollten ihr Glück von einem der Aussichtspunkte versuchen.

Entlang der **Hauptstraße Blackwood Avenue** reihen sich Supermärkte, Cafés, Fish & Chips Buden und Souvenirläden aneinander. Augusta ist die drittälteste Siedlung des Westens – die ersten Farmer und Fischer ließen sich hier bereits 1830 nieder. Heute ist das Umland von Ferienhäusern, Motels, B&Bs und Campingplätzen geprägt.

Tipp: sehr leckere Fish & Chips gibt es bei Colourpatch in der Albany Terrace – herrlicher Blick über das Wasser ist inklusive!

Infos und Touren

Augusta Visitor Centre, 75 Blackwood Ave, Tel. 08-97580166, tägl. 9–17 Uhr, www.margaretriver.com; ausführliche Informationen zu den Attraktionen der Gegend; Buchung von Ausflügen und Unterkünften.

Walbeobachtungstouren bietet von Juni bis September **Naturaliste Charters** (Tel. 08-97552276, www.whales-australia.com, tägl. 10 Uhr) an. Außerhalb der Saison lohnen sich Flusstouren auf dem Blackwood River (Augusta Blackwood River Cruises Miss Flinders und Augusta Absolutely Eco Cruises, Ellis Street Jetty im Stadtzentrum).

Unterkunft und Camping

** **Augusta Georgiana Molloy Motel,** 84 Blackwood Ave, Tel. 08-97581255; angenehmes Motel im Zentrum.

*/** **Baywatch Manor Resort,** 88 Blackwood Ave, Tel. 08-97581290; großzügiges Hostel mit guter Ausstattung und gemütlichen Selbstversorger Chalets für 2–5 Personen.

Flinders Bay Caravan Park, Albany Tce, Tel. 08-97581380; Campingplatz direkt am Strand, am südlichen Ortsende.

Turner Caravan Park, 1 Blackwood Ave, Tel. 08-97581593; schöne Stellplätze am Hardy Inlet.

Cape Leeuwin

8 km südlich von Augusta markiert die Landspitze Cape Leeuwin mit ihrem malerischen weißen Leuchtturm das südliche Ende der „Cape to Cape Coast". Bereits die Fahrt auf der **Leeuwin Road** bietet unvergessliche Blicke auf das Kap und die Flinders Bay. Die gesamte Landzunge ist Teil des **Leeuwin-Naturaliste National Park,** der sich – mit Unterbrechungen – bis Yallingup erstreckt. Kurz hinter der Parkgrenze zweigt rechts die Naturstraße **Skippy Rock Road** ab. Hier bieten sich besonders schöne Ausblicke auf die Küste.

Das Kap selbst ist umzäunt (tägl. 8.45–17 Uhr geöffnet, Erw. A$ 8, Kind A$ 5) und darf nur zu Fuß erkundet werden. Wer den 39 Meter hohen Leuchtturm erklimmen will, muss sich einer Führung anschließen (alle 40 Minuten von 9–16.20 Uhr, A$ 20 p.P. **Tipp:** *Ultimate Pass,* eine Kombikarte von Cave Works für Höhlen und Leuchtturm).

Das Visitor Centre mit Souvenirshop und Café befindet sich im ehemaligen Leuchtturmwärter-Haus. Außerhalb des umzäunten Bereichs steht ein historisches **Wasserrad** am Strand, das während des Leuchtturmbaus der Süßwassergewinnung diente.

Auf der Caves Road
von Augusta nach Dunsborough
Leeuwin-Naturaliste National Park

3 km nördlich von Augusta zweigt die 100 km lange **Caves Road** ab. Sie verläuft nah an der Küste und ist landschaftlich äußerst abwechslungsreich, im Gegensatz zum direkt nach Busselton verlaufenden Bussell Highway. Die Caves Road ist topographisch durch die dominante 200 m hohe Leeuwin-Naturaliste Range geprägt. Unterwegs finden sich Abstecher zu Stränden und Buchten, die teilsweise unter Surfern Weltruhm erlangten. Steile Klippen, dichte Karri-Wälder, viele Weingüter und spannende Tropfsteinhöhlen (▶ s. Kasten S. 254 u. 256) bieten weitere Attraktionen auf der Fahrt.

Wale   Von den Aussichtspunkten kann man oftmals Wale sehen: Im Mai/Juni ziehen Buckelwale nach Norden, um ihre Jungen auf die Welt zu bringen, im Oktober/November treten sie den Rückweg in die antarktischen Gewässer an. Die Broschüre *The Ocean Giants Lookout Kit* (WATC, erhältlich in vielen Besucherzentren) weist auf die besten Aussichtspunkte hin.

Die gut ausgebaute Caves Road verläuft in weiten Teilen durch den 120 km langen **Leeuwin-Naturaliste National Park,** dessen Attraktionen unterwegs gut beschildert sind. Das Nationalpark-Büro befindet sich am Bussell Highway in Margaret River (s.u.). **Übernachten** ist auf drei Campingplätzen im Nationalpark, vielen Caravan Parks und Hotels/Motels/B&Bs in den kleinen Ortschaften am Strand oder in Margaret River, der „Hauptstadt" der Cape to Cape Küste, möglich.

Weiterfahrt

Kurz hinter der Ortsausfahrt von Augusta liegt westlich der **Hillview Lookout,** von dem man die Westküste gut überblicken kann. Auf der Caves Road nach Norden ist die Zufahrt zur Tropfsteinhöhle **Jewel Cave** (s.o) ausgeschildert.

Hamelin Bay ist durch die vorgelagerte Insel gut vor den starken Westwinden geschützt. Hier befindet sich ein schöner, schattenreicher Campingplatz (Tel. 08-97585540, mit Cabins). Neben Sonnenbaden am weißen Sandstrand und natürlich Angeln sind Schnorcheln und Tauchen beliebte Aktivitäten.

An der ehemaligen Jetty, die nur noch aus Holzpfosten besteht, schwimmen meist Stingrays im seichten Wasser.

Weiter nördlich liegt inmitten des aufgeforsteten Karriwaldes der Nationalpark-Campingplatz **Boranup,** wo viele Vögel, Possums und Quendas zu sehen sind. Hier beginnt der **Boranup Drive** (Forststraße) parallel zur Caves Road mit Abstechern zur Küste. Einer davon führt zum **Point Road Campground**. Der ruhige Campingplatz inmitten von Weidemyrten (Peppermint Tree) hat gute Feuerstellen für ein Lagerfeuer am Abend.

Zur **Giants Cave** (s.o., östlich der Caves Road) gelangt man über eine kurze Naturstraße. Die bis zu 83 m tiefe und mit einer riesigen Kammer ausgestattete Höhle kann auf eigene Faust (eingeschränkte Öffnungszeiten!) erkundet werden. Zurück zur Küste gelangt man auf der gut befahrbaren **Conto Road**. Diese führt vorbei am **Conto's Field Campground** (Toiletten, Wasser), einem idyllischen Platz unter Bäumen. Vom Campingplatz aus startet der 9 km lange **Rundwanderweg** „Conto's Circuit" zum Strand hinunter und durch den Wald wieder zurück. Von der Conto Road aus sind einige Abstecher zum Strand und zu felsigen Aussichtspunkten möglich, unter anderem zum herrlichen Sandstrand **South Beach**.

Auf den nächsten Kilometern der Caves Road reiht sich eine Höhle an die andere. **Lake Cave** ist für ihren unterirdischen See bekannt. Im Infozentrum **CaveWorks** (s.o) erfährt man alles über die Höhlen der Umgebung und über ihre Entstehung. Nur wenige Kilometer weiter nördlich liegt rechterhand **Mammoth Cave** (s.o.), eine weitere „Show Cave". Die von der Nationalparkbehörde verwaltete **Calgardup Cave** (s.o.) birgt ebenfalls einen See im Inneren. Auf beplankten Wegen, die in beide Höhlenarme führen, sind wunderschöne Tropfsteingallerien zu sehen (Tipp: Lassen Sie sich von der Mitarbeiterin am Eingang eine zusätzliche Lampe zum Fotografieren geben).

Die **Redgate Road** (nach Westen) zum **Black Rock** ist einen Abstecher wert (guter Blick, Surfstrand, Baden – allerdings nicht am südlichen Strandabschnitt!).

Südwesten

Höhlen an der Cape to Cape Coast

Die Kalksteinklippen der Küstenlandschaft bergen viele Hohlräume, Gänge und Kammern unter der Erde. Durch das Eindringen von Regenwasser in die Kalksteinschicht, wird der darin gebundene Kalk durch die Kohlensäure im Sickerwasser gelöst und in das Höhleninnere transportiert. Dort entstehen dann die faszinierenden Tropfsteinformationen.

Auf der Strecke von Cape Leeuwin bis Cape Naturaliste werden **über 350 Kalkstein- höhlen** vermutet. Für die Öffentlichkeit sind jedoch nur sieben Höhlen zugänglich, die sich in ihrer Schön-heit kaum voneinander unterscheiden. Der Hauptunterschied zwi- schen den Höhlen besteht in ihrer touristischen Erschließung. Die Höhlen Jewel Cave, Lake Cave, Mammoth Cave und Ngilgi Cave gelten als sogenannte „Show Caves". Sie sind künstlich beleuchtet und für Besucher gut begehbar. Hingegen sind die beiden von der Nationalparkbehörde verwalteten Höhlen Giants Cave und Calgardup Cave nur mit Pfaden und Leitern bestückt, was ein wesentlich abenteuerlicheres (und preiswerteres) Höhlengefühl vermittelt. Die Erkundung der beiden letztgenannten Höhlen erfolgt auf „eigene Faust" mit Helm und Grubenlampe (Infos an der Calgardup Cave, Tel. 08- 97577422). Verlaufen kann man sich auf keinen Fall! Die Moondyne Cave ist ebenfalls unbeleuchtet und wird nur im Rahmen von Führungen für das Publikum geöffnet.

Ein Vorteil der Höhlen ist, dass der Besuch wetterunabhängig erfolgen kann und die Temperaturen konstant 17 ˚C betragen.

Im Infozentrum **CaveWorks** wird die Entstehungsgeschichte mit modernster Technik er- läutert (Einfahrt zur Lake Cave, tägl. 9–17 Uhr, Tel. 08-97577411). **Jewel Cave** und **Lake Cave:** nur im Rahmen von Führungen, tägl. von 9.30–15.30 Uhr, Tourbeginn jeweils zur vol- len Stunde. **Mammoth Cave:** ohne Führung, tägl. 9–17 Uhr, letzter Einlass 16 Uhr. Eintritt je Höhle: Erw. A$ 22, Kind A$ 10, Familie A$ 54 pro Höhle. Der *Grand Tour Pass* (A$ 55) gilt für alle drei Höhlen und ist günstiger als die Einzeltickets. In den Eintrittspreisen ist der Besuch des Info-Zentrums CaveWorks enthalten. Im Ultimate Pass (A$ 70) ist noch der Besuch des Leuchtturms am Cape Leeuwin enthalten.

Moondyne Cave (Jewel Cave Rd): Juni–Dez nur Fr/Sa geöffnet, nur mit Führungen, A$ 95.

Calgardup Cave: tägl. 9–16.15 Uhr; Nationalpark-Höhle, hier bekommt man Helm und Lampen gestellt und begeht die Höhle auf eigene Faust, A$ 20.

Giants Cave: nur während der Schulferien, an langen Wochenenden (Feiertagen) oder nach telefonischer Absprache (Tel. 08-97577422) von 9.30–15.30 Uhr geöffnet; NP-Höhle – Helme und Lampen werden gestellt, Kinder unter 6 Jahre sind nicht erlaubt, A$ 15.

Ngilgi Cave: tägl. 9.30–15.30 Uhr, Einlass alle 30 Min; NP-Höhle – ein Führer leitet und be- antwortet Fragen, A$ 22.

Welcome to Calgardup Cave

Prevelly   Die Wallcliffe Road zweigt in die Feriensiedlung **Prevelly** ab. Der Ort hat kein richtiges Zentrum, da er eigentlich nur einer der „Strandvororte" von Margaret River darstellt (5 km landeinwärts). Wenn unter Surfern der Name „Margaret River" fällt, meinen sie eigentlich Prevelly Beach. Der geniale Strand gilt unter Surfern als das Surfmekka Westaustraliens. Alljährlich finden hier die Wettbewerbe und Meisterschaften von Surfern, Windsurfern und Kite-Surfern statt. Der Ort hat einen kleinen Laden und einen Campingplatz. Das **Prevelly Park Beach Resort** mit Stellplätzen und Cabins liegt leider nicht direkt am Meer, ist dafür schön schattig und hat viele Holzfeuergrills (Tel. 08-97572374). Im angeschlossenen Shop sind Weine aus hauseigener Produktion erhältlich.

Margaret River

Das moderne **Margaret River** (4000 Ew.) ist die wichtigste Stadt der „Coast to Coast"-Küste. Ihre günstige geographische Lage, etwa in der Mitte zwischen den beiden Landspitzen, macht sie zum perfekten Ausgangspunkt für Touren in den Küstennationalpark und zu den zahlreichen Weingütern der Umgebung (s. Touren). Am Ortseingang sitzen morgens und abends auf den Grünflächen zahlreiche Kängurus! Unter Surfern genießt die Stadt weltweite Beachtung. Alljährliches Highlight ist das im März stattfindende „Margaret River Pro Surfin Event", bei dem die Profiliga des Sports teilnimmt.

Entlang des Bussell Highways, der mitten durch die Stadt geht, findet man Tankstellen, Banken, Souvenirgeschäfte, Surfshops, Restaurants, Supermärkte, Fastfood-Läden und die Post. Margaret River hat sich zu einem ganzjährigen Urlaubsziel gemausert und nicht wenige Großstädter aus Perth nennen hier ein Wochenendhaus ihr Eigen. Parkplätze sind knapp in der Stadt, in der Ferienzeit auch die Unterkünfte.

Südwesten

Wein in der Margaret River Region

Die ersten Weinstöcke wurden 1967 in Margaret River gepflanzt. Heute hat die ganze Region bereits einen hervorragenden internationalen Ruf unter Weinkennern. Es werden zwischen den beiden Kaps zwar nur 3% des gesamten australischen Weines produziert, dafür aber 20% des Premiumweines. Das Geheimnis der Margaret River Winzer liegt (abgesehen vom ausgezeichneten Marketing) im maritimen Klima – also kein Frost und keine extremen Temperaturen – und dem gut entwässerten Boden. In neuerer Zeit wird vor allem auf rote Trauben gesetzt. Chardonnay, Semillon, Cabernet Sauvignon und Shiraz aus der Margaret River Region zählen hauptsächlich zu den Spitzenweinen des Landes.

Inzwischen sind an der Cape to Cape Coast über auf einer Fläche von 3000 Hektar über 100, meist kleine Weingüter, zu finden, die qualitativ hochwertige Trauben mit einem intensiven Geschmack züchten und verarbeiten. Der Konkurrenzdruck ist enorm und so wirbt fast jeder Betrieb neben den Weinproben und dem Weinverkauf mit Restaurant oder Kunstgallerie, um die Gunst der Besucher. Die großen Betriebe warten mit erstklassigen Speiselokalen und Kunstausstellung oder schicken Gästezimmern auf, während die Kleineren eher auf die persönliche Schiene als Marketinginstrument setzen. Egal ob Sie ein großes oder kleines Weingut besuchen, die Weine sind fast alle exzellent, das spiegelt sich allerdings auch in den Preisen wieder – erwarten Sie keine Schnäppchen! Die genaue Lage der Weinbaubetriebe und ihre Öffnungszeiten erfahren Sie in den Visitor Centres in Augusta, Margaret River, Dunsborough und Busselton oder auf der Internetseite www.margaretriver.com.au. Sehr nützlich ist die Landkarte vom Automobilclub „Margaret River Wine Region Touring Map", in der alle Weingüter verzeichnet sind.

Infos und Anreise   **Margaret River Visitor Centre,** 100 Bussell Hwy, Tel. 08-97805911, www.margaretriver.com, tägl. 9–17 Uhr. Das große Infozentrum gibt Tipps für Ausflüge, bucht Unterkünfte und Touren und verkauft sehr genaue Landkarten für den Coast to Coast-Wanderweg.

Nationalparkbüro (DPaW), Bussell Hwy, ca. 2 km nördlich der Innenstadt, Tel. 08-97572322; hier gibt's die nützliche Broschüre „A Guide to Leeuwin-Naturaliste National Park" sowie genaue Auskünfte zu den Strandabschnitten und ihren Zufahrtsstraßen.

Busse   Von Perth fährt täglich ein Transwa-Bus nach Margaret River und zurück.

Essen und Trinken   In der Stadt gibt es einige gute Restaurants entlang der Hauptstraße, doch schöner ist es, in einem der Weingüter der Umgebung zu speisen.

Settlers Tavern, 114 Bussell Hwy, tägl. 12–20.30 Uhr. Gemütliche Taverne mit leckerem Essen. Hauptgerichte ab A$ 14.

Voyager Estate, Stevens Rd, Tel. 08-97576354, www.voyagerestate.com.au, tägl. Mittagessen, Café und Kuchen. Das ausgezeichnete Restaurant liegt südwestlich der Stadt und ist über die Boodjidup Road erreichbar. Hauptgerichte ab A$ 25.

Leeuwin Estate, Stevens Rd, Tel. 08-97590000, www.leeuwinestate.com.au; edles Restaurant im Weingut, südwestlich von Margaret River. Hauptgerichte ab A$ 30.

Events

Februar: Leeuwin Estate Concert – Musikevent mit internationalen Stars auf dem Weingut

März / April: Margaret River Pro Surfing Event – Weltklasse-Surfwettbewerb

November: Margaret River Region Wine Festival, www.mrwinefest.org.au

Notfall

Polizei: 20 Willmott Ave, Tel. 08-97572222.

Krankenhaus: Farrelly St, Tel. 08-97572000.

Touren

Bushtuckertours (Tel. 08-97579084, www.bushtuckertours.com) veranstaltet tägliche Rundfahrten zu den Weingütern mit Weinproben. Außerdem Halbtages-Kanutouren auf dem naturbelassenen Margaret River.

Dirty Detours (Tel. 08-97576061, www.dirtydetours.com) veranstaltet halb- und ganztägige Mountainbiketouren durch die Wälder der Region, sowohl für Hobbyradler als auch für ambitionierte Biker – eine willkommene Abwechslung zu vielen Stunden im Auto.

Fahrrad-vermietung

Down South, ein Campingladen, 144 Bussell Hwy, vermietet Räder.

Unterkunft und Camping

Die zahlreichen Unterkünfte von Margaret River sind während der Oster- und Weihnachtszeit sowie während der Veranstaltungen (s.o.) sehr früh ausgebucht. Reservieren Sie daher rechtzeitig – auch Campingplätze!

****Gilgara Retreat,** 300 Cave Rd, Tel. 08-97572705. Lodge und Bungalows auf einem großen Areal mit vielen Bäumen und freundlichem Betreiber. 10 Autominuten westlich der Stadt.

*** **Comfort Inn Grange on Farrelly,** 18 Farrelly St, Tel. 1-800-650100; ordentliches Motel, nur drei Gehminuten von der Hauptstraße entfernt.

** **Edge of the Forest Hotel,** 25 Bussell Hwy, Tel. 08-97572351; kleines Motel am nördlichen Ortsausgang, inkl. Frühstück.

* **Margaret River Lodge YHA,** 220 Railway Tce, Tel. 97579532; moderne und saubere Jugendherberge, 1,5 km außerhalb des Zentrums, mit Pool.

Riverview Caravan Park, 8–10 Willmott Ave, Margaret River, Tel. 08-97572270; schöner Top Tourist Park am Fluss, mit Cabins, unweit des Zentrums.

Margaret River Tourist Park & Country Cottages, 44 Station Rd, Tel. 08-97572180; Campingplatz mit schönen Chalets hinter dem Sportgelände.

Wer nicht unbedingt das Stadtleben braucht, sollte besser einen der Campingplätze an der Küste anfahren.

Golf

In Margaret River, Busselton und Augusta können sich Golfspieler auf mehreren öffentlichen Plätzen, die zu den schönsten Westaustraliens gehören, nach Herzenslust austoben.

Südwesten

Cape to Cape Track

Der 136 km lange **Weitwanderweg** von Cape Naturaliste im Norden bis Cape Leeuwin im Süden folgt weitgehend dem Kamm der Leeuwin Naturaliste Range. Er führt durch Heidelandschaften und Karriwälder, vorbei an traumhaften Stränden und Buchten. Unter-wegs bieten sich immer wieder spektakuläre Ausblicke auf die Küste. Die gesamte Strecke ist in fünf Abschnitte, zwischen 19 und 29 km lang, unterteilt. Anfang und Ende der Etappen sind jeweils per Fahrzeug erreichbar und verfügen über einen Campingplatz. So ist es also auch problemlos möglich, nur eine **Tageswanderung** in den Reiseplan einzubauen.

Hier einige **Vorschläge:**

▶ Canal Rocks bis Wyadup: 4 km (H/R) mit herrlichen Aussichten. Beginn ist am Parkplatz an der Canal Rocks Road.

▶ Cosy Corner bis Skippy Rock: anstrengender, aber lohnender 20 km Tages-marsch durch rauhes Gelände und lange sandige Abschnitte. Abholung am Endpunkt erforderlich (vorher evt. per Taxi organisieren).

▶ Hamelin Bay bis Cosy Corner: 13 km (H/R) mit tollen Ausblicken und einigen steilen Abschnitten.

▶ Water Wheel bis Skippy Rock: 3 km Pfad von Waterwheel nahe dem Cape Leeuwin Leuchtturm nach Norden zum Skippy Rock.

Die beste Jahreszeit für die ganze Tour ist von September bis November, da das Klima dann mild ist und die Wildblumen ihre ganze Pracht entfalten.

Sehr hilfreich sind die *„Cape to Cape Walk Track Guides"* mit Karten und den wichtigsten Streckeninformationen. Sie sind für A$ 1 in den Visitor Centres der Städte, an den Leuchttürmen und in den Nationalpark-Büros in Margaret River und Bussleton erhältlich. Gute Infos sind auch auf www.capetocapetrack.com.au zu finden.

Für Mountainbike-Fahrer gibt es jährlich im Oktober ein Viertagesrennen (aller-dings nicht auf den Wanderwegen). Mehr Infos auf ▶ www.capetocapemtb.com.

 # Weiter nach Norden auf der Caves Road

Ellensbrook Homestead ist eine ehemalige Rinderfarm, die 1857 von Alfred Bussell, dem ersten europäischen Siedler des Distrikts er-baut wurde. Vom Farmhaus, das aus Kalkstein und gemahlenen Muscheln besteht, führt ein 1,6 km langer, rollstuhl- bzw. kinderwa-gengerechter Rundweg zu den **Meekadarabee Falls**. Der von einer Quelle gespeiste Wasserfall mündet in einer moos- und farnbewach-senen Grotte. Die ansässigen Noongar People nennen den Ort „Bade-platz des Mondes". Die kleine Küstenortschaft **Gracetown** ist von hübschen Ferienhäusern geprägt. Eine treue Surfgemeinde nutzt die Brandung am vorgelagerten Strand, der mit dem Prevelly Beach um die Gunst der besseren Bedingungen wirbt. Von der kleinen Land-spitze **North Point** stehen die Chancen gut, Wale zu beobachten.

Die steil aufragenden **Wilyabrup Sea Cliffs** sind bei wagemutigen Kletterern beliebt (vorher beim Ranger unter Tel. 08-97572322 anmelden!). An der Kreuzung zwischen Caves Road und Cowaramup Road liegt der **Gracetown Caravan Park** (Tel. 1-800-555818, mit Cabins).

Die Abstecher zu den **Injidup Rocks** und **Canal Rocks** lohnen sich wegen ihrer Aussichten, am **Smiths Beach** haben Surfer ihren Spaß.

Das beachtenswerte **Wardan Aboriginal Culture Centre** zeigt Besuchern Kunstwerke, traditionelles Handwerk und Bräuche der lokalen Aboriginal People (Injidup Springs Rd, tägl. 9–16 Uhr, Di Ruhetag, www.wardan.com.au).

Yallingup

Der herrlich am Meer gelegene Ort ist mit seinen brandungsstarken Stränden ein Paradies für Surfer und auch ein beliebter Baugrund für Millionäre aus Perth, die sich hier ihre noblen Strandvillen leisten. Der 5 km lange **Rundwanderweg** Wardanup Trail (Beginn am Rabbits Car Park) verläuft entlang der Küste zum Wardanup Hill und zur Ngilgi Cave, die auch per Auto erreichbar ist (▸ s. Kasten S. 254).

Unterkunft und Camping Wer sich etwas Gutes tun möchte (vielleicht zum Ende der Reise!), sollte einige Tage im luxuriösen und sehr schönen ****Seashells Cave House** (Yallingup Beach Road, Tel. 08-97501500, www.seashells.com.au) verbringen, dessen Haupthaus aus dem Jahr 1905 stammt. Eine gleichwertige Alternative ist die ****Yallingup Lodge** (Lot 3, Hemsley Rd, Tel. 08-97552411), die als ein „Romantic Luxury Retreat" mit Wellness-Programm garantiert einen Aufenthalt wert ist.

Direkt am Strand liegt der Campingplatz **Yallingup Beach Caravan Park** (Top Tourist Park, Valley Rd, Tel. 1-800-220002, www.yallingupbeach.com.au), der neben Stellplätzen auch gepflegte Cabins anbietet.

Cape Naturaliste

Die nördliche, von steilen Klippen umgebene Landspitze wird ebenfalls von einem **Leuchtturm** dominiert, allerdings ist dieser deutlich kleiner als sein großer Bruder im Süden. Der aus Sandstein erbaute Turm dient noch heute als Signalgeber für Schiffe, kann aber im Rahmen von Führungen besichtigt werden (tägl. 9–16 Uhr). Ein kleines Marine Museum befindet sich an der Basis des Turms. Rund um den Turm führen einige (schattenlose) Fußwege zu Aussichtspunkten. Der **Whale Lookout** ist ein geeigneter Platz, um Buckelwale (Hump Back Whales) auf ihrer Wanderung nach Norden (Mai–Juni) bzw. Süden (Okt–Dez) zu beobachten. Delfine tummeln sich meist dicht an der Küste (Fernglas nicht vergessen!).

Eine etwas längere Wanderung führt auf dem Cape to Cape Track vom Leuchtturm über Willanup Springs zum **Sugarloaf Rock** und zurück (3,5 km). Die Felsen des Sugarloaf Rock (auch per Auto über die gleichnamige Straße erreichbar), zählen zu den besten Walbeobachtungspunkten im Nationalpark. An stürmischen Tagen, wenn die Wellen mit aller Kraft auf die Felsen treffen, ist es weniger gemütlich.

In der windgeschützten **Bunker Bay,** östlich des Kaps, ist es zum Baden und Picknicken ideal. Die asphaltierte Bunker Bay Road zweigt kurz vor dem Leuchtturm von der Cape Naturaliste Road ab.

Dunsborough

Die 4000 Ew. zählende Ferienstadt an der **Geographe Bay** ist die nach Margaret River die zweitgrößte Stadt der Region. Sieht man von den langen Badestränden in der geschützten Bucht ab, hat sie mit ihrer modernen Infrastruktur keinen besonderen Charme. Für Ausflüge zum Kap ist der Ort als Ausgangs- und Übernachtungsstätte bestens geeignet. Von Dunsborough führt ein schöner Küstenwanderweg (7 km) zur Eagle Bay. Unterwegs sind Walbeobachtungsplattformen, Badestrände und Buchten, die zum Schnorcheln einladen.

Tauchen

Für Taucher ist das Wrack des australischen Kriegsschiffes **HMAS Swan,** das auf einer Tiefe von 15 bis 30 m liegt, die Attraktion. Touren zum Wrack werden von den lokalen Tauchshops angeboten. Während der Walsaison (Sept–Dez) werden täglich **Whalewatching Touren** von Naturaliste Charters (Tel. 08-97552276, www.whales-australia.com) angeboten.

Infos

Dunsborough Tourist Bureau, Seymour Boulevard, Tel. 08-97525800, www.geographebay.com, Mon–Fr 9–17 Uhr, Sa/So 9.30–16.30 Uhr.

Unterkunft und Camping

*** Best Western Dunsborough Motel,** 50 Dunn Rd, Tel. 1-800-097711; zentral gelegenes Motel mit Pool.

*** Wise Vinyards,** 80 Eagle Bay Rd, nordwestlich der Stadt, Tel. 08-97568627, www.wisewine.com.au; empfehlenswerte Chalets für 2–12 Personen auf dem Weingut, mit vorzüglichem Restaurant und guten Weinen. Reservierung empfehlenswert!

* **Dunsborough Beachhouse YHA,** 285 Geographe Bay Rd, Tel. 08-97553107; freundliches Hostel direkt am Strand im Ortsteil Quindalup.

Dunsborough Lakes Holiday & Caravan Park Resort, 2–48 Commonage Rd, Tel. 08-97568300; großer Campingplatz mit komfortablen Cabins und einem Pool, am östlichen Ortsrand im Stadtteil Quindalup.

Busselton

Die Strandstadt **Busselton** (14.000 Ew.) ist eine der populärsten Touristenziele Westaustraliens. Das milde Klima und vor allem der 30 km lange flachabfallende, geschützte Sandstrand machen den Ort für Familien reizvoll. Die Stadt erstreckt wie ein langes Straßendorf über fast zwei Kilometer entlang der Geographe Bay.

Geschichte der Stadt

1801 wurde ein französischer Seemann namens Vasse vom französischen Expeditionsschiff „Geographe Naturaliste" nach einem heftigen Sturm in der Bucht vermisst. Daraufhin wurde der Fluss und der

Distrikt „Vasse", die Bucht „Geographe" und das Kap „Naturaliste" getauft. 1834 zogen die ersten Siedler in die Region und gründeten bald darauf eine Stadt. Sie erhielt ihren Namen nach der Bussell Family, einer der ersten Siedlerfamilien im Südwesten. Busselton etablierte sich schnell als wichtige Hafenstadt und ab 1850 wurde von hier aus Holz verschifft.

Busselton Jetty

Zu dieser Zeit begannen auch die Arbeiten am fast 2 km langen hölzernen Landungssteg **Busselton Jetty,** der bis heute die wichtigste Attraktion der Stadt darstellt. Der mittlerweile denkmalgeschützte Holzsteg ist der längste seiner Art auf der Südhalbkugel. Die Jetty wurde wegen der geringen Meerestiefe und des Schwemmsandes bis in die 1960er Jahre kontinuierlich bis auf 1841 m verlängert: Mit einem kleinen Zug wurde die Fracht bis zum Schiff transportiert. 1972 wurde der Pier für den Schiffsverkehr geschlossen und wegen fehlender Reparaturen verfiel er zunehmend. Der Zyklon Alby zerstörte im April 1978 große Teile der Jetty. Mit Hilfe von Sponsoren, Spendengeldern und staatlichen Zuschüssen wurde der Steg 1987 wieder aufgebaut und dient nun Spaziergängern und Anglern als Erholungsort. Eine kleine Touristeneisenbahn tuckert den Steg entlang. Für den Erhalt wird ein geringes Eintrittsgeld gefordert. In den malerischen Häuschen am Jettyzugang werden Souvenirs und schöne Fotografien verkauft.

Observatorium

Am Ende des Piers befindet sich ein **Unterwasser-Observatorium** (Touren Sept–April 9–16 Uhr, Mai–Aug 10–15 Uhr jeweils zu vollen Stunde, Reservierung notwendig, Tel. 08-97540900, www.busseltonjetty.com.au, A$ 30 p.P. inkl. Zug). In einer Tiefe von 9,5 m können Besucher trockenen Fußes in die Unterwasserwelt „abtauchen", um tropische und subtropische Fische, Schwämme oder Korallenstöcke durch die großen Fenster zu bewundern. Der Grund für die

Südwesten

Busselton Jetty

außergewöhnlich reiche Tier- und Pflanzenwelt unter Wasser im sonst so kühlen Süden ist die warme Leeuwin- Strömung (▶ s. Exkurs S. 176), die durch die Geographe Bay fließt. Tauchen an der Jetty ist ebenfalls möglich, Touren und Ausrüstung sind bei *The Dive Shed* erhältlich (21a Queen St, www.diveshed.com.au). Die Strandpromenade, Cafés und ein Fish & Chips-Kiosk laden zu einer gemütlichen Mittagspause am Wasser ein. Für Familien gibt es gleich hinter der Promenade noch den **Water Fun Park** mit vielen Attraktionen.

Nicht weit von der Jetty, ist in der Queen Street das alte **Courthouse** von 1856 einen Besuch wert. Das historische Gebäude ist heute das Kunstzentrum der Stadt, in dem lokale Kunstwerke in wechselnden Ausstellungen gezeigt werden (tägl. 9–17 Uhr, Eintritt frei). Die Geschichte der Stadt und ihrer Gründerfamilie Bussell wird im **Busselton Historic Museum**, das in der ehemaligen Molkerei (Old Butter Factory) untergebracht ist, dokumentiert (Peel Tce, tägl. 14–16 Uhr, Di Ruhetag). Die älteste aus Stein erbaute Kirche Westaustraliens ist die 1848 fertiggestellte **St Marys Anglican Church** am südlichen Ende der Queen Street. Im Garten des Gotteshauses liegt u.a. der Stadtgründer John G. Bussell begraben.

Infos

Busselton Tourist Bureau, direkt an der Jetty, Tel. 08-97525800, www.geographebay.com, Mo–Fr 9–17 Uhr, Sa/So 9.30–16.30 Uhr.

Nationalparkbüro (DPaW), 14 Queen St, Tel. 08-97525555, Mo–Fr 8–17 Uhr, Broschüren und Karten über den Küstennationalpark und die Wanderwege.

Essen und Trinken

The Equinox Café (im Park an der Jetty, tägl. ab 8.30 Uhr bis abends geöffnet) offeriert neben schmackhaften Gerichten einen schönen Jetty-Blick.

The Goose Café & Restaurant (Geographe Bay Rd, an der Jetty, im Sommer tägl. ab 7 Uhr bis nachts geöffnet, im Winter Mo/Di geschlossen) ist ein modernes Lokal mit Terrasse und Blick auf die Bucht.

Im alten **Esplanade Hotel** von 1898 (167 Marine Tce) werden günstige Gerichte serviert. Freitagabend Live Musik!

Tipp: Weitere Lokale und Weingüter in der Region sind in der Broschüre *„Wining & Dining Down South"* beschrieben – erhältlich im Tourist Bureau.

Unterkunft und Camping

*** **Jacaranda Guest House,** 30 West St, Tel. 08-97521246; gemütliche Frühstückspension in zentraler Lage mit schönem Garten.

*** **The Geographe Bayview Resort,** 555 Bussell Hwy, Tel. 08-97554166; großes Resort mit Zimmern und Bungalows, 5 km westlich der Innenstadt.

Beachlands Holiday Park Big 4, 10 Earnshaw Rd, am Bussell Hwy, Tel. 1-800-622107; gepflegter Campingplatz mit Cabins, nur 200 m vom Strand entfernt.

Mandalay Top Tourist Park, 652 Geographe Bay Rd, Tel. 1-800-248231; großzügiger Campingplatz mit vielen komfortablen Cabins, nur wenige Meter vom Strand entfernt, 4 km westlich der Innenstadt über den Bussell Hwy erreichbar.

Hinweis für Backpacker: Busselton ist in erster Linie auf Familienurlaub eingerichtet, weshalb es keine echten Hostels in der Stadt gibt. Dafür bieten viele Campingplätze oder Resorts Cabins oder Chalets an.

Ludlow Tuart Forrest National Park

An der Küste zwischen Busselton und Bunbury liegt der **Ludlow Tuart Forrest National Park,** der weltgrößte Tuartwald. Tuarts (Eucalyptus gomphocphala) sind mit dem harthölzigen Jarrah verwandt und wachsen im Küstengebiet auf Kalkböden. Sie werden bis zu 65 m hoch. Jarrahs indes dominieren auf bestimmten, meist sehr nährstoffarmen Böden. Der 20 qkm große Wald lässt sich entlang dem „Tuart Forest Scenic Drive" erkunden. Beim **Woonerup House,** einem restaurierten Kolonialhaus aus dem Jahre 1859 (tägl. 12–16 Uhr geöffnet), beginnt am Parkplatz ein 1,5 km langer Rundweg, der allerdings nachts wesentlich spannender ist, wenn sich in den Bäumen und Sträuchern die seltenen Western Ringtail Possums herumtreiben (Taschenlampe nicht vergessen).

Reisetipp Wer noch Urlaubstage übrig hat (und diese nicht in Perth verbringen will), sollte besser südlich von Bunbury seine Zeit an den Stränden, auf den Weingütern oder in den Nationalparks verbringen. Zwischen Bunbury und Fremantle ist die Küste nicht so schön. An vielen Stellen ist es sehr schwer, überhaupt ans Meer zu gelangen, weil das Ufer verbaut ist.

Bunbury

Bunbury (28.000 Ew.) liegt am Leschenault Inlet, das der französische Forscher und Kommandant Nicolas Baudin mit der „Geographe" 1803 zum erstenmal entdeckte. Er benannte den Naturhafen nach seinem Bordbotaniker Jean Batiste Leschenault. 1836 wurde das heutige Bunbury zum Militärstützpunkt auserwählt und zu Ehren des damaligen Leutnants Henry William Bunbury benannt.

Große Industrieviertel, unzählige Kreisverkehre und Brücken erschweren die Orientierung bei der Einfahrt in die wenig attraktive Hafenstadt Bunbury. Die **Innenstadt** beschränkt sich auf die **Victoria Street** und ihre Seitenstraßen. Hier reihen sich Takeaways, Videoshops, Modeläden und Kneipen aneinander. Am **Boat Harbour,** nördlich des Zentrums, machen Restaurants, Shops und schicke Apartments entlang der Jetty Road und des Bonnefoi Boulevard den tristen Hafen lebendig.

Die größte Attraktion der Stadt ist der östlich des Hafens gelegene Koombana Beach mit seinem **Dolphin Discovery Centre** (Koombana Drv, Sommer: tägl. 8–16 Uhr, Winter: tägl. 9–15 Uhr, www.dolphin-discovery.com.au). In der kleinen Ausstellung sind die Entwicklung und das Leben der Tümmler dargestellt. Wesentlich größer sind das angeschlos-sene Café und der Souvenirshop. Wilde Delfine besuchen die Bucht regelmäßig und kommen zwischen 8 und 11 Uhr zur Fütterung an den nicht abgegrenzten Strandabschnitt. Eine Garantie für das Erscheinen der Tiere gibt es selbstverständlich nicht!

Südwesten

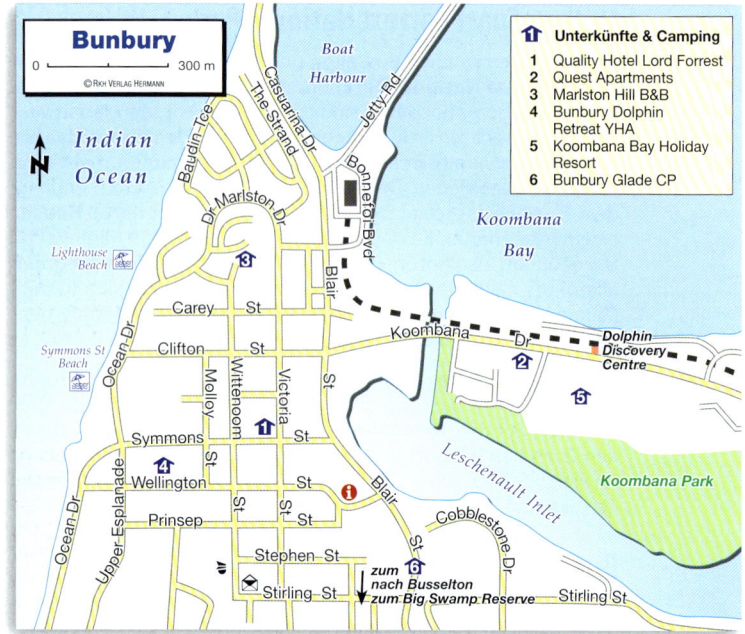

Das Discovery Centre bietet zusätzlich Bootstouren an, bei denen die Gäste, mit Neoprenanzug und Flossen ausgestattet, zu den freundlichen Meerestieren ins Wasser springen dürfen. Ein Spaziergang durch den **Mangrove Cove Park,** gleich gegenüber, ist wegen der reichen Vogellebens reizvoll. Am Boardwalks informieren Schautafeln über die südlichsten Mangroven Westaustraliens. Viele Vögel und Kängurus sind im **Big Swamp Reserve** (Prince Phillip Drv, tägl. 10–17 Uhr) südlich der Innenstadt zu beobachten.

Tauchen   **Für Taucher** ist der 5 km vor der Küste gesunkene russische Fischkutter **Lena** reizvoll. Das illegal in australischen Gewässern fischende Boot wurde von den Australiern 2003 als Tauchwrack versenkt und liegt nun auf 18 m Tiefe. Bei ruhiger See ist es auch für Schnorchler interessant. Ausflüge zum Wrack bietet Bunbury Dive Charters (Tel. 08-97216070) und Coastal Water Dive (Tel. 08-97217786) an.

Infos   **Bunbury Visitor Centre,** Old Railway Station, Carmody Place, Tel. 08-97927205, www.visitbunbury.com.au. Mo–Fr 9–17 Uhr, Sa 9.30–16.30 Uhr, So 10–14 Uhr.

Nationalparkbehörde (DPaW), North Boyanup Rd, Tel. 08-97254300, Mo–Fr 8–17 Uhr.

Automobilclub (RAC), Shop 20A, Bunbury Forum Shopping Centre, Sandridge Rd, Mo–Fr 9–17 Uhr, Sa 9–12 Uhr, Tel. **131703.**

Unterkunft und Camping	****** Quality Hotel Lord Forrest,** 20 Symmons St, Tel. 1-800-097811; großes Hotel in der Innenstadt, einige Zimmer mit Balkon und Meerblick.

*** Quest Apartments, Koombana Drv, Tel. 08-97220777; sehr schöne Selbstversorgerapartments am Strand, 3 Min. zu den Delfinen.

** Marlston Hill B&B, 1 Sinclair Close, Tel. 08-97213914; nette Frühstückspension (Nichtraucher) am nördlichen Ende der Wittenoom Street.

* Bunbury Dolphin Retreat YHA, 14 Wellington St, Tel. 08-97924690; gepflegte Jugendherberge in zentraler Lage, nur wenige Gehminuten vom Rocky Point Beach entfernt.

Koombana Bay Holiday Resort, Ecke Koobana/Lyons Drvs, Tel. 08-97913900; empfehlenswerter Campingplatz gegenüber dem Delfinzentrum und des Strandes. Hier können die Delfine schon vor dem Frühstück besucht werden.

Bunbury Glade Caravan Park, Timperley Rd, Tel. 1-800-113800; Big 4 Campingplatz, 3 km südlich der Innenstadt, direkt am teilweise lebhaften Bussell Hwy.

Südwesten

Von Bunbury nach Fremantle

Gleich zwei Highways verlaufen nun parallel nach Norden. Der von der Südküste kommende **South Western Highway** zieht sich landeinwärts bis nach Perth. Die **Old Coast Road** (später **Bunbury Highway**), führt in Küstennähe über Mandurah und Rockingham nach Fremantle. Ein freier Blick aufs Meer ist rund um die Städte selten, denn weitläufige, im amerikanischen Stil erbaute Neubausiedlungen versperren den Blick und häufig auch den Zugang.

Australind

10 km nördlich von Bunbury liegt das Städtchen **Australind** am Leschenault Inlet. Ihr Name wurde aus der Bezeichnung der Handelskompanie „Austral-India" gebildet, die einst die Verschiffung von Pferden für die indische Armee in Gang bringen wollte. Die angeblich kleinste Kirche Australiens, St. Nicholas Church, stammt aus dem Jahr 1840. Im Besucher-zentrum wird über das Schutzgebiet Leschenault mit seiner reichen Flora und Fauna informiert. Im langgezogenen **Leschenault Peninsula Conservation Park** gibt es einen einfachen Campingplatz, Wanderpfade und eine 4WD Zufahrt zum Strand. Für Vogelfreunde ist das Gebiet am Leschenault Estuary, einem ausgedehnten Feuchtgebiet, das sich rund um das Leschenault Inlet erstreckt, wegen seiner vielen Wasservögel beachtenswert. Je nach

Bunberry Beach

Jahreszeit übernehmen leider unzählige Moskitos die Vorherrschaft. Die Zufahrt erfolgt von der Old Coast Road zum Buffalo und Belvidere Strand sowie zum Campingplatz im Park.

Südlich von Mandurah ist der Küstenstreifen durch den **Yalgorup National Park** vor der Zersiedlung geschützt. Der zweigeteilte Park umfasst eine Seenplatte mit zehn Seen, die beiden größten sind **Lake Clifton** und **Lake Preston**. Die Gewässer sind Rastplätze für Zugvögel aus Asien, schwarze Schwäne und Enten. Die Picknickplätze, der Campingplatz sowie die beiden markierten Wanderwege sind über die **Preston Beach Road** erreichbar.

Während der Wildblumenblüte ist der Heathland Walk (4,5 km H/R) am Lake Preston ein Farbentraum. Am nördlichen Ende des Lake Clifton sind von der Plattform Wasser Thromboliten zu sehen. Ähnlich den Stromatoliten in Hamelin Pool (Shark Bay) handelt es sich dabei um uralte Mikroorganismen, mithin die ältesten bekannten Lebensformen. Zu erkennen sind die felsähnlichen Strukturen am besten im März und April. Zum Lake Clifton zweigt 27 km südlich von Mandurah die Clifton Downs Road ab.

Mandurah

Die aufstrebende Küstenstadt Mandurah (50.000 Ew.) am Peel Inlet wird gerne als das „Schlafzimmer von Perth" bezeichnet. Tatsächlich nehmen immer mehr Pendler die tägliche 75 km lange Strecke nach Perth auf sich, um zur Arbeitsstätte zu gelangen. Mit einer kurzen Fußgängerzone, einer grünen Uferpromenade und zahlreichen Cafés wirkt die Stadt recht steril. Die breite Flussmündung des Mandurah River bildet den Meereszugang für die riesigen Seen **Peel Inlet** und **Harvey Estuary,** einem von Wassersportlern intensiv genutztem

Mandurah

Areal. Wildlebende **Delfine** können auf Touren von Dolphin Encounters (Abfahrt an der Marina) beobachtet werden.

Infos   Im modernen **Mandurah Visitor Centre** (75 Mandurah Tce, Tel. 08-95503999, www.visitmandurah.com, Mo–Fr 9–16.30 Uhr, Sa/So 9.30–16 Uhr) erhält man Informationen und Internetzugang.

Unterkunft   **** **Seashells Resort Mandurah,** direkt am Yachthafen, 16 Dolphin Drv, Tel.
und   1-800-003680); luxuriöse Unterkunft, direkt am Yachthafen.
Camping   *** **Mandurah Holiday Village,** 124 Mandurah Tce, Tel. 1-800-073922; familienfreundliche Unterkunft beim Visitor Centre.
Mandurah Caravan Top Tourist Park, 522 Pinjarra Rd, Tel. 1-800-332221; Campingplatz an der Ausfallstraße nach Pinjarra.

Rockingham

Immer mehr Neubausiedlungen und Satellitenstädte kennzeichnen die Fahrt in Richtung Perth. Links der Straße befindet sich die renommierte **Peel Estate Winery.** Südlich von Rockingham beginnt der Kwinana Freeway, der direkt in die Innenstadt von Perth führt. Bleibt man auf dem Highway Nr. 1 (Perth-Bunbury Hwy) gelangt man in die auf einer Landspitze liegende Feriensiedlung Rockingham mit ihrem herrlich langgezogenen Sandstrand.

Die übersichtliche Innenstadt beherrschen Surf- und Modegeschäfte und hübsche Cafés. Vor Rockingham haben viele **Delfine** ihren Lebensraum. Touren bietet u.a. *Rockingham Wild Encounters* an, Tel. 08-95911333, www.dolphins.com.au. Von September bis Mai nimmt ein Boot bereits um 7.30 Uhr Kurs auf die Bucht. Mit Neoprenanzug, Taucherbrille, Schnorchel und Flossen ausgestattet springt man ins meist kalte Wasser und schwimmt bzw. wird man von einem Unterwasser-Scooter gezogen, zusammen mit den verspielten Tieren (anfassen verboten!). Wer vor der Kälte des Wassers zurückschreckt, bleibt an Bord und beobachtet das Schauspiel von dort. Die Touren sind während der Hochsaison Dez./Jan. sehr voll und auch teuer!

Infos   **Rockingham Visitor Centre,** 43 Kent St, Tel. 08-95923436, www.rockingham visitorcentre.com.au, tägl. geöffnet.

Streckenhinweis bis Fremantle

In Richtung Fremantle (▸ s.S. 168) dominieren Industrieanlagen den Küstenstreifen. Um in die Hafenstadt zu gelangen, zweigt man frühzeitig auf die Russell Road nach Westen ab. Sie führt am Wasser entlang nach Fremantle. Hier liegen nochmals mehrere Campingplätze direkt am Meer. Empfehlenswert ist z.B. Woodman Point Holiday (Big4-CP, 132 Cockburn Rd, Munster, Tel. 1-800-244133). Wer zum Abschluss seiner Reise noch ein paar ruhige Strandtage verbringen will, ist hier richtig. Ausflüge nach Rottnest Island (▸ s.S. 172) werden ebenfalls angeboten – die Touranbieter holen Sie direkt am Platz ab!

Südwesten

Von Perth nach Broome entlang der Küste

Überblick

Von Perth bis Broome sind es auf dem Highway entlang der Küste 2400 km. Will man aber Natur erleben, kommen kilometerlange Abstecher hinzu und es werden dann insgesamt über 4000 km! Die Route wird oft als *Western Boomerang Highway* bezeichnet, da sie sich gleich einem Bumerang in Richtung Norden krümmt. Mit diesem passenden Namen soll die Strecke in den nächsten Jahren ähnlich dem Explorer Way (Stuart Highway von Darwin nach Adelaide) vermarktet werden. Die meisten Sehenswürdigkeiten sind entlang der Highway-Route Perth-Broome ohne Allradfahrzeug erreichbar. Es gibt allerdings auf diesem Streckenabschnitt auch reizvolle Ziele, für die ein Allradfahrzeug unabdingbar ist.

Für die weitere Strecke von **Broome nach Darwin** (Kimberley Region, ▸ s.S. 365) ist ein Allradfahrzeug auf jeden Fall sinnvoll. Ein Autowechsel von 2WD auf 4WD ist in Broome jedoch bei fast allen Vermietern mit enorm hohen Zusatzkosten verbunden. Daher lohnt es sich durchaus, gleich von Beginn an einen Geländewagen zu mieten. Abstecher in sehenswerte Nationalparks und Küstenabschnitte zwischen Perth und Broome stellen damit ebenso kein Problem dar. Komfortbedachte Reisende nutzen am besten für die gesamte Strecke der Highway-Route ein geräumiges Wohnmobil. Für sie sind an vielen Orten Allradtouren oder Rundflüge in entlegene Gebiete möglich.

Klima und Reisezeit

Von November bis April herrscht im Norden **Regenzeit** (Wet Season). Tropische Regengüsse und ein extrem feuchtheißes Klima lassen eine Reise leicht zur Qual werden. Selbst asphaltierte Straßen können durch Überflutungen an einigen Abschnitten vorübergehend unpassierbar werden. Allradstrecken wie die Gibb River Road oder die Zufahrt zum Purnululu National Park (Bungle Bungle) und zum Mitchell Plateau sind während der Regenzeit generell gesperrt! Die **beste Reisezeit** für die Route Perth über Broome nach Darwin ist deshalb eindeutig das australische „Winterhalbjahr" von Mai bis Oktober. Angenehme Tagestemperaturen, im Norden immer noch 30–35 Grad heiß, und nur äußerst seltene Regenfälle sind die zwei größten Vorteile dieser Zeit. Als Nachteil ist sicherlich der frühe Einbruch der Dunkelheit zu werten, dem man jedoch durch frühes Aufstehen und „disziplinierte" Tagesplanung begegnen kann.

Unterwegs

Westaustralien ist der Bundesstaat mit der größten Flächenausdehnung. Auf der Strecke Perth – Broome wird dies besonders deutlich. Zwischen einzelnen Sehenswürdigkeiten (Nationalparks), Ortschaften und Städten liegen oft hunderte Kilometer. Selbst Reisenden, die mit viel Zeit und Muße reisen, bleibt nichts anderes übrig als „Fahrtage" einzulegen, um den nächsten touristisch interessanten Zielort zu erreichen. Um die Naturschönheiten der Strecke kennenzulernen, sollten Sie mindestens zwei Wochen für die Strecke Perth-Broome einplanen – jeder Tag mehr lohnt sich! Ein Wohnmobil bzw.

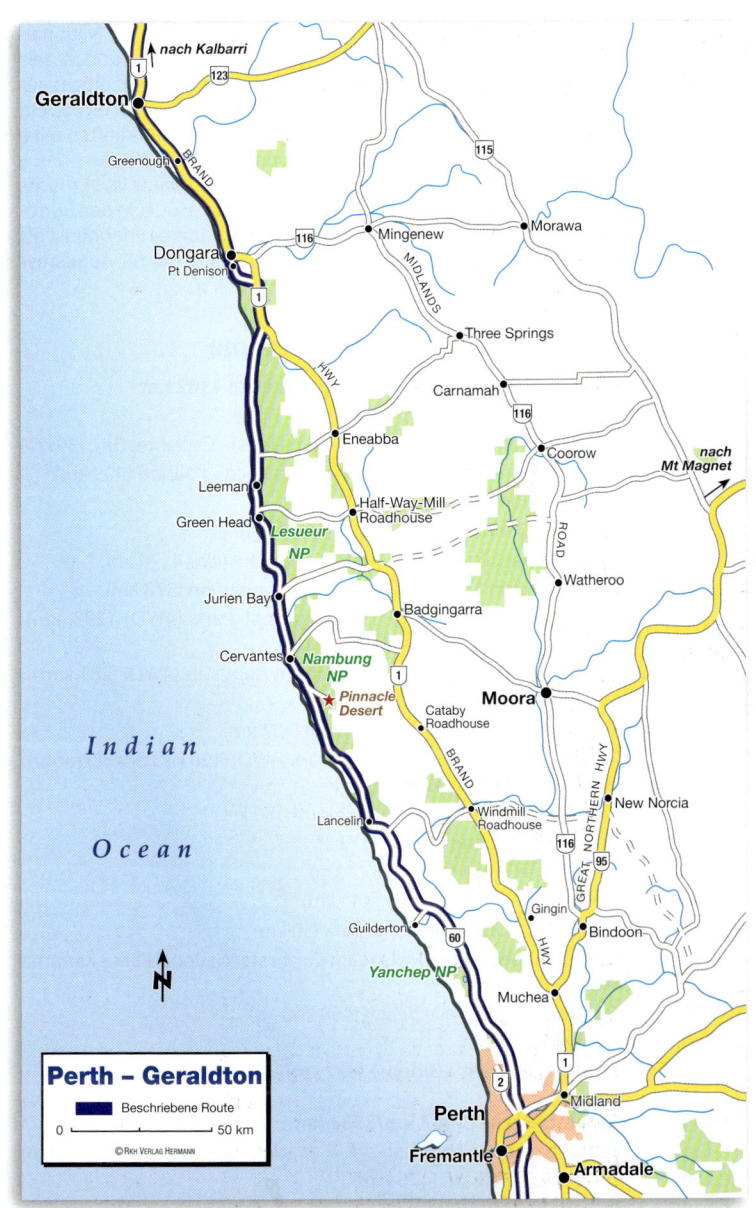

nach Kalbarri

Geraldton

Greenough

Dongara
Pt Denison

Mingenew

Morawa

Three Springs

Carnamah

Eneabba

Coorow

nach
Mt Magnet

Leeman

Half-Way-Mill
Roadhouse

Green Head

*Lesueur
NP*

Jurien Bay

Watheroo

Badgingarra

Cervantes

*Nambung
NP*

★ *Pinnacle
Desert*

Moora

Cataby
Roadhouse

I n d i a n

O c e a n

Lancelin

Windmill
Roadhouse

New Norcia

Gingin

Bindoon

Guilderton

Yanchep NP

Muchea

N

Perth – Geraldton

Beschriebene Route

0 — 50 km

© RKH VERLAG HERMANN

Midland

Perth

Fremantle

Armadale

PER ▸ BME

Allradcamper ist immer eine gute Wahl. Insbesondere die Nationalparks bieten tolle Campgrounds. Die Auswahl an Hotels und Motels
beschränkt sich weitgehend auf die Städte. „Dazwischen" gibt es außer einfachen Fernfahrerunterkünften in Roadhouses fast nichts. Ein
Mietwagenreisender, welcher mit vorgebuchten Unterkünften reist,
ist im Westen teilweise zu langen Fahretappen verdammt.

Eine Vorausbuchung für Hotels und Campingplätze ist in touristischen Orten wie Monkey Mia, Coral Bay, Broome oder in den Bungles (Safari Camps) unbedingt ratsam. Ein besonderes Erlebnis ist es,
auf einer Farm zu übernachten (z.B. Giralia Station, Mt Augustus/
Cobra Station).

Routenvorschlag Perth – Broome

21 Tage   **mit dem Allradfahrzeug · Gesamtstrecke 4302 km**
1. Tag: Perth –Lancelin (127 km)
2. Tag: Lancelin – Nambung National Park (Pinnacles) – Cervantes (ÜN) (89 km)
3. Tag: Cervantes – Geraldton – Hutt River Province – Kalbarri (405 km)
4. Tag: Kalbarri National Park
5. Tag: Kalbarri – Denham – Monkey Mia (397 km)
6. Tag: Monkey Mia – François Peron National Park (4WD) (70 km)
7. Tag: François Peron National Park (4WD) – Carnarvon (378 km)
8. Tag: Carnarvon – Kennedy Range National Park (4WD) (233 km),
            alternativ: Flugtour zum Mt Augustus)
9. Tag: Kennedy Range National Park – Mount Augustus (4WD) (261 km)
10. Tag: Mount Augustus (4WD)
11. Tag: Mount Augustus – Coral Bay (4WD) (457 km)
12. Tag: Coral Bay – Cape Range National Park (4WD) (120 km) oder Exmouth
            (auf der Straße, 153 km)
13. Tag: Cape Range National Park – Exmouth (80 km)
14. Tag: Exmouth – Ausflug Ningaloo Reef
15 Tag: Exmouth – Giralia Station (122 km)
16. Tag: Giralia Station – Tom Price (444 km)
17. Tag: Tom Price – Karijini National Park (50 km)
18. Tag: Karijini National Park – Millstream Chichester National Park – Karratha
            (4WD) (345 km)
19. Tag: Karratha – Eighty Mile Beach (468 km)
20. Tag: Eighty Mile Beach
21. Tag: Eighty Mile Beach – Broome (377 km)

14 Tage   **Gesamtstrecke: 3447 km/3587 km**
1. Tag: Perth – Nambung National Park (Pinnacles) – Cervantes (ÜN) (216 km)
2. Tag: Cervantes – Kalbarri (406 km)
3. Tag: Kalbarri National Park

4. Tag:	Kalbarri – Denham – Monkey Mia (397 km)
5. Tag:	Monkey Mia
6. Tag:	Monkey Mia – Denham – Coral Bay (583 km)
7. Tag:	Coral Bay – Exmouth/Cape Range National Park (151 km/221 km)
8. Tag:	Cape Range National Park/Exmouth Ausflug Ningaloo Reef
9. Tag:	Cape Range National Park/Exmouth – Paraburdoo – Tom Price (695 km/625 km)
10. Tag:	Tom Price – Karijini National Park (50 km)
11. Tag:	Karijini National Park (40 km)
12. Tag:	Karijini National Park – Port Hedland (346 km)
13. Tag:	Port Hedland – Eighty Mile Beach (256 km)
14. Tag:	Eighty Mile Beach – Broome (377 km)

10 Tage   **Gesamtstrecke: 2983 km**

1. Tag:	Perth – Nambung National Park (Pinnacles) – Cervantes (ÜN) (216 km)
2. Tag:	Cervantes – Kalbarri (406 km)
3. Tag:	Kalbarri – Monkey Mia (397 km)
4. Tag:	Monkey Mia – Coral Bay (583 km)
5. Tag:	Monkey Mia
6. Tag:	Coral Bay
7. Tag:	Coral Bay – Karratha (525 km)
8. Tag:	Karratha: Tour in Millstream Chichester oder Karijini National Park
9. Tag:	Karratha – Port Hedland – Eighty Mile Beach (479 km)
10. Tag:	Eighty Mile Beach – Broome (377 km)

Ausfahrt aus Perth

Von Süden führt der Kwinana Freeway auf den **Mitchell Freeway** nach Norden. Von Osten kommend (Flughafen) erreichen Sie über den Graham Farmer Freeway durch viele Tunnel hindurch und über Brücken hinweg den Mitchell Freeway, welcher schnell aus der Stadt herausführt. Der **Mitchell Freeway** endet bereits nach etwa 30 km nördlich der Stadt. Folgen Sie im Anschluß der Ocean Reef Road ein Stück in östlicher Richtung, dann weiter über die **Wanaroo Road**.

Wer lieber geruhsam entlang der Stadtstrände (Scarborough, North Beach, Hillarys Boat Harbour) auf dem **West Coast Highway** fahren will, sollte viel Zeit einplanen, da unzählige Ampeln den Verkehr nahezu lähmen. Auch am Freeway sind die Strände an den Ausfahrten vermerkt!

Hinweis: Der West Coast Highway (Nr. 71) endet unerwartet schnell in Neubaugebieten. Biegen Sie spätestens in Mullaloo nach Osten ab, um über die Straße Nr. 60 (Wanaroo Rd) nach Norden zu gelangen.

Wer **direkt nach Cervantes** (Nambung NP/Pinnacles) will, fährt am schnellsten über den Great Eastern Highway, vorbei am Flughafen nach Midland und folgt daraufhin dem Highway Nr. 1 nach Norden bis zum Abzweig nach Cervantes.

Tipp für Sternengucker

Die Sternwarte *Gingin Observatory*, 1098 Military Rd, Gingin West (zwischen Brand Hwy und Perth-Lancelin Rd Nr. 60), bietet beeindruckende Blicke in den Nachthimmel. Buchung notwendig, Tel. 08-95757740, www.ginginobservatory.com.

Yanchep National Park

An der Küstenroute (Wannaroo Rd, Nr. 60) lohnt ein erster Stopp im 50 km nördlich von Perth gelegenen **Yanchep National Park**. Die Zufahrt ist bereits ab der Wanaroo Road ausgeschildert. Aufgrund seiner Nähe zur Stadt ist der Park ein beliebtes Ausflugsziel an den Wochenenden. Das natürliche Buschland ist von kurzen Wander- und Spazierwegen durchzogen. Wasservögel sind am besten am **Wagardu Lake** (Süßwasser) im Zentrum des Parks zu beobachten. Ein neuer **Koala Pfad** (Koala Boardwalk) wurde unter großen Eukalyptusbäumen angelegt, auf denen die kuschelig wirkenden Tiere träge dösen.

Eine weitere Attraktion des Nationalparks sind die über 400 **Kalksteinhöhlen.** Nur zwei, die Crystal- und Yonderup Cave, können im Rahmen einer Tour besichtigt werden. Die *Nyoongar People* bieten für Gäste Tanz- und Didgeridoovorführungen. Im Besucherzentrum (tägl. 9.15–16.30 Uhr, Tel. 08-95611004) sind detaillierte Informationen über die Aktivitäten und Touren und eine Wanderkarte vom Park erhältlich. Campen ist im Park nicht gestattet, doch in der Ortschaft Yanchep befindet sich ein Platz im (ausgeschilderten) *Club Capricorn Resort,* Two Rocks Rd, Tel. 08-95611106. Der Nationalpark kostet Eintritt (▶ s. Kasten S. 133).

Tipp für Taucher

Entlang der Küste zwischen Guilderton und Lancelin liegen 14 Wracks, die zum Teil sehr gute Tauchziele darstellen. Die „Vergulde Draeck" aus dem Jahr 1656 ist das älteste gesunkene Schiff. Die erst 1993 eigens als Tauchwrack versenkte „WH Gemini II" lockt ebenfalls viele Taucher an. Tauchtrips vor Lancelin bietet zum Beispiel Diving Frontiers (89 Erindale Rd, Balcatta, Perth, Tel. 08-92406662, www.divingfrontiers.com.au) an.

Lancelin

Vom Yanchep National Park aus – entlang der Küstenroute – ist nach weiteren 75 km das Surf- und Allradmekka **Lancelin** erreicht. Die kleine Gemeinde mit herrlich weißen Sandstränden und fantastischen Dünenlandschaften bietet Unterkünfte, Restaurants, Tankstellen und Shops. Um die Wellenreiter am **Back Beach** zu beobachten, folgt man der Landzunge im Süden der Ortschaft oder fährt mit dem Geländewagen über den Strand dorthin. Am „Dorfstrand" frönen die

Wind- und Kitesurfer fast täglich ihrem Hobby. Das passende Equipment kann direkt bei Werners Hotspot (Okt–April tägl. ab 10 Uhr) oder einem mobilen Surfshop am Strand ausgeliehen werden.

Sehenswert ist auch die **Lancelin Offroad Vehicle Area** am nördlichen Ende des Städtchens. In den Dünen tummeln sich die 4WD Enthusiasten mit ihren Autos sowie zahlreiche Motocross-Fahrer. Dementsprechend ist dort der Lärmpegel einzuschätzen.

Infos   Lancelin Tourist Information Centre, 102 Gin Gin Road, Tel. 08-96551100, tägl. 9–18 Uhr.

Unterkunft   ** **Lancelin Inn Hotel/Motel,** Gin Gin Rd, Tel. 08-96551005.
und
Camping   * **Lancelin Lodge YHA,** 10 Hopkins St, Tel. 08-96552020; gepflegte Unterkunft mit Doppel- und Mehrbettzimmern, Pool, nur 200 m vom Strand entfernt.

Lancelin Caravan Park, Hopkins St, Tel. 08-96551056; Campingplatz mit direktem Strandzugang am Südende von Lancelin.

Wer plant, länger in Lancelin zu bleiben, sollte sich eines der zahlreich vorhandenen Ferienhäuser oder Apartments mieten.

 ## Weiterfahrt nach Cervantes

Indian   Von Lancelin führt der *Indian Ocean Drive* nach Norden. Unterwegs sind
Ocean Drive   Aussichtspunkte eingerichtet, die zum Pausieren einladen.

Nambung National Park (Pinnacles)

Der 175 qkm große Küstennationalpark liegt südlich von Cervantes und ist bekannt für die **Pinnacles Desert**. Die über ein weites Gebiet verstreuten, steil aufragenden Kalksteinnadeln sind durch das jahrtausendelange Zusammenspiel von Wind, Regen und Temperaturen entstanden. Insbesondere im Morgen- und Abendlicht bieten die Felsnadeln dem Besucher des Parks ein fantastisches Naturschauspiel, das nicht nur Fotografenherzen höher schlagen lässt. Zwischen den vielen bis zu 4 m hohen Säulen hindurch führt eine festgefahrene Sandpiste, die nur in eine Richtung befahren werden darf.

Erwähnenswert ist zudem die große Artenvielfalt im Nationalpark: Westliche Graue Riesenkängurus, Emus, Echidnas, Skinks, Schlangen und Vögel können beobachtet werden – hierfür sind wiederum die Morgen- und Abenddämmerung die geeigneten Tageszeiten. Die Zufahrtstraße in den Park sollte dann mit viel Vorsicht befahren werden, da Kängurus in der Dämmerung oft unvermittelt vor dem Fahrzeug die Fahrbahn queren.

In der **Hangover Bay** ist mit Picknicktischen und Gasgrill ein schöner Platz zum Rasten und Baden. Mit etwas Glück sieht man in der Bucht Delfine und Seelöwen. Weiter nördlich bietet der Aussichtspunkt **Kangaroo Point** gute Ausblicke auf die menschenleere Küste. Von August bis Oktober blüht der Park förmlich auf und ein wahres Farbenmeer mit allen Wildblumenarten begeistert die Besucher.

PER ▶ BME

Anfahrt   Die Einbahnstraße durch die „Nadeln" hindurch ist gut mit zweiradgetriebenen Fahrzeugen befahrbar, zwischen den Felsen wird es allerdings teilweise etwas eng. Bei großen Wohnmobilen empfiehlt es sich, das Fahrzeug auf dem Parkplatz stehenzulassen, um anschließend das Gelände zu Fuß zu erkunden.

Das **Pinnacles Desert Discovery Centre** hält interessante Fakten zur Entstehung der Pinnacles sowie zur Flora und Fauna bereit (tägl. 9.30–16.30 Uhr). Wenn Sie auf der Route Perth – Darwin unterwegs sind, können Sie hier den Nationalpark-Pass für alle weiteren Nationalparks, die im Norden liegen, erwerben. Im National Park gibt es keinen Campingplatz, d.h., es muss in Cervantes übernachtet werden.

Cervantes

Cervantes wurde in den frühen 1960er Jahren als Basisstation für die **Rock Lobster** bzw. Langustenindustrie gegründet. 1962 stellte die Regierung hierfür das Land bereit, nämlich die nordwestliche Ecke des Nambung National Parks. Der Name „Cervantes" stammt von einem amerikanischen Walfangschiff, das 1844 vor der Küste sank. Das Städtchen (mit Motel und Campingplatz) ist Ausgangspunkt für Ausflüge in den **Nambung National Park.** Im Frühling ist die Umgebung für ihre Wildblumen bekannt. Ganzjährig kann der **Lake Thetis** bewundert werden. An seinem Ufer (Rundweg 1,2 km) haben sich Stromatoliten, die ältesten bekannten fossilen Lebewesen der Erde, angesiedelt. Der Abzweig zum See ist von der Hansen Bay Road ausgeschildert. Der Strand von Cervantes ist zum Baden und Windsurfen gut geeignet (Achtung, Sandflies!). Die drei Bootsstege sind ideale Plätze zum Angeln.

Pinnacles Desert

Infos	**Cervantes Visitor Centre,** Cadiz St, Tel. 1-800-610660, www.visitpinnaclescountry.com.au; Informationen zu Touren in den Nationalpark und Parkpässe sind hier erhältlich.
Unterkunft und Camping	*****Cervantes Pinnacles Motel,** 7 Aragon St, Tel. 08-96527145; ordentliches Motel mit Zimmern, Apartments, Pool und Restaurant.
	* Cervantes Lodge – Pinnacles Beach Backpackers, 91 Seville St, Tel. 08-96527377; gepflegtes Hostel in Strandnähe.
	Cervantes Pinnacles Caravan Park, 35 Aragon St, Tel. 08-96527060; großer und beliebter Campingplatz mit direktem Strandzugang und Einkaufsmöglichkeit.

Jurien Bay

Von Cervantes führt der **Indian Ocean Drive** entlang der Turquoise Coast in den Norden. Leider verläuft die asphaltierte Straße nicht genau an der Küste entlang, sondern immer einige Kilometer weiter landeinwärts Richtung **Jurien Bay**. In diesem Ferien- und Fischerort findet man einen Campingplatz, ein Motel, einen Supermarkt sowie eine Tankstelle. Dem feinen Sandstrand sind Grasflächen mit Picknickbänken vorgelagert. Mit 1500 Einwohnern ist Jurien Bay die zunächst größte Ortschaft, 266 km nördlich von Perth. Sehenswert sind die in dieser Küstenregion vorkommenden Seelöwen-Kolonien (Australian Sealions) und die von September bis Dezember vorbeiziehenden Buckelwale (Humpback Whales). Die selten gewordenen Seelöwen können auf Bootstouren beobachtet werden. Auf Wunsch wird auch das Schnorcheln mit den schwimmgewandten Tieren aus der Familie der Ohrenrobben angeboten (z.B. Jurien Bay Charters, 24 Carmella St, Tel. 08-96521109, www.juriencharters.com).

Auf der Strecke von Jurien Bay nach **Green Head** liegt im Hinterland (23 km östlich von Jurien Bay, reine 4WD-Piste) der für Botaniker interessante **Lesueur National Park.** Insbesondere im Frühjahr bietet er eine äußerst reiche Wildblumenvielfalt. Informationen zum Park im Nationalparkbüro in Jurien Bay (Bashford St, Tel. 08-96521911, Mo–Fr 8-17 Uhr). Die Siedlungen **Green Head** und **Leeman** sind kleine Ferienorte, in denen man außer Baden und Angeln nicht viel unternehmen kann. In beiden Orten gibt es einen Campingplatz.

Port Denison und Dongara

Nach den Blechhüttensiedlungen Coolimba und Illawong trifft der Indian Ocean Drive bei Cliff Head wieder auf den Brand Highway, die Hauptverbindungsroute auf dem Weg nach Norden. 17 km weiter nördlich zweigt eine schmale Straße zum Meer nach **Port Denison** ab.

Port Denison	Der kleine Ort liegt mit einem schönen Park direkt am Wasser. Überdachte Picknicktische mit BBQ-Grills laden zu einer entspannten Mittagspause oder einem gemütlichen Feierabend ein (Supermarkt mit Bäckerei gleich auf der anderen Straßenseite). Am südlichen Ende der Grünanlage bietet sich vom **Fisherman's Lookout Obelisk** ein Blick auf Hafen und Stadt.
Lobster-fabrik	Wer es zeitlich einrichten kann, sollte die Besichtigung der Lobsterfabrik einplanen (MG Kailis Live Lobster Logistics Centre, geöffnet Nov-Juni, Führung um 14 Uhr, geschlossene Schuhe erforderlich!).
Dongara	Über den Leander Drive erreichen Sie **Dongara.** Dort stehen einige historische Gebäude, wie zum Beispiel die alte Polizeistation von 1870 (heute Tourist Office und Museum) und die leicht verfallene Getreidemühle von 1894 (Old Flour Mill). Von der Touristeninformation führt ein 1,6 km langer Heritage Trail zu den Sehenswürdigkeiten der 1852 gegründeten Stadt. Das Zentrum der Gemeinde (3000 Ew.) bildet die **Moreton Terrace,** die von 100 Jahre alten Moretonbay Feigenbäumen (Moreton Bay Fig Tree) gesäumt ist.
Infos	**Dongara Denison Visitor Centre,** 9 Waldeck St, Dongara, Tel. 08-99271404, www.irwin.wa.gov.au, Mo–Fr 9–17 Uhr, Sa/So 9–14 Uhr; Buchung von Unterkünften, Touren und Bustickets.
Unterkunft und Camping	** **Old Mill Motel,** Waldeck St, Dongara, Tel. 08-99271200; familiäres Motel neben der historischen Mühle mit Restaurant. * **Dongara Backpackers,** 32 Waldeck Street, Dongara, Tel. 08-99271581; Backpacker-Hostel. **Seaspray Caravan Park,** 79 Church St, Dongara, Tel. 08-99271165; Campingplatz in Strandnähe mit Pool, Cabins und Camperküche. Wer länger hier in der Region bleibt, kann auch eine der zahlreichen **Ferienwohnungen** mieten (Informationen im Tourist Office).
Historische Siedlung	24 km südlich von Geraldton liegt die historische Siedlung **Greenough Hamlet.** Die elf noch stehenden Gebäude aus der zweiten Hälfte des 19. Jahrhunderts umfassen u.a. das Gefängnis, Gerichtsgebäude, Polizeistation, Kirchen und Schule. Sie wurden von der Denkmalschutzbehörde renoviert und können besichtigt werden (tägl. 9–17 Uhr, Führungen werden auf Wunsch angeboten). Informationen, Café und Snacks sind im Büro an der Ecke Brand Hwy/McCartney Rd (Tel. 08-99261084) erhältlich. Weitere 5 km nördlich wird im **Pioneer Museum** (tägl. 10–16 Uhr) das Leben der einstigen Siedler anschaulich dargestellt.

Geraldton

Überblick

Der Brand Highway führt direkt in das Zentrum der 20.000 Einwohner großen Stadt. Geraldton wurde 1850 an der Champion Bay gegründet. Die ehemals landwirtschaftlich geprägte Siedlung ist heute der wichtigste Exporthafen und das Verwaltungszentrum der Midwest Region. Auf den belebten Kais werden Getreide, Erze, Mineralsand, Gemüse, Fleisch und Langusten verladen. Die weißen Strände rund um die Stadt, gute Angelmöglichkeiten und das angenehme Klima ziehen alljährlich viele „Winterurlauber", allen voran die Rentner und Pensionäre aus dem Süden, für mehrere Monate nach Geraldton. Die Stadt wurde jüngst für A$ 25 Mio. saniert. Die neu gestalteten Fußwege sowie Parks entlang der Strandpromenade laden jetzt zum Erholen und Bummeln ein. Freiluftrestaurants und Shops bieten einen uneingeschränkten Blick auf den Ozean. Man darf behaupten, dass die Stadtväter der bis dahin etwas „farblos" erscheinenden Stadt ein freundliches Gesicht verliehen haben.

Geraldton ist Ausgangspunkt für Ausflüge auf die 55 km westlich gelegenen **Abrolhos Islands,** ein Paradies für Taucher und Tierliebhaber.

PER ▶ BME

Infos

Geraldton Visitor Centre, Bill Sewell Complex, Chapman Rd, Tel. 1-800-818881, www.geraldtonvisitorcentre.com.au, Mo–Fr 9–17 Uhr, Sa/So 10–16 Uhr; neben den üblichen Informationen kann auch der Nationalparkpass erworben werden. Im Café des Büros befindet sich ein Internetzugang.

Nationalparkbüro (DPaW), The Foreshore Centre, 201 Foreshore Drive, Tel. 08-99215955, Mo–Fr 8–17 Uhr.

Automobilclub   RAC, 24 Durlacher St, Tel. 131703, Mo–Fr 9–17 Uhr

Autovermietungen Avis, Ecke Phelp St/North West Coastal Hwy, Tel. 08-99643464

Strand von Geraldton   Budget Car, 7 Beaver St, Tel. 08-9923 2590

Hertz Cars, Beside the Lighthouse Point Moore, Tel. 08-99652844

Auch in Geraldton gilt: Einwegmieten nach Perth oder in Richtung Norden sind kaum zu vernünftigen Preisen zu bekommen.

Busgesell- Ankunft und Abfahrt der Überlandbusse von Integrity Coachlines **Transwa**
schaften ist an der Old Railway Station (Chapman Rd) Die Busse verkehren täglich von und nach Perth. Integrity bedient täglich die Route nach Broome. Informationen zu Fahrzeiten und Tickets sind im Visitor Centre oder im Internet erhältlich.

Essen und Entlang der **Marine Terrace** gibt es zahlreiche Restaurants, Cafés und
Trinken Imbissbuden. Speiselokale finden Sie auch in den Hotels und Motels der Stadt (s. Unterkunft und Camping).

Frischer Fisch ist bei **Geraldtons Fish Market** (365 Marine Tce, gegenüber der Silos, Mo–Fr 8.30–17.30 Uhr, Sa 8.30–12 Uhr) erhältlich – auch zum „Schauen" ein guter Tipp.

Freemason's Hotel (Ecke Marine Tce/Durlacher St): lebhafte Bar in histori-schem Gebäude mit Live-Musik (4x wöchentlich) und einem Biergarten.

Einkaufen Von Lebensmitteln bis zur Kleidung finden man alles im Einkaufskomplex Northgate Plaza (Ecke Chapman Rd/View St, nördlich vom Visitor Centre) und im Stirlings Centre (Sanford St). Die Haupteinkaufsstraße ist die Marine Terrace Mall. Jeden ersten und letzten Sonntag im Monat findet hier ein bunter Markt statt.

Festival Jedes Jahr, meist Ende September/Anfang Oktober, zusammen mit der Wildblumenblüte, findet das **Sunshine Festival** statt. Musik, Festumzüge, Feuerwerk, Sportwettkämpfe, Kunstwettbewerbe und andere Events bilden den Kern der Veranstaltung.

Flughafen Virgin Australia (Tel. 136789 www.virginaustralia.com) und Skippers (Tel. 1-
und Airlines 300-729924, www.skippers.com.au) fliegen Geraldton regelmäßig an. Der Flughafen liegt 11 km östlich der Stadt (über die Mt Magnet Rd erreichbar).

Internet In der Geraldton Regional Library (Cathedral Ave, Tel. 08-99566659, tägl. ge-öffnet) und im Suncity Books & Internet Corner (49 Marine Tce) stehen Internet-Terminals.

Kino Geraldton 4 Cinemas (235 Marine Terrace, Tel. 08-99650568) zeigt aktuelle Filme.

Nofall Krankenhaus: Geraldton Regional Hospital, Shenton St, Tel. 08-99562222. Polizei: 21 Marine Tce, Geraldton, Tel. 08-99234519.

Öffentliche Von der Innenstadt verkehren acht Buslinien (Geraldton Bus Service) in die
Verkehrsmittel Stadtteile. Die Sehenswürdigkeiten der Stadt sind problemlos zu Fuß zu er-kunden.

Post Post Shop, 50–52 Durlacher St, 6530 Geraldton.

Strände, Geraldton hat aufgrund seiner exponierten Lage auf einem Landzipfel rela-
Surfen und tiv starke Windverhältnisse und Strömungen. Die Stadt hat sich deshalb un-
Schwimmen ter Windsurfern einen guten Ruf verschafft. Viele kommen hierher, um dem europäischen Winter zu entfliehen. Im Januar treffen sich Windsurfer aus al-ler Welt in Geraldton, um bei traumhaften Bedingungen ihre Wettbewerbe auszutragen.

Rock Lobster

In den Gewässern Westaustraliens werden acht Langustenarten gefangen. Die häufigste ist der Western Rock Lobster *(Panulirus cygnus)*. Langusten unterscheiden sich von Hummern dadurch, dass sie keine Scheren besitzen, sondern körperlange Antennen. Mit diesen Antennen erzeugen sie ein knarrendes Geräusch, um Feinde abzuwehren oder Geschlechtspartner anzulocken. Die nachtaktiven Tiere – tagsüber halten sie sich meist in Felslöchern auf - wandern auf dem Meeresboden umher und ernähren sich von Muscheln, Schnecken und anderen Kleinstlebewesen. Die größte je gefangene Languste wurde mit einem Gewicht von 5,5 kg registriert. Die Tiere sind mit 6–7 Jahren geschlechtsreif und werden etwa 15 Jahre alt. Das Rückenschild eines ausgewachsenen Western Rock Lobster ist durchschnittlich 7,6 cm lang. Nachdem die Tiere ausgewachsen sind, wandern sie vom inneren Riff in die tieferen Gewässer zu den laichenden Weibchen. Ein weibliches Tier legt bis zu 100.000 Eier und trägt diese unter ihrem gepanzerten Schwanz. Nach einer Brutzeit von 9–10 Wochen werden kleine planktonartige Lebewesen, die äußerlich noch nichts mit den Krustentieren gemeinsam haben, in die Meeresströmung entlassen. Faszinierend ist, dass die kleinen Tiere nicht am Boden entlang kriechen, sondern frei im Wasser schwimmen. Erst etwa nach einem Jahr setzen sie sich als ca. 2 cm große Tierchen auf dem Boden fest. Dann gehen noch weitere 2–3 Jahre ins Land, bis sie zu den hoch geschätzten und teuer verkauften Krustentieren heranwachsen.

Die Tiere werden in großen Holzkäfigen gefangen und in den Fabriken entlang der Küste fangfrisch verarbeitet. Die Hauptexportländer sind USA, Japan und Taiwan. Der Langustenfang hat sich zu einer millionenschweren Industrie mit hohen Gewinnen entwickelt. Für die Küstenbewohner stellt der Lobster somit neben dem Tourismus die Haupteinnahmequelle dar.

Wer die farbenprächtigen Krebse mit ihren typischen körperlangen Antennen kosten möchte, sollte dies in einem der örtlichen Restaurants im Küstenbereich tun. Dort kann man sie schon zu relativ niedrigen Preisen bekommen. Auch im Supermarkt gibt es den Lobster günstig, allerdings meist tiefgefroren, zu kaufen. Im Gegensatz zum übrigen angelsächsischen Raum nennt man die Tiere in Australien statt Lobster meist „Crayfish". Frühaufsteher können bei Voranmeldung auf einem Fangschiff mitfahren (Informationen und Buchungen im Visitorcentre in Dongara).

Durch die hohe Nachfrage, insbesondere aus dem asiatischen Raum, werden die Tiere leider in radikalem Maße abgefischt. In Asien gelten die Tiere wegen ihrer bunten Farben als Glücksbringer und werden vor allem an Neujahr in Massen verspeist. Durch die enorme Überfischung ist der Bestand gefährdet. Das australische Institut für Meeresforschung (www.aims.gov.au) versucht nun, Langusten zu züchten, was sich allerdings als extrem aufwendig herausstellt, da sich die dafür notwendigen Bedingungen nur schwer in künstlicher Umgebung kopieren lassen.

PER ▶ BME

Geraldton

0 — 500 m
© RKH VERLAG HERMANN

Indian Ocean

nach Kalbarri / Carnarvon

Bluff Point

Champion Bay Beach
St George's Beach

Flores Rd
Boyd St
Anderson St

Mark St
Place Rd
Second St
Fourth St
Sixth St
Eighth St

Pages Beach

Town Beach

Willcock Dr
Marine Tce
Augustus St
Shenton
Whitfield St
Willcock Dr

Separation Point

Point Moore

Greys Beach

Chapman Rd
George St
Eastern Rd
Coastal HWY
Ainsworth St
Pass St

Eastward Rd

Lester Ave
Sanford
Carson Tce
Fitzgerald St
Gregory St
Cathedral Ave
Durlacher St
Brede St
North West Coastal

Utakarra Rd

Rifle Range Rd
Assen St

zum Flughafen nach Mt Magnet

Mcaleer
Brand Hwy
Portway

Back Beach

Highbury St

nach Dongara

Indian Ocean

⌂ Unterkünfte & Camping

1 Ocean Centre Hotel
2 Comfort Inn Geraldton
3 Champions Bay B&B
4 Foreshore Backpackers YHA
5 Belair Gardens CP
6 Big 4 Sunset Beach Holiday Park
7 Drummond Cove Holiday Park

◼ Sehenswertes

1 HMAS Sydney War Memorial
2 WA Museum Geraldton / Batavia Coast Boat Harbour
3 St Francis Xavier Cathedral
4 Bill Sewell Complex
5 Fisherman's Wharf / Crayfish Factory
6 Point Moore Lighthouse

● Sonstiges

1 Geraldton Fish Market
2 Schwimmbad Aquarena

Die Strände im Stadtteil West End (beim Leuchtturm) sind in erster Linie bei Surfern (Windsurfen, Surfen und Kitesurfen) beliebt. Gute Wellen gibt es zudem am Back Beach.

Die stärkste Brise hat Point Moore an der Landspitze. Zum Baden sind die Strände nördlich der Stadt, z.B. Coronation Beach (25 km nördlich), besser geeignet. Empfehlenswert ist auch das Schwimmbad Aquarena (Pass St, tägl. geöffnet) mit Indoor- und Outdoor Pools sowie verschiedene Wasserrutschen.

Sport	Tauchen bei den Inseln der Houtman Abrolhos Gruppe, Windsurfen, Wellen-reiten und Kitesurfen sind beliebte Sportarten in Geraldton. Batavia Coast Dive Academy (153 Marine Tce, Tel. 08-99214229) bietet Tauchausrüstungen an. Touren s. Abrolhos Island.
Taxi	Geraldton Associated Taxis, Tel. 13 1008
Touren	**Geraldton Air Charter** (Tel. 08-99233434, www.geraldtonaircharter.com.au) bietet Rundflüge über die Stadt und die Region an. Außerdem im Programm: Rundflüge zum Mount Augustus und zu den Abrolhos Islands. Ausflüge auf die **Abrolhos Islands** s.u.
Unterkunft und Camping	****** Ocean Centre Hotel,** Ecke Foreshore Drive/Cathedral Ave, Tel. 08-99217777; zentral gelegenes neues Hotel mit Blick auf die Bucht. ***** Comfort Inn Geraldton,** 107 Brand Hwy, Tel. 1-800-355108; Mittel-klassehotel 3 km südlich des Zentrums gelegen, Zimmer mit Frühstück. **** Champion Bay B&B,** 31 Snowdon St, Tel. 08-99217624; freundliche Früh-stückspension in einem über 100 Jahre alten Haus, mit Blick über die Stadt. *** Foreshore Backpackers YHA,** 172 Marine Tce, Tel. 08-99213275; Jugend-herberge in historischem Gebäude inmitten in der Stadt. **Belair Gardens Caravan Park,** Willcock Drive, Tel. 08-99211997; großer Campingplatz in der Nähe vom Leuchtturm und vom Pages Beach. **Big 4 Sunset Beach Holiday Park,** Bosley St, Tel. 08-99381655; gepflegter Platz direkt am Strand mit Kabinen, nördlich der Innenstadt im Stadtteil Sunset Beach. **Drummond Cove Holiday Park,** North West Coastal Hwy, Tel. 1-800-992524; schön gelegener Platz direkt an den Dünen, ca. 10 Autominuten nördlich der Stadt.

PER ▶ BME

Sehenswertes in Geraldton

Einen guten Überblick über die Stadt und die Hafenanlagen bietet der Aussichtspunkt des Kriegerdenkmals **HMAS Sydney War Memorial** auf dem Mount Scott (Gummer Ave). Der sehenswerte Metall-Dom, der mit 645 Möven an die 645 im Zweiten Weltkrieg verstorbenen Seemänner gedenkt (▶ s. Exkurs S. 282) ist die steile Auffahrt wert. Auf Schautafeln wird über das Schicksal des Schiffes berichtet. Die Auffahrt zum Denkmal ist ausgeschildert.

Museum Das **WA Museum Geraldton** (Batavia Coast Marina, tägl. 10–16 Uhr, www.museum.wa.gov.au) ist ein modernes Museum direkt am Meer. Es bietet sieben verschiedene Galerien, wobei die Ausstellungsbereiche der „Aboriginalkultur" und der „Schiffswracks" besonders sehenswert sind. Wechselnde Ausstellungen ergänzen das Museum. Im ange-schlossenen Shop findet sich das eine oder andere schöne Souvenir.

Die im byzantinischen Stil vom englischen Architekten John Hawes erbaute **St Francis Xavier Cathedral** (Ecke Cathedral Ave/Maitland St) wurde nach über 20jähriger Bauzeit 1938 eröffnet. Mit der im-posanten Kathedrale wurde eine für die damalige Zeit bemerkens-werte Abwechslung in den eher kargen Landstrich des mittleren Westens gebracht.

HMAS SYDNEY –
das ungelöste Geheimnis des Zweiten Weltkrieges

Zu den wohl größten ungelösten Geheimnissen des Zweiten Weltkrieges zählt das spurlose Verschwinden des australischen Kreuzers „HMAS Sydney" nach einer Seeschlacht mit dem deutschen Schiff „Kormoran" im November 1941. Auch 65 Jahre nach dem Untergang des einstigen Stolzes der australischen Marine, bei dem 645 Offiziere und Matrosen ums Leben kamen, ist unklar, wo und warum das Schiff gesunken ist. Der ehemalige australische Premierminister Howard hat 1,3 Mio. A\$ für die Suche des Wracks zur Verfügung gestellt.

Es wird bis heute gerätselt, was sich damals tatsächlich zugetragen hat. Der genaue Ablauf des Seegefechts im Indischen Ozean zwischen der „Kormoran" unter Kapitän Theodor Detmer und der „HMAS Sydney" ist bis heute unklar. Nach der Versenkung des deutschen Schiffes „Kormoran", das in Friedenszeiten als Frachter „Steiermark" über die Weltmeere schipperte, sei das australische Schiff mit einer Wolke schwarzen Rauchs nach Osten abgedampft. So berichteten es die 318 Überlebenden der „Kormoran".

Etliche Legenden ranken um den Untergang. Eine Theorie war, dass die deutschen Seeleute die australische Besatzung im Meer beschossen und getötet hätten. Diese Behauptung wurde verworfen, als deutlich wurde, dass das deutsche Schiff samt seiner Waffen ja schon vorher untergegangen war. Eine andere Version war, dass ein japanisches U-Boot die „Sydney" versenkt habe und die australische Regierung dies vertuscht haben soll. Aber auch diese Legende scheint unwahrscheinlich, da das Seegefecht bereits einige Wochen vor dem japanischen Luftangriff auf Pearl Harbour stattfand, der eigentlichen Kriegserklärung Japans an die Amerikaner. Um herauszufinden, wo das australische Schiff untergegangen ist, liefen bereits 20 Untersuchungen. Im Frühjahr 2008 wurden beide Schiffe gefunden, sie lagen nur 15 km voneinander entfernt auf dem Meeresgrund.

Auf dem Hügel über Geraldton wurde ein großes Denkmal für die toten Seemänner der „Sydney" errichtet. 1987 plante die deutsche Kriegsgräberfürsorge in Zusammenarbeit mit der Gascoyne Historical Society in Carnarvon ein Denkmal für die 80 toten

deutschen Seeleute der „Kormoran". Dies stieß jedoch bei den örtlichen Kriegsveteranen auf heftigen Widerstand und wurde daher nicht umgesetzt. So sorgt die westaustralische Seeschlacht trotz ihrer ungeklärten Verhältnisse unter den letzten verbliebenen Kriegsveteranen bis heute für eine latent antideutsche Haltung.

HMAS Sydney War Memorial

Point Moore Lighthouse

Die Gebäude des **Bill Sewell Complex** (Ecke Champan Ave/Bayly St) beherbergte einst das Victoria District Hospital (1887–1966). Später, bis 1984, wurden sie als Gefängnis genutzt. Nach liebevoller Restaurierung befinden sich nun das Visitor Centre, Künstlerateliers und Büros in dem Komplex. Das alte Gefängnis (The Old Gaol Craft Centre) ist täglich von 10–16 Uhr für Besucher geöffnet.

Von November bis Juni ist ein Spaziergang entlang der **Fisherman's Wharf** (Connell Rd) besonders interessant. Während der Rock Lobster Fishing Season (Langustensaison) legen ständig Fischerboote an und laden ihre wertvollen Fänge aus. Wer die Verarbeitung der Tiere sehen (und riechen) möchte, sollte sich einer **Live Cray Factory Tour** anschließen (Mo–Fr 9.30 Uhr, geschlossene Schuhe erforderlich, Buchung im Visitor Centre).

Der rot-weiß gestreifte, 34 m hohe Leuchtturm **Point Moore Lighthouse** (Willcock Drive) sticht bereits bei der Einfahrt in die Stadt ins Auge. Die Stahlkonstruktion des Leuchtturmes wurde 1878 aus England importiert. Mit dieser Bauweise ist er der einzige seiner Art in Westaustralien. Leider ist der Turm nicht für Besucher zugänglich.

Umgebung von Geraldton

Abrolhos Islands

Etwa 55 km westlich von Geraldton liegen die 122 Inseln der *Houtman Abrolhos Islands*. Die Inseln sind in Gruppen gegliedert: Wallabi Group, Eastern Group, Pelsaert Group und das separierte North Island. Die Inseln wurden von portugiesischen Seefahrern „Abre os Olhos" benannt, was soviel wie „Augen auf" bedeutet, da die Seefahrtswege rund um die Insel als sehr gefährlich galten. Immerhin 19 Schiffswracks liegen auf dem Meeresgrund, wobei die im Jahre 1629 gesunkene holländische „Batavia" (▶ s. Exkurs S. 284) das wohl bekannteste ist. In nur 4–6 m Wassertiefe können Taucher und Schnorchler den Schiffsrumpf mit Kanonen und Anker erforschen.

Dank der warmen Leeuwin Strömung (▶ Exkurs s.S. 176) fühlen sich tropische und gemäßigte Meereslebewesen wohl. Bei Sichtweiten von bis zu 30 m und angenehm warmen Wasser herrschen perfekte Tauchbedingungen. Die Gewässer sind Heimat von Seelöwen und Delfinen. Buckelwale ziehen saisonal auf dem Weg in den Norden – für die Aufzucht der Jungen in den warmen Kimberley Gewässern – und zurück in den Süden auf dem Weg in die Antarktis vorüber. Viele Seevögel nutzen die idealen Bedingungen als Brutplatz.

PER ▶ BME

Die Batavia – sagenumwobenes Schiffswrack und Top-Tauchspot

Die Batavia vor der Küste Geraldtons ist Gegenstand einer der schaurigsten Geschichten und heute noch faszinierendes Relikt für jeden Taucher. 1629 ging das holländische Schiff unter und wurde in den 1970ern zum Teil von Tauchern aus dem Meer befördert und für das Maritime Museum in Fremantle restauriert. Doch der Unterwasserspot nahe der Abrohol Islands, drei Bootsstunden von Geraldton entfernt, ist weiterhin ein attraktives Tauchrevier.

Das Schiff zerschellte am 4. Juni 1629 am Morning Reef vor der westaustralischen Küste. Um Hilfe zu holen, verließen der Kapitän und weitere 47 Besatzungsmitglieder und Passagiere das sinkende Schiff mit Beibooten. 268 weitere Passagiere blieben auf dem Wrack und auf zwei kleinen Inseln ohne Süßwasser zurück. Durch eine Verkettung unglücklicher Umstände dauerte es jedoch 63 Tage, bis die Hilfesuchenden wieder zu den Wartenden zurückkamen. Dort hatte sich in der Zwischen-zeit eine große Tragödie abgespielt: Eine Gruppe Meuterer hatte rund 125 Männer, Frauen und Kinder getötet. Die Verbrecher wurden nach Rettung der Überlebenden zum Teil hingerichtet, doch die Legende überlebte bis heute.

Das Wrack liegt zwischen vier und sechs Metern in der Tiefe. Selbst die Kanonen und weitere Gegenstände sind noch gut erhalten und erinnern an die blutige Sage. Touren zum Wrack können vor Ort über das Geraldton Visitor Centre gebucht werden. Weitere Infos gibt es unter: www.museum.wa.gov.au.

The Wool Wagon Pathway
**Mit dem Geländewagen
im Landesinneren unterwegs**

Wer die Einsamkeit sucht und über einen Geländewagen verfügt, kann eine reizvolle Route im Landesinneren auf dem Weg nach Norden nehmen. Der 1160 km lange Wool Wagon Pathways beginnt in Geraldton und führt durch geschichtsträchtiges Farmland der Murchison und Gascoyne Region über die Ortschaften Mullewa, Murchison Settlement, Gascoyne Junction bis nach Exmouth. In allen Orten findet man kleine Museen mit Relikten der 1920–1930er Jahre. Die Piste, die als „Themenstraße" mit kleinen Symbolen markiert ist, vermittelt die Atmosphäre der Zeit, als die Wollindustrie ihre Blütezeit hatte. Seinerzeit florierte das Geschäft der Region dank der Schafzucht. Die Wolle wurde nach London verschifft und weiter in ganz Europa verkauft.

Besonders sehenswert ist die 1878 gegründete Wooleen Station, eine bedeutende Schaf- und Rinderfarm, die neben Farmtouren auch schöne Unterkünfte anbietet. Gäste dürfen bei der täglichen Farmarbeit mithelfen (Tel. 08-99637973, www.wooleen.com.au). Eine Reservierung ist, wie bei allen Outback- und Farmunterkünften, einige Tage im Voraus empfehlenswert.

Tanken ist im Murchison Roadhouse und in Gascoyne Junction möglich. Ansonsten ist es empfehlenswert im Camper entweder am (einsamen) Straßen-rand oder auf den Campingplätzen in Mullewa, Murchison, Gascoyne Junction wie auch im Kennedy Range National Park oder auf den Farmen Wooleen, Giralia und Bullara (▶ s.S. 337) zu über-nachten. Auskünfte zum aktuellen Straßenzustand sind unter Tel. 1-800-013314 (Main Roads WA) zu erfahren. Eine detaillierte Routenbeschreibung ist im Visitor Centre in Geraldton erhältlich. (▶ siehe auch Karte S. 294)

Anreise	Die Inseln sind per Schiff, Flugzeug und Helikopter erreichbar. Unterkünfte gibt es keine. Lediglich während der Rock Lobster Saison leben Fischer auf den Inseln.
Touren	**Touren** ab Geraldton werden angeboten von:

Abrolhos Adventures, Tel. 08-99216416; Bootstouren von 1–5 Tagen Dauer.

Geraldton Air Charters (s. Geraldton Touren): Rundflüge mit und ohne Landung auf den Inseln, teilweise mit Schnorchelstopps.

Abrolhos Odyssey Charters, Tel. 04-28382505, www.abrolhoscharters .com.au; mehrtägige Bootstouren, bei Anglern sehr beliebt.

Chapman Valley

Wenn Sie ausreichend Zeit eingeplant haben, sollten Sie vom nördlichen Ortsausgang der Stadt (Kreisverkehr hinter dem Football Stadion) die Chapman Valley Road nach Nordosten befahren. Entlang des Chapman River führt die Straße durch liebliche Landschaften, historische Dörfer und vorbei an bekannten Weingütern und schönen Olivenhainen.

In Ego Creek, Red Hill und Chapmans Winery wird Australiens nördlichster Wein angebaut! Weinproben finden in allen drei Betrieben statt. Bei Nabawa folgt die Rückfahrt zurück zum Highway Nr. 1 nach Northampton (24 km).

Von Geraldton nach Kalbarri entlang der Küste

Nördlich von Geralddton zweigt nach 28 km eine Straße vom Highway Nr. 1 nach **Coronation Beach** ab. Der bei Windsurfern und Anglern äußerst beliebte Strand lädt zum Faulenzen und Baden ein. Ein einfacher Campingplatz befindet sich direkt am Strand – traumhaft! Ein Stück weiter nördlich zweigt eine kleine Straße nach **Oakabella Homestead** ab (Tel. 08-99251033, tägl. geöffnet). Die alte Farm wurde in den 1860er Jahren erbaut und ermöglicht einen Einblick in das Leben der Pioniere. Heute werden dort schmackhafte Mahlzeiten und Erfrischungen im Tearoom serviert.

Northampton

In der Gegend des heutigen Northampton wurden in den 1840er Jahren Bleivorkommen entdeckt und abgebaut. 1864 wurde eine Ortschaft unter dem Namen „The Mines" gegründet und 1871 in Northampton umbenannt. Northampton zählt zu den ältesten Siedlungen Westaustraliens. Noch heute können die historischen Gebäude in der Hauptstraße bewundert werden. Eine Stippvisite ist die Galerien wert, in denen Aboriginalkunst und allerlei andere Handwerkskunst verkauft werden. Im Tourist Office in der alten Polizeistation (Hampton Rd, Tel. 08-99341488, www.northampton.com.au)

PER ▶ BME

erhält man weitere Informationen zu den Sehenswürdigkeiten und Veranstaltungen der 900 Einwohner-Gemeinde.

In Northampton zweigt die Küstenstraße (Port Gregory Rd oder George Grey Drive) nach Kalbarri ab. Besonders während der farbenprächtigen Wildblumensaison (Aug–Okt) ist die Fahrt entlang der Küste eine wahre Freude – nicht nur für Botaniker.

Ein Abstecher direkt zur Küste führt nach **Horrocks Beach** (22 km westlich von Northampton). Ein Stopp lohnt nach 15 km bei den Willi Gulli Caves, wo es Felszeichnungen der Nanda People in den Sandsteinüberhängen des Bowes Rivers zu sehen gibt. Leider ist inzwischen der Zugang per Kette versperrt. Die Feriensiedlung Horrocks Beach mit Campingplatz und Ferienwohnungen stammt aus den 1950er Jahren. Sie ist für Strandgänger und Angler einen Ausflug wert. Während der Walsaison bietet der Whale Watching Lookout einen idealen Beobachtungspunkt für die vorbeiziehenden Buckelwale.

47 km nordwestlich von Northampton ist das kleine Nest **Port Gregory,** unmittelbar am Meer, erreicht. Der Ort wurde einst als Hafen geplant, um die Bleivorkommen aus den Northampton-Minen zu verschiffen. Heute besteht Port Gregory aus verstreuten Wohn- und Farmhäusern sowie einem Bootssteg, der während der Langustensaison intensiv genutzt wird. Für eine verlängerte Pause eignet sich der Strand mit schattenspendenden Sonnendächern am Ende der Straße. Übernachten ist auf dem Caravan Park möglich (200 m vom Strand entfernt, Tel. 08-99351052, mit Cabins).

Pink Hutt Lagoon

Hauptattraktion von Port Gregory ist die **Pink Hutt Lagoon,** deren Wasser durch eine Meeresalgenart pink verfärbt ist. Durch das Beta Karotin, welches die Algen während ihrer Blütezeit freisetzen, färben sich die Salzkristalle im Wasser. Der Farbstoff wird als Lebensmittelfarbe verwendet und an der Hutt Lagoon industriell gewonnen.

Hutt River Province

Seit dem 21. April 1970 besteht der souveräne Staat „**Hutt River Province**", der größte und einzige unabhängige Staat auf dem Kontinent Australien. Der Farmer **Leonard George Casley** gründete aus Wut über den Staat eine selbstverwaltete Regierung. Aufgrund der damaligen australischen Gesetzgebung war es den Bürgern des Landes möglich, bei drohendem Landverlust und ökonomischer Not aus dem Commonwealth auszutreten und ein eigenes „Land" zu gründen. Die australische Regierung hatte Mitte der 1960er Jahre damals Exportquoten für landwirtschaftliche Erzeugnisse, u.a. Wolle und Weizen verhängt. Leonard Casley fühlte sich in seiner Existenz bedroht, trat aus dem Commonwealth of Australia aus und gründete seinen eigenen Staat – ein lang andauernder Prozess, der auf erbitterten Widerstand des australischen Staates traf. Die Regierung bangte um die Souveränität ihres Landes und sah eine Austrittswelle auf sich zukommen. Casley gründete die unabhängige Enklave „Hutt

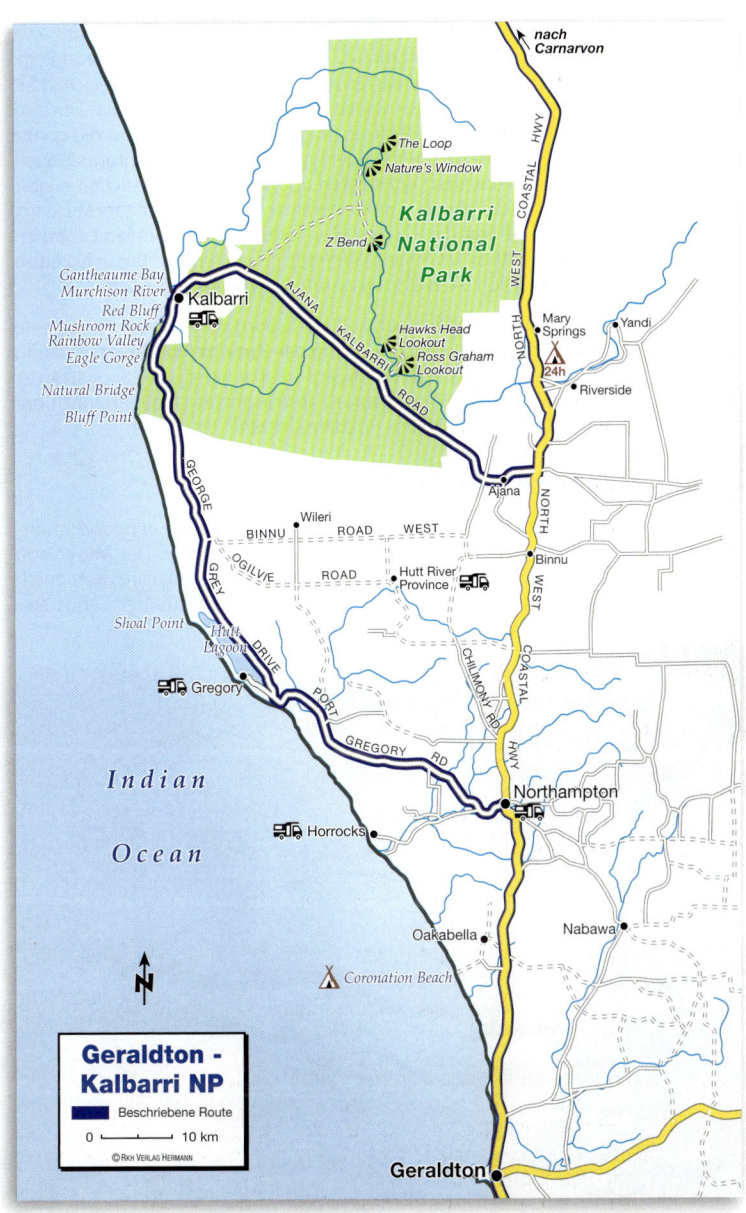

nach
Carnarvon

The Loop

Nature's Window

*Kalbarri
National
Park*

Z Bend

Gantheaume Bay
Murchison River
Red Bluff
Mushroom Rock
Rainbow Valley
Eagle Gorge

Kalbarri

AJANA

KALBARRI

ROAD

Hawks Head
Lookout
Ross Graham
Lookout

Mary
Springs

Yandi

24h

Riverside

Natural Bridge

Bluff Point

GEORGE

Ajana

Wileri

BINNU   ROAD   WEST

OGILVIE

GREY

ROAD

Hutt River
Province

Binnu

Shoal Point

Hutt
Lagoon

DRIVE

PORT

Gregory

GREGORY   RD

CHILMONY RD

COASTAL   HWY

Northampton

Indian

Horrocks

Ocean

Oakabella

Nabawa

N

Coronation Beach

NORTH   WEST   COASTAL   HWY

NORTH   WEST

PER ▶ BME

**Geraldton -
Kalbarri NP**

Beschriebene Route

0 ——— 10 km

© RKH VERLAG HERMANN

Geraldton

River Province", ernannte sich selbst zum „Prince Leonard of Hutt" und seine Frau zu „Princess Shirley". Er führte seine eigene Währung ein, produzierte eigene Briefmarken und Reisepässe (Staatsbürgerschaft für A$ 250 pro Jahr!) und stempelt noch heute für ein paar Dollar Ein- und Ausreisestempel in Reisepässe. Im großen Australien wirkt das ganze reichlich skurril und doch wieder typisch. Ausführliche Informationen zu seinen weltweiten Konsulaten und königlichen Besuchen erklärt der überzeugte Monarch gerne bei einer Führung durch sein Museum, das Postamt und die Kapelle. Wer auf dem öden Farmland campen möchte, sollte sich vorher telefonisch anmelden. Die **Besuchszeiten** sind täglich von 9–16 Uhr, www.principality-hutt-river.com.

Anfahrt

Von der Küstenstraße nach Kalbarri (George Grey Drive) zweigt eine breite Schotterpiste zur unabhängigen **Provinz Hutt River** Richtung Osten ab. Folgen Sie den Schildern – auf den meisten Landkarten ist die Zufahrt nicht eingezeichnet. Vom Highway ist die Provinz über die Chilmony und Ogilvie Road erreichbar.

Kalbarri National Park

Küste im Kalbarri NP

Der **Kalbarri National Park** (1830 qkm) zählt zu den landschaftlichen Höhepunkten auf dem Weg nach Broome. Der Murchison River hat sich auf einer Länge von 80 km ein spektakuläres Bett durch die Gesteinsschichten gegraben. Die rot-weiß gestreiften Sandstein-

schluchten und eine fantastische Küstenlandschaft im Süden sind die Anziehungspunkte des großen Nationalparks. Ab Ende Juli blühen die Wildblumen.

Die ausufernde Feriensiedlung Kalbarri liefert mit Unterkünften, Einkaufsmöglichkeiten und Restaurants die notwendige Infrastruktur für einen angenehmen Aufenthalt.

Die Küsten-region

Auf dem George Grey Drive von Süden kommend, gelangt man automatisch in den Küstenteil des Parks (Coastal Park). Kurze Stichstraßen führen zu Aussichtspunkten, die spektakuläre Blicke auf die Steilküste ermöglichen. Badebuchten und -strände sind etwas weiter nördlich anfahrbar. Von Mai bis Oktober ziehen Wale dicht an der Kalbarri-Küste vorbei. Gute Chancen, die Meeressäuger zu sichten, hat man von **Natural Bridge, Eagle Gorge** und **Red Bluff** aus.

Am Morgen oder am späten Nachmittag ist die Wanderung **Mushroom Rock Nature Trail** (3 km Rundweg, kein Schatten) ein aktiver Zeitvertreib zu den langen Autofahrten. Der Weg verbindet Mushroom Rock, einen Felsen in Form eines Pilzes, mit der farbenprächtigen Felswand **Rainbow Valley**. Informationstafeln entlang des Pfades erklären geologische und botanische Gegebenheiten. Wenn man weiterfährt sollte man den Abzweig nach **Red Bluff Beach** nicht verpassen. Riesige Felsplatten (hier darf geparkt werden), unter denen sich am Rand farbenprächtige Krebse wärmen, säumen das Wasser. Der anschließende Sandstrand bietet ideale Bademöglichkeiten. Zum Aussichtspunkt Red Bluff lohnt die Auffahrt wegen der guten Fernsicht und möglicher Walsichtungen.

Murchison Gorge

Die Straßen zu *The Loop* und *Z Bend* im nördlichen Teil des Nationalparks sind nicht asphaltiert. Je nach Witterung variiert der Zustand der Pisten von gut befahrbar (auch für 2WD-Fahrzeuge) bis schmierig-schlammig nach seltenen Regenfällen (dann besser nur mit 4WD befahren). Fragen Sie gegebenenfalls in der Touristeninformation oder in Ihrer Unterkunft in Kalbarri nach! Die Zufahrten zu Hawks Head und zum Ross Graham Lookout sind asphaltiert.

Natures Window

Die Eintrittsgebühr (A$ 11 pro Fahrzeug) wird bei der Einfahrt erhoben. Wer keinen Nationalparkpass (▶ s.S. 150) besitzt, wird an der Einfahrt zu The Loop bzw. Z Bend zur Kasse gebeten. Wenn die Station unbesetzt ist, hilft der Ticketautomat (nur Münzen!) weiter.

Von der Einfahrt sind es immerhin 20 km Naturstraße bis zu einer T-Kreuzung – eine richtig schöne, rotsandige Outbackpiste, die ideal als Fotomotiv geeignet ist. Links geht es ab zu **Natures Window** und **The Loop** (6 km), rechts nach **Z Bend** (5 km).

PER ▶ BME

Vom Parkplatz **Natures Window** aus gelangt man über Stufen auf einen Wanderweg, der bis zur Schlucht führt (ca. 400 m). Etwas unwegsamer ist der Weg zum Felsfenster, das hoch über dem Murchison River aufragt und ein beliebtes Fotomotiv darstellt. Von hier bietet sich ein toller Blick auf den Fluss, zu grasenden Kängurus und Ziegen am Flussufer (Fernglas nicht vergessen).

Für motivierte Wanderer lohnt der 8 km lange (4–5 h) Rundweg **Loop Walk Trail,** der beim Nature Window beginnt, der Flussschleife folgt und wieder beim Ausgangspunkt endet. Die markierte Tour ist nicht besonders schwierig, manche Passagen sind jedoch steil. Wichtig: den Fluss immer auf Ihrer rechten Seite lassen! Festes Schuhwerk tragen und ausreichend Wasser mitführen.

Z Bend ist ebenfalls ein Aussichtspunkt mit fantastischem Blick auf die farbenprächtige, tief eingeschnittene Schlucht des Murchison Rivers. Ein gut ausgetretener Wanderweg führt zur Aussichtsplattform (ca. 800 m). Beim Parkplatz sind überdachte Picknicktische sowie Gasgrills vorhanden, leider auch viele Fliegen.

Wer die Schlucht zu Fuß erkunden möchte, kann sich in ein **mehrtägiges Wanderabenteuer** auf der 38 km langen Strecke vom Ross Graham Lookout bis zu The Loop stürzen. Die Wege sind allerdings nicht markiert und Flussdurchquerungen müssen in Kauf genommen werden. Informationen und ein Faltblatt hält der Ranger in Kalbarri bereit (Tel. 08-99371140).

Bequem und schnell erreichbar sind die beiden Aussichtspunkte **Hawks Head** und **Ross Graham Lookout**. Hawks Head ist eine neue Aussichtsplattform mit gutem Blick auf den Fluss. Am Parkplatz sind im Schatten Picknickplätze eingerichtet. Vom Ross Graham Lookout kann das schattige Ufer des Murchison River in gut 20 Min. erwandert werden.

Murchison Gorge

Kalbarri

Die beliebte Feriensiedlung Kalbarri (2000 Ew.) war noch vor zehn Jahren ziemlich klein und übersichtlich. Sie diente in erster Linie als Ausgangspunkt für Ausflüge in den Nationalpark und war ein beliebtes Angelrevier. Heute expandiert die Stadt an allen Ecken und Enden. Bereits bei der Ortseinfahrt aus Richtung Süden prägen Neubausiedlungen das Stadtbild. Grund hierfür ist die „machbare" Tagesdistanz zu Perth und das ganzjährig milde Klima, das wohlhabende Großstädter dazu veranlasst, sich hier einen Zweitwohnsitz einzurichten. Viele australische Rentner entfliehen mit ihren Wohnwagengespannen dem kalten südlichen Winter und reisen über Kalbarri nach Norden. Die breite Flussmündung des Murchison River bietet ideale Angelmöglichkeiten.

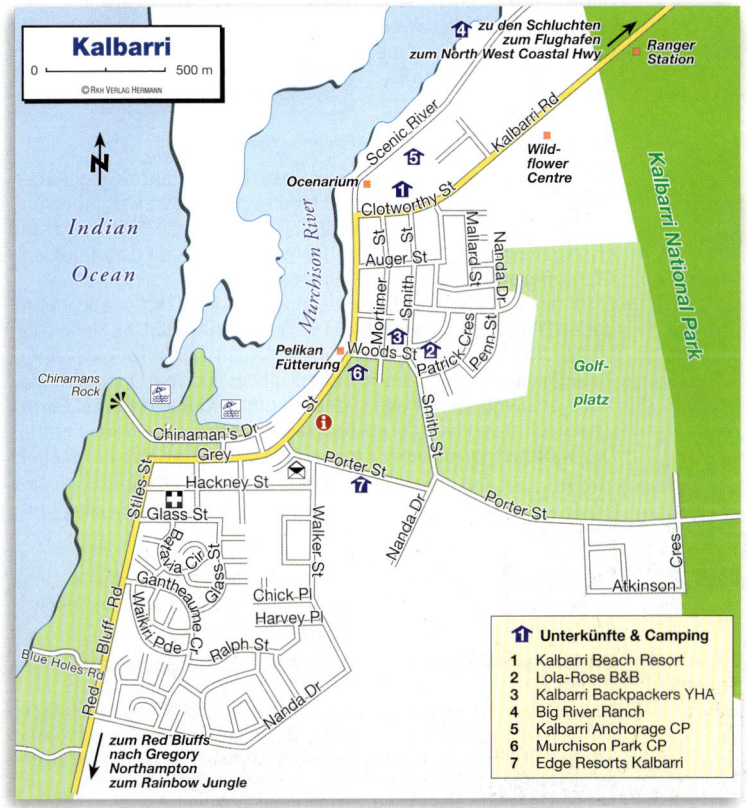

Kalbarri

0 — 500 m
© RKH VERLAG HERMANN

zu den Schluchten
zum Flughafen
zum North West Coastal Hwy
4
Ranger Station

Scenic River
Kalbarri-Rd

Ocenarium
Clotworthy St
5
Wild-flower Centre

Indian Ocean

Murchison River

Mortimer St
Auger St
Smith St
Mallard St
Nanda Dr
Penna St

Chinamans Rock

Pelikan Fütterung
Woods St
3
2
6
Patrick Cres

Golf-platz

Chinaman's Dr
Grey
Hackney St
Porter St
Smith St

Glass St
Stiles St
Bataria Cir
Glass St
Walker St
Nanda Dr
Porter St

Gantheaume C.
Chick Pl
Harvey Pl
Ralph St
Nanda Dr
Atkinson
Cres

Blue Holes Rd
Red Bluff Rd
Walkin Pde

zum Red Bluffs
nach Gregory
Northampton
zum Rainbow Jungle

Kalbarri National Park

PER ▶ BME

⇧ Unterkünfte & Camping

1 Kalbarri Beach Resort
2 Lola-Rose B&B
3 Kalbarri Backpackers YHA
4 Big River Ranch
5 Kalbarri Anchorage CP
6 Murchison Park CP
7 Edge Resorts Kalbarri

Geschichte   Gegründet wurde die Stadt ursprünglich 1952, doch die ersten Europäer landeten dort bereits 1629. Sie wurden von ihrem Schiffskapitän wegen einer Meuterei auf der „Batavia" ausgesetzt. 1696 kam der holländische Entdecker DeVlaming an Land, um Trinkwasser zu suchen. 1839 musste der Forscher Lieutenant Gregory Grey, der eigentlich das nördliche Festland Westaustraliens erkunden wollte, mit seiner Truppe ans Ufer schwimmen, da er vor der Küste Schiffbruch erlitten hatte. Nach ihm wurde die Hauptstraße benannt.

**Sehens-
wertes**   Die Hauptstraße Grey Street ist mit Einkaufsläden, Restaurants, Hotels und dem Visitor Centre sehr überschaubar. Sehenswert und recht amüsant ist die morgendliche **Pelikanfütterung** am Flussufer (tägl. 8.45 Uhr, am Pelikan Point, gegenüber Wood St). Im

Pelikanfütterung

Ocenarium, einem Aquarium im Kalbarri Marine Centre (gegenüber der Marina, tägl. 10–16 Uhr) sind Meeres- und Flusstiere zu bewundern. In manchen Becken (Touchpools) darf man die Fische auch anfassen. Einen guten Blick auf die Bucht sowie die Stadt bietet sich von **Chinamans Rock** (Ende des Chinamans Drive).

An der südlichen Stadtgrenze, direkt an der Hauptstraße, befindet sich **Rainbow Jungle** (Mo–Sa 9–17 Uhr, So 10–17 Uhr, Einlass nur bis 16 Uhr! Tel. 08-99371248), eine Aufzuchtstation für gefährdete Papageienarten und Sittiche. Im Park gibt es auch ein Open-air-Kino. Nur wenige hundert Meter südlich liegt die **Kalbarri Camel Farm,** die Kamelritte entlang der Küste anbietet (Buchung im Visitor Centre). Das **Kalbarri Wildflower Centre** (Kalbarri Rd, an der nördlichen Stadtgrenze bei der Informationstafel an der Straße, Tel. 08-99371229, Juni–Nov: Mo–Sa 9–17 Uhr) zeigt auf einem kurzen Rundweg heimische Pflanzen.

Infos   **Kalbarri Visitor Centre,** 70 Grey St, Tel. 1-800-639468, www.kalbarriwa.info, Mo–Sa 9–17 Uhr; Informationen und Buchungen von Bootsfahrten, Nationalparktouren und Unterkünfte aller Art.

**Essen und
Trinken**   **The Jetty Seafood Shack** (Grey St, gegenüber Fishermans Jetty, Di–So 11–20 Uhr); empfehlenswerter „Fisch-Imbiss" mit frischen Fischgerichten.

Finlays Fresh Fish BBQ (Magee Crescent, Di–So 17.30–20.30 Uhr); das etwas andere Abendessen: Der Fisch wird für Sie zubereitet, aber den Rest haben Sie selbst in der Hand. Gegessen wird an ungedeckten Tischen im Garten unter den Sternen. Getränke und Gläser müssen Sie selbst mitbringen.

Touren	**Big River Ranch,** www.bigriverranch.net; bietet Ausritte entlang des Flusses an. Für Anfänger und Profis gibt es unterschiedlichste Touren. Auf der Farm können Sie auch übernachten!

Kalbarri Adventure Tours, Tel. 08-99371677; veranstaltet aktive Tagestouren mit Wandern und Kanufahren entlang des Murchison River.

Kalbarri Air Charter, 52 Grey St, Tel. **08-99371130**, www.kalbarriaircharter. com.au; ideal für Besucher mit knappem Zeitbudget, um die spektakulären Schluchten und Küstenabschnitte aus der Luft zu genießen.

Unterkunft und Camping

**** Edge Resorts Kalbarri, Porter St, Tel. 1-800-286155. Neues, edles Resort in zentraler Lage, auch mit Familien-Apartments.

*** Kalbarri Beach Resort, Ecke Clotworth/Grey Sts, Tel. 1-800-096002; große, gut ausgestattete Hotelanlage mit zweistöckigen Bungalows. Nur wenige Zimmer bieten allerdings einen Blick aufs Wasser.

** Lola-Rose B&B, 21 Patrick Cresent, Tel. 08-99372224; kleine Pension, der Wirt wohnt nicht im Haus, Frühstücksbüffet gibt es trotzdem.

* Kalbarri Backpackers YHA, 51 Mortimer St; Tel. 08-99371430; gepflegte Jugendherberge mit vielen Tourenangeboten und Autovermietung.

* Big River Ranch, Ajana Kalbarri Rd, Tel. 08-99371214; Übernachtung auf der Pferdefarm – mal etwas anderes! Einfache Zimmer mit Gemeinschaftsbadezimmern sowie Zeltplätzen. Swimming-Pool. 2 km außerhalb von Kalbarri in Richtung Flughafen.

Kalbarri Anchorage Caravan Park, Anchorage Lane, Tel. 08-99371181; weitläufiger, gestufter und schattiger Campingplatz mit Küche und Grillplatz, Pool und Cabins.

Murchison Park Caravan Park, Ecke Grey/Woods Sts, Tel. 08-99371005; Top Tourist Park an der Hauptstraße.

Red Bluff Caravan Park & Beach Cottages, Red Bluff Rd, Tel. 08-99371080; herrlich gelegener Platz mit Meerblick und schönem Strand in Gehweite, südlich der Stadt gelegen.

Hinweis: Im Nationalpark gibt es keinen Campingplatz.

PER ▶ BME

Weiterfahrt zur Shark Bay

Über die Ajana Kalbarri Road gelangen Sie wieder auf den perfekt ausgebauten North West Coastal Highway. Auf dem Weg nach Norden wird das Land zunehmend trockener und karger.

Tipp: 24-Hour Rest Areas

24-Stunden-Rastplätze sind eine Besonderheit in Westaustralien. Die Parkplätze sind sehr großzügig angelegt und verfügen in aller Regel über Picknicktische und eine Toilette. Reisende können auf diesen Plätzen kostenlos direkt am Highway rasten und übernachten. Weitere Einrichtungen, wie z.B. eine Tankstelle oder eine Gaststätte, sind nicht vorhanden – hierfür muss ein herkömmliches Roadhouse angefahren werden. Selten übernachtet man auf einer 24-Hour Rest Area ganz allein. Meist wird er gleichzeitig von anderen Reisenden genutzt, mit denen man ins Gespräch kommen kann. Die nächtliche Ruhe am Highwayrand wird nur durch vorbeidonnernde Roadtrains gestört.

Kalbarri - Port Hedland

0 —————— 100 km
© RKH VERLAG HERRMANN

Indian
Ocean

nach Broome

Port Hedland
Dampier
Karratha
Roebourne
Marble Bay
Pannawonica
Millstream Chichester NP
Pilbara
Hamersley
Onslow
Cape Range NP
Yardie Creek
Exmouth
Wittenoom
Ausk Roadhouse
Nanutarra Roadhouse
Tom Price
Karijini NP
Range
Giralia
Bullara
Paraburdoo
Newman
Coral Bay
Ashburton Downs
s. Karte S. 337
Minilya Roadhouse
Cobra
Pingandy
Mt Sandiman
Mt Augustus Outback Tourist Resort
Kennedy Range NP
Mt Augustus NP
Carnarvon
Gascoyne Junction
Shark Bay Marine Park
River
Dirk Hartog I.
François Peron NP
Wooramel Roadhouse
Denham
Monkey Mia
Byro
Useless Loop
Hamelin Pool
Meekatharra
Overlander Roadhouse
Wannoo Billabong Roadhouse
Murchison Roadhouse
Murchison
Nerren Nerren
Cue
Kalbarri
Kalbarri NP
Mt. Magnet
Indian Ocean
Gregory
Yalgoo
Horrocks
Northampton
Mullewa
Pindar
Geraldton
Mingenew
Morawa

nach Perth

Beschriebene Route
Alternativrouten
Wool Wagon Pathway

*Overlander
Roadhouse*

PER ▶ BME

Wer günstig in der Nähe des Kalbarri National Park campen möchte, kann auf dem 24-Hour Parkplatz **Galena Bridge** direkt am Ufer des Murchison River übernachten (ca. 12 km nördlich des Abzweigs). **Nerren Nerren**, ein weiterer 24-Hour Übernachtungsrastplatz befindet sich 36 km südlich vom Billabong Roadhouse (auf beiden Rastplätzen gibt es kein Wasser!).

Die beiden Rasthäuser **Billabong Roadhouse** (Tel. 08-99425980, mit Campingplatz und Motel) und **Overlander Roadhouse** (Tel. 08-99425916, mit Campingplatz und Motel) folgen in, für westaustralische Verhältnisse, recht kurzem Abstand nacheinander. Das bekanntere der beiden ist das Overlander Roadhouse, ein beliebter Treff- und Rastpunkt für Reisende, die in Richtung Monkey Mia weiterfahren. Neben kalten Getränken werden schmackhafte Counter-Meals und Burger serviert.

Outback Coast – Gascoyne

Der Breitengrad auf Höhe des Overlander Roadhouse markiert in etwa den Beginn der **Outback Coast** bzw. **Gascoyne Region**. Die Gegend nimmt ca. 144.000 qkm ein und reicht im Norden bis nach Exmouth, nach Osten bis zum Mount Augustus. Die Outback Coast fällt zum Meer hin flach ab. Herrliche Strände und die intakte Wasserwelt der Shark Bay sind weltberühmte Kennzeichen der touristisch erschlossenen Küstenregion. Landeinwärts bestimmt das Outback das Bild: trockene, spärlich bewachsene Wüsten, unterbrochen von felsigen, schroffen Höhenzügen wie dem Mount Augustus und der Kennedy Range. Informationen unter www.gdc.wa.gov.au.

Shark Bay

Am „Overlander" zweigt die Shark Bay Road in die gleichnamige Bucht nach Westen ab. Die Shark Bay Region gleicht mit ihren beiden nach Norden auslaufenden Landzungen einem großen „W". Zwischen den Halbinseln liegen flache, seegrassreiche Buchten. Denham ist der größte und bekannteste Ort der Shark Bay. Von geringerer Bedeutung hingegen ist das Minenstädtchen Useless Loop aufgrund seiner völlig isolierten Lage.

Bernier Island

Carnarvon

Meeragoolia

Indischer

Dorre Island

Ozean

New Beach

Ellavalla

NORTH

WEST

Woomeral Seagrass Bank

Marron

'Gudrun'

Cape Inscription

Bottle Bay
Gregories
South Gregories

Cape Peron North

COASTAL

Shark Bay Marine Park

Francois Peron NP

Herald Bight

Big Lagoon

Dirk Hartog Island

Peron Homestead

MONKEY MIA RD

Monkey Mia

HIGHWAY

Wooramel Roadhouse

Little Lagoon

Denham

SHARK

White Bluff Lookout

Dirk Hartog Station

Heirisson Prong

Steep Point
(nur mit 4WD)

BAY

Useless Loop

Eagle Bluff

ROAD

Shell Beach Cons. Park

Goulet Bluff

Hamelin Pool Marine Nature Reserve

Nanga Bay Resort

Hamelin Pool

USELESS

SHARK   BAY   ROAD

Overlander Roadhouse

N

USELESS LOOP RD

Shark Bay

0 _____ 20 km

© RKH VERLAG HERMANN

LOOP

ROAD

↓ *zur Tamala Station*

Shark Bay wurde 1991 zum Weltnaturerbe ernannt. Der Abstecher auf die Halbinsel lohnt in zweifacher Hinsicht: einerseits wegen der Delfine in Monkey Mia, andererseits wegen des Nationalparks François Peron Park. Herrliche Strände und ideale Bedingungen zur Tierbeobachtung sind weitere Vorteile der Region. Shark Bay heißt nun nicht unbedingt, dass es in der Bucht nur so von Haien wimmelt. Tatsächlich kommen die Raubfische dort gehäuft vor, da eine große Zahl von Seekühen (Dugongs) in den an Seegras reichen Gewässern leben.

Wichtig! Die Unterkünfte in Monkey Mia sind zu allen Jahreszeiten sehr schnell ausgebucht. Eine Reservierung ist daher unbedingt notwendig. Dies gilt sowohl für die Resortunterkünfte als auch für den kleinen Campingplatz. Sollte alles belegt sein, so muss nach Denham oder auf Buschcamps ausgewichen werden.

Anreise mit Bus oder Flieger Der Greyhound Bus hält auf der Strecke Perth-Broome am Overlander Roadhouse. Von dort fährt ein Zubringerbus bis Denham und Monkey Mia. Skywest bietet von Perth aus Direktflüge nach Denham/Shark Bay an.

Internet www.sharkbay.asn.au

Geschichte der Shark Bay Die lokalen Aboriginalstämme **Nhanda** und **Malgna** nannten die Gegend *Cartharrugudu,* was soviel wie „zwei Buchten" bedeutet. Die Ureinwohner lebten hier lange bevor der erste Europäer das Land betrat. Im Jahr 1616, als erster Weißer überhaupt, setzte der holländische Handelsschiffkapitän **Dirk Hartog** seinen Fuß auf australischen Boden. Er ging bei Cape Inscription auf der heutigen Dirk Hartog Island an Land. Als Beweis seines Daseins nagelte er einen gravierten Zinnteller an einen Baum. 81 Jahre später besuchte sein Landsmann **Willem de Vlamingh** die Insel und erneuerte das Erinnerungsstück. Erst im August 1699 besuchte der erste Engländer das Gebiet. Der Forscher **William Dampier** verbrachte eine Woche in der Shark Bay und benannte diese aufgrund der offensichtlich hohen Haipopulation Shark Bay. Die Stadt Denham erhielt ihren Namen von Captain **H.H. Denham,** der die gesamte Bucht 1858 kartografierte. Später wurden Austern auf den Sandbänken entdeckt, woraufhin viele Perlenfischer nach Denham und in die nähere Umgebung zogen.

Der Fischfang wurde bald darauf die Haupteinnahmequelle der Shark Bay Bewohner, heute ist es der Tourismus – sicherlich fast ausschließlich der Verdienst der Delfine von Monkey Mia, für die die Shark Bay so berühmt ist.

Hamelin Pool

Der erste lohnende Stopp an der Shark Bay Road (29 km westlich vom Overlander Roadhouse) sind die **Hamelin Pool Telegraph Station** und die **Stromatoliten**. Die Straße bis zur 1884 erbauten Telegraphenstation ist vollständig asphaltiert. Sie diente als Übertragungsstation für die Telegraphenleitung von Perth nach Roebourne. Vor Ort werden kurze Führungen angeboten (tägl. 8.30–17.30 Uhr). Auf dem Gelände befindet sich ein Campingplatz und ein kleines Café (Tel. 08-99425905).

Ein kurzer Spaziergang führt ans Wasser zu den **Stromatoliten,** den ältesten bekannten fossilen Lebewesen der Erde. Ein 200 m langer Holzsteg führt über die versteinerten Ablagerungen. Diese Schichtköpfe der Stromatoliten werden von Kolonien von Mikroorganismen (Cyanobakterien) gebaut, die mit ihrer Sauerstoffproduktion schon vor Millarden Jahren am Aufbau der Erdatmosphäre beteiligt waren. Aufgrund des hohen Salzgehaltes in der Bucht konnten die Mikroorganismen hier überleben und formten die charakteristischen Felsen. Das Alter der Stromatoliten in Hamelin Pool wird auf 3000 Jahre geschätzt. Weitere Informationen erhalten Sie in der Telegraphen Station.

Useless Loop und Steep Point

Zurück auf der Shark Bay Road folgt der Abzweig zur **Useless Loop Road,** die zur gleichnamigen Minenstadt auf der Heirisson Prong Halbinsel führt. Dort werden Salz und Gips abgebaut. Aufgrund des Minenbetriebes in der 80 Seelen-Gemeinde, ist die 120 km lange Piste recht gut befahrbar. Eine etwas rauhere Piste zweigt zum westlichsten Punkt des australischen Festlands nach **Steep Point** ab. Angler schwärmen von den reichhaltigen Fischgründen und einsamen. Unterwegs hat man einen guten Blick auf die südlicher stehenden, bis zu 170 m aus dem Wasser ragenden **Zuytdorp Cliffs** (sprich „Zurtoff Cliffs").

Weder in Usless Loop noch bei Steep Point gibt es Versorgungsmöglichkeiten für Besucher. In Steep Point gibt es nicht mal Wasser. Für die Minenstadt benötigt man eine Einfahrtsgenehmigung vom Manager. Für die Fahrt nach Steep Point ist ein Nationalparkpass erforderlich, der entweder beim Ranger (tägl. 8–20 Uhr, Tel. 08-9948 3993) oder unter www.steeppoint.com.au erhältlich ist. Die gesamte Strecke kann ausschließlich mit Geländewagen befahren werden! Übernachten ist in einem der Buschcamps (Campinggenehmigung *Küstenabschnitt* notwendig) bei Steep Point oder auf der Tamala Station (Tel. 08-*der Shark Bay* 99483994) möglich.

Küstenabschnitt der Shark Bay

Zuytdorp
Cliffs

PER ▶ BME

Dirk Hartog Island

Von Steep Point ist es nur ein Katzensprung nach Dirk Hartog Island.
Die größte Insel Westaustraliens markiert die westliche Grenze des
Shark Bay Marine Parks. Per Boot ist die Insel in zwei Stunden von
Denham aus erreichbar. Hervorragende Schnorchel- und Tauchplätze
an der Küste, einsame Strände, ideale Angelbedingungen und eine
isolierte Pflanzen- und Tierwelt sind die Anziehungspunkte der Insel.
Übernachtungsmöglichkeiten werden auf der Dirk Hartog Island
Homestead, einer Schaffarm, oder auf den sechs Campingplätzen
der Insel angeboten. Wer die Insel mit dem eigenen 4WD erkunden
möchte, ist gezwungen von Steep Point die winzig kleine Fähre
(Barge) auf die Insel zu nehmen. Die Überfahrt muss bereits vorher
organisiert werden (Tel. 08-99481211). Weitere Informationen unter
www.dirkhartogisland.com.

Nanga Bay

Auf der durchgängig asphaltierten Shark Bay Road erreichen Sie als
nächstes den Abzweig nach **Nanga Bay,** einer Schaffarm, die neben

der Viehwirtschaft auch Zimmer und Campingstellplätze vermietet. Ein Restaurant und ein kleiner Laden sind vorhanden. Der flach abfallende Badestrand rundet das Resort ab, das eine sehr brauchbare Alternative zum meist ausgebuchten Monkey Mia Resort darstellt.

*** Nanga Bay Resort, Tel. 08-99483992, www.nangabayresort.com.au; Motel, Villas, Backpacker-Zimmer, Cabins, Campingplatz sowie Pool und natürlichem „Blubberbecken".

Shell Beach

Weitere 5 km nördlich verläuft die Straße auf einer schmalen Landenge, die einem Isthmus gleicht. Am Ufer der L'Haridon Bight ist für jeden Reisenden ein Besuch des **Shell Beach** Pflicht. Bereits auf dem Weg vom Parkplatz zum Strand knacken die kleinen Muscheln unter den Füßen. Schon nach wenigen Metern eröffnet sich der Blick auf den 120 km langen schneeweißen und nur aus Kalkschalen bestehenden Strand. Die winzigen Muscheln sind teilweise bis zu 4 m tief aufgeschichtet. Bis heute rätseln Wissenschaftler über das schnelle Wachstum und die massive Anhäufung an diesem Ort. Früher nutzte man die kompakt gepressten Muscheln zum Hausbau in der Region– in Denham sind noch heute solche Häuser zu sehen. Teilweise werden die Muscheln geschreddert und für Gärten, Fußwege und als Kalziumlieferant für Tierfutter verkauft. Glücklicherweise ist das Befahren des Muschelstrands nicht mehr möglich. Die schweren Geländewagen hatten weiträumig sämtliche Muscheln in kleinste Teile zerdrückt.

Aussichtspunkte und Buschcamping

Am nördlichen Ende des Taillefer Isthmus zweigt eine kleine Piste zum Aussichtspunkt **Goulet Bluff** ab. Weiter nördlich liegen die Bushcamps Whalebone und Fowlers Camp. 18 km weiter nördlich ist der Aussichtspunkt **Eagle Bluff** angeschrieben. Eine kurze Piste führt zu einem Aussichtspunkt oberhalb der Klippen. Mit etwas Glück erspäht man von hier aus die im seichten Wasser schwimmenden Haie, Rochen, Seekühe und die in der Luft kreisenden Seeadler und Kormorane. Bei klarer Sicht schweift der Blick auf die Salzhügel und Verladeeinrichtungen der Minenstadt Useless Loop auf der gegenüberliegenden Halbinsel.

Campen ist an Goulet und Eagle Bluff sowie in Whalebone und Fowlers Camp gestattet, jedoch nur mit Genehmigung des Shark Bay Shire (s. Denham Informationen). Keiner der Plätze verfügt über sanitäre Einrichtungen und Wasser. Ihre Wasservorräte können Sie sich an den münzbetriebenen Tanks bei der Kreuzung Shark Bay Road/Monkey Mia Road füllen.

Denham

Die einstige Perlenfischerstadt hat sich zum Touristen- und Fischerei-
zentrum der Shark Bay gemausert. Mit zahlreichen Unterkünften,
Ausflugsangeboten sowie Supermärkten, Restaurants, einer netten
Strandpromenade mit Picknicktischen und Spielplatz sowie einem
sicheren Badestrand bietet die Gemeinde alles, was Reisende be-
nötigen. Wer also in Monkey Mia keine Unterkunft bekommt oder
wem sie dort zu teuer sind, fühlt sich in Denham gut aufgehoben.
Auch der Delfin-Trubel ist sicherlich nicht jedermanns Sache.
Sehenswert ist das im Januar 2006 eröffnete **Shark Bay Interpretive
Centre** (Knight Tce, Tel. 08-99481218). Das moderne Museum bringt
Besuchern die Natur, Geschichte und Wirtschaft der Shark Bay mit
modernster Medientechnik näher. Schön ist auch die 1954 erbaute
St Andrews Church (Brockman St), die vollständig aus Muschel-
blöcken des Shell Beach erbaut wurde. Etwas außerhalb der Stadt
liegt die **Little Lagoon** (3 km nördlich auf der Monkey Mia Rd) mit
schönem Picknickplatz und Angelmöglichkeiten.

Infos

Shark Bay Tourist Bureau, 71 Knight Tce, Tel. 08-99481253, tägl. 8–18 Uhr,
www.sharkbay.asn.au; das Büro ist mehr Souvenirshop als Touristeninformation. Die Internetseite ist wesentlich informativer.

Shire of Shark Bay, 113 Knight Tce, Denham, Tel. 08-99481218, Mo–Fr 8–16
Uhr, www.sharkbay.wa.gov.au; Campinggenehmigungen für Bushcamps und
Internetzugang.

Nationalparkbehörde, 89 Knight Tce, Tel. 08-99481208, Mo–Fr 8–17 Uhr; gute
Informationen zur Tier- und Pflanzenwelt der Shark Bay und zum François Peron
National Park. Wer plant, in den Kennedy Range National Park und Mount
Augustus National Park zu fahren, findet bereits hier gute Detailinformationen.

**Unterkunft
und
Camping**

*** Heritage Resort, 75 Knight Tce, Tel. 08-99481133; bestes Hotel der Stadt,
liegt direkt an der Uferstraße mit Pool, Restaurant und schöner Bar mit Terrasse.

** Shark Bay Cottages, 3–13 Knight Tce, Tel. 08-99481206; Selbstversorger
Bungalows (2–8 Pers.) direkt am Strand, ideal auch für Familien.

* Bay Lodge, 113 Knight Tce, Tel. 08-99481278; Jugendherberge mit Doppel-
und Familienzimmern sowie kostenlosem Bustransfer nach Monkey Mia.
Internetzugang und Pool.

Blue Dolphin Caravan Park & Holiday Village, 5–12 Denham Rd, Tel. 08-
99481385; kleiner, freundlicher Platz, etwa 50 Meter vom Strand entfernt, mit
Cabins.

Denham Seaside Caravan Park, Knight Tce, Tel. 1-300-133733; Platz mit
Cabins direkt am Strand, jedoch mit wenig Schatten.

Shark Bay Caravan Park, 6 Spaven Way, Tel. 08-99481387; etwas abseits der
Uferpromenade dafür aber günstiger.

François Peron National Park

Anfahrt

Die **Einfahrt** in den Park liegt 8 km östlich von Denham an der
Monkey Mia Road. Gleich am Parkeingang ist eine Kasse, an der Sie

PER ▶ BME

– vorausgesetzt, Sie haben keinen Nationalpark-Pass – ihren Obolus in eine Box entrichten müssen.

Die Fahrt durch den Nationalpark ist für Natur- und Allradfreunde ein wahres Paradies. Der Park nimmt die gesamte Nordhälfte der Halbinsel nördlich von Denham ein. Bis zur Peron Homestead ist die Piste bei Trockenheit noch für zweiradangetriebene Fahrzeuge geeignet.

Alle weiteren Strecken sind nur per Allradfahrzeug mit guter Bodenfreiheit zu bewältigen. Wegen des Sandes wird empfohlen, den Reifendruck für Fahrten nördlich der Farmgebäude um ein Drittel zu reduzieren (nicht vergessen, ihn dann wieder zu normalisieren, z.B. an der Tankstelle in Denham). Wer nicht selbst fahren will, kann sich in Denham einer Tagestour anschließen (Shark Bay Majestic Tours, 7 Fry Court, Denham, Tel. 08-99481627 oder Monkey Mia Wildsights, ▶ s. Touren Monkey Mia). Für das Campen im Nationalpark ist eine Erlaubnis erforderlich. Diese ist in Denham erhältlich.

Der Park ist nach dem französischen Zoologen **Peron** benannt, der 1801 und 1803 an Bord des Schiffes *Le Géographe* unter Kapitän Baudin an der Kartierung der Westküste teilnahm. Er beschrieb die Fauna der Region und dokumentierte das Leben der am Cape Peron heimischen australischen Ureinwohner. Seit 1880 wurde der nördliche Teil der Halbinsel als Schaffarm genutzt. 1990 kaufte die Regierung das 525 qkm große Land zurück und deklarierte es als Nationalpark. 1995 wurde das Naturschutzprogramm „Project Eden" (s. Kasten) gestartet.

Trotz des bisweilen großen Rummels um die Delfine in Monkey Mia, verirren sich glücklicherweise nur wenige Menschen in die Einsamkeit der Halbinsel Peron. Seltene und stark bedrohte Tierarten wie zum Beispiel Beuteldachse bzw. Nasenbeutler (bandicoots), Mulga Schlangen und Staffelschwänze (wrens) sind im Park beheimatet. Allerdings bekommt man eher Warane, Euros und kleine Wallabies zu sehen. Im Meer sind Seekühe (Dugongs), Delfine (Bottlenose Dolphins) und Meeresschildkröten (Loggerhead Turtles) heimisch.

François Peron NP

Dugongs

Jeder hat schon von Meerjungfrauen gehört, gelesen oder geträumt: wunderschöne Mädchen, deren Unterleib aus geschmeidigen Fischschwänzen besteht. Woher kommen wohl solch fantastische Vorstellungen der Seefahrer, wie entstehen diese Geschichten? Ein Erklärung dafür könnten die Seekühe (Dugongs) sein. Tatsächlich sehen Dugongs, wenn sie im Wasser stehen, von der Ferne aus wie Menschen. Allein die Brüste der weiblichen Tiere reichten wohl aus, um die Fantasie der alten Seeleute anzuregen. Aus der Nähe betrachtet gleichen die unförmigen Tiere eher Seeelefanten.

Shark Bay ist Heimat vieler Dugongs, einer der zwei noch existenten Sirenen- bzw. Seekuharten. Der zweite Typus ist das Manati (Rundschwanz-Seekuh), die in afrikanischen und amerikanischen Süßgewässern beheimatet ist. Wie viele andere im Wasser lebenden Tiere besitzen die Dugongs eine stromlinienförmige Gestalt, die von dicken Fettlagen überzogen ist. Die Gliedmaßen sind von minimaler Größe. Ein Außenohr ist kaum vorhanden, und die Hinterläufe sind vollständig zurückgebildet. Die vorderen Gliedmaßen sind zu starken Paddeln geformt, die beim Schwimmen als Steuer und beim Fressen als Stütze dienen.

Ähnlich wie Wale liegen Seekühe waagerecht im Wasser und bewegen sich durch die gemächlichen Auf- und Abbewegungen ihres Schwanzes träge vorwärts. Die bis zu 3,30 m langen Tiere sind die einzigen Vegetarier unter den Meeressäugern. Dugongs verbringen die meiste Zeit damit, im seichten Salzwasser weiches Seegrass zu fressen. Die Tiere nehmen täglich bis zu 15 Prozent ihres Eigengewichts zu sich. Zerkleinert wird die Nahrung mit zwei speziellen verhornten Kauplatten am Gaumen und Unterkiefer.

Dugongs werden bis zu 70 Jahre alt und erreichen ein maximales Körpergewicht bis zu 400 kg. Die Weibchen kalben nicht vor ihrem zehnten Lebensjahr und bringen nur alle drei bis sieben Jahre nach 13 Monaten Schwangerschaft ein Junges zur Welt. Die Kleinen säugen an Milchdrüsen unter den Achseln und werden erst mit zwei Jahren selbständig. Bis dahin reitet das Jungtier meist auf dem Rücken der Mutter.

Die Tiere sind durch die Fangnetze der Fischer in ihrem Bestand stark gefährdet. In der Shark Bay sind insbesondere große Haiarten, in anderen Weltgegenden auch Schwertwale (Orcas) und Leistenkrokodile ihre natürlichen Feinde. Der Bestand in der Shark Bay wird auf 10.000 Tiere geschätzt, was ungefähr 10% der gesamten Weltpopulation entspricht.

Für manche Völker, wie zum Beispiel die Bewohner der Torres-Strait-Inseln (Nordaustralien), sind Seekühe die größten und wertvollsten Tiere, die sie jagen können. Dugongs sind dort mehr als nur eine Nahrungsquelle, sie sind Mittelpunkt ihrer Kultur und Religion. Das Jagen der Tiere ist ein Ausdruck ihrer „Aboriginality" – greifbarer Beweis ihrer Fähigkeiten, ihres Wissens und ihrer Einheit mit ihrer natürlichen Umgebung. Meist bestimmen strenge Regeln, wer wo und wann die Tiere jagen oder essen darf.

Für Touristen gibt es die Chance, auf Bootstouren (ab/bis Monkey Mia oder Denham) Dugongs im Seegras zu beobachten. Weitere Lebensräume sind das Ningaloo Riff ▶ (s.S. 319) und die Küste Queenslands (z.B. Moreton Bay bei Brisbane).

Der Nationalpark bietet Besuchern nicht nur seltene Tiere, sondern auch eine schöne Landschaft: Endlose Sandpisten durchziehen die dicht mit Akazien und Proteen bewachsene Landschaft wie rote Bänder. Ausgetrocknete Salzseen (Birridas) und der azurblaue Ozean sind dazu ein passender Kontrast. Achtung: Die Salzpfannen sollten nicht befahren werden – ein Versacken des Fahrzeugs kann die Folge sein.

Rundfahrt durch den Nationalpark

Peron Homestead

In einem Wellblechhaus auf der ehemalige Schaffarm Peron Homestead wird das Leben der Farmer und die Natur der Halbinsel Peron dokumentiert. Hinter dem Gebäude befindet sich eine umzäunte Wiese mit Picknicktischen und einem natürlich heißen Sprudelbad (Umkleiden und Duschen sind vorhanden). Außerhalb des umzäunten Bereichs halten sich gerne Emus und Wallabies auf, da der Überlauf der heißen Quelle kleine Teiche bildet.

Big Lagoon und Cape Peron

Vor der Homestead zweigt die Sandpiste zur Big Lagoon (9 km) und zum Cape Peron (42 km) ab. Die Zufahrt zur Lagune ist sandig und meist einspurig (Ausweichstellen sind oft vorhanden). Entlang der Salt Pans (ausgetrocknete Salzseen) sind Umfahrungen vorhanden. Bitte fahren Sie niemals direkt hindurch! Die **Big Lagoon** eröffnet sich dem Besucher als azurblaue Oase mit hohem Fischreichtum – Angeln ist jedoch verboten. Mit einem kleinen Paddelboot, sofern man es dabei hat, kann man wunderbar die Naturschönheit, die sich hier anbietet, vom Wasser aus genießen! Camping ist (Toiletten und Grills, kein Wasser) erlaubt.

Die Fahrt an den nördlichsten Zipfel **Cape Peron** führt durch rote Sanddünen und an einer riesigen, ausgetrockneten Salzwasserlagune vorbei. Campen ist an der Ostküste in der traumhaften Bucht **Herald Bight** direkt am Wasser sowie an der Westküste in **Gregories, South Gregories** und an der **Bottle Bay** (Gasgrills und Plumpsklos, kein Wasser) erlaubt. Vom Cape Peron hat man einen herrlichen Blick auf die Küste des Festlandes. Mit ein wenig Glück tummeln sich Delfine direkt vor den Klippen. Halten Sie Abstand von den Klippen, sie sind zum Teil instabil und starke Windböen an exponierter Stelle haben schon so manchen Besucher ins Wanken gebracht. 13 km nördlich vom Kap liegt das norwegische **Schiffswrack „Gudrun"** auf Grund, das 1909 in den flachen Gewässern der Shark Bay unterging, nachdem der Schiffsschreiner ein Loch in den Boden bohrte, um es zum Untergang zu bringen. Das Wrack wurde erst 1992 entdeckt und zählt heute zu den besten Tauchplätzen der Westküste.

Achtung: Beachten Sie, dass in den subtropischen Gewässern der Shark Bay viele Steinfische leben. Am besten immer mit Badeschuhen oder Sandalen zum Schwimmen gehen!

Project Eden –
das bedeutenste Artenschutzprojekt Australiens

1995 startete die westaustralische Naturschutzbehörde DPaW (Department of Parks and Wildlife) das Artenschutzprojekt **„Project Eden"**. Ziel war die Schaffung eines sicheren Lebensraumes für bedrohte heimische Tierarten. Der Anlass hierfür war die Feststellung, dass auf den Halbinseln der Shark Bay noch zahlreiche Säugetiere und Vogelarten existierten, die auf dem Festland aufgrund der eingeschleppten Raubtiere (Füchse, Wildkatzen) ausgestorben waren. Das Ergebnis nach über 200 Jahren Kolonialisierung war mehr als alarmierend: bereits 18 australische Beuteltierarten sind ausgerottet, weitere 26 Arten existieren nur noch auf Inseln und sind ebenfalls vom Aussterben bedroht.

Auf der 1050 qkm großen Halbinsel Peron begann der Schutz der einheimischen Tierwelt mit der Errichtung eines Elektrozaunes zwischen dem Festland und der Halbinsel Peron. Als erste und wichtigste Maßnahme wurden Füchse, Katzen und Kaninchen per Giftköder und Fallen getötet. Über 20.000 Schafe und Wildziegen wurden von der Halbinsel entfernt. Bis zum Jahr 2001 waren bereits alle Füchse und 70 % der Wildkatzen beseitigt. Ein 3,6 km langer Zaun hält nun die Räuber und Kaninchen von der Halbinsel Peron fern. Nach der „Säuberungsaktion" setzte man bedrohte Tierarten wie Woylies, Bettongs (Rattenkänguru), Bilbies (Kaninchennasenbeutler), Malleefowls (Thermometerhühner) auf dem Gebiet aus, weitere einheimische Säuger folgten. Der Erfolg gibt dem Projekt recht: Viele Tierarten konnten sich in ihrem Bestand vermehren und wurden bereits wieder außerhalb der Halbinsel ausgesetzt.

Monkey Mia

Monkey Mia, 26 km nordöstlich von Denham, ist kaum mehr als ein ausgedehntes Strandresort mit Hotel, Campingplatz, Backpacker-Hostel und einem Bootssteg. Weltbekannt ist es wegen seiner Delfine.

Die Geschichte Monkey Mias begann in den frühen 1960er Jahren, als die Urlauberin Alice „Nin" Watts Delfine fütterte, die dem Fischerboot ihres Mannes zum Ufer gefolgt waren. 1982 folgten die Wissenschaftler Richard Connor und Rachel Smolker dem Ruf der handgefütterten Tümmler nach Monkey Mia. Fasziniert von den Tieren breiteten sie ihre Untersuchungen auf viele Delfine in der Shark Bay aus. Seitdem verkehren in Monkey Mia namhafte Wissenschaftler und Delfinforscher aus aller Welt. Finanziert wird die Forschung durch zwei Stiftungen. Im 2001 eröffneten Besucherzentrum

ist alles Wissenswerte zum Leben der Delfine in der Shark Bay zusammengetragen, auch die Videovorführungen und Vorträge lohnen sich.

Einige der in den Gewässern der Shark Bay lebenden Bottlenose Dolphins haben es sich zur Angewohnheit gemacht, jeden Vormittag an den Strand von Monkey Mia zu kommen. Dort werden sie seit vielen Jahren von den Rangern mit Fisch gefüttert (tägl. zwischen 8–13 Uhr). Zahlreiche Touristen stehen mit Kameras bewaffnet knietief im Wasser und warten auf die freundlichen „Flipper". Wegen möglicher Infektionsgefahren für die Tiere ist das Streicheln und Berühren der Tiere seit einigen Jahren verboten.

Natürlich mag man das Spektakel mit gemischten Gefühlen betrachten: Einerseits faszinieren die zahm wirkenden Delfine den Menschen und ziehen Besucher immer wieder morgens an den Strand (wann schon hat man mal Gelegenheit die freundlichen Tiere aus nächster Nähe zu beobachten?). Andererseits erscheinen die barfüßigen Menschentrauben, die alle möglichst nahe an die Tiere herandrängen, als touristisches Possenspiel. Am schönsten ist es, während des Sonnenaufgangs am Strand des Resorts zu spazieren und vom Bootssteg dem einen oder anderen „verfrühten" Delfin beim Spiel im Wasser zuzuschauen. Mit ein wenig Glück können Sie auch während einer Kanu- oder Tretbootfahrt oder auf einem ausgedehnteren Segeltörn (▶ s. Touren) Delfine (und andere Meerestiere) aus nächster Nähe beobachten.

Das Resort hat sich von einem einfachen Campingplatz in den Dünen mit Kiosk zu einem modernen Urlaubsdomizil mit jährlich über 100.000 Besuchern und einem Jahresumsatz von über A$ 8 Mio. entwickelt. Verständlicherweise sind nicht alle Bewohner der Region Shark Bay über diese Entwicklung entzückt, war die Gegend noch zu Beginn der 1980er Jahre ein Rückzugsgebiet Ruhesuchender und Aussteiger. Heute leben die meisten Einwohner Denhams von den Einnahmen aus dem Tourismus. Auch die Yadgalah Aboriginals der Shark Bay profitieren von den Besucherströmen. Ihnen gehören Anteile des Resorts.

Infos

Bei der Einfahrt nach Monkey Mia ist ein **Eintrittsgeld** (A$ 8,50 Erw., A$ 3,20 Kind, A$ 17 Fam.) zu entrichten, egal ob Sie im Resort übernachten oder nur Tagesgäste sind. Der Nationalparkpass ist nicht gültig.

Monkey Mia Visitor Centre, Tel. 08-99481366, tägl. 7.30–16 Uhr; informative Ausstellung über die Tier- und Pflanzenwelt der Shark Bay. Im Shop sind Tierbücher, Bilder und Poster erhältlich.

Touren	**Monkey Mia Wildsights,** das Büro ist direkt am Strand von Monkey Mia, Tel. 1-800-241481, www.monkeymiawildsights.com.au; veranstaltet täglich mehrere Bootstouren und Allradtouren über die Halbinsel.
	Monkey Mia Yacht Charters, Tel. 08-99481446, www.monkey-mia.net; segelt mit seinen Gästen auf einem großen Katamaran durch die Bucht, inklusive Boomnetting (man liegt auf einem Netz zwischen den beiden Bootsrümpfen).
	Wula Guda Nyinda, Aboriginal Cultural Walks, Kontakt über das Monkey Mia Resort. Täglich um 9 Uhr startet die lehrreiche Naturführung mit ausführlichen Informationen über die traditionellen Gepflogenheiten der lokalen Malgana People.
Unterkunft und Camping	Das **Monkey Mia Resort** (Tel. 08-99481320, www.monkeymia.com.au) bietet ****Beach Bungalows** mit Meeresblick und eigener Terrasse (Selbstversorgerhütten bis 4 Pers.) und ***Garden Bungalows** (Selbstversorgerhütten im Motelstil, bis 4 Pers.). Der Übernachtungspreis der Bungalows ist leider überhaupt nicht mit dem gebotenen einfachen Standard erklärbar. Die neue **Dolphin Lodge** hat saubere *Backpackerzimmer** sowie günstige *Familienunterkünfte** (bis 6 Pers.) mit Küchenzeile. Der **Campingplatz,** der eher einem großen Parkplatz gleicht, hat nur wenige „Front Van Bays", also Stellplätze mit Meeresblick! Alle Unterkünfte sollten **unbedingt im Voraus reserviert** werden. Selbst der Campingplatz ist regelmäßig ausgebucht. Auf dem Gelände des Resorts befindet sich ein Schwimmbad mit Whirlpool, Restaurant, Bar, Supermarkt, Internetzugänge sowie Sport- bzw. Souvenirshops.

Fahrt nach Carnarvon

Zurück auf dem North West Coastal Highway sind es vom Overlander Roadhouse bis zur Küstenstadt Carvarvon 200 km Wegstrecke. Der **White Bluff Lookout** 55 km nördlich des Rasthauses und das **Wooramel Roadhouse** (Campingplatz, Tel. 08-99425910) sind die einzigen Abwechslungen auf der Strecke. Vor der Küste erstreckt sich die riesige Wooramel Seegrasbank: Futterplatz zahlreicher Dugongs. Wer einen Übernachtungsplatz am Meer sucht, kann 55 km nördlich vom Overlander Roadhouse (21 km südlich von Wooramel) den Abstecher zum einfachen Gladstone Camping (Tel. 08-99410030) nutzen. 25 km südlich von Carnarvon ist nochmals das Abzweigen zum Meer möglich, eine Naturstraße führt zum einsamen Badestrand **New Beach** (Camping erlaubt, allerdings keinerlei Schatten) und weiter entlang der Küste bis kurz vor Carnarvon, Hauptstadt der Gascoyne Region.

Carnarvon

Die 7000 Einwohner zählende Stadt an der Mündung des **Gascoyne Rivers** ist für ihre Obst- und Gemüseplantagen bekannt. Dank des subtropischen Klimas reifen hier **Bananen,** exotische Früchte wie Mangos und Papayas und viele Gemüsesorten.

Geschichte	Die 1883 gegründete Stadt wurde nach **Lord Carnarvon,** dem britischen Staatssekretär (1866–1874) benannt. Sie diente in erster Linie

PER ▶ BME

als Hafen und Versorgungsstützpunkt für die umliegenden Schaffarmen. Carnarvon wurde das Zentrum einer effizienten Wollproduktion, und die breiten Alleen dienten den Kameltransporten zum Hafen. In den 1930er Jahren erkannte man, dass das Klima ideale Wachstumsbedingungen für Avocados, Kokusnüsse, Datteln, Mangos, Ananas, Melonen und speziell für Bananen bietet. Die Nähe zum Fluss machte Bewässerungssysteme möglich. Für die meisten Touristen ist die Stadt kaum mehr als eine Zwischenstation auf der Fahrt von der Shark Bay nach Coral Bay/Exmouth.

Die Stadt ist außerdem Ausgangspunkt für Touren ins Outback, zu den 163 km östlich gelegenen Kennedy Ranges und zum Mount Augustus (460 km). Supermärkte, Tankstellen, Campingplätze und Hotels sind in Carnarvon reichlich vorhanden – zahlreiche Saisonarbeiter und Backpacker bessern hier ihre Reisekasse auf. An einem der Straßenstände oder im lokalen Supermarkt sollten Sie sich mit frischem Obst und Gemüse eindecken – bis Broome bietet sich hierfür nicht mehr allzu oft die Gelegenheit!

Sehenswertes

Big Dish   Von Süden auf dem North West Coastal Highway anreisend, sticht die riesige Satellitenschüssel **The Big Dish** des **OTC Space Centre** sofort ins Auge. Die Anlage wurde als **NASA Tracking Station** 1964 gebaut. Zur Durchführung der Apollo-Missionen im Jahre 1969 war ein umfangreiches Kontrollnetz auf der Erde angelegt worden. Dies hatte die Aufgabe, das Kontrollzentrum in Houston möglichst permanent und in „Echtzeit" mit den Apollo-Raumfahrzeugen zu verbinden. Im Gegensatz zu den meisten Kontrollstationen, die wie in Carnarvon mit Antennen mit einem Durchmesser von 9 m ausgerüstet waren, hatten die Bodenstationen in Canberra, Goldstone (Kalifornien) und Madrid (Spanien) Antennen mit einem Durchmesser von 26 m. Die heute nicht mehr genutzte Antennenanlage ist ein Andenken an die Zeit, als die Welt noch mit dem ersten Mann auf dem Mond mitfieberte. Später war sie die erste Station des australischen Satellitenfernsehens, 1987 wurde sie schließlich stillgelegt. Heute dient der Komplex noch als Aussichtsplattform mit Blick auf die Obstplantagen und die Stadt.

Stadtkern   Nördlich des Space Centre zweigt die Robinson Street nach Westen ab und führt entlang des südlichen Flussufers direkt in die Innenstadt, vorbei an unzähligen Campingplätzen, Bananenplantagen und Industriebetrieben.

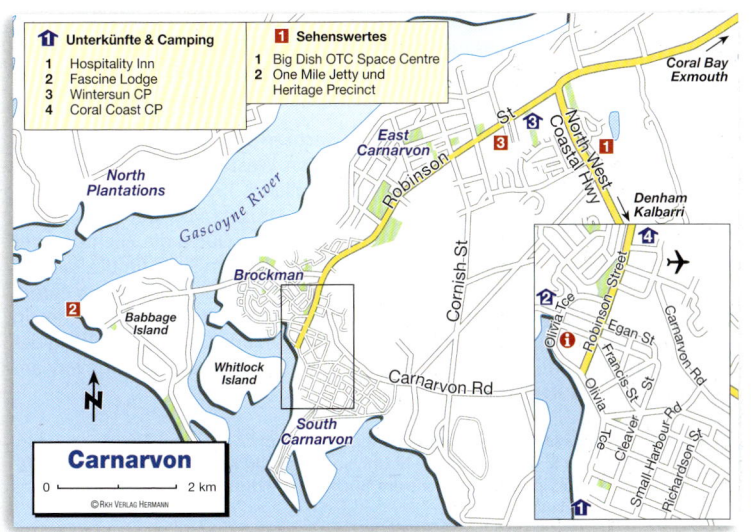

Karte S. 309

Der übersichtliche Stadtkern entlang der **Robinson Street** besteht mehr oder weniger aus ein paar Geschäften, Banken, Cafés und dem Civic Centre, in dem sich Touristeninformation, Kino und ein Theater befinden. Jeden Samstag von 8–12 Uhr findet im Stadtzentrum der **Growers Market** statt, wo vor allem Obst, Gemüse und Kunsthandwerk angeboten werden. Das **Piyarli Yardi Aboriginal Heritage & Cultural Centre** in der Robinson Street bietet eine Dauerausstellung zur Aboriginalkultur der Region.

One Mile Jetty und Heritage Precinct

Vier Kilometer westlich der Stadt liegt die vorgelagerte Insel **Babbage Island**. Dort befindet sich die 1493 m lange, weit in die Bucht hinausgebaute, schnurgerade **One Mile Jetty**. Die 1897 erbaute und 1912 erweiterte Anlegestelle war der erste Hafen Australiens, von dem lebende Tiere kommerziell verschifft wurden. Staatliche Schiffe nutzen die Jetty bis 1966. Der renovierte Anlegesteg wird heute von Angler, Spaziergängern und dem Touristenzug „Coffee Pot" rege genutzt. Leider brannte im Oktober 2007 ein 70 m langes Stück inmitten des Steges ab. Die ehrenamtlichen Förderer der Anlage haben aber breits einen Tag nach dem Brand um Spenden für den Wiederaufbau gebeten und sind voller Energie dabei die Jetty so schnell wie möglich wieder zu reparieren. Am schönsten ist der Aufenthalt bei einem kühlen Bier bei Sonnenuntergang. Anglern sei gesagt, dass zwischen Mai und August mit besonders guten Fängen zu rechnen ist. Thunfische, Brassen (Snappers), antarktische Umberfische (Mulloways) und Makrelen sind nur einige der vorkommenden Arten. Im Juni wird der alljährliche Angelwettbewerb „Carnarfin" ausgetragen. Das

Betreten der Jetty kostet eine kleine Eintrittsgebühr. Direkt am Anfang des Steges sind rund um das **Lighthouse Keeper's Cottage** Relikte alter Zeiten ausgestellt, ein alter Traktor und ein Rettungsboot. Das Gebäude des Leuchtturmwächters beherbergt ein kleines Museum.

Plantagen Auf Carnarvons 180 Plantagen wachsen 80% aller Bananen und 15% der gesamten Gemüseproduktion Westaustraliens. Die ersten Bananenstauden wurden 1928 gepflanzt, 1930 die ersten verkaufstauglichen Früchte geerntet. Der Umsatz von den verkauften Bananen beträgt jährlich über A$ 15 Mio. Durch die Züchtung der „Lunchbox Banana", einer handlichen kleinen Sorte für die Pausenbrotdose, konnte die Produktion enorm gesteigert werden. Mehrere Planatagen (s.u.) bieten Führungen an. Obst und Gemüse werden in allen Supermärkten, auf dem Growers Market (s.o.) und entlang der South River Road (parallel zum North West Coastal Highway am Flussufer) verkauft.

Infos **Carnavon Visitor Centre,** 11 Robinson St (im Civic Centre), Tel. 08-99411146, Mo–Fr 8.30–17 Uhr, Sa 9–12 Uhr, So 10–13 Uhr, www.carnarvon.org.au; hilfsbereites Informationszentrum, Buchung von Unterkünften und Touren in das Hinterland.

Nationalparkbüro, 63 Olivia Tce, Tel. 08-99413754, Mo–Fr 8–17 Uhr; nützliche Informationen zum Kennedy Range National Park und Mount Augustus National Park.

An- und Abreise **Überlandbusse** fahren ab/bis Visitor Centre (s.o) in Richtung Perth und Broome. **Skippers** (www.skippers.com.au) fliegt täglich von Carnaravon nach Perth. Der Flughafen liegt direkt an der Robinson St.

Touren ab Carnarvon **Shark Bay Air Charter,** Tel. 08-99481773, www.sharkbayair.com.au, bietet Rundflüge über die Kennedy Ranges und zum Mount Augustus. Wer es sich leisten kann und will, sollte unbedingt daran teilnehmen! Der Flugpreis ist abhängig von der Zahl der Teilnehmer.

Notfall Krankenhaus: Carnarvon Regional Hospital, Egan St, Tel. 08-99410555. Polizei: Robinson St, Tel. 08-99411444.

Unterkunft und Camping *** **Hospitality Inn,** West St, Tel. 08-99411600; am Ufer des Flusses gelegenes Hotel mit Restaurant und Garten.

** **Fascine Lodge,** 1002 David Brand Drive, Tel. 08-99412411; Motel mit Pool und Restaurant.

Wintersun Caravan Park, 546 Robinson St, Tel. 08-99418150; gepflegter Campingplatz nahe an der Highwaykreuzung, mit Pool und Campingküche. Wegen des Verkehrs an der Robinson Street empfiehlt es sich, einen Stellplatz abseits der Straße zu wählen.

Coral Coast CP, 108 Robinson St, Tel. 08-99411438; stadtnaher, schattiger Campingplatz mit Pool, Cabins und Fahrradverleih.

Tipp: Wer gerne einmal auf einer Farm übernachten möchte, sollte dies in der Gegend um Carnarvon tun. Zahlreiche Stations bieten Campingstellplätze, einfache Schlafräume oder gar luxuriöse Zimmer an. Im Visitor Centre von Carnarvon ist man bei Auswahl und Buchung gerne behilflich.

↳ .... Abstecher in das westaustralische Outback:

Kennedy Range National Park und Mount Augustus National Park

Wer genügend Zeit hat, Abwechslung zur Küste sucht und das westaustralische Outback mit seiner großen Weite und Einsamkeit erleben will, sollte von Carnaravon entlang des Gascoyne River nach Osten fahren. Die schroffe Gebirgskette der **Kennedy Range** und der 717 m hohe **Mount Augustus,** der mehr als zweimal so groß ist wie der berühmte Ayers Rock (Uluru) im Roten Zentrum, sind die absoluten Höhepunkte der Strecke. Im August und September erwartet Sie zudem eine fantastische Wildblumenblüte in den Kennedy Ranges.

Die Strecke ist nur bis Gascoyne Junction asphaltiert, aber zumindest bei Trockenheit (und meistens ist es knochentrocken) auch für zweiradgetriebene Fahrzeuge gut befahrbar. Die Hauptzufahrtspisten zum Kennedy Range und Mount Augustus National Park (beide von Süden her) sind ebenfalls mit einem 2WD Fahrzeug passierbar. Achtung: Bei 2WD-Mietwagen entfällt dann in aller Regel der Versicherungsschutz! Komfortabler und sicherer gestaltet sich die Fahrt mit dem Geländewagen, der über eine große Bodenfreiheit verfügt. Ein weiterer Vorteil eines Allradfahrzeugs ist, dass die Weiterfahrt vom Mount Augustus auf kleineren Pisten nach Norden in Richtung Exmouth oder in die Pilbara Region (Karijini National Park) erfolgen kann.

Bevor Sie ins Outback starten, gilt es, die Vorräte (Wasser, Nahrungsmittel und Treibstoff) aufzufüllen. Informieren Sie sich über den Straßenzustand im Visitor Centre in Carnarvon (s.o.) oder bei

der Polizei (Robinson St, Carnarvon, Tel. 08-99411444). Letzte Informationen über die „Road Conditions" teilen auch die Auskunft unter Tel. 08-99410777 oder die örtlichen Behörden in Gascoyne Junction mit (Shire of Upper Gascoyne, 4 Scott St, Tel. 08-99430988, Polizei Tel. 08-99430508). Bedenken Sie, dass selbst kurze Regenfälle die Pisten schnell unpassierbar werden lassen!

Anfahrt

Vom North West Coastal Highway zweigt die Carnarvon Mullewa Road nach Osten ab (beschilderter Abzweig). Die asphaltierte Strecke folgt bis Gascoyne Junction dem südlichen Ufer des Gascoyne River. Nach 39 km führt eine Stichstraße zum permanenten Wasserloch **Rocky Pool**. Die von Eukalyptusbäumen umgebene Wasserstelle bieten schöne Plätze zum Rasten und Campen. Ein erfrischendes Bad ist möglich!

Gascoyne Juction

Die kleine Siedlung **Gascoyne Junction** liegt am Zusammenfluss des Gascoyne und Lyons River und ist Ausgangspunkt für Touren in den Kennedy Range National Park. Die 173 km östlich von Carnarvon liegende Ortschaft verfügt über eine Polizeistation, einen Campingplatz, eine Tankstelle, einen Laden und sogar ein Hotel (Tel. 08-99430504) mit traditionellem Pub.

Kennedy Range National Park

Gleich nördlich von Gascoyne Junction liegen die spektakulären Sandsteinzinnen der Kennedy Range. Das riesige Plateau, entstanden durch den Aufschub des einstigen Meeresgrundes, dominiert die umgebende Ebene seit Jahrmillionen. Die erodierte Hochebene gleicht einem breiten Gebirgszug, der sich über fast 195 km Länge und 25 km Breite erstreckt. Das als Nationalpark geschützte Gebiet bietet eine bizarre Mischung aus steil abfallenden Schluchten und mit Sanddünen bedeckten Hochflächen. Teile der Region können auf kurzen Wanderwegen erforscht werden.

Zufahrt

Die Zufahrt in den Park ist nur von der Ostseite des Gebirges möglich. Von Gascoyne Junction führt die Ullawarra Road 48 km nach Norden, dann zweigt die 12 km lange Zufahrtsstraße in den Park nach Westen ab. Die westliche Seite der Range ist nur über privates Farmland erreichbar – hierfür ist die Erlaubnis der Landbesitzer notwendig. Wie vielerorts im menschenleeren Outback sind auf Privatland zahllose unmarkierte Pisten anzutreffen und die Gefahr sich hier zu verfahren ist sehr groß.

Wandern und Camping

Der für Besucher zugängliche Teil des Parks teilt sich in drei Sektionen. Eine Informationstafel am Eingang informiert über Wander- und Campingmöglichkeiten. Vom südlichsten Parkplatz führt ein etwa 1,8 km langer Wanderpfad in die **Drapers Gorge.** Der Wasserfall am Ende des Weges ist leider fast ganzjährig trocken. In der Schlucht befinden sich jedoch einige kleine, tiefe Wasserlöcher. Vom Campingplatz aus können Sie am Flussbett entlang nach Westen in die **Temple Gorge** marschieren. Dort hat sich der Fluss durch massive Felswände gegraben.

Vom nördlichsten Parkplatz gelangt man zu Fuß zum Pool der **Honeycomb Gorge.** Die den Teich umgebenden Felswände gleichen riesigen Honigwaben. Auch hier hat der Wasserfall nur nach heftigen Regenfällen Wasser.

Der Busch-Campingplatz bietet nur eine einfache Toilette und kein Wasser! Eine Übernachtungsmöglichkeit besteht außerhalb des Parks auf der 46 km nordöstlich gelegenen Mount Sandimann Station (Tel. 08-99430550, unbedingt vorher anrufen).

Infos zum Park sind in den Nationalparkbüros in Carnarvon und Denham erhältlich.

 # Weiterfahrt zum Mount Augustus

Vom Kennedy Range National Park führt eine Piste in Richtung Norden vorbei an Mount Sandiman Station (s.o) entlang des Lyons River. 61 km nördlich von Mount Sandiman zweigt eine Piste zur Lyndon Station ab. Lassen Sie diese links liegen und fahren Sie weiter bis nach Gifford Creek zur Cobra Station (Tel. 08-99430565, Reservierung unbedingt empfohlen, Tankmöglichkeit vorhanden). Von dort sind es noch 37 km bis zur Nationalparkgrenze.

Komfortabler und besser beschildert ist die Strecke von Gascoyne Junction nach Osten über Dairy Creek, Glenburgh, Dalgerty Downs nach Landor. Hier zweigt eine Piste in Richtung Norden ab. Unterwegs gibt es in Burringurran eine Tankmöglichkeit. Nach 99 km ist das Mount Augustus Tourist Resort erreicht. Es liegt praktisch auf halbem Weg zwischen North West Coastal Highway und Great Northern Highway.

Mount Augustus National Park

Der **Mount Augustus,** oder *Burringurrah* wie er bei den lokalen Wadjari genannt wird, zählt zu einem der spektakulärsten alleinstehenden Gipfel der Erde. Mit 717 m Höhe (1105 m über dem Meeresspiegel) überragt er die rotsandige, mit trockenen Büschen und dürren Bäumen bewachsene Trockensteppe in eindrucksvoller Weise. Je nach Sichtbedingungen ist er aus der Luft bereits aus 160 km Entfernung erkennbar. Der Felsen selbst ist 16 km lang und bis zu 5 km breit. Damit ist er mehr als doppelt so groß wie der weitaus bekanntere Uluru (Ayers Rock). In der Form ist er eher sanft gewölbt, weshalb seine Erscheinung zunächst nicht ganz so überragend ist wie die seines „Bruders" im Roten Zentrum. Auf den Mount Augustus führen mehrere Wanderwege. Der Aufstieg bis zum Gipfel ist anstrengend; die gesamte Tour (H/R) dauert fünf bis sechs Stunden.

Rund-fahrten und Wande-rungen

Der 49 km lange Rundweg **Burringurrah Drive** führt rund um den Berg und ist gleichzeitig die Zufahrt für sämtliche Wanderwege und Sehenswürdigkeiten. Ob mit Zweirad- oder Vierradantrieb ausgestattet, die Straße ist ohne Probleme befahrbar. *Die nachfolgende Beschreibung folgt dem Uhrzeigersinn!*

Einen guten Blick auf den Berg, speziell bei Sonnenuntergang, hat man vom **Emu Hill Lookout,** etwa 5 km westlich des Nationalparks (Cobra Station Rd). Ebenfalls an dieser Straße, direkt an der Parkgrenze befindet sich **Goolinee (Cattle Pool),** ein permanent mit Wasser gefüllter Teich am Lyons River. Besonders nach Regenfällen ist das Wasserloch ein großartiger Ort zum Picknicken, Baden (Achtung Wasserpflanzen!) und zur Vogelbeobachtung.

Knapp 1 km westlich am Fuße des Berges liegt **Goordgeela**. Von hier führt der steile **Cave Hill Trail** (4 km H/R, ca. 1,5 h) zu einer Höhle, die allerdings wegen ihrer instabilen Decke nicht betreten werden sollte. Von oben genießt man die Aussicht auf die Umgebung und den Flusslauf.

Bleibt man auf der Cobra-Mount Augustus Road in Richtung Osten, so gelangt man zum **Mount Augustus Outback Resort** (s.u.). Von hier zweigt eine Zufahrt zum Picknickplatz **Warrarla (Gum Grove) an der Basis des Berges ab. Der hier ausgewiesene Kotke Gorge Trail** (2 km H/R, ca.1 h) führt entlang des meist ausgetrockneten Bachbetts. Entlang des Pfads lassen sich unterschiedlichste Gesteinsarten und -formationen entdecken.

Weiter im Uhrzeigersinn folgen die Aboriginal-Felszeichnungen **Ooramboo, die auf einem kurzen Spaziergang erreicht werden können. Kaum 100 m weiter folgt Edney Spring**, eine dauerhafte Wasserstelle. Von dort führt **Edney's Trail** (6 km H/R, ca. 2,5 h) zum

Mount Augustus

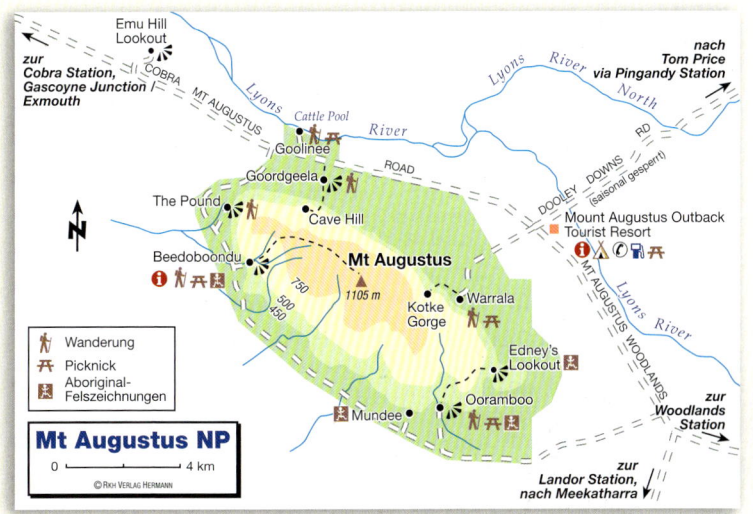

gleichnamigen Aussichtspunkt. Der Pfad stellt deutlich eine kräftesparendere Alternative zum Gipfelweg dar, zumal die Aussicht von oben traumhaft ist.

Der Abzweig nach Mundee, einer Felswand mit Überhängen, an denen Zeichnungen der Ureinwohner zu erkennen sind, ist auf der Ringsstraße markiert. Der Petroglyph Trail, ein einfacher 300 m langer Weg, bringt Sie zu den Felsen. Der nächste Halt ist **Beedoboondu (Flintstone). Ein 250 m langer Fußmarsch führt zum** Flintstone Rock, einem riesigen flachen Stein, der quer im Bachbett liegt. Unter dem Felsen befinden sich weitere bemerkenswerte Aboriginal-Zeichnungen. Nach starken Regenfällen bilden sich Kaskaden über dem Felsen.

Von **Beedoboondu** aus erreichen Sie über den **Summit Trail** (12 km H/R, ca. 6h) den Gipfel des Mount Augustus. Die Tour ist anstrengend und sollte, wenn überhaupt, nur von geübten Wanderern durchgeführt und auch, wenn möglich, in den frühen Morgenstunden gestartet werden. Informieren Sie das Tourist Resort über Ihre Pläne, tragen Sie festes Schuhwerk und nehmen Sie mindestens zwei Liter Wasser pro Person mit. Der Fußmarsch lohnt sich zweifelsohne: Der Blick auf die unendlichen Weiten des Outbacks ist schlicht ergreifend.

Ein letzter Halt bei der Umrundung bietet sich schließlich bei **The Pound** an. Das natürliche Bassin (Pound) wurde bei den Viehtrieben auf dem Weg nach Meekatharra als Rastplatz benutzt. Der 2 km lange **Saddle Trail** ermöglicht einen Blick von oben in den „Krater" hinein. Nach Norden erstreckt sich das schroffe Tal des Lyons River.

Versorgung, Unterkunft und Camping	Im Park und auf dem umgebenden Farmland ist Camping und offenes Feuer nicht erlaubt. Das **Mount Augustus Outback Resort** (Tel. 08-99430527, www.mtaugustustouristpark.com) bietet Stellplätze, Motelzimmer, Verpflegung, Tankstelle und Wasser in unmittelbarer Nähe des Felsens an. Die **Cobra Bangemall Station** (Tel. 08-99430565, 37 km westlich des Nationalparks) bietet schönere Stellplätze und Zimmer an.
Infos	Während der Wintermonate (April–Okt) ist im Mount Augustus Tourist Resort ein Nationalpark Ranger anwesend. Über Straßenzustände und Unterkünfte erhalten Sie detaillierte Auskünfte im Shire of Upper Gascoyne in Gascoyne Junction (4 Scott St, Tel. 08-99430988,).

🚗 Rückfahrt zum North West Coastal Hwy

Über die Cobra Station gelangt man auf meist guten Pisten (Cobra Gifford Creek Rd) in Richtung Westen zum Highway. Bei Lyndon besteht die Möglichkeit, an einer T-Kreuzung links zum Minilya Roadhouse zu fahren. Hält man sich rechts, so erreicht man den Highway weiter nördlich bei Barradale. Fragen Sie spätestens bei der Cobra Station nach den derzeitigen Straßenzuständen!

🚗 Weiterfahrt in die Hamersley Ranges (Karijini NP)

Vom Mount Augustus Tourist Resort führt eine 4WD-Piste über Dooley Downs Homestead und Pingandy Station nach Nordosten (146 km). An der T-Kreuzung nach links (Richtung Nordwesten) auf der Ashburton Downs Meekatharra Road zur Ashburton Downs Station (130 km). Von dort sind es noch 51 km bis zur asphaltierten Straße (No. 136), die nach Paraburdoo und Tom Price führt. Die Strecke ist nur mit Geländewagen befahrbar und sehr einsam, nach Regenfällen wird sie gesperrt (Gesamtstrecke Mt Augustus – Paraburdoo 414 km).

    Für Reisende, die aus dem Norden (Darwin-Perth) kommen, ist die Fahrt auf jeden Fall eine Überlegung wert. Sie besuchen zunächst den Karijini National Park, fahren dann zum Mount Augustus und von dort zur Küste nach Coral Bay.

🚗 Fahrt zum Great Northern Hwy nach Meekatharra

Diese Strecke ist im Kapitel der Alternativstrecke ▶ s.S. 393 beschrieben.

Kingsford Smith Mail Run: Outbackpiste in das Herz Westaustraliens

1924 kauften Australiens berühmtester Flugpionier **Charles Edward Kingsford Smith** (1897–1935), kurz „Smithy" genannt, und sein Kumpel Keith Anderson einen Lastwagen und gründeten die Gascoyne Transport Company. Smithy wollte mit Hilfe seines technischen Verständnisses und Talents den motorisierten Transport einführen, um die Kamelkarawanen und Pferdefuhrwerke auf den Inlandsrouten abzulösen. Mit den zu erwartenden Gewinnen sollte der Traum einer Pazifiküberquerung per Flugzeug finanziert werden. Als Mann der Tat gelang ihm dies mit dem Flug von Amerika nach Australien bereits im Jahr 1928.

Einer seiner ersten Aufträge als Transportunternehmer war es, Post von Carnarvon zu den Bangemall Goldfeldern nahe des Mount Augustus zu befördern. Genau auf diesen Spuren verläuft heute die 800 km lange Route des **Kingsford Smith Mail Run**. Von Carnarvon (Beginn im Stadtzentrum) über den Mount Augustus nach Meekatharra ist die Tour durch zahlreiche Informationstafeln ausgeschildert. In vielen Orten entlang der Strecke befinden sich kleine Freilichtmuseen mit Relikten aus dem vergangenen Jahrhundert. Für die Strecke, die weitgehend über gepflegte Pisten führt, ist ein Geländefahrzeug empfehlenswert. Als Reisezeit sollten mindestens drei Tage einkalkuliert werden.

Übernachtungsmöglichkeiten entlang der Strecke bestehen in Gascoyne Junction (s.o.), Bidgemia Station (Tel. 08-99430501, Camping und einfache Farmzimmer), Cobra Bangemall Station (Tel. 08-99430565, Camping und Farmzimmer), Mount Augustus Tourist Resort (s.o.) und in Meekatharra (Hotels, Motels und Campingplatz, s. Alternativroute Great Northern Highway).

Weitere Informationen sind in den Visitor Centres in Carnarvon und Exmouth erhältlich. Auskünfte zu Straßenzuständen und Unterkünften erteilen die regionalen Shire-Büros in Gascoyne Junction (▶ s.o.) und in Meekatharra (Main St, Tel. 08-99811002, www.meekashire.wa.gov.au).

 ## Von Carnarvon nach Exmouth

 ## Abstecher zu den Blow Holes, Red Bluff und zur Gnaraloo Station

Point Quobba

24 km nördlich von Carnarvon zweigt die asphaltierte Blowholes Road vom North West Coastal Highway ab. Der knapp 50 km lange Abstecher führt zu den Blow Holes an der Küste bei **Point Quobba**. Dort werden kräftige Ozeanwellen durch Löcher in der Felsküste gedrückt, wodurch bis zu 20 m hohe Wasserfontänen entstehen. Das bei entsprechendem Wellengang spektakuläre Naturereignis und die 1 km südlich der Blow Holes liegende ruhige, mit Korallen bewachsene

Lagune sind es wert, die lange Fahrt dorthin in Kauf zu nehmen. An der idyllischen Lagune, die ideal zum Baden und Schnorcheln geeignet ist, kann gecampt werden. Es gibt allerdings kein Trinkwasser. Ein Ranger sammelt abends die Campinggebühr ein.

Eine weitere Übernachtungsmöglichkeit besteht bei der **Quobba Station** (Tel. 08-99485098, Camping, Zimmer, Hütten und kleiner Laden), 10 km nördlich der Blow Holes. Die Piste ist nun im weiteren Verlauf nicht mehr asphaltiert. Immer wieder gibt es Stichstraßen, die hinunter zum Strand führen:

Red Bluff, Three Mile Camp

Red Bluff und **Three Mile Camp** sind ausgezeichnete Surfstrände für Könner. Bei Red Bluff befindet sich ein einfacher Campingplatz, das Three Mile Camp hat neben Stellplätzen auch einen Kiosk mit dem Notwendigsten.

Red Bluf

Gnaraloo Station

Gnaraloo Station (Tel. 08-99425927) bietet einfache Mehrbettunterkünfte sowie Zimmer mit Kücheneinrichtung. Die schöne Gnaraloo Bucht (7 km nördlich der Farm) lädt zum Baden ein. Die Piste endet hier! Zwischen Gnaraloo Station und Warroora Station besteht keine Verbindung, wenn auch ein Weg auf manchen Karten eingezeichnet ist.

Lake MacLeod

Der riesige, 2072 qkm große Salzsee nimmt ein großes Gebiet zwischen Küste und Highway ein und wird an manchen Stellen nur durch Dünen und Felsen vom Meer getrennt. Der See ist zu weiten Teilen völlig ausgetrocknet. Gelegentliche starke Regenfälle führen zu einem kurzfristigen Ansteigen des Wasserpegels. Die Dampier Salt Company ist der größte Arbeitgeber der Region und gewinnt kommerziell Salz und Gips am See. Auf geführten Touren kann die Produktionsanlage besichtigt werden, für Privatfahrer ist die Zufahrt gesperrt. Es wäre im übrigen auch nicht ratsam die brüchige, eventuell schlammige Oberfläche zu befahren. Weitere Informationen kann man im Visitor Centre in Carnarvon erhalten.

🚗 Auf dem Highway weiter in den Norden

Auf der Höhe des nördlichen Ufers des Salzsees, zweigt beim Minilya Roadhouse (Tel. 08-99425922, Camping und Motel) die Asphaltstraße nach Coral Bay und Exmouth ab. Die beiden Orte sind die wichtigsten Ausgangspunkte für Ausflüge zum 260 km langen **Korallenriff Ningaloo**.

Ningaloo Reef – Das westaustralische Tauchparadies

Das Ningaloo Reef hat zwar nicht die Größe des Great Barrier Reefs an der Ostküste Australiens, doch mit seiner Länge von 260 km, den wunderbaren, intakten Korallen und einer großen Anzahl an Fischarten muss es den Vergleich mit dem „großen Bruder" keineswegs scheuen.

Das parallel zur North West Cape Halbinsel verlaufende Saumriff (fringing reef) ist vom Land nur durch eine flache Lagune getrennt. Nie ist es weiter als 5 km von der Küste entfernt! An manchen Stellen liegen sogar nur 100 m zwischen Ufer und Riff. Dies hat im Vergleich zum Great Barrier Reef den enormen Vorteil, dass man wesentlich schneller am Tauch- oder Schnorchelplatz ist und an einigen Stellen sogar direkt vom Strand zu den ersten Korallenstöcken schwimmen kann.

Dank der warmen Leeuwin Strömung (▶ s. Exkurs S. 176) können die Korallen am Ningaloo Riff trotz der südlichen Breitengrade leben. Die flachen Lagunen sowie die nährstoffreichen, tieferen Gewässer hinter dem Riff bieten ideale Lebensbedingungen für die unterschiedlichsten Korallen und mehr als 500 Fischarten.

Walhaie, die das Riff jährlich von April bis Juni als Nahrungsquelle nutzen (▶ s. Exkurs S. 323), Schildkröten, Dugongs (▶ s. Exkurs S. 303), Delfine und Buckelwale sind Highlights, die nur das Ningaloo Reef bieten kann. Die Korallen-blüte, die alljährlich im März stattfindet (7 Tage nach Vollmond) ist ein besonderes Naturphänomen. Dabei stoßen die Korallen zeitgleich Eizellen und Spermien aus, die sich dann an der Wasseroberfläche vereinigen.

Taucher kommen am äußeren Riff an steil abfallenden Korallenwänden und in Höhlen auf Ihre Kosten. Tauch- und Schnorchelausflüge werden von Coral Bay und Exmouth aus angeboten. Schnorchler finden ideale Bedingungen an den Stränden in Coral Bay und im Cape Range National Park vor.

Tipp mit Kindern: Für kleinere Kinder, die mit Taucherbrille und Schnorchel noch nicht sicher sind, sollte als Schwimmhilfe ein Schwimmbrett oder eine ähnliche Schwimmhilfe erworben werden. So können die Kleinen die bunten Fische und Korallen in aller Ruhe bewundern!

Clownfisch

Warroora Station 25 km nördlich des Highway-Abzweigs führt eine Naturstraße zur einsamen **Warroora Station** (Tel. 08-99425920, www.warroora.com), die neben einem kleinen Busch-Campingplatz auch Zimmer bietet.

Coral Bay

Die kleine, erst 1968 gegründete Feriensiedlung, expandiert seit Jahren. Bestand der Ort einst nur aus einer staubige Piste an der ein Campingplatz mit kleinem Laden lag, so gibt es inzwischen ein richtiges Einkaufszentrum, drei Restaurants, mehrere Hotels und Hostels. Auch die Campingplätze haben sich deutlich der Größe der Feriensiedlung angepasst und viele Touranbieter buhlen um die Gunst der Touristen. Ein gigantisches Hotelprojekt wurde dank vehementer Proteste von Umweltschützern vorerst auf Eis gelegt. Dennoch wird in den kommenden Jahren ein „Hilton Resort" in der nächstgelegenen Bucht aus dem Boden gestampft. Den Charme von Coral Bay wird dies mit Sicherheit beeinträchtigen, auch wenn die Bucht ihren Reiz behalten wird:

Ihren weißen Strand, azurblaues, badewannen-warmes Wasser mit einer traumhaften Unterwasserwelt. Hier tummeln sich farbenprächtige Fische, riesige Teufelsrochen (Manta Rays), Riffhaie und natürlich majestätische Walhaie. Die steigende Touristenzahl birgt natürlich Gefahren für die Natur und das Riff. Durch Meeresverschmutzung und die globale Erwärmung sterben küstennahe Korallen ab und man muss inzwischen schon weit hinausschwimmen, um in der Bucht intakte Korallenstöcke bewundern zu können.

Coral Bay Beach
Planen Sie in Coral Bay auf jeden Fall mindestens einen erholsamen Strandtag ein. Genießen Sie die Unterwasserwelt des Ningaloo Reef beim **Schnorcheln** oder bei einer Fahrt mit einem **Glasbodenboot**. Schnorchelausrüstungen verleihen Unterkünfte und Tauchshops.

Tankstelle und Supermarkt in Coral Bay

Südlich des Hauptstrandes **Paradies Beach** befinden sich leicht erreichbare Schnorchelreviere (auf Höhe der Windräder rausschwimmen und sich dann treiben lassen). An Land sind **Geländewagenausflüge** und **Quad-Touren** (vierradgetriebene „Motorräder") in die Dünenlandschaften empfehlenswerte Aktivitäten (▶ s. Touren).

Geschichtliches gibt es in Coral Bay nicht viel zu berichten. Bei **Mauds Landing** stehen noch die Ruinen einer alten Jetty aus den 1870er Jahren.

Tipp

Mit einem Geländewagen können Sie einen kurzen Ausflug entlang der Küste unternehmen. Nach dem Bayview Coral Bay Holiday Park auf dem Banksia Drive bis zur Bootsrampe (Asphaltstraße) fahren. Von dort führt eine Sandpiste in den Dünen Richtung Süden zur Küste. Es eröffnet sich ein herrlicher Blick auf das azurblaue Wasser und die roten Felsen. Und bei genauem Hinsehen entdeckt man die eine oder andere Schildkröte an der Wasseroberfläche. Auch zu Fuß lässt sich die Ecke auf einem nachmittäglichen Spaziergang entlang des Strandes problemlos erreichen. Leider herrscht viel Quad- und Geländewagenverkehr!

Die **Natur** hat das ganze Jahr über viel zu bieten. Von November bis Januar nisten an den Stränden Suppenschildkröten (Green Turtles) und Unechte Karettschildkröten (Loggerhead Turtles). Von Januar bis März schlüpfen die kleinen Meeresbewohner und wandern in den Ozean. Im April erreichen die **Walhaie** das Riff und von Juni bis November ziehen **Buckelwale** nahe der Küste vorbei. Nachmittags um 15.30 Uhr werden am Strand bei den Booten die **Fische gefüttert** – Unmengen von Brassen (Snappers) tummeln sich zu dieser Zeit im Wasser. Die besten Angeltipps holt man sich, wenn man am Nachmittag den Australiern beim Zerlegen ihrer Beute am **Fish-Fillet Table** (Robinson St) zusieht.

Infos

Es gibt kein offizielles Visitorcentre in Coral Bay, Informationen zu den Touren erhalten Sie in den Rezeptionen der Unterkünfte oder unter www.coralbay.org. Die Nationalparkbehörde betreibt einen Informationskiosk bei der Parkbucht zum Strand. Hier erhalten Sie Wissenswertes zur Unterwasserwelt, zu den 4WD-Tracks der Umgebung, den Gezeitenplan und vieles mehr.

Unterkunft und Camping

Während der Ferienzeit, speziell an Ostern und in den Winterferien, sind die Unterkünfte und Campingplätze häufig ausgebucht. Daher empfiehlt sich eine frühzeitige Reservierung, mindestens ein paar Tage im Voraus.

Bayview Coral Bay, (Tel. 08-93856655, www.coralbaywa.com) vermietet Bungalows, Chalets, Cabins und Stellplätze in verschiedenen Preiskategorien.

Ningaloo Reef Resort, Tel. 08-99425934, bietet ****Hotelzimmer, ***Selbstversorger-Apartments und Motelzimmer.

* Ningaloo Club Backpackers, Tel. 08-99485100; neues am Ortseingang gelegenes Hostel, mit Doppel- und Mehrbettzimmern sowie Pool.

Peoples Park Caravan Park, Tel. 08-99425933; großer Platz mit schattigen Stellplätzen, Shop und Tankstelle

Alternative südlich von Coral Bay: Warroora Station, s.S. 320

Touren

Ningaloo Reef Dive, Tel. 08-99425824; tägliche Tauch- und Schnorcheltouren zum Ningaloo Riff, in der Saison zusätzlich Walhai-Touren.

Coral Bay Charter, Tel. 08-99425932; mehrfach täglich Schnorchel- und Glasbodenbootsfahrten. Buchung in der Rezeption vom Bayview Coral Bay.

Ningaloo Kayak Adventures, Tel. 08-99485034; verleiht nicht nur Kajaks und Schnorchelausrüstungen, sondern bietet auch geführte Paddeltouren an. Keine Paddelerfahrung notwendig. Buchung und Infos direkt in der Hütte am Ende der Hauptstraße.

Coastal Adventure Tours, Shopping Centre, Tel. 08-99485190; Quadtouren und 4WD-Ausflüge in das dünen- und buchtenreiche Küstenumland. Im Shop ist ein Internet-Café integriert.

Quad Tour in Coral Bay

Walhaie

Der Walhai *(Rhincodon Typus)* ist mit einer Länge von bis zu 18 m und einem Gewicht von maximal 15 t der größte Fisch der Haifamilie und damit auch der größte Fisch der Erde. Am Ningaloo Reef werden üblicherweise Haie von 4 bis 12 m Länge gesichtet, was immer noch äußerst imposant ist!

Die für den Menschen harmlosen Planktonfresser sind leicht durch ihre Größe, den blaugrauen, mit weißen Punkten gefleckten Körper und weit offen stehenden, breiten Mäulern zu erkennen. Walhaie halten sich hauptsächlich in den warmen Gewässern entlang des Äquators auf. Jedes Jahr von März bis Juli (zeitliche Verschiebungen liegen in der „Natur der Sache") erscheinen die „Whalesharks" am Ningaloo Riff. Ein Grund hierfür ist der Überschuss an Plankton, welcher der Korallenlaichzeit im März und April folgt. Die riesigen Fische saugen das Wasser an und pressen es durch ihre Kiemen. Dadurch werden Plankton und kleine Fische herausgefiltert und landen in den Mägen der Tiere.

Über die Lebensweise und die Wanderschaften der Walhaie ist noch sehr wenig bekannt. Es wird spekuliert, dass die Tiere über 100 Jahre alt werden können und ihre Geschlechtsreife erst im Alter von 30 Jahren und bei einer Körperlänge von 8–9 m erreichen. Die Walhaibabys werden lebend geboren. Man nimmt an, dass ein Weibchen mehrere Embryonen im Leib trägt und diese je nach Entwicklungsstadium näher oder weiter von der Geburtsöffnung entfernt liegen. Die Erkenntnisse stammen von dem einzigen schwangeren Weibchen, das im Jahr 1995 nahe der Insel Taiwan gefangen wurde. Wegen des geringen Wissens um diese sanfte Haiart sind die Forschungen am Ningaloo Reef besonders wichtig. Ist das Riff doch der einzige Ort auf der Welt, an dem Walhaie mit absoluter Regelmäßigkeit auftauchen.

Der natürliche Feind des Walhais ist in erster Linie der Mensch. So wurden in Indien allein in den Jahren zwischen 1999 und 2000 über tausend Tiere von den Fischfangflotten getötet. Für die Fischer ist der an der Oberfläche schwimmende Fisch eine leichte Beute. Walhaie stehen zwar auf der Liste der bedrohten Tierarten, die von der World Conservation Union (IUCN) geführt wird, aber geschützt sind sie jedoch nur in den Gewässern von Australien, Honduras, Indien, den Malediven,

Mexiko, Philippinen, Südafrika, Thailand und in den USA. Angesichts der Tatsache, dass die Tiere in den Gewässern von über 100 Ländern leben, ist das ein traurig kleiner Anteil.

Schnorcheln mit Walhaien

Wer die blaugrauen Riesen aus der Nähe betrachten will, muss sich einer „Whaleshark-Tour" in Coral Bay oder Exmouth anschließen. Während der Monate März bis Juli (saisonale Verschiebungen sind möglich!) fahren zahlreiche Schiffe an das Ningaloo Riff. Über die genaue Position der Fische informieren kreisende Flugzeuge, sogenannte „Spotter-Planes". Diese sind es auch, die den Preis der Whaleshark-Touren derart in die Höhe treiben, vergleicht man sie mit einem normalen Schnorchel- oder Tauchausflug. Nach Sichtung und Koordinaten-Check werden die Boote mit Vollgas zu den genannten Plätzen manövriert. Dort dürfen die erwartungsvollen Gäste, mit Schnorchel, Taucherbrille und Flossen ausgerüstet, zu den Walhaien schwimmen. Die Bewegungen der Schwanzflosse sehen zunächst äußerst gemächlich aus. Doch es bedarf eines kräftigen Flossenschlags der Schwimmer, um eine Weile an der Seite der Giganten zu bleiben! Mit etwas Glück verbringt der Walhai eine ganze Weile an der Oberfläche und es bleibt genügend Zeit, um ihn eingehend zu studieren.

Für die Teilnehmer einer Walhai-Tour gibt es klar definierte Regeln:

Zum Körper des Fisches müssen mindestens 3 m und zur Schwanzflosse mindestens 4 m Abstand gehalten werden. Der Hai darf keinesfalls berührt werden und es darf nicht mit Blitzlicht fotografiert werden. Alle Touranbieter benötigen eine Lizenz der Naturschutzbehörde, um Ausflüge zu den Walhaien anbieten zu dürfen. Bei der Auswahl des Anbieters ist u.a. die Passagierzahl entscheidend. Offiziell dürfen nur jeweils 10 Personen zur gleichen Zeit mit einem Walhai ins Wasser. Die meisten Veranstalter versprechen, dass man ein weiteres Mal mit auf das Boot darf, falls man auf einer Tour keinen Walhai sieht. Die Preise für eine Tagestour liegen derzeit bei A$ 320-380 pro Person. Ein stolzer Preis, doch das Erlebnis ist mit nichts zu vergleichen und unvergesslich!

Yardie Creek Run –
Auf Allradpisten nach Exmouth

Wer über ein Allradfahrzeug verfügt und Erfahrungen damit hat, sollte die landschaftlich reizvolle Piste, die von Coral Bay nach Exmouth an der Westküste entlangführt, in Erwägung ziehen. Von Coral Bay bis zur Einfahrt in den Cape Range National Park bieten sich einsame Campingmöglichkeiten (ohne sanitäre Einrichtungen), direkt am Strand. Diese sind nur teilweise ausgeschildert und die Landbesitzer verlangen eine Gebühr. Für die Weiterfahrt in den Nationalpark ist ein Nationalparkpass erforderlich (▸ s.S. 150). Wer plant, im Park zu campieren, sollte dies während der Ferienzeiten vorher anmelden, da die Plätze schnell ausgebucht sind (▸ s. Cape Range National Park S. 333).

Wichtig! Der Yardie Creek Run sollte nur nach vorheriger **Anfrage des Pistenzustandes** am Nationalparkkiosk in Coral Bay, beim Ranger im Cape Range National Park oder bei der Ningaloo Station (Tel. 08-99425936) in Angriff genommen werden. Teilweise führt der Track über tiefsandige **Dünenpisten**.

Von Süden kommend sind zwei Zufahrtsvarianten zum Yardie Creek Run Track möglich. Die erste Möglichkeit ist die Piste 5 km östlich des Ortsausganges von Coral Bay. Hier bietet sich auch die Gelegenheit, in den Track „hineinzuschnuppern" und zu einer der ersten Buchten zu fahren.

Der zweite mögliche Weg ist die 39 km nördlich von Coral Bay vorhandene Piste zur Ningaloo Station. Dort trifft man auf den eigentlichen, nordwärtsführenden Pfad.

Sehenswert unterwegs, abgesehen von den herrlichen Buchten, sind der Leuchtturm bei **Point Cloates** (Genehmigung von der Ningaloo Station erforderlich), **Point Edgar** und die Ruinen der alten **Walfangstation** in der **Norwegian Bay,** die erst 1957 endgültig geschlossen wurde. Besonders schön auch **Winderabandi Point**

Yardie Creek

(Camping möglich, kein Schatten) für Strandspaziergänge, zum Angeln und zur Tierbeobachtung (Delfine und Schildkröten).

Die größte Herausforderung ist der ganzjährig wasserführende Fluss **Yardie Creek,** der nach der Einfahrt in den Cape Range National Park durchquert werden muss. Der Wasserstand ist von den Gezeiten und den Regenfällen (Wirbelstürme) abhängig. Die Auffahrt aus dem Flussbett ist zeitweise sehr aufgeweicht, ist aber unter normalen Umständen problemlos zu meistern. Wenn möglich, sollte spätestens hier am Fluss auf ein weiteres Fahrzeug gewartet werden, so dass eine eventuelle Bergung möglich wäre. Mietwagenfahrer seien daran erinnert, dass Wasserschäden von keiner Versicherung gedeckt werden, d.h. im Falle des Fahrzeugverlusts durch „Absaufen" haften Sie mit dem gesamten Fahrzeugwert.

Die Strecke ist nur schlecht ausgeschildert und manche Zufahrten zu Campingplätzen sind tiefsandig! Nördlich von Yardie Creek bis nach Exmouth ist die Straße durch den Cape Range National Park komplett asphaltiert. Auf der gesamten Strecke ist **kein Trinkwasser** und **kein Benzin** erhältlich – entsprechende Vorräte sind auf der 190 km langen Strecke (davon 108 Pistenkilometer auf dem Yardie Creek Run) also absolut notwendig!

Weitere Informationen im Internet unter www.exploroz.com/TrekNotes.

Highway-Route: Von Coral Bay nach Exmouth auf der Minilya-Exmouth Road

Die 153 km lange Highway-Route ist die offizielle Straßenverbindung von Coral Bay nach Exmouth. Der Streckenabschnitt zieht sich in die Länge, besonders wenn man daran denkt, dass dieselbe Strecke auf dem Rückweg zum größten Teil erneut befahren werden muss. Belohnt werden Reisende unterwegs mit der Sichtung **zahlreicher Emus und Kängurus.** Extreme Vorsicht ist auf dieser Strecke in der Dämmerung geboten!

Nördlich des Exmouth-Flughafens Learmonth lohnt es sich, die beiden Stichstraßen in die engen und rot leuchtenden Schluchten **Charles Knife Canyon** (23 km südlich von Exmouth) und **Shothole Canyon** (16 km südlich von Exmouth) zu befahren. Die Naturstraße zum **Charles Knife Canyon** führt am Bergkamm entlang und bietet hervorragende Aussichten in die Schlucht und auf den Exmouth Gulf. Am Ende der Pisten beginnt ein 8 km langer Rundwanderweg, der über das Hochplateau nach Norden zum Shothole Canyon führt. Im Sommer sollte man wegen der enormen Hitze (es gibt keine Bäume) von der Wanderung absehen. Die kurvenreiche, gut befahrbare Schotterpiste zum **Shothole Canyon** führt durch die Schlucht, entlang des Bachbetts. Vom Parkplatz (mit Picknickplatz) verläuft ein kurzer Wanderpfad zum Kamm des Berges. Von oben bietet sich eine traumhaft weite Aussicht auf die Schlucht und das Umland. Leider ist der Pfad wegen Felsbruch derzeit gesperrt.

21 km vor Exmouth prangt rechterhand eine riesige, krebsrote Kunststoffgarnele am Wegesrand. Sie steht vor den Toren der **Prawn Fishery**. Wer hier Krebse kaufen oder probieren möchte, kann dies von April bis November (Mo–Sa 10–15 Uhr) im angeschlossenen Seafood Store tun.

PER ▶ BME

Exmouth

Die noch junge, 2500 Einwohner zählende Stadt am Exmouth Gulf expandiert deutlich. Bei der Einfahrt sieht man neu geschaffene Wohn- und Industriegebiete sowie die neue Marina für Ausflugsboote und Privat-Yachten. Der „alte" Stadtkern ist etwas ungemütlich angelegt und lädt nicht zum langen Verweilen ein. Für Reisende, die zu den nördlichen Tauchgründen des Ningaloo Reef und den Küstenabschnitten des Cape Range National Park möchten, ist Exmouth indes die einzige Versorgungsmöglichkeit. Im kleinen und übersichtlichen Town Centre in der Ross Street Mall und Kennedy Street findet man alles für den täglichen und touristischen Bedarf: Supermärkte, Tauchshops, Apotheke, Fotogeschäft, Internet-Cafés und Imbissläden wechseln sich in der kurzen Fußgängerzone ab. Entlang der Hauptdurchgangsstraße Murat Street reihen sich Hotels, Hostels, Campingplätze, Ferienbungalows und Tankstellen aneinander. Der Town Beach liegt nur einen Kilometer südöstlich der Innenstadt, allerdings ist er nur bei Flut zum Baden geeignet. An den Stränden sollte Vorsicht vor beißenden Sandfliegen (sandflies) geboten sein – deshalb Mückenschutz nicht vergessen!

Geschichte   Die erste Landung auf der Cape Range Halbinsel wurde 1618 durch den niederländischen Kapitän Jacobsz mit seinem Schiff „Mauritius" dokumentiert. In den 1800er Jahren besuchten die Franzosen Point Murat. 1818 kam der australische Seemann Phillip Parker King auf die Halbinsel und benannte sie **North West Cape** und **Gulf of Exmouth**

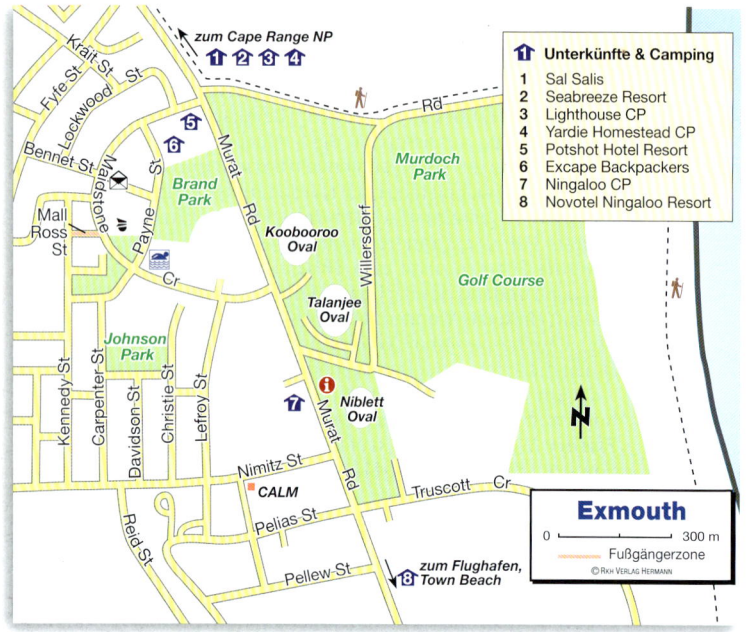

nach einem britischen Marine Offizier. In den folgenden Jahren kamen Perlensucher aus Broome in die Region.

Während des Zweiten Weltkrieges war die exponiert gelegene
nördliche Halbinsel für die militärische Operation „Potshot" bedeutend. Ziel war es, von dort aus einen möglichen japanischen Angriff
auf Australien zu verhindern.

1967 erbauten australische und amerikanische Streitkräfte zusammen einen Kommunikationsstützpunkt am nördlichen Zipfel der
Halbinsel. Im selben Zug wurde auch die Ortschaft Exmouth als zi-
viler Stützpunkt gegründet. Inzwischen wird die Militärbasis nur noch
von einer geringen Anzahl australischer Militärangestellter betrieben,
die meisten Gebäude und Einrichtungen der **Harold E. Holt Naval
Base** stehen leer. Im Bedarfsfall, wie z.B. nach den Anschlägen vom
11. September 2001, übernimmt jedoch das US-Militär die Herrschaft
auf der Basis. Das **V.L.F. Antenna Field** („Very Low Frequency") mit
seinen hohen, mehrfach abgespannten Antennenmasten ist schon
von weitem erkennbar. Der zentrale Mast „Tower Zero" der Harold
E. Holt Naval Communications Station (so der offizielle Name) misst
immerhin 388 m! Im Inneren des Mastes verbirgt sich ein Zwei-Mann
Aufzug. Die Anlagen werden zur Übertragungen von Funksignalen
zu U-Booten und Kriegsschiffen im Indischen Ozean genutzt.

Wer war Harold E. Holt?

Der Namensgeber der Holt Navel Base, **Harold Edward Holt,** war von 26.01.1966 bis 19.12.1967 Premierminister Australiens. Er ertrank bei Portsea südlich von Melbourne unter mysteriösen Umständen im Meer. Seine Leiche wurde allerdings nie gefunden. Wilde Gerüchte ranken sich um seinen Tod: Eine Hai-Attacke, CIA-Verwicklungen, ein geplantes Verschwinden samt Freundin oder gar ein chinesisches U-Boot sollen für sein plötzliches Ableben verantwortlich sein. Oder war es doch nur einfach „Tod durch Ertrinken"?

1999 wurde die Stadt vom tropischen Wirbelsturm **Cyclone Vance** hart getroffen. Die meisten Häuser erlitten dabei große Schäden – heute ist davon allerdings nichts mehr zu sehen. Die Stadt wurde völlig neu errichtet.

Infos	**Exmouth Visitor Centre,** Murat Rd, Tel. 08-99491176 oder 1-800-287328, Mo– Fr 9–17 Uhr, Sa/So bis 12 Uhr, www.exmouthwa.com.au. Informiert über Tourangebote, Unterkünfte und Tauchtrips. Verkauf von Bus- und Flugtickets. Im **Nationalparkbüro**, 22 Nimitz St, Tel. 08-99478000, können Sie Reservierungen für Campingplätze im Nationalpark vornehmen und sich über die schönsten Schnorchelplätze im Park informieren. Im Park selbst befindet sich ein exzellentes Besucherzentrum (s.u.).
Anreise	**Per Flugzeug:** Der Flughafen Learmonth (LEA) liegt 35 km südlich von Exmouth. Von und nach Perth bestehen täglich Flugverbindungen mit Qantas und Virgin Australia. Ein Shuttle-Bus fährt in die Stadt und zurück. Einige Hotels bieten kostenlose Transfers an. **Per Bus:** Integrity-Busse halten täglich am Visitor Centre, dort werden auch Fahrkarten verkauft.
Einkaufen	Die Geschäfte haben Mo–Fr bis 17 Uhr geöffnet, Sa. nur vormittags. Supermärkte haben täglich von 7–19 Uhr geöffnet.
Essen und Trinken	**Whalers Restaurant,** 5 Kennedy St, Tel. 08-99492416; gepflegtes Restaurant hinter der Einkaufspassage mit Seafood und Steaks auf der Speisekarte. **Sailfish Bar & Restaurant,** auf der Naval Base, 5 km nördlich der Stadt im Seabreeze Hotel (s.u.). Empfehlenswertes Restaurant mit schönem Garten und entspannter Atmosphäre, vor dem Hintergrund der eher sterilen Ex-Army Gebäude. Auf Wunsch Gäste-Transfer von der Innenstadt oder vom Lighthouse CP. **Golden Orchid Chinese Restaurant,** Thew St, Tel. 08-99491740; preiswertes China-Restaurant. **Exmouth Yacht Club,** Town Beach, Tel. 08-99491549; wer gerne im Kreise der „Locals" essen möchte, kann jeden Freitag als Gast zum BBQ und jeden Sonntag zum Essen einkehren.
Mietwagen/ Camper	Einwegmieten von oder nach Exmouth sind nur unter hohen Einweg- bzw. Rückführgebühren buchbar. **Budget,** Tel. 1-800-882800. **Hertz, Tel. 08-99494610,** Büros am Flughafen und in der Stadt **Thrifty,** Tel. 08-99491800; auf Wunsch inklusive Flughafenabholung. **Exmouth Campervan and Camper Trailers,** Tel. 08-99494623; bietet ein paar wenige Wohnmobile zur Miete an. Oneway-Mieten: Fehlanzeige

PER ▶ BME

Notfall   **Exmouth District Hospital,** Tel. 08-99493666
              Polizei, Tel. 08-9949 2444

Touren   Von Exmouth in den Nationalpark (Stopps: Mandu Mandu Gorge, Turquoise
              Bay, Milyering Visitor Centre) und zurück besteht ein Bustransfer mit **Ningaloo
              Reef Bus** (Tel. 1-800-999941). Von April bis September täglicher Verkehr, von
              Oktober bis April nur Mo, Di, Fr und Sa. Abfahrtszeiten sind im Visitor Centre
              (s.o.) zu erfragen. Im Bus können Taucherbrillen und Schnorchel (keine Flossen)
              geliehen werden.

Boots-   Die beliebten Walhai-Ausflüge sollten in der Hauptsaison unbedingt im Voraus
ausflüge reserviert werden. Alle übrigen Tauch- und Schnorcheltouren, z.B. zu den
              Mantarochen, können kurzfristig gebucht werden.
              Exmouth Diving Centre, Tel. 08-99491201, www.exmouthdive.com; großes
              Angebot an Tauch- und Schnorchelausflügen zum Riff, zur Navy Pier und nach
              Muiron Island. Tauchkurse. Im Shop (Maidstone Crescent) kann eine Aus-
              rüstung geliehen oder gekauft werden.
              Ningaloo Reef Dreaming, Tel. 08-99494777, www.ningaloodreaming.com;
              Tauchausbildungen, Whaleshark Sichtungen, Schnorcheltrips und Whal-
              watching stehen auf dem Programm.
              Capricorn Kayak Tours, Tel. 0427485123, www.capricornkayak.com.au;
              Paddeltouren ans Riff, auch Mehrtages-Campingtouren.

Rundflüge **Norwest Airworks,** Tel. 08-99492888; lohnende Rundflüge über das Riff und
              die Küstenlandschaft des North West Cape. Es werden 30- und 60minütige
              Flüge angeboten. Start vom Light Aircraft Strip, 13 km südlich von Exmouth.
              Buchung über das Visitor Centre (s.o).

National- **Ningaloo Safari Tours,** Tel. 08-99491550; empfehlenswerte Tagestouren im
park-   Allradfahrzeug durch den Cape Range National Park, mit Strand- und
Touren   Schnorchelstopps, Bootsfahrt auf dem Yardie Creek und leichtem Mittagessen.
              Von November bis Februar abendliche Schildkrötenbeobachtung!
              Exmouth Quad Bike Tours, Tel. 1-300-737001; ein Riesenspaß, nicht nur für
              Motorradfreaks.

Unterkunft Während der Herbst- und Winterferien (s. Teil I: Ferien und Feiertage) sollten
und   man unbedingt eine Reservierung für die Unterkunft vornehmen.
Camping   ***** **Sal Salis,** im Cape Range National Park, Tel. 02-95716399. Exklusives
              Naturcamp im afrikanischen Safaristil mit feststehenden Zelten inmitten des
              Nationalparks. Reservierung zwingend notwendig.
              **** **Potshot Hotel Resort,** Murat Rd, Tel. 08-99491200; große Hotelanlage
              mit verschiedensten Hotel- und Motelzimmern in zentraler Lage mit Restau-
              rant und Bar.
              * **Excape Backpackers,** Murat Rd, Tel. 08-99491200; Backpacker-Herberge
              auf dem Hotelgelände des Pot Shot Hotels.
              **** **Novotel Ningaloo Resort,** Madaffari Drv, Tel. 08-99490000. Neue, weit-
              läufige Hotelanlage, auch mit großen Apartments für Familien, schöne Pools;
              liegt 3 km südlich der Stadt.
              *** **Golden Chain Sea Breeze Resort,** Naval Base, Tel. 08-99491800; das un-
              ter deutscher Leitung geführte Hotel ist in einer ehemaligen Militärunterkunft,
              5 km nördlich der Stadt untergebracht. Das Hotel bietet großzügige Doppel-
              und Familienzimmer mit Kochgelegenheit, Garten-Restaurant, Autover-

mietung und gratis Flughafentransfers. Axel Pasek kennt sich bestens in und um Exmouth aus und gibt die besten Tipps für Tauchtouren. Mit dem Boot „Seabreeze" werden Rifftouren angeboten.

Ningaloo Caravan and Holiday Resort, Murat Rd, gegenüber des Visitor Centres, Tel. 1-800-625665 oder 08-99492377; Ferienanlage mit Bungalows, Cabins, Backpackerunterkünften und Campingplatz (wenig Schatten) mit Pool.

Lighthouse Caravan Park, an der Nordspitze der Halbinsel direkt unterhalb des Leuchtturms, mit Pool. Neben Campingstellplätzen werden auch neue Selbstversorger-Chalets mit grandiosem Küstenblick vermietet.

Yardie Homestead Caravan Park, 36 km in Richtung Cape Range National Park, Tel. 08-99491389; in der grünen Oase nördlich des Parkeingangs können Sie auf dem schattigen Campingplatz oder in den Selbstversorger-Hütten nächtigen. Mit Swimming-Pool.

Strände und Attraktionen in der Umgebung

Hinweis: Bevor Sie einen Ausflug in den Cape Range National Park machen, füllen Sie ihre Wasserbehältnisse vollständig auf. Außerhalb der Stadt gibt es kein Trinkwasser mehr.

Bundegi Beach

14 km nördlich von Exmouth markiert der Bundegi Beach den Beginn des Ningaloo Marine Parks. Der Strand ist zum Baden, Schnorcheln und Angeln gut geeignet. Am Bootssteg herrscht ein buntes Fischtreiben. Duschen, Toiletten und ein Kiosk befinden sich am Parkplatz.

Achtung: Auch hier am Strand gibt es gemeine „sandflies" – also Mückenschutzmittel auftragen.

PER ▶ BME

*Vlamingh Head
Lighthouse*

Tauchen am Point Murat – Navy Pier

Man sagt, die Navy Pier zählt zu den zehn besten Pier-Tauchspots der Erde. Da das Gelände auf militärischem Sperrgebiet liegt, darf nur im Rahmen organisierter Touren getaucht werden. Auf den bewachsenen Pierpfeilern, dem überwucherten Schrott und dem felsigen Grund, leben verschiedenste Fischarten wie Riesenzackenbarsche, Blaupunktrochen, Steinfische, Katzenwelse, Papageifische, Kugelfische, Doktorfische, Kofferfische, Seebarsche, Kaiserfische und Stechrochen. Hinzu kommen unzählige wirbellose Meerestiere wie Kraken, Nacktschnecken und Plattwürmer. Der Pier ist für erfahrene

und weniger erfahrene Taucher ein absolutes Highlight, die maximale Tauchtiefe liegt bei 15 m. (Touranbieter s.o.).

Lighthouse Bay und Mildura Wreck

Entlang der Mildura Wreck Road gibt es immer wieder Strandzugänge. Gleich vom ersten Parkplatz aus geht es zum Surfers Beach, wo sich die Wellen an einem Riff brechen und dadurch ideale Surfbedingungen herrschen. In der Bucht liegen einige bemerkenswerte Tauchplätze: So sind z.B. Labyrinth und Blizzard Ridge einen Halbtagesausflug wert. Vom nördlichen Ende der Strandstraße aus sieht man das Schiffswrack der 1907 gesunkenen „SS Mildura". Das Schiff transportierte Rinder von den Kimberleys in den Süden und wurde während eines Wirbelsturms auf das Riff geworfen. Das Holz und Metall des Schiffs wurden abgebaut und zur Renovierung der Yardie Homestead verwendet. Der Schiffsrumpf wurde im 2. Weltkrieg zu Übungszwecken von Fliegern bombardiert.

Vlamingh Head Lighthouse

Über die steile, asphaltierte Straße erreicht man den 1912 erbauten Leuchtturm des North West Cape. Von oben bietet sich ein gewaltiger Blick zu beiden Seiten der Halbinsel sowie auf das Antennenfeld.

Mauritius Beach

Nacktbader dürfen sich freuen. Der Mauritius Beach, gleich hinter dem Leuchtturm gelegen, wurde 1999 tatsächlich und hochoffiziell zum „Clothing Optional Beach" erklärt, d.h. Sie dürfen sich „wahlweise" mit oder ohne Badebekleidung in die Fluten des Indischen Ozeans stürzen.

Tauchrevier Murion Islands

Die beiden Inseln liegen eine gute Bootsstunde von der Küste entfernt und bieten mehrere interessante Tauchplätze mit reicher Unterwasserwelt sowie abwechslungsreichen Felsformationen. Zahlreiche Seeschildkröten und (saisonbedingt) Mantarochen, Seekühe, Buckelwale und Delfine sind zu beobachten. Auf den Inseln ist Camping erlaubt, allerdings sollte man sich eine Genehmigung des Shire of Exmouth oder der Nationalparkbehörde einholen.

Cape Range National Park

Der 1964 zum Nationalpark erklärte, westliche Küstenstreifen der West Cape Halbinsel umfasst 506 qkm. Anziehungspunkte sind in erster Linie die feinsandigen weißen Strände, das türkisblaue Wasser und die hervorragenden Schnorchelmöglichkeiten. Doch auch das Hinterland mit seinen roten Sandsteinschluchten und der reichen Tierwelt lohnt sich, erkundet zu werden. Der Nationalpark kostet Eintritt (▶ s. Nationalparkpass S. 150).

Geologie und Geschichte

Die zerklüftete Felslandschaft der eigentlichen „Range" (Bergkette) sinkt in den zu trockenen Küstenebenen bis zu den Tiefen des Indischen Ozeans ab. Der Gebirgszug weist Merkmale frühzeitlicher Besiedlung durch indigene Australier auf. Fundstücke wie Muschelabfälle in Felsüberhängen und Höhlen werden auf ein Alter von über 30.000 Jahren datiert.

PER ▶ BME

Flora und Fauna

Neben der beeindruckenden Unterwasserwelt leben auch an Land bemerkenswert viele verschiedene Säugetiere und Vögel auf der Halbinsel. Leider hat sich die Anzahl der Säugetiere von 38 Arten zu Beginn der „weißen Besiedlung" auf heute 17 Arten reduziert. Größter Feind war auch hier der eingeführte europäische Rotfuchs. Inzwischen wird im Rahmen des „Project Western Shield" versucht, durch Vernichtung und Fernhaltung von Füchsen und Wildkatzen einige bereits auf dem Festland ausgestorbene Tierarten wieder auszusetzen.

Blackfoot Rock Wallaby

Gewöhnliche Wallaroos (Euros) bekommt man als Besucher am häufigsten zu sehen. Insbesondere am Nachmittag grasen sie in großen Rudeln direkt neben der Straße und geben perfekte Fotomotive ab. Achtung beim Autofahren! Rote Riesenkängurus in den Ebenen und kleine Schwarzfußfelsen-Kängurus (Blackfooted Rock Wallaby) in der Mandu Mandu Gorge und der Yardie Creek Gorge sind keine Seltenheit. Emus, Fischadler, Riffreiher, Zebrafinken und Graubartfalken sind nur einige der über 100 im Park beheimateten Vogelarten. Aufgrund des baumarmen Küstenstreifens lassen sich die Vögel gerne in den Spalten und Vorsprüngen der Schluchten nieder.

Auch wenn die Pflanzenwelt des Parks auf den ersten Blick eher eintönig erscheint, zählten Botaniker bislang 630 blühende Pflanzenarten, was für ein solch trockenes Gebiet eine stattliche Zahl darstellt. In der 70mal größeren Nullarbor Plain (Südwestaustralien/Südaustralien) finden sich beispielsweise nur halb so viele Pflanzenarten.

Zufahrt

Von **Exmouth** zum nördlichen Parkeingang (Zahlstation) sind es 39 km entlang der Yardie Creek Road. Die Straße durch den Park bis Yardie Creek ist komplett asphaltiert, nur kurze Stichstraßen zu den Stränden sind noch nicht befestigt. Von **Süden** kommend ist die Einfahrt in den Nationalpark nur über den Yardie Creek Run (4WD-Track, s.o.) erreichbar. Die beiden **im Osten** des Nationalparks gelegenen Stichstraßen Charles Knife Road und Shothole Canyon Road sind bei Trockenheit gut befahrbar, ermöglichen jedoch keine Durchfahrt zur westlichen Küste.

Infos

Milyering Visitor Centre, 10 km südl. des nördl. Parkeingangs, Tel. 08-99492808, tägl. 9–15.45 Uhr. Informatives Besucherzentrum mit Auskünften über Schnorchelreviere, Campingplätze, Tier- und Pflanzenwelt sowie

Geschichtliches zum Nationalpark. Tickets für Bootstouren auf dem Yardie Creek (s.u.) sowie Erfrischungen und Souvenirs sind erhältlich. Zusätzlich wird Schnorchelausrüstung vermietet.

Camping

Im Park befinden sich insgesamt 12 Campingplätze, zwei davon südlich des Yardie Creek. Sie sind also nur per 4WD erreichbar. Alle Plätze haben keine Stromversorgung, mit Plumpsklos sind sie jedoch ausgestattet. Die meisten Plätze sind sehr klein und bieten nur wenigen Fahrzeugen Platz. Kurzfristig kann man sich am Parkeingang über freie Plätze informieren. Eine telefonische Reservierung ist nur am Tag der Anreise möglich, der Platz wird dann 90 Min. freigehalten! Mangels Wasser und schattenloser Hitze bleiben die meisten Camper nur für ein bis drei Nächte, so dass ein recht häufiger Wechsel stattfindet.

Strände, Schnorchelplätze und Camping

Vom Parkplatz **Mangrove Bay** führt ein 5min. Fußmarsch zu einer Vogelbeobachtungshütte. Besonders bei Flut halten sich viele Vögel in der Lagune auf, um kleine Fische und Krustentiere zu fressen. Während der Sommermonate legen hier viele Zugvögel auf ihrer Reise einen Stopp ein. Deshalb das Fernglas nicht vergessen!

Neds Camp, Mesa Camp und **T-Bone** sind Campingplätze mit schönen Stränden, die auch für Kinder gut geeignet sind. Nachteilig ist das fast völlige Fehlen von Bäumen, die ein wenig Schatten spenden könnten.

Südlich vom **Milyering Visitor Centre** liegt der Campingplatz **Lakeside**. Südlich von ihm befindet sich ein schöner **Schnorchelpfad**. Die Zeltplätze haben kaum Schatten und können zudem bei Springflut leicht überflutet werden.

Nächster lohnender Strand nach **Tulki** (Campingplatz ohne Schatten) ist **Turquoise Bay,** die wohl schönste Schnorchelbucht des Parks. Das Riff liegt nur 20 bis 30 m vom weißen Sandstrand entfernt. Für sicherere Schwimmer ist hier der **Drift Snorkel** ein Muss. Parken Sie auf dem Drift Loop Car Park und marschieren Sie am Strand entlang etwa 150–200 m Richtung Süden. Schwimmen Sie (am besten mit Taucherbrille und Flossen) bis zu den ersten Korallenbänken und lassen Sie sich dann von der (bisweilen recht starken) Strömung nordwärts über die sehenswerte Unterwasserwelt bis zur Sandbank treiben. Die Korallen sollten nicht betreten werden!

Cape Range National Park

PER ▶ BME

Nur wenige hundert Meter südlich biegt eine Piste zu **Oyster Stacks** ab, einem weiteren Schnorchelrevier. Idealerweise geht man hier nur während der Flut ins Wasser, da der felsige Strand mit scharfen Steinen und Muschelschalen übersäht ist. Auch die dortige Strömung ist nicht zu unterschätzen!

Die beiden kleinen Campingplätze **North Mandu Mandu** und **South Mandu Mandu** verfügen nicht mal über Toiletten und bieten nur minimal Schatten. South Mandu Mandu besitzt einen Sandstrand, südlich der Campingbuchten befindet sich ein Schnorchelpfad.

Reizvoller ist der Abstecher zur **Mandu Mandu Gorge** (ausgeschilderter Abzweig nach Osten). Der 3 km lange Wanderpfad (H/R) führt zuerst auf den Berg hinauf. Von oben hat man einen fantastischen Blick in die tiefe Schlucht und auf die Küste. Der Pfad führt im ausgetrockneten Bachbett zum Parkplatz zurück. Die Wanderung sollte in den frühen Morgenstunden unternommen werden, einerseits wegen der noch erträglichen Temperaturen, andererseits wegen der aktiveren Tierwelt, die sich zu dieser Tageszeit noch aus dem Schatten wagt.

Südlich folgen die Strände und Campingplätze **Kurrajong** und **Pilgramunna**. **Sandy Bay** ist eine schöne Bucht zum Baden, die wegen ihres flachen Wassers auch für Kinder gut geeignet ist. Am kleinen Strand der **Osprey Bay** (mit Campingplatz) kann indes die Strömung stark sein.

Die **Yardie Creek Gorge** markiert das südliche Ende der Asphaltstraße. Die über Jahrhunderte durch Erosion entstandene Schlucht ist Heimat der kleinen und selten gewordenen Schwarzfußfelsen-Kängurus.

Die roten, bis zu 25 m hohen Felswände und der Fluss bilden eine herrliche Kulisse für die 1,5 km (H/R) lange, markierte Wanderung. Der Fluss in der Schlucht führt als einziger in der Region ganzjährig Wasser – dabei handelt es sich um Salzwasser, da er vom Meer gespeist wird. So konnte sich ein interessantes kleines Ökosystem entwickeln. In den Mangroven nisten zahlreiche Vogelarten. Eine spannende Alternative zur Wanderung ist die kommentierte, von der Nationalparkbehörde organisierte **Bootsfahrt** auf dem Yardie Creek (A$ 25). Die Abfahrtszeiten variieren wegen der Gezeiten und können im Milyering Visitor Centre erfragt werden.

Für die Fahrt nach Süden wird auf jeden Fall ein Geländewagen benötigt, da zunächst einmal der Fluss überquert werden muss (s.o. Yardie Creek Run).

Die Pilbara Region

Verlässt man die Cape Range Halbinsel, so beginnt im Inland die heißeste Region Westaustraliens, die Pilbara. Sie beginnt am 23. Breitengrad und reicht nordwärts bis Port Hedland. Im Osten endet die Pilbara erst an der Grenze zum Northern Territory.

Geologisch zählt die Region mit über zwei Milliarden Jahre alten Landschaften zu den ältesten der Erde. Am besten sichtbar wird dies in den Nationalparks der Hamersely Ranges und an den riesigen Eisenerzvorkommen, die das Leben und die Wirtschaft der Pilbara dominieren. Von der Hafenstadt Port Hedland wird australienweit die größte Menge an Eisenerz und Salz in die Welt verschifft.

Von Exmouth in die Hamersley Ranges

86 km südlich von Exmouth zweigt die 79 km lange asphaltierte **Burkett Road** nach Osten ab. Sie führt über die sanften Hügel der Giralia Range zum North West Coastal Highway, womit sie eine willkommene Abkürzung für Reisende auf dem Weg nach Norden ist. Entlang der Straße liegen die beiden Farmen **Bullara Station** (Tel.

PER ▶ BME

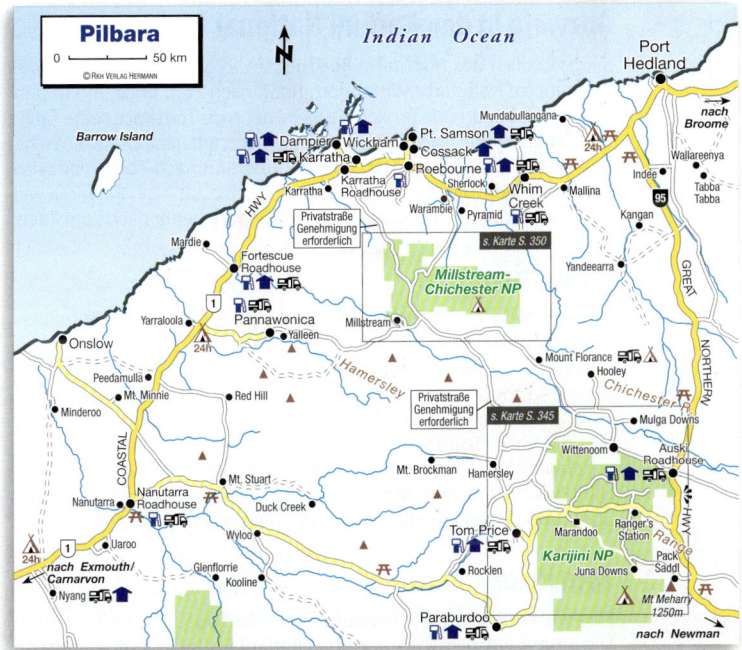

08-99425938) und **Giralia Station** (Tel. 08-99425937), die beide Zimmer und Campmöglichkeiten anbieten.

Der nächste Raststopp ist das **Nanutarra Roadhouse** (Tel. 08-99430521, mit Campingplatz und Backpackerzimmern). Kurz vor dem Rasthaus blickt man rechterhand auf die zerklüfteten Berge der Hamersley Range mit dem 410 m hohen Mount Alexander. Der **Ashburton River** ist einer der wenigen Flüsse in der Pilbara, der ganzjährig Wasser führt.

Die Möglichkeit des kostenlosen Campens besteht auf den **24 h Rastplätzen** Lyndon River (49 km nördlich von Minilya) und Barradale (71 km südlich von Nanutarra).

Tipp   Wer Natur pur und einen echten „Outback-Character" erleben möchte, sollte zum Übernachten zur **Yanrey Station** fahren. Hier werden Ausflüge in die Region, eine kühle Quelle mit Pool, außerordentlich viel Tierleben und das reale Farmleben geboten. Auf jeden Fall vorher reservieren, Tel. 04-09430688.

Anfahrt   35 km nördlich der Kreuzung Burkett Rd/North West Coastal Hwy zweigt die Yanrey Rd nach Nordwesten ab. Von dort sind es 42 Pistenkilometer bis zur Station.

Abzweig in den Karijini National Park

5 km nördlich des Nanutarra Roadhouses folgt der Abzweig auf die asphaltierte Nanutarra-Wittenoom Road nach Tom Price und in den Karijinin National Park. Tanken Sie nach, denn bis Tom Price keine Tankmöglichkeit mehr! Nach 218 km ist die Minenstadt Paraburdoo erreicht. Die anfänglich noch ausgebaute Hauptstraße nach Tom Price wird nach und nach immer mehr zur Piste. Wer also auf Asphalt fahren will oder muss, fährt nach Parburdoo und von dort weiter nach Tom Price.

Parburdoo

Die Stadt wurde 1970 für die Arbeiter der Eisenerzmine der Betreibergesellschaft Hamersley Iron gebaut und bietet ein Hotel mit Restaurant (**Paraburdoo Hotel, Tom Price Rd; Tel.08-91895303), medizinische Versorgung, Tankstelle, Flughafen, Polizei und ein Einkaufszentrum. Zwar ist die Ortschaft inzwischen für jedermann offen, doch der Tourismus hat für die Bewohner (noch) keine wirtschaftliche Bedeutung. 6 km südlich des Ortes bietet sich vom Radio Hill Lookout auf dem **Mount Paraburdoo** ein guter Blick auf die Stadt und die von niedrigen Bergen geprägte Umgebung.

Tom Price

Eine wesentlich größere Bedeutung hat der Tourismus für Tom Price. Die an der westlichen Grenze des Karijini National Parks gelegene

Eisenerz in der Pilbara

Schon 1888 waren die ersten Eisenerzlager in der Pilbara bekannt, doch erst 1952 sandte der Industrielle Lang Hancock Geologen in die Region. Die Sondierungen ergaben, dass unter der Erde riesige Eisenerzvorkommen lagerten. Die Entdeckungen waren zur damaligen Zeit nicht viel wert, da die australische Regierung ein Ausfuhrembargo für Eisen- und Stahllieferungen erlassen hatte – ein Ergebnis des Zweiten Weltkrieges. Mit der Aufhebung des Exportverbotes im Jahr 1960 bauten verschiedene Unternehmen komplette Infrastrukturen für den Bau und die Ausbeutung der Minen auf. In kürzester Zeit wurden eigene Ortschaften für die Arbeiter errichtet und Eisenbahntrassen zur Küste geplant. Es dauerte nur gut 20 Jahre, bis der komplette Mount Newman abgebaut war. Ähnlich erging es Mount Tom Price, von dem heute nichts mehr außer einem großen Loch zu sehen ist. Heute wird das „rote Gold" aus riesigen Tagebaugruben gewonnen.

Die abgebauten Erze werden per Bahn von Newman nach Port Hedland, von Tom Price nach Dampier gebracht. Von Pannawonica (am Cape Lampert bei Wickham) wird es daraufhin auf Schiffe verladen, um in den asiatischen Raum verschifft zu werden.

Das Eisenerzgeschäft wurde in den Anfangsjahren von drei Bergbaugiganten dominiert. Einer davon war und ist noch heute Hamersley Iron (inzwischen zum australisch-kanadischen Rohstofffriesen Rio Tinto gehörig). Seit 1966 hat das Unternehmen mehrere Milliarden Dollar in den Bau der Städte Tom Price, Dampier und Paraburdoo sowie den Ausbau der Minen, Straßen, Eisenbahnen und Häfen, Wasser- und Stromversorgung und andere Infrastruktur investiert. Die 14 Hamersley Iron Minen in Tom Price sowie Paraburdoo produzieren und exportieren den größten Teil der 290 Milliarden Tonnen pro Jahr.

Stadt wurde Anfang der 1960er Jahre, wie auch Parburdoo, als Versorgungsstadt für die Eisenerzminen angelegt. Ihren Namen hat die Stadt vom Amerikaner Thomas Moore Price, der seinerzeit Vizepräsident des mächtigen Stahlkonzerns Kaiser Steel war. Price war einer der Hauptförderer des Bergbaus in der Pilbara.

Mehr als 700 Einwohner arbeiten in den beiden Minen Pilbara Iron (8 km südlich der Stadt) und Marandoo (50 km östlich der Stadt). Inzwischen ist die höchstgelegene Stadt Westaustraliens (747 m) eine offene Gemeinde und unterliegt der Regionalverwaltung von Ashburton. Die Öffnung wurde in den 1980er Jahre beschlossen, auch vor dem Hintergrund, den „Mining Towns" nach einem Versiegen der Bodenschätze eine Zukunft zu ermöglichen. Dank seiner Nähe zum Karijini National Park wurden in Tom Price neben Hotels und Campingplätzen Einrichtungen wie ein Open Air Kino, ein Schwimmbad (Oktober–April geöffnet), Golf- und Tennisplätze sowie ein großes Einkaufszentrum (mit Supermarkt, tägl. geöffnet) erbaut. Ein Visitor Centre informiert über die Stadt und die Umgebung. So gesehen bietet die Stadt mehr als manche Küstengemeinde im Westen.

Ein Besuch der Stadt sollte immer mit einer Fahrt oder Wanderung auf den 1128 m hohen **Mount Nameless** verbunden werden. Der höchste mit dem Auto erreichbare Berg Westaustraliens liegt 4 km südwestlich der Stadt. Zum Gipfel führt eine steile und sehr holprige Schotterpiste, die nur mit Allradfahrzeugen befahren werden sollte. Der Fußweg beginnt an der Nameless Valley Road bzw. am Campingplatz (2 h H/R). Der Aufstieg lohnt wegen der enormen Weitsicht über die Hamersley Ranges und des Blicks auf die Mine. Besonders schön ist der Ausblick bei Sonnenuntergang.

Die zweite Attraktion der Stadt ist eine **Führung durch die Eisenerzmine**, bei der im Tagebau riesige Gesteinsmengen gefördert werden. Die Dimensionen der Mine werden beim Anblick der riesigen Lastwagen, Bagger und Förderräder erst deutlich. Die Verarbeitung und der Transport des Rohstoffs werden anschaulich geschildert. Touren müssen im Visitor Centre (s.u.) gebucht werden. Festes Schuhwerk ist notwendig!

Infos

Tom Price Visitor Centre, Central Rd, www.tomprice.org.au, Tel. 08-91881112. Mai–Okt Mo–Fr 8.30–17 Uhr, Sa/So und feiertags 8.30–12.30 Uhr. Nov–April Mo–Fr 9.30–15.30 Uhr, Sa 9–12 Uhr; Auskünfte über den Nationalpark und Buchung der Minenführung. Außerdem erhalten Sie hier die kostenlose Erlaubnis zum Befahren der Pilbara Iron Access Road. Die Piste ist in Privatbesitz der Minengesellschaft und führt von Tom Price entlang der Eisenbahn nach Karratha. Zum Erhalt der Genehmigung muss vorab ein „Sicherheits-Video" angesehen werden, das die Verhaltensregeln auf der Straße erklärt. Die Minengesellschaft schließt jegliche Art von Haftung bei Unfällen aus. Beachten Sie insbesondere die Geschwindigkeitsbegrenzung!

Anreise

Per Flugzeug ist Tom Price nicht direkt erreichbar. Qantas fliegt täglich von Perth nach Paraburdoo. Von dort verkehrt ein Shuttlebus nach Tom Price. Mietwagen (Avis, Budget, Hertz) sind am Flughafen buchbar.

Die **Greyhound-Busse** fahren Tom Price bzw. den Karijini National Park nicht an. Es gibt die Möglichkeit, von Karratha oder Port Hedland mit organisierten Touren in die Region zu gelangen.

Notfall
Polizei, 1 Court Rd, Tel. 08-01891344
Krankenhaus, Mine Rd, Tel. 08-91891199
Giftnotruf, Tel. 131126

Touren
Lestok Tours, Tel. 08-91892032; veranstaltet zweistündige Minentouren und Tagestouren in den Karijini National Park mit klimatisierten Bussen.

Wilanah Walkabouts, Buchung im Visitor Centre; zweistündige geführte Buschwanderung mit Wissenswertem über Pflanzen, Tiere und über die Lebensweise der lokalen Aboriginal People.

Unterkunft und Camping
*** **Windawarri Lodge,** Stadium Rd, Tel. 08-91891110; „bestes Hotel" am Ort mit kleinen Zimmern und Restaurant.

** **Tom Price Hotel/Motel,** Central Rd, Tel. 08-91891101; einfaches Hotel im Zentrum mit klimatisierten Zimmern und Bistro. Auch Backpacker-Betten. Wird an den Wochenenden gerne von den Minenarbeitern und ihren Mädchen frequentiert.

Tom Price Tourist Park, Nameless Valley Rd, Tel. 08-91891515; Campingplatz mit Pool, etwas Schatten, Kiosk, Cabins, Villas und Backpackerunterkünften am Fuße des Mount Nameless.

Karijini National Park

Der zweitgrößte Nationalpark Westaustraliens (6274 qkm) ist unbestritten das Juwel der Pilbara. Mit rotleuchtenden, steilen Schluchten, erfrischenden Pools und Billabongs, einer abwechslungsreichen Tierwelt, vielen Wanderwegen und einladenden Campingplätzen bietet er eine enorme Vielfalt für den Besucher. Besonders reizvoll

Dale Gorge

ist die Fahrt durch den Nationalpark in den Monaten von Juli bis Oktober, da zahlreiche Wildblumenarten in ihrer Blüte stehen.

Hitze

Bei aller Schönheit der Natur sollte nicht außer Acht gelassen werden, dass es hier im Sommer extrem heiß wird. Das Thermometer steigt häufig auf über 40 °C. Im Winter dagegen ist es tagsüber angenehm warm, in der Nacht kühlt es jedoch stark ab. Die beste Reisezeit ist daher von Mai bis September. Bei Wanderungen sollten Sie immer einen ausreichenden Wasservorrat einplanen.

Der Park kostet Eintritt (▶ s. Nationalparkpass S. 150).

Geschichte und Geologie

In der Hamersley Range sind drei Aboriginalsprachgruppen seit mehr als 20.000 Jahren beheimatet. Der nördliche Teil ist das traditionelle Gebiet des **Banyjima**-Stammes. Der südliche Teil gehört den **Yinhawangka** und das westliche Ende rund um den Mount Bruce wird von den **Kurrama** und **Yinhawangka People** beansprucht. Das Gebiet wird von ihren traditionellen Besitzern **Karijini** genannt.

Die Bezeichnung Hamersley Range stammt vom Landvermesser und Naturforscher F. T. Gregory, der die Region 1861 erkundete und nach seinem Freund und Förderer Edward Hamersley benannte.

Die eisenhaltigen Bänder und Schichten, die in den Felsen in und um die Schluchten zu erkennen sind, entstanden vor mehr als 2,5 Millionen Jahren, als sich silikat- und eisenhaltige Sedimente auf einem früheren Meeresgrund ablagerten. Durch den Druck der Schichten über ihnen, wurde über Millionen Jahre hinweg das eingeschlossene Wasser aus den eisenhaltigen Ablagerungen herausgepresst und allmählich in hartes und fest verankertes Gestein verwandelt. Später führte eine waagrechte Kompression zu einer Wölbung des Gesteins und zur Ausbildung vertikaler Risse. Das extreme Absinken des Meeresspiegels war Ursache dafür, dass sich die Flüsse tief in das Land einschnitten und steilwandige Schluchten entstanden. Dies und die über Millionen Jahre andauernde Erosion schufen die heute so vielfältige Landschaft.

Flora und Fauna

Im Park wachsen über **481 Pflanzenarten**, davon allein 53 **Akazienarten**. Die dominierenden **Eukalypten** sind Kingsmill's Mallee, Snappy Gum, River Red Gum und Bloodwoods, die für die australischen Ureinwohner von hohem Nutzwert waren. Von Juli bis Oktober und nach Regenfällen blühen farbenprächtige **Wildblumen** im Park. Besonders häufig sieht man in dieser Zeit die Northern Bluebells mit ihren blauen Blüten und die violetten Mulla-Mullas.

Von der **reichen Tierwelt** ist tagsüber in der Hitze nicht allzu viel zu sehen. Vielmehr werden die Tiere in den kühleren Morgen- und Abendstunden sowie in der Nacht aktiv. Mit etwas Glück sind **Rote Kängurus, Dingos, Euros** und das nur in der Pilbara vorkommenden **Rothschild's Rock-Wallaby** zu sehen. Erwähnenswert, wenn auch für den Besucher in der Regel nicht sichtbar, ist die kleine nachtaktive **Kieselhügelmaus** (Pebblemound Mouse). Die kleinen, im Durch-

*Goulds-
monitor*

schnitt nur 6 cm großen Kreaturen transportieren Steine (meist die Hälfte ihres eigenen Körpergewichts) und bauen daraus großflächige Hügel mit Brutkammern unter der Erde. Die Steinhügel halten die Erde kühl und sammeln Feuchtigkeit. Die Steinhaufen nehmen nicht selten eine Fläche bis zu 9 qm und eine Höhe von 50 cm ein!

Im Vergleich zu den Säugetieren bestehen bei **Fröschen, Geckos, Waranen** und Vögeln besser Chancen sie tagsüber zu entdecken. Auf den Bäumen und Büschen entlang der Flüsse wurden bislang **133 Vogelarten** gezählt.

Infos

Das in der Einsamkeit stehende architektonische Kunstwerk des **Karijini Visitor Centre** (Banyjima Drive, Tel. 08-91898121, tägl. 9–16 Uhr) ist ein Pflichtbesuch. Das Gebäude in Form eines Waranes passt sich der Umgebung ideal an. Im Inneren sind Informationen zur kulturellen und geologischen Geschichte des Parks auf Schautafeln nachzulesen. Die Ranger geben über Wanderwege, Campingplätze und den Straßenzustand gerne Auskunft. Zudem werden Souvenirs und kühle Getränke verkauft.

Zufahrt

Von Tom Price auf der Marandoo Road kommend, liegt die Eingangsstation 50 km östlich der Stadt. Durch den Park und zu den Schluchten und Campingplätzen führt die zum Teil ruppige Naturstraße **Banjima Drive** (bei Trockenheit auch gut für 2WD-Fahrzeuge befahrbar). Am östlichen Parkeingang trifft die Piste wieder auf den asphaltierten **Karijini Drive,** der weiter zum **Great Northern Highway** führt (30 km).

Unterkunft und Camping

Der privat betriebene **Savannah Campground** liegt etwa in der Mitte des Bayjima Drive und verfügt neben Toiletten, Wasser, Busch-Duschen sogar über eine Campingküche. **Dales Camping Area**, 10 km östlich des Visitor Centre, ist großzügig angelegt und bietet Schatten, Toiletten, Picknicktische und Gasgrills. Für diejenigen, die nicht campen möchten, bietet das neue ****Karijini Eco Retreat** (Tel. 08-9425 5591, www.karijiniecoretreat.com.au) beim Savannah Campground eine komfortable Übernachtungsmöglichkeit in feststehenden Zelten.

PER ▶ BME

Schluchten, Wanderwege und Pools (von West nach Ost)

Selbst bei einem zweitägigen Aufenthalt im Park ist es kaum machbar, sämtliche Schluchten umfassend zu erkunden. Die Wanderungen sind zwar nicht sehr lang, doch die die steilen Ab- und Aufstiege sowie die meist hohen Temperaturen können an der Substanz und Kondition des Wanderers zehren. Deshalb ist es empfehlenswert, sich nur ein bis zwei Schluchten pro Tag vorzunehmen und dabei die Bademöglichkeiten und einzelnen Ausblicke zu genießen. Die Wanderwege sind gut markiert, was jedoch nicht heißt, dass sie einfach zu begehen sind. Die Abstiege in die Schluchten sind teilweise sehr steil und erfordern eine gewisse Trittsicherheit (festes Schuhwerk!). Und um ein Bad genießen zu können, sollten Sie die Badesachen nicht vergessen.

Die **Hamersley Gorge** liegt abseits der üblichen Touristenroute. Die Zufahrt erfolgt über die Nanutarra Wittenoom Road (80 km nordöstlich von Tom Price). Aufgrund der abgeschiedenen Lage kommen deutlich weniger Besucher hierher. Die Schlucht ist nicht besonders tief und auf einer Wanderung leicht begehbar. Für Fotografen ist sie wegen ihrer Farben und Lichteinfälle ein Highlight und der unten liegende Pool sorgt für ein erfrischendes Bad. Felsstufen machen den Abstieg relativ einfach. Der Pfad bahnt sich seinen Weg an mehreren Teichen vorbei tief in die Schlucht. Er endet an „The Grotto", einer Felsspalte mit einem weiteren Pool (ca. 3 h H/R).

Großartige Panoramen eröffnen sich vom zweithöchsten Berg Westaustraliens, dem **Mount Bruce** (1235 m). Es gibt drei Wanderungen unterschiedlicher Länge. Nur 500 m sind es bis nach **Marandoo**

Hamersley Gorge

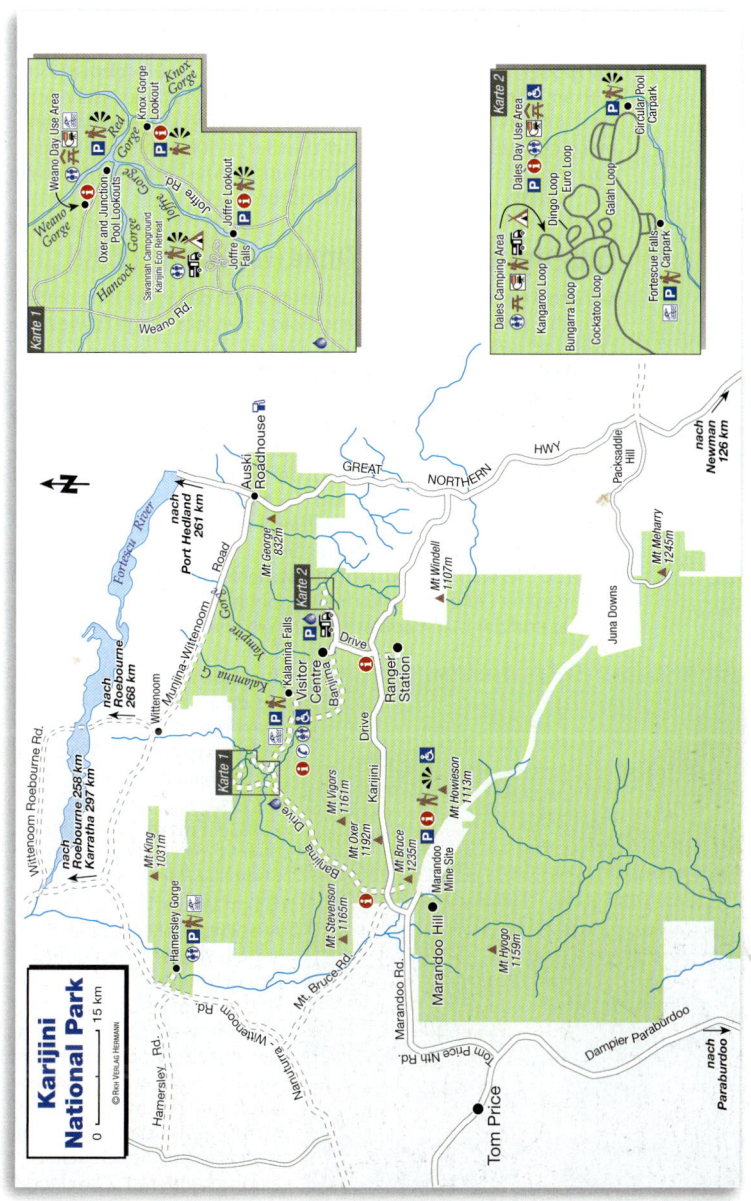

PER ▶ BME

Karte 1

Weano Day Use Area
Knox Gorge Lookout
Knox Gorge
Weano Gorge
Red Gorge
Oxer and Junction Pool Lookouts
Savannah Campground
Karijini Eco Retreat
Hancock Gorge
Joffre Gorge
Joffre Rd.
Joffre Lookout
Joffre Falls
Weano Rd.

Karte 2

Dales Day Use Area
Circular Pool Carpark
Galah Loop
Dingo Loop
Euro Loop
Dales Camping Area
Kangaroo Loop
Bungarra Loop
Cockatoo Loop
Fortescue Falls Carpark

Auski Roadhouse
GREAT NORTHERN HWY
Packsaddle Hill
nach Newman 126 km

nach Port Hedland 261 km

Fortescue River

nach Roebourne 268 km

Wittenoom
Mt George 832m
Mt Windell 1107m
Mt Meharry 1245m

Karte 2
Kalamina Falls
Visitor Centre
Banyjima Drive
Ranger Station
Juna Downs

Mupinia-Wittenoom Car Rd.
Kalamina Gorge
Dampier

nach Roebourne 258 km
Karratha 297 km

Wittenoom Roebourne Rd.

Karte 1

Mt King 1031m
Mt Vigors 1161m
Mt Oxer 1192m
Karijini
Mt Bruce 1235m
Mt Howieson 1113m

Hamersley Gorge
Mt Stevenson 1165m

Marandoo Mine Site
Mt Bruce Rd.

Banjima Drive

Marandoo Hill
Mt Hyogo 1159m

Marandoo Rd.

Hamersley Rd.
Nanutarra-Wittenoom Rd.

Tom Price Nth Rd.
Dampier Paraburdoo
nach Paraburdoo

Tom Price

Karijini National Park
0 — 15 km
© Rau Verlag Herrmann

View, einem ersten Aussichtspunkt. Der **Honey Hakea Track** führt von Marandoo View weiter hinauf (4,6 km, ca. 3 h H/R). Für Wanderer mit großer Ausdauer bietet sich die sechsstündige **Gipfeltour** (9 km H/R) an. Belohnt wird die Anstrengung durch eine fantastische Aussicht auf den Nationalpark. Für die lange Wanderung ist es im Sommer jedoch zu heiß! Die **Anfahrt** zum Berg erfolgt über den Karijini. Kurz hinter dem Abzweig nach links zum Banjima Drive geht es rechts zum Parkplatz am Fuße des Mount Bruce.

Entlang des Banjima Drive (von West nach Ost)

Der **erste Abzweig** von der Hauptroute durch den Park führt zum Savannah Campground, zur Weano Gorge, Hancock Gorge sowie zum Oxer und Junction Pool Lookout. Spektakulär sind die Aussichten, die man von **Oxer** und **Junction Pool** aus genießen kann. Von diesen Plätzen aus, ist die Kreuzung der vier zusammentreffenden Schluchten Weano, Hancock, Red und Joffre Gorge sehr gut zu sehen.

Gut begehbare Stufen führen hinab in die **Weano Gorge.** 300 m vom Ausgangspunkt entfernt liegt der von senkrechten Felsen umgebene Badeteich **Handrail Pool** (1,5 h H/R).

Anspruchsvoller ist die Wanderung in die **Hancock Gorge** und zum **Kermit's Pool** (2h H/R). In die Schlucht, die auch als „Zentrum der Erde" bezeichnet wird, führt ein steiler Pfad und eine in den Fels geschlagene Leiter. Zum Kermit's Pool hin wird die Schlucht sehr schmal und der blank polierte Fels ist einzigartig. Die **Miracle Mile** Tour (6 h H/R) weiter zum **Junction Pool** ist sehr schwierig, da u.a. einige kalte Teiche durchquert werden müssen.

Hancock Gorge

Der zweite Abzweig führt zur **Joffre** und **Knox Gorge**. Der erste Stopp sind die **Joffre Falls,** ein meist nur als Rinnsal über 50 m hohe Felsstufen herabfließender Wasserfall. Ein 100 m langer Weg führt zum Aussichtspunkt über den Wasserfall. Weiter zum Fuße der Schlucht unterhalb der Fälle sind es 3 km H/R.

Am Ende der Sackgasse liegt der Ausgangspunkt für den kurzen Marsch zum **Knox Lookout** (300 m). Besonders im Morgen- oder Abendlicht ist der Blick in die Schlucht beeindruckend. Der 2 km lange

Fußweg in die **Knox Gorge** mit ihren über 100 m hohen Felswänden ist anstrengend und endet an einem von Bäumen umgebenen Teich. Das Ende der Schlucht mündet in einem Wasserfall in der **Red Gorge**. Wer diese durchwandern möchte, muss die Ranger vorher informieren.

Zurück auf dem Banjima Drive ist nach 10 km der Abstecher zu **Kalamina Falls/Kalamina Gorge** ausgeschildert. Die Schlucht selbst erscheint nicht so spektakulär wie die vorherigen Schluchten, dafür ist die Wanderung zum schattigen Pool mit Wasserfall weniger anstrengend (30 Min. H/R). Der Pfad durch die breite Schlucht führt nach links und endet im **Rock Arch Pool** (3 km).

Der nächste Stopp sollte auf jeden Fall das sehenswerte **Visitors Centre** (s.o.) sein. Von dort erreicht man in Richtung Osten nach 10 km die **Dales Gorge** mit den Teichen **Fortescue Falls, Circular Pool** und **Fern Pool**. Die meistbesuchte Schlucht des Parks ist im Gegensatz zu den anderen wesentlich breiter. Die Hänge sind mit Spinifex und Büschen bewachsen.

Bitte beachten: Die beiden Wasserlöcher Fern Pool und Circular Pool haben für die lokalen Aboriginal People eine große kulturelle und spirituelle Bedeutung. Daher wird darum gebeten, beim Besuch der Pools keinen Lärm zu machen und nicht von den umgebenden Felsen ins Wasser zu springen. Das Gebiet oberhalb des Fern Pool darf nicht betreten werden.

Vom **Fortescue Falls** Parkplatz ist es ein etwa 20min. Fußmarsch zum einzigen permanenten Wasserfall des Parks. Das Wasser fällt über mehrere Stufen 25 m in einen meist sehr belebten Badepool. Nach 300 m Fußweg ist der von grünen Pflanzen umgebene **Fern Pool** erreicht. Der **Gorge Rim Walk** (1,5 km H/R) zieht sich von den Fortescue Falls am Schluchtrand entlang zum Circular Pool Parkplatz. Von der Kante bieten sich gute Blicke auf die Dales Gorge.

Ein 1 km langer Wanderweg führt vom Parkplatz steil hinab zum Circular Pool, der nicht immer Wasser führt. Er ist von hohen Felswänden umgeben und liegt etwas verborgen. Eine weitere Wanderweg (4 km H/R) verläuft am Grund der Schlucht vom Circular Pool zum Fortescue Pool.

Yampir Gorge und Wittenom Gorge

Nur über die nördliche Munjina Wittenoom Road sind die beiden Schluchten **Yampir** und **Wittenoom Gorge** zugänglich. Vom Besuch beider Schluchten wird wegen des Gesundheitsrisikos durch Asbeststaub abgeraten (▶ s. Exkurs S. 348).

Mount Meharry

Der höchste Berg Westaustraliens ist **Mount Meharry** (1245 m). Sein Gipfel liegt innerhalb des Karjini National Park.

Anfahrt

Vom Karijini Drive folgt man der Piste zur **Juna Downs Station,** die im weiteren Verlauf am Great Northern Highway endet. Von dort geht es nach Süden zum Fuß des Berges. Die Farm sollte von ihrer Fahrt

PER ▶ BME

vorab informiert werden (Tel. 08-91898156). Die Piste von der Station bis zum Berg ist extrem rauh und sollte nur von erfahrenen 4WD-Fahrern in Angriff genommen werden. Der Aufstieg auf den Berg ist nur nach vorheriger Anmeldung beim Ranger erlaubt (s.o. Infos).

Über den Great Northern Highway nach Port Hedland

Von der östlichen Eingangsstation des Karijini-NP sind es nur noch 30 km bis zum Great Northern Highway. Von der Kreuzung nach Norden zweigt nach etwa 25 km eine kleine Stichstraße zum Picknickplatz an der **Munjina Gorge** ab. Nach weiteren 10 km ist das **Auski Roadhouse** mit klimatisierten Motelzimmern und Budgetunterkünften sowie einem Campingplatz (Tel. 08-91766988, www.auskitourist village.com.au) erreicht. Hier hält zweimal wöchentlich der Integrity Bus auf seiner Fahrt von Perth nach Port Hedland (s. Perth Busgesellschaften).

Nach dem Rasthaus zweigt die Munjina Wittenoom Road in die verlassene Stadt **Wittenoom** (▶ s. Exkurs S. 348) ab. Zum Küsten-Highway sind es 220 km und weitere 42 km bis Port Hedland.

Asbest in Wittenoom

Die heutige „Geisterstadt" Wittenoom befindet sich am nördlichen Rand des Karijini National Park. Sie hatte zu ihren Boomzeiten zwischen 1937 und 1966 bis zu 1500 Einwohnern, die fast alle von den Asbestminen nahe der Stadt lebten. Der erste Asbestabbau fand 1939 in der Yampir Gorge, später in der Wittenoom Gorge statt. Die Arbeitersiedlung Wittenoom wurde 1947 erbaut. Von 1950 bis in die frühen 1960er Jahre war Wittenoom Australiens einziger Asbestlieferant. 1966 wurde die Mine aus wirtschaftlichen Gründen geschlossen. Viele der Arbeiter zogen weg und die verbleibenden Bürger erhofften sich Einnahmen aus dem Tourismus durch den nahegelegenen Nationalpark. Doch nachdem Ende der 1970er Jahre die gesundheitlichen Risiken des Asbeststaubes bekannt wurden, kaufte die Regierung den Einwohnern die Gebäude ab und ließ sie unverzüglich abreißen. Man geht davon aus, dass mindestens 25% aller Minenarbeiter an Lungenkrebs erkrankt sind. Trotz dieser Tatsache gibt es bis heute noch 8 Einwohner (Stand 2010), die sich standhaft weigern, ihre Stadt zu verlassen. Touristen kommen so gut wie keine mehr nach Wittenoom. Zahlreiche Warnschilder weisen Reisende auf das Gesundheitsrisiko hin. Die Tankstelle und die Pension von Wittenoom sind inzwischen geschlossen. In den Touristinformationen erhalten Sie keine Auskünfte mehr zur Stadt – sie ist de facto nicht mehr existent.

Alternativroute

Mit dem Geländewagen vom Karijini National Park in den Millstream Chichester National Park und weiter zur Küste

Für die Fahrt vom Karijini National Park (Tom Price) nach Karratha durch den schönen und wenig frequentierten **Millstream Chichester National Park** ist ein Allradfahrzeug empfehlenswert. Da es sich bei der Piste um die **Privatstraße** der Minengesellschaft entlang der Eisenbahntrasse nach Karratha handelt, benötigen Sie aus versicherungsrechtlichen Gründen eine **Erlaubnis,** die vom Visitor Centre in Tom Price oder in Karratha eingeholt werden muss. Die Genehmigung (permit) ist kostenlos und wird nach Ausfüllen eines Formulars und Ansicht eines kurzen Videofilms erteilt. Die Piste ist gut gepflegt und mit dem von der Minengesellschaft vorgegebenen Tempolimit bestens befahrbar. Von der Straße aus bietet sich die Möglichkeit, einen der langen Güterzüge, die mit Eisenerz beladen zur Küste fahren, zu fotografieren. Alternativ gelangt man über die öffentliche Roebourne-Wittenoom Road (Piste) ebenfalls in den Nationalpark.

Millstream Chichester National Park

Der 2000 qkm große Nationalpark steht mit seinen spinifexbewachsenen Hügeln, permanenten Wasserlöchern und dem Feuchtgebiet des Fortescue River in absoluten Kontrast zu den steil abfallenden Schluchten des Karijini National Park. Aus den ehemals getrennten Nationalparks Millstream und Chichester wurde im Jahr 1982 ein gemeinsamer, erweiterter Nationalpark geschaffen. Zugänglich sind nur die Gebiete **Millstream** am südlichen Ende und die **Chichester Range** im Norden. Der Park kostet Eintritt (s. Nationalparkpass S. 150).

Eisenerz-Zug

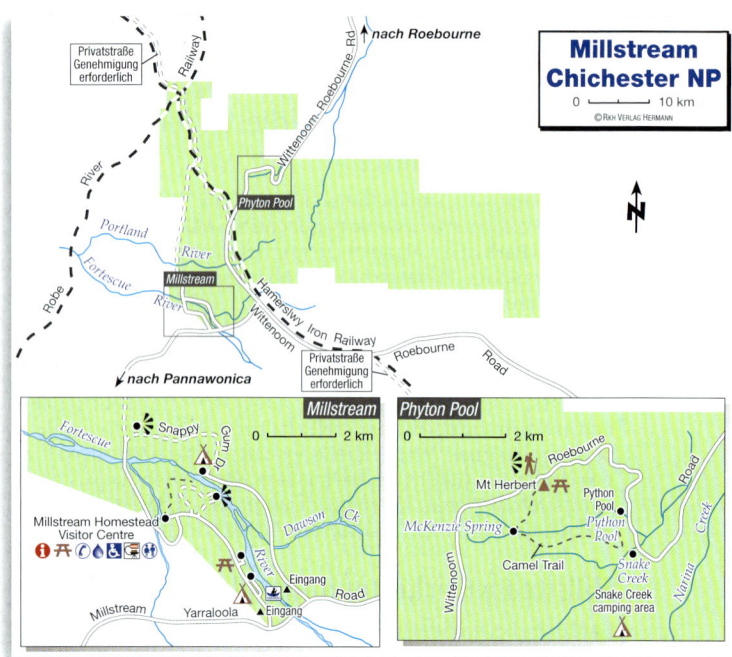

Millstream

Die Gegend um das **Millstream Homestead Visitor Centre** wird durch den ständig wasserführenden **Fortescue River** geprägt. Die Region kann auf dem engen und kurvenreichen **Snappy Gum Drive** (33 km) erkundet werden.

Die Ufer des Flusses sind relativ dicht bewachsen. Neben Akazien und verschiedenen Eukalyptusarten wächst die **Millstream Fächerpalme,** die früher in der gesamten Pilbara Region vorkam und heute nur noch an wenigen feuchten Plätzen zu finden ist. Die Palme mit ihren schönen Blättern ist nicht mit den riesigen Dattelpalmen rund um die Homestead zu verwechseln, die eingeführt wurden und nun die natürliche Vegetation stark beeinträchtigen. Im üppigen Grün der Ufer finden zahlreiche Tiere ihre Nahrung. So kreischen Kolonien von **Fledermäusen** und Heerscharen von **Nacktaugenkakadus** (little corellas) um die Wette. Kleine **Euros** hüpfen am Ufer entlang. Über 14 verschiedene **Fliegenarten** sind in den Feuchtgebieten zuhause. Von Juni bis August ist die Blütezeit zahlreicher **Wildblumen** im Park.

Die ehemalige **Millstream Farm** wurde bereits 1865 gegründet. Zu ihren wirtschaftlich besten Zeiten lebten auf über 40.000 qkm Land bis zu 55.000 Schafe. 1964 wurde die Station aufgegeben und zu einer Kneipe umfunktioniert. Seit 1986 ist sie im Besitz der National-parkverwaltung und dient als Besucherzentrum. Vom Haus führt der **Homestead Walk** (750 m) mit Hinweistafeln in die Geschichte und das Leben der frühen Siedler ein. Der einfache **Murlunmunyjurna Track** (5 km H/R) startet ebenfalls am Visitor Centre. Er führt durch die üppige Vegetation und wendet an der Cliff Lookout Straße. Entlang des Weges weisen Schilder auf die Pflanzen und deren Bedeutung für die ansässigen Aboriginal People hin.

Nichtwanderer gelangen mit dem Auto zum **Cliff Lookout**. Von hier bietet sich ein guter Ausblick auf den Fluss und die weiten Ebenen. Südlich des Aussichtspunktes erreicht man den schattigen **Campingplatz Deep Reach Pool**. Weitere Plätze zum Campen befinden sich am **Crossing Pool**.

Chichester Range – Python Pool

Die Chichester Range und das Gebiet um den Python Pool werden von Spinifex bewachsenen Hügeln dominiert. Die einsame, kurvenreiche Piste zieht sich wie ein dunkles Band über die wellige Bergkette und ein beeindruckender Rundblick folgt dem nächsten. Insbesondere bei Sonnenuntergang ist das Farbenspiel zwischen dem gelben Büschelgras und den roten Felsen ein Genuss.

Python Pool (▶ Foto) ist ein idyllischer, von hohen roten Felswänden umgebener, kühler Teich. Nur in seltenen Fällen wird er von einem fließenden Wasserfall gespeist – meistens ist es hierfür zu trocken. Vom Parkplatz führt ein kurzer Pfad durch das steinige Bachbett zum sandigen Ufer des Teiches. Baden ist möglich – lassen Sie sich

nicht von den am Rand des Teiches lebenden Lizards (water monitors), die man ab und zu sehen kann, ängstigen.

Auf den Gipfel des **Mount Herbert** führt ein etwa 600 m langer steiniger Pfad, der am Mount Herbert Car Park beginnt. Von oben bietet sich ein fantastischer Blick auf die Chichester Range und auf einzelne Inselberge Richtung Küste. Für motivierte und hitzeerprobte Wanderer bietet sich die Wanderung auf dem **Chichester Range Camel Trail** (8 km, einfach) an. Dieser verbindet Mount Herbert auf einem alten Kamelpfad mit Python Pool (Vorsicht: In dieser Richtung ist der Weg leicht abfallend). Campen ist in der **Snake Creek Camping Area** unter schattenspendenden Eukalypten erlaubt.

PER ▶ BME

Infos   **Millstream Homestead Visitor Centre,** tägl. 9–16 Uhr, Tel. 08-91845144. Neben kulturellen und geschichtlichen Fakten der Region sind auch Auskünfte zu Wanderungen und Campingplätzen erhältlich.
Tipp: Wer von **Karratha** aus den Park besucht, sollte sich dort mit Infos eindecken, da man erst am Ende einer Rundtour zum Besucherzentrum des Nationalparks gelangt.

Camping und Versorgung   Campen kann man auf den genannten, mit einfachen Buschtoiletten ausgestatteten Plätzen. Wasser, Gasgrills und Telefonzellen sind nur im südlichen Teil des Parks vorhanden.

Vom Nationalpark zur Küste

1.) Von Python Pool ist die gut gepflegte **Wittenoom Roebourne Road** die direkte Verbindung zum North West Coastal Highway (61 km).

2.) Alternativ bietet sich die **Privatstraße entlang der Eisenbahntrasse** nach Karratha an (Genehmigung notwendig, s.o.). Plant man von Karratha aus eine Rundfahrt (Tagesausflug) in den Millstream Chichester National Park, so ist es empfehlenswert den einen Weg hin und den anderen Weg zurückzufahren.

Alternativroute
Auf dem Küstenhighway
von Exmouth nach Port Hedland

Wer die Hamersley Range „rechts liegen lässt", verbleibt auf dem North West Coastal Highway und betrachtet die Berge der Pilbara nur aus der Ferne. Nördlich des **Nanutarra Roadhouse** erheben sich kleine Bergketten mit schroffen Abbruchkanten und bieten ein bisschen Abwechslung auf einer ansonsten eher tristen und langatmigen Fahrt nach Karratha. 45 km nördlich des Rasthauses zweigt die Onslow Road zur gleichnamigen Küstenstadt ab.

Onslow

Der 80 km lange Abstecher nach **Onslow** (800 Ew.) lohnt sich nur für Angler und diejenigen, die gerne auf die von Korallenriffen umgebenen **Mackerel Islands** schippern möchten. Die kleine Siedlung wurde bereits 1883 etwas südlich der heutigen Ortschaft als Versorgungsort für die umliegenden Farmen gegründet. Später wurden die Schiffe, die im Exmouth Gulf nach Perlen fischten, von hier aus versorgt. Aufgrund der schlechten Lage an der Mündung des Ashburton River (der Hafen war nicht tief genug), wurde Onslow 1925 mitsamt einiger Gebäude weiter nach Norden an die tiefe Meeresbucht **Beadon Bay** versetzt. Im Zweiten Weltkrieg wurden an

der Jetty Kriegsschiffe betankt. Zwischen 1952 und 1956 erlangte Onslow eher zweifelhaften Ruhm, als Atombombenversuche der Briten auf den vorgelagerten **Monte Bello Islands** von hier aus gesteuert und überwacht wurden.

Im historischen Onslow (48 km südwestlich, über eine Piste erreichbar) sind noch der Friedhof und Überreste der alten Eisenbahnlinie zu sehen. Im neuen Onslow ist im **Goods Shed Museum,** in dem sich auch das Visitor Centre (s.u.) befindet, Geschichtliches zur Region nachzulesen. Ansonsten bieten ein Supermarkt (tägl. geöffnet), ein Bankautomat, verschiedene Unterkünfte, eine Post und eine Autoreparaturwerkstatt alles, was Reisende benötigen. Um sich die Füße zu vertreten, empfiehlt sich der Spazierweg **Ian Blair's Memorial Boardwalk.** Er führt vom Aussichtspunkt am Beadon Point in Richtung Sunset Beach. Vor der Küste befinden sich Gas- und Ölbohrtürme sowie die neuen solaren Salzanlagen. Die **Salzgewinnungsanlagen** können einmal wöchentlich besichtigt werden (Infos im Visitor Centre). Die Strände sind zum Baden aufgrund der starken Gezeitenunterschiede und felsiger Untergründe weniger empfehlenswert, zum Angeln ist es in Ordnung.

Infos **Onslow Visitor Centre,** Second Ave, Tel. 08-91846644, nur April–Okt geöffnet! Mo–Sa 9–12 und 13–16 Uhr. Während der restlichen Zeit erhalten Sie Auskünfte an der Rezeption des Ocean View Caravan Park (s.u.). Infos sind unter www.ashburton.wa.gov.au zu finden.

Unterkunft und Camping *** **Onslow Mackerel Motel,** Ecke Second Ave/Third St, Tel. 08-91846586; ordentliches Strand- bzw. Küstenmotel.
Ocean View Caravan Park, First St, Tel. 08-91846053; Campingplatz direkt am Strand.

Mackerel Islands

Die Inselgruppe besteht aus insgesamt 10 Inseln, von denen nur die beiden Inseln Direction Island (11 km nordwestlich von Onslow) und Thevenard Island (22 km nordwestlich vor der Küste) touristisch erschlossen sind.

Thevenard Island **Thevenard Island** ist ein 6 km langes Korallenatoll mit einladenden, weißen Stränden und türkisblauem Wasser, das von unzähligen Fischen und schönen Muscheln bevölkert ist. Nicht nur Angler und

Taucher finden hier das Paradies, sondern auch Strandliebhaber kommen auf ihre Kosten. Auf der Insel gibt es zwei Unterkünfte:

**** Club Thevenard, ehemaliges Minenarbeitercamp mit Restaurant und Pool, inklusive Verpflegung.

**** Beachfront Cabins, Hütten unterschiedlicher Ausstattung und Größe.

Für beide Unterkünfte gilt eine Mindestaufenthaltsdauer von drei Nächten. Buchungen und Anfragen unter Tel. 08-91846444 oder im Internet www.makkerelislands.com.au.

Auf der Insel gibt es einen Shop, der neben Angeln, Köder und Bier auch die notwendigsten Lebensmittel verkauft.

Anreise: Von Onslow fährt mittwochs und sonntags ein **Boot** auf die Insel (45 Min.). Ansonsten ist die Insel **per Flugzeug** von Onslow, Exmouth oder Karratha erreichbar (Norwest Airworks Tel. 08-99492888).

Directon Island

Das kleine **Direction Island** mit eigenem Riff ist eine Oase für Besucher, die absolute Ruhe und Abgeschiedenheit suchen.

Lediglich eine Selbstversorgerhütte für bis zu acht Personen steht auf der Insel. Diese ist nur wochenweise buchbar (Mackerel Hotel, Onslow Tel. 08-9184 6586, www.mackerelislands.com.au). Ein Bootstransfer von Onslow wird angeboten.

Weiterfahrt nach Karratha

77 km nördlich des Onslow-Abzweigs befindet sich ein angenehm schattiger **24 h Rastplatz am Robe River,** mit Grillstellen und Toiletten.

Panna-wonica

Pilbara

Am Robe River zweigt eine Straße nach Osten in die Minenstadt Pannawonica (47 km) und weiter in den Millstream Chichester National Park (▶ s.S. 349) ab. Die Fahrt in den Nationalpark ist nur mit einem Geländewagen möglich! Entlang der Straße bieten sich am Fluss immer wieder schöne Stellen zum Campen an.

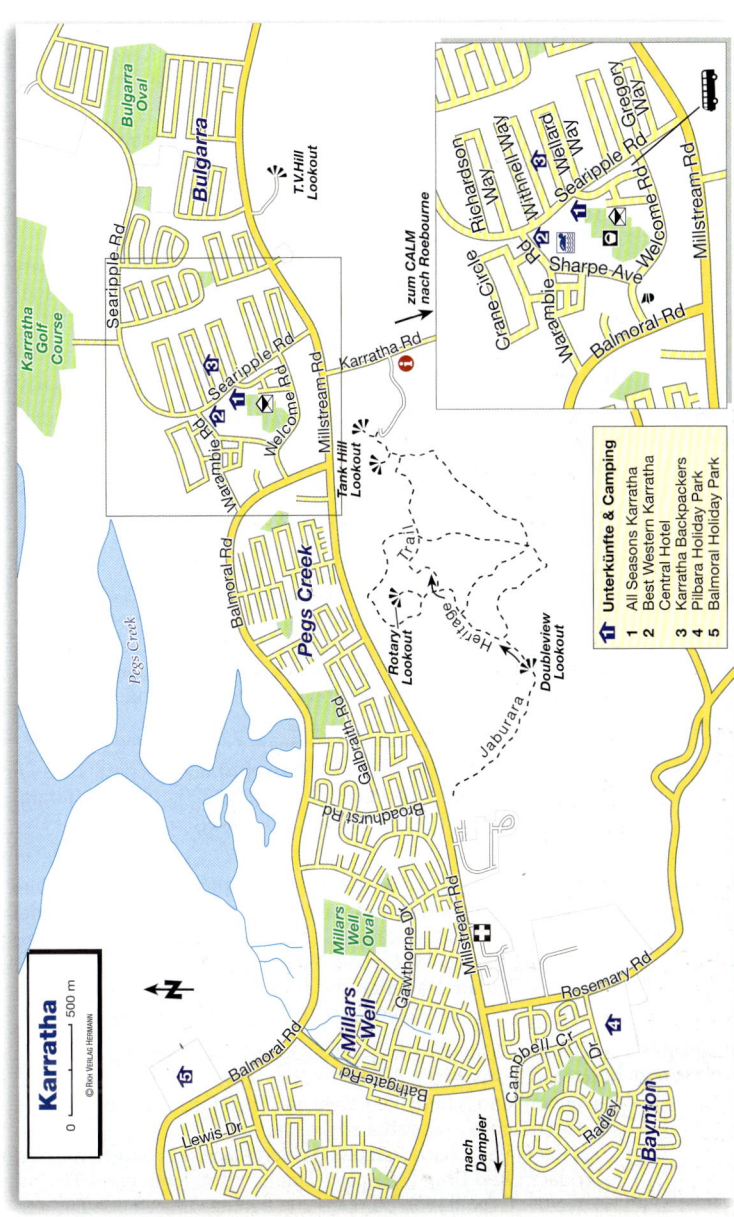

PER ▶ BME

Karratha

0 ————— 500 m
© Reix Verlag Hermann

↑ Unterkünfte & Camping
1 All Seasons Karratha
2 Best Western Karratha
Central Hotel
3 Karratha Backpackers
4 Pilbara Holiday Park
5 Balmoral Holiday Park

Bulgarra Oval
Bulgarra
T.V.Hill Lookout
Searipple Rd
Karratha Golf Course
Warambie Rd
Welcome Rd
Millstream Rd
Karratha Rd
zum CALM nach Roebourne
Tank Hill Lookout
Pegs Creek
Balmoral Rd
Galbraith Rd
Broadhurst Rd
Pegs Creek
Trail
Heritage
Rotary Lookout
Jaburara
Doubleview Lookout
Richardson Way
Withnell Way
Wellard Way
Gregory Way
Searipple Rd
Crane Circle
Warambie Rd
Welcome Rd
Millstream Rd
Sharpe Ave
Balmoral Rd
Millars Well Oval
Millars Well
Gawthorne Dr
Millstream Rd
Rosemary Rd
Balmoral Rd
Bathgate Rd
Lewis Dr
Campbell Cr
nach Dampier
Radley
Bayton
nach Dampier

In Pannawonica gibt es ein Hotel (Tel. 08-91841073), einen Campingplatz, einen Supermarkt, eine Bank, Polizei (Tel. 08-91841222), eine Tankstelle und ein Freibad. Die *Robe River Iron Mine* kann auf Touren besichtigt werden (Tel. 08-91841142). Mehr Infos unter www.ashburton.wa.gov.au.

Nächster Stopp am Highway ist das verlassen wirkende **Fortescue River Roadhouse** mit Campingplatz (Tel. 08-91845126).

Kurz vor dem Karratha Roadhouse ist ein Abzweig zum **Miaree Pool** ausgeschildert. Eine Naturstraße führt zum grünen Flussufer – ein attraktiver Rast- und Campingplatz abseits des Highways.

Vor der Einfahrt in die Stadt passiert man die **Eisenbahn.** Mit etwas Glück sehen Sie einen der langen, mit Eisenerz beladenen Züge, die aus Tom Price kommen und zum Hafen nach Dampier fahren.

Karratha – Dampier

Karratha

Karratha (19.000 Ew.) wurde in den 1960er Jahren als Servicezentrum für die Eisenerzminen im Inland, die Salzgewinnung in Dampier und später für die Gasbohranlagen vor der Küste erbaut. Noch immer ist die Stadt das kommerzielle Zentrum der Pilbara. Der Name Karratha stammt von den australischen Ureinwohnern und bedeutet soviel wie „gutes Land".

In erster Linie fallen in der Stadt die modernen Wohn- und Geschäftshäuser auf. Das kleine Stadtzentrum besteht aus einem großen Einkaufszentrum (tägl. geöffnet), einigen Hotels, verschiedene Fast-Food Läden und Restaurants, einem Kino und einem schönen Freibad. Nach Hitze und Highway-Einsamkeit freut man sich über den klimatisierten Supermarkt oder einen erfrischenden Freibadbesuch.

Sehenswertes gibt es kaum. Erwähnenswert ist der Blick vom **TV-Hill** (Millstream Rd, östliches Ende der Hauptstraße) auf die Stadt und die Küste. Hinter dem Visitor Centre beginnt der 3,5 km lange **Jaburara Heritage Trail**. Er führt an einigen sehenswerten Aboriginal-Felsgravuren vorbei.

Dampier

Dampier (2000 Ew.) liegt 20 km nordwestlich von Karratha. Die Siedlung ist mehr oder weniger ein Vorort von Karratha und wurde für Arbeiter der größten Hafenanlage der Region von der *Hamersley Iron Mining Company* 1966 erbaut. Die Stadt, die nach dem englischen Freibeuter **William Dampier,** der 1688 an diesem Küstenabschnitt an Land ging, benannt wurde, breitet sich an der King Bay aus.

Dampier Archipelago

Vor der Küste Dampiers liegen die 42 Inseln des **Dampier Archipelago.** Die Gewässer um die Inseln sind wegen ihres Fischreichtums bei Anglern und Schnorchlern sehr beliebt (Infos zu Inseltouren sind im Visitor Centre in Karratha erhältlich).

Bei der Einfahrt nach Dampier passiert man die Bronzestatue des legendären **Red Dog**. Dieser intelligente Hund lebte von 1971 bis 1979 in der Gegend von Dampier und benutze täglich den Bus der

Minenarbeiter. Für die Einheimischen wurde er – in Ermangelung erwähnenswerter Ereignisse – zu einer „Pilbara-Legende". Besichtigungtouren zu den Industrie- und Hafenanlagen werden angeboten.

Burrup Halbinsel

Die Burrup Halbinsel ist ein einzigartiges ökologisches und archäologisches Gebiet an der Nordwestküste Australiens. Dort fand man eine der weltgrößten und wichtigsten Sammlungen von **Petroglyphen**: uralte Felsgravuren, deren Alter bis zur letzten Eiszeit geschätzt wird. Leicht zu finden sind die über 10.000 verschiedenen Fundorte allerdings nicht. Am besten zugänglich sind die in Dolorit geritzten Zeichnungen in der **Deep Gorge.** Anfahrt: Von der Burrup Road zum Strand **Hearson's Cove** abzweigen, nach 2,3 km auf den schmalen Weg nach Süden abbiegen. Vom dortigen Parkplatz muss man noch einen kurzen Fußmarsch von etwa einem Kilometer durch die Felsen zu den Gravuren unternehmen.

Beachten: Wegen eines Bauvorhabens wurden Teile der Petroglyphen abgetragen und umgelagert und sind daher nicht mehr vor Ort.

Von April bis Oktober, nur bei Vollmond, ist von **Hearson's Cove** das Naturphenomän **„Staircase to the Moon"** sichtbar (▶ s. Exkurs S. 359). Hierbei spiegelt sich der aufgehende Vollmond als eine Art Treppe im Meer. Im Visitor Centre in Karratha sind die genauen Zeiten erhältlich.

Ungeachtet der historisch bedeutsamen Aboriginalfunde werden die Gasvorkommen auf der Halbinsel gefördert, wie es am Ende der asphaltierten Burrup Road gut zu sehen ist. Vom modernen **Besucherzentrum** des Gaskonzerns *The North West Shelf Venture* erhält man Einblick in die Anlage und das Verfahren der Gasgewinnung (Mo–Fr,

PER ▶ BME

Petroglyphen auf der Burrup-Halbinsel

April–Okt 10–16 Uhr, Nov–März 10–13 Uhr, Eintritt frei). Von den Gasanlagen führt eine rauhe 4WD-Piste nach Norden zum **Mount Burrup**.

Einen guten Überblick über die Halbinsel bietet der **Burrup Lookout.** Dieser ist über eine etwas holprige Piste östlich des Abzweigs der Burrup Road von der Dampier Road erreichbar.

Infos

Karratha Visitor Centre, Karratha Road (bei der Windmühle), Tel. 08-91444600, www.pilbaracoast.com, April–Nov: Mo–Fr 8.30–17 Uhr, Sa 9–16 Uhr, Dez–März: Mo–Fr 9–17 Uhr, Sa 9–12 Uhr; gut bestücktes Besucherzentrum mit freundlichem Personal, das auch bei der Tourplanung in die Nationalparks sowie durch die Industrieanlagen in Dampier behilflich ist. Hier gibt es die kostenlose Genehmigung für die Privatstraße Hamersley Iron Acess Road in Richtung Tom Price. Die Genehmigung ist aus versicherungsrechtlichen Gründen notwendig.

Das **Nationalparkbüro** (DPaW) liegt im Industriegebiet zwischen Visitor Centre und Highway (Anderson Rd, Tel. 08-91431488).

Anreise per Bus/ Flugzeug

Integrity-Busse verkehren täglich nach Perth und Broome. Abfahrt beim Visitor Centre, dort sind auch Fahrkarten erhältlich, www.integritycoachlines.com.au. Virgin Australia und Qantas fliegen täglich von Perth nach Karratha.

Mietwagen

Mietwagen (Avis, Budget) sind am Flughafen erhältlich.

Notfall

Krankenhaus, Nickol Bay Hospital, Millstream Rd, Karratha Tel. 08-91432333. **Polizei,** Ecke Welcome/Balmoral Rds, Karratha, Tel. 08-91442233.

Touren

Dampier Salt Tour, Halbtagestour durch die Anlagen der Salzproduktion, geschlossene Schuhe sind notwendig. Buchung im Visitor Centre in Karratha. **Hamersley Iron Port Facility Tour,** zweistündige Fahrt durch die Eisenerz-Verladeanlagen mit ausführlichen Erklärungen. Feste Schuhe sind Pflicht, Anmeldung im Visitor Centre Karratha.

Unterkunft und Camping

**** All Seasons Karratha, Lot 1079 Searipple Rd, Tel. 08-91851155; gutes Haus in Zentrumsnähe mit Bistro und Pool.

*** Best Western Karratha Central Hotel, 27 Warmbie Rd, Tel. 08-91439888; in der Nähe des Shoppingkomplex gelegenes Hotel, auch mit Selbstversorger-Apartments.

Karratha Backpackers, 110 Wellard Way, Karratha Tel. 08-91444904; einfaches Hostel im Motelstil, gerne von Minenarbeitern frequentiert.

Pilbara Holiday Park Big 4, Rosemary Rd, Tel. 1-800-451855; gepflegter Campingplatz mit vielen Cabins, Pool, Campingküche und Internetzugang.

Balmoral Holiday Park, Balmoral Rd, Tel. 08-91853628; ordentlicher Platz, allerdings ohne Schwimmbad!

Tagesausflug in den Millstream Chichester NP (ab/bis Karratha)

Wer auf der Küstenroute nach Norden unterwegs ist, kann einen zwar langen, doch recht abwechslungsreichen Ausflug in den Millstream Chichester National Park unternehmen: Hinfahrt auf der gepflegten **Roebourne Road** (Abzweig vom North West Coastal Highway, 60 km östlich von Karratha) in den Nationalpark nach Python Pool (weitere 61 km). Rückfahrt auf der **Privatstraße** entlang der Eisenbahntrasse (ca. 90 km, Genehmigung vorab in Karratha besorgen, s.o.).

Staircase To The Moon

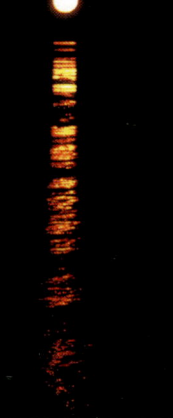

Zwischen April und Oktober sollte bei Vollmond das Naturphänomen „Staircase To The Moon" nicht versäumt werden.

Wenn der volle Mond am Horizont aufgeht, spiegelt sich das Licht auf dem flachen Wasser der Wattflächen, die bei Ebbe aufgrund des enormen Tidenhubs von 8–12 m entstehen. Die Lichtstreifen erscheinen wie Stufen, die zum Mond hinauf führen. In Broome wird die optische Illusion regelrecht zelebriert. Am Town Beach sammeln sich hunderte von Menschen, um das seltene Schauspiel zu bestaunen (s. Broome). Die genauen Zeiten des Mondaufgangs sind in den Besucherzentren zu erfahren. Die „Treppe zum Mond" ist allerdings nur dann zu sehen, wenn Sie zufällig bei Vollmond zwischen Karratha und Derby unterwegs sind!

PER ▶ BME

Roebourne und die Point Samson Halbinsel

31 km östlich von Karratha ist die Gemeinde **Roebourne** (1400 Ew.) am Highway erreicht. Die 1864 gegründete Siedlung ist die älteste zwischen Port Gregory und Darwin. Im bedeutensten Gebäude der Stadt, dem jüngst renovierten, ehemaligen Gefängnis, ist das Visitor Centre und eine Ausstellung über die einst grausamen Haftbedingungen untergebracht. Ansonsten wirkt dieses Zentrum eher wie ausgestorben. Viele Gebäude stehen leer und nur vereinzelt sieht man ein paar Kinder auf den Straße spielen.

Cossack

Am Ortseingang zweigt die Point Samson-Roebourne Road zur **Point Samson Peninsula** ab. Erster Stopp auf der Halbinsel ist **Cossack,** einst nur „The Landing" genannt. Der kleine Seehafen wurde 1863 für die Belange der Stadt Roebourne erbaut. Die frühen Siedler des Nordwestens, z.B. Landwirte, Perlenfischer und Goldsucher, kamen allesamt in Cossack an Land. Nachdem die Landwirtschaft aufgrund der Trockenheit und Isolation fast vollständig zum erliegen kam, erlebte die Perlenfischerei eine erste Blüte. 1884 lebten bereits über 400 Menschen am Hafen. Vier Jahre später brachte der Goldrausch in der Pilbara einen weiteren Bevölkerungszuwachs. Allerdings folgte der Niedergang fast ebenso rasch: Die Perlenindustrie verlagerte sich nach Broome und die Goldsucher zogen in andere Landstriche. Hinzu kam, dass der Hafen für größere Schiffe ungeeignet war. So wurde Cossack in den 1950er Jahren zur Geisterstadt. Inzwischen haben ein kleines Café und ein Backpacker Hostel geöffnet. Ein Spaziergang durch die teilweise hübsch restaurierten historischen Gebäude ist eine willkommene Abwechslung.

Wickham

Weiter nördlich liegt linkerhand der Strecke die Wohnsiedlung **Wickham,** die wie Karratha und Dampier als Versorgungsstützpunkt in den 1970er Jahren für die Hafenarbeiter von Cape Lampert errichtet wurde. Wer einen riesigen Minenlastwagen aus der Nähe fotografieren will, folgt dem Wickham Drive in die Stadt hinein, wo ein gelber 170 Tonner unübersehbar parkt.

An der Spitze der Halbinsel liegt bei **Cape Lambert** der riesige, offene Seehafen. An der langen Pier können bis zu drei große Eisenerzfrachter gleichzeitig beladen werden. Die Zufahrtsstraße ist für Privatfahrzeuge gesperrt. Interessenten können sich der „The Port to Port Tour" anschließen (Mo, Di, Mi, Fr jeweils um 10.30 Uhr, Buchung im Robe Visitor Centre in Wickham).

Point Samson

An der Spitze der Halbinsel liegt **Point Samson,** eine expandierende Feriensiedlung mit einem Restaurant, einem kleinen Laden, einem Campingplatz, einem Hotel und verschiedenen privaten Bed&Breakfast-Häusern. Die Bilder der herrlichen Sandstrände in den Reisebroschüren trügen etwas, zumindest bei Ebbe. Das Meer zieht sich so weit zurück, dass nur noch ein rauher, felsiger Strand mit bunten Steinen übrig bleibt. Dafür ist es sehr ruhig in Point Samson und kaum ein internationaler Tourist verirrt sich in das noch junge Städtchen.

Infos

Roebourne Visitor Centre, Queen St, Roebourne, Tel. 08-91821060, Mai–Okt Mo–Fr 9–17 Uhr, Sa 9–15 Uhr, Nov–April Mo–Fr 9–15 Uhr, www.roebourne .wa.gov.au.

Touren

Cossack Adventure Cruises, Tel. 08-91870296, www.cossackcruises.com.au; Bootsfahrten auf den Spuren der ersten europäischen Siedler rund um die Halbinsel. Buchung im Visitor Centre Karratha oder Roebourne.

Unterkunft und Camping

**** Point Samson Resort, 56 Samson Road, Point Samson, Tel. 08-91871052; gepflegte Anlage mit Pool, nur wenige Gehminuten zum Strand.

*** Jarman House B&B, Ecke Vitenbergs Dr/McLeod St, Point Samson, Tel. 08-91870761, www.jarmanhouse.com.au; gemütliche Frühstückspension mit Blick aufs Meer.

* Cossack Backpackers, Tel. 08-91821190; kleines Hostel in der historischen Polizeistation in Cossack.

Samson Beach Caravan Park, Tel. 08-91871414; 50 m vom Strand entfernt liegender, kleiner Campingplatz, leider oft ausgebucht – vorherige Anmeldung empfehlenswert.

Weiterfahrt nach Port Hedland

27 km östlich von Roebourne zweigt die öffentlich zugängliche Piste in den Millstream Chichester National Park ab. Die gut gepflegte

Staubstraße verläuft durch Farmland zum Python Pool (▶ s. Haupt-route S. 351).

Hinter Port Hedland folgen 201 km öde Strecke. Unterwegs passiert man auf halbem Weg das 1886 erbaute **Whim Creek Hotel** (Hotel, Campingplatz, Tankstelle Tel. 08-91764914), den einzigen Überrest der ehemaligen Gold- und Kupferstadt. Erinnerungen an die einst lebhafte Zeit sind im Inneren des Hotels zu sehen.

Moderne Erkundungsmethoden haben 2004 zur Öffnung einer neuen Kupfermine in unmittelbarer Nähe von Whim Creek geführt. Experten schätzen, dass der Abbau einiger Millionen Tonnen etwa dreieinhalb Jahre andauern dürfte. Dies zeigt wieder deutlich, wie schnell Australien dank seiner Bodenschätze auf den weltweiten Rohstoffbedarf reagieren kann.

50 km nördlich von Whim Creek befindet sich an den Ufern des **Yule River** ein schattiger 24-Stunden-Rastplatz, auf dem kostenfrei campiert werden kann. Nach weiteren 25 km stößt der Küstenhighway auf den Great Northern Highway. Von der Kreuzung sind es noch 42 km nach Port Hedland.

Übernachtungstipp: Wer die Industrie-und Hafenstadt Port Hedland meiden will, sollte dort nur seine Vorräte auffüllen und 250 km weiter zum schönen Eigty Mile Beach Caravan Park fahren (s.u.).

South Hedland

Die erste Abfahrt vom Highway führt nach South Hedland. Als der in den 1960 Jahren entstandene Vorort sich entwickelte, war auf der Halbinsel kein Bauplatz mehr verfügbar.

Einkaufstipp: Im gut sortierten Shopping Centre von South Hedland (tägl. 6–21 Uhr) kann man die Vorräte auffüllen. Augenfällig ist das im Vorort vorhandene Problem mit alkoholabhängigen indigenen Australiern.

Port Hedland

Überblick   Port Hedland (13.500 Ew.) ist Westaustraliens größter Industriehafen und Hauptumschlagplatz für das abgebaute Eisenerz der Pilbara. Das Erz scheint in der Stadt allgegenwärtig, denn sämtliche Gebäude und Straßen sind mit einem rostroten Schleier überzogen. Die einzige Ausnahme ist der schneeweiße Salzberg gleich an der Einfallstraße, Ergebnis der großen Salzmine am Meer. Das Stadtzentrum beschränkt sich auf eine kleine Einkaufsstraße (Wedge St) mit den notwendigsten Einrichtungen wie einer Post, mehrerer Bankfilialen, dem Besucherzentrum, einigen Take-Away Shops, kleinen Lebensmittelgeschäften und Videoläden. Interessant ist der Blick von der Promenade auf die Hafeneinfahrt, besonders wenn große Frachter hineinmanövrieren. Dennoch, man versäumt sicherlich nichts, wenn man

PER ▶ BME

Port Hedland auf der Reise nach Norden auslässt, oder wenn man es nur einer kurzen Stippvisite unterzieht.

Für die Pilbara und ihre Bewohner ist das Eisenerz das „rote Gold". Aus ganz Australien reisen Arbeitskräfte in die Minenstädte und Verladehäfen, um in wenigen Jahren ein kleines Vermögen zu verdienen. So erhält zum Beispiel der Fahrer eines Minenlastwagens über A$ 120.000 pro Jahr, (wohlgemerkt bei einer 10 Tage Schicht ohne Sonn- und Feiertag). Der ständig wachsende Rohstoffbedarf, speziell durch die Nachfrage aus China angeheizt, wird der Region dank der reich vorhandenen Bodenschätze auch in den kommenden Jahren zu einer glänzenden Zukunft verhelfen.

Geschichte Im April 1863 landete der Engländer Peter Hedland auf der Suche nach einem sicheren Anlegeplatz für die Viehverladung in der Bucht des heutigen Port Hedland. Er nannte den Naturhafen „Mangrove Harbour". In den Folgejahren ließen sich Perlenfischer mit ihren Familien in der Bucht nieder. Port Hedland gewann an Bedeutung, als der kleine Hafen von Cossack für die Goldsucher in Nullagine und Marble Bar (südöstlich von Port Hedland) zu weit entfernt lag. Mit der Stadtgründung 1896 wurde ein erster Landungssteg gebaut und 1900 das erste Gold verladen. Mit dem Bau einer Eisenbahnlinie von Marble Bar im Jahr 1911 entwickelte sich Port Hedland zum wichtigsten Hafen in der Pilbara. Nach dem Ersten Weltkrieg bis zum Beginn der Eisenerzförderung Mitte der 1960er Jahre fristete der Hafen ein unbedeutendes Dasein. Verschifft wurde hauptsächlich Vieh, Wolle, Gold, Perlmuscheln sowie Dinge des alltäglichen Bedarfs für die wenigen Bewohner auf diesem einsamen Landstrich.

Infos **Port Hedland Visitor Centre,** 13 Wedge St, Tel. 08-91731711, www.visitporthedland.com, Mo–Fr 9–17 Uhr, Sa 9–14 Uhr; Buchung von Industrie- und Hafenführungen sowie zu den Nationalparks der Pilbara. Auskünfte zu Unterkünften und Busfahrplänen sowie Internetzugang.

Anreise per Bus/ Flugzeug Die **Überlandbusse** halten beim Visitor Centre in Port Hedland und am Shopping Centre in South Hedland. Es besteht eine Verbindung nach Broome und Perth mit Integrity Coach Lines (www.integritycoachlines.com.au). Der **Flughafen** liegt 13 km außerhalb und wird täglich von Qantas (www.qantas.com, Tel. 131313) von Perth aus angeflogen.

Einkaufen Das einzige Shopping Centre in Port Hedland (tägl. geöffnet) befindet sich direkt an der Hauptstraße Wilson St beim Sportstadion. Besser sortiert ist jedoch das Einkaufszentrum in South Hedland (s.o.).

Notfall **Krankenhaus,** Southerland St, Port Hedland, Tel. 08-91581666
Polizei, 26 Hawke Pl, South Hedland, Tel. 08-91721444

Touren **BHP Billiton Iron Ore Tour,** ganzjährig Di und Do um 13 Uhr. Geführte, 45 Min. lange und sehr informative Tour durch die Hafenanlagen (Buchung im Visitor Centre).
Weitere Touren durch die Stadt, die Salzgewinnungsanlagen (nur saisonal) und in die Nationalparks werden angeboten. Insgesamt ist das Angebot jedoch

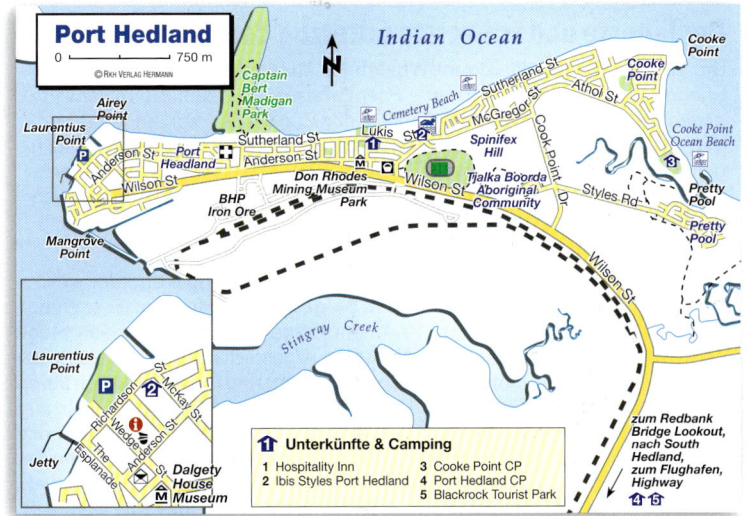

sehr gering und ohne eigenes Fahrzeug kann man nur wenig von der Umgebung sehen.

Unterkunft und Camping

*** Ibis Styles Port Hedland, Ecke Lukis/Mc Gregor Sts, Port Hedland, Tel. 08-91731511. Gepflegtes Hotel hinter dem Einkaufszentrum mit Pool, Restaurant und Bar.

*** Hospitality Inn, Ecke Sutherland/Webster Sts, Port Hedland, Tel. 08-91731044. Mittelklassehotel mit Pool.

Cooke Point Holiday Park Big 4, 2 Taylor Sts, Port Hedland, Tel. 08-91731271; gepflegter, großer Campingplatz mit schattigen Plätzen, Pool, Internetzugang, Backpackerunterkünften, Cabins und offener Campingküche mit Grillplatz im Stadtteil Cooke Point, mit direktem Strandzugang. Der Platz ist auch mit dem öffentlichen Bus erreichbar.

Port Hedland Caravan Park, Great Northern Hwy, gegenüber vom Flughafen, Tel. 08-91722525; schattiger Platz am Highway mit Pool, Cabins und vielen Dauercampern.

Blackrock Tourist Park, 2115 North Circular Rd, South Hedland, Tel. 08-91723444; Platz mit Cabins und Stellplätzen in Süd Port Hedland.

Sehenswertes in Port Hedland

Vom Parkplatz (mit Picknicktischen und Toiletten) am Ende der Wedge Street hat man einen hervorragend Blick auf den Hafen mit seinen ein- und auslaufenden **Frachtschiffen**. Wer die einfahrenden, mit Eisenerz beladenen, kilometerlangen langen **Züge** beobachten will, kann dies am besten von **Red Bank Bridge** aus (am Ortseingang, beim Salzberg). Die Einfahrtszeiten der Eisenbahn sind an der Tafel am Eingang des Visitor Centre angeschrieben.

Der längste und schwerste Güterzug der Welt

Um das Eisenerz aus der **Mount Whaleback Mine** bei Newman zur Küste zu bringen, wurde eine 426 km lange Eisenbahnstrecke erbaut. Normalerweise bilden drei bis vier Loks mit 300 Wagen einen Zug von 3–4 km Länge. Sie bringen das „rote Gold" zur Verladung nach Port Hedland. Um in das Guiness Buch der Rekorde zu gelangen, wurde im Jahr 2001 ein Weltrekord-Zug zusammengestellt. Insgesamt 8 Loks zogen 682 Wagons. Der Zug war 7,3 km lang und wog das Rekordgewicht von 99.732 Tonnen!

Die Geschichte der lokalen Aboriginal People und der weißen Siedler in Port Hedland ist im **Dalgety House Museum** (Ecke Wedge St/Anderson Sts, tägl. 10–15 Uhr) dargestellt. Die rostigen Fahrzeuge im **Don Rhodes Mining Museum** (eigentlich nur ein Parkplatz an der Wilson St, hinter dem Shopping Centre) sind nur einen kurzen Stopp wert. Am Flughafen, 13 km außerhalb am Highway in Richtung Broome, befindet sich die Basis des **Royal Flying Doctor Service** (Mo–Fr 9–14 Uhr, ▶ s. Exkurs S. 78, Teil 1) sowie die **School of the Air**. Beide Einrichtungen können besichtigt werden (Infos zu den aktuellen Öffnungs- bzw. Unter-richtszeiten sind im Visitor Centre erhältlich). Unberührte Natur ist in Port Hedland zwar rar, doch zwischen Oktober und Mai brüten an den Stränden um Port Hedland **Flache Suppenschildkröten** (australien flatback turtles). Gut zu beobachten sind die Kriechtiere abends am Cemetery Beach (Taschenlampe nicht vergessen). Von der Landesspitze **Cooke Point** und dem gleichnamigen Strand ist von April bis Oktober bei Vollmond die Lichtreflexion **„Staircase to the Moon"** (Exkurs ▶ s.S. 359) zu beobachten (Zeiten im Visitor Centre).

Die **Strände** der Stadt sind wegen der starken Gezeiten eher zum Spazierengehen, Angeln und Muschelsammeln, als zum Baden geeignet. **Achtung,** in der Gegend gibt es viele Steinfische im Wasser, weshalb das Tragen von Sandalen notwendig ist.

Salz in Port Headland

Kimberley Region

Die nordwestliche Region der Kimberley umfasst die nördliche Spitze Westaustraliens vom Cape Keraudren am Eighty Mile Beach bis in den Osten an die Grenze des Northern Territory. „The Kimberley" bietet mit der Gibb River Road ein wahres Hinterland-Abenteuer: unzählige Spuren geheimnisvoller Aboriginalkultur und wunderbare Strände. Die tropische Stadt Broome verwöhnt mit schönstem Wetter, warmer Ausstrahlung und angenehmen Unterkünften (▶ s.S. 367).

Von Port Hedland nach Broome – Der Eigthy Mile Beach

Auf den endlos erscheinenden 615 km zwischen den beiden Städten Port Hedland und Broome liegen genau drei Rasthäuser. Rechtzeitiges Volltanken sei daher angeraten. Der Highway verläuft meist etwas abseits des **Eighty Mile Beach,** der sich fast über die gesamte Streckenlänge entlangzieht und mit Sicherheit zu den schönsten Stränden ganz Australiens gehört. Dabei ist vor allem die beeindruckende Weite, die den Strand so faszinierend macht. Aufgrund des im Nordwesten enormen Tidenhubs steht Baden eher nicht zur Debatte – der Unterschied zwischen Ebbe und Flut beträgt zwischen 8 und 10 m. Bei Flut ist das Wasser sehr flach, bei Ebbe zieht es kilometerweit zurück.

83 km nördlich von Port Hedland ist auf dem **24-Stunden-Rastplatz** am Ufer des DeGrey River kostenloses Campen möglich (mit Toiletten und Feuerstellen).

Der breite Eighty Mile Beach beginnt 151 km nördlich von Port Hedland bei **Cape Keraudren**. Das Naturreservat am Kap ist besonders bei Anglern und Muschelsammlern beliebt und über eine Piste auf Höhe des Pardoo Roadhouse erreichbar. Camping ist auf ausgewiesenen Plätzen erlaubt (keine sanitären Einrichtungen, kein Wasser, ein Ranger ist vor Ort) – im Rasthaus erhalten Sie nähere Informationen. Das **Pardoo Roadhouse** (Tel. 08-91764916) bietet neben einer Tankstelle und einem Imbiss einen schattigen Campingplatz, einfache Zimmer und einen erfrischenden Pool.

Camping Ein absolutes Muss ist der Abzweig zum **Eighty Mile Beach Caravan Park** (Tel. 08-91765941, Abzweig 93 km nördlich von Pardoo). Die Zufahrt erfolgt über eine gepflegte, 10 km lange, rote Sandpiste. Der Campingplatz ist direkt hinter einer flachen Düne großzügig und mit schattigen Stellplätzen angelegt. Die einzigartige Lage verlockt dazu, hier mehr als nur eine Nacht zu verbringen. Im kleinen Shop gibt es die notwendigsten Lebensmittel sowie Campingartikel. Dank des Münz-Internet-Terminals verpasst man selbst hier vom Weltgeschehen nichts.

Auch wenn man auf die Übernachtung verzichtet: Der Abstecher lohnt sich trotzdem, da der unendlich lange, weiße Sandstrand in

Westaustralien einzigartig ist. Mit einem 4WD-Fahrzeug kann von 7–19 Uhr am Strand entlanggefahren werden. Ein bisschen Vorsicht sollte man dabei walten lassen und sich nicht zu weit von anderen Fahrzeugen entfernen – nur für den Fall, dass man im tiefen Sand stecken bliebe und Hilfe benötigen würde. Achtung: Um 19 Uhr wird die Schranke der Strandzufahrt (gleich neben dem Campingplatz) geschlossen! Sicherer und auch schöner ist es, zu Fuß am Strand entlangzuschlendern, um Muscheln zu sammeln und Wassertiere zu beobachten. Bei Flut kommen zahlreiche Angler ans Ufer. Angeblich fängt hier wirklich jeder einen Fisch, selbst ohne Angelerfahrung und nur mit der Handleine. Die freundlichen Mitangler sind beim Zerlegen der Beute gerne behilflich. Nicht zu verpassen ist natürlich der grandiose Sonnenuntergang im Westen.

Weiter auf dem Northern Highway liegt 45 km nördlich des Strand-Abzweigs das **Sandfire Roadhouse** (Tel. 08-91765944) mit Motelzimmern und Stellplätzen. 102 km weiter ist auf dem 24-Stunden-Rastplatz **Stanley Rest Area** (Toiletten und Feuerstellen) das Campen etwas abseits der Straße kostenlos möglich.

Einen weiteren Campingplatz sowie ein Vogelobservatorium direkt am Strand findet man in **Port Smith,** 180 km nördlich des Sandfire Roadhouse. Der Strand ist über eine 23 km lange Zufahrtsstraße (nicht asphaltiert) erreichbar. Beim **Port Smith Caravan Park** (Tel. 08-91924983) sind Benzin, Lebensmittel und Getränke erhältlich. Außerdem wird jeden zweiten Tag eine Bootstour zur nahegelegenen Lagune angeboten. Wer sich körperlich ertüchtigen möchte, kann bei Flut in der Lagune schwimmen oder auf einem 9 Loch-Golfplatz den Schläger schwingen. Ornithologen bietet der **Port Smith Bird Park & Tropical Garden** eine lehrreiche Sammlung australischer und exotischer Vögel.

Nach weiteren 110 km Einsamkeit stößt man auf eine T-Kreuzung. Links geht es nach Broome (34 km), rechts weiter auf dem Highway nach Fitzroy Crossing, Kununurra und schließlich Darwin. Gleich hinter dem Abzweig liegt das **Roebuck Roadhouse** (Tel. 08-91921880) mit Campingplatz und Bar.

Eighty Mile Beach

Übernachtungstipp unterwegs: ****Eco Beach Wilderness Retreat,** Tel. 08-91938015, www.ecobeach.com.au. Herrlich gelegenes Strand-Resort 130 km südlich von Broome. Von Broome aus werden Segeltouren in das Camp angeboten.

Broome

Überblick   Die Hauptstadt des tropischen Nordwestens gilt als multiethnisches Zentrum australischer Ureinwohner, Chinesen, Japanern, Malaien, Indonesier und europäischer Perlentaucher. Inzwischen hat sich Broome mit 13.700 Einwohnern zu einer modernen Oase für Touristen und Sonnenanbeter, die dem Winter entfliehen wollen, entwickelt. Die Stadt an der Roebuck Bay strahlt eine besondere Atmosphäre aus: Die Häuser sind im tropischen Stil mit Wellblechwänden und Dächern erbaut. Edle Galerien und Perlenläden wechseln sich ab mit gemütlichen Cafés und Restaurants. Besucher und Reisende scheinen sich sofort dem entspannten Tropenleben anzupassen. All das macht Broome so einzigartig.

Das Klima variiert von brütender Hitze im Sommer bis zu angenehm warmen Temperaturen im Winter, wobei die lokalen Aboriginal People im Jahresverlauf acht Klimaphasen unterscheiden, die übrige Bevölkerung kennt derer nur zwei – „The Wet" und „The Dry". Während der Trockenzeit von Mai bis Oktober sind die Tage 25–35 Grad warm und der Himmel ist meist wolkenfrei. In diesen Monaten ist in Broome Hochsaison. Unterkünfte sind meist ausgebucht und eine Reservierung ist daher auf alle Fälle sinnvoll. Im Gegensatz dazu muss von November bis April eine tropische, feuchtheiße Hitze ertragen werden. Ein Grund dafür, dass es in diesen Monaten recht ruhig zugeht. Tropische Regengüsse und gelegentliche Wirbelstürme beherrschen das Wettergeschehen von Januar bis März, in der Regenzeit.

Um die Stadt und die herrlichen Sandstrände kennenzulernen, sollten mindestens zwei Tage Aufenthalt einplant werden. Weitere Tage können für lohnenswerte Ausflüge in die Umgebung genutzt werden.

Geschichte   Die **Yawuru Aboriginal People** hatten über viele Jahrhunderte hinweg eine starke Verbindung zur Roebuck Bay. Malaien kamen schon früh und besuchten die Gegend auf der Suche nach Schildkröten, Seekühen und Perlen. Der Engländer **William Dampier** war 1688 der erste Europäer, der den Küstenabschnitt aufsuchte. Er benannte die Bucht nach seinem Schiff „H.M.S. Roebuck". Es dauerte allerdings mit der Ernennung zur Stadt bis zum 21. November 1883. Ihren Namen erhielt sie vom damaligen westaustralischen Gouverneur **Sir Frederick Napier Broome**.

Dem Fund der riesigen Perlmuttmuschel **Pintada Maxima**, die in den Gewässern der Roebuck Bay gedeiht, ist der kommerzielle Aufschwung der Siedlung zu verdanken. Die ersten Bewohner, meist Landwirte, erkannten schnell, dass das Fischen nach den schimmernden Muscheln rentabler als die Schafzucht war. Die Perlmutt- und Perlenindustrie wuchs schnell und Anfang des 20. Jahrhunderts produzierte Broome 80% des weltweiten Perlmuttbedarfs. Über 5000 neue Siedler, meist Chinesen, Japaner und Malaien kamen in die

BME ▶ DRW

Roebuck Bay. 1910 wurden über 400 „Lugger", wie die Perlenfischerboote genannt werden, gezählt. Mit der Weltwirtschaftskrise und dem
Aufkommen von Kunststoffknöpfen endete der Perlmuttboom schon
1929 und der Ort versank in Bedeutungslosigkeit. Hinzu kam 1935
ein **gewaltiger Zyklon**, der 20 Perlenfischerboote samt Besatzung im
Lacepede Kanal versenkte und weitere sechzehn Schiffe schwer be-
schädigte. Während des Zweiten Weltkrieges wurde Broome nach
dem japanischen Angriff auf Darwin (19. Feb. 1942) evakuiert und die
japanischen Perlentaucher interniert. Die Stadt wurde im März 1942
von den Japanern bombardiert. Nach dem Krieg kamen die Einwohner
zurück, und es galt, eine ganze Industrie neu zu beleben. Die rentierte
sich auch nur dadurch, dass die japanische Konkurrenz durch
Embargos am Weltmarkt ausgeschlossen war und die Preise für
Perlmutt in die Höhe schossen. Doch der daraus resultierende Boom
war nur von kurzer Dauer. Ende der 1950er Jahre lösten amerikanische Kunststoffprodukte das Perlmutt nahezu vollständig ab.

Mit der **Perlenzucht** erlebt die Stadt bis heute einen langsamen
Aufschwung. Broome produzierte zeitweilig zwischen 60% und 70%
des weltweiten Zuchtperlenbedarfs. Moderne Tauchgeräte lösten
den alten Kupferhelm ab und in den 1980er Jahren gingen die Perlentaucher der alten Generation in den Ruhestand. Seit dieser Zeit spielt
der Tourismus eine immer wichtigere Rolle. Mit dem Fremdenverkehr
erhielt die Stadt ein neues Gesicht: Straßen wurden asphaltiert,
Hotels, Campingplätze und Restaurants entstanden. Heute zählt
Broome schon über 100.000 Gäste im Jahr.

Adressen & Service Broome

Infos   **Broome Visitor Centre,** 1 Hamersley St (gleich am 1. Kreisverkehr), Tel. 1-
800-883777, Mo–Fr 8.30–17 Uhr, Sa/So 8.30–16.30 Uhr (in der Regenzeit ver-
kürzte Öffnungszeiten), www.broomevisitorcentre.com.au. Das freundliche
Personal gibt detaillierte Auskünfte zur Stadt, Busfahrplänen, Unterkünften
und Veranstaltungen. Ebenso sind Informationen zur gesamten Kimberley
Region und zu Ausflügen in die Umgebung erhältlich. Am **Flughafen** befindet sich ebenfalls eine kleine Filiale des Visitor Centres.

Das **Nationalparkbüro** (DPaW, 111 Herbert St, nähe Town Beach, Tel. 08-
91921036, Mo–Fr 8–17 Uhr) hält ausführliche Informationen und Materialien
zu den Nationalparks in den Kimberleys bereit.

An- und   **Per Flugzeug:** Der kleine und übersichtliche, wohlgemerkt **internationale**
Abreise   **Flughafen** (www.broomeair.com.au) liegt inmitten der Stadt. Broome wird
täglich von Perth, Alice Springs, Adelaide, Melbourne (alle Qantas), Darwin und
Exmouth (Skywest) direkt angeflogen. Flüge in die Kimberley Region starten
ebenfalls vom Airport. Wer nicht mit dem Taxi zur Unterkunft fahren möchte,
kann bis zum Visitor Centre laufen und dort den öffentlichen Bus nehmen (s.u.).
Die **Überlandbusse** von Greyhound (Darwin – Broome) und Integrity Coachlines (Perth – Broome) stoppen am Visitor Centre, dort sind auch Tickets erhältlich.

Perlmutt und Perlen

Perlmutt (oder auch „Perlmutter") ist ein schillerndes, biogenes Material an der Innenseite einiger schalenbildende Weichtiere wie Austern und anderen Muscheln, das oft als Schmuck Verwendung findet. Perlmutt wird von Perlmuscheln, Kegel- oder Kreiselschnecken, Seeohren und weiteren Schneckenarten gebildet. Die Farbe des Perlmutts unterscheidet sich je nach geographischer Herkunft und Schneckenart. In der polynesischen Welt wurde Perlmutt bis in das 19. Jahrhundert als Währung verwendet.

Auch in europäischen Spielkasinos wurden noch bis zum „fin de sciecle" schimmernde Perlmuttchips benutzt. Wegen seiner regenbogenfarbigen Eigenschaften diente das Material seit langer Zeit zur Herstellung von Schmuck und zur Verzierung von Möbeln. Aber auch als Fischköder, zum Bau von Musikinstrumenten und zur Herstellung von geschmacksneutralen Löffeln fand Perlmutt Verwendung. Einer der größten Abnehmer für Perlmutt war die weltweite Knopfindustrie. Erst mit der Erfindung des Kunststoffknopfes in den 1950er Jahren ging die Nachfrage nach Perlmutt stark zurück.

Waren die natürlich gewachsenen **Perlen** anfänglich nur ein Nebenprodukt bei der Perlmuttfischerei, so nahm die Perlenzucht mit dem Untergang der Perlmuttindustrie an der Küste vor Broome enorm zu. Da Zuchtperlen aufgrund der konstant warmen Wassertemperatur, der vorhandenen Schwebstoffe und der gewaltigen Tide sehr schnell und sehr groß wachsen, zählen die Perlen aus Broome zu den größten Zuchtperlen weltweit.

Gezüchtet werden die Perlen nach einer in Japan entwickelten Methode. Zuerst werden von Tauchern wilde Perlaustern der Art **Pintada maxima** vom Meeresboden gepflückt und anschließend gereinigt. Nach einer Erholungsphase werden ihnen kleine Kugeln aus Perlmutt eingeführt. Nach etwa eineinhalb Jahren legt sich eine feste Perlmuttschicht um die Kugel – die kleine Perle ist fertig und wird geerntet. Da sich die Muschel nun an die Perle gewöhnt hat, wird eine neue, etwas größere Perlmuttkugel eingepflanzt und der Kreislauf beginnt von neuem. So können mit einer Auster über sechs bis acht Jahre immer größere Perlen produzieren werden. Wird die Muschel zu alt, arbeitet sie zu langsam und wird aus der Zucht entfernt.

Die Hauptprobleme der Perlenzucht entstehen durch die Belagerung der Austern mit Algen, Schnecken und anderen Lebewesen, die dicht an der Wasseroberfläche leben. Dort werden die Körbe mit den Perlmuscheln gelagert, da Licht die Perlen schneller wachsen lässt. Auf den Perlenfarmen wird daher regelmäßig eine Muschelsäuberung durchgeführt (gerne werden dazu auch Rucksackreisende angestellt).

Das Geschäft mit den Perlen bringt Australien A$ 200 Mio. Umsatz im Jahr – verteilt auf nur 19 Perlenfarmen, davon 18 in Westaustralien. Die Preise für Perlen hängen von den Faktoren Größe, Form (je runder, desto wertvoller), Farbe, Lüster (Dicke der aufgewachsenen Perlensubstanz) und der Oberfläche ab.

Tipp: Besuchen Sie in Perth oder Broome das edle Geschäft von Paspalay Pearls, dem führenden „Hersteller" edler Perlen, um die Vielfalt und Schönheit der Perlen zu bestaunen!

BME ▶ DRW

Öffentliche Verkehrs- mittel

Die einzelnen Stadtteile können zwar gut zu Fuß erkundet werden, die Strecken dazwischen sind jedoch zu lang, um sie per Pedes zurückzulegen. Empfehlenswert ist daher der öffentliche Town Bus. Die Linie des **Town Bus Service** verläuft vom Hafen durch Broome, Chinatown vorbei am Visitor Centre und weiter zum Cable Beach und von dort wieder zurück. Dadurch sind die meisten Sehenswürdigkeiten sowie zahlreiche Hotels einfach mit dem Bus erreichbar. Der Bus **fährt täglich** von 7.10–18.15 Uhr stündlich von 8.30–16 Uhr meist auch alle 30 Min. **Tickets** sind im Bus erhältlich: Einfache Fahrt A$ 3, Tagesticket (Value Added Day Pass) A$ 9, 5er und 10er Karten werden ebenfalls verkauft. **Fahrpläne** sind im Visitor Centre, Hotels, Hostels und im Internet (www.broomebus.com.au) erhältlich.

Wie, wo, was …

Auto- und Camper- vermietung

Apollo Campers, 5 Lucas St, Tel. 08-91928151 oder 1-800-777779

Avis, Broome Airport Terminal und Coghlan Street, Tel. 08-91935980

Britz/Maui Campervans, 10 Livingstone Street, Tel. 1-800-331454

Budget, Flughafen, McPhearson St, Tel. 08-91935355

Hertz Kimberleys, Flughafen, Tel. 08-91921428

Kea Campers, Kimberley Sightseeing Centre, 4 Sanctuary Rd, Cable Beach, Tel. 08-91928080

Thrifty, Broome Airport, Tel. 08-91937712

Busgesellschaften

▶ s. An- und Abreise

Einkaufen und Souvenirs

Lebensmittel sind bei Coles (tägl. geöffnet) im Paspaley Plaza Einkaufszentrum in Chinatown und im Boulevard Shopping Centre in der Frederick Street (Richtung Cable Beach) erhältlich. Eine gute Auswahl an **Büchern** führt der Kimberley Bookshop (6 Napier Tce), spezielle Literatur zur Geschichte und Kultur der indigenen Australier sowie Kinderbücher sind bei Magabala Books (Saville St, Mo–Fr 9–16.30 Uhr) erhältlich. **Camping- und Outdoorartikel** findet man in großer Auswahl bei Kimberley Camping & Outdoor Supplies (Ecke Frederick St/Cable Beach Rd, tägl. geöffnet). Für **Foto- und Videozubehör** ist das Broome Camera House (Paspaley Plaza Shopping Centre) empfehlenswert. Es ist in allen Bereichen gut sortiert. Hochwertige **Perlen** und ausgewählter **Schmuck** sind direkt beim Edelzüchter Paspaley (2 Short St) ausgestellt. Auch die kleinen Schmuckwerkstätten wie Staircase Designs (9 Napier Tce) oder Broome Beads (Johnnie Chi Lane) offerieren wunderschöne Stücke. Ein sehenswerter **Markt** mit lokalen Souvenirs, gutem Essen und musikalischer Unterhaltung ist der **Staircase Market,** der von März–Oktober während des Vollmondes am Town Beach stattfindet (s.a. Sehenswertes). Jeden Sonntag findet in der Johnnie Chi Lane der **Lane Market** mit lokaler Kunst und Souvenirs statt (8.30–13.30 Uhr). Zur gleichen Uhrzeit wird jeden Samstag an der Ecke Frederick St/Hamersley St der große Kunst- und Handwerksmarkt **Courthouse Market** mit viel Musik, gutem Essen und guter Atmosphäre abgehalten. **Aboriginal Kunst** finden Sie unter anderem in der Gecko Gallery (9 Short St). Zeitgenössische und indonesische Kunst stellt die Monsoon Gallery (60 Hamersley St) aus.

Fahrrad- vermietung

Broome Cycles, 2 Hamersley St, Tel. 08-91921871; verleiht Fahrräder aller Art und hat eine Außenstelle auf dem Parkplatz des Crocodile Park am Cable Beach.

Festival	In Broome finden jedes Jahr viele Veranstaltungen statt. Die aktuellen Termine erhalten Sie im Visitor Centre oder im Internet.
	Beim 10tägigen Perlenfestival **Shinju Matsuri** im September stehen Kunst- und Kulturevents auf dem Programm. Höhepunkt ist das spektakuläre **Kino**
Kino	**Sun Pictures,** Carnarvon St, Open-Air Kino Tel. 08-91923738; Open-Air Kino mit toller Atmosphäre, s.a. Sehenswertes.
	Sun Cinemas, Ecke Weld/Frederick Sts, modernes Kino mit Klimaanlage, Tel.08-91923199.
Notfall	**Krankenhaus,** Robinson St, Tel. 08-91929222
	Polizei, Frederick St, Tel. 08-91921212
	Apotheke, Broome Amcal Chemist, Boulevard Shopping Centre, Frederick St, Tel. 08-91921866, tägl. geöffnet
	Zyklone Info, Tel. 1-300-659210
Post	**Post Office Broome,** 105 Carnarvon St, beim Paspaley Plaza Shopping Centre, Mo–Fr 9–17 Uhr. Postlageradresse: Poste Restante, Broome GPO, WA 6725.
Strände	Der 22 km lange Sandstrand **Cable Beach** ist unbestritten der schönste und beliebteste Strand der Stadt. Erreichbar ist er von Chinatown (Innenstadt) mit dem Bus (s. öffentl. Verkehrsmittel) bzw. über die Cable Beach Road East. Der **Town Beach** ist wegen seiner starken Gezeitenunterschiede eher zum Spazieren als zum Baden geeignet. Über eine Sandpiste ist der einsame **Riddell Beach** südöstlich von Gantheaume Point erreichbar. Am **Hafen** gibt es ebenfalls einen kleinen Strand mit Kiosk und Imbiss.
Sport	Was liegt näher, als in den frühen Morgenstunden am Cable Beach zu joggen oder zu walken. Zum (frühmorgentlichen) Schwimmen empfiehlt sich das **Broome Recreation & Aquatic Centre** (Cable Beach Road East, Mo–Do 5.45–19.30 Uhr, Fr bis 18.30, Sa/So 9–17 Uhr) mit 50 m Pool. **Golfen** ist im **Broome Golf Club** für Gäste ab 6.30 Uhr erlaubt (233 Port Drive, Tel. 08-91922092).
Taxi	Chinatown Taxis, Tel. 1-800-811772
	Roebuck Taxis, Tel. 08-91926655

Touren

Touren in Broome	**Broome Sightseeing Tours,** Tel. 08-91925041, Mo–Sa, 8 Uhr und je nach Saison 14.15 Uhr mit Abholung in der Unterkunft; bietet 3,5 bis 4stündige Rundfahrten durch die Stadt und Umgebung mit Kleinbussen an.
	Broome Hovercraft Tours, Tel. 08-91935025, www.broomehovercraft .com.au. Mit dem Luftkissenboot „fliegen" Sie durch die Bucht oder genießen den Sonnenuntergang vom Wasser aus – ein ganz besonderes Erlebnis! Eine frühzeitige Buchung ist empfehlenswert, da die Boote oft ausgebucht sind.
	Willie Creek Pearl Farm Tours, Tel. 08-91936000. Vierstündige Ausflüge auf die 38 km nördlich von Broome gelegene Perlenfarm mit Informationen zur Perlenzucht und -verarbeitung (s.S. 369).
	Eco Beach Wilderness Retreat (s. Übernachtungstipp S. 321); Tagestouren zum Strand, entweder per Bus oder Segelschiff.
	Kamelritte am Cable Beach werden von mehreren Anbietern jeden Morgen und allabendlich zum Sonnenuntergang angeboten, von *Red Sun Camels* (Tel. 08-91937423) und *Broome Camel Safaris* (Tel. 04-19916101). Alle Veranstalter

BME ▶ DRW

beginnen den Ritt bei den Felsen unterhalb des Cable Beach Clubs Reservierungen (telefonisch, übers Visitor Centre oder Ihre Unterkunft) sind empfehlenswert. Die Preise liegen für die einstündigen Ausritte zwischen A$ 40 und A$ 50 p.P.

Touren in die Kimberleys/Gibb River Road

APT Kimberley Wilderness Adventures, Tel. 1-300 208712, www.kimberleywilderness.com.au; empfehlenswerte 6 bis 13tägige Touren durch die Kimberleys und Bungle Bungles mit Hotel- oder Campingübernachtungen in kleinen Gruppen für den gehobenen Anspruch. Die komfortablen Safari-Camps entlang der Gibb River Road und in den Bungle Bungles können auch von Selbstfahrern gebucht werden!

Kimberley Wild, Tel. 08-91937778, www.kimberleywild.com; Tages- und Mehrtagestouren in die Kimberleys mit Zelt- oder Motel/Farmübernachtungen. Spezielle Touren an das Cape Leveque zu den dort ansässigen Aboriginal-Gemeinden.

Kimberley Tag-a-long Tours, Tel. 0429996372, www.tagalongbroome.com; geführte Geländewagen-Konvoi-Touren („Tag-Along") mit dem eigenen Fahrzeug durch die schönsten Ecken der Kimberleys. Diese Tour sollten Sie unbedingt frühzeitig reservieren.

Uptuyu Aboriginal Adventures, Tel. 61-400 878898, www.uptuyu.com.au; das von Aboriginals geführte Unternehmen bietet Touren sowie Tag-Along- Fahrten mit starkem Bezug zur Natur zum Cape Leveque und in die Kimberleys an.

Tourtipp: Rundflüge

King Leopold Air, Johnny Chi Lane, Broome, Tel. 08-91937155, www.king leopoldair.com.au; Rundflüge über Broome, die Kimberleys und zum Cape Leveque.

Kreuzfahrten im Nordwesten

Kein billiges, aber ein exklusives Vergnügen sind Kreuzfahrten entlang der Kimberley Küste. Die Küstenlandschaft zählt zu den unberührtesten Flecken der Erde. Die Zahl der Anbieter ist auf wenige Schiffe und auf den Zeitraum Mai bis September begrenzt. Eine sehr frühzeitige Buchung ist ratsam (am besten ein Jahr im Voraus!).

Pearl Sea Coastal Cruises, Tel. 08-91936131, www.kimberleyquest.com.au; bietet auf dem 25 m langen Schiff Kimberley Quest Platz für 18 Gäste. 7-14 Tage Touren zu den schönsten Küstenabschnitten und Buchten der Kimberleys.

Coral Princess Cruises, www.coralprincess.com.au; während die eleganten Schiffe im Sommer am Great Barrier Reef entlangkreuzen, fährt die neue Oceanic Princess (72 Pers.) von Mai bis September in 10 Tagen an der Kimberley Küste von Darwin nach Broome entlang und auch wieder zurück.

The Great Escape Charter Company, Tel. 08-91935983, www.greatescape.net.au; fährt von April–Sept. mit zwei Yachten (ca. 14 Gäste) in 12 Tagen von Broome nach Wyndham. Von Derby werden ebenfalls Kreuzfahrten angeboten (s. Derby/Touren).

Essen und Trinken

Neben den zahlreichen Fast Food Shops und asiatischen Restaurants in der Stadt (in und um Chinatown) gibt es einige gute Lokale, die nicht nur mit ihrer Küche, sondern häufig auch mit herrlichem Blick auf das Meer aufwarten.

Matso's Broome Brewery (60 Hamersley St, Tel. 08-91935811, tägl. ab 7 Uhr) ein Lokal das gleichermaßen für Mittag- und Abendessen oder für einen Kaffee zwischendurch geeignet ist. Den Blick auf die Bucht und die tropische Biergartenatmosphäre gibt's gratis dazu. Die Küche ist international, mit asiatischem Touch. Hauptgerichte ab A$ 20.

Charter's Restaurant im Mangrove Resort (47 Carnarvon St, Tel. 08-91921303, tägl. Mittag- und Abendessen) ist eine schönes Open-Air Restaurant mit Blick auf die Roebuck Bay. Hauptgerichte ab A$ 20.

Sunset Bar & Café Cable Beach Club (am Ende der Cable Beach Rd West): Der beste Standort zum Dinner bei Sonnenuntergang, gleich oberhalb des Cable Beach. Im Angebot sind Pizza, Salate, Fleisch– und Fischgerichte. Hauptgerichte ab A$ 20. Das Essen muss selbst an der Kasse geordert werden!

Divers Tavern (12 Cable Beach Rd) ist ein gutes Garten-Bistro, das Fisch und Fleisch gleichermaßen auf der Karte hat. Am Abend Live-Unterhaltung in der Bar. Hauptgerichte ab A$ 16.

Asiatische Küche findet man in den zahlreichen Lokalen der Chinatown.

Unterkunft und Camping

Die Unterkünfte in Broome sind vielfältig. Es gibt zwar sehr viele Möglichkeiten, dennoch sind viele Hotels und Campingplätze (besonders am Cable Beach) häufig schnell ausgebucht. Für Zimmer und Campingplätze sollte daher möglichst vor Reisebeginn von Zuhause aus eine **Reservierung** vorgenommen werden.

***** Cable Beach Club,** Cable Beach Rd, Cable Beach, Tel. 1-800-199099. Der „Club" hat unbestritten die beste Lage in Broome – nur die Straße trennt die große Anlage vom Strand. Die mit Wellblech und dunklem Holz gebauten Häuser sind umgeben von einem tropischen Garten und einer Poollandschaft sowie mehreren Restaurants. Die Zimmer bieten allerdings alle keinen Meerblick und sind zudem recht dunkel. Ideal für einige Tage Strand- und Relaxurlaub.

Cable Beach Club

BME ▶ DRW

**** Seashells Resort, 4–6 Challenor Drive, Cable Beach; Tel. 08-91926111. Das Resort liegt nur 300 m vom Cable Beach entfernt und bietet ein gutes Preis-Leistungsverhältnis. Die Anlage verfügt über geräumige Apartments mit tropischer Einrichtung und ruhigem Garten. Ideal auch für Familien. Bei später Ankunft muss die Schlüsselübergabe arrangiert werden, da die Rezeption nur bis 18 Uhr besetzt ist.

**** Bali Hai Resort, 6 Murray Rd, Cable Beach, Tel. 08-91913100; neues Boutique-Hotel im indonesischen Stil mit Studios, Bungalows und Wellnessangeboten, ebenfalls in „zweiter Reihe" zum Strand, wie die meisten Hotels.

*** Mercure Inn Continental Broome, Weld St, Broome, Tel. 08-91921002; gutes Mittelklasse-Hotel in der Innenstadt mit tropischem Garten, großzügigem Pool, schönem Gartenrestaurant und gemütlicher Bar.

*** Gwens Place B&B, 22 Taylor Rd, Cable Beach, Tel. 08-91922874; freundliche Frühstückspension, ca. 10 Min. Es gibt einen direkten Fußweg zum Cable Beach.

*** The Temple Tree B&B, 31 Anne St, Broome Tel. 08-91935728; nettes B&B im alten Broome, in dem ein gutes Frühstück auf der Veranda serviert wird.

* Broome's Last Resort YHA, 2 Bagot St, Broome, Tel. 1-800-801918; freundliches Hostel mit Doppel- und Mehrbettzimmern mit Klimanlagen, Pool und Garten, zwischen Flughafen und Visitor Centre gelegen.

* Kimberley Club, 62 Frederick St, Broome, Tel. 08-91923233; weitläufiges Hostel im Resortstil mit großem Garten, Pool, Volleyballfeld und allem, was Backpacker sonst noch benötigen.

* Beaches of Broome, 4 Sanctuary Rd, Cable Beach, Tel. 1-300-881031; schickes Hostel in der Nähe zum Cable Beach.

Cable Beach Caravan Park, Millington Rd, Cable Beach, Tel. 08-91922066; großer, schattiger Campingplatz hinter dem Cable Beach Club, nur wenige Gehminuten zum Strand.

Palm Grove Caravan Resort, Ecke Murray/Cable Beach Rds, Cable Beach, Tel. 08-91923336; gepflegter Platz mit Pool, Campingküche, BBQ. Der Strand ist per Fußweg über die Dünen erreichbar.

Tarangau Caravan Park, 16 Millington Rd, Cable Beach, Tel. 08-91935084; der Platz hat zwar keine luxuriöse Ausstattung, dafür liegt er noch in der Nähe des Cable Beach. Von Juni–Sept. müssen Plätze mit Stromanschluss reserviert werden!

Roebuck Bay Caravan Park, 91 Walcott St, Broome, Tel. 08-91921366; einfacher Campingplatz in der Nähe des Town Beach mit Busverbindung in die Stadt. Von April–Sept bietet der Zeltplatz **Mango Camping Ground** noch zusätzliche Kapazitäten.

Broome Vacation Village, Port Drv, Broome, Tel. 08-91921057; ordentliche Anlage mit Pool und Shop, leider etwas abseits von Stadt und Strand, an der Straße zum Hafen gelegen.

Broome Caravan Park, Wattle Drive, Broome, Tel. 08-91921776; schattiger Platz mit Cabins, 6 km nördlich von Chinatown, direkt am Highway.

Sehenswertes in Broome

Chinatown

Chinatown, das Viertel zwischen Napier Terrace/Dampier Terrace und Gray Street/Carnarvon Street, war früher ein lebhafter Umschlagplatz für Perlen und galt als Heimat der Billard Stuben, Vergnügungs-Etablissements, Bars und chinesischen Garküchen. Inzwischen sind in den kleinen Häusern aus Holz und Wellblech Cafés, Souvenirshops, Restaurants und Gallerien eingezogen. Sonntagvormittags findet in der Johnnie Chi Lane der lebhafte **Lane Market** statt (s. Einkaufen).

Am südlichen Eingang des Stadtviertels stehen auf dem Mittelstreifen der **Carnarvon Street** drei lebensgroße Bronzestatuen, die an die Perlenindustrie in den frühen Jahren des 20. Jahrhunderts erinnern. Schräg gegenüber befindet sich eines der ältesten Freilichtkinos der Welt. Das **Sun Pictures Kino** (s. Kino) wurde 1916 eröffnet und bis heute sitzen die Besucher in einfachen, dennoch sehr bequemen Liegestühlen und genießen unter dem Sternenhimmel die Filme. Das Kino ist auch außerhalb der Vorführungen zur freien Besichtigung geöffnet, für Kinofans werden Mo–Fr um 10.30 und 13 Uhr Touren mit viel Hintergrundinformation angeboten.

Am nördlichen Ende der **Dampier Terrace** befindet sich die **Streeters Jetty,** der Original-Anlegesteg für die Perlenboote direkt im Stadthafen. Heute legen nur noch die kleinen Serviceboote der Zuchtfarmen an. Auf Höhe der Napier Terrace liegt das **Pearl Lugger Museum** mit zwei restaurierten Perlenfischerbooten. Im Museum ist die Geschichte der Perlenzucht detailliert mit Bildern und Originaldokumenten dargestellt. Weitere Informationen werden auf der ausführlichen, einstündigen Tour vermittelt (tägl. 9, 10, 13 und 15 Uhr, Tel. 08-91922059, A$ 20).

Kino in Broome

Auf der Hamersley Street zum Town Beach
Ein gutes Beispiel für den früheren Stil der Stadt ist das 1888 erbaute **Courthouse** an der Ecke Frederick St./Hamersley St. Das Gebäude diente einst als Gericht. Heute steht es für Besichtigungen zur Verfügung. Samstagvormittags findet hier ein viel besuchter und weit bekannter Flohmarkt statt (s. Einkaufen). Die südlich gelegenen Häuser machen deutlich, wie früher die Perlenbarone im alten Broome residiert haben. Große luftige Terrassen, schattige Gärten und ein tropischer Baustil sind bezeichnend und prägen das ganze Stadtbild. Ein schönes Beispiel ist **Matso's Café und Brauerei** (s. Essen und Trinken). Von der Terrasse aus kann man entspannt auf das Wasser der Roebuck Bay blicken und die Ruhe genießen.

Folgt man der Hamersley Street nach Süden, erreicht man den **Town Beach,** speziell den vorgelagerten **Apex Park** mit seinen grünen Wiesen und schattigen Picknickplätzen, die zu einer kleinen Pause einladen. Von März bis Oktober, während des Vollmondes, besteht am weitläufigen Town Beach die beste Gelegenheit, das „**Staircase to the Moon**" Spektakel (▶ s. Kasten S. 359) zu bewundern und über den **Staircase Market** zu bummeln. Leckere asiatische Imbisse und Handwerkskunst jeglicher Art, auch Aboriginalgemälde direkt aus der Hand der Künstler, werden angeboten (s. Einkaufen). Die genauen Mondaufgangszeiten erfahren Sie im Visitor Centre. Der Town Bus Service verkehrt an diesen Abenden vom Cable Beach zum Town Beach sowie zurück.

Broome Museum
Das **Broome Historical Society Museum** ist im alten Zollhaus untergebracht und vermittelt viel Wissenswertes zur Geschichte der Stadt und zur Entwicklung der Perlenindustrie (Robinson St, Tel. 08-91922075, www.broomemuseum.org.au. Okt–Mai tägl. 10–13 Uhr, Juni–Sept Mo–Fr 10–16 Uhr, Sa/So 10–13 Uhr).

Port Drive und Hafen
An der Ecke Cable Beach Road/Port Drive liegt der japanische Friedhof (**Japanese Cemetery**). Die über 900 Gräber erinnern an das harte Leben der frühen japanischen Perlentaucher. Etwas südlich, am Port Drive, schließt sich der **Chinese Cemetery** mit Ruhestätten der chinesischen Bevölkerung an. Der Ausflug zum Hafen, der einige Kilometer entfernt liegt, sollte am besten mit dem Auto unternommen werden.

Folgt man der Hauptstraße zum Hafen, folgt rechts der Abzweig zum **Manbana Centre** (Murakami Rd, Mo–Sa. Touren um 10.30 und 13.30 Uhr, Tel. 08-91923844, www.manbana.com.au) ab. Auf den informativen einstündigen Touren durch die von Aboriginal People betriebene moderne Fischzucht und das Besucherzentrum wird den Teilnehmern die Beziehung der lokalen Ureinwohner zum Meer näher gebracht.

Der **Hafen** verbindet Broome mit dem Rest der Welt. Mit dem Bau der großen Jetty wurde der alte Anleger am Town Beach abgelöst. Vom Deep Water Port können große Fracht- und Kreuzfahrtschiffe bei jedem Wasserstand anlegen. An der Hafeneinfahrt passiert man die Verladestationen für Rinder. Sie werden von den Kimberley-Farmen mit langen Roadtrains nach Broome transportiert und als Lebendfracht auf die Schiffe verladen. Der Hafen ist für jeden zugänglich und eine der typischen Imbissbuden mit Blick aufs Wasser gibt es auch noch. Rechts vom Hafen befindet sich ein kleiner, geschützter Strand.

Gantheaume Point Vom Hafen führt eine Sandpiste (Kavitte Rd) nach Gantheaume Point. Der **Reddell Beach**, ein herrlicher Strandabschnitt zwischen Hafen und Gantheaume Point, bietet einen tollen Blick auf die roten Sandsteinfelsen von Broomes Küste. In der Ferne liegt der berühmte Cable Beach. Wer möchte, darf mit seinem Fahrzeug diesen Bereich befahren.

Der südwestliche Zipfel der Halbinsel, **Gantheaume Point** (▶ kl. Foto), ist mit seinen leuchtend roten Felsformationen und dem azurblauen Wasser ein Paradies für Fotografen. Wenn der Wasserstand bei Ebbe weniger als 1,5 m beträgt, können über 120 Millionen Jahre alte Fußabdrücke von Dinosauriern auf dem Meeresgrund erspäht werden. Da dies leider relativ selten möglich ist, wurden auf den zugänglichen Klippen Nachbildungen der Abdrücke eingeritzt. An der Nordseite der Landspitze liegt **Anastasia's Pool,** ein kleiner von Menschenhand geschaffener Meerwasserpool. Er wurde vom ehemaligen Leuchtturmwärter für seine an Gicht erkrankte Frau Anastasia in die Felsen geschlagen.

Cable Beach Bei Gantheaume Point beginnt der 22 km lange, feinsandige **Cable Beach**. Touristisch ist der Strand *der* Anziehungspunkt von Broome! Neben Sonnenbaden, Schwimmen, Segeln, Surfen und Beachvolleyball ist der Strand für seine **Kamelritte** bekannt. Jeden Abend ziehen Kamelkarawanen an das nördliche Ende des Strandes und laden Touristen zu einem Ritt in den Sonnenuntergang ein (s. Touren). Wer nicht vom Rücken eines Wüstenschiffes der im Meer versinkenden Sonne zuschauen möchte, sollte dies bei einem kühlen Drink in der Sunset Bar beim Cable Beach Club (s. Essen und Trinken) tun.

BME ▶ DRW

Auf einer Rampe gelangt man auch mit dem Auto zum Strand. Der rechte Teil darf befahren werden, am besten mit einem Geländewagen.

Fernöstliches Flair verströmt **Buddha's Sanctuary** (Millington Rd, hinter dem Cable Beach Club, tägl. 7–10 Uhr und 16–19 Uhr außer Mo u. Do). In dem Ziergarten mit Pavillion und einer 4 m hohen Buddha-Statue geht es ruhig und beschaulich zu.

Die rege Bautätigkeit von Hotels und Privatvillen in der „zweite und dritte Reihe" hinter dem Cable Beach lässt für die kommenden Jahre einen weiteren Boom für Broome erwarten.

Sehenswertes außerhalb Broomes

Wilderness Park

Der berühmte Krokodilschützer Malcolm Douglas hat 16 km außerhalb Broomes eine große Krokodilzucht in einer weitläufigen Parkanlage errichtet. In zwei großen Teichen werden die furchteinflößenden Reptilien vor den Augen der Besucher spektakulär gefüttert. Außerdem wird alles Wissenswerte zum Schutz und zur Züchtung der Krokodile durch Schautafeln oder Führungen an die Besucher weitergegeben. In dem Park sind auch weitere heimische Tierarten vertreten.

Fr–So 14–17 Uhr, Fütterung 15 Uhr, A$ 35, www.malcolmdouglas.com.au.

Malcolm Douglas – der echte Crocodile-Dundee

Der berühmte Tierfilmer und Krokodilexperte Malcolm Douglas war viele Jahrzehnte eine Ikone in Broome. Bekannt wurde Douglas 1976, als er einen Dokumentarfilm über das australische Outback drehte. Seine Filme begeisterten jahrelang ein Millionenpublikum, auch in Deutschland hatte er zahlreiche Fans. Malcolm Douglas und seine Abenteuer dienten als Vorlage für die späteren „Crocodile-Dundee"-Filme. Im September 2010 starb er im Alter von 69 Jahren bei einem Autounfall. Douglas errichtete zwei Tierparks in Broome.

Im **Wilderness Park,** 16 km außerhalb der Stadt am Great Western Highway, sind unzählige Echsen und australische Tiere zu sehen (Mai–Okt tägl. 10–17 Uhr, Nov–April 15.30–17.30 Uhr, www.malcolmdouglas.com.au, A$ 35).

Kamelritt am Cable Beach

Broome

0 _____ 750 m
© RKH VERLAG HERRMANN

Bilingurr

Dampier
Creek

Cable
Beach

Broome Rd

Paspaley
Plaza

Lullfitz Dr

Magabala Rd

Broome Rd

Gubinge Rd

Frederick St

Carnarvon St

Dampier Tce

Djugun

Dampier
Creek

Anne St

Cable Beach

Gubinge Rd

Cable Beach Rd E.

International
Airport

Frederick St

Forrest St
Herbert St
Walcott St
Robinson St

Roebuck
Bay

Cable
Beach

Port Dr

Broome

Town Beach

0 _____ 400 m

Gantheaume Point

Minyirr

Roebuck
Bay
Golf
Course

Roebuck
Bay

Town
Beach

BME ▶ DRW

Anastasias
Pool

Kavite Rd

Riddell Beach

Port Dr

Port Dr

Deep
Water
Port

Broome Town Bus

🏨 **Unterkünfte & Camping**

1   Broome CP
2   Tarangau CP
3   Cable Beach CP
4   Cable Beach Club
5   Beaches of Broome
6   Seashells Resort
7   Bali Hai Resort
8   Palm Grove Caravan Resort
9   Gwens Place B & B
10 Broome's Last Resort YHA
11 Kimberley Club
12 The Temple Tree B & B
13 Mercure Inn Continental Broome
14 Roebuck Bay CP
15 Broome Vacation Village

Aqua-
culture
Park

Indischer

Ozean

1 **Sehenswertes**

1   Sun Pictures Kino
2   Streeters Jetty
3   Pearl Luggers
4   Courthouse
5   Matso's Cafe & Brauerei
6   Broome Museum
7   Japanese + Chinese
    Cemetery
8   Manbana
9   Gantheaume Point
10 Buddha's Sanctuary

Broome Bird Observatory Roebuck Bay ist von September bis April der Aufenthaltsort tausender Strand- und Watvögel. Auch außerhalb dieser Zeit sind viele heimische Vögel auf den Wattflächen zu beobachten. Von der Vogelwarte **Broome Bird Observatory**, 25 km außerhalb der Stadt, bietet sich eine exzellente Beobachtungsmöglichkeit. Während der Trockenzeit werden verschiedenen Touren für Vogelfreunde angeboten (Anmeldung erforderlich). Ansonsten kann das Gelände auf eigene Faust erkundet werden. Ein kleiner Campingplatz, Chalets und Backpackerunterkünfte sind vorhanden.

Broome Bird Observatory, Crab Creek Rd, Tel. 08-91935600, www.broomebirdobservatory.com.

Dampier Peninsula – Cape Leveque

Die gesamte Halbinsel nördlich von Broome ist nur über unbefestigte Straßen, also am besten nur mit Geländewagen während der Trockenzeit, erreichbar. Die Nordspitze Cape Leveque kann ansonsten auf Rundflüge ab Broome angeflogen werden. Die Halbinsel ist für ihre spektakuläre Küste und ihre verstreut gelegenen Aboriginalgemeinden, die sich den Besuchern geöffnet haben, bekannt. Ansonsten gibt es nur wenige Unterkünfte und Campingplätze.

Wer die gesamte Halbinsel und einige Aboriginal-Communities erkunden will, sollte sich aufgrund der langen und zum Teil sandigen und wellblechartigen Pistenabschnitte mindestens zwei Tage Zeit nehmen. An einem Tag fährt man besser nur bis Middle Lagoon (170 km einfach) oder einfach nur an der Westküste entlang ein Stück nach Norden. Alternativ ist eine geführte Tagestour ab Broome empfehlenswert (s. Broome Touren).

Hinweis: Auf dem aboriginaleigenen Land darf nicht wild campiert werden. Nutzen Sie daher die vorhandenen Einrichtungen oder ausgewiesene Campingplätze und reservieren Sie diese bereits vorab. Die Shops und Tankstellen der Communities können während ihrer Öffnungszeiten genutzt werden, die Vorräte sind jedoch stark limitiert. Auf der Halbinsel gibt es keinen Alkohol. Respektieren Sie, dass die Einheimischen nicht oder nur nach Einwilligung fotografiert werden möchten.

Willie Creek Pearl Farm 9 km hinter Broome zweigt die Cape Leveque Road nach Norden ab. Der Abzweig zur Willie Creek Pearl Farm ist nach 14,5 km ausgeschildert. Die Straße wird nach Regenfällen und bei hoher Flut unpassierbar. Rote Tafeln am Straßenrand zeigen den Pistenverlauf an. Wer etwas mehr über die Perlenzucht (Vortrag und kurze Bootsfahrt) erfahren will, muss sich zu einer geführten Tour vorher anmelden. Willie Creek Pearl Farm, tägl. 7–19 Uhr, Tel. 08-91936000, www.williecreekpearls.com.au. Die eigentliche Perlenzucht liegt 10 km außerhalb auf dem Meer.

Dampier Peninsula

0 —— 20 km

© Rkh Verlag Hermann

Cape Leveque
Kooljaman Resort ● ● Bulgin
● ● Nilargoon
Lombadina
Lombadina ● ● Gudum Bunj
⛺ Chile Creek ● ● Bygnunn
Loumard ● Mudnunn ⛺

I n d i a n

N

● Gudumul

⛺ Middle Lagoon
● Maddarr
⛺ La-Djardarr Bay ●

O c e a n   *K i n g   S o u n d*

● Beagle Bay   *Beagle Bay*
● Djibbinj   ● Malaburra

Cape Bertholet

● Country Downs   **Derby**

⛺ Coulomb Point

James Price Point ⛺
⛺ Quondong Point   *Lurujarrny Heritage Trail*   4WD

⛺ Cape Boileau   GREAT   NORTHERN   HWY
● Bedunburra

Willie Creek Pearl Farm   Roebuck Plains Roadhouse   ① Willare Bridge Roadhouse

Goolaraboloo ●

Broome ●

BME ► DRW

Middle Lagoon

Strände entlang der Westküste der Halbinsel

Auf der Manari Road verbleibend, folgen einige bezaubernd einsam gelegene Strände und Campingmöglichkeiten entlang der Küste. Eine detaillierte Karte des Wanderweges **Lurujararry Heritage Trail,** der auch per Allradfahrzeug befahren werden kann, ist im Visitor Centre in Broome erhältlich. Campen ist am Barred Creek, Cape Boileau, Quondong Point, James Price Point und am Coulomb Point gestattet. Die Piste endet südlich von Coulomb Point. Alle Strände sind gut zum Angeln geeignet. An den Fluss- und Creekmündungen sammeln die Einheimischen Mudcrabs. Bedenken Sie, dass es nördlich von Willie Creek im Küstenbereich keinerlei Versorgung mehr gibt. Das Baden im Meer ist wegen der Krokodile und der von ihnen ausgehenden Gefahr nicht ratsam. Dennoch baden die Einheimischen noch an einigen Küstenabschnitten und Buchten – erkundigen Sie sich am besten vor Ort, wie gefährlich die Badestelle ist.

Fahrt zum Cape Leveque

Die Streckenlänge zum nördlichsten Zipfel der Dampier Peninsula beträgt 200 km. Mit mindestens vier Stunden Fahrzeit (einfach) ist zu rechnen. In **Beagle Bay,** Heimat der Nyul Nyul, wurde 1890 eine Missionsstation von katholischen Mönchen gegründet. In der Mission wurden einst Mischlingskinder aufgezogen, die Ihren Eltern weggenommen wurden. Heute betreiben die Patres in der Community die Schule und Kirche. Sehenswert ist der mit Perlmutt verzierte Altar in der strahlend weißen Sacred Heart Church. Melden Sie sich bei Ankunft im Büro der Community (Mo–Fr 8.30–16.30 Uhr, Sa 9–12, Tel. 08-91924913).

Nächster sehenswerter Punkt ist **Middle Lagoon** (35 km), eine geschütze Meereslagune, in der Schnorcheln und Schwimmen möglich ist (auch hier Krokodilwarnungen beachten!). Das freundliche Betreiberehepaar des Nature's Hideaway (Camping und Cabins, Tel. 08-91924002, vorher anrufen) kann viel Wissenswertes zur Geschichte der Region erzählen.

Die wirkliche Ruhe in der Natur kann man im Goombaragin Eco Retreat genießen. Dieses Camp mit edlen Chalets, Zeltunterkünften und Campingstellplätzen ist idealer Ausgangspunkt für Wanderungen und geführte Buschtouren (www.goombaragin.com.au, Tel. 04-29505347). Die Zufahrt wird von der Middle Lagoon Road mit blauweißen Schildern markiert.

Lombadina ist die nächste Aboriginal-Gemeinde (60 Ew.) am weißen Sandstrand. Mit einem Laden, Kunst- und Handwerksshop und Unterkünften für Touristen wurde die Selbständigkeit und Loslösung von der Kirche erlangt. In der Siedlung stehen noch einige alte Missionsgebäude und die aus Mangrovenholz erbaute Kirche. Für Besucher werden Angeltouren, Wanderungen und Walbeobachtungsfahrten (Juni–Sept, Tel. 08-91924930) angeboten. Jedoch braucht man beim Besuch von Lombadina eine Genehmigung. Diese erhalten Sie Mo–Fr im Gemeindebüro und am Wochenende im Craft Shop. 7 km von Lombadina liegt **Chile Creek,** eine sogenannte „Aboriginal

Cooperation", in der Gäste auf einem einfachen Campingplatz übernachten können (Tel/Fax 08-91924141).

An der nördlichsten Spitze, am **Cape Leveque,** sind Übernachtungen im Kooljaman Wilderness Camp möglich (Tel. 08-91924970, www.kooljaman.com.au, Reservierung notwendig). Kooljaman ist der Aboriginalname für Cape Leveque. Am gepflegten Campingplatz mit schattigen Stellplätzen bis hin zu Holzhütten und feststehenden Zelten sind mehrere Unterkünfte buchbar. Beim Camp unterhalb des Leuchtturmes kann man Baden, Schnorcheln und Angeln.

Tipp: Von Juni/Juli bis Sept/Okt sind mit bloßem Auge vorbeiziehenden Buckelwale zu beobachten.

Die Ostküste der Dampier Peninsula

4 km nördlich des Abzweigs zur Middle Lagoon führt eine Piste nach Osten zum **La Djardarr Bay Campingground** und weiter zur **Maddarr Aboriginal-Community** am King Sound. Die Plätze können nur nach vorheriger Anmeldung besucht werden (La Djardarr Bay Tel. 08-91924896, Mardarr über das Büro „Best of the Kimberley", Tel. 08-91926070). Weiter nördlich in der **Mudnunn Community** besteht ebenfalls die Möglichkeit zum Campieren (Infos unter Tel. 08-91924930).

BME ▶ DRW

Bitte schreiben oder mailen Sie (verlag@rkh-reisefuehrer.de), wenn sich in Australien Dinge verändert haben oder Sie Neues wissen. Wir beantworten jede Zuschrift. Danke!

Alternativroute durch das Inland

Von Perth nach Broome auf dem Great Northern Highway

Überblick   Der **Great Northern Highway** ist für die meisten Reisenden eher Mittel zum Zweck, um schnell von Perth in die Pilbara oder nach Broome zu gelangen. Andere nutzen den Highway als Alternative, weil sie die Küste schon kennen oder echte Allradabenteuer in absolut entlegenen Regionen suchen. Auf dem ersten Abschnitt sind das kleine Klosterstädtchen New Norcia, die ehemaligen Goldgräbersiedlungen Mount Magnet und Cue sowie die leblos wirkende Stadt Meekatharra sehenswert. Von dort besteht die Möglichkeit, über Wiluna auf den legendären Gunbarrel Highway zu gelangen oder über den Mount Augustus National Park direkt nach Tom Price zu fahren – beides auf ausgesprochen einsamen und entlegenen Outbackpisten.

Der Highway selbst verspricht kaum Abwechslung nördlich von Meekatharra: vor allem die unendlichen Geraden der Straßen, die rote Erde und kaum Anzeichen von Zivilisation.

Die moderne Minenstadt Newman ist unterwegs der wichtigste Ort. Sie markiert die Grenze zur Pilbara und ist Ausgangspunkt für Touren in den Karijini National Park und in den nur für erfahrene Allradfahrer erkundbaren Rudall River National Park. Wer anschließend vom Landesinneren noch immer nicht genug hat, fährt von Newman in die „heißeste Stadt Australiens": Marble Bar. Der Inland-Highway stößt schließlich südlich von Port Hedland auf den North West Coastal Highway. Der Highway ist gut ausgebaut und wird von Roadtrains bevorzugt für die schnelle Fahrt nach Norden befahren. Die Busgesellschaft Integrity Coach Lines (www.integritycoachlines.com.au) fährt regelmäßig die Route Perth-Port Hedland auf der Inlandsroute. Die Busse von TransWa (www.transwa.wa.gov.au) fahren nur bis Meekatharra.

Reisevorschlag
Perth-Broome auf der Inlandsroute

13 Tage   **mit dem Allradfahrzeug**
1. Tag: Perth – New Norcia (132 km)
2. Tag: New Norcia – Meekatharra (634 km)
3. Tag: Meekatharra – Mount Augustus National Park (360 km)
4. Tag: Mount Augustus National Park
5. Tag: Mount Augustus National Park – Tom Price (494 km)
6. Tag: Tom Price – Karijini National Park (50 km)
7. Tag: Karijini National Park

8. Tag:	Karijini National Park – Newman (200 km)
9. Tag:	Newman und Umgebung
10. Tag:	Newman – Marble Bar (400 km)
11. Tag:	Marble Bar – Eighty Mile Beach (363 km)
12. Tag:	Eighty Mile Beach
13. Tag:	Eighty Mile Beach – Broome (374 km)

6 Tage

1. Tag:	Perth – Mount Magnet (569 km)
2. Tag:	Mount Magnet – Newman (616 km)
3. Tag:	Newman – Karijini National Park (200 km)
4. Tag:	Karijini National Park
5. Tag:	Karijini – Eighty Mile Beach (590 km)
6. Tag:	Eighty Mile Beach – Broome (374 km)

Ausfahrt aus Perth Verlässt man die Innenstadt in Richtung Osten, ist bereits beim Burswood Casino der Great Eastern Highway (Nr. 1) erreicht. Vorbei am Flughafen bleiben Sie auf dem Highway Nr. 1 (Vorsicht: nicht auf den Bypass fahren!) und zweigen Sie in Midland auf den Great Northern Highway nach Norden ab. 57 km hinter Midland teilt sich der Highway: der Brand Highway führt nach Geraldton, der Great Northern Highway nach New Norica.

BME ▶ DRW

New Norcia

Die kleine Siedlung zählt zu den wichtigsten historischen Stätten Australiens. 1846 wurde New Norcia als Aboriginal-Missionsstation von zwei spanischen Benediktinermönchen gegründet. Ende des 19. Jahrhunderts zählte der Ort etwa 80 Mönche, die spanischer Herkunft waren. Ab etwa 1900 entwickelte sich die Mission zu einem Benediktinerkloster im europäischen Stil. Zwar wurden weiterhin Aboriginal People missioniert, doch der Schwerpunkt der Klosterarbeit lag in der Erziehung und Bildung der weißen Landbevölkerung.

Die Zahl der Klosterbrüder sank nach 1950 deutlich. Heute leben gerade noch 16 Mönche in der Klosterstadt. In den 1980er Jahren versuchte sich die Klostergemeinde neu zu orientieren. Inzwischen lebt sie hauptsächlich vom Tourismus und dem Verkauf selbst hergestellter Produkte wie Olivenöl, Wein und Backwaren.

Die schön renovierten Klostergebäude sind nur teilweise für Besucher geöffnet. Das sehenswerte New Norica Museum & Art Gallery (Öffnungszeiten s. Infos) zeigt die Geschichte der Stadt und ihrer Einwohner. Dort gibt es täglich Stadtführungen, bei denen die Möglichkeit besteht, die meisten Klostergebäude von innen zu sehen (tägl. 11 und 13.30 Uhr, Dauer ca. 2 h, es gibt auch Nachttouren). Auf dem New Norcia Heritage Trail können Sie die Stadt und ihre Gebäude selbst erkunden. Einen Wegeplan erhalten Sie im Museum.

Südlich der Stadt steht die riesige Antennenalage Deep Space Ground Station (DSGS), die tief in den Weltraum hineinhorcht.

Infos

Das **Visitor Information Centre** ist im Museum untergebracht, Tel. 08-96548056, www.newnorcia.wa.edu.au, Aug–Okt tägl. 9.30–17 Uhr, Nov–Juli tägl. 10–16.30 Uhr.

Unterkunft und Camping

** **New Norcia Hotel,** Tel. 08-96548034; kleines Hotel im 1927 erbauten Gebäude mit Pool, Frühstück inklusive.

* **The Monastery Guesthouse,** Tel. 08-96548002; wer die Gastfreundschaft und das Leben der Mönche hautnah erleben möchte, sollte sich im Gästehaus hinter den Klostermauern einmieten. Bei voller Verpflegung ist absolute Ruhe und Entspannung garantiert. Die Höhe des Übernachtungpreises ist selbst zu bestimmen, es wird mit etwa A$ 80 p.P kalkuliert.

New Norcia Roadhouse, Tel. 08-96548020; mit Campingmöglichkeit.

Dalwallinu

Der Bezirk und das Städtchen Dalwallinu sind von Juli bis Oktober besonders wegen seiner Wildblumenpracht sehenswert. In einem Umkreis von 100 km wurden über 100 verschiedene Akazienarten gezählt. In der zweiten Septemberwoche findet die „Wattle Week" mit Touren und Wanderungen durch die Wildblumenlandschaft sowie Verköstigungen regionaler Produkte statt.

Die **Tourist Information** (58 Johnston Street, Feb–Dez. 9–15.30 Uhr, www.dalwallinu.wa.gov.au) erteilt nähere Auskünfte. Übernachten ist am nördlichen Ende der Stadt auf dem **Campingplatz** (Tel. 08-96611253) oder im **Wheatland Motel (66 Johnston St, Tel. 08-96611600) möglich.

Wubin

21 km nördlich von Dalwallinu liegt Wubin, an der Kreuzung zwischen Great Northern Highway und der Mullewa Pithara Road. Das kleine Städtchen markiert die nördliche Grenze des Weizengürtels. Im Wubin Tourist Centre & Heritage Wheatbin Museum sind die Geschichte und die Entwicklung des Korns sowie einige Minerale und Steine ausgestellt (am Highway, Juli–Okt 10–15 Uhr, ansonsten nach Anruf geöffnet, Tel. 04-27553622).

Hinweis: Wubin ist bis Mount Magnet die letzte zuverlässige Tankmöglichkeit!

Paynes Find

Hinter Wubin ändert sich die Landschaft gravierend. Statt Felder und Äcker erstreckt sich nun weites Buschland rechts und links des Highways. 153 km nördlich von Wubin liegt das kleine Outbacknest Paynes Find (ca. 15 Ew.), das nicht mehr ist, als ein paar Häuser, ein Rasthaus mit Zimmern und einem Campingplatz (Tel. 08-99636111). In den 1930er Jahren lebten hier über 500 Goldsucher mit ihren Familien. Den Namen verdankt die Ortschaft Thomas Payne, der als erster sein Landstück (claim) für die Goldsuche eintragen ließ. Von Paynes Find führt eine 200 km lange Piste in die kleine Stadt Sandstone, die für ihre 800 m lange Sandsteinformation „London Bridge" bekannt ist. In Paynes Find beginnt der 970 km lange Miners Pathway (▶ s. Exkurs unten).

Miners Pathway – Auf den Spuren des Goldrauschs

Der Miners Pathway führt zu den Vermächtnissen des Goldbooms der 1890er Jahre, tief hinein in die Murchison Region. Der Weg geht vorbei an historischen Gebäuden, rostigen Maschinen und alten Goldminenschächten. Auf Schautafeln wird detailliert über die Orte und das Leben in den Minen berichtet.

Von Paynes Find verläuft der Miners Pathway über 970 km in Form einer Acht nach Meekatharra, dann über Mount Magnet und Cue und über Sandstone und Yalgoo zurück. Teilstücke der Route können ohne Probleme befahren werden und genügen im Prinzip, um einen Überblick zu erhalten. Der größte Teil des Pathway ist asphaltiert und problemlos mit einem normalen Fahrzeug zu bewältigen.

BME ▶ DRW

Farmunter-künfte
Eine prächtige Outback-Farm ist **Kirkalocka Station** (85 km nördlich, Tel. 08-99635827) mit Betten in rustikalen Schafscherer-Hütten und einem Campingplatz.

30 km weiter zweigt eine Piste zur **Wogarno Station** ab. Auf der Schaffarm werden Unterkünfte (komfortable Zimmer, einfache Mehrbetthütten, Campingplatz), gutes Essen und vor allem ein guter Einblick in das tägliche Farmleben angeboten (Tel. 08-99635870, www.wogarno.com.au, Reservierung empfohlen, keine Kreditkarten).

Mount Magnet

143 km nördlich von Paynes Find ist die 1000-Einwohner Stadt Mount Magnet erreicht. Sie ist Westaustraliens älteste noch aktive Goldgräbersiedlung. Die Stadt ist Versorgungszentrum für die umliegenden riesigen Farmen und Heimat der Arbeiter der drei noch aktiven Minen für den Goldabbau. In den Monaten Juli bis Oktober ist die Umgebung von Mount Magnet dank der Wildblumenblüte eine wahre Augenweide.

Das erste Gold wurde hier im Juli 1891 entdeckt. Das Gestein des Berges Mount Magnet, der etwas nordwestlich liegt, verfügt über magnetische Eigenschaften und verhalf der Stadt zu ihrem Namen. Vom einstigen Ruhm und Reichtum des Städtchens mit seinen schicken Hotels, einer eigenen Zeitung und Geschäften ist nur mehr wenig zu erahnen. Eine 37 km lange, landschaftlich reizvolle Rundfahrt führt zur ursprünglichen Siedlung und zu alten Goldminen. Eine Karte hierfür ist im Tourist Office erhältlich. Vom Mount Warramboo Lookout (Richardson St nach Westen) blickt man weit ins Land und über offene Minen. Gerade in den Sommermonaten ist ein Besuch des örtlichen Schwimmbades eine willkommene Abwechslung.

Infos   Mount Magnet **Tourist Information Centre,** Ecke Hepburn/Naughton Sts, Tel. 08-99634172, www.mtmagnet.wa.gov.au.

Unterkunft und Camping   **Übernachtungsmöglichkeiten** im Ort sind **Grand Hotel/Motel (Hepburn St, Tel. 08-99634110), **Miners Rest (am Abzweig Sandstone Rd, Tel. 08-99634380, einfache Selbstversorger-Zimmer mit Klimaanlage) und Mount Magnet Caravan Park (Hepburn St, Tel. 08-99634198).

The Granites   Nur 6 km hinter der Ortsausfahrt folgen die markanten Felsformationen **„The Granites".** An einigen Stellen befinden sich gut sichtbare Aboriginal-Felsgravuren und -zeichnungen. Um die Malereien zu finden, hilft der Plan an der Einfahrt. Die Piste führt weiter und erreicht nach einigen Kilometern wieder den Highway.

Goldminen und eine Geisterstadt   Auf dem Weg zwischen Mount Magnet und Cue befinden sich zahlreiche kleine Goldminen. Kleine handgemalte Schilder und abgesteckte Claims weisen auf Glückssucher hin, die ihr Glück in der Hoffnung auf das Supernugget suchen.

Mount Magnet –
The Granites

5 km südlich von Cue führt eine Piste nach **Day Dawn**. Die Geisterstadt war von 1892 bis 1918 ein lebendiges Goldgräberstädtchen.
Rund 3000 Einwohner bevölkerten den Ort der **Great Fingall Mine,**
der damals reichsten und profitabelsten Goldmine Australiens.

Von Mount Magnet zur Küste bis Geraldton

Gut möglich, dass man schon hier genug vom eher drögen Inland-
Highway hat und auf direktem Weg die Küste ansteuern will. Dafür
bietet sich die 340 km lange und durchgehend asphaltierte Strecke
von Mount Magnet zur Küste an. Der erste Streckenabschnitt in westlicher Richtung bis Yalgoo zählt zum Miners Pathway. In Yalgoo lohnt
der Besuch des Joker's Tunnel. Im alten Stollen kann man eindrucksvoll nachvollziehen, was die Goldgräber ohne große Maschin-
en geleistet haben (Taschenlampe nicht vergessen!).

Der Wool Wagen Pathway (▶ s. Exkurs S. 284), eine weitere Themen-
route im mittleren Westen, führt durch die Murchison Region in die
1000-Einwohner-Stadt **Mullewa.** Die beiden Gotteshäuser „Saint
Andrews Angelican Church" (aus rotem Granit) und die architektonisch sehenswerte „Church of Our Lady of Mount Carmel" sind einen
Besuch wert. Während der Monate Juli und Oktober blühen in und
um Mullewa unzählige Wildblumen. Informationen sind im Tourist
Office (Jose St, Tel. 08-99611505, Juli–Okt tägl. 8.30–17 Uhr).
Ansonsten hält das Shire Office (Tel. 08-99611007, nur Mo–Fr)
Informationen bereit. Nach 90 km ist die Küste bei Geraldton er-
reicht.

Von Mount Magnet zum Goldfields Highway

Über die Sandstone Road sind es 158 km nach Sandstone und weitere 149 km zum Goldfields Highway bei Leinster.

Cue

Das Städtchen Cue (80 km nördlich von Mount Magnet) ist ebenfalls eine ehemalige Goldgräberstadt. 1892 fanden Mike Fitzgerald
und Tom Cue erstmals Gold in der Gegend. Wie auch in anderen
Orten, folgten Tausende dem Ruf des Goldes und machten Cue zu
einer aufstrebenden, reichen Stadt. Cue wurde das Verwaltungszentrum der Murchison Goldfelder. In den 1920er Jahren wurden
die Minen jedoch geschlossen. Der Ort und die Region waren dem
Niedergang nahe. 1985 eröffnete allerdings in der Nähe der alten
Fingall Mine eine neue Mine und gab dem Dorf Cue neuen Aufwind.

Entlang der breiten Hauptstraße erinnern noch einige historische
Gebäude an die goldenen Zeiten. Einmal im Jahr, während der
Frühlingsferien im Oktober, geht im kleinen Örtchen für vier Tage die
Post ab. Während des **QFest** werden Theaterstücke, Live-Musik und

Unterhaltungshows dargeboten (Termine und Veranstaltungskalender unter www.qfest.com und Tel. 08-99631041). Während des Festivals sind die wenigen Unterkünfte meist ausgebucht.

Infos   **Cue Tourism Centre,** 35 Robinson St, Tel. 08-99631216, April–Nov Mo–Fr geöffnet; Auskünfte zu den alten Gebäuden der Stadt, zu den Geisterstädten in der Umgebung und Details zum Walga Rock (s.u.).

Unterkunft und Camping   ***** Queen of the Murchison,** Austin St, Tel. 08-99631625; stilvolles Bed&Breakfast-Haus.

Cue Caravan Park, Austin Rd, Tel. 08-99631107; Campingplatz.

Murchison Club Hotel, Austin St, Tel. 08-99631020; Hotel- und Backpackerzimmer, mit Swimmingpool.

12 km nördlich von Cue liegt die **Nallan Station** (Tel. 08-99631054) mit Zimmern und Camping.

Umgebung von Cue

Walga Rock   Der Granitmonolith mit einem Umfang von 5 km und einer Länge von 1,5 km befindet sich auf dem Gelände der Austin Downs Farm, 45 km westlich von Cue. Der Fels ist für seine beeindruckenden Aboriginalmalereien berühmt. Die Anfahrt erfolgt über die Robinson Street in Richtung Big Bell Mine, nach 10 km muss man zur Austin Down Station links abbiegen. Nach dem Farmgebäude folgt man den gut ausgeschilderten Pisten zum Felsen.

Neben den mit Ocker gemalten Tierspuren, Figuren und Handabdrücken interessiert die Historiker besonders die Darstellung eines zweimastigen Segelschiffs. Manches deutet darauf hin, dass die Zeichnung von einem holländischen Schiffbrüchigen, der an der

Felszeichnungen am Walga Rock

Küste des Mittleren Westens angeschwemmt und von australischen Ureinwohnern aufgenommen wurde, stammt. Eine andere Theorie besagt, dass die Zeichen unter dem Schiff arabische Schriftzeichen sein könnten und das Gemälde somit von afghanischen Kameltreibern angefertigt wurde. Aber nicht nur die ungeklärte Historie der Zeichnungen ist faszinierend, allein der Aufstieg auf den Monolith ist wegen des fantastischen Ausblicks sehr empfehlenswert.

Geisterstadt Big Bell 30 km westlich von Cue liegt die ehemalige Stadt Big Bell mit der **Big Bell Mine,** die heute, nach langen Jahren der Ruhe, wieder betrieben wird. Der 1936 gegründete Ort ist indes noch immer eine Geisterstadt. In der Gründerzeit dominierte der Art-Deko-Stil die Architektur vor Ort. Das ist am besten noch am Big Bell Hotel zu erkennen. 1954 wurde die ursprüngliche Mine geschlossen und die Bewohner verließen peu à peu die Stadt. Viele Gebäude wurden von Vagabunden genutzt und leider von Vandalen zerstört. Die Anfahrt ist von Cue aus einfach: Zuerst muss man die Robinson Street nach Westen fahren. Nach 10 km biegt man rechts ab (nicht zur Austin Down Station), und nach weiteren 5 km geht links ein Abzweig zur Big Bell Mine ab.

Wilgie Mia-Ockermine Etwa 40 km nördlich von Big Bell liegt die **älteste Ockermine der Welt** in den Hügeln der Weld Range. Aboriginal People mischten den Rohstoff mit Wasser, so dass der typische Farbbrei entstand. Ocker wurde in erster Linie für die traditionelle Bemalung der Männer verwandt. Die Ureinwohner erklären die Entstehung des Ockers in der 27.000 Jahre alten Wilgie Mia Mine dadurch, dass ein großer Geist ein Känguru erlegt hat und das Blut des Tieres in den Felsen floss.

Man schätzt, dass allein in den letzten 1000 Jahren über 50.000 Tonnen Ocker abgebaut wurden. Die Abbauhöhle darf nicht ohne Erlaubnis betreten werden. Bergbauunternehmen haben die Weld Range inzwischen wegen ihrer reichen Eisenerzvorkommen für sich entdeckt und wollen zügig mit dem Abbau beginnen. Unter den traditionellen Eignern befürchtet man, dass durch die Erschütterungen des Bergbaus die Höhlendecke einstürzen könnte. Zur Zeit gibt es erbitterte Verhandlungen über die neue Eisenerzmine.

Meekatharra

Selbst wenn auf der Landkarte auf der 125 km langen Strecke zwischen Cue und Meekatharra mehrere Ortsnamen verzeichnet sind; lassen Sie sich nicht täuschen: keine der Siedlungen entlang des Highways ist mehr bewohnt! Einziger erwähnenswerter Stopp ist auf halbem Weg **Nallan Lake** mit seinen schattigen Picknickmöglichkeiten.

Meekatharra (1200 Ew.) ist, wie fast alle Städte entlang des Great Northern Highway, eine Minenstadt und Servicezentrum der östlichen Murchison Region. Der Name Meekatharra stammt von den Ureinwohnern und bedeutet „Ort mit ein wenig Wasser". Die Bezeichnung rührt von der Quelle südwestlich des heutigen Ortes her. An

Weihnachten 1903 wurde Meekatharra zur Stadt erklärt. Da die Goldvorkommen nicht so ergiebig wie in Wiluna oder Cue waren, erlebte Meekatharra nie ein vergleichbares Bevölkerungswachstum. Heute ist die Stadt jedoch wesentlich größer als die beiden südlich gelegenen Orte. Für eine Stadt im Busch ist sie mit erstaunlich guten Sport- und Freizeiteinrichtungen ausgestattet. 1982 erreichte Meekatharra australienweite Aufmerksamkeit, denn es war die erste Stadt des Kontinents, die von Solarstrom versorgt wurde. Die zentrale Lage innerhalb Westaustraliens macht den Flughafen zu einem wichtigen Tankstopp für kleinere Flugzeuge. Die über 2 km lange Startbahn wurde von den Amerikanern im Zweiten Weltkrieg erbaut.

Für Touristen wurden zwei **Spazierwege** angelegt. Der 900 m lange Meeka Lookout Trail führt hinauf auf den Aussichtspunkt. Der 3 km lange Creek Trail schlängelt sich am Bachufer entlang. Hier sind für alle Interessierten Schautafeln mit Informationen zur Stadt und ihrer Umgebung angebracht. Beide Wege beginnen an der Tourist Information Bay am Highway, 50 m nach Überquerung der Gascoyne Junction Road.

Im **Meekatharra Museum** sind hauptsächlich Fotos der Stadtentwicklung zu sehen (Main St, im Gebäude der Bücherei, Mo–Fr 8–16.30). Interessant ist der Besuch der **Royal Flying Doctors Base** (am nördlichen Ende der Main St, tägl. 9–14 Uhr). Die älteste **School of the Air** (▶ s.S. 72) Westaustraliens sendete 1959 zum ersten Mal ihren Funkunterricht zu den umliegenden Farmen. Die Senderäume der Schule können während der Schulzeiten von 8–10.30 Uhr besucht werden (Savage St, bei der High School).

3 km westlich der Stadt befindet sich **Peace Gorge,** eine Ansammlung schöner Granitfelsen und ein beliebter Rastplatz mit Picknicktischen. Wer freitags oder sonntags in Meekatharra übernachtet, sollte sich im Open-Air Kino Pictures Garden einen Film ansehen. Das Programm ist am Kino und in den Unterkünften erhältlich. Die Meterological Station, von der täglich zwei Wetterballons gestartet werden, kann täglich von 9.30–11.30 Uhr nach telefonischer Anmeldung (nahe des Flughafens, Tel. 08-99811191) besichtigt werden.

Infos

Die **Tourist Information** befindet sich in der Gemeindeverwaltung (Shire Office), Main St, Tel. 08-99811002, www.meekashire.wa.gov.au, Mo–Fr 9–17 Uhr, Sa 9–12 Uhr.

Unterkunft und Camping

** **Auski Inland Motel,** Tel. 08-99811433; ordentliches Motel mit Klimaanlage und Restaurant.

** **Royal Mail Hotel,** Tel. 08-99811148; bietet kleine einfache Zimmer und gutes Essen im historischen Gebäude von 1899.

Napiers Caravan Park, Great Northern Highway (am südlichen Ortseingang), Tel. 08-99811253; schattige Stellplätze und Cabins.

Notfall

Polizei: Ecke Main/Savage Sts, Tel. 08-99811007
Krankenhaus: Savage St, Tel. 08-99811005

Kingford Smith Mail Run: Von Meekatharra zum Mount Augustus National Park

Der Kingford Smith Mail Run verläuft von Meekatharra nach Westen, zum Mount Augustus National Park und weiter in die kleine Ortschaft Gascoyne Junction bis zur Küste nach Carnarvon (▶ s. Exkurs S. 317). Von Meekatharra zum Mount Augustus National Park sind es 350 km auf einer meist einfach befahrbaren Piste. Unterwegs ist die restaurierte **Mount Gould Police Station** einen Stopp wert. Sie war von 1888 bis 1902 in Betrieb. In der **Burringurrah Aboriginal-Community,** 42 km südlich des Mount Augustus Tourist Resorts, befindet sich ein Shop und eine Tankstelle (eingeschränkte Öffnungszeiten). Der Mount Augustus National Park und die Weiterfahrt nach Tom Price und zum Karijini National Park sind auf ▶ S. 341 beschrieben.

Von Meeka-tharra in den Osten nach Wiluna Auf dem unbefestigten **Goldfields Highway** sind es 184 km bis zur Ortschaft Wiluna, Ausgangspunkt für den Gunbarrel Highway (▶ s. Special S. 198) und für die Canning Stock Route (▶ s. Exkurs S. 395).

Weiter auf dem Great Northern Highway bis Newman

35 km nördlich von Meekatharra liegt der restaurierte Viehbrunnen **25 Mile Well** am Straßenrand. Er erinnert an die zahlreichen Viehtreiber, die ihre Herden einst durch das unwirtliche Land trieben. Nach weiteren 41 km zweigt nach Westen die Ashburton Downs-Meekatharra Road zum **Bilyuin Pool** ab. Der Teich füllt sich im Winter mit Wasser und lädt zu einem Bad ein. Vom Highway sind es 18 km Piste bis zum Pool, an dem es sich auch gut campen lässt. Nach ergiebigen Winterregenfällen blühen die Wildblumen auf.

270 km hinter Meekatharra ist das **Kumarina Roadhouse** (Zimmer und Campingplatz, Tel. 08-99812930) erreicht. In der Ferne erkennt man die **Collier Range** des gleichnamigen Nationalparks. Dieser Nationalpark ist nicht erschlossen, lediglich eine Piste führt von Westen aus in einen kleinen Teil seines Höhenzugs. 9 km vor Newman befindet sich das **Capricorn Roadhouse** (Zimmer und Campingplatz, Tel. 08-91751535).

Newman

Newman (3800 Ew.) wurde in den 1960er Jahren als Arbeiterstadt für die Angestellten der größten offenen Eisenerzmine der Welt, **„Mount Whaleback Mine",** erschaffen. Namensgeber war Mount Newman, ein 1053 m hoher Berg, der 1896 nach dem Erforscher Aubrey Woodward Newman benannt wurde. Dieser verstarb allerdings, bevor er die Region erreichte, an Typhus. 1957 wurde das massive Eisenerzdepot am Mount Whaleback, 5 km westlich der Stadt, entdeckt. Dieser Berg erinnerte in seiner Form an den Rücken eines Buckelwals. Inzwischen ist aus dem Berg ein unvorstellbar großes Loch geworden, in dem die riesigen Kipplaster der Minenbetreiber wie Spiel-zeugautos wirken. 1981 wurde die Siedlung, die bis dahin von der Mount Newman Mining Company verwaltet wurde, an die Obrigkeit des East Pilbara Shire abgetreten. Seitdem ist sie eine „offene Stadt" sowie Verwaltungszentrum der östlichen Pilbara. Im Laufe der Jahre hat sich eine gewisse touristische Infrastruktur mit Unterkünften und Touranbietern entwickelt. Australische 4WD-Enthusiasten haben die Gegend mit ihren zahlreichen herausfordernden Pisten und Tracks für sich entdeckt.

Ein absolutes Muss ist der Besuch der **Mount Whaleback Mine,** durch die spannende Touren angeboten werden (s. Touren). Ansonsten ist Newman kaum mehr als ein Tank-, Einkaufs- und Übernachtungsstopp. Direkt hinter dem Visitor Centre liegt der Aussichtspunkt **Radio Hill**. Das **Mining Museum** im Visitor Centre zeigt die Entstehungsgeschichte der Stadt. Vor dem Gebäude steht ein fotogener Bergwerklaster.

Infos
Newman Visitor Centre, Ecke Fortescue Ave/Newman Drive, Tel. 08-91752888, www.newman.org.au, April–Sept: Mo–Fr 8–17 Uhr, Sa/So 8–13 Uhr, Okt–März: Mo–Fr 8.30–15.30 Uhr; Tipps für Touren durch die Umgebung, Buchungen von Minentouren und Unterkünften.

Notfalls
Polizei: 24 Mindarra Drive, Tel. 08-91751201
Krankenhaus: Mindarra Drive, Tel. 08-91751501

Touren
Mount Whaleback Mine Tours, Buchung im Visitor Centre, Mai–Sept tägl. 9.30 Uhr, Okt–April Mo–Fr 9.30 Uhr; Dauer ca. 1,5 h. Die Führungen durch die Mine beginnen am Visitor Centre. Besucher müssen lange Hosen, langarmige Oberteile und geschlossene Schuhe tragen.
Outback Mail Run & Flights, Buchung im Visitor Centre. Begleiten Sie den Postboten auf seiner Fahrt oder seinem Flug zu einsamen Farmen und Aboriginal-Communities. Ein einzigartiger Outback-Tag ist garantiert!
Pilbara Iron Country Tours (Tel. 08-91751715 oder 0419967568, www.pilbaraironcountrytours.com): Tag-a-long Touren durch das Outback. Hierbei fährt man im eigenen Geländewagen einem erfahrenen Tourguide hinterher. Im Angebot sind einfache, mehrstündige sowie mehrtägige Ausflüge mit Expeditionscharakter.
Pilbara Blue Sky Tours, Tel. 08-91755179; Tagesausflüge in den Karijini National Park, tägliche Abfahrten.

Unterkunft und Camping
*** Seasons Hotel,** Newman Drive, Tel. 08-91778666; schönes Hotel mit Pool und Restaurant – eine wahre Oase im heißen Newman. Das Hotel bietet zudem günstige Mehrbettzimmer.
** **Newman Hotel/Motel,** Newman Drive, Tel. 08-91751101; ordentliches Hotel/Motel mit Schwimmbad und Restaurant.
Whaleback Caravan Park, Cowra Drive, Tel. 08-91752802; schattiger Platz mit Pool, Campingküche und Backpacker-Unterkünften.
Kalgan's Rest Caravan Park, Kalgan Drive, Tel. 08-91751428; einfacher Campingplatz mit Schwimmbad.

Canning Stock Route (CSR)

Die legendäre Outbackroute von Halls Creek nach Wiluna, quer durch die Great Sandy Desert, ist der anspruchsvollste 4WD-Track Australiens! Die annähernd 2000 km lange Route führt über mehr als 900 Dünen und wird daher zu Recht als eines der letzten großen Offroad-Abenteuer Australiens bezeichnet.

Geschichte: Ende des 19. Jahrhunderts gab es unter den Rindern im Norden eine weitverbreitete Fieber-Krankheit, die durch eine Zeckenart übertragen wurde. Dies hatte zur Folge, dass keine Rinder zu Lande oder zu Wasser in den Süden des Landes transportiert werden durften, weil die dortigen Farmer eine Ansteckung ihrer Rinderherden befürchteten. Man entdeckte jedoch, dass die Tiere die Krankheit verlieren, wenn sie nur lange genug auf dem Landweg durch die trockene Wüste zu den Goldfeldern im Süden getrieben wurden. Das Hauptproblem war der drohende Wassermangel auf der wüstenhaften Inlandsroute. Im Jahre 1906 beauftragte die Regierung von Westaustralien **Alfred Canning** damit, eine Viehroute von Halls Creek nach Wiluna zu finden. Er zog los, und berichtete noch im selben Jahr, dass durch den Bau von rund 50 Brunnen („Wells") im Abstand von 20 bis 30 km eine Route machbar wäre. Canning begann 1908 mit dem Ausbau des Tracks und der Anlage der Brunnen und beendete das abenteuerliche Unternehmen 1910. In den folgenden 48 Jahren wurde die CSR für den Viehtrieb von Rinderherden aus der Kimberley Region bis nach Wiluna genutzt, zuletzt im Jahre 1958. Im Zweiten Weltkrieg wurden nochmals umfangreiche Renovierungsarbeiten durchgeführt, für den Fall, dass Menschen und Vieh aus dem Nordwesten vor einer möglichen Invasion der Japaner evakuiert werden müssten.

BME ▶ DRW

Der Track: Die von Süd nach Nord durchnummerierten Brunnen sowie drei weitere natürliche Quellen dienen damals wie heute als Orientierungspunkte. Von den mit einer Handwinde ausgestatteten Brunnen sind heute leider nur noch etwa 20 wasserspendend, vom Rest ist außer einer verfallenen Viehtränke nicht mehr viel übrig. Das Wasser, das aus artesischen Becken stammt, ist zudem meist kaum genießbar, weil es sehr mineralisch und salzig schmeckt. Dank der Arbeit von eifrigen Ehrenamtlichen verschiedener 4WD-Clubs, wurden einige Brunnen wieder erneuert. In der Umgebung der Brunnen gedeiht die Vegetation besonders schön und völlig untypisch für eine Sandwüste. Man spricht mittlerweile von 1500 Fahrzeugen im Jahr, die den sandigen Untergrund der CSR unter die Räder nehmen. Der Track führt durch endlos schöne Wildnisgebiete fernab jeglicher Zivilisation.

Die Landschaft ändert sich unterwegs ständig: karge Abschnitte folgen Gebieten mit frischgrünem Spinifex-Gras, gleißend weiße Salzseen stehen in Kontrast zu roten Sanddünen und nicht selten verweilen Kamele mitten auf dem Weg. Neben den Spuren der Viehtreiber entdeckt man unterwegs gut erhaltene Felszeichnungen der Ureinwohner.

Gästebuch am Buganbbini Well

Eine ungefähre **Streckeneinteilung** sieht wie folgt aus:

Wiluna – Well 23: ca. 5 Tage (713 km)

Well 23 – Billiluna Aboriginal-Community: ca. 8 Tage (921 km)

Billiluna Aboriginal-Community – Halls Creek: 1 Tag (168 km)

Für die gesamte Strecke gibt es zwei Möglichkeiten zur **Treibstoffversorgung**. An **Well 23** richtet das **Capricorn Roadhouse** (nördlich von Newman) auf Wunsch ein Spritdepot (Diesel oder bleifreies Benzin) ein. Die Abnahme erfolgt immer in Form eines 200 Liter Fasses. Die Bestellung und Bezahlung muss beim Road-house mindestens 8 Wochen im Voraus erfolgen. Information: Capricorn Roadhouse, Tel. 08-91761535, Kontakt auch über das Newman Visitor Centre, www.newman-wa.org.

Ansonsten gibt es **keinerlei Versorgungseinrichtungen** unterwegs. Es versteht sich von selbst, dass die CSR nur mit absolut intakten, bestens ausgerüsteten Geländewagen (u.a. Ersatzteile, 2 Reserveräder, Kühlwasserschlauch, Keilriemen, Bergungsgurte) und ausreichenden Kenntnissen in der Automechanik angegangen werden darf. Ein Konvoi sollte aus mindestens zwei Fahrzeugen bestehen. Weiterhin sollte ein RFDS-Radio (Funkgerät) und evt. ein Satellitentelefon an Bord sein. Ein GPS-Gerät und gutes Karten-material erleichtern die Navigation, wenngleich dieses nicht zu den Hauptschwierig-keiten zählt. Auf sandigen Passagen ist es ratsam, den Luftdruck in den Reifen zu senken. Ein Kompressor hilft beim Wiederauffüllen. Wesentlich sicherer ist es, sich einem erfah-renen Touranbieter auf einer sogenann-ten Tag-a-long Tour anzuschließen (s.u.).

Für das Befahren der Strecke ist eine Genehmigung (Permit) erforderlich. Zur Sicher-heit sollten sich Reisende immer bei der **Polizei** in Halls Creek (Tel. 08-91686000) und Wiluna (Tel. 08-99817024) an- und abmelden. Als **Reisezeit** sind nur die Monate Mai/Juni bis September empfehlenswert, da es im Sommer schlichtweg zu heiß wird. Die übli-che **Reisedauer** beträgt 15-18 Tage. Das Befahren der CSR mit einem **Mietwagen oder Allradcamper** bedarf immer der ausdrücklichen Genehmigung des Vermieters!

Informationen und Permits:

www.canningstockroute.net.au, www.exploreoz.com/treknotes und www.wiluna.wa.gov.au

Notruf: Royal Flying Doctor Service Meekatharra Tel. 08-99811107

Literaturtipp: Gard, R. und E.: Canning Stock Route, A traveller's guide for a journey through history. Lesenswerte Geschichten und faszinierende Fotos zur Strecke – ideal für die Abende am Lagerfeuer.

Kartenmaterial: Hema Map, Great Desert Tracks, North West Sheat inkl. GPS-Punkte, erhältlich unterwww.landkarten-versand.de.

Touren

Ottotours, www.ottotours.de; deutschsprachiger Tag-A-Long Anbieter mit viel Erfahrung auf der Route.

Austours, www.austourtravel.com, aus Tradition mit eingefleischten australischen Out-backfans wird alljährlich eine Abfahrt für die CSR organisiert.

Dreamtime Tours Schweiz, Tel. 056-4100101, www.dreamtime.ch; jedes Jahr eine deutschsprachig geleitete Tour.

Alle Touranbieter sind in Deutschland über Best of Australia buchbar (www. best-of-australia.de). Dort wird auch der passende Geländewagen mit Erlaubnis für die CSR ver-mittelt.

Ophtalmia Dam

Umgebung von Newman

In der hügeligen Umgebung von Newman lassen sich permanente Wasserlöcher, Aboriginal Felszeichnungen und Berge erkunden. Für fast alle Ausflüge sind ein Geländewagen und gute Landkarten erforderlich. Informieren Sie sich vorab im im Visitor Centre oder bei der Polizeistation in Newman.

Tipp: Für die Allradrouten rund um Newman sind die Landkarten von B. Gould die besten. Sie sind günstig im Visitor Centre und auf den Campingplätzen erhältlich.

Ophtalmia Dam

15 km nordwestlich der Stadt liegt das Frischwasserreservoir der Stadt. Am riesigen Stausee sind Picknicktische und Grills installiert. Camping ist nicht erlaubt. Die Anfahrtsstraße ist asphaltiert.

Mount Newman

Auf einem einstündigen Marsch (1,5 km einfach) erklimmt man den Gipfel des **Mount Newman.** Von oben reicht der Blick im Osten auf die Mount Newman Minen, nach Norden bis zur Ophtalmia Range. Der Fuß des Berges ist über den Highway (30 km westlich von Newman) und dann über eine gut befahrbare Geländewagenpiste (3 km) erreichbar.

Weeli Wolli Springs

Weeli Wolli ist eine natürliche Quelle, die eine Reihe wasserführender Teiche und kleine Wasserfälle speist. Die Stelle hebt sich durch einen lichten Wald und einige Dattelpalmen, die von Kameltreibern gepflanzt wurden, von der steinigen Umgebung ab. Die Oase ist über eine 42 km lange Piste anzufahren. Diese zweigt 54 km westlich von Newman vom Highway nach rechts ab. Camping ist an der Quelle nicht erlaubt.

Eagle Rock Falls **Eagle Rock Falls** hat zwei Wasserfälle, die nur nach Regenfällen Wasser führen. Die obere Kaskade ist 8 m hoch und fließt in einen großen Teich. Von dort stürzt das Wasser weitere 33 m tiefer in eine enge Schlucht.

Three Pools **Three Pools** ist ein kleiner, dafür dauerhaft sprudelnder Wasserfall. Er führt, wie der Name schon sagt, in drei Teiche. Der größte Pool liegt in einer kleinen, steilen Schlucht, deren Abgeschiedenheit zum Genießen und Relaxen einlädt.

Anfahrt: 37 km westlich von Newman zweigt die 28 km lange Piste zu Eagle Rock Falls ab. Die letzten 10 km sind felsig und schwer zu befahren. Zu den Three Pools sind es 14 km (ab dem Abzweig zu Eagle Rock Falls) – ein verblasstes Schild weist den Weg.

Stuart Pool Der tiefe, immer wasserführende Teich markiert das Ende einer kurzen Schlucht am Kalgan River. Der Pool ist umgeben von Akazien und Eukalyptusbäumen. Die Anfahrt ist sehr schwierig und nur per Geländewagen mit guter Bodenfreiheit und nötiger Fahrererfahrung zu meistern. Entlang des Weges bieten sich grandiose Ausblicke auf den Mount Newman im Süden. Der unmarkierte Track zweigt 25 km westlich von Newman vom Highway im spitzen Winkel nach rechts ab. Nach 8,2 km auf der Piste folgt eine extrem steile Abfahrt. Wer auf Nummer sicher gehen möchte, sollte die verbliebenen 3,2 km zum Pool zu Fuß gehen. Erkundigen Sie sich vor der Abfahrt über die Pistenverhältnisse und besorgen Sie sich die o.g. Landkarten.

Rudall River National Park – abseits der Zivilisation

Einer der einsamsten Nationalparks in Westaustralien ist mit 15.000 qkm gleichzeitig der größte des Staates und einer der größten der Welt. Der Park liegt an der Grenze zwischen der Great Sandy Desert und der Little Sandy Desert, etwa 300 km östlich von Newman.

Große Salzseen und mächtige Sanddünen sind charakteristische Merkmale der Region. Das Zentrum des Parks ist felsiger und flacher und trennt die beiden Wüstenteile voneinander. In diesem Bereich führt auch die Piste von Süd nach Nord durch den Park. An einigen schönen Wasserlöchern befinden sich einfache Campingplätze.

Der **Rudall River National Park** ist Wildnis pur und nur mit Allradfahrzeugen erreichbar. Die Expedition sollte nur in den kühlen Wintermonaten und mit bester Vorbereitung unternommen werden. Am besten ist es, im Konvoi mit mindestens einem weiteren Fahrzeug und den notwendigen Treibstoff-, Wasser- und Nahrungsvorräten die Fahrt zu planen. Ein Satellitentelefon wird empfohlen. Im Park fehlen jegliche Einrichtungen. Selbst in den umliegenden Aboriginal-Gemeinden und in der Bergbausiedlung **Telfers** gibt es keine Tank- oder Einkaufsmöglichkeiten. Der Nationalpark ist von Aboriginal-Land umgeben, für das eine Genehmigung (Western

Desert Puntukunupanu Aboriginal Corporation (WDPAC), Tel. 08-91723299, Fax 08-91723132 oder unter www.daa.wa.gov.au) eingeholt werden muss.

Infos Nähere Informationen zum Pistenzustand und zu den Zufahrtsmöglichkeiten sind beim Shire of East Pilbara in Newman (Tel. 08-91751924) im Newman Visitor Centre (s.o.) und bei der Newman Police (s.o.) erhältlich. Das zuständige und nächstgelegene Nationalparkbüro befindet ich in Karratha (▶ s.S. 356). Als Landkarte empfiehlt sich „Pilbara and Northern Gascoyne" (Hema Maps).

Highway-Route Newman – Port Hedland

70 km nordwestlich von Newman zweigt eine 2 km lange Piste zum schön bewachsenen Teich und den sehenswerten Aboriginal-Felsgravuren **Wanna Munna** ab.

Am Rastplatz am Fuße des **Mount Robinson** (114 km nordwestlich von Newman) darf campiert werden. Vom Berg (eine ehemalige Geländewagenpiste führt hinauf) bietet sich ein toller Rundblick. Einige Kilometer weiter zweigt eine Straße zum **Mount Meharry**, dem höchsten Berg Westaustraliens nach Westen ab (▶ s. Hauptroute S. 347). Die Zufahrt in den Karijini National Park ist gut ausgeschildert und bis zum Visitor Centre asphaltiert. Der Nationalpark und die Weiterfahrt bis Port Hedland sind ab ▶ S. 348 beschrieben.

Alternativstrecke:
Von Newman über Marble Bar zur Küste

Die Schotterpiste von Newman nach Marble Bar ist 299 km lang und führt über die kleine Ortschaft **Nullagine,** die am gleichnamigen Fluss liegt. Beatons Creek Gorge und die beiden Teiche Garden Pool und Daylight Pool sind auf jeden Fall einen Abstecher wert. Im Conglomerate Hotel und im Nullagine Roadhouse erhält man **Informationen** zu den Straßenverhältnissen und zur Geschichte der Region. **Übernachten** ist auf dem Nullagine Caravan Park Tel. 08-91762090 und im Conglomerate Hotel (Tel. 08-91762022) möglich.

91 km weiter beginnt die Ripon Hills Road, die zur Telfers Mine und weiter in den Rudall River National Park (▶ s.S. 398) führt. Vom Abzweig sind es nur noch 23 km bis Marble Bar (350 Ew.).

Marble Bar

Zwischen Oktober 1923 und April 1924 wurden in der Gemeinde an 162 aufeinanderfolgenden Tagen Temperaturen von über 37,8° C gemessen. Die Stadt taufte sich daraufhin selbst als „**Australia's Hottest Town"** – ein Superlativ, der bis heute gehegt und gepflegt wird. Während der Wintermonate (April–Sept) ist es in der Stadt angenehm warm, nachts kühlt es bisweilen jedoch stark ab.

BME ▶ DRW

Lange bevor das Eisenerz für die Pilbara bedeutend wurde, machten Goldfunde den Landstrich bei Glücksrittern bekannt. Das offizielle Zentrum war damals Marble Bar. Mit der Entdeckung von Oberflächengold 1891 kamen Heerscharen von Goldsuchern in die von markanten Granitfelsen umgebene Savannenlandschaft. Zwei Jahre später wurde die Stadt offiziell gegründet. Heute, mit dem Ab-

Iron Clad Hotel in Marble Bar

bau von Zinn, Magnesium und Gold, hat sie sich zu einer modernen Minenstadt entwickelt.

Der Name Marble Bar rührt von einer markanten Felsformation 5 km westlich des Ortes her. Tatsächlich wurde das Felsband im **Coongan River** mit einer weiß-rot-schwarzen Maserung ursprünglich für Marmor (marble) gehalten. Richtigerweise handelt es sich jedoch dabei um feinkörnigen Quarzkiesel (Jasper). **Hinweis:** Das Mitnehmen von Steinen aus Marble Bars steht unter Strafe – deshalb bitte nur fotografieren! Der Teich unterhalb des Felsens ist ein beliebtes Badeziel bei Einheimischen. Eine weitere Badegelegenheit besteht in **Chinaman's Pool**.

Infos   Touristische Informationen sind unter der Woche im **Shire of East Pilbara** (Francis St, Tel. 08-91761008, www.eastpilbara.wa.gov.au) und im **Marble Bar Travellers Stopp** (Halse St, Tel. 08-91761166) erhältlich.

Sehenswert ist das Freilichtmuseum der 1936 gegründeten **Comet Gold Mine** (tägl. 9–16 Uhr, Tel. 08-91761015, 7,5 km südlich).

Unterkunft und Camping   Übernachtungsmöglichkeiten bestehen auf dem **Marble Bar Caravan Park** (264 Contest St, Tel. 08- 9176 1569) und im ****Iron Clad Hotel** (Motel mit Restaurant, 15 Francis St, Tel. 08- 91761066).

 ## Von Marble Bar zur Küste

Bis zum Küsten-Highway sind es weitere 160 km auf der asphaltierten Straße. 34 km nördlich der Stadt zweigt die Warrawinge Road (Piste) nach rechts ab und führt zu **Coppins Gap,** einem von bunten Felsen umgebenen Badepool, der von einer unterirdischen Quelle gespeist wird. Die Weiterfahrt in die Schlucht und nach **Kitty Gap** ist nur für Geländewagen geeignet! Die Marble Bar Road trifft 50 km östlich von Port Hedland auf den Great Northern Highway. Die Weiterfahrt in Richtung Broome ist ab ▶ S. 365 beschrieben.

The Kimberley – Von Broome nach Darwin auf der Gibb River Road

Übersicht

Das Hochland zwischen Derby und Kununurra wird als **The Kimberley** bezeichnet. Auf 423.000 qkm, größer als die Schweiz und Deutschland zusammen, liegen felsige Schluchten, weitläufiges Savannenland, riesige Rinderfarmen und entlegene Aboriginal-Gemeinden. Die Kimberley wird als eines der letzten Wildnisgebiete Australiens bezeichnet. Gerade einmal 34.000 Menschen leben hier, der Rest ist menschenleere Natur und unzugängliche Wildnis!

Am eindrucksvollsten erlebt man die landschaftlichen Höhepunkte des Nordwestens auf einer Allradtour auf der rund 700 km langen **Gibb River Road**.

Klima und Reisezeit

Die starke Ausprägung der **Trocken- und Regenzeit** (Dry Season, Wet Season) beschränken die **Reisezeiten** in der Regel auf die Monate von Mai bis Oktober. Während dieser Saison ist die Straße mit einem Geländewagen gut befahrbar. Staub und waschbrettartige Straßenoberflächen sind die ständigen Begleiter auf dem Weg in den Osten. Hinzu kommen sporadische Flussdurchquerungen, die jedoch in der Regel keine Probleme bereiten. Während der Regenzeit ist mit monsunartigen Niederschlägen zu rechnen, welche die Pisten in der Kimberley Region wochenlang überschwemmen und dadurch unpassierbar werden lassen. Die Piste ist in dieser Zeit, von Mitte November bis Anfang Mai, meist für den Reiseverkehr gesperrt! Verschiebt sich die Regenzeit nach hinten, so muss in manchen Jahren sogar bis Mitte Juni gewartet werden, um die Route befahren zu können.

Die **Hitze im Nordwesten** ist selbst in den angeblich kühleren Wintermonaten enorm. Nach den etwas kühleren Morgenstunden steigt das Thermometer schnell auf 30–35 Grad. Dankbar nimmt man als Reisender den Komfort der Klimaanlage im Auto in Anspruch und nutzt die zahlreichen erfrischenden Bademöglichkeiten in Felspools und unter Wasserfällen.

Unterwegs

Wer nicht selbst fahren möchte, sollte sich in Broome einer **geführten Tour** anschließen. Die Übernachtungen erfolgen hierbei entweder in Zelten, feststehenden Camps oder auf Farmen und in Hotels. Eine Alternative zum Geländewagen oder zur geführten Tour stellen Flugsafaris dar. Im Kleinflugzeug werden entlegene Farmen und Landschaften angeflogen – besonders empfehlenswert, wenn die Reisezeit begrenzt ist. Absolute Einsamkeit genießen diejenigen, die sich in eines der abgelegenen Camps (▶ s. Exkurs S. 422) fliegen lassen. Beliebte Aktivitäten in küstennahen Camps sind Angeln und Bootstouren.

Eine besonders reizvolle, wenngleich sehr exklusive Art, die Kimberley zu bereisen, ist per Schiff. Komfortable Kreuzfahrtschiffe

BME ▶ DRW

verkehren in den Monaten April bis Oktober entlang der vollkommen isolierten Küste von Broome bis nach Darwin bzw. von Broome bis Wyndham (s. Broome Touren und Darwin Touren).

Vorbereitung für eine Tour auf der Gibb River Road und zum Mitchell Plateau

Kartenmaterial Hema: The Kimberley, 1: 100.000

Ausrüstung Wer die Gibb River Road in Angriff nehmen möchte, sollte auf jeden Fall ein Ersatzrad sowie einen tauglichen Wagenheber im Fahrzeug haben. Daneben gilt es, Wasser- und Lebensmittelvorräte für mindestens 3 Tage einzupacken. Beachten Sie, dass Tankstellen, Rasthäuser und Farmen nicht durchgehend geöffnet haben.

Achtung: da nicht überall mit Kreditkarten bezahlt werden kann, sollten Sie genügend Bargeld mitnehmen! Die Tour zum Mitchell Plateau oder nach Kalumburu erfordert Treibstoff für mindestens 550 km und idealerweise ein zweites Ersatzrad.

Straßen- Main Roads W.A. Tel. 1-800-013314,
zustände www.mainroads.wa.gov.au

Notfall Royal Flying Doctor Service Tel. 1-800-625800,
über Satellitentelefon 08-94176389

Entfer- Die eigentliche Gibb River Road ist zwar „nur" knapp über 700 km lang, doch
nungen wenn man die Abstecher zu den Schluchten, die Fahrt zum Mitchell Plateau oder zu den Bungle Bungles hinzuzählt, ergeben sich beträchtliche Kilometerzahlen. Von Hektik und Zeitnot sollte man sich dabei nicht leiten lassen, denn die meisten Kilometer werden auf mehr oder weniger guten Pisten, teilweise aber auch auf äußerst holprigen und rauhen Tracks zurückgelegt.

Routenvorschlag Broome – Darwin auf der Gibb River Road

Die nachfolgenden Vorschläge sind darauf ausgelegt, möglichst viel von der Kimberley Region zu sehen und dabei noch immer genügend Zeit für Wanderungen und Badestopps zu haben. Als Fahrzeug ist grundsätzlich ein 4WD die richtige Wahl. Mit einem 2WD-Fahrzeug können zwar einige Highlights angefahren werden, doch man gelangt mit Sicherheit nicht überall hin. Ganz zu schweigen von der Versicherungsproblematik: die meisten Vermieter untersagen es, mit normalen Mietwagen den Asphalt-Highway zu verlassen.

20 Tage	**Broome – Darwin** **Mit dem Geländewagen auf der Gibb River Road** **(mit Mitchell Plateau und Bungle Bungles)**
1. Tag:	Broome – Derby – Windjana Gorge (347 km)
2. Tag:	Windjana Gorge – Tunnel Creek – Bell Gorge (214 km)
3. Tag:	Bell Gorge – Manning Gorge (122 km)
4. Tag:	Manning Gorge – Drysdale River Station/Miners Pool (176 km)
5. Tag:	Drysdale River Station/Miners Pool – Mitchell River National Park (188 km)
6. Tag:	Mitchell River National Park
7. Tag:	Mitchell River National Park – King Edward River (78 km)
8. Tag:	King Edward River – Ellenbrae Station (242 km)
9. Tag:	Ellenbrae Station – El Questro (161 km)
10. Tag:	El Questro
11. Tag:	El Questro – Purnululu National Park (314 km)
12. Tag:	Purnululu National Park (Bungle Bungle)
13. Tag:	Purnululu National Park – Kununurra (302 km)
14. Tag	Kununurra
15. Tag:	Kununurra – Timber Creek/Gregory National Park (226 km)
16. Tag:	Timber Creek/Gregory National Park – Katherine/ Nitmiluk National Park (287km/316 km)
17. Tag:	Katherine – Nitmiluk National Park (29 km)
18. Tag:	Katherine – Litchfield National Park (310 km/340 km) alternativ. Katherine – Kakadu National Park – Cooinda/Jim Jim Falls (254 km/323 km)
19. Tag:	Litchfield National Park (alternativ Kakadu NP)
20. Tag:	Litchfield National Park – Darwin (163 km) alternativ: Kakadu National Park – Cooinda – Darwin (325 km)

BME ▶ DRW

15 Tage	**Broome – Darwin** **Mit dem Geländewagen auf der Gibb River Road**
1. Tag:	Broome – Derby – Windjana Gorge (347 km)
2. Tag:	Windjana Gorge – Tunnel Creek – Bell Gorge (214 km)
3. Tag:	Bell Gorge – Manning Gorge (122 km)
4. Tag:	Manning Gorge – El Questro (344 km)
5. Tag:	El Questro
6. Tag:	El Questro – Kununurra (102 km)
7. Tag:	Kununurra – Turkey Creek – Purnululu (260 km)
8. Tag:	Purnululu National Park (Bungle Bungle)
9. Tag:	Purnululu National Park – Turkey Creek – Kununurra (260 km)
10. Tag:	Kununurra – Keep River National Park – Victoria River/Gregory National Park (303 km)
11. Tag:	Victoria River/Gregory National Park – Katherine/Nitmiluk National Park (195 km/224 km)
12. Tag:	Katherine/Nitmiluk National Park
13. Tag:	Katherine – Kakadu National Park – Gunlom Falls/Cooinda (232 km/254 km)
14. Tag:	Kakadu National Park
15. Tag:	Kakadu National Park – Cooinda/Jabiru – Darwin (325 km/250 km)

11 Tage	**Broome – Darwin • Highway-Route (ohne Allrad)**
1. Tag:	Broome – Fitzroy Crossing (396 km)
2. Tag:	Fitzroy Crossing: Ausflug Tunnel Creek, Geikie Gorge National Park
3. Tag:	Fitzroy Crossing – Warmun (Turkey Creek Roadhouse, 434 km)
4. Tag:	Warmun (Turkey Creek Roadhouse) – Ausflug Bungle Bungles mit Übernachtung
5. Tag:	Warmun – Kununurra (200 km)
6. Tag:	Kununurra – Ausflug Ord River/Lake Argyle
7. Tag:	Kununurra – Katherine/Nitmiluk National Park (512 km/541 km)
8. Tag:	Katherine/Nitmiluk National Park
9. Tag:	Katherine/Nitmiluk National Park – Kakadu National Park-Cooinda (283 km/254 km)
10. Tag:	Kakadu National Park
11. Tag:	Kakadu National Park – Jabiru – Darwin (250 km)

Die Kimberleys

Überblick

Die Einheimischen nennen das riesige Wildnisgebiet am nordwestlichen Ende des Kontinents „The Last Frontier" – das ist der gleiche Slogan, wie ihn auch der entlegene US-Bundesstaat Alaska verwendet. In der 423.000 qkm großen Kimberley Region leben gerade mal 30.000 Menschen, davon wiederum die meisten in den Städten Broome, Derby und Kununarra. Das zerklüftete Land wird im Norden von der Timor Sea, im Osten vom Ord River, im Süden vom Fitzroy River und der Great Sandy Desert, im Westen vom Indischen Ozean begrenzt. Geologisch gesehen, stellt das Gebiet ein riesiges Sandsteinplateau dar, das mit vulkanischem Gestein durchsetzt ist. Extreme Klimaschwankungen förderten die Erosion, die in knapp zwei Milliarden Jahren die mit abgeflachten Gipfeln versehenen Tafelberge, schroffen Schluchten und fragile Felsdome erschuf.

Geschichte

Die zentralen Kimberleys waren und sind reich an Süßwasserquellen und fruchtbarem Land. Dies ermöglichte den Ureinwohnern schon vor Jahrtausenden ein sorgloses Leben und die Entwicklung einer einzigartigen Kultur. Zeugnis davon sind vor allem die vielen Malereien in den Höhlen und an den Felsüberhängen, die bis heute gut erhalten und noch längst nicht alle erkundet sind. Besondere Aufmerksamkeit verdient die Bradshaw Tradition mit den charakteristischen Wandjina-Zeichnungen, die nur in den Kimberleys vorgefunden wurden (▶ s. Exkurs S. 423). Nach Zeiten der Vertreibung und Missionierung sind inzwischen viele Aboriginal People in ihre traditionellen Stammesgebiete zurückgekehrt. Durch die Isolation von der weißen Bevölkerung versuchen sie dort, ihre Traditionen und Bräuche wieder zu pflegen.

BME ▶ DRW

Unterwegs auf staubiger Piste

Kimberley Region

0 ——————— 100 km

= Aboriginal Land
= Gibb River Road

© RKH Verlag Herrmann

Ocean

Indian

Buccaneer Archipelago

Cockatoo Island
Koolan Island

Cape Leveque

Lombadina

Horizontal
Waterfalls

Beagle Bay

King Sound

Mt Heart
Homestead

Bell Gorge

James Price
Point

Derby   Gibb River Rd

King

**Windjana
Gorge NP**

*Dampier
Peninsula*

**Tunnel
Creek NP**

Osc

Roebuck
Roadhouse

GREAT

Willare Bridge
Roadhouse

NORTHERN

Broome

Fitzroy

Cape Villaret

River

Great Sandy Desert

Lennard River Gorge

Timor Sea

Faraway Bay
Bush Camp

Kalumburu

*Joseph Bonaparte
Gulf*

Surveyor's
Pool

■ **Mitchell
Plateau**

Mitchell
Falls

Mertens
Falls

**Mitchell
River NP**

Ungolan
Mitchell
Falls Safari
Camp

Kalumburu Rd

King Edward River

**Drysdale
River NP**

*Cockburn
Ranges*

**Parry Lagoons
Nature Reserve**

**Prince Regent
Nature Reserve**

Prince Regent R.

Miner's
Pool

Drysdale River
Station

Home Valley
Homestead

Wyndham

*Emma
Gorge*

Ord R.

*Mirima
NP*

Kununurra

Ellenbrae
Station

*Chamberlain
Gorge*

Emma Gorge

El Questro

Lake Argyle
Village

1

Mt Elisabeth
Station

*Barnett River
Gorge*

Barnett Roadhouse

Mt Manning Gorge

Galvans Gorge

Adcock Gorge

*Lake
Argyle*

nach
Darwin
(750 km)

Beverley
Springs
Homestead

Argyle
Diamond

Iminitji
Store

Warmun

Chamberlain River

Durack Range

NORTHERN HWY

Leopold Range

Old Mornington
Camp

Mt Wells
983m

**Purnululu
NP**

Range

**Geikie
Gorge NP**

Fitzroy
Crossing

1

Halls Creek

China Wall

Sawpit Gorge

GREAT HWY

Tanami Rd

nach
**Alice Springs (872 km),
zur Canning Stock Route**

**Wolfe Creek
Meteorite Crater**

Northern Territory

BME ▶ DRW

Die Kimberleys wurden erst verhältnismäßig spät, im Zuge der weißen Besiedlung, erforscht und entdeckt. Im 17. Jahrhundert kreuzten zwar holländische Seefahrer und der englische Freibeuter William Dampier entlang der Nordwestküste, maßen ihr aber aufgrund der „wilden Bevölkerung" keine Bedeutung hinsichtlich eines möglichen Handels zu. Bis zum Jahre 1837 war nur die Küste wegen der vielen Schiffsunglücke in aller Munde, das Landesinnere war hingegen weithin unbekannt. So erforschte als erster der Engländer Leutnant George Grey im Auftrag der englischen Regierung diese Ecke des Kontinents. 1879 folgte die Expedition von Alexander Forrest, die ihn von der Westküste bis in das heutige Northern Territory führte. Die Forscher berichteten von fruchtbaren Weideflächen und genügend Wasserstellen. Dies war ausschlaggebend für viele Farmer, die Kimberleys zu besiedeln. Den Namen erhielt die Region (ebenso wie die gleichnamige Diamantenstadt in der nördlichen Kapregion in Südafrika) vom Earl of Kimberley, englischer Kolonialsekretär in den Ende des 19. Jahrhunderts.

Aktuell erlangte die Kimberley Region durch den Kinofilm „Australia" mit Nicole Kidman und Hugh Jackman weltweit Berühmtheit. In der Leidens- und Liebesgeschichte einer Engländerin, die nach dem zweiten Weltkrieg nach Australien kommt, wurden sehr viele Szenen in den Kimberleys gedreht.

Straßen   Durch den Nordwesten führen nur zwei bedeutende Verbindungsstraßen. Mitten durch das „Herz" der Kimberleys verbindet die nicht asphaltierte **Gibb River Road** die Städte Derby und Kununarra. Die Piste wurde in den 1960er Jahren als Viehroute angelegt, um die Tiere von den Farmen mit Lastwagen einfacher zu den Häfen in Derby und Wyndham zu transportieren. Inzwischen ist die Straße eine beliebte Touristenroute und auch die Farmen entlang der Strecke haben sich auf Besucher eingestellt. Aufgrund des guten Pistenzustandes kann das Befahren der Gibb River Road als „Soft Adventure" bezeichnet werden. Rauhe Abstecher zu abgelegenen Schluchten und zur entfernten Küste (Mitchell Plateau) sowie in den Purnululu National Park fordern indes noch fahrerisches Können.

Der **Great Northern Highway** ist die asphaltierte Highway-Variante für den komfortbewussten Reisenden. Die Straße verläuft am Rande des Hochlands von Broome über die Ortschaften Fitzroy Crossing und Halls Creek nach Kununarra.

▸ Infos auf www.kimberley.wa.gov.au

 # Von Broome nach Derby (223 km)

Hinter der Ortsausfahrt aus Broome trifft man am **Roebuck Plain Roadhouse** auf den Great Northern Highway. Auf der gut ausgebauten Straße nach Osten besteht nach 59 km die Möglichkeit kostenlos auf dem 24 h Rastplatz Nillibubbica zu campen.

Boab Trees – Affenbrotbäume

Die charakteristischen Boab Trees, die verstreut in der Landschaft stehen, gehören zu den Kimberleys wie die Oper zu Sydney. Durch ihren flaschenförmigen Stamm, ihre glatte, beinahe leuchtende Rinde und ihre meist kahlen, verwurzelten Äste sind sie auch auf große Entfernung sofort zu erkennen.

Sie zählen zu der Art der **Affenbrotbäumen** (*Adansonia*), aus der Familie der Wollbaumgewächse *(Bombacaceae)*. Es gibt insgesamt acht Arten, die in Ostafrika, auf Madagaskar sowie im Nordwesten Australiens heimisch sind. Der bekannteste Vertreter dieser Gattung ist der Afrikanische Baobab (*Adansonia digitata*), der zu den charakteristischsten Bäumen der afrikanischen Landschaften gehört, sowie der australische Boab Tree. Alle Arten zeichnen sich durch ein anfangs langsames Wachstum aus, bis ein umfangreiches Wurzelsystem gebildet ist, mit dessen Hilfe sie längere Trockenzeiten gut überstehen können. Die Bäume werden durch nektarfressende Fledermäuse bestäubt. Daher öffnen sich ihre einzeln von Blütenstielen herabhängenden Blüten nur nachts. Wie bei vielen von Fledermäusen bestäubten Pflanzen, bestehen die Blüten aus einer Vielzahl von Staubblättern. Deshalb spricht man manchmal auch von Puderquasten-Blüten. Die Blütenhüllblätter sehen nur unscheinbar aus.

Im Stamm speichert der Boab Wasser und hat die Fähigkeit, sich extrem auszudehnen. Für die Ureinwohner war er Nahrungs- und Feuchtigkeitslieferant in einem. Eines der eindrucksvollsten Exemplare ist der Prison Tree bei Derby mit einem Durchmesser von 14 m (▶ s. Derby).

BME ▶ DRW

Prison Tree in Derby

Das nächste Roadhouse **Willare Bridge Roadhouse** am Fitzroy River bietet den üblichen Komfort einer Highwayraststätte (Zimmer und Camping, Tel. 08-91914775).

Achtung: Im Fluss leben Salzwasserkrokodile, daher auf keinen Fall baden oder direkt am Ufer campen! Rund 14 km weiter zweigt die Straße nach Derby vom Highway ab.

Derby

Das 1883 offiziell als Stadt ernannte Derby (5000 Ew.), war einst der Eingangshafen für Goldsucher, die ihr Glück während des ersten westaustralischen Goldrausches in Halls Creek suchten. Heute ist es ein Verwaltungszentrum für die umliegenden Rinderfarmen und die Aboriginal-Communities der westlichen Kimberleys. Aus touristischer Sicht ist Derby der Ausgangspunkt für die Gibb River Road und für Touren in die Inselwelt des Buccaneer Archipels. Einzigartig ist an Derby, dass hier der höchste Tidenhub Australiens mit über 11 Metern gemessen wird. (Weltweit wird der höchste Tidenhub mit 15 m in der Bay of Fundy in der kanadischen Provinz Nova Scotia gemessen). Dies hat zur Folge, dass das Meer bei Ebbe extrem weit zurückweicht und tagtäglich riesige Schlammflächen („Muds") hervortreten.

Das Städtchen selbst breitet sich auf einer Landzunge im **King Sound** aus und bietet ein überschaubares Zentrum: Banken, Supermärkte, Restaurants und Unterkünfte liegen an der Loch Street dicht beieinander. Aufgrund der heißen Temperaturen erscheint der Ort kaum richtig belebt. Sehenswert sind die **Jetty** am nordwestlichen Ende der Loch Street. Der erste Kai wurde 1894 für die Verladung von Wolle und Perlmutt gebaut. Seit 1964 wird von der erneuerten Anlage Vieh exportiert und Lebensmittel, Benzin sowie Öl eingeführt. Bis 1973 legten noch große Kreuzfahrtschiffe. in Derby an, ein Geschäft, das sich heute nur mehr auf Broome konzentriert. Derzeit ist Derby gern gewähltes Ziel von den exklusiven Kimberley-Yachten sowie von Frachtschiffen, die Blei- und Zinkkonzentrat aus der Cadjebut Mine bei Fitzroy Crossing abtransportieren. Von der Jetty aus kann man den Sonnenuntergang über dem King Sound am besten beobachten.

Im **Centenary Pavillion,** gleich bei der Jetty, stellt ein Bodenmosaik das Leben der Stadt dar. Wer das **Wharfinger House Museum** (Ecke Elder/Loch Sts) mit Ausstellungsstücken zur Seefahrts- und Luftfahrtsgeschichte in den Kimberleys besuchen möchte, muss sich vorher im Visitor Centre den Schlüssel besorgen. Das Museum befindet sich in einem typischen Holzhaus der Kimberleys der 1930er Jahre – natürlich ohne Klimaanlage. Das **alte Gefängnis** (Old Gaol) in der Loch Street wurde 1906 gebaut und ist das älteste Gebäude der Stadt. Auf Informationstafeln wird detailliert die Bedeutung des Zuchthauses erläutert. Im **Botanischen Garten** (Zugang nur wochentags über die

Bücherei in der Clarendon St) schlendert man zwischen exotischen Palmen und tropischen Pflanzen – ein Tipp für jeden, der gerne der glühenden Mittagshitze aus dem Weg geht.

7 km südlich der Stadt am Derby Highway wächst der angeblich 1500 Jahre alte Boab **Prison Tree** mit einem Durchmesser von gut 14 m. Auf dem Weg in Derbys Gefängnis nutzten Polizisten früher den hohlen Stamm des großen Flaschenbaums als Übernachtungszelle für ihre Gefangenen. Der Baum hat eine große Bedeutung für die ansässigen Aboriginal People und sollte deshalb nur aus der Distanz betrachtet werden.

Entlang des 3 km langen **Joon Joo Botanical Trails** sind die Flora und Fauna der Region sowie deren Nutzung durch die Nyikina Aboriginal People beschrieben (Broschüre im Visitor Centre).

Aufgrund der extremen Gezeitenunterschiede und der dadurch hervorgerufenen Schlammebene gibt es keine Bademöglichkeit im Meer, ganz zu schweigen von der latenten Krokodilgefahr. Abkühlung wird im öffentlichen **Freibad** (Ecke Clarendon Street/Johnston Street, Di geschlossen) ermöglicht.

Die größte Veranstaltung Derbys ist das **Boab Festival,** das während der Schulferien im Juli abgehalten wird. Bei dem Fest finden Kunst- und Musikveranstaltungen, Spass- und Sportwettkämpfe sowie Paraden aller Art statt. Ebenfalls im Juli finden das lebhafte **Derby Rodeo** und die legendären **Pferderennen**, die Besucher aus der ganzen Region herbeilocken.

Infos　　**Derby Visitor Centre,** 30 Loch St, Tel. 1-800-621426, www.derbytourism .com.au; Okt–März: Mo–Fr 8.30–16.30 Uhr, Sa 9–12 Uhr, April, Mai, Sept: Mo–Fr 8.30–16.30 Uhr, Sa/So 9–13 Uhr, Juni–Aug: Mo–Fr 8.30–17 Uhr, Sa/So 9–16 Uhr. Die freundlichen Mitarbeiter geben Auskunft zu Ausflügen und Veranstaltungen in der Region sowie zu Unterkünften. Außerdem ist gutes Karten- und Infomaterial zur Gibb River Road erhältlich.

BME ▶ DRW

Notfall Polizei: Loch St, Tel. 08-91911444
Krankenhaus: Loch St, Tel. 08-91911111

Rundflüge **Kimberley Seaplanes,** Tel. 08-91911760, www.horizontalfallsadventures
und Touren .com.au; bietet Rundflüge zur Talbot Bay und über das Buccaneer Archipel mit
Zwischenlandungen zum Angeln und Mittagessen an.
Derby Bus Service, Tel. 08-91931550, www.derbybus.com.au. Veranstaltet
Tages- und Mehrtagestouren zu den Schluchten.
Bushtrack Safaris, 171 Knowsley St, Derby, Tel. 08-91911547, www.bush-
tracksafaris.com.au; 4WD-Touren auf entlegenen Pfaden durch die nähere
Umgebung; zusätzlich Tag-a-long Touren für Selbstfahrer – 4WD-Touren, bei
denen Reisende mit ihren eigenen Fahrzeug dem ortskundigen Führungsfahr-
zeug folgen.

Kreuz- Entlang der Kimberley Küste mit dem Schiff zu reisen, zählt zu den besonde-
fahrten ren Erlebnissen in Australien. Die Zahl der Anbieter ist überschaubar. Die meisten Kreuzfahrten starten in Broome, Wyndham oder Darwin (s. im jeweiligen
Kapitel unter Touren). Da die Touren meist lange im Voraus ausgebucht sind,
sollten die Buchung sehr frühzeitig erfolgen!
Buccaneer Seasafaris (Tel. 08-91911991, www.buccaneerseasafaris.com)
bietet von April bis September verschiedene 4–14-tägige Kreuzfahrten auf einer 11 m Yacht an.
One Tide Charters, Tel. 08-91931358, www.onetide.com; offeriert 5–12-tägige
Bootstouren mit Campingübernachtungen durch das Buccaneer Archipel an.
Unreel Adventure Safaris, Tel. 08-91931999, www.unreeladventures.com;
veranstaltet 3–7-tägige Bootsfahrten entlang der Küste, teilweise mit
Flugpassagen.

Unterkunft *** King Sound Resort Hotel,** Loch St, Tel. 08-91931044; bestes Hotel in
und Derby mit Pool, Restaurant und tropischem Garten.
Camping * **West Kimberley Lodge & CP,** Sutherland St, Tel. 08-91911031; nettes klei-
nes Hostel mit einigen ruhigen Stellplätzen am nördöstlichen Ende der Stadt,
am Ufer des King Sound.
Kimberley Entrance Caravan Park, Rowan St, Tel. 08-91931055; zentral ge-
legener Campingplatz nahe dem Visitor Centre und dem Freibad, schattige
Stellplätze.
Tipp: Entlang der Gibb River Road, nur 20 km östlich von Derby liegt die
Birdwood Downs Station (www.birdwooddowns.com, Tel. 08-91911275,
vor der Anreise anrufen), die B&B, Bungalows und Camping auf der riesigen
Farm anbietet.

 # Die Gibb River Road von Derby nach Kunnunurra

Die ersten 62 km der Gibb River Road sind asphaltiert, dann beginnt
die Schotterpiste, fast durchweg in gutem Zustand. 20 km nach
Derby zweigt ein Weg zur **Birdwood Downs Station** ab, die Unterkünfte und Touren anbietet (s. Derby Unterkunft). Auf den folgenden Kilometern erblickt man rechts der Straße Gas- und Ölfelder. Sie
sind für die Öffentlichkeit nicht zugänglich.

The Buccaneer Archipelago

Der Archipel ist nur 35 Flugminuten von Derby entfernt. Das wunderschöne und völlig entlegene Gebiet besteht aus rund 1000 felsigen Inseln mit kleinen Buchten und weißen Sandstränden. Das Buccaneer Archipelago ist Teil einer unter Wasser liegenden Küstenlinie mit massiven Sandsteininseln, die vor 2500–1800 Millionen Jahren entstanden ist. Schroff und spärlich bewachsen sind die Inseln, in feuchten Bereichen wachsen kleine Regenwälder und in Ufernähe, wo sich Schlick ansammelt, gedeihen Mangroven. Die Fauna des Archipels ist reich und vielfältig. So wurden beispielsweise auf der Insel Koolan 11 Schlangenarten, darunter auch die tödlichen Taipane, registriert. Verschiedene Gecko- und Dracheneidechsen, 118 verschiedene Vogelarten, Säugetiere wie Felsratten und einheimische Fledermäuse vervollständigen den Artenreichtum. Hinzu kommen noch die im Meer vorkommenden Salzwasserkrokodile, Seeschlangen, Haie, Schwertfische und eine Vielzahl tropischer Fische.

Ein Naturphänomen ist der **horizontale Wasserfall** (Horizontal Waterfall) in der Talbot Bay. Durch den extremen Gezeitenunterschied wird das Wasser durch einen schmalen Felskanal zwischen den Inseln gedrückt, wodurch der Eindruck eines horizontalen Wasserfalls entsteht. Der Tidenhub und die mächtigen Strudel in den Buchten kosteten vielen Perlenfischern und Tauchern im letzten Jahrhundert das Leben. Auf den Inseln sind die Gräber der Verunglückten stille Zeugen einer entbehrungsreichen Zeit.

Die Felsmalereien der Inseln beweisen, dass Ureinwohner über Jahrtausende dort und auf dem angrenzenden Festland gelebt hatten. Mit Flößen aus Mangrovenholz bewegten sie sich zwischen den Inseln und dem Festland. 1688 entdeckt William Dampier den Archipel. **Cockatoo-** und **Koolan Island** waren die beiden bewohnten Inseln. Aufgrund der reichen Eisenerzvorkommen wurde auf den größeren Inseln seit den 1950er Jahren Bergbau betrieben. Die Mine auf Cockatoo Island schloss 1986 und eröffnete in den späten 1990er Jahren wieder. 1992 beendete man auch auf Koolan Island den Bergbau. Hier lebten einst 950 Menschen, die eine Schule, eine Polizeistation, verschiedenen Freizeitstätten und Läden betrieben. Aber mit der Einstellung des Minenbetriebs wurden auch alle Gebäude und die gesamte exotische Vegetation entfernt, um der einheimischen Natur zur Rückkehr zu verhelfen.

Von April bis November starten mehrtägige Bootsfahrten von Derby aus durch die Inselwelt. Deutlich kürzer, aber ebenfalls spektakulär sind Rundflüge über die Inselgruppe (s.Touren Derby).

BME ▶ DRW

Windjana Gorge

Windjana Gorge National Park

Der Abzweig zu den beiden Nationalparks folgt 119 km östlich von Derby. Entlang der **Napier Range** windet sich die Straße bis zur **Windjana Schlucht** nach Süden (21 km). Hier hat sich der Lennard River auf einer Länge von 3,5 km bis zu 100 m tief durch den Kalkstein der Gebirgskette, die Teil eines ehemaligen Barriere Riffs ist, sein Bett gegraben (▶ s. Exkurs S. 437). Auf den Sandbänken und im Fluss sonnen sich zahlreiche Süßwasserkrokodile, die zwar furchterregend ausschauen, jedoch scheu und harmlos sein sollen. In den Felsspalten leben Fledermäuse, Schlangen und Eidechsen. Auf dem Campingplatz wird man regelmäßig von Scharen schreiender Nachtaugenkakadus (Little Corella) geweckt. Durch die Schlucht führt ein schmaler Wanderpfad. Auf dem ersten Teil des Weges sind Informationstafeln über die gefundenen Fossilien angebracht. Zwei Kilometer tief in der Schlucht befindet sich an der Ostwand das **„Classic Fossil Rock Face"**, eine Ansammlung von Versteinerungen früher Meerestiere. Die Mitnahme von Fossilien ist verboten!

Der große **Nationalpark-Campingplatz** am Parkeingang (mit Toiletten, Duschen und Wasser) wird von Individualreisenden wie auch Tourengruppen genutzt – entsprechend lebendig geht es zeitweise zu. Von April bis Oktober ist ein Nationalpark-Ranger präsent (Tel. 08-91921036).

Folgt man der Piste nach Süden, weisen Schilder auf die verfallenen Ruinen der alten **Lillimilura Polizeistation** hin, die 1884 erbaut wurde (Exkurs ▶ s.S. 415).

Tunnel Creek

35 km nach der Windjana Gorge ist der **Tunnel Creek** erreicht. Den Namen erhielt das als Nationalpark geschützte Gebiet wegen seines

750 m langen Felstunnels, den der Bach bereits vor über 350 Millionen Jahren in den Kalkstein der Napier Range gegraben hatte. Unrühmliche Bedeutung erlangte der Tunnel 1897 durch die Jagd nach dem flüchtigen Ureinwohner Jandamara, der am Tunnelausgang getötet wurde. Eine Gedenktafel erinnert an das Drama (▶ s. Exkurs S. 415). Während der Trockenzeit kann der Tunnel durchwandert oder durchwatet werden. Es empfiehlt sich, dazu leichte geschlossene Schuhe oder rutschfeste Sandalen sowie auf jeden Fall eine Taschenlampe und eine wasserdichte Verpackung (Tüte) für den Fotoapparat mitzunehmen. Je nach Wasserstand kostet es durchaus Überwindung, durch das Wasser der dunklen Höhle zu marschieren und dabei möglicherweise tieffliegende Fledermäuse zu erdulden. Am nördlichen Eingang sind verblasste Aboriginal-Malereien zu sehen. Etwa in der Mitte des Tunnels ist die Decke auf einigen Quadratmetern eingestürzt, so dass in diesem Abschnitt Tageslicht in das Innere scheint. Neben dem Einsturzloch gibt es schöne Tropfsteine. Das grüne Paradies, das sich am Tunnelausgang dem mutigen Wanderer eröffnet, ist einzigartig.

Achtung! Bei starken Regenfällen, auch einige Kilometer entfernt, kann sich der Tunnel innerhalb weniger Minuten mit Wasser füllen! Im Park ist Camping nicht erlaubt. Zum Great Northern Highway folgt man der Piste weitere 69 km in südlicher Richtung.

Jandamarra – der Held der Kimberleys

Derby, Windjana Gorge, Tunnel Creek und Lillimooloora waren Schauplätze der legendären Flucht des schwarzen Viehtreibers und Spurenlesers Jandamarra (1874–1897), von den Weißen kurz „Pigeon" genannt. Jandamarra war ein Mitglied des Bunaba Stammes und lebte in der Napier und Oscar Range. Als Jugendlicher arbeitete er auf der Lennard River Station. Dank seiner guten Naturkenntnisse brachte er es zum inoffizellen Fährtenleser bei der lokalen Polizei. 1894 wurde eine Gruppe aus den Reihen der Bunabas wegen ihres Widerstands gegen die weiße Besiedlung in Haft genommen und in der Polizeistation Lillimooloora eingepfercht. Pigeon musste zusammen mit seinem Kollegen William Richardson die Gefangenen beaufsichtigen. Die eingesperrten Bunabas forderten Jandamarra auf, sie freizulassen, was dieser schließlich tat. Er erschoss seinen Kollegen im Schlaf, befreite seine schwarzen Freunde und galt von nun als Held der Widerstandsgruppe. Die Gruppe hielt die Polizei mit Überfällen und Morden über drei Jahre lang in Atem.

Ende 1894 wurde Jandamara bei einer Schießerei in der Windjana Gorge schwer verwundet, konnte aber flüchten. Er versetzte die weißen Siedler weiterhin in Angst und Schrecken. Bis er gefasst wurde, brachte er weitere vier Männer um. Am 1. April 1897 wurde er letztendlich gestellt und nahe des Ausgangs des Tunnel Creek vom schwarzen Fährtenleser Micki erschossen.

Die Geschichte ist in der Broschüre „Pigeon Heritage Trail" (erhältlich im Visitor Centre in Derby) oder im englischsprachigen Buch „Jandamarra and the Bunuba Resistance" (H. Pedersen/B.Woorunmurra, ISBN 1-875641-19–X) nachzulesen.

Zurück auf der Gibb River Road überquert man den Lennard River und die Napier Range. Auf der Passhöhe **Yammera Gap** (128 km von Derby) erkennt man mit etwas Fantasie die Gesteinsformation **Queen Victoria Head**. Der von Nord nach Süd verlaufende Gebirgszug der **King Leopold Range** dominiert mit seinen Granitfelsen von nun an die Szenerie. Die Bergkette wurde 1879 von Alexander Forrest nach König Leopold von Belgien benannt, weil dieser ein reges Interesse an der Erforschung dieser Gegend besaß. Der höchste Berg der Range (und gleichzeitig der gesamten Kimberley Region) ist der 937 m hohe Mount Ord, ca. 30 km südlich von Imintij. Auf der Passhöhe Inglis Gap befindet sich linkerhand eine kleine Parkbucht, von der aus man einen wunderbaren Blick auf das Umland hat.

Bei Kilometer 184, zweigt eine 50 km lange Allradpiste nach Norden zur **Mount Hart Wilderness Lodge** ab. Die gemütliche Lodge, eine ehemalige Rinderfarm, liegt inmitten des King Leopold Conservation Park und bietet Campingplätze und komfortable Zimmer mit Verpflegung (Tel. 08-91914645, www.mthart.com.au; Reservierung für Zimmer notwendig, geöffnet April–Nov).

Lennard River Gorge

7 km hinter dem Abzweig zur Lodge führt eine 8 km lange, ziemlich rauhe 4WD-Piste zur Lennard River Gorge nach Süden. Der Fluss hat eine 5 km lange Schlucht mit senkrechten Felswänden in das Massiv gegraben. Der Wasserfall, gleich nördlich des Einganges, speist einen kleinen Teich, der zu einem Badestopp einlädt. Der Abstieg ist sehr steil und steinig! Bei der Schlucht besteht keine Möglichkeit zum Campen.

Bell Gorge

Die spekatukläre **Bell Gorge** mit ihren Wasserfällen und großen Pools liegt ebenfalls etwas abseits der Gibb River Road. Die 29 km lange Anfahrt kann nur mit Geländewagen bewältigt werden, ist aber unbedingt lohnend. Auf den Campingplätzen Silent Grove kann übernachtet werden. Die Schlucht lässt sich auf einem von Boab-Bäumen und bewachsenen Felsvorsprüngen gesäumten Pfad gut erkunden und in den kühlen Teichen findet man angenehme Abkühlung.

Der Campingplatz Silent Grove befindet sich 19 km nördlich der Gibb River Road und verfügt über Duschen, Trinkwasser und Toiletten. Entlang des Bell Creek gibt es zehn einzelne Campingstellplätze, die leider sehr oft ausgebucht sind. Die Plätze am Bach werden mit Plaketten (tags) vergeben. Sollten diese beim Ranger in Silent Grove bereits vergeben sein, so müssen Sie gleich auf dem etwas größeren Platz in Silent Grove nächtigen. Die Campinggebühren sammelt der Ranger ein. Während der Regenzeit von Mitte November bis Mitte April sind die Campingplätze geschlossen.

Tipp: Planen Sie die Ankunft bis spätestens zur Mittagszeit in Silent Grove ein. Ansonsten sind meist alle Campingplätze belegt.

Östlich des Abzweigs zur Bell Gorge befindet sich der **Imintji Store.**

Bell Gorge

Das von der Imintji Community betriebene Rasthaus (Tel. 08-91917471) verkauft Benzin und Lebensmittel. Eine Reparaturwerkstatt ist angeschlossen (Tel. 08-91917857). An die Community grenzt die **Bell Gorge Wilderness Lodge,** die von April bis Oktober feststehende Safarizelte inklusive Verpflegung anbietet (Tel. 1-800-335003, www.kimberleywilderness.com.au, Vorabbuchung unbedingt erforderlich!) – ein guter Tipp für alle, die ohne Allradcamper oder Zelt unterwegs sind. Die Zufahrt erfolgt 1 km östlich des Rasthauses (die Einfahrt durch die Community ist nicht gestattet!).

Mornington Wildlife Sanctuary

Wer die Ruhe abseits jeglichen Touristentrubels (sofern man überhaupt davon sprechen kann) sucht, sollte die etwas längeren Abstecher zum Mornington Wildlife Camp oder zur Charnley Station in den Reiseverlauf einplanen, und an einem der Orte wenigstens zwei Tage verbringen.

25 km hinter Imintji führt südlich eine Piste nach **Mount House Homestead** und zur **Moll Gorge** (nur nach Absprache mit der Homestead Tel. 08-91914649 zugänglich) und weiter zum 3120 qkm großen privaten Schutzgebiet **Mornington Wildlife Sanctuary.** Der fast 100 km lange Abstecher (etwa 1,5–2 h Fahrzeit einfach) in das Areal lohnt wegen seiner spektakulären Landschaft und seinem noch ursprünglichen Tierleben. Allein 180 Vogelarten sind in der Region beheimatet, darunter die bedrohten farbenfrohen Prachtfinken Gould Amadine (Gouldian Finch) und die westlichen Purpurkopf-Staffelschwänze (purple-crowned fairy wren). Das von der Non-Profit-Organisation Australia Wildlife Conservancy geführte Camp hat von April bis Oktober geöffnet. Übernachtet wird in Safarizelten mit festem Boden und richtigen Betten oder auf einem Campingplatz (mit Duschen und Toiletten). Ein Buschrestaurant und eine Bar sorgen für weiteren Komfort (Camp Tel. 1-800-631946, Campingplatz Tel. 08-91917406, www.australianwildlife.org).

BME ▶ DRW

Die **Dimond Gorge,** 23 km südlich des Camps, zählt zu den größten Schluchten der Kimberleys. Baden und Kanufahren sind erlaubt; Kanus sind im Camp erhältlich. Die 11 km östlich des Campingplatzes liegende **Sir John Gorge** ist eine sehr breite, von rotem Felsen umgebene Schlucht. Für Gäste des Camps werden täglich naturkundliche Führungen angeboten.

Kurz hinter dem Abzweig zum Mornington Camp führt eine 43 km lange Piste nordwärts nach **Charnley River Station.** Auf der Rinderfarm, die inmitten eines grünen Gartens liegt, werden Stellplätze angeboten (Information: Tel. 08-91914646,, vor der Anreise anrufen). Von der Farm aus sind die einsamen Schluchten **Dillie Gorge** (Baden und Angeln) und **Grevillea Gorge** (kleiner, von Felsen und einer Wasserkaskade umgebener Pool) und der ständig wasserführende Billabong **Donkey Pool** erkundbar.

Adcock Gorge (16 km östlich des Abzweigs zur Beverley Springs Station) liegt auf privatem Farmland und ist prinzipiell für die Öffentlichkeit nicht mehr zugänglich, außer man holt vorab die Zustimmung des Eigners der **Mount House Station** (s.o.) ein.

Galvans Gorge

Der Abzweig zur **Galvans Gorge**, 19 km östlich der Adcock Gorge, ist kaum erkennbar. Da sie aber nur 1 km von der Gibb River Road entfernt liegt, ist die Schlucht ideal für eine Mittagsrast und bei genügend Wasser ein erfrischender Badeaufenthalt. Durch die U-förmige Schlucht des Isdell River führt ein kurzer Spaziergang zu einem Wasserfall, einem großen Felspool und zu bemerkenswerten Aboriginal-Felsmalereien.

Manning Gorge

14 km nordöstlich der Galvans Gorge findet man das Mount Barnett Roadhouse (08-91917007) und den Eingang zur Manning Gorge. Im Roadhouse, das der Kupingarri Aboriginal Community gehört, sind Benzin, Lebensmittel und die Campingerlaubnis für die Plätze in der Manning Gorge erhältlich. Für die Einfahrt in die Schlucht wird eine Eintrittsgebühr verlangt – zahlbar im Roadhouse.

Die Schlucht mit ihren Wasserfällen und Teichen, dem ruhigen Campingplatz unter dicken Boabs und mit den zahlreichen Süßwasserkrokodilen, Kakadus und

Fledermäusen machen den Abstecher zu einem besonderen Erlebnis. Der Campingplatz befindet sich an der Lower Manning Gorge. Zur Upper Gorge sind es 3 km Fußweg. Der ziemlich schattenlose, aber gut markierte Pfad verlangt dem Wan-derer zwar viel ab, doch das kühle Bad in den einsamen und von Wasserfällen gespeisten Pools entschädigt für die Mühe.

22 km hinter dem Rasthaus zweigt eine fünf Kilometer lange, ziemlich holprige Piste zur **Barnett River Gorge** ab. Die Off-Road Anfahrt ist mit großen Auswaschungen ein schweres Unterfangen, wodurch die Fahrt entsprechend lange dauert. Am grün bewachsenen Fluss-ufer befinden sich einige ausgesprochen schöne, recht weit von ein-ander entfernt gelegene Campingstellplätze mit Badepools. Die Schlucht selbst ist nicht unbedingt ein Höhepunkt.

Mehr Übernachtungskomfort erwartet Sie auf der **Mount Elizabeth Station** (Tel. 08-91914644). Zur Farm, die Campingstellplätze, klima-tisierte Zimmer und vor allem echte Kimberley-Gastfreundlichkeit an-bietet, führt eine 30 km lange Piste. Von den Besitzern werden Touren in die Umgebung und zu Aboriginal-Felszeichnungen angeboten.

Abstecher: Kalumburu Road – Mitchell Plateau

Entfernungen

Abzweig Gibb River Road – Mitchell Plateau 245 km (einfach)
Abzweig Gibb River Road – Kalumburu 263 km (einfach)

BME ▶ DRW

68 km östlich der Mount Elizabeth Station beginnt die Kalumburu Road, die nach Norden zur Kalumburu Aboriginal-Community und zur Honeymoon Bay führt. Für Reisende wesentlich interessanter ist der Abstecher von der Kalumburu Road zum Mitchell Plateau mit seinen spektakulären Wasserfällen und Felszeichnungen. Die Natur-straße ist definitiv nur mit einem Geländewagen befahrbar und ab Drysdale River eine ziemlich holprige (und damit langsame) Ange-legenheit. Ob man die gesamte Strecke bis zum Plateau in Angriff nehmen will, hängt in erster Linie von der zur Verfügung stehenden Zeit (mindestens 3 Tage) und dem Fahrzeug ab: Deshalb planen Sie besser einen geeigneten Geländewagen ein.

Von der Kreuzung an der Gibb River Road überquert man zunächst die beiden Bäche **Gibb River** und **Plain Creek.** An beiden kann ge-campt werden, sofern ein Platz frei ist. 59 km nördlich des Abzweigs liegt die **Drysdale River Homestead.** Neben zwei Campingplätzen, Zimmern, einer Tankstelle mit Werkstatt gibt es einen Biergarten der „Working Cattle Station" (Rinderfarm), in dem schmackhafte Burger serviert werden (Tel. 08-91614326, www.drysdaleriver.com.au). Einer der Campingplätze liegt direkt an der Homestead (mit Duschen), der andere liegt 5 km entfernt, am Ufer des Miners Pool. Dieser Teich eignet sich bestens für ein kühles Bad auf dem Weg nach Norden.

Tipp: Wer die rauhe Piste bis zum Mitchell Plateau nicht fahren will, sollte in der Drysdale River Station einen zweistündigen Rundflug über das Plateau und die grandiose Küstenlandschaft buchen (tägl. von Mai–Sept). Der Landstrich lässt sich in seiner Vielfalt ohnehin am besten aus der Luft entdecken!

37 km nördlich der Drysdale River Station führt eine Piste zur Doongan Station (öffentlich nicht zugänglich). Nach weiteren 9 km zweigt links die 12 km lange Zufahrt zum komfortablen **Marunbabidi Wilderness Camp** ab (King Edward River, Tel. 1-800-804005, www.kimberleywilderness.com.au). Das Camp steht den Tourgruppen von Kimberley Wilderness und auch Selbstfahrern zur Verfügung. Die Übernachtung erfolgt in feststehenden Zelten mit richtigen Betten, Halbpension ist im Preis eingeschlossen (Reservierungen von Mai–Okt erforderlich).

⤷ Abzweig zum Mitchell Plateau

Der Abzweig zum Mitchell Plateau folgt etwa 60 km nördlich des Marunbabidi Camp und ist gut ausgeschildert. Die Kreuzung ist wegen ihrer großen Bäume ein beliebter Rastplatz und wird in der Hochsaison auch als Übernachtungsplatz genutzt. Die 85 km lange Piste bis zu den Wasserfällen ist ziemlich eng, steinig und zudem sehr kurvig – 3 Stunden Fahrzeit müssen Sie mindestens einkalkulieren.

Erster lohnender Stopp ist der Rast- und Campingplatz (nur Toiletten) am **King Edward River** (8 km hinter der Kreuzung). Am Fluss locken herrliche Badestellen und an der Zufahrt zum Campingplatz findet man linkerhand an den Felsen viele gut erhaltene Aboriginal-Zeichnungen.

67 km hinter dem Abzweig biegt eine Piste zur **Kandiwal Community** (kein Zutritt) und zur **Mitchell Falls Wilderness Lodge** ab. Die Lodge mit komfortablen, feststehenden Safarizelten inklusive Halbpension ist die einzige Unterkunft am Mitchell Plateau (Tel. 1-800-335003, www.kimberleywilderness.com.au, Reservierung von Mai– Okt erforderlich).

Die Zufahrt zum Mitchell River National Park ist angeschrieben – weitere 18 km bis zum Campingplatz müssen bewältigt werden.

Mitchell River National Park

Der 1153 qkm große Nationalpark umfasst eine der spektakulärsten Landschaften der Kimberleys. Entlang des Mitchell River, der im Norden in die Walmsley Bay mündet, haben sich tiefe Schluchten und spektakuläre Kaskaden gebildet. Umgeben ist alles von Farnpalmen und kleinen Regenwaldabschnitten. Im Park leben über 50 Säugetierarten, 220 Vogelarten und 86 verschiedene Reptilien und Amphibien,

darunter auch die gefährlichen Salzwasserkrokodile, Taipane und Todesottern (deaf adder).

Hauptattraktionen sind die Wasserfälle und Pools, die markant und spektakulär in die Felsen „gearbeitet" sind. Zu den **Mitchell Falls,** die von den Aboriginal People Punamiiunpuu genannt werden, führt vom Parkplatz ein 3 km langer Fußweg durch unebenes, felsiges Gelände (Bitte an festes Schuhe und einen ausreichenden Wasservorrat denken!). Die **Wanderung** vom Campingplatz aus führt entlang des Mertens Creek zuerst zu den **Little Mertens Falls** (etwa 500 m vom Parkplatz, gut zum Baden geeignet). Nach etwa 2,5 km ist der erfrischende Pool unter den **Big Mertens Falls** erreicht. Von dort geht es über einen Felsgrat zu den beeindruckenden **Mitchell Falls**. Das Baden im unteren Teich ist wegen der möglicherweise dort lebenden Salzwasserkrokodilen und der kulturellen Bedeutung des Pools für die indigenen Australier nicht gestattet. Für den anstrengenden und schattenlosen Fußmarsch inklusive Badeaufenthalten sollten mindestens 5 Stunden und ein ausreichender Trinkwasservorrat eingeplant werden. Der Weg ist mit Steinhäufchen markiert. Eine wesentlich angenehmere Alternative zur Erforschung der Region ist ein Helikopterflug. Am Parkplatz ist während der Trockenzeit ein **Helikopter** von Slingair/Heliworks (Tel. 08-91614512, www.slingair.com.au) stationiert, der Gäste, für einen moderaten „Taxi-Preis" (A$ 130 p.P.), von und zu den Wasserfällen fliegt. Aus der Luft sehen die Wasserfälle noch viel beeindruckender aus.

Tipp: Reservieren Sie sich gleich nach der Ankunft am Campingplatz einen Flug für den nächsten Tag!

Der **Campingplatz** an den Mitchell Falls hat auf seine großen Fläche auch Schattenplätz zu bieten. Das Wasser aus dem Fluss sollte vor dem Verzehr besser abgekocht werden. Von Mai bis September ist ein Ranger vor Ort. Infos zum Nationalpark sind in den DPaW Büros in Broome und Kununurra erhältlich.

Der Zugang zum **Surveyors Pool** liegt etwa 21 km nördlich des Abzweigs zu den Mitchell Falls an der Port Warrender Road. Von dort zweigt ein 6,6 km langer, sehr rauher Weg bis zum Parkplatz ab. Der 4 km lange Fußmarsch (ca. 6 h H/R) zum von weißen Sandsteinfelsen umgebenen Surveyors Pool will wohl überlegt sein, denn das Baden im Pool ist aufgrund der kulturellen Bedeutung für die Aboriginal People nicht gestattet.

Luxuriöse Camps in der Einsamkeit

Wer ein paar Tage in unberührter Umgebung entspannen möchte, sollte sich den Luxus gönnen, in eines der edlen Buschcamps in den Kimberleys zu fliegen. Die Camps bieten feststehende, luftige Safariunterkünfte mit bequemen Betten und exzellentem Essen. Allerdings sind sie nicht mit Klimaanlagen ausgestattet. Teilweise sind jedoch Ventilatoren installiert. Da die Camps nicht sehr groß und dadurch schnell ausgebucht sind, sollte vorab reserviert werden.

Das exklusive **Kimberley Coastal Camp,** in dem die Gäste rundum verwöhnt werden, liegt nordöstlich der Mitchell Falls am Admirals Golf und ist nur aus der Luft oder vom Wasser aus erreichbar. Es werden Flugtransfers ab Broome, Kununurra oder ab Mitchell Plateau angeboten. Einzigartig sind die sehr gut erhaltenen Aboriginal-Felszeichnungen in dieser Region. Dennoch besteht die Mehrzahl der Gäste aus angelnden Australiern (Infos und Buchung: www.kimberleycoastalcamp.com.au).

Das teure **Faraway Bushcamp** (▶ Foto) befindet sich nordwestlich von Kalumburu und ist von Kunururra nur per Flugzeug oder vom Meer her zugänglich. Die acht Safari-Hütten

mit schönem Blick auf die Bucht stehen erhöht im Buschland und bieten Einsamkeit pur. Die Mahlzeiten sind ausgezeichnet. Bootsausflüge zu den benachbarten King George Falls und Angeltouren werden angeboten. Buchungsformalitäten und Infos sind im Internet unter www.farawaybay.com.au zu finden.

Weitere Camps an der Gibb River Road und Kalumburu Road, die mit einem Fahrzeug erreichbar sind, werden im Streckenverlauf beschrieben.

 ## Auf der Kalumburu Road weiter nach Norden

Von der Mitchell Plateau Kreuzung verläuft die Kalumburu Road über 100 km nach Nordosten zur Kalumburu Aboriginal-Community, die an der Mündung des King Edward River liegt. 19 km südlich der Mission führt eine Piste entlang des Carson River zur **Carson River Homestead** und weiter in den absolut einsamen und unerschlossenen **Drysdale River National Park**. Es ist eine Zufahrtsgenehmigung von der Kalumburu Community notwendig, Informationen erhält man im DPaW Büro in Kununurra.

Für den Zugang oder die Durchfahrt der **Kalumburu Community** werden ebenfalls zwei Genehmigungen verlangt, die vorab beantragt werden müssen (www.daa.wa.gov.au oder im Department of Aboriginal Affairs in Broome Tel. 08-91922865, Derby Tel. 08-91912066, Kununurra Tel. 08-91682550). In der von Palmen und Mangobäumen bewachsenen Missionsstation gibt es einen Shop, eine Tankstelle, ein Café, einen Campingplatz und ein einfaches Motel (Tel. 08-91614333, www.uraro.com.au, Unterkünfte müssen vorab reserviert werden). 20 km nördlich von Kalumburu liegt **Honeymoon Bay** mit seinen einsamen Campingplätzen (Tel. 08-91614366).

Bradshaw Paintings

Seit Joseph Bradshaw im Jahr 1891 die ersten Felsmalereien im Nordwesten entdeckte, zogen viele Expertenteams durch die Kimberleys, um die Ursprünge dieser Kunst zu erforschen. Über 50.000 qkm größtenteils unzugänglicher Wildnis wurden kartografiert, vermessen und erfasst, von der Prince Regent River Region über die Gibb River Road bis in die Bungle Bungles. Die Datenmenge ist durchaus den Forschungen der alten Inka-Kultur ebenbürtig, und es sind viele Theorien über das „Wer, wann, wie, warum, wohin und woher" entstanden. Dennoch, all die theoretischen Vermutungen sind nichts wert, ohne die Ureinwohner selbst, die durch ihre Stammestradition und die überlieferten Erzählungen der Traumzeit zu jeder Felsmalerei ihre eigene Geschichte haben. Die in den Kimberleys gefundenen Bradshaw-

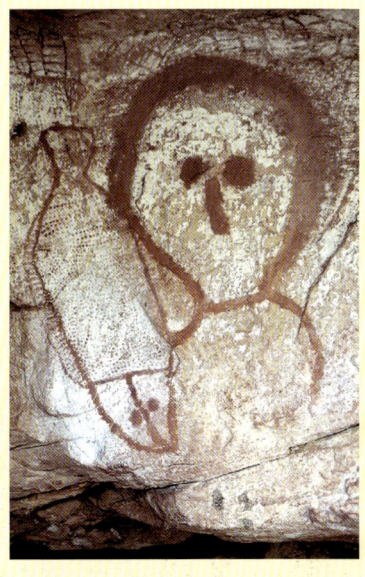

Malereien unterscheiden sich signifikant von den im restlichen Australien gefundenen Darstellungen. Im Wesentlichen unterscheidet man zwei verschiedene Stile: die „Wandjinas" und die „Gwions".

Wandjinas werden als Gesichter mit riesigen Augen, aber ohne Mund dargestellt. In der Aboriginal-Schöpfungsgeschichte steht dies für lebensspen-denden Regen. Aufgrund der extremen Klimabedingungen – ständige feuchte Hitze und die Regenzeit – verwittern die Malereien sehr schnell. In der Vergangenheit wurden sie jedes Jahr erneuert, doch das Wissen und die Traditionen gehen mit dem Tod der alten, initiierten Männer für immer verloren. So werden die Malereien leider immer undeutlicher. In der Nähe der Wandjinas findet man häufig Begräbnisstätten, in denen noch Überreste von von menschlichen Skeletten liegen. Traditionell wurden verstorbene Aboriginal People nicht in der Erde begraben, sondern in Bäume gelegt.

Das Erstellen von Gwions ist die zweite wichtige Kunstart. Die kleinen detaillierten Felszeichnungen werden ebenso wie die Wandjinas nach ihrem Entdecker als „Bradshaws" bezeichnet. Ihr Alter wird auf mindestens 17.000 Jahre geschätzt, andere Theorien gehen sogar von über 50.000 Jahren aus. Durchaus möglich, dass die Künstler Vorfahren der australischen Ureinwohner waren. Über die Ursprünge und Bedeutungen gibt es viele Theorien, aber kein genaues Wissen.

Mit einem wachsenden Tourismus wurden leider zahlreiche Fundstätten aus Unwissenheit, Unachtsamkeit oder Vandalismus zerstört. Die für Reisenden zugänglichen Malereien sind daher meist eingezäunt.

Nähere Informationen findet man auf ▶ www.bradshawfoundation.com/bradshaws

Auf der Gibb River Road weiter nach Kununurra

70 km östlich der Kreuzung Gibb River Road/Kalumburu Road folgt die **Ellenbrae Station** (Zufahrt 5 km, Tel. 08-91614325, Reservierung empfehlenswert) mit Bungalows, Campingplatz und Badeteichen.

Unübersehbar erhebt sich nach weiteren 100 km die bis zu 500 m hohe **Cockburn Range.** Die Hügelkette beeindruckt durch markante Sandsteinklippen und bildet einen enormen Kontrast zu der mit Boabbäumen bewachsenen Ebene.

Die **Home Valley Farm** bietet B&B-Unterkünfte, luxuriöse Safarizelte und einen großen Campingplatz unter Bäumen. Dazu Reitmöglichkeiten, Pool und ein Restaurant (Tel. 08-91614322, www.homevalley.com.au). Die Farm ist auch während der Wet-Season für Gäste geöffnet – es ist ein tolles Spektakel, während der Regenfälle in den Kimberleys zu sein!

9 km hinter der Station überquert die Straße den **Pentecost River** (Camping nicht erlaubt. Vorsicht, Salzwasserkrokodile!). Der Wasserstand des Flusses ist gezeitenabhängig. Die Durchfahrt sollte im Schritttempo erfolgen. Normalerweise macht die Furt jedoch keine Probleme, da maximal 20–40 cm Wassertiefe anstehen (zumindest während der Trockenzeit). Ist der Wasserstand höher, so führt allein dieser Abschnitt zumeist zu einer Sperrung der gesamten Gibb River Road. So kann eine späte Regenzeit zu einer Schließung bis Mitte Juni führen.

Die **Karunjie Road** führt am Flussufer entlang der Cockburn Range über Diggers Rest Station (gute Reittouren, s. Wyndham) nach Wyndham (nur 4WD).

Cockburn Range

El Questro   Der **El Questro Wilderness Park** nimmt fast die gesamte Cockburn Range ein. Auf der riesigen Rinderfarm befinden sich die sehenswerten Schluchten **Amalia, El Questro, Moonshine, Chamberlain, Emma** sowie die Thermalquelle **Zebeedee**. Der Wilderness Park, wie das ganze als Sammelbegriff heißt, kostet eine separate Zufahrtsgebühr (A$ 20 p.P., sie ist 7 Tage gültig, egal ob man übernachtet oder nicht).

16 km östlich der Einfahrt zum Resort und zur **El Questro Homestead,** der exklusivsten Unterkunft, liegt nördlich der Straße die spektakuläre **Emma Gorge.** Zur eindrucksvollen Schlucht muss ein etwa 40minütiger Fußweg vom Parkplatz bewältigt werden.

El Questro bietet verschiedene Aktivitäten an, unter anderem Buschwanderungen, Kamelsafaris, Reitausflüge, Angeltouren. Es gibt verschiedene Unterkünfte, allerdings nur von April bis Oktober. Im Resort gibt es einen Pool, Restaurant und Bar sowie 4 Bungalows inmitten der Farm. Diese sind für Familien und Gäste geeignet, die sich für das tägliche Leben auf der Station interessieren. El Questro Homestead, das mit Restaurant, einem Swimmingpool, einem Tennisplatz und einem Whirlpool ausgestattet ist, liegt besonders schön oberhalb des Pentecost River, doch die 6 luxuriösen Zimmer (inklusive aller Mahlzeiten, Getränke und einiger Ausflüge) sind preislich auf einem Niveau, das nicht jedermann bestreiten kann. Feststehende Safarizelte werden im Emma Gorge Wilderness Resort (feste Zelte mit Nähe zur Natur, teilweise mit Bad) angeboten.

Information: Tel. 1-300 863248, www.elquestro.com.au

Von El Questro gelangt man in einer guten Stunde nach Kununurra.

Kununurra

Die Stadt liegt 825 km von Darwin und 3190 km von Perth entfernt. Seine Ursprünge hat der Ort im Jahr 1937, als **Patsy Durack** als erster eine Farm am Behn River gründete und dort verschiedene Getreidesorten anpflanzte. Die Regierung unterstützte 1941 die Gründung der Forschungsfarm **Ivanhoe Station** und berschloss 1958 die Umsetzung des **Ord River Irrigation Project,** ein gigantisches Staudamm- und Bewässerungsvorhaben.

Die moderne und großflächige Stadt am Ufer des Lake Kununurra wurde 1963 als Verwaltungszentrum für das Bewässerungsprojekt aus dem Boden gestampft. Der Name Kununurra stammt aus der Aboriginalsprache Miriwun und bedeutet soviel wie „Großes Wasser". Die 6000-Einwohner-Stadt, 40 km westlich der Grenze zum Northern

BME ▶ DRW

Territory, ist das östliche Eingangstor der Kimberleys und bietet mit dem riesigen Stausee **Lake Argyle**, dem **Ord River** und dem stadtnahen **Mirima National Park (Hidden Valley) mehrere Ausflugsziele.**

Nach der Einsamkeit in den Kimberleys erscheint das **Einkaufsangebot** in Kununurra zunächst enorm. Juweliere bieten Diamanten aus der nahegelegenen Argyle Mine zum Verkauf an, Kunstgegenstände der lokalen Aboriginal People werden in Galerien verkauft und auch ein klimatisierter Supermarkt wird gerne aufgesucht. Nach und nach nimmt auch das Angebot an Cafés und Restaurants im Ort

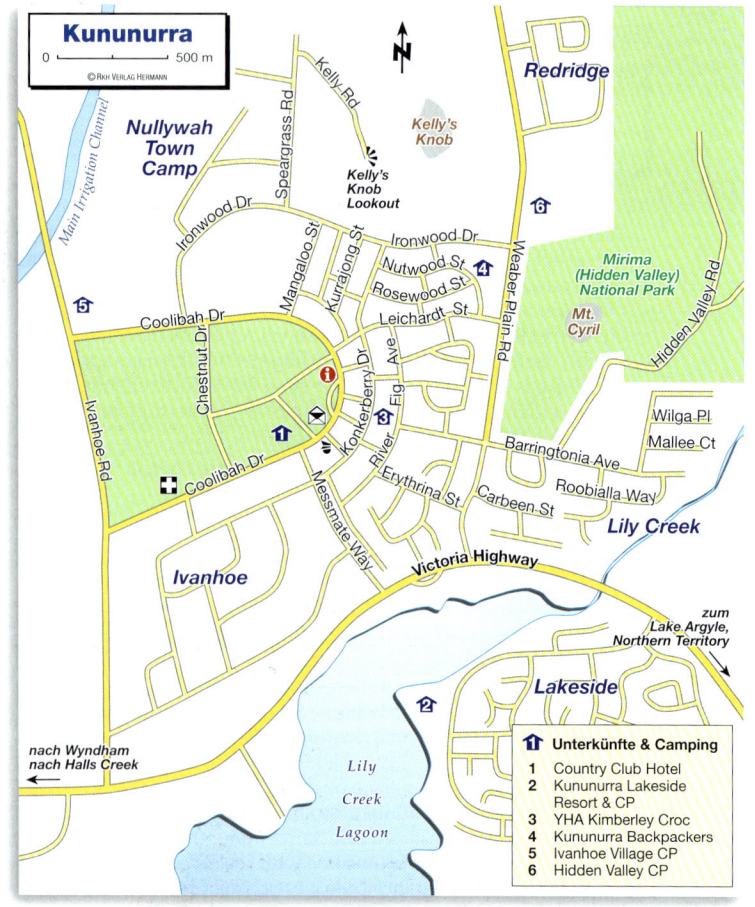

Kununurra

0   500 m
© RKH Verlag Hermann

	Unterkünfte & Camping
1	Country Club Hotel
2	Kununurra Lakeside Resort & CP
3	YHA Kimberley Croc
4	Kununurra Backpackers
5	Ivanhoe Village CP
6	Hidden Valley CP

zu. Unterkünfte aller Art, das ausgezeichnete Visitor Centre und ein Freibad runden das touristische Angebot ab. Im Mai jeden Jahres findet das zweiwöchige Event **Ord Valley Muster** (www.ordvalleymuster.com.au) in der östlichen Kimberley Region statt. Auf Rodeos, Geländewagetouren, Flugsafaris, Minen- und Farmbesichtigungen lernt man Land und Leute intensiv kennen. Einen guten Blick auf die Stadt, Ord River und Lake Kununurra hat man vom **Kelly's Knob Lookout**, besser noch vom Berggipfel bei den Fernsehantennen. Bei Sonnenuntergang ist der Hügel nördlich des Zentrums ein beliebter Treffpunkt.

Infos **Kununurra Visitor Centre,** Coolibah Drive, www.visitkununurra.com, Tel. 08-91681177. April–Okt tägl. 8–17 Uhr, Nov–März Mo–Fr 8–17 Uhr, Sa/So 9–13 Uhr. Die Mitarbeiter geben Auskunft zu Touren, Unterkünften und Sehenswürdigkeiten in der näheren Umgebung. Hier stoppt täglich der Greyhound Bus auf seiner Strecke Broome–Darwin.

Nationalparkbüro (DPaW), Messmate Way, Tel.08-91684200, Mo–Fr. 8–17 Uhr; Infos und Karten zu den umliegenden Nationalparks.

Unterkunft und Camping ****** Country Club Hotel,** 47 Coolibah Drive, Tel. 08-91681024; neues Hotel ohne Highway-Lärm im Zentrum, mit tropischem Garten und Restaurant.

*** Kununurra Lakeside Resort & Camping, Casuarina Way (Stadtteil Lakeside), Tel. 1-800-786692; große Anlage direkt am Ufer der Lily Creek Lagoon mit Motelzimmern, Selbstversorger Cabins und schattigen Stellplätzen.

* YHA Kimberley Croc Backpackers, 112 Konkerberry Drive, Tel. 08-91682702; ordentliches Hostel mit breitem Tourangebot und Pool.

* Kununurra Backpackers, 24 Nutwood Crescent, Tel. 1-800-641998, www.adventure.kimberley.net.au; nettes Backpacker-Hostel.

Ivanhoe Village Caravan Resort Big 4, Ecke Coolibah Drive/Ivanhoe Rd, Tel. 1-800-668367; empfehlenswerter Campingplatz mit Cabins, Pool, Spa und Internetkiosk.

Hidden Valley Tourist Park, Weaber Plains Rd, Tel. 08-91681790; ruhiger Campingplatz mit Pool und Campingküche am Westrand des Mirima National Park.

Notfall **Kununurra Hospital,** Coolibah Drv, Tel. 08-91664222

Polizei, Coolibah Drv, Tel. 08-91664530 (24 h)

Touren Ein Rundflug über die Bungles, egal mit welchem Anbieter, ist „Pflicht", wenn man selbst nicht die Gelegenheit hat, auf dem Landweg in den Nationalpark zu fahren!

Kingfisher Tours (Tel. 08-91681333 www.kingfishertours.net) fliegt täglich mit Sportflugzeugen über den Lake Argyle, über die Diamanten Mine und in die Bungle Bungle.

Slingair (Tel. 08-91691300, www.slingair.com.au) unternimmt Rundflüge und Flugsafaris über die Highlights der Kimberleys. Zudem gibt es Transferflüge zum Faraway Bush Camp.

Triple J Tours (Tel. 08-91682682, www.triplejtours.net.au) veranstaltet empfehlenswerte kombinierte Bus- und Bootstouren auf dem Ord River und dem

BME ▸ DRW

Lake Argyle. Die Bootsfahrt endet erst in den Abendstunden in Kununurra. In dieser Zeit werden die Felswände des Ord River von der Sonne in rotes Licht getaucht und bieten einen spektakulären Anblick. Bitte beachten Sie, dass es in den Wintermonaten an Bord empfindlich kühl wird, deshalb sollten Sie unbedingt eine warme Jacke mitnehmen.

East Kimberley Tours (08-91682213, www.eastkimberleytours.com.au): Der Veranstalter hat ein ausgezeichnetes Camp (feststehende Zelte) innerhalb des Purnululu National Park und organisiert verschiedene Allradtouren. Selbstfahrer können sich in das Camp einmieten (mit Halbpension). Und für 2WD-Fahrer besteht sogar die Möglichkeit sich am Warmun Roadhouse abholen zu lassen.

Kununurra Backpackers (s. Unterkunft) organisiert 3-Tage-Kanusafaris (Kanu und Ausrüstung werden gestellt) sowie Campingtouren in den Purnululu National Park.

The Ord River Irrigation Sheme – das Bewässerungsprojekt am Ord River

Um die Fläche im tropischen Norden für die Landwirtschaft nutzbar zu machen und die enormen Regenmengen, die in kürzester Zeit während der Wet-Season vom Himmel prasseln, zu nutzen, wurde in den 1950er Jahren beschlossen, den wasserreichen Ord River aufzustauen. 1963 wurde der **Diversion Dam** errichtet und der **Lake Kununurra** entstand. Das Wasser reichte gerade aus, um die umliegenden Felder zu bewässern. Im nächsten Schritt – im November 1972 – wurde der Fluss an einer zweiten Stelle am **Ord River Dam** gestaut. Das Land der ehemaligen Argyle Downs Station wurde Stück für Stück überschwemmt. Wie kleine Inseln ragen heute nur noch einstige Bergspitzen aus dem Stausee hervor.

Mit der Bewässerung wurde eine intensive Landwirtschaft in der bis dahin kargen Kimberley-Region möglich. In den 1960er Jahren versuchte man sich mit dem Anbau von Reis, Getreide und Baumwolle. Da der Baumwollanbau stark subventioniert wurde, spezialisierten sich zahlreiche Farmer darauf. Doch die Monokultur hatte ihre Tücken und die Ernten fielen durch Schädlingsbefall extrem gering aus. Nur wenige Farmer verblieben im bewässerten Tal und versuchten es mit Reis, Sojabohnen und Erdnüssen. Anfang der 1980er Jahre erweiterte man die Produktpalette um Sonnenblumen, Melonen, Mais, Kichererbsen und Gartenpflanzen und die Erträge stiegen wieder in die Höhe. Inzwischen werden hauptsächlich Zuckerrohr, Melonen, Bananen, Mangos, Papayas, Gurken, Zucchini, Kürbisse und Mais geerntet.

In den letzten Jahren erwirtschaftete die Ord Valley Landwirtschaft einen Jahresumsatz von durchschnittlich über A$ 70 Mio. Interessierte haben die Möglichkeit, nördlich von Kununurra (Ivanhoe Road) zwei Plantagen zu besuchen, die ihre Produkte direkt verkaufen und Verkostungen durchführen:

Barra Barra (Riverfarm Road, Tel. 08-91682098, April–Sept 9–17 Uhr) und Kununurra Melon Farm (Research Station Rd tägl. 9–16 Uhr, Tel. 08-91681400).

Umgebung von Kununurra

Mirima NP (Hidden Valley)

Der Nationalpark an der Ostgrenze der Stadt wird gerne als die kleinen Bungle Bungle bezeichnet. Wie auch im Purnululu National Park findet man hier zerklüftete Sandsteindome, abwechslungsreiche Wanderpfade und ein intaktes Tierleben. Bei Sonnenuntergang erstrahlen die Felsen in einem spektakulären orangeroten Farbton. Den Namen **Mirima** erhielt die Bergkette von den lokalen Miriwoong. Im Gebiet des Nationalparks befinden sich zahlreiche heilige Stätten der Ureinwohner, weshalb ein Großteil des Parks für die Öffentlichkeit nicht zugänglich ist. Durch den für alle Besucher offenen Teil verlaufen zwei **Wanderwege,** die am Parkplatz beginnen.

Der Wuttuwutubin Trail (500 m H/R) führt durch eine Schlucht zu einem Aussichtspunkt, von wo aus man auf Kununurra blicken kann. Der Didbagirring Trail (1 km H/R) führt steil auf einen Berg hinauf. Auch diese Anstrengung wird mit einem hervorragenden Weitblick auf den Park und auf die Stadt belohnt. Zwischen den Felsen wird es sehr heiß, nehmen Sie also genug Trinkwasser mit. Für Autofahrer kostet der Nationalpark eine Zufahrtsgebühr. Kommt man zu Fuß, so ist der Eintritt frei (▶ s. Exkurs Nationalpark-Gebühren S. 150). Nordwestlich des Parks liegt der Campingplatz Hidden Valley Tourist Park (s.o.).

Zebra Rock

Das „Gestreifte Gestein" in meist rotbraunen oder weißgrauen Abstufungen wird südlich der Stadt abgebaut und zu Souvenirs verarbeitet. In der Zebra Rock Gallery (tägl. 9–16 Uhr, Tel. 08-9168 1114), südlich des Stadtzentrums, werden die Steine geschliffen, poliert und dann in allen möglichen Formen verkauft – ein schönes, für die Kimberleys typisches Mitbringsel. Die Steine werden auch auf dem Wochenendmarkt und in Souvenirshops in Kununurra verkauft. Anfahrt zu den Zebra Rocks: am westlichen Ufer des Lake Kununurra auf der Packsaddle Road 9 km gen Süden.

Lake Argyle und Ord River

Der Ord River ist einer der größten Flüsse der Kimberleys und führt dank der beiden Staudämme Diversion Dam (bei Kununurra) und Ord Dam (am nördlichen Ende des Lake Argyle) ganzjährig Wasser. Der See ist mit rund 740 qkm Australiens größter Stausee. Sein Wasservolumen übertrifft das des Sydney Harbour um das Zwanzigfache.

Auf dem Fluss werden **Bootsfahrten** angeboten, die wegen des Tierreichtums und der Szenerie sehr empfehlenswert sind (s. Kununurra Touren). Durch den permanenten Wasserfluss entstand ein neues Ökosystem entlang des Ord River und am Stausee Lake Argyle. So konnte sich beispielsweise das Australische Krokodil (Freshwater Crocodile) auf den geschützten Sandbänken, auf Inseln im Fluss und am Stausee in seinem Bestand stark vermehren – man schätzt, dass rund 25.000 „Freshies" im See leben! Zahlreiche Wasser- und Greifvögel fanden am Ufer einen neuen Lebensraum.

Der See ist am Nordufer beim **Lake Argyle Tourist Resort** (Tel. 08-9168 7777, www.lakeargyle.com) zugänglich. Anfahrt: Victoria High-

BME ▶ DRW

Lake Argyle   way 35 km nach Osten, dann weitere 36 km nach Südwesten. Die Ferienanlage mit Campingplatz und Cabins und liegt fast direkt am Wasser. Vom Resort aus werden Bootsfahrten angeboten, ein Kanuverleih ist vorhanden. Die Touren sind häufig ausgebucht, daher am besten einen Tag vorher reservieren (Tel. 08-91687689, www.lake argylecruises.com). Am Ende der Straße befindet sich ein Picknickplatz, von dem sich ein eingeschränkter Blick auf den See möglich ist. Kurz vor der Ferienanlage befindet sich das **Argyle Downs Museum.** Das vom Stausee versenkte Farmhaus aus dem Jahre 1894 wurde am Ufer Stein für Stein wieder aufgebaut und beheimatet heute ein Museum. In den restaurierten Räumen wird das Leben der Pionierfamilie Durack dokumentiert.

Diamanten in den Kimberleys

1979 begann der Diamantenabbau in Australien. Die wertvollen Edelsteine wurden eher zufällig, auf dem Boden verstreut, entdeckt. Das Gelände südwestlich des Lake Argyle wurde daraufhin gründlich sondiert und man hatte das Glück, eine riesige Diamantenlagerstätte ausgemacht zu haben. Die Mine wuchs schnell und schon 1985 arbeitete sie mit voller Kapazität. In der offenen Grube wird seitdem rund um die Uhr gearbeitet. Im Jahr werden 80 Mio. Tonnen Erde umgewälzt, wovon 10 Mio. Tonnen Erz sind. Das Erz wird zerkleinert und auf Diamanten untersucht. Dabei kommen jährlich etwa 34 Mio. Karat zum Vorschein, was etwa 6–7 Tonnen Diamanten entspricht. Damit ist die Argyle Diamond Mine der weltgrößte Lieferant für Diamanten. Besonders bekannt ist die Mine für die seltenen pinkfarbenen Diamanten. Man schätzt, dass der Tagabbau noch bis 2008 rentabel ist und dann das Geschäft unter Tage bis mindestens 2018 fortgeführt werden kann. Die Mine darf nur im Rahmen von geführten Touren (s. Kununurra) besichtigt werden (Kinder unter 12 Jahren sind nicht erlaubt). An Tagen, an denen gesprengt wird, ist die Mine für Besucher geschlossen.

Weiterfahrt in das Northern Territory

An der Grenze zwischen Westaustralien und dem Northern Territory befindet sich ein 24-Stunden- **Quarantäne Kontrollpunkt.** Aus Angst vor der Einschleppung der schädlichen Fruchtfliege werden Reisende von Ost nach West genau kontrolliert. Es ist nicht gestattet, Obst, Gemüse, Pflanzen, Erde, Samen, Reis oder Honig nach Westaustralien einzuführen. In umgekehrter Richtung dürfen nur Produkte aus der Region rund um Kununurra mitgeführt werden. Um Strafen und Ärger zu vermeiden, zeigen Sie dem Kontrolleur am besten alle frischen Waren, die sie mitführen! Die Kontrolleure haben nichts dagegen, dass Sie am Kontrollpunkt eine kurze Rast einlegen, um verbliebenes Obst zu verzehren, anstatt es wegzuwerfen. Nähere Infos sind telefonisch unter 08-91687354 erhältlich.

Zeitzone: Wer über die Grenze in das Northern Territory einfährt, muss die Uhr um **1,5 Stunden vorstellen!** Dadurch verändert sich der Tagesrhythmus: es wird früher hell und dunkel. Am besten, man orientiert seinen Tagesablauf weiterhin nach der Sonne und beachtet die Öffnungszeiten der Geschäfte.

Keep River National Park

3 km östlich der Staatsgrenze führt eine gute Schotterpiste in den kleinen Keep River National Park. Der Park bietet hervorragende Felszeichnungen der Miriwoong und Gadjerong Peoples, zwei schöne Campingplätze, sehenswerte Felsformationen und eine intakte Tierwelt. Die rot leuchtenden Sandsteindome sind denen im Purnululu National Park sehr ähnlich, jedoch nicht ganz so alt und weniger mächtig. Kurz nach der Einfahrt folgt das Visitor Centre (Tel. 08-91678827), das jedoch kaum mehr ist, als ein kleiner Ausstellungsraum mit Kurzinformationen zum Park. Die nahegelegene **Cockatoo Lagoon,** ein kleiner See, ist ein ausgezeichneter Platz zur Vogelbeobachtung. Baden ist im Nationalpark wegen der Krokodile verboten! Wasser ist knapp: Zur Selbstversorgung steht in Notfällen ein Regenwassertank bereit. Der kurze Wanderpfad **Ginger's Hill Walk** führt zu einem für die ansässigen Aboriginal People typischen Steinbau. Die australischen Ureinwohner nutzen die Hütten für die Jagd auf große Vögel. 15 km nördlich des Parkeingangs zweigt ein Weg zur **Gurrundalng Camping Area** ab (Picknicktische, Grillstellen und Toiletten sind vorhanden, Generatoren sind erlaubt). Vom Campingplatz aus führt der 2 km lange Rundweg **Gurrundalng Walk** durch eine bizarre Felslandschaft. Auf halber Wegstrecke eröffnet sich ein wunderbarer Blick auf die Umgebung. Weiter nördlich beginnt der 1,5 km lange **Jinumum Walk,** auch **Keep River Gorge Walk** genannt, durch die breite Keep River Schlucht zu einer Felswand mit zahlreichen Malereien. Auf der Hauptpiste, wiederum einige Kilometer nördlich,

BME ▶ DRW

liegt **Nganalam Art Site.** Die für die Region typischen Malereien sind über einen 100 m langen Fußweg erreichbar.

Am Ende der Piste, 28 km vom Eingang entfernt, befindet sich der zweite **Campingplatz** des Parks (Picknicktische, Regenwasser, Feuerstellen und Toiletten sind vorhanden. Allerdings sind keine Generatoren erlaubt). Hier startet der 8 km lange **Jarnem Walk,** der bei Bedarf abgekürzt werden kann. Der Pfad führt zunächst auf einen Aussichtspunkt (4,6 km H/R), daraufhin durch die Savannensteppe zu den Felszeichnungen bei Nigli Gap (5,5 km H/R).

Tipp: Das Licht ist dort für Fotografen in den frühen Morgenstunden und am späten Nachmittag am besten geeignet.

Timber Creek

Auf dem Weg nach Timber Creek passiert man die 3 km lange Stichstraße zum berühmten **Gregory's Tree**. Der Boabbaum ist ein heiliger Ort für die australischen Ureinwohner. 1855 ritzte der Forscher Augustus Gregory während seiner Nordaustralien-Expedition die An- und Abreisedaten in den Baum ein, die im Laufe der Jahre zu einem ansehnlichen Relief heranwuchsen.

Ein Stück weiter befindet sich der **Big Horse Creek Campground** (Toiletten, Feuerstellen und Picknicktische), der bereits im Gregory National Park liegt und daher von der Nationalparkbehörde verwaltet wird. Vor Timber Creek liegt ein guter **Aussichtspunkt,** von dem aus man einen idealen Blick auf den Victoria River mit seinen Flusssenken und Erhebungen hat.

Im heutigen **Timber Creek** (300 Ew.) schlug einst Augustus Gregory vom Flussufer Holz, um sein Expeditonsboot zu reparieren. Die ersten Bewohner der Gegend waren Ngaliwurra und Nungali, deren Nachfahren bis heute in der kleinen Siedlung Timber Creek und der näheren Umgebung wohnen. Für Reisende bietet die Ortschaft am Highway einfache Unterkünfte, Einkaufs- und Tankmöglichkeit. Im Timber Creek Police Station Museum sind alte Fotos und Gegenstände ausgestellt. Eine Bootstour auf dem Victoria River zur Krokodilbeobachtung beginnt jeweils um 16 Uhr (Max's Victoria River Cruises, Tel. 08-89750850).

Infos   Informationen zum Gregory National Park sind im Nationalparkbüro in Timber Creek (Tel. 08-89750888) erhältlich.

Unterkunft und Camping   ** **Timber Creek Hotel,** Victoria Hwy, Tel. 08-89750722
** **Circle F Caravan Park & Motel,** Victoria Hwy, Tel. 08-89750722
** **Timber Creek Wayside Inn & Caravan Park,** Victoria Hwy, Tel. 08-89750732

Gregory National Park

Der zweitgrößte Nationalpark des Northern Territory ist weitgehend unerschlossen und abgesehen von den Camping- und Rastplätzen entlang des Victoria Highway nur mit Allradfahrzeugen zugänglich. Der 13.000 qkm große Park umfasst in zwei Sektionen spektakuläre Bergketten, Schluchten und eine reiche Aboriginalkultur. 10 km östlich von Timber Creek führt eine Schotterpiste in den **westlichen Teil des Gregory** National Park zur alten **Bullita Homestead** und dem einfachen Campingplatz am Ufer des East Baines River. Das Farmhaus ist mit Informationstafeln über die Vergangenheit ausgestattet. Von der Farm in Richtung Süden führen einsame 4WD-Tracks in das Zentrum des Parks. Für die Fahrwege, meist kaum breiter als einfache Feldwege, benötigt man unbedingt die Broschüre „Gregory National Park 4WD-Tracks" vom Tourist Office in Timber Creek.

8 km nördlich der Farm zweigt eine Piste zur **Limestone Gorge** mit dem gleichnamigen Campingplatz ab. Ein 1,8 km langer Wanderpfad führt zu grauen Kalksteintürmen und wunderschönen Boabs.

27 km östlich von Timber Creek führt der **Buchanan Highway** nach Süden. Die nicht asphaltierte Verbindungsstraße stößt 425 km südlich von Daly Waters auf den Stuart Highway. Vom Turm des **Kuwang Aussichtspunkts,** in dem auch einige Fakten über die lokalen Aboriginal People zusammengetragen wurden, eröffnet sich ein toller Blick auf die Stokes Ranges.

Der **östliche Teil des Gregory National Park** beginnt kurz vor der **Joe Creek Picknick Area.** Hier beginnt der lohnende **Nawulbinbin Walk** (1,7 km langer Rundweg), der an einer rot leuchtenden Felswand mit zahlreichen Felszeichnungen entlang verläuft. Etwas östlich beginnt der **Escarpment Walk** (3 km langer Rundweg). Der teilweise steile Pfad führt hinauf zu einer langen Abbruchkante – zu einem hervorragenden Aussichtspunkt (ca. 1 km H/R).

Das **Victoria River Roadhouse** verfügt über einen Campingplatz und einfache Motelzimmer (Tel. 08-89750744). 17 km östlich des Rasthauses liegt der **Nationalpark-Campground Sullivan Creek** mit Buschtoiletten, Grillstellen und Picknicktischen.

Weiter nach Katherine

Von hier sind es noch knapp 280 eintönige Kilometer bis Katherine. Die Weiterfahrt von Katherine nach Darwin auf dem Stuart Hwy ist im Kapitel „Von Darwin nach Alice Springs" ▶ s.S. 475 beschrieben.

Alternativstrecke

Von Broome bis Kununurra auf dem Great Northern Highway

Diese Straßen-Variante können jene wählen, die kein Geländefahrzeug haben oder die Strapazen einer staubigen Pistenfahrt scheuen. Der Great Northern Highway ist durchgängig asphaltiert, was für den einen oder anderen sicherlich die komfortablere und schnellere Variante darstellt. Landschaftlich ist die Alternativstrecke ebenfalls reich an Sehenswürdigkeiten, vielleicht nicht ganz so kurzweilig, da zwischen den einzelnen Sehenswürdigkeiten längere Streckenabschnitte liegen.

Der Highway verläuft mehr oder weniger parallel zum Fitzroy River und folgt dem Verlauf der King Leopold Ranges sowie der Durack Ranges. Die Ortschaften Fitzroy Crossing und Halls Creek bieten Unterkünfte und Verpflegungsmöglichkeiten. Der nordöstlich von Halls Creek liegende Purnululu National Park (Bungle Bungle) ist eine der faszinierendsten Felslandschaften Australiens (4WD-Zufahrt). Greyhound-Busse benutzen auf der Broome-Darwin-Route ebenso den Great Northern Highway und halten unterwegs in Fitzroy Crossing, Halls Creek und Kununurra.

Die Route ist ein Teil des sogenannten **Savannah Way,** der von Broome über Darwin bis nach Cairns führt. Die Strecke wird gemeinsam von Western Australia, Northern Territory und Queensland vermarktet. Ausführliche Informationen unter www.savannahway.com.au und auf deutsch unter www.savannahway.de.

Great Northern Highway

303 km östlich von Broome liegt der 24 h Rastplatz **Ellendale** am Ufer des Mount Wynne Creek mit Möglichkeit zum Campen. 43 km vor Fitzroy Crossing zweigt die Piste zum Tunnel Creek und zur Windjana Gorge (▶ s. Gibb River Road S. 412) ab.

Fitzroy Crossing

Fitzroy Crossing (1500 Ew.) ist eine trostlose Ortschaft mit Roadhouse, Campingplatz, Tourist Information, Supermarkt, Post und Hospital. Der Fitzroy River stellte früher, während der Regenzeit, eine natürliche Grenze zwischen der westlichen und östlichen Kimberley Region dar. Bei starken Regenfällen schwillt der Fluss zur stattlichen Breite von 15 m an und ist dann bis zu 11 m tief.

1935 wurde eine Durchfahrt durch den Fluss betoniert, erst 1975 eine Brücke gebaut. Im gleichen Jahr wurde Fitzroy Crossing offiziell zur Stadt ernannt. Der Ort ist das Versorgungszentrum für viele

Aboriginal-Communities und Farmen der Umgebung. Für Reisende ist die Stadt der Ausgangspunkt für Touren in die Nationalparks Windjana Gorge, Tunnel Creek und Geikie Gorge.

Sehenswert ist der älteste Pub der Kimberleys, das **Crossing Inn** in der Skuthrop Road. Die Wände des 1897 errichteten Gebäudes wurden von örtlichen Schülern bemalt. Ein Stück südlich in derselben Straße liegt der Friedhof **Pioneers' Cemetery,** mit Gräbern von frühen Kimberley-Entdeckern und ersten Siedlern. Schräg gegenüber vom Crossing Inn, am anderen Flussufer, liegt der alte Teil der Stadt und die befestigte Furt durch den Fitzroy River.

Infos

Fitzroy Crossing Tourist Bureau, Flynn Dve, Tel. 08-91915355, April–Sept Mo–Fr 8.30–16.30 Uhr, Sa 9–13 Uhr, Okt–März Mo–Fr 8.30–16.30 Uhr; Auskünfte zu den nahen Sehenswürdigkeiten, Unterkünften und Touren. Ticketverkauf für den Greyhound Bus, www.sdwk.wa.gov.au.

Unterkunft und Camping

*** **Fitzroy River Lodge & Camping,** am Highway 2 km östlich der Stadt, Tel. 08-91915141; großzügige Anlage mit Hotelzimmern, festen Safarizelten, Campingplatz, Pool und Restaurant.

*** **Crossing Inn,** Skuthrop Rd, Tel. 08-91915080; rustikale Zimmer mit Veranda und Camping am Fluss.

Tarunda Caravan Park, Forrest Road, Tel. 08-91915330.

Geikie Gorge National Park

Der Nationalpark liegt 18 km nördlich des Great Northern Highway. Vom Tourist Bureau folgt man der Straße nach Norden bis zum Parkplatz am Fitzroy River. Der Park ist während der Trockenzeit (April–Nov) täglich von 6.30–18.30 Uhr geöffnet. Campen ist nicht erlaubt!

Der Park ist ebenso wie die Windjana Gorge und der Tunnel Creek ein Teil des **Devonian Reef National Park** (▶ s. Exkurs S. 437). Der Fitzroy River hat hier auf einer Länge von 14 km ein tiefes Bett in die Geikie Range gegraben. Die senkrechten Wände der Schlucht sind bis zu 30 m hoch. Durch den breiten Flusslauf entsteht jedoch nicht das typische Schluchtenbild. Beeindruckend ist das Farbenspiel der östlichen Felswand, die durch den Fluss fast weiß „gewaschen" wurde. Dadurch, das in der Geikie Gorge ganzjährig Wasser fließt, leben zahlreiche **Tiere**, u.a. das Flinkwallaby (Agile Wallaby), Kurzohren-Felskängurus (Short-eared Rock-Wallaby), zahlreiche Fledermausarten und Wasservögel wie Weißbauch-Seeadler (White-breasted Sea Eagle) und Schlangenhalsvögel (Darter). Erwähnenswert sind die in der Schlucht lebenden Salzwasserfische (Rochen und Sägefische), die sich im Laufe der Evolution an das Leben im Süßwasser angepasst haben. An den Flussufern dösen gerne Süßwasserkrokodile in der Sonne.

Wanderungen

Drei **Wanderwege** führen in die Schlucht. Der **Reef Walk** (3 km H/R) geht am westlichen Ufer entlang nach Norden bis zur ersten Flussbiegung, an der die Felswand direkt auf den Fluss trifft. Der Pfad ist

BME ▶ DRW

sehr sandig und dadurch äußerst anstrengend. Der **Short Walk** (20 Min.) zweigt kurz nach Beginn des Reef Walk links ab und windet sich durch bizarre Kalksteinformationen. Vom Parkplatz nach Süden verläuft der kurze **River Walk** (20 Min. H/R) bis zur Sandbank an der Kreuzung Fitzroy River/Margret River. Die Sandbank ist ein beliebter Angel- und Badeplatz. Von diesem Weg hat man allerdings keinen Blick in die Schlucht!

Weniger schweißtreibend ist eine **Bootsfahrt** durch die Schlucht. Die Boote der Nationalparkbehörde starten zwischen April/Mai und Sept/Nov jeweils um 8 Uhr, 9.30 Uhr und 15 Uhr (Dauer 1h). Tickets sind 20 Min. vor der Abfahrt in der Schlucht erhältlich (nur Barzahlung möglich, Erw. A$ 30, Kind A$ 10). Die Geschichte und Bedeutung der Schlucht für die ansässigen Ureinwohner wird auf der halbtägigen Darngku Heritage Cruise vermittelt, die von April – Okt jeweils Mo–Fr um 8.15 Uhr beginnt. Tickets sind in der Tourist Information erhältlich.

An der Strecke zwischen Fitzroy Crossing und Halls Creek (274 km) liegen einige Zufahrtsstraßen zu Minen und Aboriginal-Communities. 117 km westlich von Halls Creek befindet sich der beliebte **Rastplatz Mary Pool** unter schattigen Eukalypten. Campen ist am Fluss gestattet (Toiletten und Grillstellen sind vorhanden).

Geikie Gorge

Devonian Great Barrier Reef

Im Zeitalter des Devons, vor ungefähr 350 Mio. Jahren, entstand ein 300 km langes Barriere Riff in den Kimberleys. Damals waren die Kimberleys zum größten Teil von einem tropischen Meer bedeckt. Kalkablagerungen führten zur Bildung des Devonian Great Barrier Reef.

Nach dem Rückzug des Wassers kamen lange Kalkstein–Gebirgszüge zum Vorschein, die von heftigen Regenfällen und alten Flusssystemen freigelegt, durchbrochen und untertunnelt wurden. Am besten ist das einstige in der Windjana Gorge, am Tunnel Creek und in der Geikie Gorge erkennbar. Die Berge haben noch immer die Eigenschaften eines Riffs: extrem scharfkantiges Gestein. Auf Wanderungen sollte daher festes Schuhwerk getragen werden!

Halls Creek

Das 1300-Einwohner-Städtchen an der Grenze zur Great Sandy Desert versorgt in erster Linie die umliegenden Farmen, Minen und Aboriginal-Siedlungen. Touristisch ist Halls Creek Ausgangspunkt für Touren zum Wolfe Creek Crater National Park und Purnululu National Park (Bungle Bungle). Die Outbacktracks Tanami Road (▶ s. Specialtour S. 445) und Canning Stock Route (▶ s. Exkurs S. 395) beginnen bzw. enden bei Halls Creek.

Geschichtlich bedeutend sind **die ersten Goldfunde Westaustraliens** im Jahr 1885. Charlie Hall und Jack Slattery fanden hier ihr erstes Gold. Innerhalb von nur zwei Jahren machten sich über 15.000 Goldsucher auf den Weg, um in der unwirtlichen Gegend nach dem Edelmetall zu suchen. Der Boom hielt nur vier Jahre an, danach kämpfte Halls Creek um seinen Fortbestand. 1955 wurde die Ortschaft auf das weniger rauhe Gelände 15 km nordwestlich der ursprünglichen Siedlung verlagert, und die Gebäude nahe des neu erbauten Highways wieder aufgebaut. Viele Jahre lang verwahrlosten die meisten Gebäude und die Szenerie wirkte reichlich trostlos.

Dank gezielter Investitionen in die Infrastruktur vermittelt Halls Creek inzwischen ein sehr freundliches Bild, was vor allem der Verdienst des modernen Besucher- und Gemeindezentrums mit angeschlossenem Café und Kunstshop ist.

Infos   Auskünfte zu den Nationalparks der Umgebung und zu Unterkünften sind im **Halls Creek Visitor Centre** (Ecke Hwy/Hall St, Tel. 08-91686262, April–Sept 7–17 Uhr, Okt–März tägl. 8–17 Uhr, www.hallscreektourism.com.au) erhältlich, hier stoppt auch der tägliche Überlandbus von Greyhound.

Unterkunft und Camping   ** Kimberley Hotel,** Roberta Ave, Tel. 1-800-355228; Mittelkasse-Hotel.

** Best Western Halls Creek Motel,** 194 Great Northern Hwy, Tel. 08-91686001; Mittelklasse-Hotel.

Halls Creek Caravan Park, Roberta Ave, Tel. 08-91686169; Stellplätze mit etwas Schatten, Pool und Cabins.

BME ▶ DRW

Touren   Ausflüge zu den Attraktionen der Umgebung und in den Purnululu National Park bietet **Kimberley Red Earth Tours** (Tel. 08-91685566, www.kimberley redearthtours.com.au) an. Ausflüge zum eigenen Safari Camp in den Bungle Bungles bietet **Discover the Kimberley Tours** (Tel. 1-800 636803, www.bung-lebungle. com.au, Abfahrten in Halls Creek, Broome und Kununurra).

Umgebung von Halls Creek

China Wall   Die wohl größte Sehenswürdigkeit ist die bis zu 6 m hohe Mauer aus hellem Quarz. Sie entstand dadurch, dass Erosion und Regen die weicheren Gesteinsschichten um die Quarzblöcke herum abgetragen haben. Übrig blieb die Form einer senkrechten Mauer. Die Zufahrt zur China Wall erfolgt über die Duncan Road (5 km).

Old Halls Creek   15 km südöstlich auf der Duncan Road sind noch einige alten Ruinen und Gebäudereste der alten Siedlung Halls Creek zu sehen. Inzwischen befindet sich hier die Halls Creek Lodge mit Campingplatz (Tel. 08-91688999).

Palm Springs und Swampit Gorge   Die Quelle Palm Springs (Duncan Road, 45 km südöstlich) lädt zum Baden und Picknicken unter Palmen ein. Kurz hinter dem Abzweig zu Palm Springs führt eine kleine Piste zur **Swampit Gorge,** ebenfalls ein beliebter Bade- und Vogelbeobachtungsplatz.

Wolfe Creek Meteorite Crater (Kandimalal)   Der zweitgrößte Meteoritenkrater der Welt liegt 145 km südlich von Halls Creek und ist über die staubige Tanami Road erreichbar, die weiter nach Alice Springs führt (▶ Specialtour S. 445). Der 835 m weite und 50 m tiefe Krater wurde von Europäern erst 1947 entdeckt und nach dem Kimberley Pionier Robert Tennant Stowe Wolfe benannt. Die lokalen Djaru kannten den Krater bereits seit Jahrhunderten und nennen ihn Kandimalal. Man vermutet, dass vor etwa 300.000 Jahren ein Meteor mit rund 50.000 Tonnen Gewicht in die Erde einschlug und dadurch den immensen Krater geschaffen hatte. Das Gebiet ist als **Wolfe Creek Crater National Park** geschützt. Ein Wanderweg führt zum Kraterrand, ein einfacher Campingplatz ist angelegt (kein Trinkwasser!).

Von Halls Creek nach Kununurra

Etwa 100 km nördlich von Halls Creek befindet sich am Ord River der 24 h Rastplatz **Leycestor's Rest,** auf dem Camping gestattet ist (Toiletten und Feuerstellen vorhanden). Nach weiteren 10 km zweigt die Piste in den Purnululu National Park nach rechts ab.

Purnululu National Park (Bungle Bungle)

Der 20.900 qkm große Park ist eine der eindrucksvollsten Landschaften Westaustraliens. Bekannt ist er für seine orange-schwarz gestreiften Sandsteindome der Bungle Bungle Range, die aus der Luft wie riesige Bienenkörbe aussehen. Zwischen den Bergen liegen tiefe Täler, einsame Schluchten und palmgesäumte Teiche.

Für die lokalen Aboriginal People hatte die Landschaft schon vor über 20.000 Jahren eine große Bedeutung. Erstaunlicherweise waren die Bungles, wie sie umgangssprachlich genannt werden, bis Mitte der 1980er Jahre praktisch unbekannt und nicht erschlossen. 1987 wurde die Gegend zum Nationalpark erklärt und 2003 zum UNESCO Weltnaturerbe erhoben.

Der Park ist nur zwischen **April und November** geöffnet (saisonale Verschiebungen sind je nach Witterung möglich) und kostet Eintritt (▶ s. Exkurs Nationalparkgebühren S. 150).

Zufahrt   Der einzige Zugang auf dem „Landweg" besteht durch den 53 km langen, rauhen und nur für Geländewagen geeigneten **Spring Creek Track** (Abzweig 109 km nördlich von Halls Creek). Von der Informationsbucht am Highway windet sich der Track, ähnlich einer Achterbahn, zum Parkeingang (Ranger Station). 500 m vom Eingang entfernt, an der sogenannten Three Way Junction, führt der Weg nach Süden zur Cathedral und Piccaninny Gorge. Nach Norden erreicht man Echidna Chasm.

Hinweis: Die Anfahrt in den Park dauert bis zu drei Stunden – lassen Sie es entspannt und ohne Hektik angehen. Fahren Sie spätestens um die Mittagszeit am Highway los, damit sie in Ruhe die Strecke bewältigen und noch bei Tageslicht ihr Camp aufschlagen können. Etwa auf der Hälfte des Weges befindet sich bei Calico Springs am Frank River eine schöne Raststelle mit Wasser und Schatten. Bedenken Sie, dass die Bergung eines Fahrzeugs aus den Bungles mit immensen Kosten verbunden ist. Nicht alle Vermieter gestatten es, dass ihre 4WDs dorthin fahren!

BME ▶ DRW

Übernachtungstipp: Etwa einen Kilometer östlich des Abzweigs vom Highway führt eine Piste zur Mable Downs Station und dem Bungle Bungle Caravan Park (Tel. 08-91691995, www.bunglebunglecaravanpark.com.au). Wer kein Geländewagen oder wenig Zeit hat, kann vom Campingplatz aus Tagestouren und Rundflüge über den Park buchen.

Geologie, Flora und Fauna

Die Felstürme der Bungle Bungle Range sind Überreste eines ehemaligen geschlossenen Sandsteinplateaus. Durch gewaltige Flusssysteme, Wind und Regenfälle wurde das Plateau in den letzten 20.000 Mio. Jahren von Furchen und Tälern durchzogen. Durch den Einschluss von Eisenoxid (orange) und Cyanobakterien (schwarz), die den einst weißen Sandstein zusammenhalten, wird eine schnelle Erosion verhindert und die Felsen erhalten dadurch ihre Streifen. Das Gestein ist dennoch extrem brüchig, weshalb das Klettern an den Felsen untersagt ist.

Im Park leben mehr als 130 Vogelarten. Rund um die Felsmassive sind Euros und Nailtail-Wallabies zu sehen. In den Felsen leben die kleinen Kurzohr-Felswallabies und mit etwas Glück bekommt man eine Python zu sehen. Auf den Pisten lässt sich so manche Kragenechse beim Sonnenbad erspähen. Typisch für den Purnululu National Park sind die kleinen Fächerplamen (Livistona victoriae), die besonders im Norden des Parks wachsen.

Wanderungen

Im Süden: Auf dem 1 km langen **Domes Trail** spaziert man zwischen hohen Sandsteindomen hindurch. Der einfache Weg zur **Cathedral Gorge** (2 km H/R) gehört zum „Pflichtprogramm" in den Bungles. Am Ende der kurzen Schlucht liegt ein gewaltiges Amphitheater mit einem Wasserloch, in dem sich die senkrechten, orangen Felswände spiegeln.

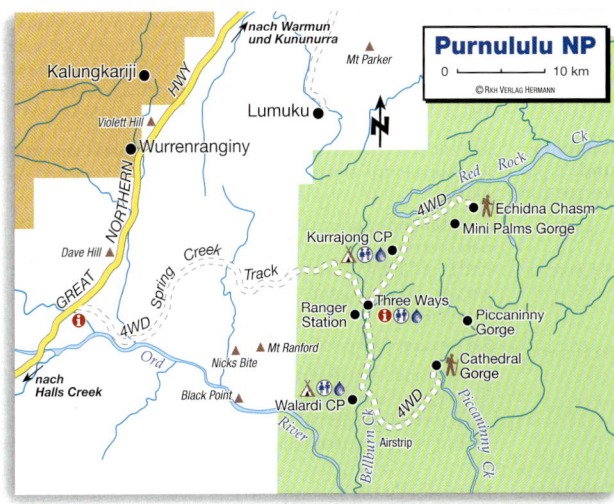

Ein toller Aussichtpunkt befindet sich nur wenige Gehminuten am Picaninny Creek entlang und dann rechts einen Felsendom hinauf.

Der **Picaninny Gorge Walk** (30 km H/R, 2 Tage) ist nur etwas für gut trainierte und hitzebeständige Wanderer. Der Weg folgt dem Picaninny Bach durch wunderschöne Felsformationen und die 7 km lange sowie immer enger werdende Picaninny Schlucht. An ihrem Ende befinden sich erfrischende Wasserlöcher und ein Übernachtungscamp. Für die Wanderung ist eine Registrierung beim Ranger notwendig.

Im Norden: Der spektakuläre **Echidna Chasm Trail** (2 km H/R) führt durch eine immer enger werdende Felsspalte. Zum Teil stehen die 100 m hohen Felswände nur einen Meter auseinander. An dieser Stelle strahlt die Sonne nur eine Stunde am Tag hinein und taucht die Spalte in ein geheimnisvolles Licht. Am Ende des Wanderweges sind einige Felsen zu überwinden, ansonsten ist der Weg leicht begehbar.

Vom Echidna Chasm Parkplatz sind es zum Osmand Lookout nur 300 m. Von hier eine herrliche Aussicht auf die Osmand Range im Norden.

Der **Mini Palms Trail** (5 km H/R) führt in eine mit Livistona-Palmen bewachsene Schlucht und weiter zu einem Aussichtspunkt. Der **Froghole Walk** (1 km H/R) verläuft durch ein Flussbett zu einem fast ausgetrockneten Teich am Fuße einer senkrecht abfallenden Felswand. Dunkelbraune, nur 20 mm große Rockhole-Frösche hüpfen am Ufer herum. **Tipp:** Wegen der großen Hitze (und des besseren Lichts) sollten die Wanderungen frühmorgens oder am späten Nachmittag in Angriff genommen werden.

Rundflüge	Flüge über die spektakuläre Landschaft werden per Helikopter von April bis November vom **Bellburn Airstrip** innerhalb des Parks angeboten. Die Rundflüge in den kleinen, offenen Fluggeräten sind ein unvergessliches Highlight und eine tolle Ergänzung zu den Aktivitäten am Boden (Slingair/Heliworks, Tel. 08-9166 9300, www.slingair.com.au, ab A$ 235, Kind 185).
Camping und Versorgung	Im Park befinden sich zwei Campingplätze: **Walardi Campsite** liegt 11 km südlich, **Kurrajong Campsite** etwa 6 km nördlich der Kreuzung. An beiden Plätzen gibt es Toiletten und fließend Wasser (Bore Water).
	Feststehende Safari-Camps (mit richtigen Betten und Holzboden) sind von den Tourveranstaltern *Kimber*ley Wilderness (s. Broome, Touren Connections) und East Kimberley Tou*rs* (s. Kununurra Touren) am Bellburn Creek errichtet worden. In beide Camps können sich auch Selbstfahrer mit Komfortanspruch einmieten (vorab unbedingt buchen, inklusive Frühstück und Abendessen).
	Ein weiteres Camp soll Mitte 2012 eröffnet werden.
	Im Park sind keine Nahrungmittel und auch kein Benzin erhältlich, daher ist Verpflegung und Sprit in ausreichender Menge mitzuführen. Im Besucherzentrum im Park gibt es lediglich Souvenirs, Bücher und kühle Getränke. Der nächstgelege Shop mit Tankstelle ist das Turkey Creek Roadhouse am Highway.
Tourtipp	Wer kein Allradfahrzeug hat oder nicht die notwendige Zeit mitbringt, muss den Purnululu National Park nicht zwingend „rechts" liegenlassen. Mietwagenfahrer können beispielsweise ihr Fahrzeug am Roadhouse Turkey Creek stehen lassen, dort übernachten und dann am nächsten Tag mit dem Veranstalter East Kimberley Tours (s. Touren Kununurra) eine Tages- oder 2-Tagestour (mit Campübernachtung) in den Nationalpark unternehmen. So vermeidet man, dass irgendeine Strecke doppelt gefahren werden muss – ein großartiges Erlebnis ohne Risiko und eigenen Fahrstress! Von Halls Creek und Kununurra werden ebenfalls mehrtägige Touren in den Park angeboten.
	Wer weder zu dem einen noch zu dem anderen Zeit und Lust haben sollte, dem sei zumindest ein Rundflug zu empfehlen: Von Kununurra, Halls Creek und Warmun (Turkey Creek Roadhouse) werden 1–2stündige Rundflüge über die Bungles angeboten.
Warmun (Turkey Creek)	Das **Turkey Creek Roadhouse** bietet neben Benzin und Lebensmitteln auch einen Campingplatz und ordentliche Motelzimmer (Tel. 08-91687882). Beim Roadhouse starten täglich **Helikopter** von Slingair/Heliworks (Tel. 08-9166 9300, www.slingair.com.au) zu Rundflügen über die Bungle Bungle Range. Sehenswert ist das 2 km vom Roadhouse entfernte **Warmun Arts Centre** im alten Turkey Creek Post Office. In der Galerie sind bemerkenswerte Kunstwerke der ansässigen australischen Ureinwohner zu sehen und zu kaufen. Das besondere an den Bildern ist, dass die Künstler nur traditionellen Ocker und natürlich gewonnene Farben verwenden. Vor dem Besuch der Community sollte man vom Roadhouse anrufen, um eine mündliche Genehmigung zu erhalten (Tel. 08-91687496, www.warmun art.com). Das Arts Centre ist Mo–Fr 9–16 Uhr geöffnet.

102 km nördlich liegt das **Doon Doon Roadhouse** mit Campingplatz (Tel. 08-91678004). Zwischen den beiden Rasthäusern biegt die private Piste zur größten Diamantenmine der Welt, **Argyle Mine,** ab. Der Zugang ist nur im Rahmen geführter Touren möglich (▶ s. Exkurs S. 430).

Hinter Doon Doon teilt sich die Straße: Geradeaus führt der Great Northern Highway weiter nach Wyndham (105 km), nach Osten zweigt der Victoria Highway nach Kununurra und weiter ins Northern Territory ab (▶ s. Hauptroute S. 425).

I↦ .... Abstecher nach Wyndham

Die nördlichste Stadt Westaustraliens ist ruhig und einsam. Gerade einmal 800 Einwohner, davon 50% indigene Australier, leben in der abgelegenen Küstenortschaft. Für Angler und Vogelliebhaber lohnt sich der Abstecher nach Norden, die meisten Reisenden lassen Wyndham allerdings „links" liegen.

Die erste Sehenswürdigkeit am Wegesrand ist **The Grotto,** ein lieblicher, krokodilfreier Badeteich am Anfang einer kleinen Schlucht, zu dem man tief hinabsteigen muss. Nach der Regenzeit fließt ein beachtlicher Wasserfall in den Pool.

Parry Lagoons Nature Reserve zieht sich östlich des Highways bis zur Küste. Das Schutzgebiet umfasst ein großes Feuchtbiotop, in dem zahlreiche Vogelarten leben. Während der Trockenzeit finden sich an den wenigen verbliebenen Lagunen tausende Vögel ein. Am Marlgu Billabong befindet sich ein getarnter Unterstand, von dem aus sich viele Zugvögel und Wasservögel sowie Krokodile in aller Ruhe beobachten lassen (Fernglas nicht vergessen). Die Zufahrt in das Reservat erfolgt 15 km südlich von Wyndham oder über die 4WD-Piste Old Halls Creek Road, die nördlich von The Grotto vom Highway abzweigt. **Parry's Creek Farm** bietet Motelzimmer, Cabins, Campingplätze sowie Kanu- und Bootstouren (Tel. 08-91611139 www.parrycreekfarm.com.au) – eine empfehlenswerte Übernachtungsalternative zu Wyndham.

Wyndham

Die Stadt am Cambridge Golf wurde 1885 während des Goldrauschs gegründet. Die ursprüngliche Siedlung befand sich direkt an der Küste. In den 1960er Jahren wurde das Geschäftszentrum in das Wohnviertel Three Mile verlagert.

Die Bevölkerung der Stadt lebt in erster Linie von den Hafengeschäften. Für die Viehwirtschaft der Kimberleys, für das Ord River Irrigation Project (s. Kununurra) und für viele Minen hat die Verlade-Jetty, 6 km nordwestlich des Stadtzentrums, eine große Bedeutung.

BME ▶ DRW

Wer ein Faible für „Großes" hat, kommt bei der 20 m langen **Kroko-dilskulptur** am Ortseingang ins Schwärmen. Mit dem Kunstwerk wird auf die weltgrößten Krokodile, die in den Gewässer des Cambridge Golfs heimisch sind, aufmerksam gemacht. Am **Crocodile Lookout** (hinter den Hafenanlagen) werden Krokodile zuweilen gefüttert. Bis 1985 gab es hier eine Fleischfabrik und über 20 Krokodile ernährten sich täglich von den Fleischabfällen. Nach der Schließung wurden die Tiere als Touristenattraktion weiter gefüttert.

In **Wyndham Port,** dem ehemaligen Stadtzentrum, sind noch einge alte Gebäude aus der Gründerzeit zu sehen. Im alten **Court House** ist ein kleines Heimatmuseum eingerichtet (Di–Sa 10–15 Uhr).

Lohnend ist ein kleiner Ausflug zum **Five River Lookout** oberhalb des Hafens. Vom Gipfel der Bastion Range bietet sich ein fantastischer Blick auf die Mündungsgebiete der fünf Flüsse Ord, Forrest, Durack, King und Pentecost River. Der Aussichtspunkt ist über den Hugo Australis Drive (am Ortseingang nach rechts am Krankenhaus vorbei) anzufahren. Die lokale **Krokodilfarm** ist in einem schlechten Zustand und die Tiere werden in sehr kleinen Gehegen gehalten, so dass sich ein Besuch nicht wirklich lohnt. (Barytes Rd, Wyndham Port, Tel. 08-91611124, in der Trockenzeit tägl. 10–14 Uhr, Fütterungen immer um 11 Uhr).

Infos   Informationen zur Stadt und Umgebung sind im **Wyndham Visitor Centre** im Kimberley Motors (Tankstelle auf der linken Seite der Hauptstraße, tägl. von 6–18 Uhr, Tel. 08-91611281) erhältlich.

Unterkunft und Camping   **Wyndham Caravan Park,** Baker St, Tel. 08-91611064; auf dem Gelände steht ein beeindruckender Boab Tree.

** **Gulf Breeze Guesthouse,** 6 O'Donnell St, Tel. 08-91611401; einfaches Gästehaus.

Tipp: Schöner und naturnäher ist die **Parry Creek Farm** (s.o.) oder die 37 km südwestlich gelegene **Diggers Rest Station.** Letztere ist über einen rauhen 4WD-Track erreichbar und bietet rustikale Übernachtungsmöglichkeiten, klimatisierte Zimmer, Stellplätze und attraktive Reittouren durch die östlichen Kimberleys (Tel. 08-91611029, www.diggersreststation.com.au).

Wyndham Port

Special Tour

Tanami Track – Von Halls Creek nach Alice Springs (1053 km)

Die gut gepflegte Tanami Road führt über 1053 km von Halls Creek (WA) nach Alice Springs (NT). Sie ist damit die kürzeste Verbindung von den Kimberleys in das Rote Zentrum. Die Route wurde einst für den Viehtrieb angelegt und 1960 als Versorgungspiste für die Goldminen im Norden ausgebaut. Dank des guten Zustands der Piste und ausreichender Versorgungsmöglichkeiten unterwegs, stellt die Tanami Road für Outbackreisende keine besondere Schwierigkeit dar. Die Naturstraße ist dabei mehr als eine reine Verbindungsstraße. Landschaftliche Höhepunkte wie meterhohe Termitenhügel, schimmerndes Spinfexgras, rote Erde und der stahlblaue Himmel bilden reizvolle Kontraste. Für die Piste ist ein 4WD empfehlenswert.

Klima und Reisezeit

Der Track kann im Prinzip ganzjährig befahren werden, doch kann es während der Regenzeit (Dez–März) passieren, dass er wegen Überflutungen für mehrere Tage gesperrt wird. Aufgrund der angenehmeren Temperaturen empfehlen sich deshalb auch hier die Monate April bis Oktober. Viele Australier fahren den Track in „A long day of travelling", was natürlich in Stress und Raserei ausartet. Besser ist es, sich für die Strecke zwei bis drei Tage Zeit zu lassen.

Infos

Auskünfte zum Straßenzustand sind bei den Polizeistationen in Halls Creek (Tel. 08-91686000) sowie in Alice Springs (Tel. 08-89518888) oder telefonisch unter 1-800-246199 (NT), 1-800-013314 (WA) erhältlich. Zur Vorbereitung ist die Internetseite www.exploroz.com.au/treknotes sehr hilfreich. Für das Befahren des Tracks, das Tanken und Einkaufen in den Aboriginal Communities sind **keine Permits** erforderlich.

Hinweis für Mietfahrzeuge: Bei Buchung sollte beim Vermieter die Genehmigung für den Tanami Track eingeholt werden.

BME ▶ DRW

Unterkunft und Camping	**Billiluna Roadhouse:** Shop, Tankstelle (Öffnungszeiten variieren, daher vorher unbedingt anrufen, Tel. 08-91688999).
	Balgo Community: Shop, Tankstelle, Kunstzentrum (Mo–Fr 9–17 Uhr oder nach Vereinbarung, Tel. 08-91688900). Die Gemeinde liegt 39 km südlich des Tracks.
	Yuendumu Community: Shop, Tankstelle (Mo–Fr 8.30–17 Uhr, Sa/So 9–12 Uhr, Tel. 08-89564006). Hinweis: Um die Sicherheit steht es in der Gemeinde nicht gut – daher nur reinfahren, wenn es unbedingt sein muss!
	Tilmouth Well Roadhouse: Shop, Kunstgalerie, Campingplatz, Cabins, Restaurant, Werkstatt, Tankstelle (tägl. 7–21 Uhr, Tel. 08-89568777).
Notfall	Polizei: s. Infos
	Royal Flying Doctor Service: RFDS Central Operations, Tel. 08-86489555
Landkarten	Hema Maps: Great Desert Tracks - Blatt North-Central, 1:1,25 Mio.
	Westprint: Tanami Track, 1:1 Mio.

Fahrtroute (Nord-Südrichtung)

Halls Creek – Rabbit Flat (453 km)

Die Tanami Road beginnt südlich von Halls Creek (▶ s.S. 437, Great Northern Highway). Der erste markante Punkt ist der **Wolfe Creek Crater National Park** (▶ s.S. 438). Im Nationalpark befindet sich ein kleiner Campingplatz.

Am **Billiluna Roadhouse** zweigt die Canning Stock Route (▶ s. Exkurs S. 395) nach Süden ab. Die Tanami Road verläuft durch die Tanami Desert weiter nach Südosten. 5 km östlich von Billiluna kreuzt man den **Sturt Creek**. Die Furt ist asphaltiert, kann aber dennoch nach Regenfällen unpassierbar werden. Am Flussufer ist das Campen wegen der schattenspendenden Eukalypten und der reichen Vogelwelt sehr reizvoll. In der südlich der Tanami Road gelegenen Aboriginal-Gemeinde **Balgo** werden im **Warlayirit Art Centre** exzellente

Kunstwerke von regionalen Künstlern zum Verkauf angeboten. Nachdem die Grenze zum Northern Territory überquert ist, wird die Piste deutlich besser und breiter. Die Tanami Goldmine ist leider für Touristen nicht zugänglich. Mit Erreichen des geschlossenen Rabbit Flat Roadhouse, das mitten im Nichts liegt, ist fast die halbe Strecke bewältigt.

Zeitzone: Die Uhr muss nun um 1,5 h vorgestellt werden!

**Rabbit Flat –
Alice
Springs**
(600 km)

56 km südöstlich von Rabbit Flat befindet sich die **Granites Gold Mine,** deren Überreste aus einem alten Windrad und rostigen Maschinenteilen bestehen. Die neue Mine ist in der Ferne zu erkennen (keine Zufahrt). **Chilla Well** ist ein angenehmer Picknickplatz an der Straße. In den Ruinen von **Mt Doreen** macht es Freude, sich die Beine zu vertreten. Von den Ruinen bis zur Aboriginal-Community **Yuendumu** sind es weitere 60 km auf staubiger Piste. Schöne Granitfelsen, ähnlich der Devil Marbles (▶ s.S. 485) werden unterwegs passiert.

Von Yuendumu bis zum gut ausgestatteten **Tilmouth Well Roadhouse** sind es 102 km. Im Rasthaus wird eine große Auswahl hervorragender Malereien der ansässigen Aboriginal-Künstler zum Verkauf angeboten – beste Arbeiten zu fairen Preisen! Die restlichen 70 km mitsamt dem asphaltierten Schlussstück der Tanami Road sind schnell bewältigt, dann ist der Stuart Highway erreicht.

BME ▶ DRW

Northern Territory

Überblick

Das „Territory" nimmt mit 1.346.200 qkm ein Sechstel der Fläche des australischen Kontinents ein und ist Heimat von etwa 229.700 Menschen, wovon ein Viertel Aboriginal People sind. Die **Hauptstadt Darwin** (127.500 Ew.) im Norden ist das nördliche Eingangstor des Kontinents mit einem internationalen Flughafen. Die Stadt **Alice Springs** stellt mit 30.000 Einwohnern die größte Stadt Zentralaustraliens dar und dient als Ausgangspunkt für Touren ins Rote Zentrum. **Katherine** (11.500 Ew.) und **Tennant Creek** (6000 Ew.) sind kleinere Wirtschaftszentren.

Das Nord-Territorium ist verwaltungsrechtlich kein Bundesstaat, sondern ein „Territory". Bis 1978 wurde es von der Bundesregierung in Canberra verwaltet, seitdem durch die Hauptstadt Darwin.

Klima

Das Klima im Territory ist von zwei Extremen geprägt. Im nördlichen Teil, dem „Top End", herrschen tropische Temperaturen. Während der Regenzeit von November bis März kommt es zu starken Monsun-Regenfällen und gelegentlichen Wirbelstürmen. Die Trockenzeit reicht von Mai bis Oktober und verwöhnt mit warmen Tagen und milden Nächten. Im Zentrum („Red Centre") herrscht typisches Wüstenklima: Extreme Trockenheit mit heißen Tagen und warmen Nächten im Sommer, und warmen Tagen und kalten Nächten im Winter.

Wirtschaft

Die Säulen der Wirtschaft sind der Abbau von Aluminium, Kupfer, Gold, Eisen, Zinn und Uran sowie die Landwirtschaft (Rinder, Früchte und Obst) und der Tourismus.

Highlights

Zu den Hauptattraktionen des NT zählen der Kakadu Nationalpark im Top End sowie der Uluru-Kata Tjuta Nationalpark im Zentrum (Ayers Rock und Olgas). Hinzu kommen zahlreiche kleinere Nationalparks und Schutzgebiete. Wegen der dünnen Besiedelung ist das NT für natur- und landschaftsbegeisterte Reisende wie geschaffen. Wer die Einsamkeit sucht, wird hier garantiert bedient.

Internet-Infos

Fremdenverkehrsbüro im Web: www.travelnt.com
Website der Nationalparkbehörde: www.parksandwildlife.nt.gov.au

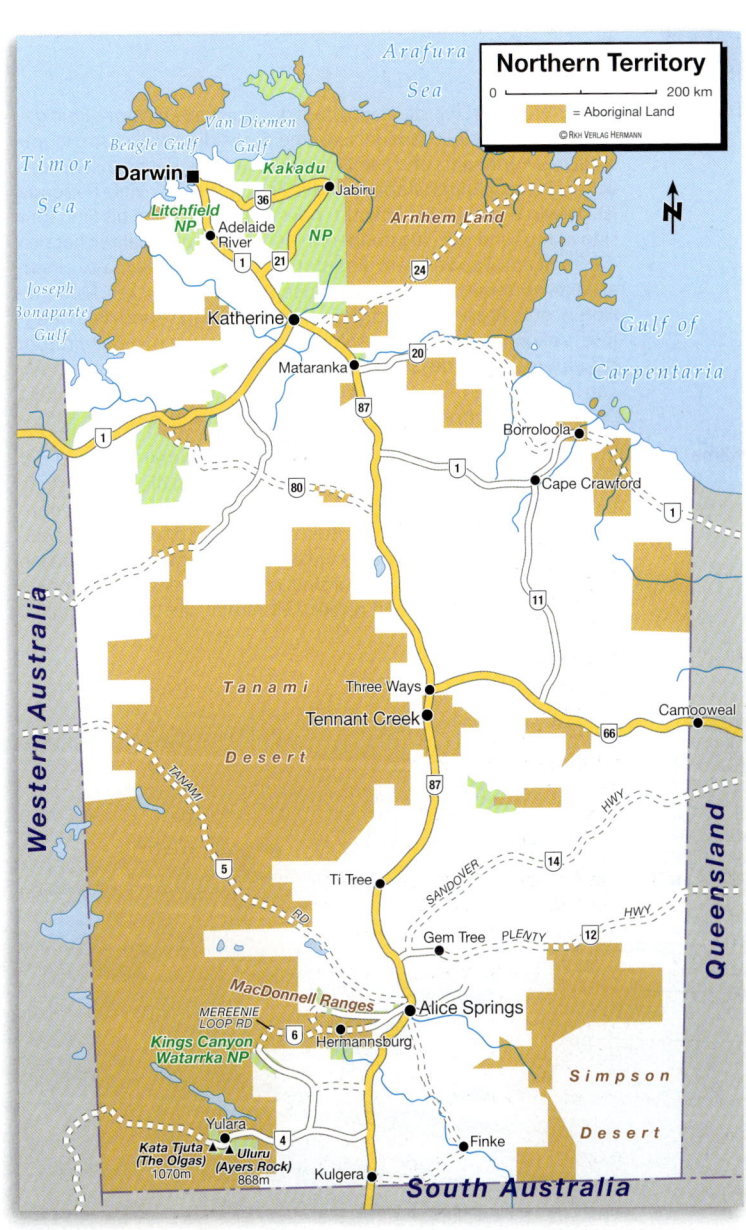

Northern Territory

0 ⟶ 200 km

▨ = Aboriginal Land

© RKH Verlag Hermann

Arafura Sea

Timor Sea

Van Diemen Gulf

Beagle Gulf

Darwin ■

Litchfield NP

Adelaide River

Kakadu NP

● Jabiru

Arnhem Land

24

Gulf of Carpentaria

Joseph Bonaparte Gulf

Katherine

Mataranka ●

20

87

Borroloola ●

● Cape Crawford

80

1

1

11

Tanami Desert

Three Ways ●

Tennant Creek ●

66

Camooweal ●

TANAMI

5

87

Ti Tree ●

SANDOVER HWY

14

PLENTY HWY

12

Gem Tree ●

RD

MacDonnell Ranges

MEREENIE LOOP RD

6

Alice Springs ●

● Hermannsburg

Kings Canyon Watarrka NP

Simpson Desert

Yulara ●

4

▲ Kata Tjuta (The Olgas) 1070m

▲ Uluru (Ayers Rock) 868m

● Finke

Kulgera ●

South Australia

Western Australia

Queensland

DRW ▶ ASP

Darwin

Überblick   Darwin (127.500 Ew.), die Hauptstadt des Northern Territory, ist in gewisser Hinsicht eine Stadt der Extreme. Sie ist die nördlichste Hauptstadt des Kontinents und klimatisch die Stadt mit der höchsten jährlichen Durchschnittstemperatur des Kontinents. Für viele Reisende ist Darwin ein beliebter Ankunft- oder Abflugort, denn bis Singapur sind es nur rund vier Flugstunden. In den letzten zehn Jahren hat sich die Stadt am „Top End" mit dem stets schwülheißen Klima zu einem attraktiven, touristisch eigenständigen Standort entwickelt. Moderne Hotels, gute Restaurants, attraktive Open-air-Märkte und der zwanglose, unkomplizierte Lebensstil der Bewohner machen Darwin zum beliebten Ziel. Für die Stadt selbst sollte man sich mindestens einen Tag Zeit nehmen. Der Besuch der Nationalparks Kakadu, Litchfield und Katherine erfordert weitere vier bis acht Tage Reisezeit.

Klima   In Darwin liegen die mittleren Tagestemperaturen während der Regenzeit von November bis März bei 25–32°C. In dieser Zeit ist die Luftfeuchtigkeit immens hoch und mit monsunartigen Regenschauern und gewaltigen Gewittern muss gerechnet werden. Dadurch kommt es häufig vor, dass unbefestigte Wege zu touristischen Zielen zeitweise nicht passierbar sind. Angenehmer sind die Monate April bis Oktober, während dieser Zeit nimmt die Luftfeuchtigkeit

*Stadtrund-
fahrt auf
altmodische
Art*

deutlich ab. Die Tagestemperaturen sind zwar ähnlich hoch wie in
der Regenzeit, nachts ist es jedoch deutlich kühler.

Geschichte   1839 segelten John Lort Stokes und John Wickham auf der „HMS
Beagle" entlang der Nordküste und nannten die Bucht der heutigen
Stadt **Port Darwin** – nach dem britischen Evolutionsforscher Charles
Darwin. Die Entwicklung der Siedlung, die in den frühen Jahren noch
Palmerston hieß, ging unter südaustralischer Verwaltung nur schlep-
pend voran. Erst während des Goldrauschs, im späten 19. Jahrhundert, wurde der Hafen ausgebaut und erste feste Gebäude errichtet.
1911 erhielt die Stadt ihren heutigen Namen und gilt seitdem als
Hauptstadt des Northern Territory. Im 2. Weltkrieg diente die Stadt
als militärische Verteidigungsbastion gegen eine mögliche japanische Invasion. Bombenangriffe auf die Stadt machten einen Wiederaufbau nach dem Krieg notwendig. Die Stadt erhielt dadurch eine
fortschrittliche Infrastruktur mit Flughafen, Hafen und moderner
Wasserversorgung. Mit dem Bau des Barkly und Stuart Highways
wurde eine Anbindung an die Ostküste und in den Süden des
Kontinents geschaffen. Die Entdeckung von Bodenschätzen, na-
mentlich des Urans, und der Ausbau des Hafens verhalfen Darwin zu
einem wirtschaftlichen Aufschwung. Viele Träume der Bewohner
wurden allerdings am Weihnachtstag 1974 durch den **Wirbelsturm
„Tracy"** jäh zerstört. Mit Spitzengeschwindigkeiten von bis zu 280
km/h fegte der Zyklon über die Stadt und machte große Teile dem
Erdboden gleich. Mit dem Engagement der Einwohner und erheb-
lichen Finanzspritzen der australischen Regierung gelang es, die
Wunden zu schließen und die Stadt zu modernisieren.

DRW ▸ ASP

Adressen & Service Darwin

An- und Abreise per Flugzeug

Der **Flughafen** (international und national) liegt 13 km vom Stadtzentrum entfernt. Der **Airport Shuttle Bus** fährt direkt zu den Hotels und Unterkünften der Innenstadt sowie zum zentralen Transit Centre und zurück (A$ 16 einfach, Tel. 08-89815066). Eine **Taxifahrt** in die Stadt kostet zwischen 28 und 35 A$ (Tel. 08-89813777).

Die Flüge aus Übersee landen meist sehr früh am Morgen. Das Hotelzimmer kann i.d.R. erst ab 12 Uhr bezogen werden. Entweder, man bucht eine zusätzliche Nacht, oder man deponiert das Gepäck im Hotel und verbringt den Vormittag im tropischen Hotelgarten am Pool, was ohne Zusatzkosten möglich ist. Möglich ist es auch, einen Mietwagen direkt am Flughafen zu übernehmen. Die Camper-Depots öffnen erst um 8.30 Uhr oder 9 Uhr.

Per Bahn

Seit Februar 2004 ist Darwin auch per Bahn erreichbar. Die Schienenstrecke des „Ghan" wurde von Alice Springs bis zum Top End ausgebaut. Der Zug erreicht die Stadt am Dienstag- und Sonntagnachmittag und fährt am Montag- und Mittwochvormittag wieder zurück.

Per Bus

Die Überlandbusse von *Greyhound* verkehren ab/zum Transit Centre (69 Mitchell St, tägl. 8.30–18 Uhr). Gepäckaufbewahrung und Fahrscheinverkauf im Terminal.

Infos

Das **Tourism Top End Visitor Information Centre** in der 6 Bennett St, Tel. 08-89806000, www.tourismtopend.com.au, ist täglich geöffnet. Detaillierte Informationen und Permits für die Nationalparks am Top End sind bei der **Parks & Wildlife Commission** erhältlich, die im Information Centre einen Info-Schalter haben (das Hauptbüro liegt außerhalb des Zentrums in Palmerston, Goyder Centre, 25 Chung Wah Tce, Tel. 08-89994555, www.parksandwildlife.nt.gov.au).

Öffentliche Verkehrsmittel

Das überschaubare Stadtzentrum kann leicht zu Fuß erkundet werden. Die Vororte und Sehenswürdigkeiten außerhalb des CBD sind preisgünstig mit Bussen erreichbar (Tagesticket A$ 5,50). Der Busterminal befindet sich in der Harry Chan Avenue. Fahrpläne und Tageskarten sind am Bahnhof sowie in den Zeitungsläden und im Tourist-Info erhältlich. Einzelfahrscheine im Bus.

Wie, wo was …

Autokauf

Da nicht viele Langzeitreisende ihre Reise in Darwin beenden, ist der Gebrauchtwagenmarkt überschaubar. Die üblichen „Macken" haften den angebotenen Fahrzeugen an: Zigtausende von Kilometern auf dem Tacho und technische Probleme, die nicht auf den ersten Blick erkennbar sind (Motor, Getriebe, Bremsen, Achsen). Infos zu Versicherungen und Fahrzeugen erteilt der Autoclub. Dort kann man das ins Auge gefasste Fahrzeug auch profesionell checken lassen. Der Hauptumschlagplatz für „Traveller-Cars" sind das Transit Centre (Mitchell St) und die umliegenden Backpacker-Hostels. Gebrauchtwagenhändler befinden sich in großer Zahl entlang des Stuart Highway (Ausfallstraße).

Automobilclub

AANT, 2/14 Knuckey St, Tel. 08-89255901, www.aant.com.au, Mo–Fr 9-17 Uhr. Landkarten, Versicherungen und Informationen sind für Mitglieder europäischer Automobilclubs (Mitgliedsausweis vorlegen) zu reduzierten Preisen erhältlich. Abschleppservice (Breakdown Service) Tel. 131111.

Auto- und Camper- vermietun- gen	Zu beachten ist, dass eine Fahrzeugmiete (PKW) vom Northern Territory in andere Bundesstaaten (und umgekehrt!) meist mit hohen **Einweggebühren** verbunden ist. Günstiger ist es daher oftmals, einen Camper zu mieten, da die Einweggebühren moderater sind oder je nach Vermieter sogar ganz entfallen.

- Apollo Motorhomes, 440 Stuart Hwy, Tel. 1-800 777779
- Avis Car Rental, Flughafen, Tel. 08-89450662; 89 Smith St, Tel. 08-89819922
- Britz/Maui Campers,17 Bombing Rd, Winnellie, Tel. 08-89812081
- Budget Cars, Ecke Daly St-Doctors Gully Rd, Tel. 08-89819800
- Hertz Cars, Ecke Smith-Daly Sts, Tel. 08-89410944
- Thrifty Cars, Flughafen, Tel. 08-89242480; 64 Stuart Hwy, Tel. 08-89240000

Banken	Die großen Banken haben ihre Filialen in oder nahe der Smith St Mall. Die üblichen Öffnungszeiten sind Mo–Do 9.30–16 Uhr, Fr bis 17 Uhr.
Busgesell- schaften	*Greyhound,* 67–69 Mitchell St (Transit Centre), Tel. 08-89818700 www.greyhound.com.au
Einkaufen	In der Fußgängerzone und in den Parallelstraßen bieten viele Geschäfte **Aboriginalkunst** an. Rindenmalereien aus dem Arnhemland sowie Bilder der Tiwis von Bathurst und Melville Island sind dabei die Besonderheiten in Darwin.

Im Supermarkt *Coles* im Mitchell Centre (Ecke Mitchell/Knuckey Sts) sind Lebensmittel, Insektenschutz und Souvenirs erhältlich, ansonsten findet man alles Notwendige für unterwegs in den Shoppingcentern der Vororte (Palmerston, Nightcliff, Karama, Parap, Fannie Bay).

Der *NT General Store* (42 Cavenagh St) ist Spezailist für **Camping- und Outdoorausrüstung** sowie **Landkarten**.

Eine gute Auswahl an regionalgeschichtlichen **Büchern** hält *Bookworld* (Smith St Mall) bereit.

Der Besuch des **Mindil Beach Sunset Market** (nur Mai–Okt, Do 17–22 Uhr und So 16–20 Uhr) ist unbedingt einen Besuch wert. Zunächst genießt man bei

DRW ▶ ASP

The Mall

einem mitgebrachten kühlen Bier den Sonnenuntergang am Strand, dann schlendert man gemütlich über den Markt. Kunstgegenstände, asiatische Snacks, Massagen und allerlei Musik und Unterhaltung werden in entspannter Atmosphäre geboten.

Weitere Trödel- und Essmärkte mit tropischem Flair sind der **Parap Market** (Sa 8–14 Uhr, Parap), der **Rapid Creek Market** (So 8–14 Uhr, Rapid Creek Shopping Centre) sowie der **Nightcliff Market** (So 8–14 Uhr, Nightcliff).

Infos
Rosetto's Sports (Centre 30 Smith St, The Mall) verkauft und repariert Räder. Zahlreiche Hostels vermieten Bikes.

Internet
In der State Library im Parliament Building kann gratis gesurft werden (Mo–Fr 10–18 Uhr, Sa/So 13–17 Uhr). Internetshops befinden sich in der Smith und Mitchell Streets, z.B. im Transit Centre.

Konsulate
• Deutsches Konsulat, 1824 Berrimah Rd, Berrimah, Tel. 08-89843770
• Österreich hat keine Vertretung in Darwin – ▶ s. Canberra
• Schweizer Konsulat, 40 Koolinda Crescent, Karama, Tel. 08-89459760

Krankenhaus
Royal Darwin Hospital, Rocklands Drive, Casuarina, Tel. 08-89228888

Notfall
Notruf (Polizei, Feuerwehr, Rettungsdienst) Tel. 000
Polizei, Knuckey St, Tel. 08-89010200

Post
General Post Office, 48 Cavenagh St, Ecke Edmunds St. Auch Samstagvormittag geöffnet. Postlagernd: Poste Restante, Darwin GPO, NT 0800.

Sport
Angesichts des ohnehin Schweiß treibenden Klimas verführt Darwin nicht allzu sehr zu aktivem Sport. Wer sich ertüchtigen möchte, kann entlang der Esplanade joggen oder walken. In Parap (Ross Smith Ave) gibt es ein großes Freibad.

Strände
Darwin ist kein Badeziel! Das hat mehrere Gründe: große Gezeitenunterschiede, von Oktober bis März giftige Quallen (Box Jelly Fish, Marine Stingers) und die stets präsente Gefahr durch die gefährlichen Leistenkrokodile („Salties"). Sinnvoll ist es daher, die Pools an der Wharf (www.waterfront.nt.gov.au) oder die Salzwasserlagune Lake Alexander in East Point aufzusuchen.

Taxis
City Radio Taxis, Tel. 08-89813777.
Darwin Radio Taxis, Tel. 131008.

Telefonieren
Vorwahl Northern Territory: 08

Essen und Trinken

Unter freiem Himmel zu speisen ist in Darwin sehr beliebt. Die über 60 ethnischen Gruppen der Stadbevölkerung sorgen für eine recht große Auswahl an **Restaurants**. Zudem sind die Preise im Vergleich zu den anderen Hauptstädten des Landes günstig. Spezialitäten in Darwin sind Gerichte mit Fleisch vom Kamel, Känguru, Krokodil oder Büffel, bei den Fischen ist es natürlich der Barramundi.

Eine große Auswahl an **Gaststätten und Cafés** befindet sich in der Mitchell und Smith Street sowie an der Wharf. In den Vororten Cullen Bay (Marina), Fannie Bay und East Point kann man ebenfalls international essen. Wer das besondere liebt, sollte eine abendliche Segeltour (Dinner Cruise, ab Cullen Bay) buchen.

- In der Smith Street Mall befindet sich eine **Food Hall,** in der zur Mittagszeit verschiedene Stände ihre speziellen Gerichte zu günstigen Preisen anbieten.
- *Pee Wee's,* Alec Fong Lim Drv, East Point Reserve, Fanny Bay, Tel. 08-89816868, tischt moderne australische Küche mit Fisch und Fleisch auf, herrliches Ambiente, direkt am Wasser. Hauptgerichte ab A$ 35. Reservierung sinnvoll.
- *The Jetty Restaurant,* The Pumphouse, Stokes Hill Wharf. Seafood und Steaks, Salate am Bufett. Ideal auch für Familien.
- *Tim's Surf'n Turf,* Ecke Smith St/Packard Place. Fisch und Fleischgerichte zu günstigen Preisen, Kinder essen vor 18.30 Uhr gratis.
- *Salvatore's,* Ecke Knuckey/Smith Sts. Frühstück und Mittagsessen im italienischen Stil.
- *Deck Bar,* 22 Mitchell St, gegenüber Parliament House. Gute Bar mit großer Holzterrasse unter schattigen Bäumen mit coolen Drinks und großer Speisenauswahl von Pizza bis Seafood.

Kultur- und Unterhaltungsangebot

Darwin ist eine lebhafte Stadt, insbesondere das Nachtleben in den Pubs und Hotels ist ausgelassen und laut. Die kostenlose Broschüre „This Week in Darwin" und www.offtheleash.net.au informieren über aktuelle Veranstaltungen.

Musik und Theater
Im *Darwin Entertainment Centre*, 93 Mitchell St, Tel. 08-89803333, www.yourcentre.com.au, werden Theaterstücke, Rockopern und Konzerte aufgeführt. Im *Brown's Mart*, 12 Smith St, Tel. 08-89815522, stehen Theater- und Tanzaufführungen auf dem Programm.

Casino
Das *MGM Grand Darwin,* Gilruth Ave, Mindil Beach, ist rund um die Uhr geöffnet.

Kino
Darwin City Cinema, 76 Mitchell St
Darwins legendäres „Deck Chair Cinema" in der Jervois Rd, Tel. 08-89810700, www.deckchaircinema.com.au, liegt zwischen Parliament House und Hafen.

DRW ▶ ASP

Brown's Mart

Das mit Liegestühlen ausgestattete Freiluftkino ist einfach ideal, um sich in Darwins warmen Nächten einen Film anzuschauen. Moskitomittel nicht vergessen!

Live-Musik   Live Bands spielen in Shenannigans Irish Pub (69 Mitchell St) und im Top End Hotel (Ecke Mitchell/Daly Sts).

Festivals   Im Juli findet die Beer Can Regatta (www.beercanregatta.org.au) in Fannie Bay statt. Witzige Boote, gebaut aus unzähligen Bierdosen, fahren in der Bucht um die Wette.

Das im August stattfindende Festival of Darwin (www.darwinfestival.org.au) bietet Musikgruppen, Umzüge und alle Arten von Happenings in der Innenstadt.

Im Oktober findet die World Solar Challenge statt. Hier liefern sich Solarfahrzeuge ein heißes Rennen von Darwin nach Adelaide (www.worldsolarchallenge.org).

Touren

Stadt- und Hafenrundfahrten
- *Darwin Day Tours,* Tel. 1-800-811633. Halbtagestouren zu den Sehenswürdigkeiten der Stadt.

Die meisten Hafenrundfahrten beginnen an der hübsch hergerichteten Cullen Bay Marina.

- *Darwin Cruises & Charters,* Tel. 08-89423131, schippert zum Sonnenuntergang mit Segelschiffen durch den Hafen. Von Frances Bay Drive startet *Hovercraft Tours* seine Rundfahrten, Tel. 08-89816855.
- *Darwin Walking & Bicycle Tours,* Tel. 08-8981 0227, bringt seine Gäste auf einer dreistündigen Rad- oder zweistündigen Fußtour die Stadt und ihre Geschichte näher.

Kreuzfahrten   *Coral Princess Cruises,* Tel. 07-40409999, www.coralprincess.com.au, veranstaltet Kreuzfahrten ab Darwin entlang der Kimberley-Küste bis Broome und zurück (nur April–Sept); im September/Oktober von Darwin nach Cairns.

„Top-End"-Touren   (Kakadu NP, Litchfield NP, Katherine NP, Arnhemland und Tiwi Islands)

Tagesausflüge in die Nationalparks lohnen nur in den Litchfield NP, alle anderen Ziele liegen zu weit entfernt. Allein der Kakadu NP ist 250 km entfernt (einfache Strecke).

Die Touren der zahlreichen Anbieter unterscheiden sich in der Übernachtungsart (Camping oder Hotel), Dauer, Teilnehmerzahl und den jeweils in den Parks angesteuerten Zielen.

- *Adventure Tours,* Tel. 08-89361300, www.adventuretours.com.au, unternimmt preiswerte drei- bis sechstägige Campingsafaris in die Nationalparks von Darwin nach Alice Springs. Preiswert, kleine Gruppen, eher für junges Publikum. Für komfortbewusstes Publikum werden Touren mit Übernachtungen („Camping in Style") in feststehenden Zelten mit richtigen Betten angeboten.
- *Intrepid,* Tel. 1-300 422183, offeriert Camping- und Hoteltouren in die Litchfield, Kakadu und Katherine NP
- *Tiwi Tours,* Tel. 08-89236523, fliegt nach Bathurst Island (ein und zwei Tage) und vermittelt einen Einblick in das Leben der lokalen Aboriginal People.
- *Davidson's Arnhemland Safaris*, Tel. 08-89790413, www.arnhemland-safaris .com, ist einer der wenigen Anbieter, die Touren ins Arnhemland im Programm haben (Flug und Geländewagen). Übernachtet wird in festen Safari-

zelten. Unbedingt zwei Monate vor Reisebeginn buchen.

- Brookes Australia Tours, Tel. 08-89481306, fährt mit maximal 6 Personen pro Tour 3–5 Tage in den Litchfield- und Kakadu NP sowie ins Arnhem Land; Hotelübernachtungen.
- *Kakadu Helicopter Safari,* Tel. 08-81520354, www.kakaduhelisafaris.com, fliegt mit dem Hubschrauber mehrere Tage in den Kakadu NP und in das Arnhem Land oder in die Kimberleys. Exklusive ÜN und Verpflegung inklusive.

Rundflüge *Albatross Helicopters,* Tel. 08-89995081, unternimmt Rundflüge über Kakadu und Litchfield Nationalpark, sowie über Darwin.

Unterkunft und Camping

Hotelzimmer gibt es in Darwin zur Genüge. Klimaanlage und Swimmingpool sind Standard.

Hotels ***** **Adina Apartment Hotel,** Eastern Wing 1 Kitchener Drv, Tel. 02-9356 6061. Schickes Hotel an der Waterfront, dekoriert mit zeitgenössischer Aboriginal-Kunst.

**** **Crowne Plaza Hotel,** 32 Mitchell St, Tel. 08-9010789. Großes First Class Hotel im Zentrum.

**** **Travelodge Mirambeena Resort,** 64 Cavenagh St, Tel. 08-89460111. Empfehlenswertes Hotel mit schönem Garten und Pool, bietet auch Selbstversorger-Apartments.

*** **Palms City Resort,** 64 Esplanade, Tel. 08-89829200. Moderne Anlage mit kleinen Villen und schöner Gartenanlage, direkt im Zentrum.

** **Poinciana Inn,** Ecke Mitchell/McLachlan Sts, Tel. 08-89818111. Kleineres Haus, etwa 5 Gehminuten zum Zentrum.

B&B *** **Orchid House B&B,** 38 Ross Smith Ave, Parap, Tel. 08-89419123. Gepflegte Frühstückspension, 4 km vom Zentrum.

Jugend-
herbergen
und Hostels * **Youthshack,** 69 Mitchell St, Tel. 08-89239790. Große Juhe im Zentrum mit Pool. Zimmer nur zum Teil mit Klimaanlage.

* **Chilli's Backpackers,** 69A Mitchell St, Tel. 08-89415800. Sauberes Hostel mit Outdoor-Küche, mitten im nächtlichen „Party-Rummel" der Stadt.

Camping Die Campingplätze liegen alle außerhalb der Stadt und sind nur mit dem eigenen Fahrzeug erreichbar.

Shady Glen Caravan Park, Ecke Stuart Hwy/Farrell Cres, Winnellie, Tel. 08-89843330. Großer Platz am Highway, 10 km außerhalb.

FreeSpirit Resort Darwin, 901 Stuart Hwy, Berrimah, Tel. 08-89350888. Anlage mit Stellplätzen und Cabins 17 km außerhalb von Darwin (Big 4).

Tipp: Eine schöne Alternative zu den stadtnahen Plätzen ist der **Big 4 Campingplatz in Howard Springs,** 170 Whitewood Rd, Howard Springs, Tel. 1-800-831169, 25 km südöstlich von Darwin. Ein schattiger Platz mit krokodilfreiem Badevergnügen.

DRW ▶ ASP

Darwin

0 ————— 200 m

||||| = Fußgängerzone

© RKH VERLAG HERRMANN

🔲 Sehenswertes

1 Victoria Hotel
2 Old Town Hall
3 Browns Mart Theatre
4 Christ Church Cathedral
5 Old Court House
6 Police Station
7 Survivors Lookout
8 Government House
9 Old Admiralty House
10 Lyons Cottage
11 WWII Oil Storage Tunnels
12 Indo-Pacific Marine
13 Australian Pearling Exhibition
14 Stokes Hill Wharf
15 Aquascene
16 Botanic Gardens
17 Museum & Art Gallery of NT
18 Crocodylus Park
19 East Pt Reserve
20 Crocosaurus Cove

🏨 Unterkünfte

1 Poinciana Inn
2 Mirambeena Resort
3 Youthsshack
4 Chilli's Backpackers
5 Palms City Resort
6 Crowne Plaza Hotel
7 Orchid House B&B
8 Shady Glen CP
9 Free Spirit CP
10 Adina Apartment Hotel

Stadtbesichtigung

Wegen der hohen Temperaturen empfiehlt es sich, einen Stadtrundgang auf die frühen Vormittagsstunden oder den späten Nachmittag
zu legen.

Am südlichen Ende der modernen **Fußgängerzone Smith Street
Mall** befindet sich das historische **Victoria Hotel** von 1894, das heute
für Live-Musik und gutes Bier bekannt ist. Der Smith Street in südöst-
licher Richtung folgend, erreicht man die Überreste der **Old Town
Hall** (1883). Trotz ihrer massiven Bauweise wurde sie 1974 vom Wirbelsturm „Tracy" völlig zerstört. Gleich nebenan steht **Browns Mart**
(1880), einst die Börse der Minengesellschaften und heute ein kleines
Theaterhaus. Die moderne Kathedrale gegenüber hat nicht mehr viel
mit dem Original der **Christchurch Cathedral** von 1902 gemein.

An der Ecke Smith Street/Esplanade stehen das **Old Court House**
und die **Police Station** von 1884. Das ehemalige, im südaustralischen Stil erbaute Gerichtsgebäude, ist durch den Gefängnisblock
mit der alten Polizeistation verbunden. Auch diese beiden Gebäude
wurden durch „Tracy" stark beschädigt und dienen seit ihrer Restaurierung als Regierungsbüros. Über die Esplanade hinweg bot der
Survivors Lookout in früheren Jahren einen schönen Blick auf den
Hafen. Heute verdecken Bäume die Aussicht zum Großteil.

Nur einige Meter weiter, in Richtung Südwesten, wurde 1870 das
Government House errichtet. Das ehemalige Holzhaus wurde 1883
durch ein koloniales Steinhaus mit großzügigen Veranden ersetzt.
Entlang der Esplanade befindet sich an der Ecke zur Knuckey Street
das **Old Admiralty House.** Das im tropischen Stil gehaltene Haus war
die Heimstatt des nordaustralischen Flottenadmirals und hielt als
eines von wenigen Gebäuden dem Zyklon „Tracy" stand. Im Inneren
befindet sich heute eine kleine Kunstgalerie mit Café. **Lyons Cottage**

*Das
Parlaments-
gebäude in
Darwin*

DRW ▶ ASP

heißt der steinerne Bungalow gegenüber. Er wurde 1925 für Mitarbeiter der British-Australian Telegraph Company erbaut und beherbergt ein kleines Heimatmuseum mit der Northern-Territory-Geschichte (10–16.30 Uhr, Eintritt frei) sowie einen Shop mit lokalen Erzeugnissen. Wer Krokodile hautnah erleben möchte – allerdings nicht in ihrer natürlichen Umgebung –, sollte *Crocosaurus Cove* besuchen. In einem Plexiglaskäfig kann man mit den Urtieren sogar tauchen. Tägl. 9–18 Uhr, A$ 32, www.croccove.com.au.

Wharf Precinct

Am südlichen Ende der Innenstadt befindet sich die aufwendig restaurierte Werftanlage **Darwin Wharf Precinct** (Stokes Hill Wharf) mit schicken Hotels, Grünanlage, Restaurants und einer erfrischenden Salzwasserlagune (Schwimmbad). Der gesamte Komplex ist mit der Innenstadt über eine Fußgängerbrücke verbunden. Bevor Sie aber in das „neue" Darwin gehen, sollten Sie vom *Survivors Lookout* den Treppen hinunter zum Kitchender Drive folgen. Dort stößt man auf die **WW-II Oil Storage Tunnels**. Die Tunnelröhren sollten im Zweiten Weltkrieg die Treibstoffvorräte vor japanischen Angriffen schützen, sie wurden jedoch nie fertig gestellt. Eine der Röhren ist zur Besichtigung freigegeben.

Am östlichen Zugang zur Werft, gegenüber des modernen **Darwin Convention Centres,** liegt das das **Indo-Pacific Marine Museum** (Apr–Okt tägl. 10–17 Uhr, Nov–März tägl. 9–13 Uhr, A$ 20). Das sehenswerte Aquarium-Museum zeigt die Unterwasserwelt der Timorsee mit farbenprächtigen Korallen und Fischen. Die **Australian Pearling Exhibition** im selben Gebäude stellt die Geschichte der Perlenindustrie Darwins dar (tägl. 10–17 Uhr). Die **Stokes Hill Wharf** wurde in den späten 1990er Jahren zur Touristenattraktion mit Souvenirshops, Cafés sowie Restaurants umgebaut und ist ein netter Ort, um abends unter freiem Himmel zu speisen.

Darwin Waterfront und Wharf Precinct

Sehenswertes außerhalb der City

Weitere Attraktionen liegen in den Vororten. Auch sie sind einen Abstecher wert. Man kann sie auf ausgedehnten Fußmärschen erreichen, besser jedoch per Auto, Bus oder Fahrrad.

Aquascene (Doctors Gully)
Am nördlichen Ende der Esplanade (25 Min. Fußweg vom Zentrum) kommen bei Flut Hunderte von Fischen zur Fütterung (u.a. Barramundis, Welse). Die Fütterungszeiten variieren tägl. mit der Flut. Die Öffnungszeiten können im Tourist Office oder unter Tel. 08-89817837 erfragt werden.

Darwin Botanical Gardens
Der 42 Hektar große Botanische Garten (Palmen, Orchideen, Mangroven u.a) liegt 2 km nördlich des Zentrums (Gardens Rd, tägl. 7–19 Uhr, der Eintritt ist frei).

Museum & Art Gallery of the NT
In den tropischen Gärten in Fanny Bay befindet sich diese hervorragende Ausstellung zur Aboriginalkultur, zur maritimen Archäologie und zur wechselhaften Geschichte des NT (Conacher St, Fannie Bay, tägl. 10–17 Uhr, Eintritt frei).

Crocodylus Park
Der Park ist Zoo und Forschungszentrum zugleich. Besucher erfahren viel Interessantes zur Krokodilzucht und zum Leben der Urzeitreptilien. Des Weiteren gibt es Löwen, Tiger und einheimische Tiere zu sehen. McMillan Rd, Berrimah, tägl. 9–17 Uhr, Fütterung um 10, 12, 14 und 15.30 Uhr, www.crocodyluspark.com.au Anfahrt: am Flughafen vorbei nach Osten.

East Point Reserve und Lake Alexander
Das von Rad- und Fußwegen durchzogene Buschland auf der Landzunge **East Point** ist Heimat für zahlreiche Wallabies. Bei einer angenehmen Meeresbrise lässt sich hier der Sonnenuntergang genießen. Zum sicheren Baden eignet sich die Salzwasserlagune **Lake Alexander** an der Straße zwischen Fannie Bay und East Point.

Anfahrt: Smith Street in Richtung Vorort Fannie Bay.

Berry Springs Nature Park
Südlich von Darwin, an der Cox Peninsula Road, liegt **Berry Springs**. Der Naturpark liegt in einer tropischen Regenwaldvegetation und wird von einem Bach durchzogen, der in einem erfrischenden Naturpool endet. Ein idealer Rastplatz auf dem Weg in den Litchfield NP (nördliche Einfahrt). Der Lakes Resort Caravan Park, Doris Rd, Berry Springs, Tel. 08-89886277, liegt nur 1,5 km vom Park entfernt.

Territory Wildlife Park
Gleich nebenan liegt der sehenswerte **Territory Wildlife Park.** Auf über 400 Hektar Fläche kann die typische Pflanzen- und Tierwelt des tropischen Nordens besichtigt werden. Hauptattraktion sind die Krokodile und ein Gehege für nachtaktive Vögel und Reptilien (tägl. 8.30–18 Uhr, letzter Einlass 16 Uhr, www.territorywildlifepark.com.au). Reisende ohne Fahrzeug können eine Tour ab/bis Darwin buchen.

DRW ▶ ASP

Von Darwin nach Alice Springs
(durch den Kakadu National Park)

Überblick

Die beiden großen Highlights im Top End sind der **Kakadu National Park** und der **Litchfield National Park.** Sie sollten auf keiner Reise fehlen. Ein weiterer Höhepunkt ist die **Katherine Gorge**, eine wilde Schlucht im Nitmiluk NP, die sich hervorragend für eine Kanu- oder Wandertour eignet.

Der **Stuart Highway** ist von der Weite des Outbacks geprägt. Endlose, schnurgerade Straßen, rote Erde, traumhafter Sternenhimmel und kleine Dörfer mit echtem Outback-Feeling machen die lange Strecke zu einem wahren Wüstenerlebnis.

Wer eine klassische Top-End-Rundreise mit den o.g. Nationalparks ab/bis Darwin plant, sollte hierfür mindestens fünf Tage einkalkulieren. Die Fahrt nach Alice Springs kann in zwei bis drei Tagen bewältigt werden, wobei dann allerdings „Kilometer schrubben" angesagt ist. Wer es noch eiliger hat, muss fliegen.

Die Straßensiedlungen und Rasthäuser entlang des Stuart Highway haben fast alle ein einfaches Motel, einen Campingplatz und ein zünftiges Trucker-Restaurant. Auch wenn die Distanzen zwischen den Roadhouses und Orten nicht unbedingt so dramatisch weit erscheinen, empfiehlt es sich, immer frühzeitig den Tank aufzufüllen und genügend Wasser mitzuführen (mind. 5 Liter). Im Pannenfall muss selbst am relativ viel befahrenen Stuart Highway manchmal mit Wartezeiten gerechnet werden. Bleiben Sie dann beim Auto und laufen Sie nicht los!

Routenvorschlag Darwin – Alice Springs

Je nach Routenwahl und Fahrzeugart müssen für die Route Darwin – Alice Springs zwischen 5 und 12 Tagen angesetzt werden, wobei die Rundreise durch das Rote Zentrum (mit Ayers Rock und Olgas) noch hinzukommt.

12 Tage   **Per Geländewagen, Gesamtstrecke ca. 2450 km**

1. Tag: Darwin – Litchfield NP (130 km)
2. Tag: Aufenthalt Litchfield NP (ca. 150 km)
3. Tag: Litchfield NP – Mary River National Park – Kakadu NP – Cooinda (250 km)
4. Tag: Cooinda – Jim Jim / Twin Falls (120 km)
5. Tag: Jim Jim Falls – Gunlom Falls (130 km)
6. Tag: Gunlom – Katherine Gorge NP (232 km)
7. Tag: Aufenthalt Katherine Gorge NP
8. Tag: Katherine Gorge NP – Mataranka (142 km)
9. Tag: Mataranka – Tennant Creek (550 km)

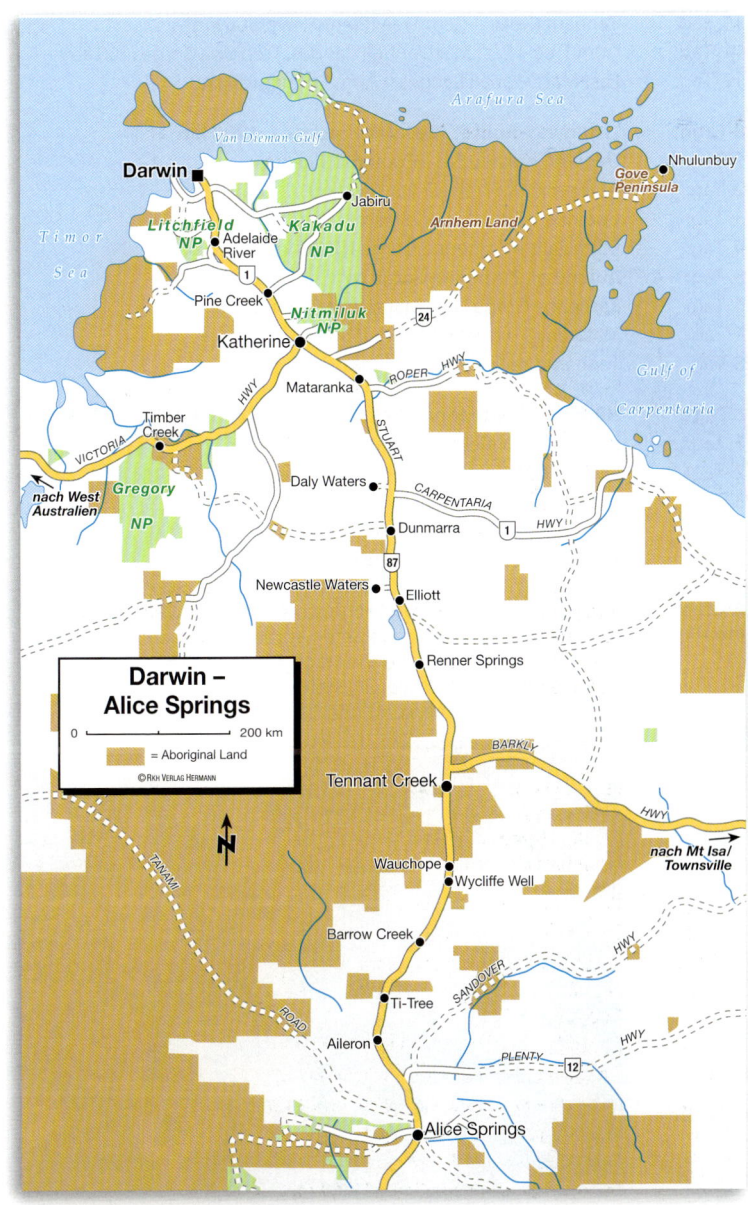

**Darwin –
Alice Springs**

0 ⊢————————————┤ 200 km

▨ = Aboriginal Land

©RKH Verlag Hermann

10. Tag:	Tennant Creek – Gem Tree (Plenty Hwy, 506 km)
11. Tag:	Gem Tree – East MacDonnell Ranges, Trephina Gorge (160 km)
12. Tag:	East MacDonnell Ranges – Alice Springs (65 km)

8 Tage **„Highway-Route", Gesamtstrecke ca. 1900 km**

1. Tag:	Darwin – Kakadu NP – Cooinda (325 km)
2. Tag:	Aufenthalt Kakadu NP (ca. 150 km)
3. Tag:	Cooinda – Edith Falls (230 km)
4. Tag:	Edith Falls – Katherine Gorge NP (90 km)
5. Tag:	Aufenthalt Katherine Gorge NP
6. Tag:	Katherine Gorge NP – Mataranka (141 km)
7. Tag:	Mataranka – Tennant Creek (550 km)
8. Tag:	Tennant Creek – Alice Springs (506 km)

5 Tage **Highway-Route (ohne Kakadu NP), Gesamtstrecke ca. 1700 km**

1. Tag:	Darwin – Litchfield National Park (163 km)
2. Tag:	Litchfield National Park – Katherine Gorge (340 km)
3. Tag:	Katherine Gorge – Mataranka (142 km)
4. Tag:	Mataranka – Tennant Creek (550 km)
5. Tag:	Tennant Creek – Alice Springs (506 km)

Ausfahrt aus Darwin Der gut ausgebaute Stuart Highway führt an zahlreichen Neubausiedlungen und Industriegebieten vorbei nach Süden. 25 km nach der Stadt zweigt eine Straße nach **Howard Springs** ab, einem Naturreservat mit Badesee, Grillstellen und Campingplatz, tägl. 8–20 Uhr (▶ s. Darwin „Unterkunft und Camping").

Gemälde am Bowali Visitor Centre, Kakadu NP

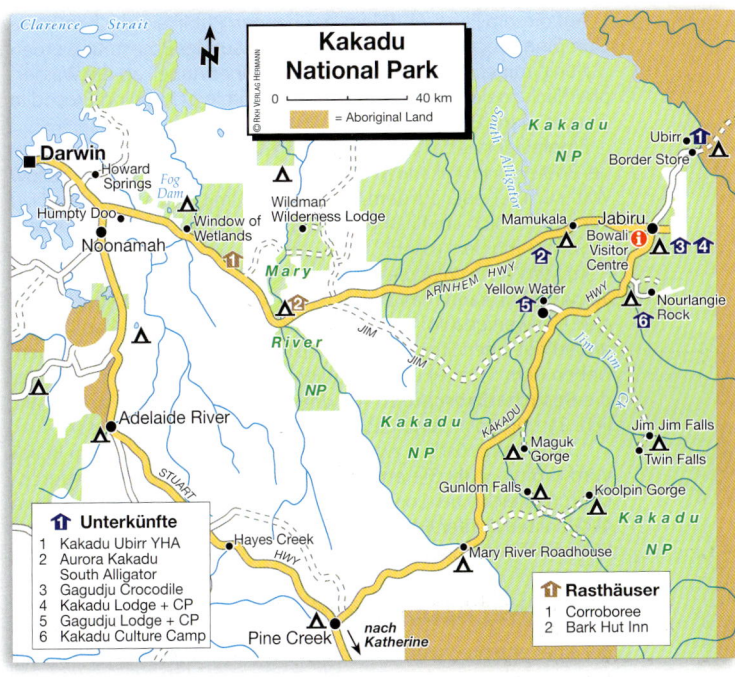

Kakadu National Park

0 ————— 40 km
= Aboriginal Land

© REISE VERLAG AG HERMANN

Unterkünfte
1 Kakadu Ubirr YHA
2 Aurora Kakadu
   South Alligator
3 Gagudju Crocodile
4 Kakadu Lodge + CP
5 Gagudju Lodge + CP
6 Kakadu Culture Camp

Rasthäuser
1 Corroboree
2 Bark Hut Inn

DRW ▶ ASP

Arnhem Highway

Bereits 10 km weiter führt der Arnhem Highway in den **Kakadu National Park.** In der „Didgeridoo Hut" an der Highway-Kreuzung kann Aboriginal- Künstlern bei der Arbeit zugeschaut werden. Die Ortschaft **Humpty Doo** mit Supermarkt und Bottle-Shops bietet die Möglichkeit, noch einmal die Vorräte aufzufüllen.

Der Abstecher zum **Fogg Dam,** einem in den 1950er Jahren zum Zwecke des Reisanbaus gebauten Staudamms, ist dank zahlreicher Wasservögel ein sehenswerter Stopp. Auf drei kurzen Spazierwegen und von einer Plattform aus können die Vögel beobachtet werden, am besten zum Sonnenauf- oder -untergang. Leider gibt es viele Moskitos als ungebetene Gäste.

Das auffällig gebaute Besucherzentrum **Window on the Wetlands,** dessen Dach an die Flügel eines tanzendes Brolgas (Kranich) erinnert (tägl. 7.30–19 Uhr, Eintritt frei) und das auf Beatrice Hill direkt an der Straße erbaut wurde, vermittelt einen hervorragenden ersten Einblick in Ökologie, Kultur und Geschichte der Feuchtgebiete des Adelaide River.

Auf diesem Fluss wird dem staunenden Publikum die berühmte „Jumping Crocodile Cruise" angeboten. Auf der Bootstour werden „Salties" mit einem Fleischbrocken (an einer Angel) an die Wasseroberfläche gelockt und zum Springen animiert (Jumping Crocodile Cruises, viermal tägl.).

Empfehlenswerter ist es, die Tiere in natürlicher Umgebung auf einer Bootstour im Kakadu NP zu beobachten (*Guluyambi Cruise,* Yellow Water Cruise), oder auf dem Mary River, z.B. mit *Wetland Cruises* (dazu können Sie sich am Rasthaus Corroboree Park Tavern am Arnhem Highway abholen lassen).

Im *Mary River Wilderness Retreat,* Tel. 08-89788877, www. maryriverpark.com, kann man campieren oder in gepflegten Huts nächtigen. Nur wenige Kilometer weiter Richtung Nationalpark sollten Sie unbedingt einen Stopp im rustikale Rasthaus **Bark Hut Inn** machen. Neben dem urigen Pub mit kühlen Getränken und Essen sind hier die **Besucherbroschüren für den Kakadu National Park** erhältlich! Campingplatz und Cabins (mit Pool) sind angeschlossen.

13 km weiter östlich zweigt eine Naturstraße (Old Jim Jim Road) vom Highway ab. Sie endet nach mindestens einer Flussdurchquerung (leicht) bei Cooinda am Kakadu Highway. Fahrer mit ohne 4WD sollten auf der Asphaltstraße bleiben. Nach weiteren 6 km führt links die Point Stuart Road zum Mary River National Park.

Mary River National Park

Bei einer entsprechenden Zeitreserve ist der Abstecher in den sehr ursprünglichen und kaum erschlossenen Nationalpark empfehlenswert. Angler und Wasserbüffeljäger zählen zu den regelmäßigen Besuchern der Region. Feuchtbiotope, Wasserlöcher (billabongs) und isolierter dichter Regenwald prägen die Landschaft. Die gut unterhaltene Piste Point Stuart Road (anfangs asphaltiert) führt vom Highway nach Norden zur **Wildman Wilderness Lodge** (36 km, edle Huts und feststehende Safarizelte mit Restaurant, Tel. 08-89788955, www.wildmanwildernesslodge.com.au), zur *** **Point Stuart Lodge & YHA** (36 km, einfache Hotelunterkunft mit Campingplatz und Restaurant, Tel. 08-89788912), zur *****Point Stuart Lodge & YHA** (36 km, Zimmer, Cabins und Campingplätze, Tel. 08-89798914, www.pointstuart.com.au) sowie zum **Shady Camp,** dem nördlichen Teil des Parks, mit Bootssteg und Campingmöglichkeit (56 km). Im Süßwasserteich *Shady Camp Billabong* herrscht die größte Dichte an Salzwasserkrokodilen auf der Erde. Am Rockhole Billabong (Abzweig von der Point Stuart Rd, 18 km nach Westen auf der Rockhoale Rd) werden empfehlenswerte Bootstouren (Buchung über die Point Stuart Lodge, s.o.) durch die von Krokodilen und Wasservögeln bevölkerten Wasserläufe angeboten.

Krokodile

Schon seit über 200 Mio. Jahren leben Krokodile auf der Erde. Die 22 überlebenden Arten unterscheiden sich kaum von ihren prähistorischen Vorfahren. Man unterscheidet bei den Krokodilen drei Familien: Alligatoren, Gaviale und die echten Krokodile, zu denen auch die in Australien lebenden **Leistenkrokodile** (Saltwater Crocodiles oder kurz „Salties") und **Süßwasserkrokodile** (Freshwater oder Johnston Crocodiles oder kurz „Freshies") zählen. Ihre Verbreitungsgebiete erstrecken sich über den gesamten tropischen Norden und entlang der Küste Queenslands, wo sich ihre Lebensräume teilweise überschneiden. Es leben jedoch niemals beide Arten am selben Ort.

Die späten Verwandten der Dinosaurier sind nachtaktiv und wandern weite Wege, wenn ihre Wasserstellen austrocknen. Als wechselwarme Tiere passen sie ihre Körpertemperatur (30–33 °C) der Umgebungstemperatur an. Das klappt aber nur in begrenztem Ausmaß, deswegen verbringen sie die besonders heißen Tage im Wasser oder im Schatten und die kühleren Tage mit aufgesperrtem Maul, um durch Verdunstung ihre Temperatur zu senken, in der Sonne am Ufer liegend. Erbeutet wird alles, was sich bewegt. Die Opfer werden unter Wasser gezerrt und ertränkt. Ein Krokodil ist in der Lage, bis zu zwei Stunden unter Wasser zu bleiben. Anschließend wird die Beute zerrissen und in kleinen Stücken runtergewürgt. Große Beutetiere werden unter Wasser versteckt und erst nach ihrer Verwesung verspeist. Beide Arten sind geschützt und seit dem Jagdverbot von 1971 nicht mehr in ihrer Existenz bedroht.

Das **Süßwasserkrokodil** ist endemisch in Australien, und ist in tropischen Süßgewässern heimisch. Das etwa 2 m lange „Freshie" hat im Vergleich zum Leistenkrokodil eine längere und schmalere Schnauze und ist meist ungefährlich für den Menschen. Das gefürchtete **Leistenkrokodil** wird bis zu 7 m lang (Männchen, Weibchen nur 5 m) und ist die größte und gefährlichste Krokodilart der Erde. „Salties" leben sowohl im Salz- als auch im Süßwasser und schwimmen bis zu 1000 km vor den Küsten und bis zu 200 km flussaufwärts. In Gebieten mit Leistenkrokodilen ist große Vorsicht geboten, die Warnschilder sind dringend zu beachten. Im Wasser hat der Mensch gegen die pfeilschnellen Schwimmer keine Chance!

Wer sich Krokodile in aller Ruhe aus der Nähe ansehen möchte, sollte eine **Krokodilfarm** besuchen, z.B. den *Darwin Crocodylus Park* in Darwin/NT.

Kakadu National Park

Der zum UNESCO-Welterbe zählende Kakadu National Park ist mit 20.000 qkm der größte Nationalpark Australiens und zugleich auch einer der bedeutendsten. Der Park wird von seinen Eigentümern, den australischen Ureinwohnern, und Mitarbeitern von „Parks Australia" gemeinschaftlich verwaltet.

Eine überaus abwechslungsreiche Flora (1600 Pflanzenarten) und Fauna (mehr als 280 Vogelarten, 60 Säugetierspezies, 120 Reptilienarten und zahlreiche Fischarten) sowie ein enormer Reichtum einzigartiger Aboriginal-Kultur beeindrucken Besucher aus aller Welt. Hinzu kommt die grandiose Landschaft mit ihren rauhen Steilwänden, spektakulären Schluchten, brausenden Wasserfällen und weitläufigen Feuchtgebieten. Trotz der von Jahr zu Jahr steigenden Gästezahlen hat man im Kakadu NP das Gefühl, der Natur sehr nahe zu sein. Bei einer morgendlichen oder abendlichen Bootsfahrt auf dem East Alligator River oder der Yellow Water Lagune kommen die großen Salzwasserkrokodile und seltene Vogelarten dicht vor die Kamera. Bei Wanderungen zu den Felszeichnungen am Ubirr und Nourlangie Rock, wird die über 20.000 Jahre alte Aboriginalkultur lebendig.

Reisezeit   Der Park ist ganzjährig besuchbar. Während der Trockenzeit von April bis September sind im Allgemeinen alle Straßen geöffnet. Der Andrang ist hoch, Unterkünfte werden schnell knapp. Im Oktober und November, der sogenannten „Build Up"-Zeit vor Einsetzen des Monsunregens, kommen wegen der hohen Temperaturen (bis 37 °C) und des zum Teil geringen Wasserstandes der Teiche und Wasserfälle, weniger Besucher. Während der Regenzeit von Dezember bis

Arnhem Land

Der Nordosten des Northern Territory stellt eines der größten Wildnisgebiete des australischen Kontinents dar und ist bis heute weitgehend unerschlossen. Das Gebiet birgt eine reiche Aboriginalkultur und -geschichte. Mit ein Grund hierfür waren die von den Ureinwohnern als günstig empfundenen Lebensbedingungen der Region. Die steil abfallende Abbruchkante („Escarpment") welche das Arnhem Land von den Feuchtsavannen des Kakadu trennt, zieht sich über Hunderte Kilometer hinweg von Nord nach Süd. In den Regenzeiten konnten sich die Bewohner in die höher gelegenen Felsgebiete dieses Plateaus zurückziehen und waren so vor den Überschwemmungen in den Sumpfgebieten geschützt. In der Trockenzeit begegneten ihnen die Feuchtgebiete dann als reich gefüllte Speisekammer.

Nordöstlich von Darwin befindet sich, als Teil des Arnhemlandes, der **Gurig NP** mit der Halbinsel **Cape Don.** Das früher dem Leuchtturmwärter und seiner Familie dienende Haus ist zur „Cape Don Lodge" umgebaut worden – einem Hotel für zwölf Gäste. Seine Besucher nutzen es gern als Basis für Angeltouren. Die „Seven Spirit Bay" im Gurig NP ist eine exklusive Übernachtungsstätte inmitten der urwüchsigen Natur von Arnhem Land. Seine Gäste erwartet vor allem Natur, absolute Ruhe und Entspannung vom Alltag. Die Aktivitäten beschränken sich aufs Angeln und Wandern. Das Baden verbietet sich wegen der stets präsenten Krokodilgefahr.

Für Individualreisende sind die Bedingungen schlecht, um Arnhem Land auf eigene Faust zu erkunden. Eine aufwendige Permitbeschaffung, weitreichende Routenbeschränkungen und eine kaum entwickelte Infrastruktur (oft kaum erkennbare Wege ohne Beschilderung) verhindern eine sinnvolle Befahrung. Auch sind die Galerien mit den Felsmalereien auf keiner Karte verzeichnet, ohne Führer würde man sie nie finden. Interessierten seien deshalb die lohnenden, aber nicht billigen Touren von Max Davidson empfohlen (Davidson's Arnhem Land Safaris; ▶ s. Darwin „Touren"). Sein Camp besteht aus feststehenden Safarizelten (mit richtigen Betten, jedoch ohne Klimaanlage) und ist saisonal von Mai bis Oktober aufgebaut. Bei allen Touren wird in das Arnhem Land geflogen.

März kann es zu Straßensperrungen kommen. Allradpisten, z.B. zu den Jim Jim Falls, sind dann generell gesperrt. Faszinierende Gewitter und Hochwasser zeigen den Park von einer ganz anderen Seite. Von der Tierwelt und vor allem den Krokodilen ist während der Regenzeit kaum etwas zu sehen.

Parkein-gang Nord

Die **nördliche Eingangsstation** des Nationalparks liegt 45 km östlich von Bark Hut Inn. Für den Besuch des Parks ist ein Park Pass notwendig (A$ 25 pro Person ab 16 Jahre; Verkaufsstellen s.u. bei „Infos im Kakadu NP").

Strecke

Vorbei am *Aurora Kakadu South Alligator* (Tankstelle, Campingplatz und Motel, hier werden die Infobroschüren zum Park ausgegeben), gleich hinter der Brücke über den South Alligator River, führt eine Nebenstraße zum Vogelbeobachtungspunkt und Picknickstopp **Mamukala.**

Bevor es auf den *Kakadu Highway* nach Süden geht, zweigt eine Asphaltstraße zum **Border Store** und weiter nach **Ubirr** ab (39 km). Auf einem 1 km langen Rundweg sind einzigartige Aboriginal-Felszeichnungen zu sehen. Wer auf den Felsen hinaufsteigt, genießt fantastische Ausblicke auf die Nardab Ebene, besonders bei Sonnenuntergang.

Tipp: Reservieren Sie sich auf der Hinfahrt zum Felsen einen Stellplatz auf der nahegelegenen **Merl Camping Area,** denn am späten Nachmittag sind die Plätze häufig belegt.

Sehr empfehlenswert ist die von Aboriginal People geführte **Guluyambi Cruise** auf dem East Alligator River. Dabei werden nicht nur die Tier- und Pflanzenwelt, sondern auch die Gebräuche der Schwarzaustralier erklärt. Tourstart ist am Bootssteg am East Alligator River, Tel. 1800 895179, www.kakaduculturaltours.com.au. Von Mai bis November um 9, 11, 13 u. 15 Uhr, Reservierung notwendig.

Jabiru

Die „Hauptstadt" des Parks heißt **Jabiru** (am Arnhem Highway). Sie ist das Versorgungszentrum für die umliegenden Ortschaften und Aboriginal-Communities. Unterkünfte aller Art, Supermarkt, Schwimmbad, Flugplatz und Hospital sind vorhanden. Die Siedlung wurde 1978 für die Arbeiter der Uranminen aus dem Boden gestampft, lange bevor der Nationalpark etabliert wurde. Heute wohnen Parkangestellte, Minenarbeiter und Touristen in der kargen Streusiedlung.

Die **Ranger Uranium Mine** östlich von Jabiru hat ihren oberirdischen Abbau Ende 2012 eingestellt. Es ist geplant, das riesige Loch mit über 30 Millionen Tonnen Material wieder aufzufüllen. Eine Fahrt am Zaun entlang zeigt die beeindruckenden Dimensionen der überirdischen Minenaktivitäten. Unklar ist, ob unter Tage weiter Uran abgebaut werden soll.

Rundflüge über den Park und in das Arnhemland starten vom **Jabiru East Airport** mit Kakadu Air, Tel. 1-800-089113 und 08-89792411.

Tagestouren ins Arnhemland und zu den Jim Jim und Twin Falls bietet **Lords Safaris** (Tel. 08-89482200, www.lords-safaris.com) direkt ab Jabiru an. Eine der wenigen Möglichkeiten ins Wildnisgebiet des Arnhemlandes zu gelangen (▶ s. Exkurs S. 469).

Von Jabiru nach Süden

In **Jabiru** beginnt der Kakadu Highway in Richtung Süden. Gleich zu Beginn befindet sich das **Bowali Visitor Centre** (▶ s. Infos) und das Park-Hauptquartier. Im Zentrum Informationen und Merkblätter zu Geologie, Wanderungen, NP-Campgrounds, zur Aboriginal-Kultur und Pflanzen- und Tierwelt. Wer in die einsame **Koolpin Gorge** bei den Gunlom Falls im Süden des Parks möchte, muss sich bereits hier das **Permit** holen.

Nourlangie Rock

Die Felsmalereien am **Nourlangie Rock** zählen zu den schönsten des Parks. Einige von ihnen können auf einem 1,5 km langen Rundwanderweg besichtigt werden. Der kurze Aufstieg zum **Gunwarddehwardde-Aussichtspunkt** wird durch einen schönen Blick auf die Abbruchkante (Escarpment) belohnt.

Wer mehr Zeit hat und es sich konditionell zutraut (unterschätzen Sie die Hitze nicht) kann noch einen der mittellangen Wanderwege (zw. 600 m und 6 km Länge) in der Gegend des **Nourlangie Felsens** unternehmen. Empfehlenswert ist der kürzere Nawurlandja Lookout Walk, von dem sich ein schöner Blick auf die Umgebung und den Nourlangie Rock selbst eröffnet.

Zurück auf der Hauptstraße führen Stichstraßen zu den **NP-Campingplätzen** *Muirella Park* (Duschen, Toiletten und z.T. Strom), *Sandy Billabong* (Toiletten, nur mit 4WD erreichbar) und zum **Kakadu Culture Camp**. Kurz darauf folgt der Abzweig zum *Mirrai Lookout*.

DRW ▶ ASP

Nourlangie Rock   Der Gipfel des Mount Cahill kann auf einem mittelschweren und 3,6 km langen Wanderweg erreicht werden.

Jim Jim Falls   43 km südlich des Visitor Centres biegt eine 60 km lange, zum Teil sehr schmale Geländewagenpiste zu den Jim Jim- und Twin Falls ab. Die Piste ist nur während der Trockenzeit geöffnet, und nur für 4WD erlaubt. Gegen Ende der Trockenzeit (Sep/Okt) lohnt der Abstecher wegen des Wassermangels an den Wasserfällen jedoch kaum noch.

In den Monaten zuvor stürzt sich das noch reichliche Wasser der **Jim Jim Falls** von einer fast 200 m hohen Sandsteinkante in einen tiefen See, der auf einem 1 km langen Fußweg erreichbar ist. Baden ist nur möglich, wenn der Wasserstand ausreichend ist – am besten nach der Regenzeit in den Monaten Mai bis Juli. Beachten Sie auf jeden Fall die Krokodilwarntafeln! Ein weiterer, sehr anstrengender und markierter Wanderpfad führt hinauf auf das Plateau über den Wasserfällen. Für den *Barrk Malam Walk* sind 4–6 Std. Gehzeit einzuplanen.

Twin Falls   Die letzten 10 km Piste zu den **Twin Falls** stellen für ungeübte Allradfahrer eine Herausforderung dar, da der ca. 1 m tiefe Jim Jim Creek durchquert werden muss. Die Furt ist zwar mit Betonplatten befestigt und mit Wasserstandszeigern markiert, doch kostet es Überwindung, wenn das Wasser über die Motorhaube schwappt. Das Fahrzeug muss deshalb auch einen hochgesetzten Ansaugstutzen („Schnorchel") haben. Im Fluss gibt es Krokodile, also nicht baden oder durchwaten!

Ein schattiger Fußweg (ca. 1 km) führt dann vom Parkplatz zu den Twin Falls. Früher musste das letzte Stück der Strecke, etwa 250 Meter, schwimmend zurückgelegt werden. Dies ist mittlerweile nicht mehr gestattet. Die traditionellen Eigner des Landes waren dagegen, und außerdem wurden nach der Regenzeit des öfteren dile gesichtet! Nutzen Sie daher den angelegten Steg oder das Boot, um zu den Fällen zu gelangen. Beachten Sie die Krokodilwarntafeln. Der *Twin Falls Plateau Walk* (6 km hin und zurück) ist markiert, von oben bieten sich tolle Ausblicke. In den Teichen oberhalb der Wasserfälle kann gebadet werden.

Einige Kilometer vor dem Abzweig zu den Jim Jim Falls befindet sich rechter Hand der **Garnamarr Campground.**

Cooinda

Auf dem Weg nach Cooinda passiert man das **Warradjan Aboriginal Cultural Centre** (tägl. 9–17 Uhr), das Informationen zu zahlreichen Aspekten der Aboriginalkultur sowie zur Geschichte der Kakadu-Region beleuchtet. **Cooinda** selbst besteht aus kaum mehr als Hotel, Campingplatz, Tankstelle und Laden.

Das angrenzende **Yellow Water** ist eine Inlandlagune des South Alligator Rivers. Vom Parkplatz führt ein kurzer Weg zur Aussichtsplattform. Den besten Blick auf Seeadler, Großstörche (Jabirus), Eisvögel (Kingfisher), Wasserschildkröten, Krokodile und die Pflanzen der Feuchtgebiete hat man allerdings vom Boot aus – bei einer der beliebten *Yellow Water Cruises* (1 bzw. 2stündige Touren, je 3x täglich, Tickets sind in der Gagudju Lodge erhältlich. Ein Bus bringt Sie zum Bootsanleger, Tel. 08-89790145, Reservierung sinnvoll). Die besten Zeiten sind der frühe Morgen oder am späten Nachmittag.

4WD-Abstecher

Südlich von Cooinda trifft die Old Jim Jim Road von Westen auf den Highway. Der Abstecher zu **Maguk (Barramundi Gorge)** ist nur für Geländewagen geeignet (12 km). Auf einem ca. 20 minütigen Wanderweg durch den Regenwald erreicht man einen wunderschönen Teich am Fuße des Wasserfalls. Baden möglich. Einfacher Campingplatz ohne Trinkwasser.

Gunlom Falls

Vom südlichen Eingangstor des Parks führt eine gute Piste zu den **Gunlom Falls** (36 km, an der T-Kreuzung links abbiegen). Die in der Trockenzeit meist nur als Rinnsal fließenden Wasserfälle können entweder vom Fuße des Berges oder vom darüber liegenden Felsplateau besichtigt werden. Von oben bietet sich ein toller Blick auf den Nationalpark, insbesondere bei Sonnenauf- und -untergang (allerdings fallen bei Sonnenuntergang die Moskitos über die Besucher her!). Baden im Teich ist möglich. Der große **Campingplatz** (Gunlom Camping Area) verfügt über Duschen, Toiletten und Strom. Über die rechte Piste an der T-Kreuzung erreicht man die einsame **Koolpin Gorge** (Jarrangbarnmi). Vierradantrieb einschalten! Der Besuch und die Übernachtung in der Schlucht sind genehmigungspflichtig (beim Ranger im Visitor Centre frühzeitig anmelden). Die ausgeschilderten Wanderwege entlang der Bachbetten, Wasserfälle und Aussichtspunkte sind einsam und idyllisch. Baden in der Schlucht ist möglich.

Südliche Parkgrenze

11 km südlich der Parkgrenze, die durch ein großes fotogenes Schild markiert ist, befindet sich das **Mary River Roadhouse** mit Camping-

DRW ▶ ASP

möglichkeit, Hotel und Tankstelle (Tel. 08-89754564). Die nächsten Unterkünfte befinden sich im 60 km entfernten Pine Creek.

Infos im Kakadu NP

Infos

Bowali Visitor Centre, Jabiru, Tel. 08-89381120, tägl. 8–17 Uhr. Dort sollten Sie auf jeden Fall einen Stopp einlegen. Neben Wandertipps, Campingplatzgenehmigungen, Straßenzustands-Infos und einem Kiosk gibt es sehr schön aufbereitete und weitreichende Informationen zur Kultur, Geologie, Flora und Fauna. Das informative Faltblatt mit Karte ist auch auf Deutsch erhältlich („Ihr Ferienplaner").

Im Internet: www.kakadunationalpark.com.

Park Pass

Park Pass: Der Pass ist 14 Tage gültig, A$ 25. Verkaufsstellen: Bowali Visitor Centre, Aurora, Gagudju Lodge, Mary River Roadhouse, Visitor Centre Darwin und Katherine. Nehmen Sie die Pässe zu Wanderungen mit, da die Ranger auf den Wegen gerne kontrollieren.

Unterkunft und Camping

**** Gagudju Crocodile Holiday Inn, Flinders St, Jabiru, Tel. 08-89790145. Das Hotel in Krokodilform gilt als das beste im Park.

*** Aurora Kakadu South Alligator, Arnhem Highway, Tel. 08-89790166. Mittelklassehotel, 40 km östlich des nördlichen Parkeingangs.

*** Gagudju Lodge and Caravan Park Cooinda, Tel. 1-800 500401. Motel, Jugendherberge sowie Stellplätze nahe der Yellow Water Lagune.

*** Kakadu Lodge and Caravan Park, Jabiru Drive, Jabiru, Tel. 08-89792422. Hotelzimmer, Backpackerunterkunft, Stellplätze und kühler Pool.

* Kakadu Ubirr YHA, Oenpelli Rd, Ubirr, Tel. 08-89792232. Eine echte „Busch-Jugendherberge" im nördlichen Teil des Nationalparks.

Kakadu Culture Camp, Djarradjin Billabong, Muirella Park CP, Tel. 08-89792048 o. 04-28792948, www.kakaduculturecamp.com. Das von Aboriginal People geführte Camp mit Stellplätzen und luxuriösen Safarizelten ermöglicht einen guten Einblick in die Kultur der Ureinwohner. Die Camp-Betreiber bieten auch Touren zu den erst vor kurzem entdeckten Felszeichnungen an, die u.a. einen weißen Mann mit Pferd zeigen, von dem angenommen wird, dass es Ludwig Leichhardt ist. Außerdem nächtliche Bootstouren.

NP-Campingplätze mit Toiletten und Duschen befinden sich bei Merl, Muirella Park, Mardugal, Jim Jim und Gunlom. Weitere Buschcampingmöglichkeiten (ohne sanitäre Anlagen) sind auf der Detailkarte des Parks markiert. Im Visitor Centre werden hierfür die Genehmigungen ausgestellt. Zum Teil sind die Plätze über das Visitor Centre zu reservieren, ansonsten gilt, wer zuerst kommt, erhält einen Platz („First come first serve").

Das krokodilförmige Gagudju-Hotel in Jabiru

Alternativstrecke:

Auf dem Stuart Highway bis Pine Creek

Litchfield National Park

100 km südlich von Darwin befindet sich der über 1400 qkm große **Litchfield National Park.** Die Anfahrt erfolgt normalerweise über den Stuart Hwy und die Ortschaft Batchelor (Tankstelle, Supermarkt, Unterkünfte). Alternativ führt von Norden die *Cox Peninsula Road* (30 km davon sind Schotterpiste) über Berry Springs in den Park. Von Süden her erreicht man den Park vom Stuart Highway über die *Daly River Road* und die Geländewagenpiste *Reynolds River Track* (Schotter- und Sandpiste). Wer nach dem Besuch des Litchfield NP in den Kakadu NP will, kann die nichtbefestigte *Marrakai Road* nehmen (nicht beschilderter Abzweig nördlich von Lake Bennett am Stuart Hwy).

Wer nach dem Besuch des Litchfield NP in den Kakadu NP will, kann die nicht befestigte *Marrakai Road* nehmen (nicht beschilderter Abzweig nördlich von Lake Bennett am Stuart Hwy).

Wangi Falls

Im Vergleich zum Kakadu NP ist die Vegetation zum größten Teil üppig tropisch. Charakteristisch sind die großen Termitenhügel (*Magnetic Termite Mounds*). Es handelt sich dabei um Kompasstermiten, die ihre Bauten streng nach der Sonnenstrahlung in Nord-Süd-Richtung ausrichten. Die bis zu vier Meter hohen „Bergsäulen" sind eindrucksvolle Fotomotive. Wasserfälle und natürliche Pools laden zum krokodilfreien Baden ein. Die Straßen zu den Hauptattraktionen im Park sind gut ausgebaut. Für bestimmte Routen (Lost City, Tjaynera Falls) ist allerdings ein Allradfahrzeug erforderlich. In der Regenzeit (Oktober bis April) kann es zur Schließung von Zufahrtsstraßen kommen. Von Autovermietern wird die Befahrung des rauhen Lost City Track fast immer kategorisch ausgeschlossen.

Der erste Halt, nach 15 km auf der asphaltierten Parkstraße, sind die herrlich gelegenen **Florence Falls** (mit einfachem NP-Campingplatz). Ein kurzer Wanderpfad führt zu einem idyllisch gelegenen Badepool.

DRW ▸ ASP

Der Shady Creek Walk führt durch schattigen Regenwald zurück zum Parkplatz. Am **Buley Rockhole** kann am, leider oft stark frequentierten Bach und dem kleinen Wasserfall gebadet werden.

Nur mit einem robusten Geländewagen (sofern es der Vermieter gestattet) lässt sich der Abstecher zu den verwitterten Sandsteinformationen von **Lost City** bewältigen (Fahrtdauer mindestens 2 Stunden hin- und zurück). Südlich befinden sich die Relikte der **Blyth Homestead** von 1929.

Die **Tolmer Falls** sieht man nur von oben. Ein Fußweg führt zu einer Aussichtsplattform. Das Baden ist leider nicht mehr möglich, da in der Schlucht seltene Fledermausarten leben.

An der Wangi Road, die nach Norden führt, liegen die **Wangi Falls,** denen ein großer See und ein Campingplatz mit Kiosk vorgelagert sind. Ein Wanderweg (teilweise steil, ca. 1,6 km) führt rund um den Teich (Billabong). Der „Wangi Tourist Park" (4 km nördlich) ist die komfortable Alternative zum einfachen NP-Campground.

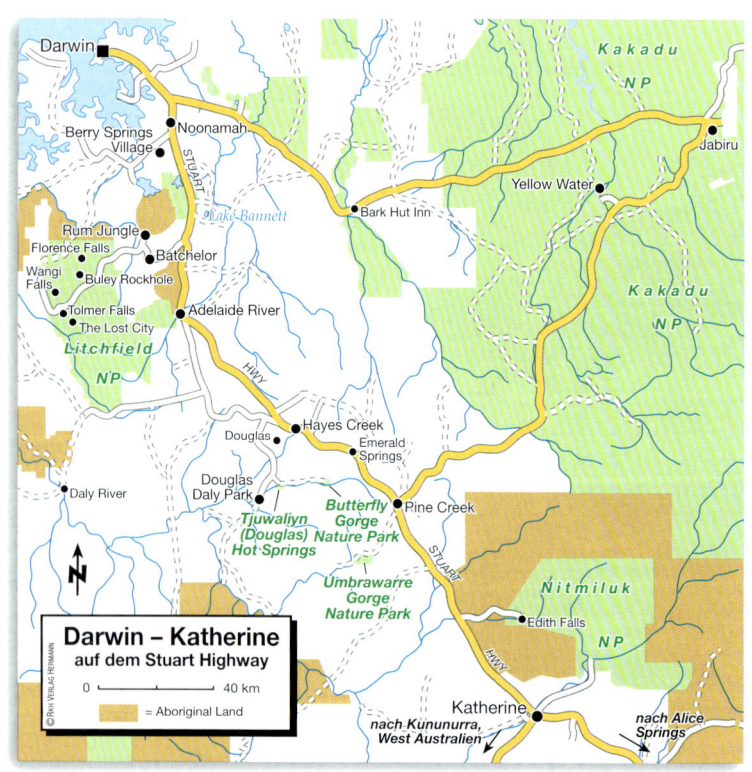

Darwin – Katherine
auf dem Stuart Highway

0 |—————| 40 km

= Aboriginal Land

Wangi Wildlife Cruises (Tel. 08-89782002) bietet Bootsfahrten auf dem Reynolds River durch den Nationalpark an. Die Touren beginnen mit einem Bustransfer vom Wangi Tourist Park und am Monsoon Café (4 km nördlich der Wangi Falls), je nach Wetter tägl. um 9 und 14 Uhr.

Wer über ein Allradfahrzeug verfügt, sollte auf dem Weg nach Süden den Southern Access Track zur Daly River Road wählen. In dieser eher einsamen Gegend sind die **Sandy Creek Falls** (Tjaynera) mit NP-Campingplatz und der abgelegene **Surprise Creek** mit Camping- und Bademöglichkeit ausgesprochen sehenswert.

Infos

An den Wangi Falls befindet sich ein ein Besucherzentrum mit allgemeinen Infos zum Park. Angeschlossen ist ein Café und eine Kunstgalerie. In Batchelor steht ein kleines Nationalparkbüro (Tel. 08-89760282), ansonsten hilft das NP-Büro in Darwin (▶ s. Darwin, Informationen). Straßenzustände können unter Tel. 08-89223394 erfragt werden.

Unterkunft und Camping

*** **Batchelor Resort and Caravan Village,** Rum Jungle Rd, Tel. 08-89760123 oder 89760166. Hotel und Campingplatz.

Litchfield Safari Camp und Wangi Tourist Park, Litchfield Park Rd, Tel. 08-89782185, www.litchfieldsafaricamp.com.au. Campingplatz mit Motelunterkunft in Safarizelten, 4 km nördlich der Wangi Falls.

Litchfield Tourist & Van Park, Litchfield Park Rd, Batchelor, Tel. 08-89760070, www.litchfieldtouristpark.com.au. Schöner Campingplatz mit gepflegten Cabins.

Einfache **NP-Campgrounds** befinden sich bei den Wangi Falls, Buley Rockhole und an den Florence Falls. Weitere Campingmöglichkeiten (nur mit 4WD und nur während der Trockenzeit) bei Tjaynera Falls (Sandy Creek), Surprise Creek Falls und flussabwärts der Florence Falls.

Zurück auf dem Stuart Highway

Adelaide River

Zurück auf dem Stuart Highway und weiter nach Süden erreichen Sie die 200-Seelen-Gemeinde *Adelaide River.* Der ehemalige Versorgungsstützpunkt für die Soldaten in Darwin wurde 1942 von den Japanern bombardiert. Durch den Überfall starben über 200 Menschen. Ein großer Soldatenfriedhof erinnert daran.

Übernachtungstipp: Die nahegelegene **Mount Bundy Station** (Haynes Rd, Adelaide River, Tel. 08-89767009, www.mtbundy.com.au) vermittelt ihren Gästen einen Einblick in das Farmleben im Outback. Übernachtung in einfachen Zimmern und feststehenden Zelten – unbedingt vorher anrufen und reservieren!

Kurz vor **Hayes Creek** zweigt die asphaltierte Oolloo Road ab. Sie führt zu den **Tjuwaliyn (Douglas) Hot Springs** und zum **Douglas Daly Park,** einem einsam gelegenen, gut ausgestatteten Campingplatz (Douglas Daly Tourist Park, Oolloo Rd, Douglas Daly, Tel. 08-89782479, www.douglasdalypark.com). Der Abstecher zu den bis zu 60 °C heißen Quellen (8 km Naturstraße) lohnt wegen des Bades im idyllischen Bachbett.

DRW ▶ ASP

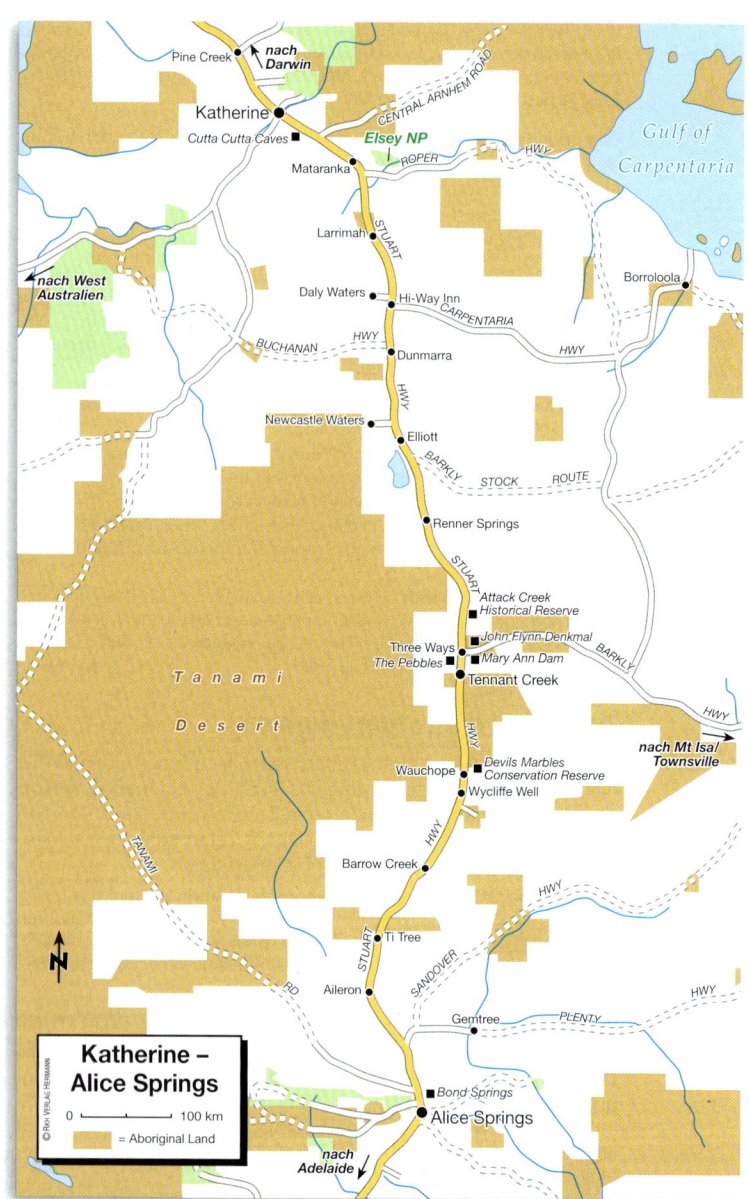

Pine Creek
nach Darwin
Katherine
Cutta Cutta Caves
CENTRAL ARNHEM ROAD
Elsey NP
ROPER
Gulf of Carpentaria
Mataranka
Larrimah
STUART
HWY
nach West Australien
Daly Waters
Hi-Way Inn
CARPENTARIA
Borroloola
BUCHANAN
HWY
HWY
Dunmarra
HWY
Newcastle Waters
Elliott
BARKLY
STOCK
ROUTE
Renner Springs
STUART
Attack Creek
Historical Reserve
John Flynn-Denkmal
Three Ways
Mary Ann Dam
The Pebbles
Tennant Creek
BARKLY
HWY
nach Mt Isa/ Townsville
HWY
T a n a m i
D e s e r t
Wauchope
Devils Marbles
Conservation Reserve
Wycliffe Well
TANAMI
Barrow Creek
HWY
STUART
Ti Tree
SANDOVER
HWY
Aileron
RD
Gemtree
PLENTY
HWY
Bond Springs
Katherine –
Alice Springs
© Rou Verlag Heimann
0 _____ 100 km
= Aboriginal Land
Alice Springs
nach Adelaide

Ein einfacher Campingplatz befindet sich vor Ort. Folgt man der Piste für weitere 17 km, so gelangt man zur **Butterfly Gorge,** einer Sandsteinschlucht mit einladenden Felspools und einer beeindruckenden Schmetterlingspopulation.

Pine Creek

Nach den Rasthäusern **Hayes Creek** (Tel. 08-89782430) und **Emerald Springs** (Tel. 08-89782320) ist die alte Goldgräbersiedlung **Pine Creek** die nächste Ansiedlung. Sehenswert sind einige gut erhaltene Gebäude, wie der Bahnhof von 1888 oder die Old Bakery von 1908, aber auch die im Miners Park ausgestellten alten Maschinen aus den Tagen des Goldrauschs. Einen Überblick über die große, heute geflutete Abbaugrube erhält man vom **Mine Lookout** am südlichen Ende der Stadt, besonders schön bei Sonnenuntergang!

Unterkunft und Camping

** **Pine Creek Hotel**, 49 Moule St, Tel. 08-89761288. Einfaches Hotel mit Klimaanlage.

* **Pine Creek YHA,** 191 Buchanan St, Tel. 08-89761078

Kakadu Gateway Caravan Park, 181 Buchanan St, Tel. 08-89761166. Campingplatz.

 ## Weiterfahrt nach Süden

3 km südlich von Pine Creek biegt eine unbefestigte, teilweise etwa ausgewaschene Straße zum 22 km entfernten **Umbrawarra Gorge Nature Park** ab. Auf einem etwa 15 Min. langen Fußweg vom Parkplatz ist die spektakuläre Schlucht mit ihren steilen roten Felswänden und den erfrischenden Wasserbecken (nicht in der späten Trockenzeit) erreicht. Ein einfacher Campingplatz ist vorhanden.

Auf halber Strecke nach Katherine weist ein Schild den Weg zu den **Edith (Leliyn) Falls,** die ein Teil des **Nitmiluk National Parks** sind (20 km, asphaltiert). Die Wasserfälle fließen in einen üppig umwachsenen Teich, der sich bestens zum Baden eignet. Der schöne Leilyn Trail (2,6 km) führt steil hinauf zum Plateau und rund um die darunter gelegenen Pools – Badesachen und Foto nicht vergessen! Der Campingplatz vor Ort hat Duschen, Toiletten und Trinkwasser.

Tipp für Wanderer: Von Edith Falls zur Katherine Gorge führt ein 66 km langer Weitwanderweg über die Höhenzüge und die Schluchten. Geführte Fünftagestouren bietet *Gecko Tours* von Katherine aus an (s. Katherine Touren).

Katherine

Katherine, 314 km südlich von Darwin am Stuart Highway gelegen, ist mit 11.500 Ew. die drittgrößte Stadt des Northern Territory. Sie ist Servicezentrum und Touristenstadt zugleich. Das **Katherine Museum**

DRW ▶ ASP

(Giles St, im alten Flughafen, tägl. geöffnet) vermittelt den Besuchern die Geschichte der Region und in der **School of the Air** (Giles St, Touren Mai–Okt, Mo–Fr 9, 10 und 11 Uhr, Tel. 08-89721833) kann man den Kindern beim Schulunterricht über Funk zuhören. Als Ausgangspunkt für Ausflüge in die nahegelegene Katherine Gorge stoppen die meisten Besucher jedoch in erster Linie für einen klimatisierten Einkauf und zum Tanken. Interessant ist ein Besuch oder sogar eine Übernachtung auf der **Springvale Homestead,** 8 km südwestlich der Stadt. Die Farm ist die älteste des „Territory" und für Gäste geöffnet (▶ s. Unterkunft und Camping).

Wer über Timber Creek und Kununurra weiter nach Westaustralien reisen will, muss in der Stadtmitte auf den Victoria Highway abzweigen – vorher sollten die Vorräte im gut sortierten Einkaufszentrum von Katherine aufgestockt werden.

Infos   **Katherine Visitor Centre,** Ecke Lindsay St/Katherine Tce, Tel. 1-800-653142 oder 08-89722650, www.visitkatherine.com.au. Hilfreiches Büro am südlichen Ortseingang mit vielen Infos zu Touren und Unterkünften in der Umgebung.
Parks & Wildlife Commission, 1920 Gildes St, Tel. 08-89738888. Das gut ausgestattete Nitmiluk Visitor Centre befindet sich am Parkeingang zur Katherine Gorge.

Internet   Didj Shop Internet Café, 3/22 Katherine Tce

Unterkunft und Camping   *** **Best Western Pine Tree Motel,** 3 Third St, Tel. 08-89722533. Kleines Stadthotel mit Pool.
** **Springvale Homestead,** Shadforth Rd, Tel. 08-89721355. Typische Outbackfarm mit Motelzimmern und Campingplatz am Fluss.
* **Palm Court Kookaburra Backpackers,** Ecke Thrid/Giles Sts, Tel. 08-89722722. Jugendherberge in einem alten Motel mit Schwimmbad.
Katherine Low Level Caravan Park, 3649 Shadforth Rd, Tel. 08-89723962. Schattiger Platz, 5 km westlich der Stadt in Richtung Kununarra.

Infos   • *Travel North,* 6 Katherine Tce, Tel. 1-800-089103 oder 08-89719999, www.travel north.com.au. Touren in und um Katherine sowie in den Kakadu National Park.
• *Manyallaluk – The Dreaming Place,* Tel. 1-800-644727 oder 08-89754727. Empfehlenswerte Aboriginal-Kulturtouren rund um Katherine, ein oder mehrere Tage, auch für Selbstfahrer; Buchung über Travel North.
• *North Australian Helicopters,* Lot 1224 Victoria Hwy, Tel. 08-89721666 oder 1-800-621717, oder im Nitmiluk Visitor Centre. Rundflüge über den Nationalpark und die Umgebung von Katherine.
• *Outback Immersions/Gecko Tours,* Tel. 1-800-634319, www.geckocanoeing.com. Interessante Wander- und Kanutouren abseits der Touristenströme in der Katherine Region.

Nitmiluk National Park (Katherine Gorge)

Der 29 km östlich von Katherine gelegene Park gehört den Jawoyn Aboriginal People. Verwaltet wird er jedoch von der Nationalparkbehörde. Hauptattraktion ist die Katherine Gorge, ein System aus 13

spektakulären, von hohen Sandsteinwänden umgebenen Schluchten, an deren Wänden sich zahlreiche kulturelle Stätten und Felsmalereien der australischen Ureinwohner befinden. Die Schlucht
kann auf verschiedene Weise erkundet werden: zu Fuß auf den markierten Wanderwegen, auf einer Bootstour, paddelnd im Mietkanu
oder per Helikopter.

Wer paddeln möchte, sollte sich zuvor über den Wasserstand in
der Schlucht informieren. Teilweise sind leichte Stromschnellen oder
Trockenstellen zu überwinden, was ein beschwerliches Umtragen
der Kanus erfordert. In der Hochsaison kann man das Boot allerdings
am Ende der 1. Passage liegen lassen und am Beginn der 2. Passage
ein anderes Kanu übernehmen! Informationen zu Wanderungen und
Bootsfahrten sind im modern gestalteten **Nitmiluk Visitor Centre**
am Parkeingang erhältlich. Daneben wird Besuchern Geologie,
Aboriginal-Kultur und Landschaft des Parks näher gebracht.

Infos   **Nitmiluk Visitor Centre**, Tel. 08-89721886, tägl. 7–19 Uhr

Unterkunft   **★★★★ Cicada Lodge,** Gorge Road, Nitmiluk National Park, Tel. 08 89710877. Sehr
und   schicke Unterkunft, nur wenige Minuten vom Nitmiluk NP entfernt.
Camping   **Nitmiluk (Katherine Gorge) Caravan Park & ★★★Chalets,** Tel. 08-89721253.
Guter Campingplatz direkt an der Schlucht. Nachts kommen häufig Warane
und Wallabies auf den Platz.
Die neuen Chalets für Selbstversorger sind empfehlenswert.
Entlang der Schlucht gibt es weitere einfache **Campingspots** für Wanderer
und Paddler. Genehmigungen erteilt das Visitor Centre.

Anreise   *Travel North* (▶ s. Katherine, Touren) bietet mehrmals tägl. Bustransfers von
Katherine Gorge   Katherine in den Park und zurück an.

DRW ▶ ASP

Cutta Cutta Caves

Der Cutta Cutta Caves Nature Park liegt 27 km südlich von Katherine. Hauptattraktion sind die Tropfsteinhöhlen mit ihren meterhohen Stalaktiten und Stalagmiten. Die Höhlen sind außerdem Heimat der seltenen und vom Aussterben bedrohten Fledermausart *Ghost and Orange Horseshoe*. Geführte Touren täglich von 9 bis 15 Uhr jeweils zur vollen Stunde (Tickets gibt es im Kiosk). Während der Regenzeit (Dez–Apr) sind die Höhlen zum Teil überschwemmt. Infos Tel. 08-89721940.

23 km südlich der Cutta Cutta Caves beginnt die unbefestigte *Central Arnhem Road* ihren 750 km langen Weg nach Nhulunbuy (Gove Peninsula). Für die beschwerliche Allradpiste ist eine Genehmigung erforderlich (Northern Land Council, Katherine, Tel. 08-89272894).

Mataranka

Die kleine ländliche Siedlung **Mataranka** wurde durch die Autorin Jeannie Gunn bekannt, die in ihrem 1908 verfassten Roman *„We of the Never Never"* ihr Leben auf der Elsey Farm beschrieb. Ihr verdankt das Northern Territory den klangvollen Beinamen **„Never Never Land"**. Im Ort befinden sich Übernachtungsmöglichkeiten, Tankstelle und ein kleiner Shop.

Die heißen **Quellen von Mataranka** im Elsey National Park sind ein bedeutender Anziehungspunkt für Touristen. Die 7 km südöstlich der eigentlichen Ortschaft gelegenen Thermalquellen sprudeln inmitten tropischer Vegetation und laden zu einem zwar entspannenden, aber nicht gerade erfrischenden Bad ein. Verdorben wird das Badevergnügen, wenn gerade wieder mal Hunderte Fledermäuse in den Bäumen nisten und unerträglichen Gestank und Lärm verbreiten. Normalerweise passiert dies aber nur während der Regenzeit. „That's nature!"

Unterkunft und Camping

** **Mataranka Homestead Tourist Resort,** Homestead Rd, Tel. 08-89754544; Resort mit Bungalows, Backpackerzimmern und einem Campingplatz direkt an den Quellen.

2 km nördlich der Ortschaft (Abzweig vom Highway) befindet sich der natürliche Thermalpool **Bitter Springs.** Der sehr idyllisch gelegene Pool hat Picknicktische, Toiletten und Grillstellen. Nicht weit davon entfernt besteht bei **Mataranka Cabins & Camping** die Möglichkeit zur Übernachtung (Martin Rd, Bitter Springs, Tel. 08-89754838).

Elsey National Park

Im übrigen Teil des Elsey National Park (Zufahrt über die Homestead Road und dann auf den John Hauser Drive abzweigen) trifft man weit weniger Besucher als an den Quellen. Wandern, schwimmen,

Kanu fahren oder angeln sind beliebte Beschäftigungen im Park. Vom **12 Mile Campground** (Tel. 08-89754789) mit Kanuvermietung und Kiosk, am Ende der Straße, schlängelt sich entlang des Flusses ein Wanderweg zu den schönen **Mataranka Falls** (4 km).

Auf dem Stuart Highway nach Süden

Südlich von Mataranka trifft der Roper Highway von Osten auf den Stuart Highway. Zunehmend trockener und karger wird die Landschaft entlang des Highways nach Süden. Das Straßendorf **Larrimah** mit Tankstelle und Unterkunft (Tel. 08-89759931) war im Zweiten Weltkrieg eine Truppenbasis für 3000 Soldaten.

Daly Waters Im historischen **Daly Waters Pub,** einer echten Busch-Kneipe 80 km südlich, gibt es riesige Frühstücksportionen. In den 1930er Jahren wurde die Raststätte für die Zwischenlandungen der Qantas-Flüge gebaut. Im Pub (Tel. 08-89759927) und im „Daly Waters Hi-Way Inn" (Tel. 08-89759925) an der Kreuzung zum Carpentaria Highway kann in einfachen Zimmern oder auf dem Campingplatz übernachtet werden.

Vorbei am *Roadhouse Dunmarra* (Tel. 08-89759922, mit Campingplatz) weist ein Schild, 19 km vor Elliot, auf die historische, jedoch längst ausgestorbene Stadt **Newcastle Waters** hin. Auf Informationstafeln wird der couragierten Pioniere des Outbacks gedacht und wie sie ihr Vieh „in the early days" durch das unwirtliche Land trieben.

Die kontinentale Wüstenzone rückt näher, was sich vor allem in der immer dürrer werdenden Vegetation äußert. Akazien und Spinifex-Gräser lösen die großen Eukalypten ab.

Elliot Das 600-Einwohner-Dorf **Elliot** bietet Unterkunft, Camping, Tankstelle und Shop (Elliot Hotel, Tel. 08-89692069). Etwa 100 km südlich des Rasthauses **Renner Springs** (Tel. 08-89644505) zweigt eine Nebenstraße zum Felsen **Churchills Head** ab. Der Stein soll dem Kopf des berühmten britischen Politikers ähnlich sehen. Das **Attack Creek Historical Reserve** gedenkt den Kämpfen zwischen dem Expeditionskorps des John McDouall Stuart und den lokalen Warramungu-Aboriginal People im Jahre 1860.

Three Ways Das Rasthaus an der T-Junction **Three Ways** (Tel. 08-89622744) ist ein beliebter Stopp für Lastwagenfahrer und Reisende, die von der Ostküste, aus dem tropischen Norden, oder aus dem Zentrum kommen. Hier gibt es Motelz-immer, Stellplätze und zünftige *Counter Meals*. Ein großes **John Flynn Denkmal** (Gründer des Royal Flying Doctor Service) steht an der Straße.

The Pebbles Auf den nächsten 25 km bis Tennant Creek zweigt eine 6 km lange Piste nach Westen zu **The Pebbles** (Kundjarra) ab, einem heiligen Ort der australischen Ureinwohner. Die Granitfelsen sind nicht ganz so groß wie die bekannten Devils Marbels weiter südlich, leuchten aber bei Sonnenuntergang mindestens genauso eindrucksvoll.

DRW ▶ ASP

Ein Stück weiter passiert man die alte **Telegraph Station,** die 1875
für die *Overland Telegraph Line* erbaut wurde.

5 km vor der Stadt lädt der Stausee **Mary Ann Dam** zum Baden und
Picknick ein.

Tennant Creek

Die Outbackstadt (3500 Ew.) wird wegen ihrer zentralen Lage, ihrer
Goldvorkommen und ihrer freundlichen Bewohner als „Goldenes
Herz des Northern Territory" bezeichnet. Goldfunde lösten hier 1933
Australiens letzten Goldrausch aus. Über 700 Goldsucher zogen nach

Tennant Creek, das sich erst
dadurch zur Stadt entwickelte.
Heute ist Tennant Creek Versorgungszentrum für die umliegenden Farmen und die
Arbeiter in den Goldminen, für
Reisende ist es der letzte größere Zwischenstopp vor Alice
Springs. Noch immer rangiert
die Goldproduktion von Tennant Creek an dritter Stelle in
Australien. Übrigens: Der eigentliche Fluss, nach dem die
Stadt benannt ist, befindet sich
12 km nördlich, bei der **Old
Telegraph Station.**

*Die alte
Telegrafen-
station*

Die Geschichte des Goldrausches sowie die Gewinnung des glänzenden Edelmetalls wird auf Touren durch die unterirdischen
Goldminen des **Battery Hill Mining Centres** sowie dem dazugehörigen Museum veranschaulicht (Battery Hill Peko Rd, Tel. 08-89621281).
Wer selbst einmal Gold suchen möchte, kann sich westlich der Stadt
im **Warrego Fossicking Area** versuchen. Genehmigungen erteilt das
Visitor Centre. Das neue, von Aboriginal People gemangte **Nyinkka
Nyunyu Kulturzentrum** (Paterson St, tägl. 9–16 Uhr) informiert über
die Ureinwohner Nordaustraliens, stellt aktuelle Aboriginal-Kunst aus
und bietet geführte Touren durch die Umgebung an.

Infos

Tennant Creek Visitor Centre, Peko Rd am Battery Hill, Tel. 08-89623388,
www.barklytourism.com.au, tägl. 9–17.30 Uhr. Sehenswertes Besucherzentrum, das auch Minentouren, Übernachtungen und Ausflüge vermittelt.

**Unterkunft
und
Camping**

*** **Bluestone Motor Inn,** Paterson St, Tel. 08-89622617. Mittelklassehotel.
* **Safari Backpacker YHA,** 12 Davidson St, Tel. 08-89622207. Kleine Jugendherberge im Stadtzentrum.
The Outback Caravan Park, Peko Rd, Tel. 08-89622459. Gepflegter schattiger Platz mit Cabins, Pool und Shop.

Weiterfahrt

Devils Marbles
103 km südlich von Tennant Creek liegen die *Devils Marbles*. Die sogenannten Teufelsmurmeln sind eine Ansammlung riesiger Granitkugeln, die spektakulär aus der Ebene ragen. Nach dem Glauben der Ureinwohner stellen die runden Felsbrocken die Eier der Regenbogenschlange dar. Eine einfache Campingmöglichkeit (ohne Wasser) ist bei den Felsen gegeben – für Fotografen eine tolle Möglichkeit, die Felsen morgens oder abends in leuchtenden Farben abzulichten.

Wauchope
Wauchope ist ein einsames Nest mit Hotel und Campingplatz (Tel. 08-80641963), zugleich ein angenehmer Stopp für ein kühles Getränk. Etwas weiter wirbt der schattige Campingplatz **Wycliffe Well** mit Ufo-Sichtungen (Tel. 08-89641966, mit Pool und Cabins). Die Bar in Wycliffe Well wirbt mit der größten Bierauswahl Australiens. Wahrscheinlich ist das auch der Grund für Ufo-Sichtungen! Nach weiteren 109 Kilometern ist die rustikale, aus Stein erbaute **Barrow Creek Telegraph Station** erreicht. Das angrenzende *Barrow Creek Hotel* (Tel. 08-89569753) lohnt höchstens für ein kühles Getränke. Vom **Ti Tree Roadhouse** (plus 90 km, Tel. 08-89569741, mit Camping) sind es noch 190 km bis Alice Springs. Unterwegs kann man im Rasthaus **Aileron** (Tel. 08-89569703) campieren oder im Hotel übernachten.

Lohnender Abstecher Gem Tree

Ein echtes **Outback-Erlebnis** ist der Abstecher nach **Gem Tree** (70 km auf dem asphaltierten Plenty Highway nach Osten). Dort gibt es einen skurrilen, ziemlich staubigen Campingplatz mit kleinem Laden und Tankstelle (telefonisch vorbuchen!), dessen Besitzer „Fossicking"-Touren in die umliegenden Edelsteinfelder *(gem fields)* anbietet. Die von den Teilnehmern gefundenen Edel- bzw. Halbedelsteine werden auf Wunsch in der eigenen Edelsteinschleiferei am Campingplatz bearbeitet und ihr Wert geschätzt (Tel. 08-89569855, www.gemtree .com.au).

Wer im Besitz eines 4WD ist, kann direkt über den anspruchsvollen *Cattlewater Pass* in die East MacDonnell Ranges nach Süden weiterfahren. Ansonsten gilt es auf den Stuart Highway zurückzukehren, um nach Alice Springs zu gelangen.

26 km nördlich von Alice zweigt die Geländewagenpiste Tanami Road in die Kimberley Region in Westaustralien ab. Etwa auf gleicher Höhe, östlich des Highways, liegt die **Bond Springs Farm.** Auf der 1500 qkm großen Rinderfarm werden Übernachtungen und Mahlzeiten im ländlichen Stil angeboten. Das Preis-Leistungsverhältnis wurde aber schon öfter gerügt. (****Bond Springs Farm, 24 km nördlich Alice Springs. Achtung, Abzweig am Stuart Hwy ist nicht ausgeschildert! Tel. 08-89529888, www.outbackretreat.com.au).

DRW ▸ ASP

Alice Springs

Überblick   Mit rund 30.000 Einwohnern ist Alice Springs die zweitgrößte Stadt des Northern Territory und unumstrittene Hauptstadt im Roten Herzen des Kontinents. Die ehemalige Pionierstadt am Todd River, die bei ihrer Gründung nicht mehr als eine einfache Telegrafenstation war, hat sich zu einer modernen Outback-Stadt entwickelt. Mit interessanten Sehenswürdigkeiten, einer großen Auswahl an Unterkünften, heiteren Veranstaltungen, Einkaufsmöglichkeiten und guten Restaurants ist „The Alice", wie die Stadt von den Australiern liebevoll genannt wird, mehr als nur ein Ausgangspunkt für Touren zum Ayers Rock.

Klima   In Alice Springs herrscht ein typisches Halbwüsten-Binnenklima. Die Sommer sind tagsüber mit bis zu 45 °C extrem heiß. Nachts kühlt es auf 25 °C ab. Vereinzelt gibt es starke Niederschläge in Form von Gewittern, welche die meist ausgetrockneten Flussläufe blitzschnell füllen. Im Winter ist es trocken und mit Tagestemperaturen von 20–25 °C sehr angenehm. Die Nächte sind mit Temperaturen um den Gefrierpunkt dann sogar empfindlich kalt.

Geschichte   Die Region ist seit über 30.000 Jahren vom Stamme der **Aranda** bewohnt. Zwischen dem einzigen Wasserloch in Alice und den zuverlässigen Wasserquellen in der Bergkettte der MacDonnell Ranges zogen sie umher.

Nachdem die Küsten erschlossen waren, galt der Ehrgeiz der Kolonialherren der Erschließung des Landesinneren. Die Eisenbahn sollte den Kontinent von Süd nach Nord durchqueren. Zuvor wurde aber eine Überland-Telegrafenlinie gebaut, die durch das heutige Alice Springs führte.

Blick vom Anzac Hill

*„The Ghan"
beim Halt in
Alice Springs*

1870 entdeckte **William Mills** ein Wasserloch in einem ausge-trockneten Flussbett. Den Fluss benannte er nach dem damaligen Postminister von South Australia, Charles Todd und das Wasserloch nach dessen Gattin *Alice*. Mit dem Bau der Overland Telegraph Line (1871) kamen bald darauf die ersten Europäer in das Landesinnere und ließen sich am Todd River nieder. Ihnen folgten afghanische Kameltreiber, Missionare und Minenarbeiter in eine Gemeinde, die im Januar 1889 von der südaustralischen Regierung **Stuart** genannt wurde. 1926 lebten gerade einmal 40 Einwohner in Stuart. Der Auf-schwung erfolgte durch die Fertigstellung der **Bahnlinie** im Jahr 1929, die fortan Adelaide mit dem Roten Zentrum verband. 1933, als die Bevölkerungszahl auf 200 gestiegen war, wurde die Stadt offiziell in **Alice Springs** umbenannt.

Während des Zweiten Weltkrieges übernahm Alice die Verwal-tungsaufgaben, die im bombardierten und evakuierten Darwin nicht mehr bewältigt werden konnten. Mit der Stationierung von Truppen stieg die Bedeutung der Zentrumsstadt immens. In den Nachkriegs-jahren galten die Bemühungen vor allem dem Ausbau der Infrastruk-tur. Mit der durchgängigen **Asphaltierung des Stuart Highway** im Jahr 1987 – er war bis dahin tatsächlich eine rauhe Piste – begann der Tourismus einen lang anhaltenden Aufschwung zu nehmen. Trotz der beachtlichen Bevölke-rungsentwicklung ist Alice Springs ein ruhige Provinzstadt geblieben. Das offensichtlichste Problem ist der Alkoholismus der Aboriginal People, die hier einen höheren Anteil an der Gesamtbevölkerung haben als im Landesdurchschnitt. In Alice Springs ist die Kriminalitätsrate leider stark angestiegen. Touristen sollten daher bei Dunkelheit möglichst per Fahrzeug in der Stadt unterwegs sein und nicht zu Fuß!

ASP ▶ ADL

Adressen & Service Alice Springs

An- und Abreise per Flugzeug

Der moderne und übersichtliche Flughafen liegt 14 km südlich der Stadt am Stuart Highway, Infos auf www.aliceairport.com.au. Der **Alice Springs Airport Transfer** (Tel. 1-800-722111 www.alicewanderer.com.au) pendelt zwischen dem Airport und den Unterkünften in der Stadt (A$ 15). Am Vortag des Abflugs muss eine Reservierung vorgenommen werden.

Tipp: Reservieren Sie auch für die Ankunft in Alice Springs einen Platz im Shuttlebus, da bei Ankunft die Plätze schnell vergeben und nur wenig Taxis verfügbar sind.

Eine **Taxifahrt** zum Flughafen kostet etwa A$ 30 – mit Staus muss nicht gerechnet werden (Taxi-Tel. 08-89530979).

Bahn und Bus

Der **Bahnhof** liegt westlich des Zentrums an der Railway Terrace. Der Fernzug „The Ghan" (Adelaide – Alice Springs – Darwin) verkehrt jeweils montags, donnerstags und sonntags. Infos: Tel. 132147 oder 08-82134592, www.rail australia.com.au.

Die Greyhound-**Überlandbusse** fahren am Coachterminal in der Todd Street 113 ab. Tickets und Fahrplanauskünfte im Büro, Tel. 1-300-473946, Mo–Fr 8–17 Uhr. Es besteht Reservierungspflicht.

Infos

Central Australian Tourism Visitor Centre, 60 Gregory Tce, Tel. 08-89525800, Mo–Fr 8.30–17.30 Uhr, Sa/So 9–16 Uhr, www.centralaustraliantourism.com. Das zuvorkommende und kompetente Personal berät über Ausflüge, Touren und Nationalparks im Roten Zentrum. Infos zum gesamten Northern Territory und Landkartenverkauf. Am **Flughafen** gibt es einen kleinen Info-Schalter mit den wichtigsten Broschüren.

Central Lands Council, 27 North Stuart Hwy, Tel. 08-89516211, Fax 08-89534343, www.clc.org.au, Mo–Fr 8–12 u. 14–16 Uhr. Ausstellung von Permits für die Durchquerung von Aboriginal-Land, z.B. der Great Central Road. Um Wartezeiten zu vermeiden, empfiehlt es sich, die Genehmigungen bereits vor Reiseantritt bzw. von zu Hause aus zu beantragen.

Für die Mereenie Loop Road ist das Permit im Visitor Centre, Glen Helen, Kings Canyon oder Ayers Rock Resort erhältlich (▶ s. „Rundreise im Roten Zentrum").

Parks & Wildlife Commission of NT, Arid Zone Research Institute, South Stuart Hwy (zwischen Flughafen und Innenstadt, ausgeschildert), Tel. 08-89518211. Infos zu den Nationalparks.

Im Obergeschoss des Einkaufszentrums Alice Plaza befindet sich das **Department of Infrastructure, Planning & Environment** (Tel. 08-89519200, Mo–Fr 9–16 Uhr). Hier sind detaillierte Landkarten zu Outbackpisten, aktuelle Informationen zu Straßenzuständen und zu Nationalparks erhältlich.

Öffentliche Verkehrsmittel

Die Stadt ist kompakt und überschaubar aufgebaut. Fast alle Straßen verlaufen rechtwinklig. Die meisten Sehenswürdigkeiten sind im Zentrum und daher eigentlich zu Fuß erreichbar. Die sengende Hitze verlockt jedoch insbesondere in den Sommermonaten, selbst bei kurzen Strecken, zur Nutzung des klimatisierten Fahrzeugs. Die weiter entfernt gelegenen Sehenswürdigkeiten wie Royal Flying Doctor Service oder School of the Air sollten mit dem Fahrzeug oder auf einer geführten Tour besucht werden.

Der zentrale Busterminal befindet sich vor dem Yepernye Einkaufszentrum in der Hartley Street. Der öffentliche **Busverkehr** (Tel. 08-89500500) bedient auch die äußeren Stadtteile.

„Hop on – hop off"-**Stadtrundfahrten** bietet *Alice Wanderer Town Tours* (91 Todd St, Tel. 08-8952-2111, www.alicewanderer.com.au, A$ 44).

Wie, wo, was …

Automobilclub	*Outback Vehicle Recovery,* 58 Sargent St, Tel. 08-89521087. Nur Reparatur- und Pannenservice.
Auto- und Camper-vermietung	• *Apollo Motorhomes,* 40 Stuart Hwy, Tel. 1-800-777779 • *Avis Rental Car,* 52 Hartley St, Tel. 08-8953553; Flughafen Tel. 08-89523694 • *Britz/Maui Campers,* Ecke Stuart Hwy/Power St, Tel. 08-89528814 oder 1-800-331454 • *Budget Car Rental,* Capricorn Centre, Gregory Tce, Tel. 08-89528899; Flughafen Tel. 08-89528899 • *Hertz NT Cars,* 76 Hartley St, Tel. 08-89522644; Flughafen Tel. 08-89528697 • *Thrifty Cars,* Ecke Stott Tce/Hartley St, Tel. 08-89529999; Flughafen Tel. 08-89555233
Banken	Die Filialen der großen Bankhäuser sind in der Todd Mall und der Parsons St vertreten. Öffnungszeiten: Mo–Do 9.30–16 Uhr, Fr bis 17 Uhr.
Busse	▶ s. Anreise per Bahn und Bus
Einkaufen	Vom Buchladen über Souvenirgeschäfte bis zum Ausrüstungsladen findet man in der **Fußgängerzone Todd Mall** so ziemlich alles. **Aboriginal-Kunst** wird in zahlreichen Galerien der Fußgängerzone verkauft. Wer lieber direkt bei den Künstlern kaufen möchte, findet eine große Auswahl, insbesondere an ungerahmten, leicht transportierbaren Bildern, im *CAAMA Shop* (101 Todd St, gegenüber Melanka Lodge, Mo–Fr geöffnet) und bei *Warumpi Arts* (105 Gregory Tce). **Camping- und Outdoorartikel** sind bei *Alice Springs Disposals* (Reg Harris Lane) und *Desert Dwellers Camping Equipment* (38 Elder St) erhältlich. Im Gegensatz zu anderen Städten gibt es in Alice Springs keine Shopping-komplexe außerhalb der Innenstadt. Der **Flohmarkt** in der Todd Mall findet jeden zweiten Sonntagvormittag statt. **Ausrüstungstipp:** Falls Sie es nicht schon haben, kaufen Sie sich spätestens hier ein **Fliegennetz!** Die Fliegenplage geht von September bis April. Sie mag im Stadtgebiet von Alice Springs kaum wahrnehmbar sein, aber außerhalb der Stadtgrenze ist sie es ganz bestimmt. Günstige Netze gibt es bei *Coles* und *Woolworth.*
Internet	The Todd Internet Café, 82 Todd St
Krankenhaus	Alice Springs Hospital, Gap Rd, Tel. 08-89517777
Notfall	Notruf (Polizei, Feuerwehr, Rettungsdienst) Tel. 000 Polizei, Parsons St, Tel. 08-89518888
Post	Post Office, Hartley St, Mo–Fr 8.15–17 Uhr Postlagernd: Poste restante, Alice Springs GPO, NT 0870
Sport	Ein schönes Freibad mit einem 50-Meter-Becken befindet sich in der Speed Street.
Taxi	*Alice Springs Taxis,* Tel. 08-8952 1877

ASP ▶ ADL

Camel Cup – eine wahres Outback-Event

Das alljährlich im Juli in Alice Springs stattfindende Kamel-Wettrennen begann 1970 als kleine Wette zwischen den zwei Kamelspezialisten Noel Fullerton und Keith Mooney-Smith. Inzwischen ist es eine der populärsten, verrücktesten und bekanntesten Veranstaltungen in Northern Territory. Unterstützt vom Lions Club wird das Kamelrennen in einer 1979 eigens für diesen Zweck errichteten Arena durchgeführt. Hier zeigen die sonst eher behäbig wirkenden Wüstenschiffe ihren wahren Charakter. An Persönlichkeit mangelt es ihnen nicht, und somit ist das Rennen auch für die Zuschauer spannend anzuschauen. Ein buntes Rahmenprogramm macht den Camel Cup zu einem wahren Festival, das jedes Jahr sowohl Einheimische als auch internationale Besucher anzieht.
Weitere Infos ▸ www.camelcup.com.au

Kultur und Unterhaltung

Musik/
Theater

In *The Stuart Arms* (Todd Mall) und in *Sean's Irish Bar* (51 Bath St, gegenüber vom K-Mart) herrscht bei Live-Musik und Bier gute Stimmung.
Im *Sounds of Starlight Theatre* (40 Todd Mall, Tel. 08-89530826, www.soundsofstarlight.com) spielt der Didergidoo Virtuose Andrew Langford. Das *Araluen Arts Centre* (Larapinta Drive, Tel. 08-89511120) hat Theaterstücke, Filme oder Konzerte im Programm.

Museen

Aboriginal Art & Culture Centre, 86 Todd St, tägl. 9–16 Uhr.
Alice Springs Cultural Precinct, Ecke Larapinta Drv/Memorial Ave, tägl. 10–17 Uhr.

Kino

Alice Springs Cinema, Todd Mall, Tel. 08-89532888. Casino Lasseters Hotel Casino, 93 Barrett Dr, Tel. 08-89507777.

Festivals

Mitte Juli: *Camel Cup* – spektakuläres Kamelrennen mit Volksfest.
August: *Alice Springs Rodeo.*
Sept/Okt: Die *Henley on Todd Regatta* ist *das* Stadtereignis des Jahres! Im trockenen Flussbett „fahren" Teams in kuriosen, bodenlosen Booten um die Wette. Infos auf www.henleyontodd.com.au.

Touren

Red Centre
Touren

Die klassischen **Red Centre Touren** zum Ayers Rock (Uluru-Kata Tjuta NP), Kings Canyon (Watarrka NP) sowie zu den westlichen und östlichen McDonnell Ranges werden von zahlreichen Anbietern in Alice Springs veranstaltet.
Entscheidend bei der Auswahl ist die Dauer und die Art der Unterkunft. Wegen der großen Distanzen sollten für eine Red Centre Tour mindestens drei Tage geplant werden. Die Übernachtung kann in Hotels, Motels, Backpacker-Hostels oder in Zelten erfolgen. Letztere sind, wegen des grandiosen Sternenhimmels des Outbacks, besonders empfehlenswert.

• *Adventure Tours,* Tel. 08-89361311, bietet mehrtägige Campingsafaris durch das Red Centre an. Die günstigen Touren sprechen eher Backpacker an, die teuren „Camping in Style"-Touren mit Übernachtung in feststehenden Zelten sind für komfortorientierte Reisende eine gute Wahl.

- *AAT Kings,* Tel. 08-89521700, fährt mit großen Bussen zum Ayers Rock, inklusive Hotelübernachtungen.
- *Way Outback Safaris,* Tel. 08-89524324, unternimmt rustikale Campingtouren, einziger Anbieter mit einer 5-Tages-Tour.

Touren rund um Alice Springs
- *Outback Ballooning,* Tel. 08-89528723, www.outbackballooning.com.au, veranstaltet in den frühen Morgenstunden Heißluftballonfahrten über das Outback. Ballonflüge sind ein guter Tipp, wenn der Weiterflug am selben Tag erfolgt und der Vormittag noch nicht verplant ist.
- *Alice Springs Helicopters,* Tel. 1-300-669225, www.alicespringshelicopters .com.au. Rundflüge rund um Alice Springs und über die West MacDonnell Ranges.

Kamel-Expeditionen
Mehrtägige Kamelexpeditionen durch die Simpson Desert veranstaltet *Outback Cameltours* (132 Wickham Street, Fortitude Valley, QLD, Tel. 07-38541022, www.cameltreks.com.au) – eine intensive Art, das Outback zu erleben. Buchung unbedingt erforderlich, da nur wenige Termine im Jahr verfügbar sind.

Wander-touren
Walking Country, Tel. 08-89537045, u.a. geführte Touren auf dem Larapinta Trail.

Essen und Trinken

Trotz der relativ geringen Einwohnerzahl ist die Auswahl an Restaurants, Cafés und Bars ausreichend. Fürs schnelle Mittagessen eignet sich die **Food Hall** im Einkaufzentrum „Alice Plaza".

Oscar's Café ,Tod Mall, Cinema Complex, Tel. 08-89530930, bietet tägl. ab 9 Uhr gute Seafood-Gerichte und leichte Speisen zu fairen Preisen. *Red Ochre Grill,* Todd Mall, Tel. 08-89529614, hat von Barramundi über Krokodil bis hin zu Bush-Tucker schmackhafte Gerichte auf der Karte. Hauptgericht ab A$ 27. Im *Café* des *Royal Flying Doctor Service,* Stuart Terrace, gibt es „Hausfrauen-Kuchen" und kühle Getränke im schattigen Garten.

Eine Herde wilder Kamele in der Umgebung von Alice Springs

ASP ▶ ADL

Organisierte Abendessen finden immer mehr Zuspruch. *The Camp Oven Kitchen* (Tel. 08-89522922) veranstaltet Di, Do und Sa ein Bush-Dinner mit Country-Musik und Lagerfeuer. „Take a camel out to dinner": Wer einmal mit dem Kamel zum Frühstück oder zum Abendessen reiten möchte, kann dies bei *Frontier Camel Tours* tun (Tel. 08-89530444). Im Preis sind auch die Abholung von der Unterkunft sowie der Rücktransfer enthalten.

Unterkunft und Camping

Hotels
**** **Lasseters Hotel Casino,** 93 Barrett Drv, Tel. 08-89507777; First-Class-Hotel, etwa 2,5 km vom Zentrum entfernt. Im benachbarten Casino lauern Spieltische und einarmige Banditen.

**** **Alice Springs Resort,** 34 Stott Tce, Tel. 08-89514545, eines der besten Hotels der Stadt, mit Pool, Bar und Restaurant, ca. 2 km außerhalb des Zentrums.

*** **Aurora Alice Springs,** 11 Leichhardt Tce, Tel. 08-89506666; direkt an die Fußgängerzone angrenzendes Mittelklassehotel mit Pool, kostenfreien Parkplätzen und mit einem ausgezeichneten Restaurant.

** **Desert Palms Resor**t, 74 Barrett Drv, Tel. 08-89525977; einfache Bungalow-Anlage mit schönem Garten und Pool, ca. 2 km außerhalb des Zentrums

B&B
****`Alice Station B&B,` 25 The Fairway, Tel. 08-89536600. Sehr persönliche Unterkunft mit Kängurus im Garten.

*** **Hilltop B&B,** 9 Zeil St, Tel. 08-89550208; kleine Bed&Breakfast-Unterkunft, ca. 5 km westlich der City, mit schöner Aussicht.

Jugendherbergen und Hostels
* **Pioneer YHA,** Ecke Parsons St/Leichhardt Tce, Tel. 08-89528855; große Jugendherberge im Zentrum.

* **Toddy's Backpackers,** 41 Gap Rd, Tel. 08-89521767; klassisches Backpacker-Hostel mit Mehrbett- und Doppelzimmern.

Camping
MacDonnell Range Holiday Park, Palm Place, Tel. 08-89526111; gepflegter Big4-Campingplatz, mit Stellplätzen, Cabins, Campingküche, Spielplatz und Pool, am südlichen Ende der Stadt (vom Hwy in den Palm Circuit abzweigen).

Stuart Caravan Park, Larapinta Drv, Tel. 08-89522547; großer Platz 2 km westlich vom Zentrum.

Sicherheitstipp: campieren Sie nur auf bewachten Campingplätzen und nicht auf Parkplätzen oder in Parks!

Stadtbesichtigung

Einige der historischen und sehenswerten Stätten befinden sich im Innenstadtbereich und können gut zu Fuß erreicht werden. Weitere entfernt liegende Sehenswürdigkeiten sollten mit dem eigenen Fahrzeug oder im Rahmen einer geführten Stadtrundfahrt besucht werden (▶ s. „Öffentliche Verkehrsmittel").

Innenstadt

Beginnt man den Rundgang am Visitor Centre in der **Todd Mall,** fällt linker Hand die 1956 eröffnete **Flynn Memorial Church** auf. Die vom südaustralischen Architekten Philpott entworfene Kirche wurde als Denkmal für den Gründer der Fliegenden Ärzte, John Flynn, errichtet. Schräg dahinter ist das von Flynn entwickelte **Adelaide House,** das von 1926 bis 1939 als Buschkrankenhaus diente. Mit ausgeklügelten Luftschächten wurde das Gebäude in den heißen Sommern gekühlt. Inzwischen beherbergt es das **John Flynn Memorial Museum** (Mo–Fr 10– 16 Uhr, Sa 10–12 Uhr).

In der Parson Street befindet sich **The Residency,** der 1927 für den Gouverneur erbaute Regierungssitz. Heute werden in dem unauffälligen Haus Ausstellungen zur europäischen Geschichte gezeigt (tägl. 10–17 Uhr, Eintritt frei). An der Ecke zur Hartley Street steht das **Old Courthouse,** welches 1928 als Verwaltungsbüro erbaut wurde. Später als Gericht verwendet, ist es seit 1994 die **National Pioneer Women Hall of Fame.** Zahlreiche Fotos dokumentieren

ASP ▶ ADL

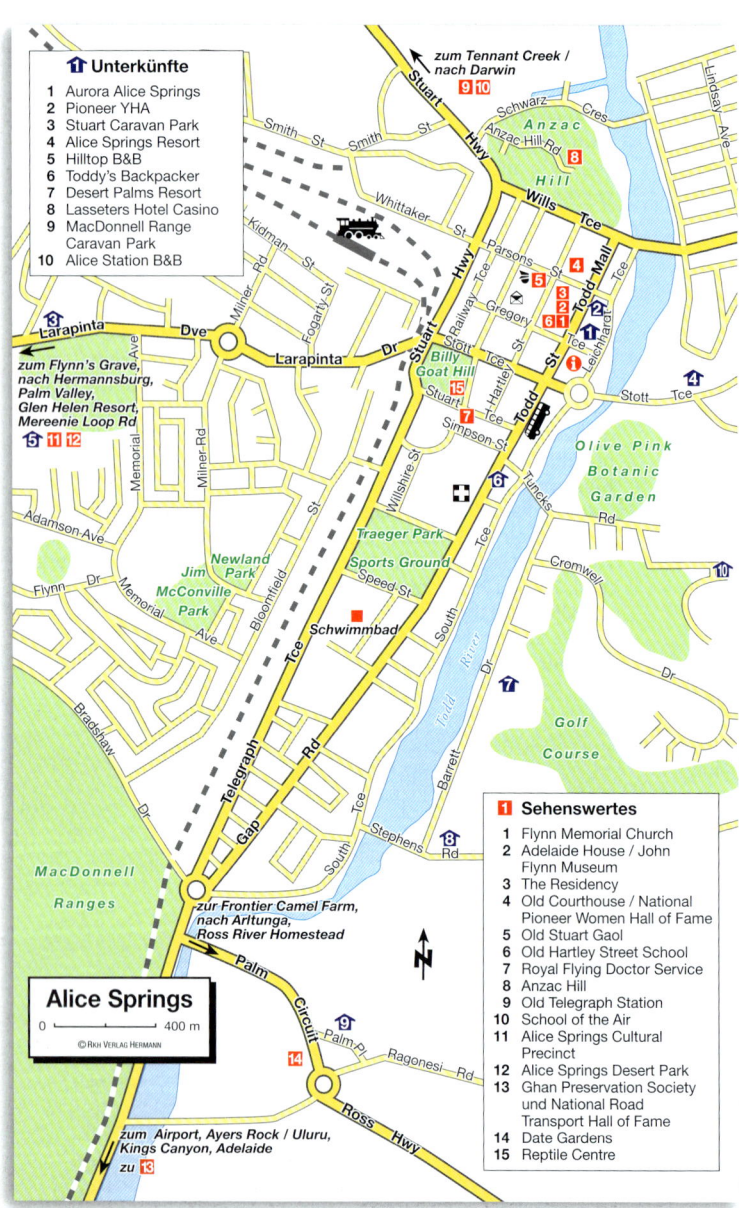

⬆ Unterkünfte

1 Aurora Alice Springs
2 Pioneer YHA
3 Stuart Caravan Park
4 Alice Springs Resort
5 Hilltop B&B
6 Toddy's Backpacker
7 Desert Palms Resort
8 Lasseters Hotel Casino
9 MacDonnell Range
   Caravan Park
10 Alice Station B&B

zum Tennant Creek /
nach Darwin

zum Flynn's Grave,
nach Hermannsburg,
Palm Valley,
Glen Helen Resort,
Mereenie Loop Rd

zur Frontier Camel Farm,
nach Arltunga,
Ross River Homestead

Alice Springs
0 —————— 400 m
© RKH VERLAG HERMANN

zum Airport, Ayers Rock / Uluru,
Kings Canyon, Adelaide
zu 13

1 Sehenswertes

1 Flynn Memorial Church
2 Adelaide House / John
   Flynn Museum
3 The Residency
4 Old Courthouse / National
   Pioneer Women Hall of Fame
5 Old Stuart Gaol
6 Old Hartley Street School
7 Royal Flying Doctor Service
8 Anzac Hill
9 Old Telegraph Station
10 School of the Air
11 Alice Springs Cultural
   Precinct
12 Alice Springs Desert Park
13 Ghan Preservation Society
   und National Road
   Transport Hall of Fame
14 Date Gardens
15 Reptile Centre

die beeindruckenden Leistungen der Pionierfrauen in Zentralaustralien (tägl. 10–17 Uhr, Eintritt frei). Das **Old Stuart Town Gaol** in der Parsons Street wurde 1909 fertiggestellt und ist das älteste Gebäude der Stadt. Das Gefängnis wurde bis 1939 genutzt und kann jetzt besichtigt werden (Mo–Sa 10–12.30 Uhr).

Die **Old Hartley Street School** in der gleichnamigen Straße öffnete 1930 ihre Pforten und war die erste Schule der Stadt. Heute ist darin das Büro des *Denkmalschutzes* untergebracht (tägl. 10.30–14.30 Uhr, Eintritt frei).

An der Stuart Terrace (etwa 5 Gehminuten südlich des Zentrums) hat der **Royal Flying Doctor Service** seine älteste Niederlassung. Auf den kurzweiligen und informativen Touren werden Arbeitsweise und Organisation der Fliegenden Ärzte erklärt. Auch das angeschlossene Museum, das Café und der Shop sind auf jeden Fall einen Besuch wert (Mo–Sa 9–17 Uhr, So 13–17 Uhr, www.flyingdoctor.org.au, A$ 7 Erw.). Gleich gegenüber des RFDS befindet sich das **Reptile Centre** (9 Stuart Tce, Tel. 08-89528900, tägl. 9.30–17 Uhr, www.reptilecentre.com.au). Hier sind mehr als 100 Reptilien verschiedenster Spezies zu beobachten. Große und kleine Artgenossen können aus direkter Nähe fotografiert werden. Sehenswert ist die *Fossil Cave,* eine Höhle mit Fossilien. Im Winter (Mai–Aug.) ist die beste Besuchszeit von 11–15 Uhr, da dann die Tiere am aktivsten sind.

Außerhalb des Stadtzentrums

Vom **Anzac Hill** am Nordende der Stadt (Zufahrt über Schwartz Crescent oder zu Fuß über den Lion's Walk von der Wills Terrace) hat man einen ausgezeichneten **Blick** auf die moderne Stadt und die hoch aufragenden McDonnell Ranges. Auch der schmale südliche Durchgang **Heavitree Gap,** der die westlichen und die östlichen Ranges voneinander trennt, ist gut zu sehen.

2 km weiter nördlich ist auf dem Stuart Hwy der Abzweig zur **Old Telegraph Station** ausgeschildert. Die in einem großen Park gelegenen, restaurierten Gebäude wurden 1870–1872 errichtet und zeigen die Ge-schichte des Baus der Telegrafenleitung (Gebäude tägl. 8–17 Uhr, Park tägl. 8–21 Uhr).

Westlich des Stuart Hwy befindet sich in der Head Street die sehenswerte **School of the Air.** Australiens erste Funk-Schule arbeitet seit 1950 (Besichtigungen Mo–Sa 8.30–16.30 Uhr, So 13.30–16.30 Uhr, www.assoa.nt.edu.au, A$ 7,50). Die Schüler auf den weit entfernt liegenden Farmen werden per Funk, E-mail und Internet unterrichtet.

Westlich des Zentrums befindet sich am Larapinta Drive linker Hand der **Alice Springs Cultural Precinct** (tägl. 10–17 Uhr). Es ist eine Ansammlung mehrerer Museen und Galerien, welche die europäische Geschichte und die Aboriginal-Kultur intensiv erläutern. Das **Araluen Centre** präsentiert Kunst- und Kulturgegenstände der

ASP ▶ ADL

*Alte Telegrafen-
station von
Alice Springs*

Schwarzaustralier. Im **Central Australian Aviation Museum** sind
Flugzeuge und Dokumente der Flugpioniere, ab 1920, ausgestellt.
Das wissenschaftliche **Museum of Central Australia** erzählt die
Naturgeschichte Zentralaustraliens. Im umliegenden **Park** befindet
sich die 18 m lange Skulptur *Grand Circle Yeperenye* sowie der **Friedhof** (Memorial Cemetery) mit dem *Grab John Flynns*. Beachtenswert
sind die kleinen Kunsthandwerkerstudios, in denen sich die Künstler
bei der Arbeit gern über die Schulter schauen lassen.

Weiter westlich auf dem Larapinta Drive folgt der **Alice Springs
Desert Park.** Hier werden Pflanzen, Tiere und Landschaften der
Wüste sowie deren Nutzung durch die Aboriginal People veranschaulicht. Ein 2 km langer Fußweg führt den Besucher durch die typischen Landschaftsformen des ariden Australiens (tägl. 7.30–17 Uhr
– aufgrund früher Dunkelheit sollten Sie im Winter spätestens um 15
Uhr vor Ort sein).

Für Fans der alten Eisenbahn wie auch anderer „historischer"
Fahrzeuge lohnt sich der 10 km lange Weg nach Süden zum **Ghan
Preservation Society** und zur **National Road Transport Hall of
Fame** (Noris Bell Ave, tägl. 9–17 Uhr). In diesen Freilichtmuseen sind
neben alten Lokomotiven und Dokumenten aus der frühen Zeit der
Eisenbahn verschiedene Fahrzeuge (Autos, Busse, Lastwagen) aller
Altersklassen und Erhaltungszustände auf einem großen (Schrott-)
Platz versammelt.

Rundreisen im Roten Zentrum

Überblick

Rote Erde, ein meist strahlend blauer Himmel und eine tiefgründige Aboriginal-Kultur sind die Kennzeichen des „Red Centre". Für die meisten Australien-Erstbesucher zählt der Besuch des Uluru (Ayers Rock) neben der Sydney Oper und dem Great Barrier Reef zum absoluten Pflichtprogramm der Reise. Doch das Rote Zentrum hat noch wesentlich mehr zu bieten: spektakuläre Schluchten, eine außergewöhnliche Flora und Fauna sowie einsame Outbackpisten machen Zentralaustralien zu einem Ziel, an dem man neben dem Besuch des Ayers Rock noch mindestens weitere vier Tage verbringen sollte.

Das ideale Fahrzeug für eine ausgedehnte Rundreise im Red Centre ist ein Allradfahrzeug. Zwar sind mittlerweile viele Straßen asphaltiert, doch einige Naturschönheiten und Campingplätze, wie beispielsweise die Red Bank Gorge (West MacDonnell Ranges), das Palm Valley oder die Naturreservate in den East MacDonnell Ranges sind nach wie vor nur über Pisten zugänglich.

Die besondere Empfehlung gilt der Fahrt auf der *Mereenie Loop* Road (teilweise Schotter-/Sandpiste), die von den West MacDonnell Ranges zum Kings Canyon führt (Genehmigung notwendig, ▶ s. S. 502). Wer auf den asphaltierten Straßen bleibt, muss eventuell die eine oder andere Strecke doppelt befahren (▶ s. „Routenvorschlag 5 Tage"). Reisende mit knappem Zeitbudget sollten direkt zum Ayers Rock Airport (AYQ) fliegen und dort einen Mietwagen (keine Camperanmietung möglich!) für die Fahrt nach Alice Springs übernehmen.

Wer das Rote Zentrum abseits der Touristenströme erleben möchte, der ist in den East MacDonnell Ranges richtig. Herrliche Schluchten mit kühlen Teichen, einsame Campingspots, gute Wanderwege und aufregende Allradpisten erwarten den Besucher.

ASP ▶ ADL

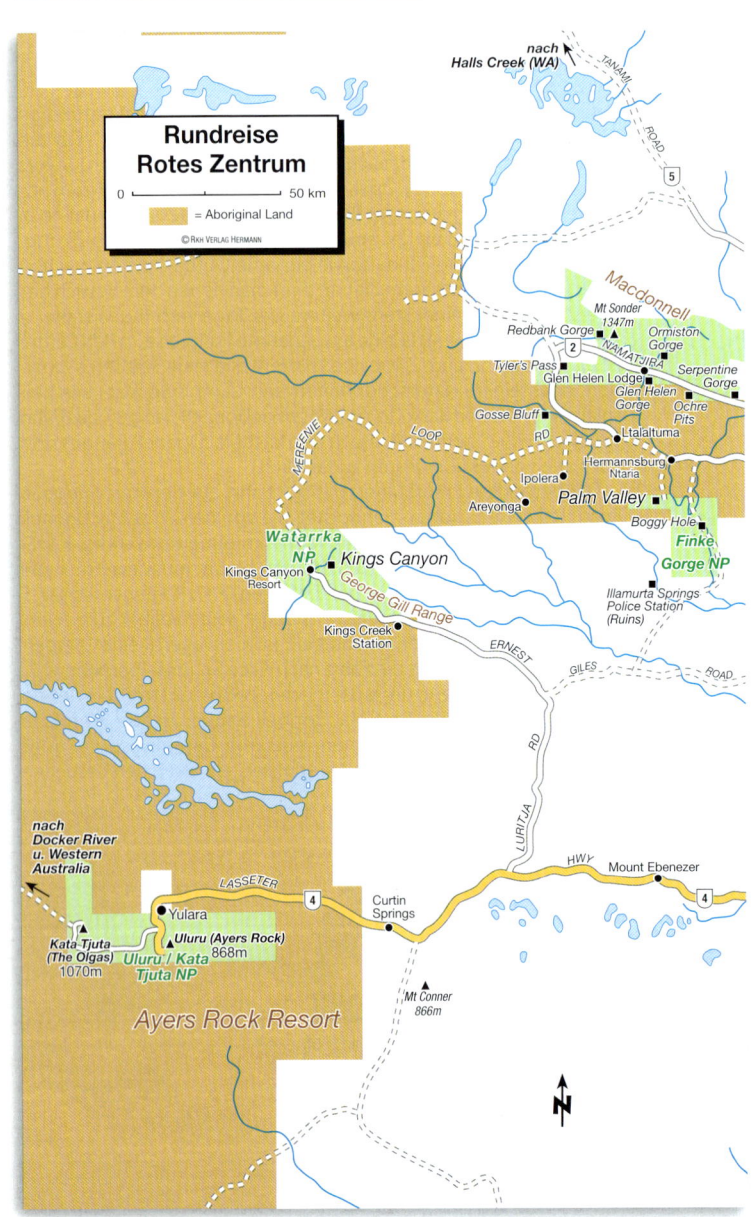

**Rundreise
Rotes Zentrum**

0 ⊢——————⊣ 50 km

▨ = Aboriginal Land

© RKH VERLAG HERMANN

nach
Halls Creek (WA)

TANAMI ROAD

5

Macdonnell

Mt Sonder
1347m
Redbank Gorge
Ormiston Gorge
2   NAMATJIRA
Tyler's Pass   Serpentine Gorge
Glen Helen Lodge
Glen Helen Gorge
Ochre Pits
Gosse Bluff   RD
Iltalaltuma

MEREENE   LOOP
Hermannsburg
Ntana
Ipolera
Areyonga   Palm Valley

Watarrka
NP   Kings Canyon
Boggy Hole
Finke
Gorge NP
Kings Canyon
Resort
George Gill Range

Illamurta Springs
Police Station
(Ruins)
Kings Creek
Station   ERNEST
GILES   ROAD

LURITJA RD

nach
Docker River
u. Western
Australia

LASSETER   HWY   Mount Ebenezer
4
Yulara   4
Curtin
Springs
Kata Tjuta
(The Olgas)   Uluru (Ayers Rock)
1070m   868m
Uluru / Kata
Tjuta NP   Mt Conner
866m
Ayers Rock Resort

N

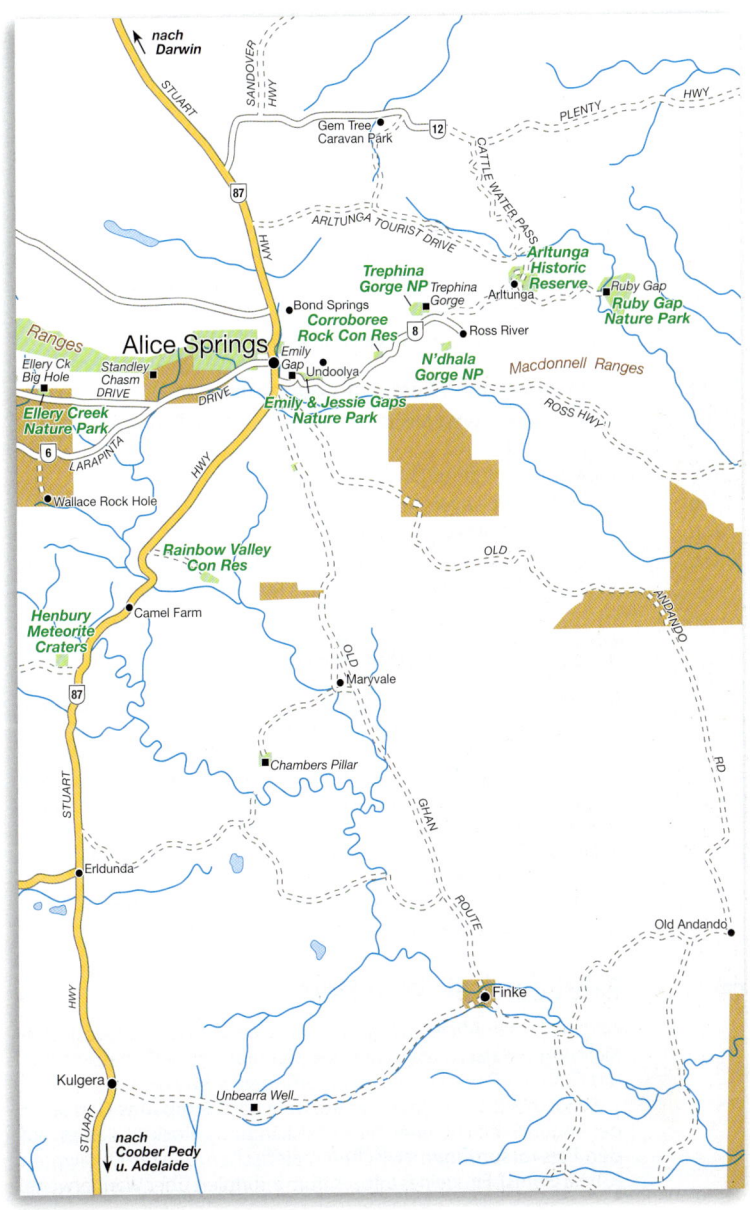

Routenvorschlag Rotes Zentrum

9 Tage   **Mit dem Allrad-Camper, Gesamtstrecke 1740 km**

1. Tag: Alice Springs – West MacDonnells – Redbank Gorge (132 km/155 km)
2. Tag: Redbank Gorge – Palm Valley (135 km/118 km)
3. Tag: Palm Valley – Kings Canyon (219 km)
4. Tag: Kings Canyon – Ayers Rock Resort (307 km)
5. Tag: Uluru-Kata Tjuta National Park (122 km)
6. Tag: Ayers Rock Resort – Alice Springs (448 km)
7. Tag: Alice Springs – East MacDonnells – Trephina Gorge (80 km)
8. Tag: Trephina Gorge – Gemtree (Plenty Hwy, 160 km)
9. Tag: Gemtree/Plenty Hwy – Alice Springs (137 km)

5 Tage   **„Highway-Route", Gesamtstrecke ca. 1640 km**

1. Tag: Alice Springs – West MacDonnell Ranges – Alice Springs (Tagesausflug, 264 km)
2. Tag: Alice Springs – Kings Canyon (Highway-Route, 481 km)
3. Tag: Kings Canyon – Ayers Rock Resort (307 km)
4. Tag: Uluru-Katja Tjuta National Park (122 km)
5. Tag: Ayers Rock Resort – Alice Springs (Highway-Route, 448 km bzw. Rückgabe des Mietwagens am Ayers Rock Resort/Airport)

West MacDonnell Ranges

Die westlich von Alice Springs aufragende, rund 160 km lange Bergkette der West MacDonnell Ranges („Macs"), die seit 1992 als Nationalpark geschützt ist, wirkt wie ein faszinierender Fremdkörper in der ansonsten flachen Landschaft. Immer wieder durchbrechen Schluchten, Felsüberhänge und Teiche das Bergmassiv. Sie bieten der Tier- und Pflanzenwelt ein geschütztes Refugium.

Die Straße entlang der Range über den Tylers Pass in Richtung Hermannsburg ist asphaltiert. Die besondere Herausforderung, die Berge intensiv zu erkunden, bietet sich dem engagierten Fernwanderer auf dem 223 km langen Wanderweg Larapinta Trail.

🚗 Fahrt durch die West Macs

Nachdem man **Alice Springs** auf dem *Larapinta Drive* in westlicher Richtung verlassen hat (Wegweiser „Cultural Precinct"), passiert man das Grab des Royal Flying Doctor Gründers John Flynn.

Schon nach 17 km folgt der Abzweig nach **Simpsons Gap** ab. In der engen Schlucht leben flinke Felskängurus (Rock Wallabies) auf den Felsvorsprüngen zwischen malerischen Geister-Eukalypten (Ghost Gums). Ein kleines Infozentrum informiert über Wanderwege.

Standley Chasm

Nach 50 km führt eine Nebenstraße nach **Standley Chasm** (tägl. 8–17 Uhr, Eintritt A$ 8), eine insbesondere zur Mittagszeit sonnendurchflutete Schlucht mit hohen roten Felswänden. Die auf Aboriginal-Land befindliche Naturschönheit ist ein vielfrequentierter Besichtigungspunkt zahlreicher Bustouren (Kiosk und Picknicktische vorhanden). Die kurze Wanderung durch die Schlucht ist beeindruckend und sollte am besten früh morgens oder am späten Nachmittag vorgenommen werden.

Kurz hinter dem Abzweig gabelt sich die Straße: rechts in den entlang der Berge führenden **Namatjira Drive** nach Glen Helen und links in den Larapinta Drive nach Hermannsburg und in den Finke Gorge National Park.

Auf dem Namatjira Drive erreicht man nach 42 km **Ellery Creek Big Hole**. Hauptattraktion ist der ständig wasserführende Teich, der von hohen Bäumen und Sandstrand umgeben ist. Baden ist möglich, Camping ist erlaubt.

11 km weiter folgt die **Serpentine Gorge**. Die enge, mit steilen Felswänden umgebene Schlucht ist von Pools durchzogen, von denen einige immer, andere nur gelegentlich, Wasser führen. Wenn im vorderen Teich Wasser ist, kann man durchschwimmen, um den hinteren einsamen Teil zu gelangen. Vom Parkplatz führen Wanderwege in die Schlucht. 111 km westlich von Alice Springs folgen die **Ochre Pits**. An der heiligen Stätte der Ureinwohner wurde Ocker für Kunstwerke und zur Hautbemalung gewonnen. Informative Schautafeln erklären die Gebräuche.

ASP ▸ ADL

Larapinta Trail

Der Fernwanderweg **Larapinta Trail** führt durch den spektakulären **West MacDonnell National Park.** Die 223 km lange Route verläuft entlang der Bergkette der West MacDonnell Ranges, von Alice Springs nach Westen bis zum Mt Sonder. Der Trail ist in 12 Sektionen unterteilt, die auch einzeln begangen werden können. Beste Wanderzeit ist von April bis Oktober. Detaillierte Informationen sind beim Visitor Centre oder bei der Parks & Wildlife Commission in Alice Springs erhältlich (▸ s. „Alice Springs / Infos"), oder unter www.parksand wildlife.nt.gov.au.

Verschiedene Anbieter in Alice Springs bieten Transport, Essendepots und geführte Touren. Infos unter www.larapintatransfers.com.au.

Der nächste sehenswerte Punkt der abwechslungsreichen Fahrt ist **Ormiston Gorge** (8 km). Mehrere Wanderungen (vom kurzen Spaziergang bis zur 3 Tage Fernwanderung) beginnen am Parkplatz der Schlucht. Der 30minütige Fußmarsch zum „Ghost Gum Lookout" reizt wegen der guten Aussicht auf die tief darunter liegende Schlucht. Ein Bad in den Wasserlöchern zwischen den Felswänden verschafft rasche Abkühlung nach den Wanderungen. Ein Camping-platz mit Wasser und Duschen ist vorhanden.

132 km westlich von Alice Springs liegt die **Glen Helen Gorge** und die gleichnamigen Lodge, einzige Unterkunft in den West Macs. Der Finke River, einer der ältesten Wasserwege der Welt, hat sich hier seinen Weg durch die Bergkette gegraben und hohe Sandstein-felswände und einen immer wasserführenden Teich hinterlassen. Von der Lodge, deren Haupthaus die ehemalige Glen Helen Home-stead darstellt, sind es zu Fuß nur zehn Minuten bis zur Schlucht. Die Unterkunft bietet einfach eingerichtete Zimmer, ein ausgezeichne-tes Restaurant mit Bar und Terrasse, Campingplatz und Tankstelle. Gegenüber der Einfahrt führt ein Weg auf den Mt Sonder Aussichts-punkt, ideal, um den 1380 m hohen Berg zu fotografieren.

25 km nach Glen Helen zweigt eine steinige Allradpiste zur **Red-bank Gorge** ab (10 km). Etwa auf halber Strecke zur Schlucht befin-det sich in leicht erhöhter Lage ein herrlich gelegener Nationalpark-Camping (mit Toilette und Feuerstellen). Vom Parkplatz am Ende der Straße führt ein Fußweg durch das sandige Flussbett zu einem Wasserloch. Wer will, kann das kalte Wasser auf einer Luftmatraze durchpaddeln – der Blick die Felswände empor ist einmalig.

Von den West Macs nach Süden

Über den **Tylers Pass** (schöner Aussichtspunkt mit Schautafeln zur Geologie) führt die Fahrt weiter nach **Tnorala** (Gosse Bluff). Dieser 5 km durchmessende Meteoritenkrater entstand vor 142 Mio. Jahren. Der Kraterrand kann auf einem markierten Wanderweg begangen werden. Vom Abzweig bis zur Aboriginalgemeinde Hermannsburg sind es weitere 52 km..

Hermannsburg

Die Siedlung wurde 1877 von den deutschen Lutheranern Friedrich Kempe und Wilhelm Schwarz als Missionsstation gegründet. Bis in die 1980er Jahre wurden hier australische Ureinwohner missioniert. Die weißen, aus Stein erbauten Missionsgebäude stehen in

Mereenie Loop Permit

Das Mereenie Loop Permit (A$ 2,50) ist für die Piste zwischen Tyler Pass (West MacDonnell Ranges) und Kings Canyon erforderlich. Man er-hält es im Visitor Centre in Alice Springs, im Glen Helen Resort, an der Hermannsburg Petrol Station, sowie im Kings Canyon Resort, zusammen mit einer Broschüre, welche die Highlights entlang der Strecke be-schreibt.

reizvollem Kontrast zur trockenen Wüste der Umgebung und sind für Besucher täglich von 9–16 Uhr geöffnet. In den Räumen werden u.a. Kunstwerke des berühmten Aboriginal-Malers *Albert Namatjira* ausgestellt. Im Café wird ausgezeichneter Kuchen serviert. Hinweis: Die Räume der Missionsstation sind in der Weihnachtszeit (20.12.–15.01.) für Besucher geschlossen.

Im Ort befinden sich eine Tankstelle und ein Laden und ein Campingplatz (Tel. 08-8956 7402. An der Tankstelle wird nur Bargeld akzeptiert! Fotografieren ist in der Aboriginal-Gemeinde nicht erwünscht! Weitere Infos auf www.hermannsburg.com.au.

Finke Gorge National Park / Palm Valley

Für die Fahrt von Hermannsburg ins **Palm Valley** im südlich gelegenen **Finke Gorge National Park** ist definitiv ein Geländefahrzeug mit hoher Bodenfreiheit erforderlich. Achtung: einige Vermieter verbieten es, mit kleinen Allradfahrzeugen dorthin zu fahren! Der Track führt weiten Teils durch das sandige Flussbett des Finke River, das Schlussstück ist von hohen Felsplatten durchsetzt. Das idyllische Palm Valley ist Heimat verschiedenster seltener Pflanzenarten, so z.B. der Marienpalme (Red Cabbage Palm). Diese bis zu 26 m hohe Palmenart hat ihren Ursprung in den feuchteren Perioden Zentralaustraliens vor 5000 Jahren. Der *Arankaia Walk* (2 km) und der *Mpulungkinya Walk* (5 km) führen vom Parkplatz durch das oasengleiche, dicht bewachsene Tal. Häufig sind neugierige Warane unter den Felsklötzen am Wegesrand auszumachen. Der NP-Campingplatz bietet heiße Duschen, Toiletten und Gasgrills.

Konnten gut gerüstete Geländewagen bis vor einigen Jahren noch entlang des Finke River weiter nach **Boggy Hole** und nach **Illamutra Springs** fahren, so ist die Piste wegen unzähliger (teurer) Bergungsaktionen nun endgültig gesperrt. Jetzt führt 12 km östlich von Hermannsburg eine neue Allradroute in den Finke River National Park (Camping- und Bademöglichkeit an der alten Polizeistation Boggy Hole) und weiter nach Süden auf die Ernest Giles Road. Auch diese Route ist schwer und sollte nur im Konvoi nach Rücksprache mit dem Ranger (Palm Valley, Tel. 08-89567401 oder 89567488) unternommen werden.

Watarrka National Park (Kings Canyon) via Mereenie Loop Road

Westlich von Hermannsburg beginnt die **Mereenie Loop Road.** Die 177 km lange, meist gut gepflegte Sandpiste sollte nur mit einem Allradfahrzeug befahren werden. Zwar wagen es manche Touristen mit dem normalen Mietwagen, jedoch sind diese dabei nicht versichert. Besondere Vorsicht gilt es beim Befahren der unbefestigten,

ASP ▶ ADL

abfallenden Straßenränder walten zu lassen – so mancher blieb beim Fotostopp im Graben hängen! Unterwegs sind einige Aussichtspunkte ausgeschildert. Das Übernachten an der Straße sowie der Besuch der Areyonga Community ist nicht erlaubt.

Kings Canyon

Am Ende der Straße ist der **Watarrka National Park (Kings Canyon)** erreicht. Zuerst passiert man das **Kings Canyon Resort** (▶ s. Unterkunft und Camping) mit Shop und Tankstelle. Hauptattraktion des Nationalparks ist Australiens größte und tiefste Schlucht, der **Kings Canyon**. Bis zu 300 m hohe rote Felswände bieten einen grandiosen Ausblick. Der lange und bei Hitze sehr anstrengende *Canyon Walk* (6 km, Wasserflasche und Sonnenhut nicht vergessen!) führt entlang des Abgrundes zu den Gesteinsformationen **Lost City** und **Garden of Eden,** ein geschütztes Tal mit Teich, der zum Baden einlädt. Bei Temperaturen über 36 °C darf die Wanderung nicht mehr nach 9 Uhr gestartet werden. Alternativ ist dann der *South Wall Return* (2 Stunden h/r) zu wählen, Start bis spätestens 11 Uhr. Der kürzere *Kings Creek Walk* führt am Fuße des Canyons durch den Wald zu permanenten Wasserlöchern.

An der asphaltieren Straße nach Südosten liegt **Kathleen Springs**, ein heiliges Wasserloch der Aboriginal People (2,5 km Spazierweg). An der südlichen Parkgrenze bietet die Farm **Kings Creek Station** einen ordentlichen Campingplatz.

63 km später gabelt sich die Straße. Nach Osten führt die geschotterte **Ernest Giles Road** zum Stuart Highway. Die Strecke ist als Abkürzung vom und zum Stuart Highway nutzbar – jedoch nur für Allradfahrzeuge. Weiter der Luritja Road folgend, erreicht man nach weiteren 67 km den **Lasseter Highway,** der in westlicher Richtung nach Yulara (Ayers Rock Resort) führt.

Kings Canyon

Auf ungefähr halbem Weg liegt **Curtin Springs:** eine Rinderfarm und Roadhouse mit preiswerten Zimmern und Campingplatz (▶ s. Adressen & Service Rotes Zentrum) – unter Umständen eine rustikale Alternative zum lebhaften Trubel im Ayers Rock Resort. Hinter der Station liegt der 859 m hohe **Mount Conner,** der bei der Anfahrt von Osten her gern für den Ayers Rock gehalten wird. Mit Erlaubnis des Curtin Springs Verwalters ist eine Besteigung möglich.

Yulara / Ayers Rock Resort

Ayers Rock Resort

Bei der Einfahrt in das 1984 erbaute **Yulara**, das heute offiziell nur noch **Ayers Rock Resort** genannt wird, erlebt der Outback-Reisende zunächst einen kleinen Zivilisationsschock. Hotels, Einkaufszentrum, Visitor Centre sind vorhanden und zahlreiche Touristen, Autos und Busse treffen sich hier. Der vom australischen Architekten Philipp Cox entworfene Komplex wurde mit mehreren Architekturpreisen ausgezeichnet. Das Resort ist in seiner baulichen Art ein Muster für umweltverträglichen Tourismus.

Das Ayers Rock Resort bietet mit Campingplatz, verschiedene Hotelkategorien, Restaurants, Shops, Bank, Post, Besucherzentrum und Sternwarte dem Reisenden jeglichen Komfort. Die Gebäude sind

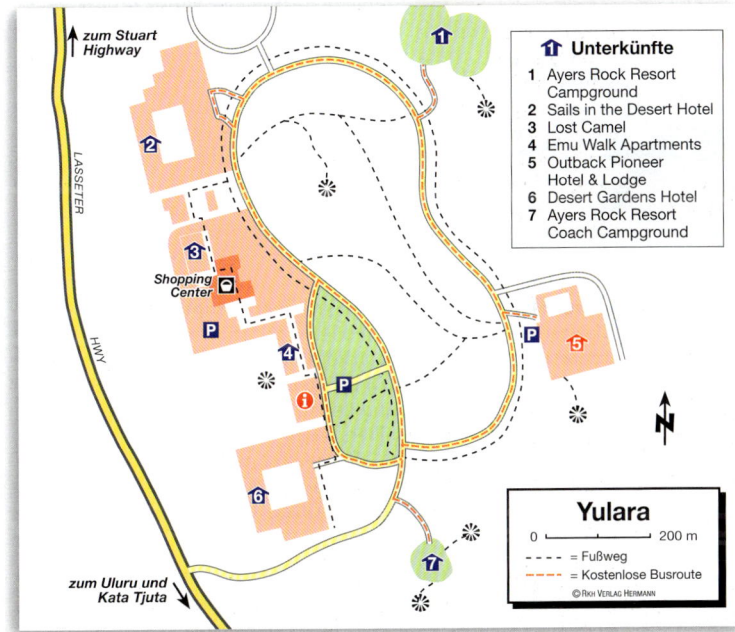

zum Stuart Highway

LASSETER

Shopping Center

HWY

zum Uluru und Kata Tjuta

Unterkünfte

1 Ayers Rock Resort Campground
2 Sails in the Desert Hotel
3 Lost Camel
4 Emu Walk Apartments
5 Outback Pioneer Hotel & Lodge
6 Desert Gardens Hotel
7 Ayers Rock Resort Coach Campground

ASP ▶ ADL

Yulara

0   200 m

- - - = Fußweg
— — — = Kostenlose Busroute

© RKH VERLAG HERRMANN

durch den **Yulara Drive,** einer weitläufigen Rundstraße, miteinander verbunden. Der Drive wird von einem kostenlosen Bus von 10.30–18 und von 18.30–0.30 Uhr alle 20 Minuten befahren. Alle Einrichtungen und Hotels sind am äußeren Rand angelegt. Durch das Innere führen Fußwege (Abkürzung von einer zur anderen Seite), u.a. zu einer Sanddüne mit Aussichtspunkt.

Im **Visitor Centre** beim Desert Gardens Hotel werden Fakten zur Geografie, Flora, Fauna und Aboriginal-Kultur dargestellt. Touren in den Nationalpark bucht man am besten im **Tours & Information Centre** beim Einkaufszentrum. Das **Ayers Rock Resort Observatory** ist eine vorzügliche Sternwarte und eine unbedingte Empfehlung, um den nächtlichen Sternenhimmel erklärt zu bekommen. Keines der Hotels, außer dem luxuriösen Zeltcamp „Longitude 131", hat übrigens einen Blick auf den 18 km entfernten Felsen. Eine Zimmerreservierung sollte aufgrund der begrenzten Kapazitäten und des stets guten Andrangs immer vorhanden sein!

Uluru-Kata Tjuta National Park

Thorny Devil

Der Nationalpark im Land der Anangu bewahrt zwei der größten Natur- und Kulturschätze Australiens: **Uluru (Ayers Rock)** und **Kata Tjuta (Olgas).** Das hervorragende Kulturzentrum im Park vermittelt die Bedeutung der heiligen Stätten. Auf zahlreichen, detailliert markierten Wanderpfaden entlang der Felsbasis werden Einblicke in Kultur und Natur vermittelt. Die Tier- und Pflanzenwelt im Park ist ausgesprochen reichhaltig. So leben etwa 160 Vogelarten im NP, unter anderem nomadisierende Sittiche und Papageien, z.B. die häufig anzutreffenden Rosa Kakadus (Galahs). Die meist sehr scheuen, gezählten 72 Reptilienarten, darunter der Dornteufel (Thorny Devil), der aussieht wie trockenes Dorngestrüpp, bekommt man selten zu Gesicht. Rote Riesenkängurus (Red Kangaroo), Bergkängurus (Euros) und Dingos zeigen sich in den frühen Morgen- oder Abendstunden entlang der Straßen. Die häufigsten Pflanzenarten sind Akazien, Grevillien, Kasuarien (Desert Oak) und kleinwüchsige Eukalyptusarten. Für die Aboriginal People haben die gelb blühenden Witchetty-Büsche große Bedeutung, da in ihrem Wurzelwerk fette Larven (sog. Witchetty Grubs) leben, die eine wichtige eiweißhaltige Nahrungsgrundlage darstellen.

Eintritt   5 km vom Resort entfernt befindet sich der eigentliche Parkeingang, an dem die Eintrittsgebühr für den Nationalpark kassiert wird (A$ 25 pro Person über 16 Jahre, 3 Tage Gültigkeit).

Cultural Centre

Bevor Sie zum „Berg" fahren, sollten Sie das ausgezeichnete **Uluru Kata Tjuta Cultural Centre** besuchen. Im 1995 eröffneten Zentrum vermitteln die Aboriginal People den Besuchern eindrucksvoll die Bedeutung ihrer heiligen Stätten sowie die Traditionen und Rechte der Anangu. Unter anderem wird der Wunsch zum Ausdruck gebracht, den Ayers Rock nicht zu besteigen.

Uluru (Ayers Rock)

Das bekannteste und wohl meist-fotografierte Wahrzeichen Australiens ist 348 m (867 m ü.M.) hoch und hat einen Umfang von 9,4 km. Geologen sind sich einig, dass der Fels streng genommen kein Monolith ist, da er sich unterirdisch fortsetzt. Auf der anderen Seite deutet der bloße Anblick des sichtbaren Teils auf die Definition „Monolith" hin.

Aufstieg

Für viele Besucher gilt die Besteigung des Felsens als ein Höhepunkt ihres Aufenthaltes. Wer den Willen und den Geist der australischen Ureinwohner respektiert, nimmt von dem anstrengenden und nicht ganz ungefährlichen Aufstieg Abstand. Für alle, die trotzdem hinauf möchten: Der Aufstieg ist nur an einer Stelle möglich. Die erste Phase ist äußerst steil. Dankbar wird die angebrachte Kette als Aufstiegshilfe akzeptiert. Tragen Sie unbedingt festes, rutschfestes Schuhwerk und seien Sie sich der Strapazen (Hitze, Wind, Höhenangst) bewusst – der Fels ist immerhin 348 m hoch! In den heißen Sommermonaten wird der Aufstieg nur in den frühen Morgenstunden gestattet.

ASP ▶ ADL

**Wander-
wege**

Die Umrundung des Uluru auf dem **Base Walk** (10,6 km, ca. 3 h, Wasserflasche mitnehmen!) mit seinen Höhlen, Verwerfungen und heiligen Stätten (Felsmalereien u.a.) ist für viele die authentischere Erfahrung. Eine gute Möglichkeit Hintergrundwissen zu erhalten, ist eine geführte Wanderung auf dem **Mala Walk** (2 km, Nov–März 9 Uhr, Apr– Okt 10 Uhr). **The Kuniya Walk** (1 km, an der Südseite des Berges) vermitteln ebenso die Schönheit und Geheimnisse des roten Felsens.

Natürlich kann der Fels auch per Fahrzeug auf der Ringstraße umrundet werden. Zahlreiche Parkplätze und kurze Spaziergänge führen gleichfalls zu den markanten Stellen. Der abendliche Sonnenuntergang kann von speziellen, meist ziemlich frequentierten „Sunset Viewing Areas" besichtigt werden. Dort ist der Blick auf den Fels tatsächlich am besten und man sollte den Trubel eben mit der notwendigen Portion Gelassenheit über sich ergehen lassen. Die dramatische Farbveränderung des Gesteins im Licht der untergehenden Sonne entschädigt Hobbyfotografen für alles.

Den Sonnenaufgang kann man sehr gut von der Aussichtsplattform *Talinguru Nyakunytjaku* erleben, Zugang über Holzstege.

Kata Tjuta (Olgas)

43 km westlich liegt Kata Tjuta, die *Olgas*. Die Gebirgsformation aus 36 einzelnen Kuppen mit einer Gesamtausdehnung von 36 qkm und einer maximalen Höhe von 546 m (1065 m ü.M.) wird von den Ureinwohnern Kata Tjuta genannt, was so viel bedeutet wie „viele Köpfe". Das Alter der Felsdome wird auf einige Millionen Jahre geschätzt.

Kata Tjuta

Von der **Kata Tjuta Dune Viewing Area** (26 km nach dem Abzweig zum Uluru) bietet sich ein sehr guter Überblick über die rote Felslandschaft. Bei der Rundwanderung durch das **Valley of the Winds** (7 km, anstrengend, viel Wasser mitnehmen!) oder der kürzeren Variante zur **Walpa Gorge** (2,6 km) erlebt man die beeindruckenden Proportionen von Kata Tjuta und beginnt zu verstehen, dass die lokalen Anangus das Gebiet noch immer als ehrfurchteinflößend empfinden. **Hinweis:** Die Wanderwege werden aus Sicherheitsgründen ab 36 °C gesperrt, da die Wärmeabstrahlungen der Felsen extrem hoch sind!

Outback-Route nach Westaustralien Die Piste von den Olgas führt weiter nach Westaustralien (▶ s. Specialtour Gunbarrel Highway S. 198) Wer der Piste nur für ein paar Kilometer folgt und dann wieder kehrt macht, erhält ein schönes Fotomotiv der Olgas mit Sandpiste im Vordergrund.

Rückfahrt nach Alice Springs

Am gut ausgebauten Lasseter Highway liegt 190 km östlich von Yulara das **Mt Ebenezer Roadhouse** mit einer kleinen Aboriginal-Art-Gallery, Motel und Campground (Tel. 08-89562904). Nach weiteren 57 km ist der Stuart Highway erreicht. An der Kreuzung liegt das **Erldunda Desert Oaks Motel** (Zimmer, Camping, Tankstelle und Shop Tel. 08-89560984). Hier stoppen die Überlandbusse auf ihren Routen von Adelaide nach Alice und umgekehrt. Wer direkt zum Uluru möchte muss hier auf den Anschlussbus warten.

70 km nördlich von Erldunda und 131 km südlich von Alice Springs zweigt die geschotterte *Ernest Giles Road* zu den **Henbury Meteoriten Kratern** ab (16 km). Das Gebiet umfasst 12 Krater, die geformt wurden, als ein Meteor vor etwa 4700 Jahren auf die Erdoberfläche einschlug. Eine Wanderung zum größten, 180 m breiten und 15 m tiefen Krater ist ausgeschildert. Ein einfacher Campingplatz ist vorhanden.

Auf der **Camels Australia Farm** (40 km weiter nördlich) werden Rennkamele für arabische Länder gezüchtet sowie wilde Kamele für Vergnügungsparks gezähmt. Für Touristen werden Ausritte und Safaris organisiert. Eine ideale Möglichkeit, die Tiere aus der Nähe zu fotografieren und ein kühles Getränk genießen (Tel. 08-89560925, www.camels-australia.com.au).

Nördlich der Raststätte **Stuart Wells** (*Jim Cotterill's Wayside Inn*, Tel. 08-8956-0808) führt ein für Allradfahrer bemerkenswerter Abstecher in das **Rainbow Valley Conservation Reserve** (22 km). Höhepunkt des Gebietes sind die faszinierenden, durch Erosion entstanden Sandsteinklippen, die sich bis zu 50 m von der Ebene abheben. Camping ist im Park erlaubt.

ASP ▶ ADL

East MacDonnell Ranges

Wegen ihrer wenigen Besucher und der Naturschönheiten zählen die *East MacDonnell Ranges* zu den Geheimtipps für Outback-Reisende. Relikte aus der Goldgräberzeit sind in Arltunga zu finden. Zahlreiche Schluchten mit Wasserlöchern laden zum Baden, Wandern und Campieren ein. Durch die Nähe zu Alice Springs kann ein Abstecher in die East MacDonnell Ranges auch als Tagesausflug geplant werden. Übernachten ist nur auf einfachen NP-Campingplätzen möglich.

Anfahrt

Die Anfahrt erfolgt über den asphaltierten **Ross Highway**, 6 km südlich von Alice Springs, gleich hinter Heavis Gap, dem markanten Felseinschnitt. Beiderseits der Straße erheben sich die roten Berge der Ooraminna Range (südlich) und East MacDonnell Range (nördlich).

Heilige Stätten

Nach 10 km sind die Felsschluchten **Emily Gap** und 8 km weiter **Jessie Gap** die ersten Besichtigungspunkte. Hier haben sich die gleichnamigen Wasserläufe durch die Felsen gearbeitet und (meist ausgetrocknete) Flussbetten hinterlassen. Für die lokalen Arrernte Aboriginal People stellen die Orte heilige Stätten dar, wie sich auch an den gut erhaltenen Felszeichnungen bei Emiliy Gap erkennen lässt.

Der **Corroboree Rock** ist einer der signifikanten Plätze der australischen Ureinwohner in den MacDonnell Ranges. Schautafeln entlang des kurzen Pfades erklären die Bedeutung des Felsens.

Schluchten

Den Abzweig zur **Trephina Gorge** sollten Sie nicht verpassen. Eine gute Schotterpiste (7 km) führt zum Park- und zum Campingplatz an der Schlucht. Eine rauhe Piste führt zuvor (nur 4WD!) zu **John Hayes Rockhole** (mit Wasserloch zum Baden) und einem einfachen NP-Campingplatz (ohne Wasser, mit Toiletten). Ein Wegweiser zeigt den Weg zum „Ghost Gum", einem mächtigen Eukalyptusbaum mit typisch weißem Stamm. Vom Parkplatz und NP-Campingplatz an der

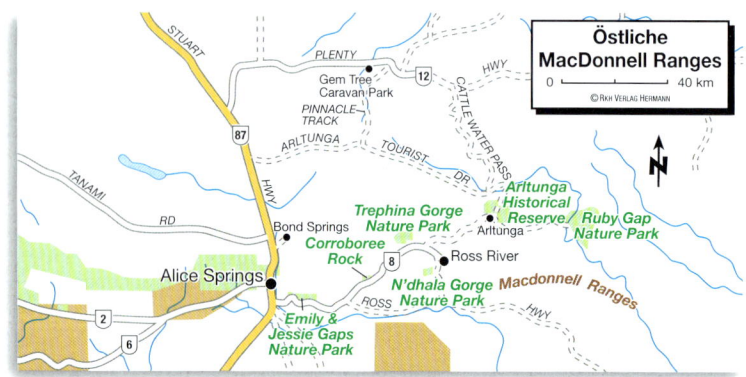

Trephina Gorge Trephina Gorge beginnen Wanderungen in die Schlucht bzw. auf den Kamm hinauf. Einen guten Blick auf die senkrechten, in der Sonne beinahe glühenden Felswände, erhält man auf dem *Panorama Walk* (1 h). Wer Glück hat, erspäht die scheuen Schwarzfuß-Felskängurus (Black-footed Rock-Wallaby) zwischen den Felsen. Für ausdauernde und hitzebeständige Wanderer ist der *Ridgetop Trail*, der zum John Hayes Rockhole über den Kamm führt, eine ca. 6stündige Herausforderung.

Der nächste Abzweig führt zum **Ross River Resort** und in die **N'Dhala Gorge.** Ross River Homestead bietet Unterkünfte in Holzcabins und Stellplätze, hat eine Tankstelle und einen Kiosk (s. Adressen und Service Rotes Zentrum). Die Zufahrt in die Schlucht ist nur mit Geländewagen möglich und ist nach Regenfällen oft unpassierbar. In der engen Schlucht wurden bislang über 6000 Petroglyphen an den Felswänden entdeckt, deren Entstehung über 10.000 Jahre zurückliegen. Campingplatz und Picknicktische sind vorhanden.

Historisches Die Straße zum **Arltunga Historical Reserve** (110 km östlich von Alice Springs) ist ebenfalls geschottert. Arltunga war offiziell die erste Stadt in Zentralaustralien, entstanden durch die ersten Goldfunde im Jahr 1887. Das erste Gold wurde in einem ausgetrockneten Flussbett entdeckt. Heute stehen nur noch die Überreste der Gebäude trostlos in der Landschaft. Das ehemals legendäre *Arltunga Bush Hotel* ist seit Jahren leider geschlossen (Camping ist weiterhin möglich, kein Strom). Im kleinen Visitor Centre sind Informationen zur Goldsucherzeit und Trinkwasser erhältlich. Ein Ranger befindet sich zeitweilig vor Ort. Von Arltunga führt eine 43 km lange, sehr rauhe Piste (Allradantrieb unbedingt einschalten!) nach Osten nach **Ruby Gap.** In der einsamen und wilden Schlucht ist Camping erlaubt (kein Wasser).

ASP ▶ ADL

Kamele in Down under

Kamele waren in Australien nicht heimisch. In den 1840er Jahren wurden die Tiere als Lasttiere aus dem Mittleren Osten auf dem 5. Kontinent eingeführt. Insbesondere zur Erschließung des Outbacks für Expeditionen, beim Bau von Telegraphenleitungen und der Eisenbahn sowie zur Versorgung entlegener Farmen und Ortschaften waren sie dienliche Arbeitstiere. Mit der Entwicklung der Eisenbahn und des Autos wurden die Kamele immer weniger benötigt und so wurden sie von 1925 an in die Wildnis entlassen.

Dort vermehren sie sich mangels natürlicher Feinde prächtig. Inzwischen schätzt man ihren Bestand auf über 600.000 Tiere, die frei in der Wüste leben. Diese stattliche Zahl bringt leider immense Gefahren für die Pflanzen der australischen Trockengebiete mit sich. Biologen sprechen von einer zunehmenden Gefahr für das fragile Ökosystem, da viele seltene Pflanzenarten von den Tieren gefressen werden und sogar vom Aussterben bedroht sind. Sie fordern daher jährliche Abschussquoten für wilde Kamele. Andere Gruppierungen hingegen wollen von dieser Argumentation nichts wissen. Sie fangen die Kamele ein, richten sie für Vergnügungsparks ab, zähmen sie als Reittiere für Touristen oder aber exportieren sie als Arbeits- und Rennkamele in arabische Länder.

 # Rückfahrt nach Alice Springs

Für die Rundfahrt „East MacDonnells – Plenty Highway – Alice Springs" folgt man der Piste von Arltunga nach Norden über Claraville Station (Farm) und Garden Road. 8 km nach der Farm beginnt der **Cattle Water Pass** (nur für Allradfahrzeuge) seine Fahrt nach Norden. Die Route ist ausgesprochen abwechslungsreich, nicht ganz einfach zu fahren und führt durch einsame Outbackregionen. Für die 56 km sollten mindestens 2,5 h Fahrzeit gerechnet werden, da zahlreiche sandige und felsige Passagen zu meistern sind. Der Track stößt 33 km östlich von **Gem Tree** auf den asphaltierten **Plenty Highway**. Auf dem *Gem Tree Caravan Park* (Reservierung erwünscht) gibt es Treibstoff (▶ s. Kapitel „Von Darwin nach Alice Springs"). Informieren Sie sich vorab über den Straßenzustand beim Ranger in Arltunga, Tel. 08-89569770, oder in Gem Tree, Tel. 08-89569855.

Wem dies zuviel Allradabenteuer ist, der ab Claraville Station auf dem gut gepflegten Arltunga Tourist Drive (geschottert) zurück nach Alice Springs reisen.

Adressen & Service Rotes Zentrum

Infos	**Yulara Visitor Centre,** Yulara Drive, Tel. 08-89577377, tägl. 8.30–19.30 Uhr. Gute Einstimmung für den Besuch des Nationalparks. Buchungen von Touren. Permit für Mereenie Loop Road.

Uluru-Kata Tjuta Cultural Centre, Tel. 08-89561128, tägl. 7–17.30 Uhr. Am Informationsschalter im Kulturzentrum werden Fragen zum Park, dessen Verwaltung und zu geführten Touren beantwortet. www.deh.gov.au/parks/uluru

East MacDonnell Ranges: Parks & Wildlife Visitor Centre, Arltunga Historical Reserve, Tel. 08-89569770. Informationen zur Region und zu Straßenzuständen.

Anreise Yulara (Ayers Rock Resort) Der **Ayers Rock Airport** (AYQ) liegt 6 km vom Ort entfernt und wird von kostenlosen Shuttlebussen angesteuert. Qantas (Tel. 131313) und Virgin Blue fliegen Ayers Rock täglich von mehreren Städten an, wobei die Kapazitäten begrenzt sind. Frühes Buchen ist empfehlenswert.

Die **Überlandbusse** von *Greyhound* stoppen in Erldunda. Von dort verkehren Anschlussbusse nach Yulara.

Touren ab Yulara
- *Anangu Tours,* Tel. 08-89562123, bietet empfehlenswerte Touren mit Aboriginal-Hintergrund in kleinen Gruppen an.
- *Uluru Camel Tours,* Tel. 08-89503030, veranstaltet Kamelausritte in Richtung Ayers Rock.
- *Voyages Hotels,* Tel. 02-93391000, offeriert das berühmte Abendessen unter Sternen, „Sounds of Silence Dinner". Einzelreisende werden mittlerweile getrennt von den großen asiatischen Busgruppen versorgt – so bleibt etwas Ruhe gewahrt.
- *Outback Sky Journeys,* Tel. 1-300 134044, www.ayersrockresort.com.au/astrotour; verschiedene Astro-Touren (1 bis 1,5 h) werden vom Ayers Rock Resort zu moderaten Preisen aus angeboten.

Rundflüge Rundflüge in Helikoptern und Cessnas sind im Visitor Centre buchbar. Es gibt keine Ballonfahrten am Ayers Rock, sondern nur in Alice Springs!

Transfers Transfers von Yulara zum Uluru und Katja Tjuta bietet viermal täglich der *Uluru Express* (Tel. 08-89562019, www.uluruexpress.com.au, auch Mehrtageskarten erhältlich).

Mietwagen (keine Camper!): *Hertz Cars,* Tel. 08-89562244, im Tour & Info Centre, Yulara und direkt am Flughafen. Ab zwei Tagen Mietdauer keine Einweggebühren innerhalb des NT. Territory-Thrifty Rental Cars, Tel. 08-89562030.

Unterkunft und Camping

West MacDonnell Ranges, Finke Gorge National Park und Kings Canyon:

West MacDonnell Ranges, Finke Gorge National Park und Kings Canyon *** **Glen Helen Resort,** Namatjira Drive, West MacDonnell Ranges, Tel. 08-89567489. Schön gelegenes Motel mit Zimmern, Campingplatz, Restaurant und Bar. Reservierung empfehlenswert.

* bis ****: **Kings Canyon Resort,** Luritja Rd, Watarrka National Park, Tel. 1-300-134044 oder 08-89567442. Gepflegte Anlage. Zimmer, Backpacker-Schlafräume und Campingplatz. Reservierung unbedingt empfehlenswert.

ASP ▶ ADL

** **Kings Creek Station,** 35 km östlich des Canyons, Tel. 08-89567474, www.kingscreekstation.com.au. Die Farm bietet einfache Cabins, einen schattigen Campingplatz, Pool, Safaris mit Quads und Kamelen sowie Hubschrauber-rundflüge über das riesige Anwesen und die Umgebung.

Für die im Text beschriebenen **Nationalpark-Campingplätze** ist keine Reservierung im Vorfeld möglich (*First come, first serve*). Die Registrierung erfolgt vor Ort – entweder der Ranger kommt abends vorbei oder man steckt das Geld in eine Art Briefkasten. Information: Tel. 08-89518211.

Yulara/ Ayers Rock Resort

Alle Hotels gehören zur Voyages-Gruppe (www.voyages.com.au). Eine Buchung über einen Reiseveranstalter empfiehlt sich, da man hier häufig von deren Zimmerkontingenten und besseren Preisen profitiert.

***** **Longitude 131°,** Tel. 08-89577131. 15 exklusive Zeltunterkünfte 3 km außerhalb von Yulara. Die einzigen Unterkünfte mit Blick auf den Ayers Rock! Autos sind am Hotel nicht gestattet, sie müssen entweder am Flughafen oder am Hotel Sails in the Desert abgestellt werden. Transfer wird arrangiert.

***** **Sails in the Desert,** Tel. 08-89577417. 5-Sterne-Hotel mit beheiztem Pool, erstklassiges Restaurant, Tennis- und Golfplatz.

**** **Desert Gardens Hotel,** Tel. 08-89577714. Die bessere Alternative zum Outback Pioneer Hotel, wird gerne von Busgruppen genutzt.

*** **Emu Walk Apartments,** Tel. 08-89577399. Für Selbstversorger zweckmäßig eingerichtete Apartments mit 1 oder 2 Schlafzimmern.

*** **Outback Pioneer Hotel & Lodge,** Tel. 08-89577605. Ein ebenfalls nicht billiges 3-Sterne-Hotel mit angeschlossenem Backpacker-Hostel, kleines Restaurant, Bar, Schwimmbad. Gratis-Flughafentransfers.

Ayers Rock Campground, Tel. 08-89577001. Großer Campingplatz mit Cabins (für bis zu 6 Personen). Pool und Kiosk sind vorhanden. Eine Reservierung ist normalerweise nicht erforderlich.

** **Curtin Springs Roadhouse,** Lasseter Hwy, 84 km östlich von Yulara, Tel. 08-89562906, www.curtinsprings.com. Günstige Alternative zum Ayers Rock Resort mit Outback-Charakter, Motelzimmer und Campingplatz.

East McDonnell Ranges

* **Ross River Resort,** Ross Hwy, Ross River, Tel. 08-89569711, www.rossriverresort.com.au. Einfache, aber freundliche Unterkunft mit Cabins, Campingplatz, Pool, Restaurant, Kiosk und Tankstelle.

Outbackpisten im Zentrum

Das Rote Zentrum ist ein Dorado für Allradfahrten. Zahlreiche einsame Pisten durch Wüstenlandschaften beginnen und enden rund um Alice Springs. Wer solch eine Unternehmung plant, sollte sich unbedingt über die Straßenbedingungen, Genehmigungen im *Central Land Council* oder im Visitor Centre in Alice Springs sowie über den Versicherungsschutz des Mietwagens informieren. Sehr nützlich ist die kostenlose Broschüre „*4x4 Guide Central Australia*" vom Central Australian Tourism. Gute Landkarten für die Piste sind im *Department of Infrastructure, Planning and Environment* in Alice Springs (▶ s. „Alice Springs /Infos") erhältlich. Bitte beachten Sie auch die Hinweise zu Reisen im Outback (s. im ersten Teil des Buches). Im Internet sind unter www.mynrma.com.au (Outback), www.outback-guide.de und www.exploreoz.com hervorragende Informationen zusammengefasst.

Aktuelle Straßenzustände sind unter ▶ www.roadreport.nt.gov.au zu finden.

Tanami Road ▶ s. Special-Tour S. 445
(997 km)

Plenty Der Highway ist eine Abkürzung nach Mount Isa und in das zentrale
Highway Queensland. Die von Viehtransporten häufig genutzte Piste ist bis
(809 km) zur Staatsgrenze zu Queensland gut gepflegt, danach sind versteckte

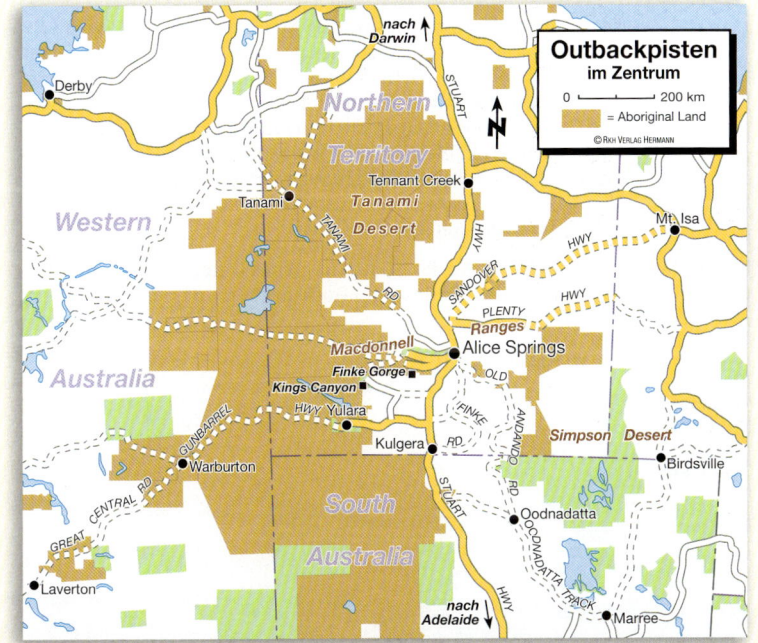

Outbackpisten
im Zentrum
0 ⊢——————⊣ 200 km
= Aboriginal Land
© RKH VERLAG HERRMANN

Bulldust-Löcher (feinster Staub) und starke Rippen (*corrugations*) keine Seltenheit, daher ist ein Allradfahrzeug ratsam.

Sandover Highway (717 km)

Die nicht asphaltierte, völlig einsame Naturstraße zweigt vom Plenty Highway nach Nordosten ab und führt entlang des Sandover Rivers nach Camooweal am Barkley Highway. Wegen der sandigen und ruppigen Passagen in Queensland ist ein robustes Allradfahrzeug ratsam.

Simpson Loop und Simpson Desert Crossing

Der 760 km **Simpsons Loop** (Rundweg) von Alice Springs zählt zu den wahren Wüstenerlebnissen. Hohe Sanddünen, historische Stätten und Aboriginal-Gemeinden verbindet der mäßig schwierige Geländewagentrack miteinander – eine Route, um das Rote Zentrum abseits der touristischen Pfade intensiv kennen zu lernen, ohne gleich eine Expedition unternehmen zu müssen.

Routenverlauf: Alice Springs – Old Andado Track/Old South Road, Santa Teresa (Aboriginal-Community, Tel. 08-89560805), MacClark Conservation Reserve (40 km nördlich von Old Andado) – Old Andado Homestead (die Heimat des Outback-Originals Molly Clark, Tel. 08-89560812) – New Crown – Apatula (Finke, Tel. 08-89560966, So. kein Sprit!) – Ewaninga Rock Carvings – Alice Springs. In Visitor Centre in Alice Springs ist für die Fahrt ein detailliertes Faltblatt erhältlich.

Die **Simpson Desert Crossing** von Mt Dare Homestead/Witjira NP nach Birdsville ist nur für erfahrene und gut ausgerüstete Allradfahrer und im Konvoi geeignet. Über rund 1300 km geht es über unzählige, teilweise schwere Sanddünen hinauf und hinunter. Viele Mietwagen- und Camperfirmen erlauben die Tour nicht! Information: Mount Dare Homestead (Tel. 08-86707835, www.mtdare.com.au), Birdsville Service Station (Tel. 07-46563226, www.birdsvilleroadhouse.com.au). Vom 1. Dez.–15. März ist die Wüste für Wüstentouristen wegen der hohen Temperaturen geschlossen!

Oodnadatta Track

(u s. „Alternativstrecke: Südaustralisches Outback, Alice Springs – Adelaide auf dem Oodnadatta Track und durch die Flinders Ranges", ▶ s.S. 527)

Great Central Road und Gunbarrel Highway (1400 km)

▶ s. Special-Tour S. 198

South Australia

Überblick
Mit einer Ausdehnung von 984.000 qkm und einer 3700 km langen Küstenlinie ist Südaustralien der drittgrößte Staat Australiens. Auf der gesamten Fläche leben nur 1,6 Mio. Menschen, die sich hauptsächlich in der südöstlichen Ecke des Landes konzentrieren. Die größten Städte des Landes sind Adelaide (1,3 Mio. Ew.), Elizabeth (25.600 Ew.) sowie Mt Gambier (23.600 Ew.).

Geografie/ Klima
South Australia (SA), der trockenste Staat des trockensten Kontinents teilt sich in zwei völlig konträre Hälften. Der stark besiedelte und durch den Murray River bestens bewässerte südliche Teil mit der Hauptstadt Adelaide sowie den kaum bevölkerten, extrem trockenen nördlichen Teil.

Landschaftlich bietet Südaustralien viel Abwechslung. Dramatische Steilküsten im Westen des Bundesstaates an der Great Australian Bight, verführerische Strände an der Küste und fruchtbare Regionen im Hinterland (Weinbau, Obstanbau) kennzeichnen den Süden. Im südlichen Landesteil herrscht mediterranes Klima mit warmen Sommern und kühlen Wintern.

Doch über 80% der südaustralischen Fläche wird dem Outback zugerechnet, eine schier endlose Mischung aus Steppe und Wüste. Dort dominiert typisches kontinentales Wüstenklima: trockene, sehr heiße Sommer und warme Wintern mit kalten Nächten.

Wirtschaft
Wirtschaftliche Faktoren des Staates sind Landwirtschaft (Weizen, Gemüse, Wein, Fleisch und Wolle), die Verarbeitung von Eisen und Stahl sowie die Produktion von Motoren, Fahrzeugen und Elektronikbauteilen. Der Abbau von Bodenschätzen (Kupfer, Kohle, Eisen, Blei,

Rawnsley Park Station, Flinders Ranges

ASP ▶ ADL

Zink, Uran, Gold, Silber und Edelsteine) trägt zu 2% des Bruttosozial-
produkts bei.

Highlights   Zu den Highlights Südaustraliens zählen die landschaftlichen Schön-
heiten der Flinders Ranges und die Outback-Routen, das skurrile
Opalstädtchen Coober Pedy, die saftig grünen Hügel der Weinanbau-
gebiete Clare und Barossa Valley, die Tiervielfalt auf Kangaroo Island,
der längste Fluss des Kontinents Murray River und natürlich die
Hauptstadt Adelaide.

Internet-   **Fremdenverkehrsbüro Südaustralien:**
Infos   www.southaustralia.com und www.tourism.sa.gov.au
Nationalparks: www.environment.sa.gov.au

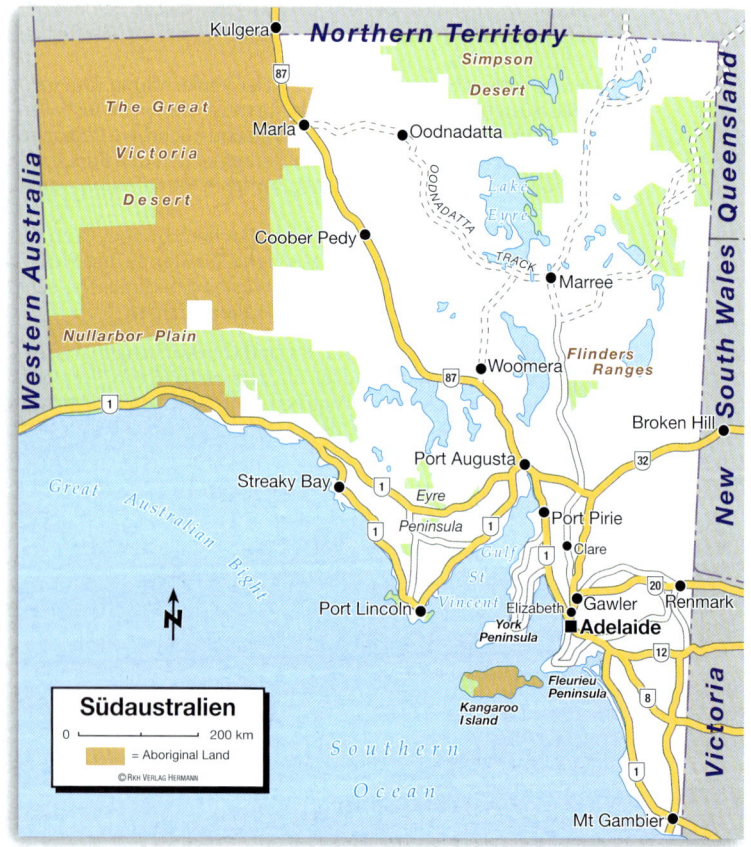

Von Alice Springs nach Adelaide auf dem Stuart Highway

Überblick   Die Reise auf dem gut ausgebauten **Stuart Highway** nach Adelaide ist durch lange Distanzen (insgesamt 1554 km) durch menschenleere Gegenden gekennzeichnet. Südlich der Grenze zwischen dem Northern Territory und South Australia ist die skurrile Opalstadt **Coober Pedy** das einzige wirkliche Highlight.

Interessanter und abwechslungsreicher ist die Naturstraße **Oodnadatta Track** ab Marla (▶ s.S. 527 „Alternativstrecke: Südaustralisches Outback, Alice Springs – Adelaide auf dem Oodnadatta Track und durch die Flinders Ranges"). Der Besuch der **Flinders Ranges** sollte wegen seiner einzigartigen Landschaftsformen und reichen Tierwelt nicht fehlen. Die Anfahrt nach Wilpena Pound ist von Süden her asphaltiert. Das Weinbaugebiet **Clare Valley** bietet mit seinen grünen Reben eine willkommene Abwechslung nach rotem Sand und weißen Salzseen, bevor Adelaide erreicht wird.

Hinweis   Obwohl der Stuart Highway relativ „belebt" befahren wird, ist und bleibt es wegen der großen Distanzen zwischen den einzelnen Rasthäusern sinnvoll, ausreichenden Wasservorrat mitzuführen (mind. 5 l pro Person) und frühzeitig zu tanken. Bleiben Sie im Falle einer Panne beim Fahrzeug, bis Hilfe eintrifft. Laufen Sie nicht los – es gibt weit und breit keinen Schatten!

Üblicherweise kann die Reisezeit dank konstanter Durchschnittsgeschwindigkeiten exakt geplant werden. Für 600 km benötigt man bei konstant 100 km/h genau 6 Stunden. Staus, Ampeln und Kreuzungen sind unbekannt.

Etappenvorschlag Alice Springs – Adelaide

6 Tage   **„Highway-Route", Gesamtstrecke 1818 km**

1. Tag:	Alice Springs – Coober Pedy (678 km)
2. Tag:	Coober Pedy – Port Augusta (536 km)
3. Tag:	Port Augusta – Wilpena (Flinders Ranges National Park) (158 km)
4. Tag:	Flinders Ranges National Park
5. Tag:	Wilpena – Clare Valley (312 km)
6. Tag:	Clare Valley – Adelaide (134 km)

Wer zuvor noch eine Rundfahrt durch das Rote Zentrum (West Macs – Kings Canyon – Ayers Rock) einbindet, muss entsprechend großzügiger planen! Die Sehenswürdigkeiten entlang des Stuart Highway von Alice Springs bis zur Kreuzung Erldunda (Abzweig zum Uluru-Kata Tjuta National Park) sind im Kapitel „Rundreisen im Roten Zentrum" beschrieben.

ASP ▶ ADL

Das Rasthaus **Kulgera** mit Campingplatz (Tel. 08-89560973) und Polizeistation liegt 20 km nördlich der Grenze zu South Australia. Nach Osten führt eine Piste nach **Finke (Apatula)**, Ausgangsort für Touren in die **Simpson Desert.**

Marla ist ein Roadhouse mit Motel (Tel. 08-86707001) und nördlicher Startpunkt des **Oodnadatta Track**. Das Opalfeld *Mintibie* 35 km westlich ist ebenfalls über eine Piste von Marla aus erreichbar.

Bei **Cadney Homestead Roadhouse** (Tel. 08-86707994) lohnt ein Abstecher (125 km Piste) zur **Painted Desert,** einem Gebiet mit farbenprächtigen Tafelbergen. Cabins und Buschcamping werden in Copper Hills (Tel. 08-86707995, 32 km östlich von Cadney) angeboten. Vom Roadhouse werden Flüge über die Wüste offeriert.

Coober Pedy

Die Opalstadt Coober Pedy zählt zu den bekanntesten Outbackstädten Australiens. Immer wieder wird über die kleine Gemeinde mit ihren opalbesessenen Einwohnern berichtet. Der Name der Stadt („kupa piti") stammt von den Aboriginal People und bedeutet „weißer Mann im Loch". Der Ausdruck beschreibt den Ort ausgesprochen treffend, da mehr als die Hälfte der 4000 Einwohner in ihren unterirdischen „Dugouts" leben oder unter Tage den regenbogenfarbenen Edelstein suchen. Wegen der extremen Außentemperaturen im Outback – im Sommer steigt das Quecksilber auf bis zu 50 °C, in Winternächten sinkt es bis auf den Gefrierpunkt – sind die Wohnhöhlen im meterdicken Sandstein mit konstanten Raumtemperaturen um die 22 °C ideale Unterkünfte. Neben Dugouts zerlöchern über 250.000 Minenschächte die Region.

1915 fand der 14jährige Willie Hutchison in der trockenen Landschaft den ersten Opal. Die Kunde verbreitete sich schnell und bald darauf kamen Glückssucher aus mehr als 50 Ländern in die Region. Bis heute verleiht das bunt gemischte Völkchen dem kuriosen Nest seinen besonderen Charme. An der Methode des Opalsuchens hat sich wenig verändert. Löcher werden in die Erde gesprengt, um den Edelstein zu finden. Der Abraum wird an der Oberfläche zu charakteristischen „Maulwurfshügeln" aufgeschüttet. Die Löcher werden in der Regel nicht wieder zugeschüttet, so dass bei Rundgängen Vorsicht geboten ist.

Touristen können ihr Glück auf den Abraumhalden der Minen versuchen und mit Sieb und Schaufel „noodeln". Achtung, es besteht Suchtgefahr – wer einmal einen dieser glänzenden Opale entdeckt hat, kann schwer wieder von der schweißtreibenden und staubigen Tätigkeit ablassen.

Infos   **Vistor Centre**, Hutchison St, Tel. 1-800-637076 oder 08-86725298, Mo–Fr 8.30–17 Uhr Sa/So 10–13 Uhr, www.opalcapitaloftheworld.com.au. Informiert über Touren und die Möglichkeit zum „noodling" (Opale suchen).

Opale

In den Binnenmeeren des großen australischen Beckens lagerten sich in der Kreidezeit (135–70 Mio. Jahre vor heute.) und den nachfolgenden Jahrmillionen Kalk, Sandstein und Ton ab. Aus diesen Schichten laugten unterirdische Rinnsale und Grundwasserläufe Kieselsäure aus. Diese floss durch die Spalten der Sedimente und sammelte sich zu kleinen und großen Linsen auf der undurchlässigen Tonschicht. Durch fortlaufende Wasseranreicherung und -verdunstung entstand ein Gel, das sich letztendlich zum Opal verfestigte. Sucht man Opale, so forscht man tatsächlich nach opalführenden Hohlräumen ehemaliger Meere, Vulkane, Wasserläufe und Seen.

Das außergewöhnliche Farbenspiel des Opals beruht auf der Struktur des Minerals. Die regelmäßig angeordneten Silziumdioxidkügelchen, deren Durchmesser in etwa der Wellenlänge des sichtbaren Lichts entspricht und Wasser, das in den Zwischenräumen lagert, lassen den Opal leuchten. Wenn Licht auf die Anordnung trifft, wird es gebeugt und in seine Spektralfarben zerlegt.

Aufgrund der Farbvielfalt spricht man auch von Regenbogensteinen. 95% aller weltweit geförderten Opale stammen aus Australien. Der Großteil wird nach Asien verkauft und dort zu Schmuck verarbeitet.

Am wertvollsten sind die Schwarzen Opale, die in Lightning Ridge in New South Wales gefunden werden. Auf der Preisskala folgen die Boulder-Opale aus Queensland. Die größte Menge bilden die günstigsten Edelsteine, die hellen Light Opals, die aus Coober Peedy, Andamooka (SA) und White Cliffs (NSW) stammen. Neben den Solid Opals werden auch Doubletten verkauft, die dünne Opalschicht wird dann mit einem dunklen Untergrund beklebt. Bei Tripletten wird auf die Opalschicht noch eine Quarzlage aufgebracht, um die Farbintensität der Steine zu erhöhen.

Warnschild bei den Opalfeldern

ASP ▶ ADL

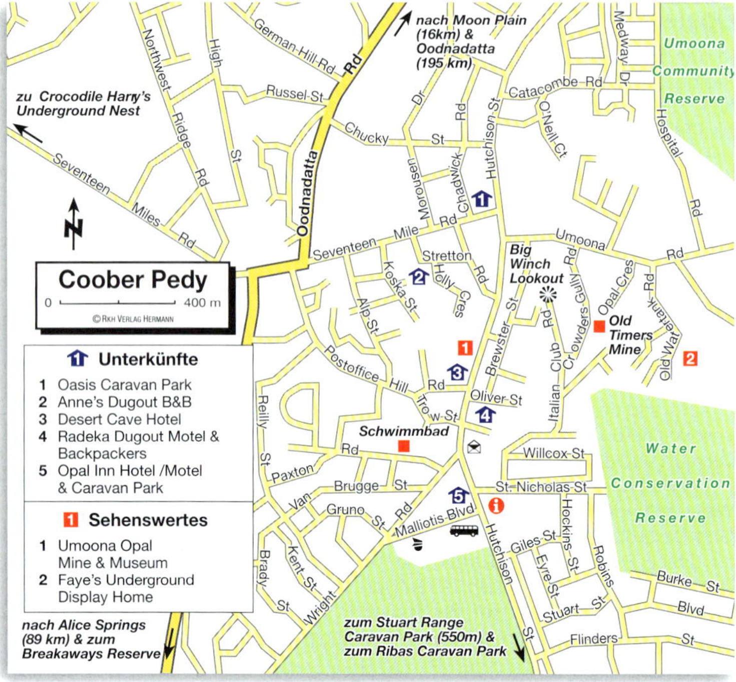

Coober Pedy

nach Moon Plain
(16km) &
Oodnadatta
(195 km)

zu Crocodile Harry's
Underground Nest

0 _____ 400 m
© RKH VERLAG HERMANN

⬆ Unterkünfte

1 Oasis Caravan Park
2 Anne's Dugout B&B
3 Desert Cave Hotel
4 Radeka Dugout Motel &
   Backpackers
5 Opal Inn Hotel /Motel
   & Caravan Park

🔴 Sehenswertes

1 Umoona Opal
   Mine & Museum
2 Faye's Underground
   Display Home

nach Alice Springs
(89 km) & zum
Breakaways Reserve

zum Stuart Range
Caravan Park (550m) &
zum Ribas Caravan Park

Big Winch Lookout

Old Timers Mine

Schwimmbad

Water Conservation Reserve

Umoona Community Reserve

Unterkunft und Camping

*** **Desert Cave Hotel**, Hutchison St, Tel. 08-86725688. Das beste Hotel der Stadt, Zimmer über und unter der Erde, Pool.

*** **Opal Inn Hotel/Motel/Caravan Park,** Hutchison St, Tel. 08-86725054. Mittelklassehotel mit angeschlossenem Campingplatz.

* **Radekas Dugout Motel & Backpackers,** Hutchison St, Tel. 08-86725223. Budget-Unterkunft mit vielen Aktivitäten.

* **Anne's Dugout B&B,** Koska St, Tel. 08-86725541. Kleine Frühstückspension unter der Erde.

Stuart Range CP, Yanikas Drv, Tel. 08-86725179. Zentraler Campingplatz mit wenig Schatten.

Riba's Caravan Park and Underground Campground, William Creek Rd, etwa 5 km südlich der Stadt, Abzweig vom Stuart Highway, Tel. 08-86725614. Kleiner, persönlich geführter Platz mit vielen Informationen zum Thema Mining und Touren durch die eigene Mine.

Geführte Touren

Ein echtes Outbackerlebnis ist der empfehlenswerte Tagesausflug **„Mail Run"**, der jeden Montag und Donnerstag in Coober Pedy beginnt und endet. Mit dem Postboten geht es im Geländewagen auf einer etwa 800 km langen Tour zu abgelegenen Outback-Farmen. Der Postmann weiß auf der 12stündigen Tour allerhand Geschichten zur Region und über deren Bewohner zu erzählen. Reservierung unter Tel. 08-86725226, www.mailruntour.com oder im Visitor Centre in Coober Pedy.

Rundflüge   Einen perfekten Rundblick über die Stadt und die bizarre Umgebung erhält man bei einem Rundflug. Opal Air, Tel. 08-86707997, www.opalair.com.au, bietet auch ausgedehnte Rundflüge (Painted Desert, Odnadatta etc.) an.

Stadtbesichtigung

Einen hervorragenden Rundblick über die unendlich vielen Minen und die Stadt hat man vom Big Winch Lookout. Mehr zum Thema „Mining" erfahren Sie in der Old Timers Mine (Crowders Gully Rd) und im Umoona Opal Mine and Museum (Hutchison St). Spannend ist der Besuch spezieller Dugouts wie das Underground Nest des exzentrischen Crocodile Harry (17 Mile Rd, 5 km nordwestlich der Stadt) oder Fayes Underground Home.

Wer mehr zur Suche und Verarbeitung von Opalen wissen möchte, sollte an der **Riba's Evening Mine Tour** teilnehmen (Wiliam Creek Rd, 4 km südlich am Stuart Hwy, tägl. 19.30 Uhr).

Jedes Jahr findet zu Ostern das *Opal Festival* mit viel Rummel, Geschichten und einem Festumzug statt. Im Oktober steht das *Coober Pedy Race* auf dem Veranstaltungskalender – Wettläufe, Motorrad-, Fahrrad- und Autorennen bringen das ganze Städtchen auf Trab.

Weiter auf dem Stuart Highway

253 km südlich von Coober Pedy liegt der nur 20 Einwohner zählende Ort **Glendambo,** kaum mehr als ein Roadhouse, das über ein ordentliches Motel (08-86721030) und einen Campingplatz verfügt (Tel. 08-86721035). Für Outback-Enthusiasten beginnt hier die Rundfahrt durch die **Gawler Ranges**. Route: Glendambo – Kingoonya (Bahnstation) – Lake Gairdner – Gawler Ranges NP – Wudinna (Eyre Hwy) sowie das Allradabenteuer Googs Track (▶ s. Exkurs S. 580).

ASP ▶ ADL

Abstecher vom Stuart Highway

An der Roadhouse-Kreuzung **Pimba** zweigt eine Straße in nördl. Richtung nach Woomera (6 km), Roxby Downs (81 km) u. Andamooka (111 km) ab.

Woomera wurde 1948 als Militärsiedlung gegründet. Ihr Zweck waren britische Atombombenversuche, die von 1953 bis 1964 in der südaustralischen Wüste stattfanden. Die wenig rühmliche Nutzung der Sperrgebiete wird bis heute gerne verschwiegen, denn die in der Gegend lebenden indigene Australier, wie auch zahlreiche Soldaten und Mitarbeiter erlitten durch die insgesamt neun gezündeten Bomben erhebliche Strahlenschäden. Eine Kompensation wurde den

Ureinwohnern nach zähen und langjährigen Gerichtsverhandlungen erst 1999 zugesprochen. Für die Öffentlichkeit ist Woomera seit 1982 zugänglich.

Im **Woomera Heritage Centre** und im **Missile Park** befinden sich Ausstellungen zu Raketen, Flugzeugen und der postmodernen Nutzung der Abschussrampen für Satellitenstarts (tägl. 9–17 Uhr). Weltweite Aufmerksamkeit erhielt die Stadt in den späten 1990er Jahren wegen der inmitten der Wüste gelegenen Flüchtlingscamps für südostasiatische Bootsflüchtlinge (Boat People). Wer das militärische Sperrgebiet mit den alten Abschussrampen und dem Grab Len Beadells betreten will, muss sich einer geführten Tour anschließen.

Die moderne Minenstadt **Roxby Downs** ist die Heimat der Arbeiter, die in der riesigen **Olympic Dam Mine** arbeiten. Kupfer, Gold, Silber und vor allem Uran werden im Tagebau gewonnen. Touren organisiert das Visitor Centre (Mo, Do, Sa). Unterkünfte aller Art sind in Roxby Downs vorhanden (Visitor Centre, Tel. 08-86712001, www.roxbydowns.com). Eine asphaltierte Straße (30 km) führt weiter in das am ausgetrockneten Salzsee Lake Torrens gelegene **Andamooka,** ein kurioses Opalnest.

Folgt man von Roxby Downs der Piste nach Norden, so gelangt man nach 122 km auf den Oodnadatta Track.

Port Augusta

Auf dem *Stuart Highway* ist die Stadt **Port Augusta** (15.000 Ew.) bald erreicht. Aus dem Outback kommend, erscheint die moderne Stadt am nördlichsten Zipfel des Spencer Golfs mit ihren Geschäften und Hotels als leuchtend und lebhaft. Sie ist ein wichtiger Verkehrsknotenpunkt für den *Stuart Highway* und den nach Westen führenden *Eyre Highway*. Ein guter Stadtblick bietet sich vom **Water Tower Lookout** in der Mitchell Terrace.

Das **Wadlata Outback Interpretive Centre**, welches auch das Tourist Office beherbergt, bietet eine hervorragende Ausstellung zur Ureinwohner- und Kolonialgeschichte sowie wichtige Informationen zum Outback. Der **Royal Flying Doctor Service** kann auf der Basis (4 Vincent St, Führungen Mo–Fr 10 und 15 Uhr) besucht werden. An Schultagen, jeweils um 10 Uhr, bietet die **School of the Air** (59 Power Crescent) Touren an.

Am nördlichen Rand der Stadt liegt der **Australian Arid Lands Botanic Garden** (Stuart Hwy, Mo–Fr 9–17Uhr, Sa/So 10–16 Uhr). Im großen Park mit Wanderwegen, Café und Informationstafeln sind Flora und Vögel des Outbacks beheimatet.

Infos **Tourist Office/Wadlata Outback Centre,** 41 Flinders Tce, Tel. 08-86419193, www.wadlata.sa.gov.au, Mo–Fr 9–17.30 Uhr, Sa/So 10–16 Uhr. Gute Informationsquelle zu den Flinders Ranges und den Outback-Regionen entlang des Stuart Hwy, sowie zur Eyre Peninsula.

Nationalparkbehörde (NPWS), 9 Mackay St, Tel. 08-86485300. Auskünfte zu den Parks der Umgebung, der Eyre Peninsula und der Nullarbor Plain.

Automobilclub   **RAA**, 91 Commercial Rd, Tel. 08-86422576, Mo–Fr 9–17 Uhr

Unterkunft und Camping   *** **Comfort Inn Augusta Westside,** 1–3 Loudon Rd, Tel. 08-86422701. Mittelklassehotel und Motel am Wasser, mit Restaurant und Pool.
Port Augusta Big 4 Holiday Park, Ecke Eyre Hwy/Stokes Tce, Tel. 1-800-833444. Komfortabler Campingplatz mit Bungalows, Cabins und Schwimmbad.

Abstecher in den Flinders Ranges National Park

7 km südlich von Port Augusta zweigt die Straße „B47" nach Quorn und Hawker in den Flinders Ranges National Park ab. Die Strecke bis Wilpena, dem Zentrum des großartigen Nationalparks, ist von Süden kommend komplett asphaltiert (150 km). Der Nationalpark und dessen Umgebung ist im Kapitel „Alternativstrecke: Südaustralisches Outback, Alice Springs – Adelaide auf dem Oodnadatta Track und durch die Flinders Ranges" näher beschrieben.

Weiterfahrt nach Adelaide durch das Clare Valley

Wer es eilig hat, folgt dem Highway A1 auf direktem Weg von Port Augusta nach Adelaide (320 km). Absolut lohnend ist der kurze Abstecher und/oder eine Übernachtung in den westlichen Teil des Mt Remarkable National Park (48 km südlich von Port Augusta). Vom wunderschönen, am Fluss gelegenen Nationalpark-Cam-pingplatz (mit Duschen) starten Wanderwege in verschiedensten Längen. Besonders am frühen Abend und in den Morgenstunden tummeln sich hier zahlreiche Kängurus, Wallabies und Emus.

Die abwechslungsreichere Route in die Hauptstadt Südaustraliens ist die B82 (Main North Rd). Sie führt durch die südlichen Flinders Ranges und durch das Weinbaugebiet Clare Valley.

Über den **Horrocks Pass** (schöner Aussichtspunkt) führt die Straße nach **Wilmington**, dem Ausgangspunkt für Ausflüge in den **Mt Remarkable National Park**. Der felsige, zuweilen mit steilen Rampen versehene Park umfasst die Bergkette der Mt Remarkable Range zwischen **Wilmington** und **Melrose**. Von Wilmington aus ist die **Alligator Gorge Section** des Parks mit zahlreichen Wanderwegen und Campingstellen erreichbar. Vom südlicher gelegenen Örtchen Melrose gelangt man zum eigentlichen **Mt Remarkable** (960 m). Eine vierstündige, anstrengende Wanderung führt zum Gipfel. Infos zu Wanderwegen und Campingplätzen sind jeweils an den Parkeingängen erhältlich.

Tipp für Mountain-biker   In Melrose bietet der Fahrradladen und Touranbieter *Over The Edge* (6 Stuart St, Melrose, Tel. 08-8666 2222, www.otesports.com.au) erlebnisreiche und z.T. anspruchsvolle Biketouren am Mt Remarkable an.

ASP ▶ ADL

Clare Valley

Über die kleinen, sehr ländlichen Gemeinden Murray Town, Wirrabara, Laura und Gladstone führt die B82 in das **Clare Valley.** Das zweitwichtigste Weinanbaugebiet Südaustraliens (nach dem Barossa Valley) erstreckt sich über mehr als 30 km, von Clare im Norden bis zum südlich gelegenen Städtchen **Auburn.**

In **Clare** können u.a. die Winzereien „Knappstein Wines" (2 Pionieer Ave) und „Leasingham" (7 Dominic St) besichtigt werden. Im Familienbetrieb „Bentleys Hotel" (191 Main Rd, Tel. 08-8421700) und auf dem „Clare Caravan Park" (Main North Rd, Tel. 08-88422724) können Sie übernachten.

In **Sevenhill** befindet sich das älteste Weingut des Tals. Der 1851 in Betrieb genommene „Sevenhill Cellar" wird noch heute von Jesuiten geführt und produziert hauptsächlich Wein für das Sakrament. Im alten Sandsteingebäude werden Weinproben angeboten (Mo–Sa 9–16 Uhr). Das stilvoll eingerichtete B&B-Haus „Thorn Park Country House" (College Rd, Tel. 08-88434304) von 1850 gilt als exklusive Unterkunft.

Ebenfalls empfehlenswert ist das Skillogalee House B&B (Hughes Park, Sevenhill, Tel. 08-88434311, www.skillogalee .com.au), ein Weingut in einer Landschaft, die dem Elsass gleicht. Das alte Farmhaus ist liebevoll renoviert.

In **Watervale** befinden sich noch mehr kleinere Winzereien, u.a. die sehr nette „Crabtree of Watervale" (North Tce, tägl. 11–17 Uhr). Alljährlich im Mai findet im Tal das **Clare Valley Gourmet Weekend** in den Weinbetrieben statt. Schlemmen, trinken und genießen ist das Motto der Veranstaltung. Informationen zu Weinproben, Übernachtungsmöglichkeiten und Wanderungen sind im **Clare Valley Visitor Centre** erhältlich (Ecke Main North Rd/ Spring Gully Rd, beim Campingplatz, Tel. 08/88422131, www.clarevalley.com.au).

Port Augusta –
Clare Valley –
Adelaide

0 ——— 20 km
© RKH VERLAG HERMANN

Alternativstrecke: Südaustralisches Outback

Alice Springs – Adelaide auf dem Oodnadatta Track und durch die Flinders Ranges

Überblick   Mit einem Allradmietwagen oder Allrad-Camper ist die Fahrt auf der gepflegten Naturstraße Oodnadatta Track (Schotter sowie einige sandige Passagen) kein Problem. Die Piste ist eine hervorragende, landschaftlich und geschichtlich interessante Alternative zum eher leidenschaftslosen *Stuart Highway*.

Die Zufahrt zur Ortschaft Oodnadatta, dem Ausgangspunkt des Tracks erfolgt über den Stuart Highway bei **Marla** (453 km südlich von Alice Springs). Liebhaber von Einsamkeit und Wüste wählen das nördlich gelegene **Kulgera** als Einstieg (Stuart Hwy, 274 km südlich von Alice Springs) und fahren über die Aboriginalgemeinde **Finke** und den **Witjira NP** am Rande der Simpson Desert.

Der 600 km lange Oodnadatta Track führt von Marla (*Stuart Hwy*) nach Marree, wo auch der Birdsville Track seinen Anfang nimmt. Einsame, bizarr anmutende Ortschaften wie Oodnadatta oder **William Creek** und Wüstenlandschaften mit markanten Punkten wie dem ausgetrockneten **Salzsee Lake Eyre** lassen keine Langeweile aufkommen. In **Marree** beginnt mit den nördlichen Flinders Ranges eine der ältesten Landschaften der Erde. Highlight ist ein Besuch von **Arkaroola** und **Wilpena Pound**.

Übernachtungen sind auf Farmen, in Pubs und Hotels möglich. Wesentlich schöner ist es jedoch, die Nächte in einem selbst gewählten Bushcamp oder auf herrlich gelegenen Nationalpark-Campingplätzen zu verbringen.

Routenvorschlag Alice Springs – Adelaide

14 Tage   **Mit dem Allradfahrzeug (mit Rotem Zentrum), Gesamtstrecke ca. 2930 km**

1. Tag:	Alice Springs – West MacDonnell Ranges (200 km)
2. Tag:	West MacDonnell Ranges – Kings Canyon (186 km)
3. Tag:	Kings Canyon – Ayers Rock (305 km)
4. Tag:	Ayers Rock
5. Tag:	Ayers Rock – Erldunda – Kulgera (322 km)
7. Tag:	Kulgera – Witjira NP (328 km)
8. Tag:	Witjira NP – Oodnadatta – William Creek (382 km)
9. Tag:	William Creek – Marree – Lyndhurst – Leigh Creek – Arkaroola (454 km)
10. Tag:	Arkaroola
11. Tag:	Arkaroola – Flinders Ranges NP (220 km)
12. Tag:	Flinders Ranges NP

| 13. Tag: | Flinders Ranges NP – Mt Remarkable NP – Clare Valley (377 km) |
| 14. Tag: | Clare Valley – Adelaide (150 km) |

8 Tage   **Mit dem Allradfahrzeug (ohne Rotes Zentrum),**
Gesamtstrecke ca. 2075 km

1. Tag:	Alice Springs – Marla (Stuart Hwy, 453 km)
2. Tag:	Marla – William Creek (Oodnadatta Track, 413 km)
3. Tag:	William Creek – Arkaroola (454 km)
4. Tag:	Arkaroola
5. Tag:	Arkaroola – Flinders Ranges NP (220 km)
6. Tag:	Flinders Ranges NP
7. Tag:	Flinders Ranges NP – Clare Valley (377 km)
8. Tag:	Clare Valley – Adelaide (150 km)

Hinweis   Die Highway-Route von Alice Springs bis Marla ist im Kapitel „Von Alice Springs nach Adelaide auf dem Stuart Highway" beschrieben.

Nationalpark-Gebühren in Südaustralien

Für den Zutritt in über 300 Nationalparks in Südaustralien ist jeweils eine Eintrittsgebühr fällig. Hält man sich länger auf und besucht mehrere Nationalparks, dann lohnt der Kauf eines *Park Pass*. Es gibt drei verschiedene Arten:

Der **Desert Park Pass** ist für folgende Schutzgebiete notwendig: Simpson Desert, Innamincka Regional Reserve, Coongie Lakes National Park, Lake Eyre National Park, Witjira National Park, Tallaringa Conservation Park, Wabma Kadarbu Mound Springs Conservation Park (kein Camping), Strzelecki Regional Reserve. Im Pass ist die Campingerlaubnis inklusive. Der Desert Park Pass ist in allen Nationalparkbüros in Südaustralien und an der Mount Dare Homestead, Innamincka Trading Post, Marree General Store, William Creek Hotel sowie im Oadnadatta Roadhouse erhältlich (A$ 150 p. Fahrzeug, 1 Jahr gültig). Wer nur eine oder zwei Nächte bleibt, z.B. in Dalhousie Springs, kann auch ein einzelnes Campingpermit kaufen.

Für alle anderen Nationalparks ist ein sogenannter **Multi Pass bzw. Holiday Pass** notwendig. Beide Pässe gibt es mit oder ohne Campingplatzgebühren. Der Multipass (A$ 90, nur Eintritt, A$ 180 mit Camping) gilt 365 Tage, der Holiday Pass (A$ 40, nur Eintritt, A$ 80 mit Camping) 60 Tage.

Für die Parks auf Kangaroo Island ist immer eine separate Eintrittsgebühr in Form des **Kangaroo Island Pass** (▶ s. S. 564) zu bezahlen. Alle Pässe und weitere Informationen sind in den Nationalparkbüros oder unter www.parks.sa.gov.au/parks erhältlich.

Über die Old South Road von Alice Springs durch den Witjira National Park nach Oodnadatta

„Off the beaten track", abseits der touristischen Hauptrouten, kann auf der **Simpson Desert Loop Road** (▶ s. Outbackpisten im Zentrum) das erste Stück gefahren werden. Die Fahrt beginnt auf der Old South Road, die entlang der alten Zugstrecke bis zur ehemaligen Eisenbahnsiedlung Finke führt (243 km).

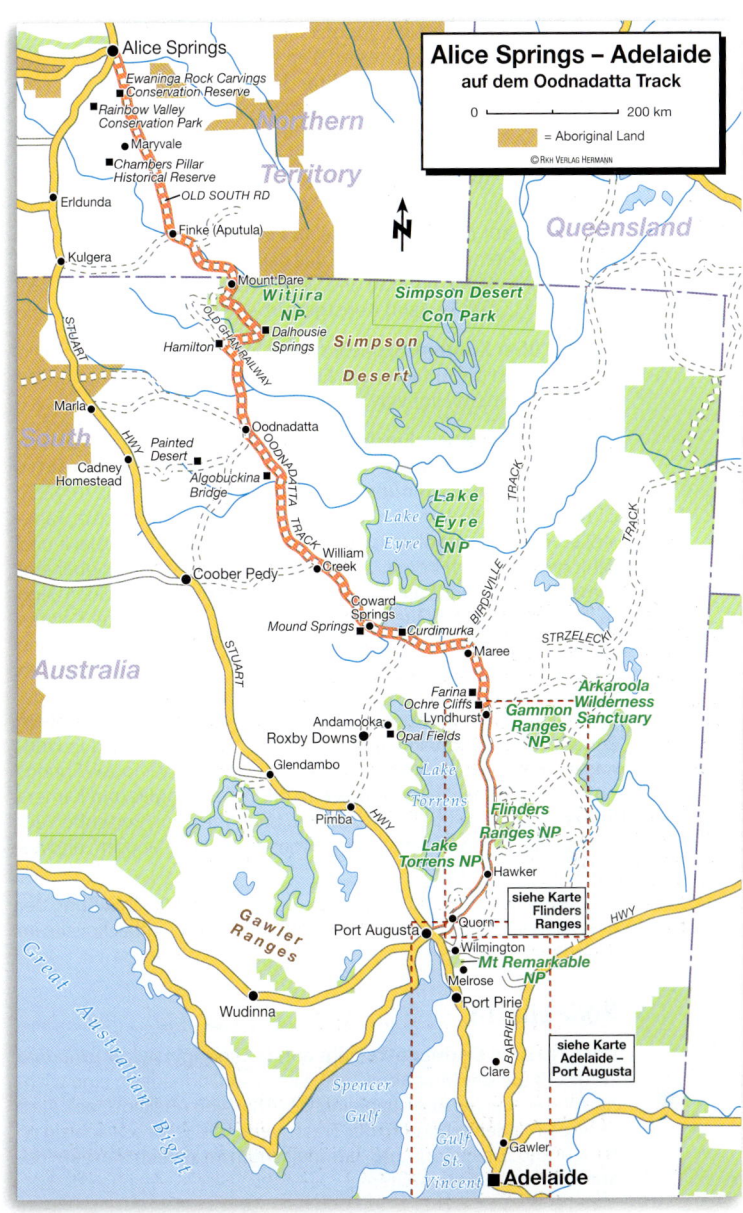

Alice Springs – Adelaide
auf dem Oodnadatta Track

0 —————— 200 km

= Aboriginal Land

© RKH VERLAG HERMANN

Alice Springs

Ewaninga Rock Carvings
Conservation Reserve
Rainbow Valley
Conservation Park
Maryvale
Chambers Pillar
Historical Reserve
OLD SOUTH RD

Northern
Territory

Queensland

Erldunda

Finke (Aputula)

Kulgera

Mount Dare

Witjira
NP

Simpson Desert
Con Park

OLD GHAN RAILWAY

Dalhousie
Springs

Hamilton

Simpson

Desert

Marla

South

Painted
Desert

Oodnadatta

Cadney
Homestead

Algobuckina
Bridge

OODNADATTA TRACK

Lake
Eyre

Lake
Eyre
NP

William
Creek

Coober Pedy

Coward
Springs

BIRDSVILLE TRACK

STRZELECKI

Mound Springs

Curdimurka

Maree

Australia

STUART

Arkaroola
Wilderness
Sanctuary

Farina
Ochre Cliffs
Lyndhurst

Gammon
Ranges
NP

Andamooka
Opal Fields

Roxby Downs

Glendambo

Lake
Torrens

Flinders
Ranges NP

Pimba

HWY

Lake
Torrens NP

Hawker

Gawler
Ranges

Port Augusta

Quorn

siehe Karte
Flinders
Ranges

HWY

Wilmington

Mt Remarkable
NP

Melrose

Wudinna

Port Pirie

Great

Australian

BARRIER

siehe Karte
Adelaide –
Port Augusta

Clare

Bight

Spencer

Gulf

Gulf
St.
Vincent

Gawler

Adelaide

39 km südlich von Alice Springs sind die Aboriginal-Felsgravuren in **Ewaninga,** die zu den ältesten Werken im Zentrum zählen, ein lohnender Stopp. **Chambers Pillar Historical Reserve** (44 km, Campingmöglichkeit) bietet mit dem 50 m hohen, erodierten Sandsteinturms ein reizvolles Fotomotiv in der Morgen- und Abendstunden. John *McDouall Stuart* entdeckte den bizarren Landmarker 1860. Später, als die alten, mittlerweile verfallenen Bahngleise des alten Ghan hier entlang führten, war der Turm eine markante Abwechslung auf der langen Reise. In **Finke** (bzw. **Apatula,** wie die Aboriginal-Gemeinde heute offiziell heißt), besteht die Möglichkeit zum Tanken (Sa Nachmittag und So geschlossen! Tel. 08-89560966). Ein kleiner Laden verkauft Kunstgewerbe der Einwohner.

Zufahrt über Kulgera: Schneller und komfortabler als über die Old South Road ist die Anfahrt nach **Finke** (422 km) über das Roadhouse Kulgera am Stuart Highway (274 km südlich Alice Springs).

Von Finke führt eine schmale und bisweilen sehr steinige Piste nach Süden, über **New Crown** (Tankstelle, nur Bargeld), die **Charlotte Waters Ruinen** zur **Mount Dare Homestead** (Tel. 08-86707835). Die ehemalige Rinderfarm mit Laden, Pub, Telefon, Landepiste, Tankstelle und Campingplatz ist eine Oase im einsamen Outback und zählt geographisch bereits zum **Witjira NP** Weitere 90 km über einsame *Gibber Plains* (Ebenen aus zusammengepressten Steinen) sind es bis zu den heißen Quellen **Dalhousie Springs.** Die unter Palmen gelegenen warmen Pools sind die größten und aktivsten artesischen Quellen (Mound Springs) in Australien. Bei Sonnenuntergang bieten sie herrliche Entspannung unter fantastischem Sternenhimmel. Ein einfacher Campingplatz ist vorhanden. Für den Nationalpark ist ein Permit notwendig (inkl. Camping), das in Mount Dare und in Oodnadatta erhältlich ist. Auf der Strecke von und nach Dalhousie Springs queren häufig ganze **Kamelherden** die Piste. Fernglas und Kamera bereit halten! Das übelste Stück Weg begegnet dem Reisenden auf der sehr steinigen Etappe bis Hamilton – unbedingt langsam und reifenschonend fahren!

Hinweis: Dieser Streckenabschnitt ist nicht von der Schließung der Simpson Desert im Sommer betroffen (s.o. Kasten „Outbackpisten im Zentrum")

Oodnadatta

Der Ortsname **Oodnadatta** geht auf das Aboriginalwort *Utnadata* zurück (Blüte des Mulgabusches). Einst war Oodnadatta eine wichtige Station auf der alten Bahnlinie des Ghan von Adelaide nach Alice Springs. Mit der Verlegung der Trasse verlor die Stadt schlagartig an Bedeutung. Ein historisches Sammelsurium im kleinen Museum dokumentiert die Geschichte.

Der wichtigste Treffpunkt der Gemeinde, dessen 150 Bewohner hauptsächlich Aboriginal People sind, ist das **Pink Roadhouse** (Tel. 1-800-802074 oder 08-86707822, www.pinkroadhouse.com.au). Das nicht zu übersehende, pinkfarben gestrichene Rasthaus beinhaltet Laden, Restaurant, Tankstelle, Campingplatz und einige einfache Zimmer. Die selbstgemalten Straßenkarten (Mud Maps) der ehemaligen Besitzer des Rasthauses sind im Roadhouse für ein paar Dollar erhältlich. Handgemalte und fotogene Wegweiser machen unterwegs auf Sehenswürdigkeiten aufmerksam.

Auf dem Oodnadatta Track nach Süden

Auf der Piste geht es von Oodnadatta weiter nach Süden. Dabei passiert man die monumentale Stahlbrücke **Algebuckinna Bridge,** die ein Relikt der Old Ghan Railway Line ist und sich über 578 m über den fast immer trockenen Neales River spannt.

William Creek, ein „Dorf" mit gerade mal 16 Einwohnern, ist der kleinste Ort Südaustraliens. Zentrum ist das sehenswerte William Creek Hotel, vor dem hin und wieder sogar Sportflugzeuge landen. Der urige Pub bietet schmackhafte und großzügige Counter Meals, kühle Getränke, Treibstoff und einen sandigen Campingplatz hinterm Haus (Tel. 08-86707880). Rundflüge und Kameltouren zum Salzsee Lake Eyre werden angeboten.

7 km südlich zweigt eine Allradpiste zur ABC Bay am **Lake Eyre North** ab (53 km). Die in der Sonne schimmernde, mit Salzkruste bedeckte Fläche wirkt wie eine Mondlandschaft. Das Befahren des Sees ist nicht ratsam (selbst wenn Sie Fahrspuren entdecken!). Wenn die Oberfläche einbricht, führt dies zum hoffnungslosen Versacken des Fahrzeugs! Informieren Sie vor der Abfahrt in diese entlegene Region das William Creek Hotel über ihre Pläne!

In **Coward Springs** befindet sich ein einfacher Campingplatz mit natürlichen artesischen Becken (Wabma Kardarbu Mound Springs Conservation Park, Tel. 08-86758336). Das Große Artesische Becken stellt den wichtigsten und größten Grundwasserspeicher Zentralaustraliens dar. Das mit Mineralien angereicherte Wasser, das an verschiedenen Stellen zu Tage tritt, ist relativ salzhaltig und zum Trinken nicht geeignet. Viele Quellen wurden von Viehtreibern und Farmern angebohrt und leider nie wieder verschlossen, was eine immense Wasserverschwendung bewirkt. Die sehenswerteste Quelle ist *The Bubbler*, ein Teich, in dem es durch Gaseruptionen zu Blasen kommt. Knapp 30 km südlich liegt **Curdimurka**, eine alte Bahnstation, in der alle zwei Jahre im Okt/Nov der spektakuläre *Curdimurka Outback Ball* mit bis zu 5000 Besuchern (wohlgemerkt in schicker Abendgarderobe!) veranstaltet wird (The Curdimurka Outback Ball, Rundle Mall, Adelaide, Tel. 1-800-254000). Ansonsten ist Curdimurka ein klassischer Fotostopp mit den Ruinen der alten Bahnstation und verrosteten Anlagen.

ASP ▶ ADL

Dog Fence   Vom **Lake Eyre South Lookout** bietet sich ein eindrucksvoller Blick auf den blendenden Salzsee. Auf der Strecke nach Maree überquert man den **Dog Fence** (Dingo Zaun), die längste von Menschenhand je errichtete Barriere. Der 1,80 m hohe und 5531 km lange Maschendrahtzaun wurde erbaut, um die Dingos des Zentrums von den Schafweiden des südlichen Australiens fernzuhalten. Das Unternehmen kann angesichts des teilweise desolaten Zustandes des Zauns als gescheitert betrachtet werden.

Die Ortschaft **Marree** war einst ein Versorgungsdepot für die Telegrafenlinie, später war es Bahnstation und Umschlagplatz für das Vieh aus der Region. Heutzutage herrscht bescheidener Outback-Reiseverkehr. Ab und zu kommt ein Viehtransport (Road Train) vorbeigedonnert. Der *General Store* ist Post, Bank (mit Geldautomat) und Tankstelle in einem.

Adressen & Service zum Oodnadatta Track

Infos   Straßenzustand: Transport SA Tel. 1-300-361033.

Nationalparkbehörde SA, Tel. 1-800-816078, www.environment.sa.gov.au

Pink Roadhouse, Tel. 1-800-802074, www.pinkroadhouse.com.au.

Karten: Hema Maps, Great Desert Tracks – Blatt South-Central 1:1.25 Mio und Flinders Ranges, 1:500.000.

Unterkunft und Camping   ** **Marree Hotel**, Tel. 08-86758344; einfaches Motel.

** **William Creek Hotel und Camping**, Tel.-Nr. s.o.

Pink Roadhouse, Oodnadatta, Tel.-Nr. s.o.

Oasis Caravan Park, Maree, beim Oasis Café, Tel. 08-86758352; mit Cabins.

Marree Caravan Park, Tel. 08-86758371.

Notfall   Polizei Oodnadatta, Tel. 08-86707805. Polizei Marree, Tel. 08-86758346.

In Marla, Oodnadatta und Marree befinden sich Krankenstationen. Auch in William Creek kann notfalls Erste Hilfe geleistet werden. Ansonsten ist der Royal Flying Doctor Service in Port Augusta (Tel. 08-86425555) zu alarmieren.

Flinders Ranges

Von Marree nach Süden verläuft die Piste parallel zur alten Bahnlinie des Ghan. Bei den Ruinen der alten Eisenbahnstation **Farina,** die mit interessanten Schautafeln erklärt werden, gibt es einen einfachen aber immerhin schattigen Campingplatz. Kurz vor dem Roadhouse **Lyndhurst** befinden sich die **Ochre Cliffs,** gelb und rot leuchtende Felsen. Lyndhurst, ein Rasthaus mit Hotel (Tel. 08-86757781), markiert den Beginn des üblicherweise gut befahrbaren **Strezelecki Track,** der nach 460 km in Innamincka (Grenze zu QLD) endet.

Leigh Creek

Ab Lyndhurst ist die B47 in südlicher Richtung asphaltiert. **Leigh Creek,** am Rande der nördlichen Flinders Ranges, ist Servicezentrum für die nahegelegenen, riesigen Braunkohle-Tageminen (Be-sichtigungen möglich). Die moderne erst 1980 gebaute Retortenstadt bietet ein Tourist Office (Town Square, Tel. 08-86752723), ein Hotel (20 Railway Tce West, Tel. 08-86752281) und einen Campingplatz (Tel. 08-86752016).

Gammon Ranges NP

In Leigh Creek zweigt nach Osten eine Piste zum **Gammon Ranges NP** ab. Das über 1280 qkm große Gebiet ist weitgehend unerschlossen. Tiefe Schluchten, zerklüftete Bergketten und zahlreiche Flüsse sind Kennzeichen des Parks. Erfahrene Allradfahrer können 45 km östlich von Leigh Creek auf einer kleinen Piste, nördlich über Yankaninna und Umberatana nach Arkaroola fahren (in diesem Fall vorab in Arkaroola um Erlaubnis nachfragen und über den Pistenzustand informieren lassen).

Die Hauptroute führt über die kleine Schlucht **Italowie Gorge** (mit Campingplatz) nach Balcanoona. Etwa auf halbem Weg zwischen Leigh Creek und Balacoona liegt südlich der Straße die Aboriginal-Gemeinde **Iga Warta.**

Die Siedlung bietet einen hervorragenden Einblick in das Leben der Adnyamathanha People. Die Gäste können an sehr interessanten Touren teilnehmen, in der Community übernachten und schmackhaftes Essen genießen (Buchungen und Informationen über Tel. 08-86483737 oder auf www.igawarta.com). In **Balcanoona** informiert das Nationalparkbüro über Wanderungen, Campingmöglichkeiten und aktuelle Straßenzustände.

Arkaroola

Ein Muss ist der Aufenthalt in **Arkaroola.** Das private Wilderness Resort der Sprigg Family umfasst eine der spektakulärsten Landschaften in Australien. Uralte rauhe Bergketten, tiefe Schluchten, eine seltene Flora und Fauna (u.a. Gelbfuß-Felsenkängurus und Keilschwanzadler), zwei hervorragende Sternwarten sowie die Gastfreundschaft der Besitzer sind Grund genug, das 610 qkm große Schutzgebiet zu besuchen. Übernachtungen sind in der schönen *Mawson Lodge* auf dem steinigen Campingplatz oder in Cabins möglich (Tel. 1-800-676042 oder 08-86484848, www.arkaroola.com.au). Highlight eines Arkaroola Besuches ist die spektakuläre Ridgetop-Tour, eine Allradtour auf den imposanten Sillers Lookout mit Blick auf den Salzsee Lake Frome. Ein Rundflug über das Gebiet ist wunderbar (Buchung im Resort).

 ## Von Arkaroola nach Süden

Von Arkaroola in Richtung Blinman zweigt 62 km südlich von Balcanoona eine 4WD-Piste zur wenig besuchten **Chambers Gorge** ab. Zwischen den hochaufragenden roten Felswänden kann man zu Wasserlöchern und Felszeichnungen der australischen Ureinwohner wandern. Camping ist erlaubt.

Birdsville Track

Die 514 km lange Outbackpiste verbindet Marree in Südaustralien mit dem kleinen Ort Birdsville in Queensland. Entstanden ist die Route, die zwischen den beiden Wüsten Simpson Desert und Sturt Stony Desert hindurch verläuft, als Viehtriebsroute. Auf der Suche nach neuen Weidegründen wurden die Rinder einst immer tiefer in das Landesinnere gebracht. Um die Tiere anschließend wieder in die besiedelten Küstenregionen zu bringen, wurden sie auf dem hierfür eigens geschaffenen Birdsville Track zur Bahnverladung nach Marree getrieben. Übrigens: Der „Great Australian Cattle Drive" greift die großen Viehtriebe in touristischer Form heute wieder auf. Interessierte können Teilstrecken mitreiten.

Der Birdsville Track zählt heute zu den leichteren Übungen. Viele Australier befahren die glatte, bestens gepflegte Piste mit normalen Pkw. Treibstoff und Unterkünfte gibt es in Marree, Mungerannie Roadhouse und in Birdsville. Landesweite Aufmerksamkeit genießen die im September stattfindenden Pferderennen in Birdsville (Birdsville Races).

Flinders Ranges National Park

29 km nach dem Abstecher zur Chambers Gorge gabelt sich die Piste. Nach Westen führt sie in das geschichtsträchtige **Blinman** (Pub, Tankstelle, Hotel und Camping, Tel. 08-86484867), nach Süden (asphaltiert) direkt in den **Flinders Ranges NP** Von Blinman weiter nach

Prairie Hotel in Parachilna

Westen gelangt man in die kleine Ortschaft **Parachilna.** Parachilna ist landesweit wegen seines Gourmet-Restaurants *Prairie Hotel* bekannt. Auf der Speisekarte stehen feinste Gerichte der „Busch-Küche" mit frischen Zutaten aus der Region. Übernachten kann man in den neu renovierten Zimmern oder auf dem angeschlossenen Campingplatz. Der Hotelchef bietet auch geführte Geländewagentouren durch die Flinders Ranges an (www.prairiehotel.com.au). Durch die nahegelegene Parachilna Schlucht verlaufen markierte Wanderwege und der Fernwanderweg Heysen Trail (▶ s.S. 558) beginnt ebenfalls hier.

Nach 28 km führt die Straße zur **Brachina und Bunyeroo Gorge** sowie in das **Bunyeroo Valley.** Insbesondere die Brachina Gorge mit ihren hochaufragenden Felswänden aus Quarzgestein ist sehenswert und bei tief stehender Sonne ein spektakuläres Fotomotiv. Die urzeitliche Geologie ist auf Schautafeln verständlich erklärt. Campingplätze sind in beiden Schluchten vorhanden. Vom **Bunyeroo Valley Lookout** bietet sich ein fantastischer Ausblick auf die Umgebung. Kurz vor Wilpena (aus Norden kommend) befindet sich der **Sacred Canyon** mit einer Galerie feinster Aboriginal-Felsgravuren.

ASP ▶ ADL

Rundflug über den Wilpena Pound

Wilpena (Flinders Ranges NP)

Das natürliche Felsbecken des **Wilpena Pound** umfasst eine Fläche von rund 80 qkm, die von steilen Felswänden komplett umschlossen ist. Nehmen Sie sich für die Besichtigung des Wilpena Pound und/oder Arkaroola mindestens einen ganzen Tag Zeit! Die Möglichkeiten zu Tagestouren und Wanderungen sind ausgesprochen vielfältig.

Der Pound, das NP-Infozentrum und das ******Wilpena Pound Resort**, mit Hotel, Pool, Restaurant und Campingplatz, Tel. 08-86480004) bilden das Zentrum des Nationalparks. Der einzige Zugang zum „Pound" befindet sich in Form einer schmalen Schlucht direkt beim Resort. Wanderkarten und Informationen sind im **Wilpena Visitor Centre** (tägl. 8–18 Uhr, Tel. 08-86480048) erhältlich. Empfehlenswerte Wanderungen sind der Aufstieg auf den **St Mary Peak** (12 km, steil) oder die kürzere Tour zu den **Wangarra Lookouts** (6,9 km). Auf einer anstrengenden Tagestour kann der komplette „Kraterrand" umrundet werden.

Die Straße nach Süden ist ab Wilpena asphaltiert. Der **Arkaroo Rock** ist eine der bedeutendsten Kulturstätten der Hill-People, wie die lokalen Aboriginal People der Region genannt werden. Die Felsmalereien sind auf einem etwa einstündigen Fußweg erreichbar.

Südlich von Wilpena

Kurz hinter der Parkgrenze liegt westlich der Straße die Schaffarm **Rawnsley Park Station** (Tel. 08-86480030, www.rawnsleypark.com.au). Auf der Farm werden neben Campingstellplätzen und Motelzimmern auch sogenannte „Eco-Villas" vermietet. In den luxuriös eingerichteten Häusern kann man im Dach ein riesiges Fenster öffnen und so unter dem prachtvollen Sternenhimmel des Outbacks schlafen. Der Platz ist ein idealer und ruhiger Ausgangspunkt für Touren in den südlichen Teil des Nationalparks. Vom Campingplatz aus genießt man

bei Sonnenuntergang einen atemberaubenden Blick auf die steil aufragende Wand des Wilpena-Kessels. Die anstrengende, aber durchaus
lohnende Wanderung zum **Wilpena Lookout** (4 h, H+R) beginnt hier.
Die Besitzer von Rawnsley Park bieten ferner Allradtouren, Rundflüge,
Pferderitte und Mountainbiketouren an.

Am Fuße der Elder Range passiert man **Arkaba Station,** eine Schaffarm, die neben Schafschur-Demonstrationen auch B&B-Unterkünfte
vermietet (Tel. 08-86480004, www.arkabastation.com).

**Tipp für
4-WD-Fans** Die umliegenden Farmen bieten Geländewagenstrecken vom
Feinsten an. Infos, handgezeichnete Karten und Schlüssel für die
Tore sind bei den jeweiligen Farmen erhältlich.

Hawker, ein Dorf mit 500 Einwohnern (55 km südlich von Wilpena),
war früher eine Bahnstation des alten Ghan. Heute ist der Ort mit seinen Geschäften und Einrichtungen eine Art Servicezentrum für den
Nationalpark. In der *Tourist-Information* (Hawker Motors, Ecke
Wilpena/Cradock Rds, Tel. 08-86484014) informiert man über Touren
in den Park, Unterkünfte und Karten.

Die kürzeste Strecke von Hawker nach Clare, die B 80 über Orroroo,
ist seit kurzem ebenfalls durchgehend asphaltiert. Jedoch verpassen
Sie auf diesem Weg den Mt Remarkable National Park.

Die nächste Stadt auf dem Weg nach Adelaide ist **Quorn.** Der geschichtsträchtige Ort mit seinen alten Steinhäusern war einst das
wichtigste Eisenbahnzentrum des Ghan, bis die Linie in den 1950er
Jahren nach Port Augusta verlegt wurde. Eisenbahnfreunde restaurierten die Strecke über den **Pichi Richi Pass.** An Wochenenden
(Apr–Nov) fahren die alten Dampfbahnen Pichi Richi Railway und
Afgahn Express seitdem Touristen hin und her (www.prr.org.au). Im
Quorn Visitor Centre (3 Seventh St, Tel. 08-86486419, www.flinders
ranges.com) sind Unterkünfte und Ausflüge buchbar.

**Strecken-
hinweis**

*Wilpena
Pound* Von **Quorn** aus besteht die Möglichkeit, über den Stuart Highway
direkt nach Adelaide zu fahren. Bei ausreichend Zeit empfiehlt sich
jedoch die Route über den **Mt Remarkable NP** und durchs Weinanbaugebiet **Clare Valley** (▶ S. 525, Von Alice Springs nach Adelaide
auf dem Stuart Highway").

Adelaide

Überblick

Die Hauptstadt Südaustraliens (1,2 Mio. Ew.) am Torrens River ist übersichtlich und jeder Besucher findet sich schnell und einfach zurecht. Der britische Stadtplaner William Light legte 1837 die Stadt auf einer Quadratmeile schachbrettförmig an. Auch wenn die Metropole mit ihrer strengen Architektur und dem geometrisch angelegten Grundriss auf den ersten Blick korrekt und steif wirkt, erfährt man schnell, dass Adelaide mit seinen vielen Einwanderern (vor allem aus Mitteleuropa) und all den Parks rund um das Geschäftsviertel eine gemütliche und dennoch kosmopolitische Großstadt ist. Kultureller Höhepunkt ist das alle zwei Jahre stattfindende Adelaide Festival, das größte Kulturfestival im asiatisch-pazifischen Raum.

Die unmittelbare Umgebung der City ist einladend. Am Meer liegt der historische Badeort Glenelg, im Hinterland die bewaldete Hügellandschaft der Adelaide Hills und auch die kahlen Berge der Lofty Range. Dank der guten touristischen Infrastruktur (Flughafen, Auto- und Campervermietungen) ist Adelaide ein idealer Ausgangspunkt für Touren in die Flinders Ranges, das südaustralische Outback, nach Kangaroo Island oder entlang der Great Ocean Road nach Melbourne. Die Stadt ist außerdem Startpunkt für Touren auf dem Eyre Highway (Nullarbor Plain) nach Westaustralien. Planen Sie für die Stadt und Ausflüge in die Umgebung mindestens zwei Tage ein.

Klima

Das Klima der südaustralischen Metropole ist typisch mediterran: Heiße trockene Sommer (durchschnittlich zwischen 17–28 ˚C) und regnerische, kühle Winter mit Temperaturen zwischen 8–16 ˚C. Hin und wieder verursachen kalte Luftströme aus dem Süden massive Temperaturstürze um bis zu 20 ˚C.

Geschichte

Nachdem der Holländer Pieter Nuyts die südaustralische Küste 1627 erstmals erblickt hatte, folgte die nähere Erforschung erst 1802 durch Matthew Flinders und Nicholas Baudin. Dem Briten Charles Stuart blieb es vorbehalten, das Inland 1829 näher zu erforschen. Daraufhin

Skyline von Adelaide

beschloß die britische Regierung, auch diesen Teil Australiens für freie Siedler zu erschließen. Als die ersten europäischen Siedler die Region des heutigen Adelaide erreichten, lebte eine Gruppe der Kaurna-Aboriginal People friedlich im Flachland der Adelaide Plains. Gouverneur John Hindmarsh landete 1836 in der Holiday Bay (dem heutigen Glenelg) und proklamierte den Staat Südaustralien. Der angereiste Stadtplaner William Light hegte visionäre Pläne für eine perfekte Stadt für freie Bürger und setzte sich gegen den Willen des Gouverneurs durch, dem eine Hafenstadt vorschwebte. Benannt wurde die Siedlung schließlich nach Adelaide, der Frau des britischen Königs William IV, die bis zu ihrer Hochzeit Adelheid von Sachsen-Meiningen hieß.

Bereits 1840 lebten 6550 europäische Einwanderer in der Stadt, elf Jahre später sogar schon 14.500. In dieser Zeit entstanden rund um die City Satellitenstädte wie die deutschen Siedlungen Hahndorf, Klemzig und Lobethal.

Der florierende Weizenanbau führte in den 1870er Jahren zu einem regelrechten Bauboom. Viele architektonische Perlen der Stadt entstanden in dieser Phase. Eine weitere Expansion erlebte Adelaide im Zuge der beiden Weltkriege. Trotz alledem war Adelaide, im Vergleich zu Sydney und Melbourne, immer in der Rolle des Mauerblümchens. An Strahlkraft gewann Adelaide vorübergehend in den späten 1960er Jahren, als die Stadt zum Zufluchtsort für Intellektuelle und Künstler wurde. Der damalige, umstrittene liberale Premierminister Don Dunstan hatte frischen Wind in die Politik des Staates gebracht. Unter anderem durften zensierte Bücher in Adelaide verkauft werden, die es anderswo nicht gab. Seine blebenden Verdienste sind das international bekannte Kulturereignis „Adelaide Festival" sowie die Schaffung der ersten Fußgängerzone Australiens, der Rundle Mall. Heute ist Adelaide eine aufgeweckte, keineswegs aber hektische Millionenstadt. Auf internationaler Ebene wird ihr nur wenig Bedeutung zugemessen, was sich an der relativ geringen Zahl internationaler Flugverbindungen ablesen lässt.

Adressen & Service Adelaide

An- und Abreise per Flugzeug
Der Flughafen (www.adelaideairport.com.au), mit je einem Terminal für nationale und internationale Flüge, liegt etwa 8 km westlich der Innenstadt. Die Anfahrt erfolgt über die West Terrace und den Sir Donald Bradman Drive.

Der **Skylink Airport Shuttle** (Tel. 1-300383783, www.skylinkadelaide.com) verkehrt zwischen den Terminals und den meisten Innenstadthotels und -hostels (einfache Strecke A$ 14). Der **JetBus** (öffentlicher Bus) verkehrt alle 15 Min. zwischen dem Flughafen und der Innenstadt (A$ 4,90, tägl. 5–23.30 Uhr, www.adelaidemetro.com.au). Mit dem **Taxi** kostet die Fahrt etwa A$ 30 (Airport-Taxis Tel. 13-2211).

Per Bahn und Bus
Ab **Keswick Rail Terminal** (Richmond Rd, Keswick), 3 km westlich des Central Business District (CBD), verkehren die Fernzüge *Overland, Ghan* und der *Indian Pacific* sowie die Züge des *V-Line* (Speedlink nach Sydney). **Fahrpläne und Tickets** sind im Bahnhof oder bei *Great Southern Railway* erhältlich (Tel. 132147, www.gsr.com.au oder www.trainway.com.au). Der Airport-Shuttlebus fährt auf dem Weg zum Flughafen am Bahnhof vorbei.

Alle Überlandbusse verkehren ab der **Central Bus Station** in 85 Franklin Street (s. Busse).

Infos
Ein guter Einstieg für Neuankömmlinge ist die kostenlose Broschüre „Adelaide Secrets" mit Stadtplan, wichtigen Adressen, Sehenswürdigkeiten und Veranstaltungen. Sehr hilfreich und übersichtlich gemacht sind die Internetseiten www.adelaide.southaustralia.com sowie www.adelaide.citysearch.com.au.

South Australia Visitor & Travel Centre, 18 King William St, Tel. 1-300-655276, Mo–Fr 8.30–17 Uhr, Sa/So 9–14 Uhr. Informationen zum gesamten Bundesstaat, Buchung von Unterkünften und Touren.

Rundle Mall Visitor Information Centre, Rundle Mall/Ecke Pulteney St, Tel. 08-82037611, Mo–Fr 10–17 Uhr, Sa/So 10–16 Uhr. Broschüren und Informationen zur Stadt und Umgebung.

Glenelg Visitor Centre, Foreshore, Glenelg, Tel. 08-82945833, tägl. 9–17 Uhr.

National Resources Information Centre, 77 Grenfell St, Tel. 08-82041910, www.environment. Informationen zu Nationalparks in South Australia.

National Wine Centre of Australia, Ecke Botanic/Hackney Rd, Tel. 08-82229222, www.wineaustralia.com.au, tägl. 10–18 Uhr (▶ s. Stadtbesichtigung).

Tipp: Die *Discover Adelaide Card* ist eine Eintrittskarte für 12 Attraktionen der Stadt (u.a. National Wine Centre, Adelaide Zoo, Stadtrundfahrt, Tandanya). Sie ist drei Monate gültig und übertragbar. Erhältlich ist das Sparticket für A$ 48 im Visitor Centre oder online unter www.adelaidecard.com.au.

Öffentliche Verkehrsmittel
Die übersichtliche und flache Innenstadt ist bequem zu Fuß zu erkunden. Wer lieber Bus fährt, kann die beiden Gratis-Buslinien **Connector** und **City Loop** (99C) nutzen. Die hellgelben Busse fahren auf festgelegter Route zu den wichtigsten Sehenswürdigkeiten im CBD und North Adelaide. Fahrpläne liegen in den Bussen aus. Die Straßenbahnen zwischen der South und North Tcs können ebenfalls tagsüber gratis genutzt werden. In die Vororte verkehren Busse und Bahnen (www.adelaidemetro.com.au). Nach Glenelg fährt im Viertelstundentakt die Straßenbahn (30 Min.). Die **O-Bahn** ist ein schneller Schienenbus, der von der City (Grenfell St) durch den Torrens Linear Park nach Modbury, im Vorort Tea Tree Gully, fährt (12 km nordöstlich).

Fahrkarten   Einzelfahrscheine kosten derzeit und je nach Zone A$ 4,90 (2 h gültig), das Tagesticket (Day-Trip-Ticket) A$ 9,80. Die Metrotickets gelten für alle öffentlichen Verkehrsmittel, für Direkt- und Umsteigeverbindungen. Einzel- und Tageskarten sind in Bussen, Straßenbahnen und in manchen Zügen (an Münzautomaten) erhältlich, außerdem gibt es sie am Busterminal, Zugbahnhof, auf der Post, an Kiosken, Tankstellen sowie im Passenger Transport Information Centre. Die Tickets müssen entwertet werden! Fast alle Busse und Bahnen, ausgenommen die Straßenbahn nach Glenelg, sind rollstuhltauglich.

Bei häufiger Nutzung der öffentlichen Verkehrsmittel lohnt der Besuch des **Passenger Transport InfoCentre** (Ecke King William/Currie Sts) wo Informationen, Karten, Fahrpläne und (Mehrtages-)Fahrkarten erhältlich sind (Mo–Fr 8–18 Uhr, Sa 9–17 Uhr, So 11–16 Uhr, Tel. 08-82101000, www.adelaide metro.com.au).

Stadtrund-   Stadtrundfahrten am besten mit dem **Adelaide Explorer.** Der Bus, der aus-
fahrten   sieht wie eine alte Straßenbahn, verkehrt zwischen den wichtigsten Sehens-würdigkeiten, an denen die Fahrgäste beliebig aus- und später wieder einsteigen können. Touren starten täglich von der Bushaltestelle 38 King William St/Ecke Rundle Mall um 9.05 Uhr, 10.30 Uhr u. 13.30 Uhr (Ticket A$ 30, Tel. 08-83647172). Herrlich ist auch eine Radtour durch flache Stadt (s. Fahrradvermietung).

Tipp: Wer Adelaide zu Fuß erkunden möchte, kann beim Adelaide Visitor Centre eine interessante und günstige Tour buchen: die **„Adelaide Greeters",** Einwohner Adelaides, führen ehrenamtlich Gäste bis zu vier Stunden durch die Stadt und geben ihnen Insidertipps – und das auch noch in der jeweiligen Besuchersprache! Die Gratis-Touristenführer sind an ihren grünen Uniformen erkennbar und müssen möglichst drei Tage im Voraus gebucht werden (täglich 9–17 Uhr, Tel. 08-82037203, www.cityofadelaide.com.au)..

Wie, wo, was …

Automobilclub   *Royal Automobil Association of South Australia (RAA),* 41 Hindmarsh Square, Tel. 08-82024600, www.raa.net, Mo–Fr 8.30–17 Uhr, Sa 9–12 Uhr. Landkarten, Versicherungen und Tipps zum Autokauf sind hier erhältlich. Wer den Mitgliedsausweis eines europäischen Automobilclubs vorlegt, erhält einen Rabatt.

Auto- und   • *Apollo Motorhome,* 969 Port Rd, Cheltenham, Tel. 1-800 777779
Camperver-   • *Avis Car Rental,* 136 North Tce, Tel. 08-81143111;
mietungen   am Flughafen, Tel. 08-81542444
   • *Britz/Maui Campervans,* 376-388 Sir Donald Bradman Drv Brooklyn Park, Tel. 08-82344108
   • *Budget Car Rental,* 274 North Tce (Ecke Frome St), Tel. 08-82231400; am Flughafen Tel. 08-82344111
   • *Hertz Cars,* 233 Morphett St, Tel. 08-82344566; am Flughafen Tel. 08-82312856
   • *Thrifty Car Rental,* 23 Hindley St, Tel. 08-84108977; am Flughafen Tel. 08-82343029

Banken   Die großen Bankhäuser befinden sich alle im CBD mit Schwerpunkt King William St. Öffnungszeiten Mo–Do 9.30–16 Uhr, Fr bis 17 Uhr.

Busgesell-   Alle Überlandbusse starten von der **Central Bus Station** (101–111 Franklin St).
schaften   *Greyhound* fährt alle großen australischen Städte an, ausgenommen Perth. Das

ADL ▶ PER

Buchungsbüro befindet sich im Busterminal (Tel. 08-82125066). Online-buchen ist möglich auf www.greyhound.com.au.

V-Line Coach/ Rail Service (Tel. 1-800 800007, www.vline.com.au) und *Firefly Express* (110 Franklin St, Tel. 08-82311488, www.fireflyexpress.com.au) verkehren täglich von Adelaide nach Melbourne.

Informationen zu weiteren regionalen Busgesellschaften, die Ziele innerhalb Südaustraliens anfahren, sind unter der Passenger Transport InfoLine Tel. 1-800-182160 oder unter www.bussa.com.au erhältlich.

Einkaufen   Die **Fußgängerzone Rundle Mall** und die **Adelaide Arcade** sind das Einkaufszentrum der Stadt. Generell sind die Läden Mo–Fr 9–17.30 Uhr und Sa bis 17 Uhr offen. Die Innenstadtgeschäfte haben freitags meist sogar bis 21 Uhr geöffnet, in den Vororten haben sie donnerstags länger geöffnet.

Souvenirs: Typische Souvenirs aus Südaustralien sind Opale (was sonst), Wein und Aboriginal-Kunst. Eine große Auswahl an Edelsteinen gibt es im **Opal Field Gems Mine & Museum** (33 King William St), bei *Southern Cross Opals* (114 King William St) sowie in vielen kleinen Juwelierläden in der Innenstadt. Wer eine gute Flasche **Wein** kaufen möchte, findet ein riesiges Sortiment im *National Wine Centre* (s. Infos), bei größeren Abnahmemengen wird der Rebensaft nach Europa versendet.

Aboriginalkunst ist im *Tandanya Centre* (253 Grenfell St) käuflich. Der Galeriebesuch lohnt auch ohne Einkauf! Designer-Ware, Glas, Keramik und Textilien werden in der *Jam Factory* (19 Morphett St) angeboten.

Bücher und Landkarten: In der Rundle Mall sind Filialen der großen Buchfilialisten *Dymocks* (Nr. 136) und *Angus & Robertson* (Nr. 128) vertreten. *The Map Shop* (6–10 Peel St, www.mapshop.net.au) hat eine riesige Auswahl an Landkarten. Der gut sortierte Automobilclub (s.o.) vertreibt ebenfalls Reisebücher und Landkarten.

Lebensmittel: Supermärkte in der Innenstadt sind *Coles* (21 Grote St) und *Woolworth* (86 Rundle Mall). Für den Großeinkauf bieten sich die großen Shopping-Komplexe an den Ausfallstraßen an: *Tea Tree Plaza* (nordöstlich), *West Lakes* (westlich) und *Marion* (südlich).

Camping- und Outdoorartikel: In der Rundle Street (Rundle Mall nach Osten) liegen mehrere Outdoor-Läden dicht beieinander: *Flinders Camping* (Nr. 187), *Mountain Design* (Nr. 203) und *Paddy Pallin* (Nr. 228).

Bekleidung: Ein riesiges Einkaufszentrum mit günstigen Outlet-Shops ist das neue *Harbour Town Centre* zwischen Flughafen und West Beach (Tapleys Hill Rd).

Märkte: Der **Central Market** (Gouger St, Di, Do, Fr, Sa) ist ein quirliger Treffpunkt mit Gemüse- und Obstständen, Imbissbuden, asiatischen Spezialitäten und gemütlichen Cafés.

In Nordwood findet am Wochenende der Trödelmarkt **Orange Lane Market** statt (Ecke Edward St/ Orange Lane). In Torrens Island ist am Sonntagvormittag der Fisch- und Gemüsemarkt einen Besuch wert.

Fahrrad-   Weil es in Adelaide so herrlich flach ist, macht Radfahren auf dem gut ausge-
vermietung bauten Radwegenetz und in den Parks richtig Spaß. Kostenlos (gegen Pfand und Vorlage des Ausweises) können die *Adelaide City Bikes* an folgenden Stationen geliehen werden: Bicycle SA 111 Franklin St, tägl. 9–17 Uhr, Tel. 08-81689999. Rundle St Market, Rundle St, So 9–16 Uhr. Adelaide Travellers Inn, 220 Hutt St, tägl. 8–19 Uhr, Tel. 08-82240753. Wild Thyme, 101–103 Melbourne St, North Adelaide, tägl. 9–17 Uhr, Tel. 08-83618888. Die Räder müssen an der Abholungsstation auch wieder abgegeben werden.

Informationen, Radkarten und Touren sind bei *Bicycles SA,* dem lokalen Radclub (1 Stuart St, Tel. 08-84101406, www.bikesa.asn.au) erhältlich.

Flug-
gesellschaft
Airlines of South Australia (regionale Ziele), Tel. 1-800-018234 oder 08-82343000, www.airlinesofsa.com.au, bietet u.a. einen viertägigen Outback-Postbotenflug mit ca. 30 Starts- und Landungen auf entlegenen Outbackfarmen, in Birdsville und Boulia. Vorausbuchung über Reiseveranstalter empfehlenswert.

Internet
Ins Netz gelangt man u.a. im *Ngapartji Internet Café* (211 Rundle St), im *Arena Internet Café* (264 Rundle St) und in der *State Library* (North Tce). Die meisten Hotels und Hostels verfügen über Internet-Terminals.

Konsulate
• Deutsches Konsulat, 23 Peel St, Tel. 08-82316320
• Österreichisches Konsulat, 101 Port Wakefield Rd, Cavan, Tel. 08-81397336
• Schweizer Konsulat, 64 Castle St, AU-Parkside, Tel. 08-82718854

Kranken-
häuser
Royal Adelaide Hospital, North Tce, Tel. 08-82224000
Zahnklinik, North Tce, Tel. 08-82228222

Kultur- und Unterhaltungsangebote

Die kostenlose Broschüre **„What's On"** enthält einen aktuellen Veranstaltungskalender. „What's on" ist im Visitor Centre, am Flughafen und in den meisten Unterkünften erhältlich. In der Donnerstagsausgabe der Tageszeitung „Advertiser" werden die Programme abgedruckt.

Tickets für Veranstaltungen aller Art (auch für das Festival) bei: **BASS** (Best Available Seating Service, Adelaide Festival Centre, King William Road, Tel. 131246, www.bass.net.au) oder bei **VenueTix** (Da Costa Arcade, Ecke Grenfell St/Gawler Place Tel. 08-82258888, www.venuetix.com.au).

Größtes kulturelles Ereignis der Stadt ist das **Adelaide Festival,** das alle zwei Jahre (gerade Jahreszahl) im Festival Centre stattfindet (Ecke North Tce/King William St, Tel. 08-82168600, www.afct.org.au). Großer Andrang! Karten für die Events möglichst früh buchen!

Klassische
Musik, Tanz,
Theater
In den Sälen des **Festival Centre** wird ganzjährig ein kulturelles Angebot mit Theater, Oper, Ballett und Konzerten angeboten. Groß-Events (z.B. Rockkonzerte) finden im **Entertainment Centre** in Hindmarsh statt, klassische Konzerte in der **Elder Hall** der Universität. Oper, Theater und moderner Tanz finden bevorzugt statt in **Her Majesty's Theatre** (58 Grote St, Tel. 08-82168600), **Lions Arts Centres** (Ecke North Tce/Morphett St, Tel. 08-82317760) und **Arts Theatre** (53 Angas St, Tel. 08-82215644).

Kinos
Academy Cinema City (20 Hindmarsh Square) und *Palace Eastend Cinema* (274 Rundle St) sind zwei große Kinokomplexe im Zentrum.

Casino
Das *SkyCity Adelaide Casino* (North Tce, mit Restaurants und Bars) ist Teil des alten Bahnhofs und hat, im Vergleich zu den modernen Spielcasinos in Sydney oder Melbourne, noch so etwas wie historisches Ambiente. Tagsüber ist die Atmosphäre und Kleiderordnung locker, abends achtet man jedoch auf den „Dress-Code" (Jacket, Krawatte erwünscht).

Galerien
und Museen
Art Gallery of South Australia, North Tce, www.artgallery.sa.gov.au, tägl. 10–17 Uhr (s.a. Stadtbesichtigung).
Tandanya – National Aboriginal Cultural Institute, 253 Grenfell St,

ADL ▶ PER

www.tandanya.com.au, tägl. 10–17 Uhr, Vorführungen jeweils um 12 Uhr (▶ s.a. Stadtbesichtigung).

JamFactory Contemporary Craft & Design, 19 Morphett St, www.jamfactory.com.au, Mo–Fr 9–17.30, Sa 10–16 Uhr. Moderne Kunst zum Bewundern und Kaufen.

South Australian Museum, North Tce, www.samuseum.sa.gov.au, tägl. 10–17 Uhr (▶ s. Stadtbesichtigung).

Migration Museum, 82 Kintore Ave, www.history.sa.gov.au, Mo–Fr 10–17 Uhr, Sa/So 13–17 Uhr (▶ s.a. Stadtbesichtigung).

Live Musik In der kostenlosen Musikzeitung „Rip it Up" (www.ripitup.com.au) sind sämtliche Live-Musik Auftritte verzeichnet.

Im *Austral Hotel* (205 Rundle St) spielen freitags Livebands, an den anderen Tagen legt der DJ gute Rock-und Popmusik auf. Das *Exeter Hotel* (246 Rundle St) ist ein herrlich alter Pub mit Live-Musik an den Wochenenden. Im *Cargo Club* (213 Hindley St) wird Jazz, Kabarett, Soul und Reggae in lässiger Atmosphäre präsentiert.

Festivals **Januar:** Schützenfest, Volksfest der Deutsch-Australier im Bonython Park (fand früher in Hahndorf statt), www.schuetzenfest.com.au.

Februar/März: Adelaide Fringe Festival. Alternative Variante des großen Adelaide Festivals mit vielen bekannten Künstlern, www.adelaidefringe.com.au.

März (alle zwei Jahre, gerade Jahreszahl): Adelaide Festival, dreiwöchiges Kulturprogramm auf internationalem Niveau, www.adelaidefestival.com.au.

Oktober/ November: Feast Festival, Homosexuellen-Event mit breit gefächertem Programm und Paraden.

Oktober: Glenelg Jazz Festival, Jazz vom Feinsten im Vorort.

Notfall Notruf (Polizei, Feuerwehr, Rettungswagen) Tel. 000
Polizei, Tel. 11444 – Giftnotruf, Tel.131126.

Parken In der Innenstadt sind einige Parkhäuser ausgeschildert. Beim Festival Centre befindet sich ein großer Parkplatz (Ecke North Tce/King William St), der auch für Wohnmobile geeignet ist.

Post Die Hauptpost (GPO), Ecke King William/Franklin Sts, bietet neben dem üblichen Postservice auch den Verkauf von Nahverkehrstickets. Mo–Fr 8.30–17.30 Uhr.

Postlagernd: Poste Restante, Adelaide GPO, SA 5000.

Sport *Adelaide Aquatic Centre* (Jeffcot Rd, North Adelaide, tägl. 5–22 Uhr), für die Fitness auf Reisen stehen Schwimmbecken, Sauna, Whirlpool und Fitnessgeräte zur Vefügung.

Skifahren in Australien? Wer will, kann sich im *Snowdome* (23 East Tce, Thebarton, ganzjährig geöffnet) beim Schlittschuhfahren, Skifahren oder Snowboarden austoben.

Golf spielen ist auf dem öffentlichen Platz Adelaide Shores Golf Park möglich (Military Road, West Beach, tägl. geöffnet).

Zum Radfahren, Joggen und Walken eignen sich die Strandvororte und natürlich die Parks rund um die City. Ein langer Rad- und Fußweg führt am Torrens River entlang.

Zuschauersportarten, wie Cricket oder Aussie Rules Football (AFL), werden im *Adelaide Oval* (War Memorial Drive, North Adelaide) und im *AAMI Stadion* (Turner Drive, West Lakes) gespielt. Karten bei VenueTix (▶ s. „Kultur- und Unterhaltung").

Pferderennen finden auf der Rennbahn in Morphettville statt.

Strände Von der City am schnellsten erreichbar ist der Stadtstrand von **Glenelg** (mit der Straßenbahn ab Victoria Square). Wesentlich länger und schöner ist der **West Beach** (Bus Nr. 278 von der Currie St, mit Caravan Park). Weiter westlich sind noch **Henley Beach** und **Grange** empfehlenswert, während **West Lakes** zwar schöne Dünen hat, zum Baden aber nicht besonders einlädt.

Taxis *Yellow Cabs,* Tel. 132227. – *Adelaide Independent,* Tel. 132211. – *Access Cabs,* Tel. 1-300-360940 für Rollstuhlfahrer, Reservierung notwendig.

Züge Adelaide verfügt über zwei Bahnhöfe. Von der Station an der North Terrace fahren nur die Vorortzüge. Der **Fernbahnhof** befindet sich in Keswick (▶ s. Adressen & Service Adelaide / An- und Abreise). Highlights sind die Fernzüge *Ghan* (nach Alice Springs und Darwin; Foto rechts) und *Indian Pacific* (nach Perth bzw. Sydney) – eine überlegenswerte Alternative zum Flug bzw. Mietwagen.

Touren

Stadtrund-fahrten *Tourabout Adelaide* (Tel. 08-83331111) bietet Fußgängertouren an (auch deutschsprachig).

Touren in die Umgebung
- *Coorong Cruises* (Main Wharf, Goolwa, Tel. 08-85552203). Tagestouren in den Coorong Nationalpark, ab Goolwa oder inkl. Transfers ab/bis Adelaide.
- *Gray Line Adelaide* (Rundle Mall, Tel. 1-300-858687) veranstaltet Tagestouren mit Reisebussen in das Barossa Valley, Clare Valley, Flinders Ranges und zum Murray River.
- *River of Australia Expeditions* (18–20 Grenfell St, Tel. 08-82319472), empfehlenswerte zwei- bis fünftägige, geruhsame Flussfahrten auf dem Murray River, mit dem schönen Schaufelraddampfer Proud Mary, für naturorientiertes Publikum.
- *Magic Tours,* deutschsprachig geführte Touren, z.B. in 6 Tagen von Adelaide nach Melbourne.

Touren nach und auf Kangaroo Island sind im ▶ Kapitel „Umgebung von Adelaide"/„Kangaroo Island" beschrieben.

Essen und Trinken

Die Auswahl an Restaurants ist groß und durch die europäischen und asiatischen Einwanderer gepägt. Die guten Speisen werden durch erlesene Weine ergänzt. Aktuelle Restaurantempfehlungen gibt es im Visitor Centre und in der Donnerstagsausgabe des „Advertiser" (Tageszeitung).

Zum Mittagessen und für kleine Snacks bieten sich die **Food Malls** im Myers Centre in der Rundle Mall oder dem Central Market (s.o.) an.

Zwischen Gouger und Grote Street befinden sich über 40 **China Restaurants.** In der Hindley Street sind günstige **italienische** und **libanesische** Gaststätten.

In der **Rundle Street** (östliches Ende) dominieren Weinkneipen, Freiluft-Cafés und gut besuchte Pubs. In North Adelaide, in der **O'Connell Street,** laden weitere Restaurants, Bars und Bistros zum Speisen ein.

Red Ochre Grill (War Memorial Drv, North Adelaide, Tel. 08-8218555) bietet typisch australische Küche mit Känguru und Emu in schickem Ambiente; Hauptgerichte ab A$ 30, Blick auf den Torrens River, Reservierung sinnvoll.

Stanley's (76 Gouger St) hat gute Fischgerichte auf der Speisekarte. Hauptgerichte ab A$ 35.

House of Chow (82 Hutt St, Tel. 08-82236181). Hervorragende chinesische Küche. Reservierung sinnvoll.

Amalfi (29 Frome St), beliebter Italiener mit hervorragender Pizza.

Universal Wine Bar (285 Rundle St) besticht durch eine ausgezeichnete Weinkarte.

The Bull and Bear Ale House (89 King William St), beliebter Pub, nicht nur für Börsenmakler, mit außergewöhnlichen Speisen.

Unterkunft und Camping

Unterkünfte gibt es in Adelaide in ausreichender Zahl. Während des Adelaide Festivals (März, gerade Jahreszahlen) kann es zu Engpässen kommen.

Hotels

**** **Adina Apartment Hotel Adelaide Treasury,** 2 Flinders St, Tel. 08-81120000. Neues Apartmenthotel im historischen Treasury Building mit geräumigen Wohneinheiten.

**** **Stamford Grand Glenelg,** Mosley Square, Glenelg, Tel. 08-83761222. Hotel im Badevorort Glenelg, verfügt über allen Komfort, mit der Straßenbahn nur 20 Minuten bis in die City.

*** **Rockford Hotel,** 164 Hindley St, Tel. 08-82118255. Zentral gelegenes, modernes Hotel.

*** **Directors Studios,** 259 Gouger St, Tel. 08-82132500. Modernes Hotel mit Studios im Herzen der Stadt, kostenlose Parkplätze.

B&B

**** **Fire Station Inn,** 78 Tynte St, Tel. 08-82721355. Die etwas andere Unterkunft! Man übernachtet direkt in der umgebauten Feuerwehrstation, zusammen mit alten Feuerwehrautos.

*** **Adelaide Old Terraces,** Tel. 08-83645437. Vier Selbstversorger-Cottages in historischem Ambiente, alle in der Innenstadt.

**** **Angove Villa B&B,** 14 Angove Rd, Glenelg South, Tel. 08-83766421. Schöne Villa in Strandnähe, Flughafentransfers möglich.

Tipp: Im South Australian Visitor Centre in Adelaide (▶ s. Infos) oder bei der Australian B&B Association, Tel. 08-8342 1033, unter www.australianbedandbreakfast.com.au ist ein umfangreiches **B&B-Verzeichnis** mit Beschreibung der jeweiligen Herbergen verfügbar.

Jugend-herbergen und Hostels

* **Adelaide Central YHA,** 135 Waymouth St, Tel. 08-84143001. Zentral gelegene Jugendherberge; riesig, aber modern.

* **MyPlace,** 257 Waymouth St, Tel. 08-82215299. Angenehmes Hostel mit freundlichem Personal; Radverleih, Sauna, Stadttouren. Ideal für Alleinreisende!

* **Glenelg Beach Resort,** 1–7 Mosley St, Glenelg, Tel. 08-83760007. Schönes Hostel nahe des Strandes mit vielen Doppelzimmern und Selbstversorger Studios.

Camping

Die meisten Campingplätze liegen außerhalb der City, sind aber mit öffentlichen Verkehrsmitteln erreichbar.

Adelaide Shores Caravan Resort, 1 Military Rd, West Beach, Tel. 1-800-444567 oder 08-83557320. Sehr empfehlenswerter großer, gut ausgestatteter Campingplatz direkt am Strand. Bungalows und Cabins werden ebenfalls angeboten. Die Busse Nr. 278 und Nr. 276 fahren direkt in die Innenstadt, nach Glenelg sind es nur 3 km.

Stadtbesichtigung (Innenstadt)

Die symmetrische Anordnung der Straßen erleichtert die Orientierung. Weil die Sehenswürdigkeiten im Großen und Ganzen recht dicht beieinander liegen, ist das meiste zu Fuß machbar. Wer eine Pause braucht, kann die Gratis-Busse (▶ s. Öffentliche Verkehrsmittel) nutzen oder in einem der zahlreichen StraßenCafés verweilen.

Tipp Im Visitor Centre sind Broschüren über verschiedene Stadtrundgänge mit ausführlichen geschichtlichen Hintergründen (*Heritage Walks*) erhältlich.

Prachtstraße North Terrace Ausgangspunkt des Stadtrundgangs ist die Prachtstraße North Terrace. Westlich der King William Street liegt der im neoklassizistischen Stil erbaute **Stadtbahnhof** (1929), der heute teilweise als **Spielcasino** dient (▶ s. „Kultur- und Unterhaltung"). Im Casino wird tagsüber kaum auf die Kleiderordnung geachtet, so dass man selbst im Freizeitlook zwischen den Spieltischen schlendern kann.

Gleich nebenan, an der Ecke King William Street, drängen sich das prachtvolle, mit Säulen, Marmor und Granit verzierte **Parliament House** und das schlichte **Old Parliament House.** Das Parliament House ist noch immer Regierungssitz und kann außerhalb der Sitzungstage besichtigt werden (Mo–Fr 10 und 14 Uhr kostenlose Führungen).

Festival Centre Dahinter befindet sich das **Adelaide Festival Centre,** die kantige Antwort auf Sydneys Opernhaus. Auch wenn das Gebäude äußerlich nicht so sehr besticht, sagen Musikliebhaber, dass die Akustik sogar besser sei als die der Sydney Opera. Das moderne Kulturzentrum mit

Festival Centre

ADL ▶ PER

Konzertsaal und mehreren Theatersälen wurde 1973 eröffnet und fasst etwa 5000 Besucher. Das Zentrum des alle zwei Jahren stattfindenden Adelaide Festivals dient außerhalb der Festspielwochen als Bühne für bekannte Musiker und Schauspiel-Ensembles. Das Festival Centre ist tägl. geöffnet, Führungen werden dienstags und donnerstags (11 Uhr) angeboten (▶ s.a. Kultur- und Unterhaltung). Hinter den Gebäuden des Kulturzentrums dehnt sich der **Elder Park** am Ufer des Torrens Rivers aus. Über den Fluss hinüber, westlich der King William Road, liegt das sehenswerte **Adelaide Oval**, das älteste Stadion Australiens (1871). In erster Linie ist es Heimstatt von Cricket und AFL Spielen (Aussie Rules Football). Sportfans können das Stadion und Sportmuseum wochentags um 10 Uhr auf einer Führung besichtigen, besser ist natürlich der Besuch eines Live-Spiels. (www.cricketsa.com.au)

Zurück auf der **King William Road** in Richtung North Terrace, passieren Sie in östlicher Richtung das älteste öffentliche Gebäude der Stadt, das **Gouvernment House** (1855), umgeben vom Prince Henry Gardens.

　　Entlang der North Terrace taucht in östlicher Richtung, an der Ecke zur Kingtore Avenue, die **State Library** auf (Mo–Fr 9.30–18 Uhr, Sa/So 12–17 Uhr). In der größten Bücherei Südaustraliens gibt es neben gedruckten Werken wechselnde Ausstellungen und Veranstaltungen. Internetzugang und ausländische Zeitungen (allerdings ältere Ausgaben) sind ebenfalls vorhanden.

Museen und Galerien　Der Besuch im **Migration Museum,** gleich hinter der Bücherei, lohnt sich. In diesem ehemaligen Armenhaus der Stadt wird die Geschichte Australiens und Adelaides, von den Anfängen bis heute, dargestellt (▶ s. Kultur- und Unterhaltung). Kehrt man zurück zur North Terrace sind zwei weitere Museen sehenswert. Das **South Australian Museum** beherbergt neben einer naturgeschichtlichen Sammlung eine bemerkenswerte Aboriginal-Kulturgalerie.

　　Eine Tür weiter sind in der 1881 eröffneten **Art Gallery of South Australia** Werke nationaler und internationaler Künstler ausgestellt. Nördlich und östlich der Museen breitet sich die **University of**

1 **Sehenswertes**		**A** **Weitere Adressen**
1 Casino **2** Parliament House **3** Old Parliament House **4** Festival Centre **5** Elder Park **6** Adelaide Oval **7** Gouvernment House **8** State Library **9** Migration Museum **10** SA Museum **11** Art Gallery of SA **12** University of Adelaide **13** Botanic Gardens	**14** Bicentennial Museum **15** Zoo **16** National Wine Centre **17** Tandanya (National 　　 Aboriginal Culture Institute) **18** Rundle Mall **19** Edmund Wright House **20** Town Hall **21** General Post Office **22** St Francis Xavier 　　 Cathedral **23** Supreme Court **24** Central Market	**A** St Peters Cathedral **B** BASS **C** Lion Arts Centre / Jam Factory **D** SA Visitor & Travel Centre **E** Auskunft öffentl. Verkehrsmittel 　　 (Passenger Transport Info Centre) **F** Venue Tix **G** Autoclub

Unterkünfte
1 Fire Station Inn
2 Adelaide Old Terraces
3 Rockford Hotel
4 Adelaide Central YHA
5 Adina Apartment Hotel
6 My Place
7 Adelaide Shores
   Caravan Resort
8 Directors Studios
9 Stamford Grand, Glenelg
10 Angoven Villa B&B
11 Glenelg Beach Resort

City Loop Bus
Connector
Straßenbahn
Glenelg

zum Barossa Valley,
zum Clare Valley
über Gawler

Adelaide

0   500 m

© RKH Verlag Hermann

ADL ▶ PER

*Universität
von Adelaide
(Mitchell
Building)*

Adelaide mit ihren sehenswerten Gebäuden, wie die Bonython und Elder Hall, aus.

Nachdem man auf der North Terrace das Royal Hospital passiert hat, ist der **Botanic Gardens** und das **Bicentennial Conservatory** eine erholsame Abwechslung. Das Conservatory ist ein riesiges Gewächshaus mit tropischem Regenwald (tägl. 10–16 Uhr).

Nördlich des Botanischen Gartens ist der **Adelaide Zoo** (tägl. 9.30–17 Uhr) beheimatet. Übrigens: Eine gute Alternative zum Fußmarsch in Richtung Zoo ist eine Bootsfahrt über den Torrens River (ab Popeye Landing im Elder Park).

*Botanischer
Garten*

Wine Center   Eine weitere Sehenswürdigkeit ist das moderne **National Wine Centre of Australia** an der Ecke zur Hackney Road (▶ s. Infos). Nicht nur für Liebhaber des Rebensaftes ist das Ausstellungs- und Informationszentrum sehenswert. Vom Anbau über die Ernte bis zur Verarbeitung der Trauben wird der gesamte Prozess anschaulich dargestellt. Weinproben und -kauf sind ebenfalls möglich.

Vom Botanischen Garten über die East Terrace gelangen Sie nach wenigen Gehminuten zum **Tandanya National Aboriginal Cultural Institut** (▶ s. Kultur- und Unterhaltung). Das von Aboriginal People betriebene Institut vermittelt einen hervorragenden Einblick in den Alltag der in Südaustralien ansässigen Kaurna-Aboriginal People. Bei einem Besuch der innovativen und begeisternden Ausstellung, den Workshops und Darbietungen sowie der Galerie, sind zwei Stunden schnell vergangen. Im dazugehörigen Café gibt es „Bushtucker", authentische Spezialitäten der Aboriginal-Küche.

Shopping   Nach soviel Kultur lockt die Einkaufsstraße **Rundle Mall,** in der es immer lebhaft zugeht. Kneipen, Kaufhäuser, Boutiquen und Cafés flankieren die älteste Fußgängerzone Australiens. Künstlerskulpturen und Straßenmusikanten sorgen für das entspannte Ambiente.

King William Road   Wer Zeit hat, sollte noch durch die **King William Road** nach Süden schlendern. Bei der Hausnummer 59 fällt das im Renaissancestil erbaute **Edmund Wright House** ins Auge. Das 1876 für den Bischof von Südaustralien erbaute Gebäude dient der Stadt inzwischen für Empfänge und Veranstaltungen. Ein Blick in die reich verzierte Eingangshalle lohnt. Auf der anderen Straßenseite,

St Francis Xavier Cathedral

zwei Blocks südlich, wurde ebenfalls im Renaissancestil die imposante **Town Hall** erbaut (1836-1866). Schräg gegenüber befindet sich das **General Post Office** mit einem mächtigen Uhrturm.

Unterbrochen wird die King William Road vom großen **Victoria Square** mit einem zentralen Springbrunnen und schattigen Bäumen. Umgeben ist der Platz von der **St Francis Xavier Cathedral** (1856) und dem klassizistischen **Supreme Court** (1868). Vom südlichen Ende des Platzes fährt die einzige Straßenbahn Adelaides zum Strandort **Glenelg.** Vom Victoria Square nach Westen zweigt die Gouger Street ab. Hier befindet sich der einladende **Central Market** mit seinen zahlreichen Imbissständen, Cafés und Marktbuden (▶ s. Einkaufen).

ADL ▶ PER

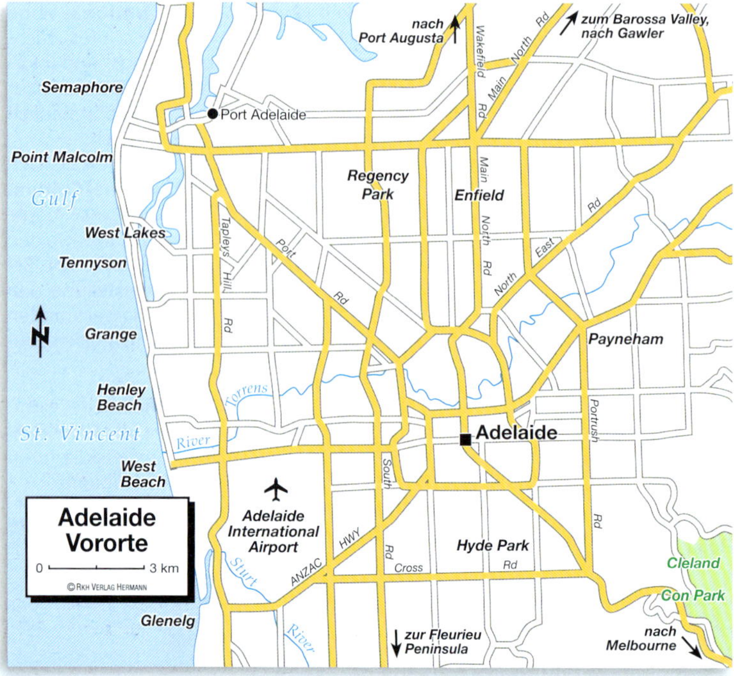

Adelaide Vororte

Semaphore
Port Adelaide
Point Malcolm
Gulf
West Lakes
Tennyson
Grange
Henley Beach
St. Vincent
West Beach
Glenelg

nach Port Augusta
zum Barossa Valley, nach Gawler
Wakefield Rd
Main North Rd
Regency Park
Enfield
Main North Rd
North East Rd
Payneham
Tapleys Hill Rd
Port Rd
Torrens River
Adelaide
Portrush Rd
Adelaide International Airport
South Rd
ANZAC HWY
Sturt River
Cross Rd
Hyde Park
Cleland Con Park
zur Fleurieu Peninsula
nach Melbourne

Adelaide Vororte

0 _____ 3 km

© RKH VERLAG HERMANN

Glenelg

Sehenswürdigkeiten außerhalb der City

North Adelaide

Vom CBD (Central Business District) ist der nördliche Stadtteil North Adelaide (jenseits des Torrens River) am einfachsten über die King William Road, oder die Montefiore Road, zu Fuß oder per Bus erreichbar. Der zu den ältesten Stadtteilen Adelaides zählende Vorort ist wegen seiner historischen, reich verzierten Häuser in kolonialem Stil und den alten Gärten sehenswert. Die 1876 erbaute **St Peters Cathedral** an der Ecke King William Road/Pennington Terrace ist ebenfalls einen kurzen Abstecher wert.

In der O'Connell Street reihen sich gemütliche Cafés und Gaststätten aneinander, während die Melbourne Street zu den exklusivsten Shoppingstraßen Adelaides zählt.

Glenelg

Adelaides bekanntester Stadtstrand befindet sich im Vorort Glenelg, 11 km südwestlich der Innenstadt. Erreichbar ist Glenelg per Straßenbahn ab Victoria Square. 1836 landeten in Glenelg die ersten britischen Siedler und proklamierten unter einem und heute noch existenten Eukalyptusbaum den Staat Südaustralien.

In der Hauptstraße, der Jetty Road, reihen sich Cafés, Shops und Unterkünfte aneinander. Auf dem Weg von der Tramstation zum Meer fallen die 1875 erbaute Town Hall (mit Glockenturm) und das majestätische Courthouse (1933) auf. Gegenüber dominiert das luxuriöse „Stamford Grand Hotel" (früher „The Pier Hotel") die Skyline. Hinter der Town Hall befindet sich das Visitor Centre (▶ s. Infos). Eine kleinere Version der heute 215 m langen Jetty wurde bereits 1859 gebaut.

Port Adelaide

Port Adelaide ist das Zentrum südaustralischer Seefahrtsgeschichte und mit seinen kolonialen und viktorianischen Gebäuden und Straßenzügen einen Besuch wert. Der Vorort liegt 13 km nordwestlich der Innenstadt und ist mit dem Auto über die Port Road, mit dem Zug ab Central Station (North Terrace) .oder mit Bus Nr. 151 oder 153 ab North Terrace erreichbar.

Der früher wichtige Handelshafen hat im Laufe der Zeit an Bedeutung verloren, wurde aber für touristische Zwecke aufwendig restauriert. Im Besucherzentrum (66 Commercial Rd, tägl. 9–17 Uhr, www.portenf.sa.gov.au) sind detaillierte Informationen zur Geschichte und Attraktionen des Hafenortes erhältlich. Das interessante **South Australian Maritime Museum** (126 Lipson St, tägl. 10–17 Uhr) stellt in mehreren Gebäuden historische Schiffe sowie eine gute Darstellung australischer Seefahrtsgeschichte aus. Der alte Leuchtturm kann bestiegen werden. Sonntags werden Bootsfahrten auf dem Port River angeboten, in dem sich häufig Delfine tummeln.

Für Eisenbahnfreunde und Familien ist das **National Railway Museum** (Lipson St, tägl. 10–17 Uhr) mit alten Loks und Schienenfahrzeugen reizvoll. Sonntags findet der **Fishermen's Wharf Markets** (9–17 Uhr) statt, ein lebhafter Trödel-, Ess- und Fischmarkt am Wasser.

ADL ▶ PER

Adelaide Umgebung

0 ⊢———————⊣ 15 km

© RKH VERLAG HERRMANN

Gulf

St. Vincent

Largs Bay

Holdfast Bay

Aldinga Bay

Yankalilla Bay

Rapid Bay

Backstairs Passage

Encounter Bay

Lake Alexandrina

Mallala

Kangaroo Flat

Two Wells

Maranaga

Seppeltsfield

Nuriootpa

Tanunda

Barossa Valley

Sandy Creek

Gawler

Rowland Flat

Lyndoch

Williamstown

Springton

Ranges

Elizabeth

Salisbury

Birdwood

Port Adelaide

Morialta Con Park

Adelaide

Adelaide

Norton Summit

Lobethal

Ashton

Cleland Con Wildlife Park

Summertown

Glenelg

Crafers

Hills

Lofty

Stirling

Hahndorf

EASTERN

O'Halloran Hill

Mt. Barker

FWY

McLaren Vale

Meadows

Flaxley

Macclesfield

McLaren Vale

Willunga

Ashbourne

Strathalbyn

Mt. Compass

Finniss

Myponga

Fleurieu Peninsula

Yankalilla

Goolwa

Rapid Bay

Cape Jervis

Delamere

Deep Creek Con Park

Victor Harbor

Newland Head Con Park

nach Kangaroo Island (20 km)

Umgebung von Adelaide

Von Adelaide bieten sich einige Ziele für Ein- oder Mehrtagesausflüge an. Im Nordosten liegt das Weinbaugebiet Barossa Valley, im Osten, entlang der Mount Lofty Ranges, die Adelaide Hills mit dem deutsch-stämmigen Hahndorf, im Südosten die Fleurieu Halbinsel und im Süden das Naturparadies Kangaroo Island. Auf der westlichen Seite des Golf von St Vincent bietet die Yorke Peninsula ein weiteres, noch leicht erreichbares Ausflugsziel.

Barossa Valley

Die eine Autostunde von Adelaide entfernte Weinregion **Barossa Valley** gilt als eine der berühmtesten Australiens. In den über 50 Weingütern werden vorzügliche Tropfen wie Shiraz, Cabernet, Semillon, Chardonnay und Riesling hergestellt. Zu den bekanntesten Keltereien zählen *Peter Lehmann, Orlando Wines, Penfold's* und *Yalumba,* Australiens älteste Winzerei in Familienbesitz. Schilder mit der Aufschrift „Cellardoors" weisen auf Weinproben hin.

William Light, der Stadtvater Adelaides, gab dem Tal in Anlehnung an das südspanische Tal „Valle del Bar Rosa" seinen Namen. Der deutsche Einfluss im Gebiet zeigt sich in zahlreichen lutherischen Kirchen, der traditionellen Musik und der Handwerkskunst, vor allem bei Bäckern und Metzgern, die nach wie vor Erzeugnisse nach deutschen Rezepturen herstellen. Besonders unterhaltsam ist ein Besuch im Barossa Valley während des *Barossa Vintage Festival* zu Ostern (in Jahren mit ungerader Jahreszahl) oder des Freiluft-Events *Barossa Under the Stars* im Februar.

Rundfahrt durch das Barossa Valley

Von Adelaide über Elizabeth bis ins nördlich gelegene **Gawler** sind es nur 45 km. Die alte Stadt ist bekannt wegen ihrer historischen Gebäude, die zum Teil bereits in den 1840er Jahren erbaut wurden. Folgt man dem Barossa Valley Way (B19) weiter nach Osten, gelangt

ADL ▶ PER

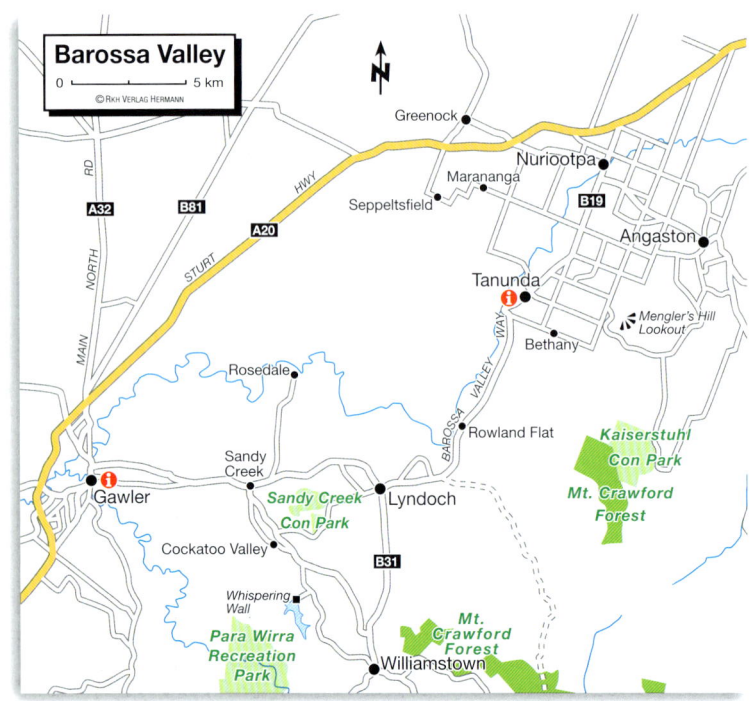

man nach Lyndoch, den ersten Ort des „Tales". Unterwegs zweigt in Sandy Creek eine Straße ab, die über das **Cockatoo Valley** zum Barossa-Stausee führt, dessen Staumauer wegen ihrer besonderen Akustik **Whispering Wall** genannt wird.

Lyndoch, am Fuße der Barossa Range, ist die älteste Stadt des Tales (1837) und Zentrum von zehn Weingütern in direkter Umgebung. Dem Barossa Valley Way folgend, erreicht man **Rowland Flat,** das von den Gebäuden der Orlando Winery dominiert wird. Bereits 1847 pflanzte Johann Gramp hier Weinreben und gründete die erste Weinkelterei. Die Weine tragen noch heute den klangvollen Namen „Jacob's Creek". Im Jacob's Creek Visitor Centre (tägl. 10–17 Uhr) können Weine probiert, gekauft oder im Restaurant zum Mittagessen genossen werden.

Tanunda war das Zentrum der frühen deutschen Siedler, damals noch unter dem Namen „Langmeil". Der Glaube der Siedler spiegelt sich in den vier lutherischen Kirchen im Stadtzentrum wieder. Ein Bummel durch die Straßen mit ihren kleinen Geschäften, Antiquitätenläden, Cafés und Skulpturen ist eine schöne Abwechslung. Das an der Hauptstraße befindliche **Barossa Wine & Visitor Information Centre** (▶ s.

Infos) vermittelt auf Bildern und Infotafeln die Verfahren der Wein-produktion und dokumentiert die Geschichte und Kultur des Tales.

Östlich von Tanunda bietet sich vom **Mengler's Hill Lookout** ein Panoramablick über das Tal. Auf der Mengler's Hill Road (ausge-schilderte *Scenic Road*) erreicht man **Angaston**, das streng genom-men bereits außerhalb des Barossa Valley liegt. Das vom Briten George Angas gegründete Dorf mit Kunst- und Handwerkshops, Galerien und Teestuben ist für sein leckeres Trockenobst (Angas Park Fruit Company) bekannt.

Nuriootpa ist über die Angaston Road (B 10) erreichbar. Die 3500-Einwohner-Gemeinde ist das kommerzielle Zentrum des Tales. Hier gibt es Hotels, Campingplätze, Einkaufszentren und Restaurants. Be-herrscht wird die Stadt durch *Penfolds Wines*, der größten Winzerei im Barossa Valley (Mo–Fr 10–17 Uhr, Sa/So 11–17 Uhr). Nebenan werden in der *Tarac Australia Destillery* Spirituosen wie Rum, Gin und Wodka gebrannt.

Westlich von Nuriootpa liegen die Gemeinden Marananga und Seppeltsfield. Einige kleine Weingüter und die hübsche *Gnadenfrei Church* sind die wichtigsten Sehenswürdigkeiten von **Marananga.** Folgt man der palmengesäumten Straße nach **Seppeltsfield,** be-sticht das Anwesen der Seppelt Winery durch sein schmuckvolles Äußeres. 1851 versuchte der junge Schlesier Joseph Seppelt hier Tabak anzubauen. Der Versuch scheiterte, und so versuchte er es mit Weintrauben. In den Folgejahren baute die Familie Seppelt ei-nes der berühmtesten australischen Weingüter auf, mit täglichen Besichtungstouren (Tel. 08-85686217). Seppelts Weinkellerei gehört, ebenso wie Penfolds und Lindemann, zum Bierkonzern Foster.

Über den Stuart Highway (A20) ist Adelaide (via Gawler) schnell wie-der erreicht.

Infos

Gawler Visitor Information Centre, 2 Lyndoch Rd, Tel. 08-85226814. Erste Informationen zu den Weingütern, Übernachtungsmöglichkeiten und Sehenswürdigkeiten im Barossa Valley.

Barossa Wine & Visitor Information Centre, 66-68 Murray St, Tanunda, Tel. 1-300-852982, www.barossa.com. Die freundlichen Mitarbeiter vermitteln Unterkünfte und Touren und geben Restauranttipps. Außerdem wird hier der Weinherstellungsprozess anschaulich dokumentiert.

Unterkunft und Camping

Im Barossa Valley stehen viele komfortable Privatunterkünfte zur Verfügung (B&B, Farmen, Cottages). Einige Weingüter bieten Übernachtungsmöglich-keiten an.

***** **The Lodge Country House,** Seppeltsfield Rd, Seppeltsfield, Tel. 08-85628277. B&B-Zimmer in historischem Landhaus, mit schmackhaftem Essen und guten Weinen.

**** **Novotel Barossa Valley Resort,** Golf Links Rd, Rowland Flat, Tel. 08-85240000. Modernes Hotel mit Golfplatz und vielen Freizeitangeboten.

**** **Barossa Country Cottages,** 55 Gilbert St, Lyndoch, Tel. 08-85244426. Gepflegte Cottages für bis zu 5 Pers. mit Küche und Whirlpool.

ADL ▶ PER

*** **Barossa Gateway Motor Inn,** Kalimna Rd, Nuriootpa, Tel. 08-85621033. Zentral gelegenes Motel.

* **Barossa Doubles D'vine,** Barossa Valley Way, Nuriootpa, Tel. 08-85622260. Familiäres Hostel am Weinberg mit Fahrradverleih.

Tanunda Caravan Park, Barossa Valley Way, Tanunda, Tel. 08-85632784. Schattiger Campingplatz mit Bungalows und Cabins.

Barossa Valley Tourist Park CP, Penrice Rd, Nuriootpa, Tel. 08-85621404. Ruhiger Platz mit Cabins.

Adelaide Hills

(Karte ▶ s.S 554, Adelaide Umgebung)

Nur 30 Autominuten außerhalb Adelaides erwarten den Besucher in den Adelaide Hills malerische Orte, Naturschutzparks, Wanderwege, Tierparks sowie ausgezeichnete Möglichkeiten zum Speisen. Die Anfahrt erfolgt auf dem South Eastern Freeway in Richtung Melbourne, Abzweig in Crafers auf die Summit Road nach Norden. Entlang des Hügelkamms passiert man die **Mount Lofty Botanic Gardens** (tägl. 10–16 Uhr) sowie den höchsten Punkt der Mount Lofty Range, den Aussichtsberg **Mount Lofty Lookout** (727 m). Der Lookout bietet einen hervorragenden Blick auf Adelaide und die Küste, außerdem befindet sich hier ein informatives Besucherzentrum mit Restaurant (▶ s. „Infos"). Der Besuch des **Cleland Wildlife Park** (tägl. 9.30–17 Uhr) ist lohnend, ist er doch einer der schönsten Südaustraliens, mit Tieren, die in natürlicher Umgebung leben.

Weiter nach Norden auf der Summit Road erreicht man nach Ashton und Norton Summit den **Morialta Conservation Park,** der gute Wandermöglichkeiten bietet.

Ausfahrt aus Perth Zurück zum South Eastern Freeway, der in östlicher Richtung zur wichtigsten Touristenattraktion der Adelaide Hills führt, dem Städtchen **Hahndorf** (1800 Ew.). Die 1839 von deutschen Lutheranern gegründete Gemeinde ist Australiens älteste deutschstämmige Siedlung. Die Gründer nannten ihre Stadt nach Kapitän Dirk Hahn, der viele religiös Verfolgte an die Küste Adelaides brachte. Der bekannteste Sohn der Gemeinde ist der Maler Hans Heysen, dessen Werke im „Sir Hans Heysen Studio" ausgestellt sind. Nach ihm ist der 1500 km lange Fernwanderweg *Heysen Trail* benannt, der sich von der Parachilna Gorge in den Flinders Ranges bis nach Cape Jervis auf der Fleurieu Peninsula schlängelt. Private Museen, Galerien, Handwerksläden und hübsche Cafés prägen die Hauptstraße von Hahndorf.

Infos **Adelaide Hills Visitor Centre,** Main St, Hahndorf, Tel. 1-800-353323, www.visitadelaidehills.com.au; Informationen zu Unterkünften, Wanderungen und Ausflugsmöglichkeiten.

Mt Lofty Summit Visitor Information Centre, Mt Summit (beim Aussichtspunkt), Tel. 08-83701054; Auskünfte und Wandervorschläge für die Region.

Unterkunft und Camping	Reizvolle **B&Bs** und **Selbstversorger-Cottages** sind in den Adelaide Hills häufig anzutreffen. In den privaten Unterkünften bekommen Sie schnell Kontakt mit den Einheimischen. Information und Buchung im Visitor Centre in Hahndorf. In Mt Barker (östlich von Hahndorf) befindet sich ein Campingplatz (Tel. 08-83910087).

Fleurieu Peninsula

Die Fleurieu Peninsula ist ein attraktives Ausflugsziel für die Adelaider Bevölkerung. Wer mit dem eigenen Auto nach Kangaroo Island möchte, muss die Halbinsel durchqueren, um zum Fährhafen von **Cape Jervis** zu gelangen (ca. 1,5 h Autorfahrt). Über den Anzac Highway und die Main South Road ist Halbinsel in etwa 40 Autominuten erreicht.

Das **McLaren Vale** im Norden der Halbinsel ist die Basis zahlreicher Weingüter. Das dortige Besucherzentrum (▶ s. Infos) gibt Auskunft zur Region und zu einheimischer Kunst. Daneben werden Weine zum Probieren und Kaufen angeboten. Ab **Willunga,** 5 km südlich von McLaren Vale, führt die Victor Harbour Road zum gleichnamigen Küstenort. Weiter entlang der Westküste auf der Main South Road erreichen Sie **Cape Jervis.**

Der Besuch von **Victor Harbor** reizt besonders von Juni bis Oktober, da dann Südliche Glattwale von der Küste aus beobachtet werden können. Im **South Australian Whale Centre** (Railway Tce, tägl. 10.30–17 Uhr) ist Wissenswertes über die großen Meerestiere zu erfahren.

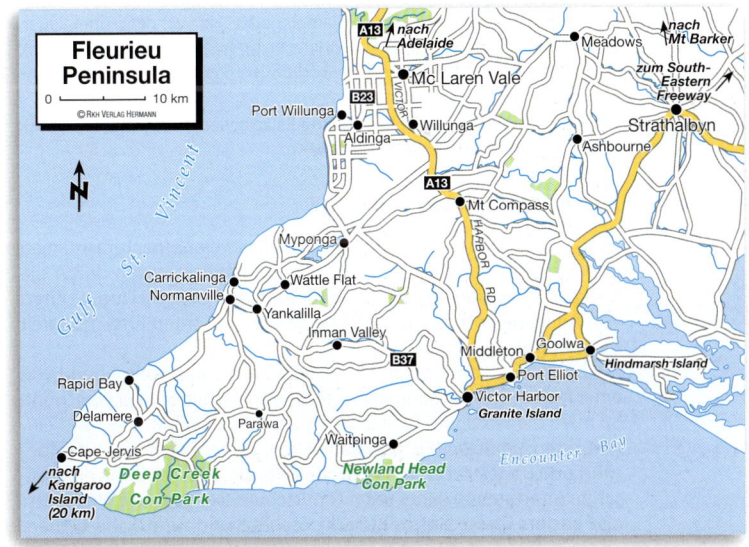

Auf der vor Victor Harbor gelegenen kleinen Insel **Granit Island** versammeln sich allabendlich Zwergpinguine.

Östlich von Victor Harbor tosen wellenreiche Surf-Strände in **Port Elliot, Middelton** und **Goolwa**. Entlang der Straße von Victor Harbor nach Cape Jervis zweigen immer wieder Stichstraßen zu Stränden und Küstenparks ab.

Für Eisen-bahnfreunde Auf der Halbinsel verkehren fünf alte Züge (z.T. Dampflooks), u.a. der Cockle Train, der jeden Sonntag von Goolwa entlang der Küste nach Victor Harbor dampft. Mehr Infos, Abfahrtszeiten und Preise sind unter www.steamranger.org.au oder bei Steamranger Heritage Railways, Tel. 1-300-655991, Fax 08-83911933 erhältlich.

Cape Jervis ist kaum mehr als der Fährhafen nach Kangaroo Island. Außerdem endet hier der Fernwanderweg Heysen Trail (▶ s. Adelaide Hills). Für diejenigen, die vor oder nach der Fährpassage noch Zeit zum Baden haben, bietet sich der Strand 2 km nördlich des Anlegers an.

Infos **McLaren & Fleurieu Visitor Centre,** Main Rd, McLaren Vale, Tel. 08-82329944, Mo–Fr 9–17 Uhr, Sa/So 10–17 Uhr, www.fleurieupeninsula.com.au.

Victor Harbour Visitor Information Centre, The Causeway, Victor Harbour, Tel. 08-85510777, tägl. 9–17 Uhr, www.tourismvictorharbour.com.au.

Unterkunft und Camping *** **Comfort Inn Colonial,** 2 Victoria St, Victor Harbour, Tel. 08-85521822. Zentral gelegenes Mittelklassehotel.

*** **Anchorage at Victor Harbour,** 21 Flinders Pde, Tel. 08-85525970. Gepflegtes Gästehaus mit B&B- und Hostelzimmern.

*** **Cape Jervis Station,** Main Rd, Cape Jervis, Tel. 08-85980288. Hotel-, B&B- und Mehrbett-Hostelzimmer sowie Campingplatz, 3 km vor dem Fähranleger.

Beachfront Caravan Park, 114 Victoria St, Victor Harbour, Tel. 1-800-620100. Großer schattiger Platz mit Aussicht auf die Küste. Vermietet ebenfalls Cabins und Villen.

Weitere einfache Nationalpark-Campingplätze befinden sich im **Deep Creek** und **Newland Head Conservation Park.**

Kangaroo Island

Kangaroo Island ist die drittgrößte Insel Australiens (nach Tasmanien und Melville Island vor Darwin). Nur 50 Schiffsminuten durch die Backstairs Passage vom Festland (Cape Jervis) bzw. 30 Flugminuten von Adelaide entfernt, genießt sie dank der leichten Erreichbarkeit hohe Popularität.

Abgetrennt vom Festland blieb Kangaroo Island weitgehend von einer frühen Erschließung der ersten europäischen Siedler verschont. So blieb die Flora und Fauna, von menschlichen Einflüssen und eingeführten Tierarten (Füchse, Kaninchen, Ziegen) weitgehend unberührt und ungestört erhalten. Große Teile der Insel mit ihren endemischen Arten stehen daher unter Naturschutz. Der gesamte Westteil ist als **Flinders Chase National Park** geschützt und zusätzliche kleinere

Conservation Parks bilden weitere Schutzgebiete. Die 155 km lange und 55 km breite Insel zeichnet sich durch Steilküsten, geschützte Sandbuchten, bizarre Felsformationen und eine reiche Tierwelt aus.

Für einen Besuch sollten mindestens zwei bis drei Tage eingeplant werden. Wer nicht mit dem eigenen Fahrzeug anreist, sollte auf der Insel einen Wagen mieten oder sich einer organisierten Tour (ab/bis Adelaide) anschließen (▶ s. Touren). Wohnmobil- und Mietwagenfahrern ist es i.d.R. gestattet, das Fahrzeug per Autofähre mit auf die Insel zu nehmen, was aber teuer ist. Die meisten Straßen sind mittlerweile asphaltiert. Öffentliche Verkehrsmittel und Taxis gibt es nicht. Klimatisch ist Kangaroo Island stets ein paar Grad kühler als Adelaide. Ein warmer Pullover und ein winddichter Anorak sollten im Gepäck nicht fehlen. Unterkünfte, Campingplätze, Shops und Restaurants sind auf der Insel vorhanden.

Rundfahrt auf der Insel

Die Autofähre von Cape Jervis landet in der Ortschaft **Penneshaw,** die auf der Dudley Peninsula am Ostende der Insel liegt. Der kleine Ort verfügt über zahlreiche Unterkünfte, Restaurants sowie eine kleine Tourist Information. Gleich beim Fährterminal lockt bei warmem Wetter die **Hog Bay** mit ihren schönen Sandstränden und sicheren Gewässern zum Baden.

Das Meer wird allerdings das ganze Jahr über nie wärmer als etwa 18 Grad. Das **Penneshaw Penguin Centre** (Lloyd Collins Reserve, im Winter 19.30–20.30 Uhr, im Sommer 20.30–21.30 Uhr) veranstaltet

abendliche Touren zur Kolonie der Weißflügelpinguine (Little Penguins). Von der Ortschaft nach Osten führt eine Piste (30 km) zum **Cape Willoughby** Leuchtturm. Der 27 m hohe Turm wurde bereits 1852 erbaut und kann auf Touren (tägl. 10–14 Uhr) besichtigt werden.

Zwischen den Orten Penneshaw und Kingscote liegt die kleine Feriensiedlung **American River.** An der Wharf werden tägl. Pelikane gefüttert.

Bleibt man auf der Hauptstraße, gelangt man direkt in die Inselhauptstadt **Kingscote.** Banken, Shops, Internet-Café, Krankenhaus, National-parkverwaltung und die einzige weiterführende Schule der Insel sind hier zu finden. In Nähe des sehr empfehlenswerten *Ozone Hotel* in Richtung Fähranleger hat sich ebenfalls eine kleine Kolonie Weißflügelpinguine niedergelassen (abendliche Führungen werden vom Penguin Centre aus angeboten, Führungszeiten s. www.kipenguincentre.com.au). Täglich um 17 Uhr werden nördlich der Kingscote Wharf die großen und immer hungrigen Pelikane gefüttert.

Nordküste Die Nordküste ist kaum bewohnt, nur vereinzelt finden sich Ferienhäuser und B&B-Unterkünfte an der ruhigen und zum Baden gut geeigneten Küste. Der Abstecher nach **Emu Bay** oder **Stokes Bay** (einfacher Campingplatz) ist für Liebhaber einsamer Strände, die nur vereinzelt von herrlich gelegenen Bed&Breakfast-Häusern unterbrochen werden, faszinierend.

Südküste Attraktiv und reich an Sehenswürdigkeiten ist vor allem die Südküste der Insel. Von der Kreuzung **Cygnet River** bzw. vom Flughafen führt die Birchmore Road nach Süden. Nach etwa 30 km erstreckt sich östlich der Straße der **Cape Gantheaume Conservation Park.** Ein Paradies für Vogelfreunde ist dort der größte Süßwassersee **Murray Lagoon.** Eine Rangerstation, Wanderwege und ein einfacher Campingplatz sind ausgeschildert.

Kurz danach zweigt die Seal Bay Road in die gleichnamige Bucht ab. Im **Seal Bay Conservation Park** hat sich eine Kolonie von rund 500 seltenen australischen Seelöwen niedergelassen. Die großen Raubtiere haben sich inzwischen an die Menschen gewöhnt und so ist es möglich, sich in Obhut eines Rangers den Tieren zu nähern, und sie in Ruhe zu beobachten und zu fotografieren. Im informativen Parkzentrum am Eingang und auf zahlreichen Schautafeln wird die Lebensweise der Meeressäuger erläutert (Touren von 9–17 Uhr, während der Sommerferien Dez–Jan bis 19 Uhr, ein Besuch zwischen 11 und 13 Uhr ist wegen des großen Ansturms und vieler Busgruppen möglichst zu meiden, Eintritt A$ 30).

Von Seal Bay weiter entlang der Südküste in westlicher Richtung erreicht man die **Kleine Sahara (Little Sahara).** Von den Kämmen der herrlich weißen Sanddünen eröffnet sich ein Blick auf die weitläufige Sand- und Buschlandschaft des Südens. Hier lässt es sich hervorragend Sandboarden.

Einige Kilometer weiter in der Sandbucht **Vivonne Bay** befindet sich ein schöner Strand-Campingplatz (Tel. 08-85594291). Der **Kelly Hill Conservation Park** umfasst das unterirdische Labyrinth der Kalksteinhöhlen und Senklöcher (Sinkholes) der **Kelly Hill Caves.** Die Nationalparkbehörde bietet geführte Touren an (tägl. 10–15.30 Uhr). Um Koalas zu sehen ist ein Stopp im Hanson Bay Sanctuary (nur wenige Kilometer westlich der Höhlen) zu empfehlen. In den zwei Baumalleen futtern sich zahlreiche Koalas satt (Eintritt A\$ 2).

Flinders Chase National Park

Der South Coast Road folgend, fährt man direkt in den **Flinders Chase National Park**. Gleich am Parkeingang liegt das informative *Flinders Chase Visitor Centre* (tägl. 9–17 Uhr, Tel. 08-85597235). Hier müssen die Campingplätze und Leuchtturm-Unterkünfte im Park gebucht werden. Auf der Grasfläche rund um das Besucherzentrum halten sich meist Kängurus und Wallabies auf, in den Bäumen träumen Koalas. Morgens und abends empfiehlt sich die 4,5 km (H+R) lange Wanderung zum **Platypus Waterhole,** wo Sie mit etwas Glück die scheuen Schnabeltiere beobachten können. Unterwegs sollten Sie in den hohen Eukalyptusbäumen nach Koalas Ausschau halten.

Wer nicht so weit gehen möchte, kann auch über die Piste *Shackle Road* per Auto zu den Teichen fahren.

Vom Visitor Centre führt die Straße in südlicher Richtung zum **Cape du Couedic** mit dem 1909 erbauten Leuchtturm (Übernachtungsmöglichkeit, unbedingt vorbuchen!). Spektakulär ist der Anblick des von Wasser, Wind und Wetter gemeißelten Felsbogens **Admiral's Arch,** nur wenige Schritte vom Leuchtturm entfernt. Unterhalb des Felsbogens tummeln sich neuseeländische Pelzrobben (New Zealand Fur Seals) und genießen den geschützten Platz zum Fischen, Faulenzen und Spielen. Ein Fußweg führt zu Aussichtspunkten.

Seal Bay Conservation Park

ADI ▶ PER

1 km vor dem Leuchtturm biegt eine Straße zum bekanntesten Wahrzeichen der Insel ab, den **Remarkable Rocks.** Die riesigen, rostroten Granitfelsen erheben sich als bizarr verwitterte Skulpturen auf einer angehobenen Landzunge – ein perfektes Motiv für Fotografen!

Über den West End Highway gelangt man auf den Playford Highway, der im Westen zum **Cape Borda Lighthouse** sowie einem einfachen Campingplatz führt.

Im Zentrum der Insel passiert man in **Parndana** den *Wildlife Park* mit vielen Koalas. Halten Sie unterwegs stets Ausschau nach Koalas, Kangaroo Island besitzt die höchste Koala-Population Australiens! Sie sind so zahlreich, dass ihre Nahrungsgrundlage, die Blätter der Eukalyptus-Bäume, in manchen Gegenden rar werden. Die Bäume sind regelrecht kahlgefressen. Aus diesem Grunde sind bereits erfolgreiche Sterilisationskampagnen im Gange, um die Vermehrung der Beuteltiere zu verringern.

Infos

Gateway Visitor Information Centre, Howard Drv, Penneshaw, Tel. 08-85531185, Mo–Fr 9–17 Uhr, Sa/So 10–16 Uhr, www.tourkangarooisland.com.au. Informationen zu Unterkünften, Touren und Sehenswürdigkeiten. Verkauf der Island-Pässe.

Department for Environment and Heritage (Nationalparkbüro) 37 Dauncy St, Kingscote, Tel. 08-85532381, Mo–Fr 9–16 Uhr, www.parks.sa.gov.au. Detaillierte Infos zu den Naturschutzgebieten sowie Verkauf des Island-Passes.

Island Pass

Der Pass berechtigt zum freien Eintritt in alle Parks der Insel und für kostenlose geführte Rangertouren in Seal Bay, Kelly Hill Caves, Cape Borda Lighthouse und Cape Willoughby Lightstation. Campinggebühren sind nicht enthalten. Erw. A$ 68, Fam. A$ 185, 12 Monate gültig.

Anreise

Per Schiff respektive mit der Fähre: *Kangaroo Island SeaLink* (Tel. 131301, www.sealink.com.au) fährt je nach Saisonzeit zwei- bis viermal am Tag, mit zwei großen Autofähren von Cape Jervis nach Penneshaw und zurück. Eine

Remarkable Rocks

Reservierung ist unbedingt ratsam und kann, zumindest außerhalb der Ferienzeit, kurzfristig vorgenommen werden. Bustransfers von Adelaide bis Cape Jervis werden angeboten. Die Fähre (mit Auto) ist nicht billig, weshalb überlegt werden sollte, ob man sich nicht lieber gleich einer geführten Tour anschließt.

Per Flugzeug: Vom Flughafen Adelaide fliegt *Regional Express* (www.regional express.com.au), Tel. 131713, mehrmals täglich nach Kingscote (KGI). *Kangaroo Island Transfers,* Tel. 04-27887575, fährt die Ortschaften und Hotels der Insel an. Es gibt keine Taxis auf der Insel!

Autover-mietungen

Wer nicht mit dem eigenen Mietwagen oder Camper die Insel besucht, kann einen Mietwagen vor Ort buchen. Die Vermieter bringen die Fahrzeuge zum Flughafen oder zur Fähre.

- Budget, Tel. 08-85533133
- Hertz, Tel. 1-800-088296 oder 08-85532390
- Smartcar KI, Tel. 1-300-887121, vermietet neben Autos auch Camping-anhänger.

Touren

- *KI Sealink,* Tel. 131301 oder 08-85531122 Tagestouren ab/bis Adelaide in großen Gruppen.
- *Exceptional Kangaroo Island,* Tel. 08-85539119. Empfehlenswerte Klein-gruppentouren (max. 12 Pers.) in komfortablen Geländewagen.
- *Adventure Tours,* Tel. 08-81328230. Ein- bis Sechstagestouren ab/bis Adelaide.
- *Ecotrek,* Tel. 08-83837198, veranstaltet mehrtägige Rad- und Wandertouren über die Insel, ab/bis Adelaide.

Unterkunft und Camping

In den Siedlungen Kingscote, Penneshaw und American River gibt es zahl-reiche Hotels, Motels und Campingplätze. Bed&Breakfast-Häuser sind über die gesamte Insel verstreut (ausgenommen in den Naturschutzgebieten).

**** Kangaroo Island Wilderness Retreat, 1 South Coast Rd, Flinders Chase (am Rand des Flinders Chase NP), Tel. 08-85597275; luxuriöse Unterkunft in-mitten der Natur – die nächstgelegene Unterkunft zum Flinders Chase Nationalpark im Westteil der Insel.

*** Ozone Seafront Hotel, The Foreshore, Kingscote, Tel. 08-85532011; Mittelklassehotel an der Promenade der Hauptstadt, Pinguinbeobachtung am Abend.

*** B&B Stranraer Homestead, Wheatons Rd, Mac Gillivray via Kingscote, Tel. 08-85538235, www.stranraer.com.au; schmucke Landresidenz mit Gourmet-Essen. Der Besitzer führt seine Gäste gerne über die Insel.

Übernachtungen in den **Leuchttürmen** bzw. **Cottages** am Cape du Couedic, Cape Borda, am Rocky River (Flinders Chase NP) sowie am Cape Willoughby (Ostküste) sind möglich (mind. 2 Nächte). Buchung und Information beim *National Parks & Wildlife Service* im Flinders Chase National Park, Tel. 08-85597235, www.environment.sa.gov.au/parks.

* Kangaroo Island YHA, 33 Middle Tce, Penneshaw, Tel. 08-85531344. Saubere Jugendherberge in der Nähe des Fähranlegers.

Kingscote Nepean Bay Tourist Park, First/Third Sts, Tel. 08-85532394

Western KI Caravan Park & Wildlife Reserve, South Coast Rd, Karratta, Tel. 08-85597201. Campingplatz am Eingang zum Flinders Chase NP, mit Cabins.

NP-Campingplätze (Flinders Chase NP) befinden sich in Rocky River (beim Visitor Centre), Snake Lagoon, West Bay und Harveys Return. Zwei weitere

Campingmöglichkeiten existieren im Cape Ganteheaume Conservation Park.
Camping bei Penneshaw: eine einfache (nur Toiletten und Wasser), aber
schön gelegene Campingmöglichkeit besteht am Brown Beach, 11 km südlich von Penneshaw.

Weitere von der Kommune verwaltete Übernachtungsplätze bitte im Info
Centre in Penneshaw erfragen.

Yorke Peninsula

Die Halbinsel auf der Westseite des Gulf St Vincent ist landschaftlich
durch flache Ebenen und steil abfallende Küste gekennzeichnet. Die
Ortschaften **Kadina, Moonta** und **Wallaroo** im nördlichen Teil der
Halbinsel sind durch den Kupferabbau geprägt. Die ersten Siedler kamen im 19. Jahrhundert aus dem englischen Cornwall. In Kadina
befindet sich das **Yorke Peninsula Visitor Centre** (50 Moonta Rd,
Tel. 1-800-654991, www.yorkepeninsula.com.au, tägl. 10–16 Uhr).

Wer Einsamkeit sucht oder gerne angelt, sollte an die südliche
Spitze der Yorke Peninsula reisen. Im **Innes National Park** wechselt
sich dichte Vegetation mit Sanddünen und rauher Steilküste ab. Über
90 Vogelarten sind im Nationalpark beheimatet, unter anderem
Weißbauch-Seeadler (White-Bellied Sea-Eagle) und Grauschopf-
Wippflöter (Western Whipbird), die ähnliche Laute wie piepende
Fußgängerampeln von sich geben. Camping ist im Park möglich.

Die Nullarbor Plain

Von Port Augusta nach Norseman

Überblick

Die Bezeichnung Nullarbor entstammt dem lateinischen „nullus arbor", was soviel bedeutet wie „kein Baum". Die monotone Weite der meist nur sehr karg bewachsenen Landschaft wird damit treffend beschrieben. Der gut ausgebaute Eyre Highway durchzieht die baumlose Ebene wie ein schnurgerades Band. Zivilisation ist in bescheidenem Maße vorhanden: Auf der 1670 km langen Strecke zwischen Port Augusta und Norseman trifft man zumindest alle 200 km auf ein Rasthaus oder ein kleine Ansiedlung. Der Verkehr ist mäßig – in unregelmäßigen Abständen begegnen einem Autos und große Road Trains.

Die Monotonie des Highways wird unterwegs durch großartige Blicke auf die Küstenklippen der Great Australian Bight unterbrochen. Reist man zur richtigen Jahreszeit, kann man an einigen Stellen Wale sehen.

Die wahre Einsamkeit empfängt Reisende auf der **Servicepiste** entlang der Bahnlinie, die etwa 100 km nördlich der Küste verläuft (Exkurs ▶ s.S. 586).

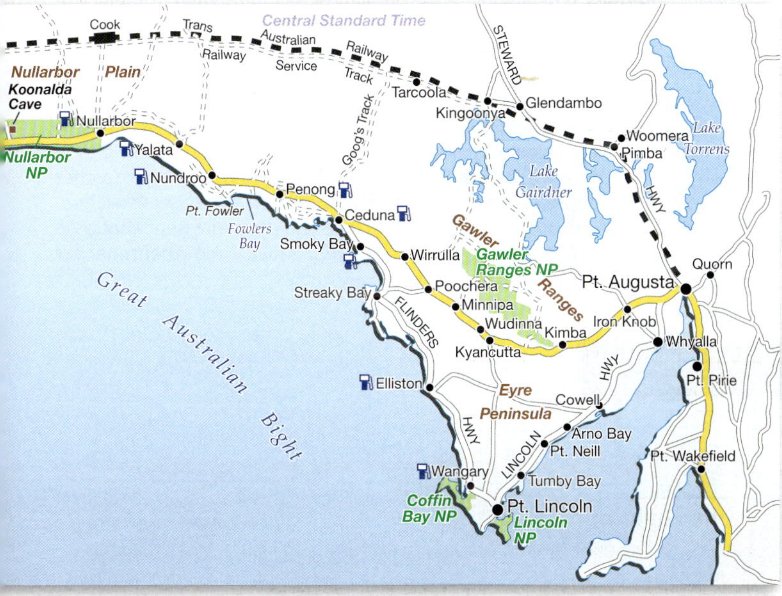

ADL ▶ PER

Wer die lange Fahrt von Adelaide bis Perth mit dem eigenen Fahrzeug scheut, sollte die Eisenbahnfahrt mit dem „Indian Pacific" (Sydney – Adelaide – Perth) in Erwägung ziehen.

Der **Eyre Highway** erhielt seinen Namen von **Edward John Eyre** (Exkurs ▶ s.S. 582), der 1841 als Erster die Ost-West Durchquerung Australiens meisterte. 1877 wurde eine Telegraphenleitung durch die Nullarbor gezogen und eine erste Piste angelegt. Später folgten Goldsucher den Kommunikationsmasten in Richtung Westaustralien.

Bereits 1886 durchquerte Arthur Richardson als erster Radfahrer die Wüste – er benötige von Coolgardie bis Adelaide 31 Tage. 1912 fuhr das erste Auto die Strecke, allerdings schafften es in den folgenden 12 Jahren nur drei weitere Fahrzeuge! Der Bau der Trans Australian Railway erfolgte 1937, gleichzeitig wurde die Telegraphenleitung an die Bahntrasse verlegt. Im Zweiten Weltkrieg galt es, den Ausbau des transkontinentalen Highways voranzutreiben. Doch erst 1969 verkündete die westaustralische Regierung, dass der Eyre Highway nun bis zur südaustralischen Grenze asphaltiert sei. Die Südaustralier ließen sich mit ihren Befestigungsarbeiten sogar bis 1976 Zeit.

Auf dem ersten Streckenabschnitt Port Augusta – Ceduna lohnt sich ein Abstecher auf die **Eyre Peninsula**. Dort findet man schöne Strände, wilde Steilküsten und eine großartige Tierwelt mit vielen Emus und Kängurus. In Baird Bay kann mit Seelöwen und Delfinen geschwommen werden. Nördlich des Highways liegen die **Gawler Ranges,** eine faszinierende Berglandschaft mit sanften Hügeln, trockenen Halbwüsten und tiefen Schluchten. Westlich von Ceduna beginnt dann die Einsamkeit der Nullarbor.

Bis zur Grenze zum Bundesstaat Western Australia verläuft der Highway relativ nahe an der Küste. Von den Aussichtspunkten unterwegs bieten sich atemberaubende Blicke auf die menschenleere Küste und, mit etwas Glück und zur richtigen Jahreszeit, auf kalbende Wale. Westlich der Grenzstadt Border Village sind längere Abstecher nach Süden erforderlich, um den Südlichen Ozean zu erreichen. Dafür verlaufen in diesem Bereich wieder Pisten zur Eisenbahntrasse und zum parallel verlaufenden Servicetrack – ein Abenteuer für

Geländewagenfahrer. In Balladonia besteht die Möglichkeit, auf einem isolierten 4WD-Track in den Küstennationalpark Cape Arid (▶ s.S. 214) abzuzweigen und dadurch die Fahrt nach Esperance abzukürzen. Bleibt man auf dem Eyre Highway, so ist in der Stadt Norseman das „Abenteuer" Nullarbor geschafft und der obligatorische Aufkleber „We made the nullarbor" kann guten Gewissens gekauft werden.

Verkehr   Inzwischen ist der Fernreisezug „Indian Pacific" (Exkurs ▶ s.S. 586) das einzige landgebundene **Verkehrsmittel** durch die Nullarbor Plain. Greyhound hat seinen Busverkehr eingestellt, da die Konkurrenz durch Billigflugtarife zu groß wurde. Eine besonders gute Möglichkeit, um von Adelaide nach Perth (und umgekehrt) zu gelangen, sind die Touren von **Nullarbor Traveller** (www.the-traveller.com.au, Tel. 08-86870455).

Infos   Weitere wichtige Hinweise und Informationen zur Strecke Port Augusta nach Norseman sind auf der **Internetseite** www.nullarbornet.com.au zu finden.

Entfer-
nungen

Port Augusta – Ceduna (Eyre Hwy):	466 km
Ceduna – Penong:	75 km
Penong – Nundroo:	76 km
Nundroo – Yalata Roadhouse:	52 km
Yalata RH – Nullarbor Roadhouse:	94 km
Nullarbor – Border Village:	186 km
Border Village – Eula:	12 km
Eucla – Mundrabilla:	62 km
Mundrabilla – Madura:	115 km
Madura – Cocklebiddy:	83 km
Cocklebiddy – Caiguna:	64 km
Caiguna – Balladonia:	183 km
Balladonia – Fraser Range Station:	83 km
Fraser Range Station – Norseman:	108 km

Wichtiger   Die Strecke zwischen Port Augusta und Norseman ist lang und meist recht ein-
Hinweis   tönig. So steigt die Gefahr, am Steuer einzuschlafen! Ausreichende Pausen in regelmäßigen Abständen und Fahrerwechsel sind daher ratsam. Tankstellen sind nie weiter als 180 km voneinander entfernt. Tanken Sie trotzdem immer rechtzeitig und beachten Sie die **Öffnungszeiten der Tankstellen** (Achtung: Zeitverschiebung zwischen SA und WA!). Im Falle einer **Panne** bleiben Sie beim Fahrzeug! Das nächste Fahrzeug kommt bestimmt und leistet Hilfe. Führen Sie immer genügend **Trinkwasser** mit und vermeiden Sie Fahrten in der **Dämmerung** (Känguru-Zeit) und in der **Nacht**. Verlangsamen Sie die Geschwindigkeit, wenn ein **Roadtrain** entgegenkommt. So verringert sich die Gefahr von Windschutzscheiben-Schäden durch auffliegende Steine.

Notfall   **Autoclub:** RAA Ceduna, Tel. 08-86252269, RACWA Norseman,
Tel. 08-90391193.
Polizei: Ceduna Tel. 08-86267020; Eucla Tel. 08-90393470;
Norseman Tel. 08-90391000.
Straßenzustände: für SA Tel. 1-300-361033; für WA Tel. 1-800-013314

ADL ▶ PER

*Küste der
Eyre Peninsula*

Eyre Peninsula

Überblick Die in ihrer geographischen Form annähernd dreieckige Halbinsel Eyre ist fast so groß wie Tasmanien. Sie liegt zwischen Adelaide und der *Great Australian Bight* und wird nach Norden hin vom Höhenzug der *Gawler Ranges* eingegrenzt. Abgesehen von einigen Granitformationen im Norden und einigen kleinen Hügeln an der Ostküste ist die Eyre Peninsula ziemlich flach und wird von ausgedehnten Getreidefeldern dominiert. Über 40% der Getreideernte Südaustraliens wird auf der Halbinsel angebaut. Weitere Wirtschaftszweige sind der Bergbau (Eisenerz, Gips), die Fischerei und der Tourismus.

Mit Temperaturen von etwa 28 ˚C ist der Sommer (Dez–Feb) angenehm warm. Im Winter indes blasen kalte südliche Winde und das Thermometer steigt selten über 16 ˚C.

Infos **Tourism Eyre Peninsula,** www.tep.com.au. Die Website liefert hervorragende Unterstützung für die Reisevorbereitung.

Verkehrsver- Tägliche Flugverbindungen bestehen zwischen Adelaide und Whyalla, Port
bindungen Lincoln und Ceduna mit Rex Air (www.rex.com.au). An den Flughäfen befinden sich jeweils Autovermietungen. Die Busse von Premier Stateliner Coaches (www.premierstateliner.com.au) fahren täglich von Port Lincoln über Whyalla nach Adelaide (und zurück).

Whyalla

Anfahrt 26 km südwestlich von Port Augusta zweigt der *Lincoln Highway* zur Halbinsel Eyre ab. Whyalla ist die nordöstlichste Stadt der Halbinsel und wird durch das riesige Stahlwerk am Ortseingang dominiert. Mit 22.000 Einwohnern ist sie außerdem die zweitgrößte Stadt Südaustraliens. Die perfekte Infrastruktur der Industriestadt erlaubt es Reisenden, umfangreich Vorräte einzukaufen oder dort zu übernachten. Im **Whyalla Maritime Museum** (Lincoln Hwy, tägl. 10–16 Uhr) ist die Tradition des Schiffsbaus dokumentiert. Bei tieferem Interesse lohnt sich eine Führung durch das **Stahlwerk** (Mo/Mi/Fr jeweils 13

Uhr, Buchung im Visitor Centre). Post, Banken, Geschäfte und Hotels konzentrieren sich im Ortszentrum an der Kreuzung zwischen Forsyth- und Patterson Street. Baden ist am neu angelegten North Beach, am östlichen Ende der Marina möglich – weiter südlich folgen allerdings wesentlich schönere Strände.

Infos

Whyalla Visitor Centre, Lincoln Hwy (nördlicher Ortseingang), Mo–Fr 9–17 Uhr, Sa 9–16 Uhr, So 10–16 Uhr, www.whyalla.com

Unterkunft und Camping

*** **Whyalla Foreshore Motor Inn,** Watson Tce, Tel. 08-86458877. Motel mit Meerblick und Restaurant.

** **Alexander Motor Inn,** 99 Playford Ave, Tel. 08-86459488. Mittelklasse-Hotel.

* **Hotel Spencer,** Forsyth St, Tel. 08-86458411. Pub-Unterkunft mit Live-Musik am Wochenende.

Foreshore Caravan Park, Broadbent Tce, Tel. 08-86457474. Campingplatz mit Cabins in Strandnähe.

Zur nächsten südlicheren Stadt **Cowell** sind es 111 km. Cowell ist für schwarzen Jade (Nephrite jade) und für hervorragende Fischgründe in der Bucht *Franklin Harbour* bekannt. Souvenirs und Schmuck aus dem grünschwarz schimmernden Stein sind im Cowell Jade Motel am Lincoln Highway in Hülle und Fülle erhältlich. Das **Cowell Tourist Centre** befindet sich in der 22 Main Street (Mo–Fr 9–16 Uhr, Tel. 08-86292588, www.franklinharbour.sa.gov.au).

In den nachfolgenden Ortschaften **Arno Bay, Port Neil** und **Tumby Bay** findet man ruhige Strände und einige gemütliche Unterkünfte.

Port Lincoln

Die Hafenstadt **Port Lincoln** (13.500 Ew.) an den Ufern der Boston Bay hat sich vom reinen Fischerstädtchen zu einer lebhaften Urlaubsstadt entwickelt. Betrachtet man die ganze Eyre Halbinsel, so ist hier mit Sicherheit noch am meisten los. Der Naturhafen ist voller bunter Fischkutter und schnittiger Yachten. An den Promenaden der **Tasman Terrace** und **Liverpool Street** reihen sich Cafés, Restaurants und Pubs. In **Porter Bay**, einem ehemaligen Sumpfgebiet südlich der Stadt, wurde ein schmucker Yachthafen mit beinahe protziger Marina gebaut. Mit den vielen Booten wurde dem alten Stadtzentrum ein Stück Lebendigkeit entzogen. Wirtschaftlich wird das Wohlergehen der Stadt vom Getreideexport und Thunfischfang bestimmt. In der Boston Bay sind einige Zuchtfarmen für Thunfisch angelegt worden, in mehreren Fabriken wird der fangfrische Fisch sogleich verarbeitet.

Relikte aus der Pionierzeit sind im **Mill Cottage Museum** (Flinders Park, am Flinders Hwy, Mo/Mi/Sa 14–16.30 Uhr oder nach Vereinbarung, Tel. 08-86824650) zu sehen. Die Seefahrtsgeschichte ist im **Axel Stenross Maritime Museum** dokumentiert (97 Lincoln Hwy, Di/Do/Sa 13–17 Uhr).

ADL ▶ PER

Infos   **Port Lincoln Visitor Information Centre,** 3 Adelaide Place, Tel. 1-800-629911, www.visitportlincoln.net, tägl. 9–17 Uhr.
Nationalparkbehörde (NPWS), 75 Liverpool St, Tel. 08-86883111.

Unterkunft   *****/**** The Marina Hotel,** 13 Jubilee Drv, Tel. 08-86826141; schöne Zimmer
und   und Apartments direkt am Yachthafen, mit Restaurant und Bar.
Camping   **** Grand Tasman Hotel,** 94 Tasman Tce, Tel. 08-86822133; ordentliches Hotel mit Meerblick, Bar und Restaurant im Erdgeschoss.
Port Lincoln Tourist Park, 11 Hindmarsh St, Tel. 08-86214444; gepflegter Wiesenplatz direkt am Wasser, Cabins.

Übernachtungstipp: Die ehemalige Farm **Mount Dutton Bay Woolshed Station** (52 km nordwestlich von Port Lincoln, Tel. 1-300-788378) bietet gemütliche Zimmer, Backpacker-Betten sowie Campsites an einer schönen Bucht.

Haie   **Calypso Star Charters** (Tel. 08-8682 3939, www.sharkcagediving.com.au)
hautnah   bietet Haibeobachtungen aus sicheren Käfigen heraus.

Umgebung von Port Lincoln

Lincoln   Südlich der Stadt liegt der 291 qkm große Nationalpark mit seiner
National   atemberaubenden Küstenlandschaft. Ruhige Buchten und ge-
Park   schützte Strände sind Heimat von Weißbauch-Seeadlern (White-bellied Sea-Eagle), australischen Seelöwen und Delfinen. Von Juli bis November ziehen Südliche Glattwale (Southern Right Whales) vorbei. Abgesehen von einigen abgeholzten Landstrichen, die noch von der früheren forstwirtschaftlichen Nutzung herrühren, dominiert dichtes Myrtengebüsch. Im Park gibt es nur wenige befestigte Straßen. Um zu den riesigen **Sleaford Dunes** und **Wanna Dunes** im Südwesten und zur ruhigen Bucht **Memory Cove** (südöstlich von Port Lincoln) zu gelangen, ist ein 4WD unerlässlich. Für die Zufahrt nach Memory Cove ist außerdem der Schlüssel für das Tor sowie eine Genehmigung vom Visitor Centre in Port Lincoln notwendig.

Wer den Park zu Fuß erkunden will, sollte dem Weitwanderweg **Investigator Trail** folgen. Er beginnt 15 km nördlich von Port Lincoln in North Shields und verläuft weitgehend entlang der Küste durch den Nationalpark. Wesentlich kürzer ist der gleichfalls interessante **Stamford Hill Hike** (1 km H/R), der am gleichnamigen Parkplatz (im Nordosten des Parks) beginnt und auf dem Hügel endet. Von oben blickt man königlich auf die Boston Bay, die Stadt und den Nationalpark. Das Gipfeldenkmal erinnert an Matthew Flinders, der die Küste der Eyre Halbinsel 1802 erforschte.

Übernachten ist im Nationalpark in der Donnington Cottage (Buchung über das Visitor Centre in Port Lincoln, Lage am nordöstlichen Ende des Parks) und auf mehreren einfachen Campgrounds möglich. Eine Karte und Informationen zum Park hält das Nationalpark-Büro in Port Lincoln oder das Visitor Centre (s.o) bereit. Der Park kostet Eintritt, an der Einfahrt zu entrichten.

Whaler's Way   Den **südlichsten Punkt der Eyre Peninsula** prägen beeindruckende Klippen, Höhlen, Blowholes und tolle Strände. In **Redbanks** befindet sich ein einfacher Campingplatz, von dem ein 400 Meter langer Pfad hinunter zum Wasser führt. Da sich das Land in Privatbesitz befindet, ist für die Zufahrt ein Schlüssel und für das Campen eine Genehmigung im Port Lincoln Visitor Centre (s.o.) einzuholen!

Von Port Lincoln entlang der Westküste bis Ceduna

5 km nordwestlich von Port Lincoln ist der Stopp am Flinders Highway beim **Winter Hill Lookout,** einem Aussichtshügel mit tollem Blick auf die umliegenden Buchten und Landspitzen, zu empfehlen.

Coffin Bay   Die kleine Ortschaft **Coffin Bay** ist einen kurzen Besuch wert. Der Spaziergang **Oyster Walk** (8 km) führt zu den ehemaligen Fischerschuppen, die heute fast alle zu Ferienhäuschen umgebaut sind. Wer gerne **Austern** isst, sollte dies in einem der Restaurants der Stadt tun, denn hier werden die Schalentiere direkt in der Bucht gezüchtet. Der nahegelegene **Coffin Bay National Park** bietet reizende Strände, gute Campgrounds und einige Wanderwege. Der nördliche Teil ist nur per 4WD zugänglich. Ohne Allrad sind Point Avoid, Almonta Beach, Golden Island Lookout und Yangie Bay (Campingplatz) erreichbar. Der Park kostet Eintritt, am Eingang befindet sich eine Kasse zur Selbstregistrierung.

Die Fahrt von Coffin Bay auf dem Flinders Highway nach Ceduna ist sehr eintönig. Weites, sanfthügeliges Farmland und kleine Eukalyptuswäldchen prägen das Landschaftsbild. Um in die Feriensiedlungen an der Küste zu gelangen, muss die Hauptstraße verlassen werden. Viele Orte werden von einem bunten Gemisch aus konservativer Landbevölkerung und alternativen Surfies bewohnt.

Elliston   **Elliston** an der verträumten Waterloo Bay hat einen herrlichen Badestrand. Sehenswert ist das 500 qm große Wandgemälde an der

ADL ▶ PER

Gemeindehalle zwischen Campingplatz und Café, auf dem die Lokalgeschichte dargestellt ist. Nördlich der Stadt beginnt der 12 km lange **Cliff Top Drive** zum Salmon Point und in die Anxious Bay. Unterwegs blickt das Auge von den Aussichtspunkten auf eine abwechslungsreiche Küstenszenerie und die vorgelagerte Insel Flinders Island. **Übernachten** ist auf den Stellplätzen oder in den Cabins des Elliston Waterloo Bay Tourist Park möglich (Top Tourist Park, Beach Tce, Tel. 08-86879076).

Ein paar Stunden lässt es sich zum Baden und Schnorcheln auch in der Bucht von **Walker's Rock** aushalten. Am Strand darf gecampt werden.

Entlang der Küste erstreckt sich der dünenreiche **Lake Newland Conservation Park,** der nur per 4WD erkundet werden kann (Campen erlaubt). Am nördlichen Ende des Parks liegen die **Talia Caves** – farbenfrohe, vom Meer ausgewaschene Höhlen in den Klippen. Davor lockt ein weißer Sandstrand zum Relaxen.

Der nächste Highway-Abstecher führt in die verschlafenen Nester **Venus Bay** und **Port Kenny,** beide mit Campingplätzen und Bootsstegen ausgestattet. Die Anfahrt zu den imposanten Granitfelsen **Murphy's Haystacks,** die aussehen wie riesige Pilze, ist am Highway ausgeschildert. Das Alter der Steine wird auf über 1,5 Milliarden Jahre geschätzt. Südwestlich der „Steinpilze" liegt die Landspitze **Point Labbat.** Hier lebt eine große Kolonie Australischer Seelöwen, die von einer hölzernen Plattform beobachtet werden können (Entfernung ca. 100 m, Fernglas nicht vergessen).

Schwimmen mit Delfinen Die kleine Ortschaft **Baird Bay** ist dafür bekannt, dass von September bis Mai faszinierende Touren zum Schwimmen mit Seelöwen und Delfinen angeboten werden (Baird Bay Charters & Ocean Eco Tours, Tel. 08-86265017, www.bairdbay.com; Touren jeweils um 9.30 u. auf Anfrage um 13.30 Uhr). Das Wasser ist auch im Sommer recht kühl (max. 18 Grad), weshalb man für den Neoprenanzug dankbar ist. Für manch einen mag es störend sein, dass der Guide ein Sonar bei sich

Seelöwen in Baird Bay

trägt, um eventuell herannahende Haie zu vertreiben – denn „wo es Delfine gibt, leben auch Haie", lautet die Regel. Ein tolles Erlebnis, auf einer Tour (an zwei verschiedenen Orten) sowohl mit verspielten Seelöwen als auch mit neugierigen Delfinen „interaktiv" zu sein.

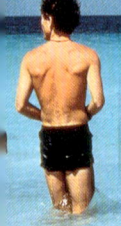

In Baird Bay gibt es einen einfachen Campingplatz ohne Strom (Tel. 08-86261001).

Streaky Bay   **Streaky Bay** (1100 Ew.) ist der einzige Ort an der Westküste der Eyre Peninsula, der über ein richtiges Stadtzentrum mit Läden und Geschäften verfügt (gleichwohl geht es auch hier äußerst geruhsam zu). Die Stadt versorgt die umliegenden Getreidefarmen und Fischereibetriebe mit dem Notwendigsten. Einige kleine Museen zeigen Relikte aus der Pionierzeit. Allerdings sind die Sammlungen nur für wenige Stunden in der Woche geöffnet.

Infos   **Streaky Bay Visitor Centre,** Stewarts Roadhouse, 15 Alfred Tce, Tel. 08-86261126, tägl. 6.30–21 Uhr)

Unterkunft und Camping   **** Streaky Bay Hotel Motel,** 33 Alfred Tce, Tel. 08-86261008; inkl. Frühstück. **Foreshore Tourist Park,** 82 Wells St, Tel. 08-86261666; Campingplatz mit Cabins, direkt am Meer gelegen.

70 km nördlich von Streaky Bay ist die Feriensiedlung **Smoky Bay** für Austernliebhaber einen Halt wert. Auf einer **Oyster Tour** (Mo–Fr 15 Uhr, Tel. 08-86257077, vorher anrufen!) erfährt man alles über ihre Aufzucht und Verarbeitung. Eine 4WD-Piste führt zur Landspitze **Point Brown,** reizvoll für alle, die die absolute Einsamkeit suchen.

Austern

Austern (Ostreidae) gehören zur Familie der Muscheln. Der wissenschaftliche Name leitet sich von lateinisch ostreum („Knochen") ab. Austern heißen englisch „oysters" und französisch „huîtres". Man findet sie rund um die Welt an den Felsen flacher Tidengewässer und auf Zuchtfarmen (Aquakulturen).

Im Lauf der Evolution hat sich eine sehr große Zahl von Arten und Familien herausgebildet. Austern haben eine wichtige ökologische Funktion in Küstengewässern. Sie dienen vielen Meeresbewohnern als Beutetiere, wogegen sie sich durch eine außerordentlich massive Schale zu schützen versuchen.

Für den Menschen ist die Auster als überaus nahrhafte Speise von Interesse, wobei allerdings nur einige wenige Austernarten als genießbar gelten. Diese werden als „kulinarische Austern" bezeichnet. Andere Austernarten – „Perlaustern" genannt – besitzen die Fähigkeit, schön aussehende Perlen zu produzieren. Auch die Schalen der Austern sind verwertbar, sie werden z.B. in gemahlener Form bei der Herstellung einiger Medikamente verwendet.

ADL ▶ PER

Von Port Augusta nach Ceduna auf dem Eyre Highway

Die ersten 140 km von Port Augusta nach Ceduna führen durch halb-wüstenartiges Farmland. 14 km westlich des Abzweigs nach Whyalla (Eyre Peninsula) liegt das **Nuttbush Retreat** auf der **Pandurra Station,** einer Schaf- und Rinderfarm, die Übernachtungsmöglich-keiten und Pferdeausritte anbietet – ein typisches Outbackerlebnis!

Infos ▶ www.nuttbush.com.au, Tel. 0886438941

Iron Knob   *Iron Knob* steht für die Anfänge von BHP (Broken Hill Proprietary, heute OneSteel), einem der weltgrößten Eisenerzproduzenten. Nachdem 1894 die ersten Eisenerzvorkommen entdeckt wurden, wuchs die Stadt zwischen den beiden Minen Iron Knob und Iron Monarch rasch an. Das Eisenerz wird im Stahlwerk Whyalla verhüt-tet (▶ s.S. 570). Weitere Erz-minen wurden in den Hügeln der Middle-back Ranges entdeckt. Sie erhielten die einfallsreichen Namen Iron Baron, Iron Prince, Iron Queen und Iron Duke. Heute zeigt sich, dass Eisenerz in unserer rohstoffhungrigen Industriegesellschaft fast so bedeutsam ist wie Gold.

In einem Teil des **Iron Knob Community Tourist Centre** (Mo–Fr 9.30–11.30 und 13.30–15.30 Uhr, Tel. 08-86462129) ist das Mining Museum untergebracht. Alte Ausrüstungsgegenstände, Mineralien, Fotos und Filme dokumentieren den Bergbau. *Mine Lookout Tours* führt Mo–Fr (10 u. 14 Uhr) Selbstfahrertouren über das Gelände durch. Ein örtlicher Führer muss dazu in Ihrem Fahrzeug mitfahren. Von Iron Knob zweigt eine Piste in die Gawler Ranges ab (▶ s. Ab-stecher Gawler Ranges).

Der Eyre Highway durchquert auf seinem weiteren Weg den **Lake Gilles Conservation Park** mit dem gleichnamigen Salzsee (Camping möglich, keine Einrichtungen). Die Zufahrt in den Park ist nur per 4WD möglich.

Kimba   Die 1300-Einwohner-Ortschaft **Kimba** wirbt damit, direkt auf der Ost-West Mittelachse des Kontinents zu liegen. Auf dem großen Schild **„Halfway Across Australia"** wird die Geschichte der Stadt erklärt. Der fruchtbare Boden rund um Kimba wird vornehmlich für den Getreideanbau genutzt. Unübersehbar am Highway-Rand prangt der **Big Galah,** eine acht Meter hohe Kakadu-Skulptur. Im Gem-Shop nebenan sind Souvenirs aus der Region im Angebot, z.B. bemalte Emu-Eier, Jade aus Cowell sowie Opale.

Übernachten ist auf dem **Kimba Caravan Park and Motel möglich (Eyre Hwy, Tel. 08-86272222).

Wer plant, in die Gawler Ranges zu fahren, kann auf der Farm Rock-view Homestead in **Buckleboo** (Tel. 08-86274084), 30 Autominuten nördlich von Kimba, Quartier beziehen (B&B, mind. 2 Nächte).

Kyancutta   In Kyancutta trifft der *Tod Highway,* eine Inlandsroute mitten durch die Eyre Peninsula, auf den Eyre Highway. In der Aboriginal-Sprache heißt Kyancutta „Wasser in Felslöchern", bezugnehmend auf kleine, wassergefüllte Kalksteinlöcher in der Umgebung. Der Ort ist für seine Wetterstation bekannt, die seit 1930 im Drei-Stunden-Takt Wetterdaten nach Adelaide funkt. Neben einer Tankstelle und einem General Store gibt es als Highlight einen 18-Loch-Golfplatz. Per Allrad lassen sich die Granithügel **Corrobinne Hills** anfahren.

Wudinna   **Wudinna** (600 Ew.) ist ein charakteristisches, landwirtschaftlich geprägtes Outback-Städtchen. Touristisch hat es sich als Ausgangspunkt für Touren in die Gawler Ranges einen Namen gemacht. Die Umgebung von Wudinna ist durch ihre ungewöhnlichen, isoliert stehenden Granitfelsen von Interesse. Der beeindruckendste Fels ist **Mount Wudinna,** 10 km nordöstlich der Stadt, es ist der größte Monolith Südaustraliens. Die kleine Steinmauer auf dem Berg, der sich leicht besteigen lässt, wurde zur Wassergewinnung von den ersten Siedlern der Region errichtet. Die touristische Rundfahrt **Wudinna Granit Trail** (25 km) verbindet Mount Wudinna mit anderen Granitbergen.

Am östlichen Ortseingang steht ein **Motel mit Campingplatz (Tel. 08-86802090). Im **Gawler Ranges Visitor Information Centre** (44 Eyre Hyw, Tel. 08-86802969, Mo–Fr 8.30–17 Uhr, www.wudinna.sa.gov.au) erhält man detaillierte Informationen und Kartenmaterial zu den Gawler Ranges.

Gawler Ranges Wilderness Safaris (Tel. 08-86802045, www.gawlerrangessafaris.com) sind die Experten für die Region. Geoff Scholz und sein Team kombinieren z.B. bei der Tour „Outback to the Sea" die Gawler Ranges (Übernachtung im komfortablen Safari-Camp) mit einer Seelöwen-Delfintour in Bairds Bay. Weiterhin wird eine Tour ins Opalnest *Innamincka* angeboten. Die Abholung für die Touren erfolgt üblicherweise in Ceduna oder Port Augusta am Flughafen.

32 km weiter folgt **Minnipa,** berühmt für eine vielfältige Flora, darunter 140 Wildblumenarten, die im Frühjahr erblühen. Die Granitformation **Pildappa** gleicht dem Wave Rock in Westaustralien. Der Fels liegt 15 km nördlich des Highways. Um die Gesteinsformation führt ein Wanderweg herum und wer hochsteigt, blickt von oben auf die Gawler Ranges und das umliegende Farmland. 93 km vor Ceduna passiert man die Tankstellen-Siedlung **Wirrulla,** von der aus man ebenfalls die Gawler Ranges anfahren kann.

ADL ▶ PER

Gawler Ranges National Park

Steile Granitberge und felsige, karg bewachsene Höhenzüge, die durch vulkanische Aktivitäten vor Jahrmillionen entstanden sind, prägen die Landschaft der Gawler Ranges. Die Bergkette beginnt etwa 30 km nordwestlich von Iron Knob und erstreckt sich über 200 km nach Westen. Ungewöhnliche Felsformationen, wildromantische

Der Salzsee
Lake Gairdner

Schluchtenlandschaften, historische Farmruinen und eine vielfältige Tierwelt mit Emus, und Kängurus machen den Aufenthalt in dieser selten besuchten Outback-Region zu einem besonderen Erlebnis. Spektakulär ist der gleißend weiße Salzsee *Lake Gairdner,* der zu den größten Salzseen Australiens gehört. Die beste Reisezeit für eine Tour durch die Gawler Ranges ist von April bis November – im Sommer ist es einfach zu heiß.

Durch den 1200 qkm großen **Gawler Ranges National Park,** 2002 zum Schutzgebiet erklärt, führen mehrere Pisten. Fünf einfache Nationalpark-Campingplätze sind angelegt. Beeindruckend sind neben der Landschaft die vielen Tiere im Park. Wombats, Kängurus, Echidnas und Emus trifft man beim Wandern, Campen und Autofahren. Der Nationalpark ist von Farmland umgeben, weshalb man nach Möglichkeit immer nach einer Durchfahrts- oder Campingerlaubnis fragen sollte. Achtung: Im Nationalpark selbst gibt es kein Wasser!

Ausgangspunkt für die Erkundung des Lake Gairdner ist **Mount Ive Station** bzw. das **Mount Ive Tourist Centre** (Unterkunft, Tankstelle und Shop, Tel. 08-86481817). Wer von der Ostseite das „Ufer" des **Lake Gairdner** anfahren will, um auf der Salzkruste einen Spaziergang zu machen (Befahren verboten!), benötigt eine Genehmigung vom Mount Ive Tourist Centre sowie den dort erhältlichen Schlüssel für das Gate. Von der Westseite kann der See über eine markierte, öffentliche Piste angefahren werden. Die Zufahrt erfolgt über die Yardea Station/Kingoonya Road, vorbei am restaurierten Waltumer Tank.

Wer die einsame Gegend nicht auf eigene Faust erkunden will, schließt sich am besten den empfehlenswerten Touren von Gawler Ranges Wilderness Safaris an (s. Wudinna). Der Veranstalter hat für seine Allradtouren mit dem *Kangaluna Camp* (mit richtigen Betten, Duschen und Toiletten) eine sehr komfortable Zeltunterkunft mitten in den Ranges errichtet.

Infos   Mangels einer perfekten Wegebeschilderung sollte man sich als Selbstfahrer unbedingt gutes Kartenmaterial besorgen. Ein ausgezeichnetes Faltblatt mit Karte über den Park ist im Nationalpark-Büro in Port Augusta (▶ s.S. 524) erhältlich. Der Park kostet Eintritt. In Kimba, Wudinna und Minnipa sind Tages- und Campingpässe erhältlich.

I⤍............ Abkürzung zum Stuart Highway

Durch die Gawler Ranges und vorbei am Lake Gairdner verläuft eine Piste nach Norden bis zur Eisenbahnstation Kingoonya, die 42 km westlich des Stuart Highways (bei Glendambo) liegt.

🚗 .... Von Ceduna nach Norseman

Ceduna (3800 Ew.) gilt mit seinem Tiefseehafen **Thevenard** (10 km südwestlich), einer Fischfangflotte und den Fischfabriken als das wichtigste Wirtschaftszentrum im äußersten Westen Südaustraliens. In Ceduna weiß man sofort, wo man sich befindet: Fast jedes Geschäft und jeder Laden trägt den Namen der Stadt als Beinamen. Im Zentrum zeigt ein markanter Wegweiser die imposanten Distanzen zu beinahe allen Ortschaften zwischen Perth und Adelaide.

Ceduna ist vom Aboriginalwort *Chedoona* abgeleitet, was soviel wie „Rastplatz" heißt. Dies gilt auch für die Reise durch die Nullarbor Plain, denn hier befindet sich der letzte echte Außenposten der Zivilisation, wo man nochmals einkaufen und relativ günstigen Sprit tanken kann. Das Heimatmuseum des **National Trust** ist im alten Schulhaus untergebracht (Mo/Di/Do/Fr/Sa 10–12 Uhr) und das besuchenswerte **Ceduna Arts Culture Centre** (Ecke Eyre Hwy/Kuhlamnn St, Mo–Fr 9–17 Uhr) stellt schöne Aboriginal-Kunstwerke aus.

*Gawler Ranges
National Park*

ADL ▶ PER

Ein Highlight ist das jährlich am langen Oktoberwochenende stattfindende **Ceduna Oyster Fest.** Mit Paraden, Ausstellungen, Musik
und reichlich Austern und anderen kulinarischen Spezialitäten zieht
die Stadt tausende Besucher an. In der **Ceduna Oyster Bar** (westlicher Ortsausgang) bekommt man die frischen Muscheln das ganze
Jahr über zusammen mit einem südaustralischem Wein serviert. Eine
überdimensionale Auster vor der Bar weist den Weg. Fangfrischen
Fisch bekommt man wochentags direkt am Hafen in Thevenard.

Infos　　Ceduna Visitor Information Centre, 58 Poynton St, Tel. 08-86253343,
www.ceduna.sa.gov.au, tägl. 9–17 Uhr.
Nationalparkbehörde (NPWS), 11 McKenzie St, Tel. 08-86253144.

Unterkunft　*** Ceduna Foreshore Hotel,** Tel. 1-800-655300, 32 O'Loughlin Tce. Hotel der
und　　Best Western Kette, mit Blick auf die Murat Bay.
Camping　　**Ceduna Foreshore Caravan Park,** 25 Poynton St, Tel. 08-86252290; zentral
gelegener Platz mit Cabins nahe zum Strand.

Rundflug　　Wirklich empfehlenswert ist ein **Rundflug** über die Gawler Ranges und die
Great Australia Bight, wie er von *Chinta Tours* (www.chinta.com.au, Tel.
0428244682) angeboten wird.

Der Googs Track

Der 190 km lange 4WD-Track führt von Ceduna zur Railroad Service Road nach
Norden. Die Route ist ein wahres Offroad-Abenteuer. Sie führt über mehr als
300 Sanddünen mit teilweise sehr steilen Auffahrten und wird daher auch als
„Little Simpson Desert" bezeichnet. Der Track ist wenig befahren und entspre-
chend einsam geht es zu. Die sandige, zum Teil ausgewaschene und einspu-
rige Piste ist von dichtem Buschwerk eingerahmt und passiert nach 80 km den
Salzsee **Goog's Lake** (schöner Übernachtungsplatz). 38 km westlich von
Tarcoola trifft er auf die transkontinentale Eisenbahnlinie. Parallel zu den
Schienen verläuft die Service Road bis zum Stuart Highway.
　　Für eingefleischte Outbackfahrer mit gut ausgestattetem 4WD (mit Fahne!)
ist die Route eine Abkürzung, um von der Eyre Peninsula auf den Stuart Highway
bei Glendambo (oder umgekehrt) zu gelangen. Benzin und Versorgungsmöglichkeiten gibt es unterwegs nicht. Deshalb vorher in Ceduna oder dann erst
wieder in Glendambo tanken.

Permit: Für das Befahren der Piste ist eine Genehmigung notwendig (erhältlich im Nationalparkbüro in Ceduna). Die Behörde informiert auch über den
aktuellen Pistenzustand. Für den Track gibt es eine spezielle Landkarte von
Westprint Heritage Maps (Infos auf www.exploreoz.com/treknotes.)

Eine **Alternative zum Googs Track** ist die weiter östlich verlaufende Durchquerung der Gawler Ranges – eine wesentlich einfachere und durch die
Felslandschaften der Gawlers auch abwechslungsreichere Piste, die ebenfalls
in Glendambo am Stuart Highway endet.

Tipp für Golfer	Der *Nullarbor Links* ist mit 1365 Kilometer der „längste" Golfplatz der Welt. Er beginnt im Osten am Ceduna Golf Club und endet im Westen in Kalgoorlie. Infos sind unter www.nullarborlinks.com erhältlich.
Fruit-Control/ Quarantäne Station	Reisende von West nach Ost werden in Ceduna auf mitgeführtes Obst, Gemüse und bestimmte Pflanzen hin kontrolliert. Essen Sie am besten alles vorher auf. Auch gebrauchte Obst- und Gemüseverpackungen sowie Honig darf ebenfalls nicht über die Grenze transportiert werden. Um Strafen und Ärger zu vermeiden, sollte man seine Bestände ehrlich den Kontrolleuren vorzeigen. Genaue Informationen sind in Ceduna unter Tel. 08-86252108 oder auf der Webseite von Ceduna (s.o.) erhältlich. Für Ost-West-Reisende wird in Border Village kontrolliert!

Die Strecke von Ceduna bis zur Westaustralischen Grenze beträgt knapp 480 km und ist ohne längere Pausen in fünf Stunden zu bewältigen. Wer mehr als das schwarze Asphaltband und einsame Briefkästen am Straßenrand sehen will, sollte den einen oder anderen Abstecher unternehmen. Ein empfehlenswerter „Seitensprung" ist die Stichstraße (Abzweig bei Penong) zum **Point Sinclair** und **Cactus Beach** (21 km südlich vom Hwy). Der Strand zählt zu den bekanntesten Surfzielen Australiens. Auch für Nicht-Surfer lohnt sich die Fahrt auf der guten Schotterpiste zu den weißen Dünen und blauen Lagunen. Campen ist auf ausgewiesenen Flächen am Point Sinclair gestattet (Duschen, Toiletten, kein Trinkwasser). Surfbegeisterte sollten in **Paul Gravelle's Surfboard Factory** in Penong vorbeischauen.

Während der Monate Juni und Oktober werden von **Fowlers Bay** aus häufig Wale gesichtet. Der Abzweig vom Highway befindet sich am **Nundroo Roadhouse** (85 km westlich von Penong, Tel. 08-86256120, 24 h, Motel, Backpacker und Campingplatz). Die Bucht (mit Campingplatz und Kiosk) war für den Bau der Telegraphenleitung von großer Bedeutung. Die Eisenmasten wurden von England in die Bucht angeliefert und von dort an Land weitertransportiert. Die Ruinen westlich der Siedlung stammen aus den 1860er Jahren, als die **Yalata Station** noch in Betrieb war. Die Zufahrten zu den Stränden **Scott's Beach** und zum **Mexican Hat** (beide bei Anglern sehr beliebt) sind nur mit Allradfahrzeugen möglich.

Im **Yalata Rasthaus** (52 km westlich von Nundroo), das von der gleichnamigen Aboriginal-Community betrieben wird, sind neben Benzin und Snacks schöne Arbeiten von lokalen Künstlern zum Kauf ausgestellt (im Winter tägl. 8–20 Uhr, Sommer 7.30–21 Uhr, Tel. 08-86256986). Wer ein wenig „Allradabenteuer" sucht, sollte von Yalata bis Nullarbor den **Old Eyre Highway** benutzen, der auf 111 km Länge etwa 20 km nördlich des neuen Highways verläuft. Schade ist dann allerdings, dass man die tollen Aussichtspunkte an der Great Australian Bight verpasst.

ADL ▶ PER

Edward John Eyre (1815–1901)

Eyre wurde in England geboren und wanderte im jungen Alter von 18 Jahren nach Australien aus. Zunächst verdiente er sich auf einer Schaffarm seinen Lebensunterhalt. Bereits 1839 erkundete er von Adelaide den australischen Busch auf der Suche nach neuem Weideland und durchquerte als einer der ersten Europäer die Flinders Ranges. Weiter westlich erreichte er die trockene Gegend um den Lake Torrens und kehrte nach Adelaide zurück. Seine nächste Expedition führte ihn weiter nach Westen bis nach Streaky Bay (westliche Eyre Peninsula).

Im Anschluss daran übernahm Eyre den Auftrag der südaustralischen Regierung, den Überlandweg nach Westaustralien zu erkunden. Bisher war Westaustralien nur per Schiff erreichbar. Von ihrem Camp in der Fowlers Bay brach er mit seinem weißen Freund John Baxter und drei indigenen Australiern am 25. Februar 1841 auf. An den Baxters Cliffs bei Caiguna setzten sich zwei der Aboriginal People ab, da sie Baxter im Streit erschossen hatten. Eyre durchquerte mit seinem verbliebenen Begleiter Wylie die gesamte Great Australian Bight und erreichte nach zwei Monaten Albany.

Nach seiner Rückkehr nach Adelaide wurde Eyre zum Bürgermeister und Schutzherrn der australischen Ureinwohner in Moorundie (nahe Blanchetown am Murray River) ernannt. Danach hatte er diverse politische Ämter inne, u.a. den des Gouverneurs von Jamaika. Dort schlug er 1865 einen Aufstand von Einheimischen mit derartiger Brutalität nieder, dass er sofort nach London beordert und dort seines Amtes enthoben wurde.

Am 30. November 1901 verstarb John Edward Eyre. In Erinnerung an ihn wurden Lake Eyre (größter Salzsee Australiens), die Halbinsel Eyre und der Eyre Highway nach dem Engländer benannt.

Head of Bight   Die **Head of Bight,** 78 km westlich von Yalata, ist einer der besten Aussichtspunkte um zwischen Juni und Oktober **Südliche Glattwale** (Exkurs ▶ s.S. 219) zu beobachten (12 km asphaltiert). Hier, wo weiße Sanddünen und Strände auf die unendlich lang erscheinenden **Bunda Cliffs** treffen, schwimmen an manchen Tagen bis zu 100 Wale nur 20 m unterhalb der Plattform im türkisblauen Wasser – ein einmaliges Beobachtungserlebnis!

Die Head of Bight und das dazugehörige Informationszentrum liegen auf Aboriginal-Land. Deshalb ist eine Erlaubnis vom Ranger in White Wells (Juni–Okt, Tel. 08-86256201), direkt an der Zufahrtsstraße für den Besuch einzuholen. Ansonsten erhält man die Genehmigung und nähere Auskünfte im **Yalata Roadhouse** (50 km westlich von Nundroo) oder im Ceduna Visitor Centre (s.o.). Außerhalb der Walsaison, im Sommer, sind die Tore zur Head of Bight täglich von 8–17 Uhr geöffnet. Um Spenden wird gebeten.

Nullarbor National Park

Mit dem Erreichen des **Nullarbor Roadhouse** (93 km westlich von Yalata, Tel. 08-86256271, tägl. 7–23 Uhr), ein Universalrasthaus mit Tankstelle, Restaurant, Motelzimmern, Internet-Café und Rundflug-Angeboten, ist die wahre Nullarbor Plain endlich erreicht. Die baumlose Ebene führt nun die nächsten 188 km fast schnurgerade bis zur Staatengrenze nach Westaustralien. Das gelbe Verkehrsschild, das mit Kamel, Känguru und Wombat eindringlich vor den Gefahren der Strecke warnt, steht am Anfang des **Nullarbor National Park** und ist eines der beliebtesten Fotomotive der ganzen Strecke.

Die **Nullarbor Ebene** war einst Teil des Ozeans und gilt mit einer Fläche von 200.000 qkm und einer Dicke von bis zu 300 m als die größte und flachste Kalksteinplatte der Erde. Der riesige Nationalpark verläuft entlang der Küste bis zur westaustralischen Grenze und schützt neben einem imposanten Höhlensystem, eine reiche, vielfältige Tierwelt und signifikante Aboriginal-Kultstätten. Nördlich des Rasthauses sind die **Murrawijinie Caves** zugänglich, die **Koonalda Cave** darf zum Schutze der Aboriginal-Zeichnungen im Inneren nur von oben besichtigt werden. Der Einstieg in viele, für die Öffentlichkeit gesperrte Höhlen, erfolgt oftmals durch bloße Löcher im Boden. Die Hohlräume („Sinkholes") sind zum Teil sehr instabil und sollten nur mit erfahrenen Führern erkundet und betaucht werden. Informationen sind im Nationalparkbüro in Ceduna (s.o.) erhältlich.

Border Village

Bis zur kleinen „Grenzstadt" **Border Village** (188 km westlich) folgen fünf Aussichtspunkte, die einen herrlichen Blick auf die Kalksteinklippen der Great Australian Bight zulassen. Border Village (Tel. 08-90393474, 24 h) bietet Unterkünfte, eine Tankstelle und einen sehenswerten Wegweiser, der die Distanzen zu vielen Destinationen auf der ganzen Welt anzeigt. Nicht zu übersehen ist das 5 m hohe Fiberglas-Känguru. In Border Village befindet sich auch die **Quarantäne Kontrollstation** für Reisende Richtung Osten (s. Ceduna).

Zeitzone

Vergessen Sie nicht, beim Grenzübertritt die Uhr auf die **Westaustralische Zeit** einzustellen (minus 1,5 bzw. minus 2,5h). SA ist WA 1,5 h voraus. Während der Daylight Savings Time sind es 2,5 h. (Um die Verwirrung komplett zu machen: Korrekterweise wären es

ADL ▶ PER

in Border Village nur minus 45 Min. und dann in Caiguna nochmal minus 45 Min.). Schauen Sie am besten auf eine der örtlichen Uhren.

Eucla   Die Ortschaft Eucla (12 km westlich von Border Village) wurde wiederbelebt, nachdem die ursprüngliche Siedlung am Meer von den Sanddünen nach und nach verschluckt wurde. 4 km vom Roadhouse sind noch die Ruinen der 1877 eröffneten **Telegraphenstation** zu sehen. Die alten Gemäuer ergeben vor den weißen Sanddünen ein skurriles Foto. Die Kommunikationsstation war zwischen Perth und Adelaide die wichtigste Übertragungsstelle, um Westaustralien an den Rest des Kontinents anzuschließen.

Das **Eucla Motor Hotel** bietet neben Tankstelle und Restaurant auch Zimmer und Stellplätze sowie einen Pool (Tel. 08-90393468). Im Nebengebäude ist die Geschichte der Stadt auf Schautafeln und mit einigen rostigen Relikten dokumentiert. Der kleine **Eucla National Park** liegt zwischen der Grenze und den Ruinen südlich des Highways. Hauptattraktionen sind die hohe Kalksteinklippe **Wilson Bluff** sowie die blendend weißen **Delisser Sand Dunes** (nur 4WD).

Mundrabilla   Auf den folgenden Kilometern, nach der „Überquerung" des Eucla Pass (Hampton Tablelands), verändert sich die Landschaft drastisch und es wachsen wieder vereinzelt Sträucher und Büsche. Nach 62 km gelangt man zum **Mundrabilla Motel** mit den üblichen Einrichtungen eines Rasthauses (Tel. 08-90393465, tägl. 5.30–23 Uhr). Etwa 100 km nördlich der Mundrabilla Farm wurde 1966 Australiens größter **Meteorit** entdeckt. Der Hauptbestandteil wiegt über 10 Tonnen und weitere kleinere Teile mit Gewichten zwischen einer und sechs Tonnen wurden in der Gegen lokalisiert.

Madura

Madura (116 km westlich von Mundrabilla) markiert die Mitte zwischen Adelaide und Perth. Übernachten ist im Madura Pass Oasis Motel (CP, Tankstelle, Internet, Pool, Tel. 08-90393464, tägl. 6–20.30 Uhr) möglich. Vom **Madura Pass Lookout,** westlich des Roadhouses, eröffnen sich spektakuläre Aussichten auf die Roe Plain im Südosten und auf den Ozean. Auf der ehemaligen Madura Homestead (1876) wurden Pferde für die britische Armee in Indien gezüchtet. Heute sind nur noch rostige Maschinenteile und Ruinen der alten Farm zu sehen.

17 km vor Cocklebiddy zweigt eine 35 km lange Piste (davon die letzten 12 km nur 4WD!) nach Süden zum **Eyre Bird Observatory** im **Nuytsland Nature Reserve** ab. Die Vogelwarte befindet sich unter dem Dach einer 1897 errichten Telegraphenstation. An dem Beobachtungspunkt wurden bislang 240 verschiedene Vogelarten dokumentiert! Der Ort ist dank seiner Abgeschiedenheit nicht nur für Ornithologen einen Abstecher wert.

Übernachten ist in einfachen Zimmern möglich, Verpflegung wird angeboten (Tel. 08-90393440, www.eyrebirds.org, Eintritt A$ 10). Diejenigen, die über kein Allradfahrzeug verfügen, können ihr Auto am Ende der Schotterstraße abstellen und werden vom Observatorium nach vorgeherigem Anruf abgeholt.

Cocklebiddy

4 km östlich von Cocklebiddy passiert man die Felsformation **Chapel Rock,** an deren Fuß ein Picknickplatz eingerichtet wurde. Cocklebiddy wurde in den frühen Pioniertagen als Missionsstation für die Ureinwohner gegründet, heute weisen nur noch Ruinen darauf hin. **Cocklebiddy Roadhouse** (92 km westlich von Madura, Tel. 08-90393462, tägl. 6.30–22 Uhr), Motelzimmer und Stellplätze.

Nordwestlich des Rasthauses liegt **Cocklebiddy Cave,** die größte Höhle der Nullarbor. Die 10 km lange, recht ruppige Zufahrt beginnt am Truckstopp (sie ist ausgeschildert). Achtung: In die senkrecht nach unten führende Höhle steigt man auf einer Leiter hinab. Die Erkundung erfolgt auf eigene Gefahr. Es wird empfohlen, dass nur erfahrene Höhlengänger die Tiefe erforschen. Manchmal hat man Glück und kann sich einer geführten Gruppe anschließen. Genauere Informationen sind im Nationalpark-Büro in Esperance (Tel. 08-90713733) und im Roadhouse erhältlich.

Caiguna   Das **John Eyre Roadhouse in Caiguna** (66 km westlich von Cocklebiddy) ist eines der drei Rasthäuser der Nullarbor, das 24 h geöffnet hat (Tel. 08-90393459, CP, Zimmer), wobei man ohnehin nachts nicht unterwegs sein sollte! An den **Baxter Cliffs** (10 km südlich des Highways) kam Eyres Begleiter John Baxter 1841 auf tragische Weise ums Leben. Ein Gedenkstein erinnert an den mutigen Pionier.

Das **Caiguna Blowhole** (5 km westlich des Rasthauses) ist ein „Atmungsloch" für die ausgedehnten Höhlensysteme unter der Erde. Durch die Löcher wird der Luftdruck in den Höhlen dem außerhalb angepasst. Wenn also der Luftdruck außen steigt, zieht die Höhle Frischluft an. Fällt der Druck, wird überschüssige Luft ausgeblasen. Man muss allerdings ziemlich Glück haben, um etwas zu hören!

Westlich von Caiguna beginnt die **„90 Mile Straight".** Hier verläuft der Highway auf einer Strecke von 146,6 km völlig gerade. Das Straßenschild wird natürlich sehr gerne fotografiert. 67 km westlich von Caiguna befindet sich der **24 h-Rastplatz Baxter,** auf dem kostenfrei gecampt werden kann (Toiletten). Eine weitere Möglichkeit zu übernachten ist **Woorlba Homestead,** 50 km vor Balladonia.

Balladonia   Die kleine Ansiedlung **Balladonia** (9 Ew.) erlangte 1979 eine gewisse Berühmtheit, als die Überreste der Raumstation Skylab 40 km östlich, auf dem Gelände der Woorlba Farm, niedergingen. Im gut aufgemachten **Museum** (im Hotel) erfährt man informatives zur Geschichte der Region. Das **Balladonia Hotel** bietet Zimmer, Campingplatz, Mahlzeiten sowie Internetanschluss (Tel. 08-90393453, tägl. 6–22 Uhr).

Von Balladonia gelangt man auf einer 4WD-Piste in den Cape Arid National Park (▶ s.S. 214) – vorher im Roadhouse den Pistenzustand erfragen!

Auf der letzten Etappe wird die Landschaft grüner und bewachsener. 50 km westlich von Balladonia sind die **Newman Rocks** ein beliebter Rastplatz, von dem man einen herrlichen Blick auf die Tiefebene im Osten genießen kann.

Die malerische Granithügelkette **Fraser Range** umgibt den größten Eukalyptuswald der Erde, der mehr als 20 verschiedenen Eukalyptusarten beheimatet.

Durch die Nullarbor auf der Railroad Service Road

Mehr oder weniger parallel zum Eyre Highway in gut 100 km Entfernung liegt die Bahnlinie der Transcontinental Railway (Indian Pacific Railway). Der Schienenstrang führt über mehr als 2700 km von Port Augusta über Kalgoorlie nach Perth, durch eines der abgelegendsten Gebiete des Kontinents. Die Landschaft ist so flach und leer, das es für die Bautrupps kein Problem war, hier den längsten geraden Eisenbahnabschnitt der Welt zu bauen. Auf 478 km, mitten durch die Steinwüste der Nullarbor Desert, befindet sich keine einzige Kurve.

Für die Instandhaltung ist natürlich eine Servicestraße (**Railroad Service Road**) entlang der Schienen angelegt worden. Sie ist für Jedermann befahrbar und stellt die einzig wirkliche Alternative zum Eyre Highway dar. Gleich-wohl ist die Piste natürlich rauher und anstrengender als der glatte Highway-Asphalt. Von Glendambo (SA, am Stuart Highway) bis Kalgoorlie (WA) sind 1396 km monotone Schotterpiste zu bewältigen, teilweise holprig und schlaglochgespickt. Die scharfkantigen Kalksteine (limestones) sind eine Herausforderung für die Reifen (deshalb am besten zwei Ersatzräder mitführen!). Unterwegs gibt es so gut wie keine Versorgung. Die Siedlungen entlang der Bahntrasse sind alle verlassen. Nur an einigen Stellen stoppt der „Indian Pacific", damit sich die Reisenden die Füße vertreten können. So ist z.B. im Versorgungsdepot Cook (nordwestlich des Nullarbor RH) an drei Tagen der Woche ein Bahnwärter anwesend, der sich über jeden Besuch freut und im Notfall auch aushelfen kann. In Forrest (nordwestlich von Eucla) ist Sprit erhältlich, sofern keine Engpässe bestehen.

Unterwegs passiert die Piste die „Woomera Prohibited Area", ein militärisches Sperrgebiet mit den berüchtigten Testsites Maralinga und Emu. **Maralinga** (aboriginal für *„Land des Donners"*) wurde in den 1950er Jahren als Atombomben-testgelände genutzt. Es wurde nur spärlich gekennzeichnet und abgegrenzt. Die Aboriginal People verstanden die Schilder nicht, auf denen „Warning, keep out!" stand. Viele starben, weil sie sich während der Tests im Gebiet befanden und die großen Atompilze bestaunten, selbst als der schwarze Nebel schon kam.

Teilstrecken: Wer nur ein Teilstück der Service Road absolvieren möchte, folgt einfach einer der Zufahrtsstraßen, die in regelmäßigen Abständen vom Eyre Highway nach Norden abzweigen (z.B. in Eucla, Mundrabilla oder Madura).

Schafe auf der Nullarbor Plain

Etwa auf halber Strecke zwischen Balladonia und Norseman liegt die schöne **Fraser Range Station,** die älteste Farm der Nullarbor, die sich damals wie heute der Schafzucht widmet. Auf der Farm ist wahres Outbackleben angesagt. Hier kann man landestypisch in Zimmern des Farmgebäudes oder auf dem angeschlossenen Campingplatz übernachten. Die Mahlzeiten werden unter dem sagenhaften Sternenhimmel eingenommen. Allrad- und Wandertouren werden angeboten (Tel. 08-90393210, www.fraserrangestation.com.au).

Bis Norseman sind es nurmehr schlappe 97 km und der Eyre Highway ist bewältigt. Am Highwayrand befinden noch zwei **24 h Rastplätze** (Fraser Range, Ten Mile Rock) für kostenloses Campen.

Norseman sowie die Weiterfahrt nach Esperance und Kalgoorlie ist im Kapitel „Der Südwesten" beschrieben, ▸ s.S. 204.

Anhang

Abkürzungen

4WD	Four Wheel Drive (Fahr-zeug mit Allradantrieb)	NSW	New South Wales
		NT	Northern Territory
ACT	Australian Capital Territory	Pde	Parade
Ave	Avenue	s.	siehe
B&B	Bed & Breakfast	s.S.	siehe Seite
BYO	Bring Your Own	SA	South Australia
CBD	Central Business District	St	Street
CP	Caravan Park	Sts	Streets
Con Park	Conservation Park	TAS	Tasmania
Drv	Drive	Tce	Terrace
ggf.	gegebenenfalls	u.v.m.	und vieles mehr
GPO	General Post Office	Ü	Übernachtung
H/R	Hin- und Rückfahrt/-weg	VIC	Victoria
Hwy	Highway	WA	Western Australia
NP	Nationalpark	YHA	Youth Hostel Association

Entfernungstabelle
(jeweils kürzeste Distanz in Straßenkilometern)

Adelaide

2651	**Albany**													
1540	3565	**Alice Springs**												
4284	2638	3065	**Broome**											
2837	342	3379	2405	**Bunburry**										
3675	1313	4161	1463	1080	**Carnavon**									
2974	4418	1407	1865	4289	3360	**Darwin**								
1959	483	2866	2596	664	1753	4427	**Esperance**							
3119	833	4025	1943	600	480	3758	1145	**Geraldton**						
3470	3266	2084	696	3033	2091	1165	3224	2571	**Halls Creek**					
2166	804	3072	2183	729	1421	4014	413	941	2811	**Kalgoorlie**				
2626	4097	1086	1544	3949	3039	321	3487	3437	844	3693	**Katherine**			
1959	689	2865	2390	873	1547	4221	206	1069	3018	207	3900	**Norseman**		
2770	409	3535	2229	176	904	4113	721	424	2857	596	3792	724	**Perth**	
3780	2047	3283	611	1814	872	2400	2005	1352	1239	1592	2079	1799	1638	**Port Hedland**
3213	3640	2952	1070	3407	2452	904	3598	2945	374	3185	683	3392	3231	1613	**Wyndham**

Nützliche Internetseiten

Hier noch weitere hilfreiche Adressen für unterwegs:

Allgemeine Reiseinformationen
Australisches Fremdenverkehrsbüro: www.australia.com
Stadtpläne/Landkarten: www.arta.com.au, www.wilmap.com.au
Australien-Info-Service: www.australien-info.de
Informationsportal für Camping und 4WD: www.exploreoz.com
Reiseplanung/Infos: www.planbooktravel.com

Unterkünfte
Bed & Breakfast: www.australianbedandbreakfast.com.au
Jugendherbergen: www.yha.com.au
Vip Backpackers: www.vipbackpackers.com
Nomads Accomodation (Backpacker): www.nomadsworld.com
Big4 Campingplätze: www.big4.com.au
Top Tourist Campingplätze: www.toptouristparks.com.au

Auskünfte
Telefonbuch www.whitepages.com.au
Branchenbuch: www.yellowpages.com.au
Städteinformationen: www.citysearch.com.au

Presse
Sydney Morning Herald www.smh.com.au
The Australian: www.news.com.au
Australian Geographic: www.australiangeographic.com.au

Sonstiges
Automobilclub Australien: www.aaatourism.com.au
Einreisebestimmungen: www.immi.gov.au
Restaurantführer: www.bestrestaurants.com.au
Überlandbusse: www.greyhound.com.au
Veranstaltungstickets: www.ticketmaster.com.au
Zollbestimmungen: www.customs.gov.au
Züge (Ghan, Overlander, Indian Pacific, Southern Spirit): www.gsr.com.au
Zugverbindungen: www.railaustralia.com.au

Anhang

Literaturhinweise

Deutschsprachige Literatur

• Barkhausen, Barbara: Das Australien-Lesebuch, Berlin 2011. (Unterhaltsame Darstellung der Facetten des Landes.)

• Blotz, Herbert: Märchen der australischen Ureinwohner, Frankfurt 1992. (Gute Einführung in die Mythologie der Ureinwohner.)

• Bryson, Bill: Frühstück mit Känguruhs, München 2002. (Hervorragender Reisebericht des bekannten Autors über die Eigenheiten und das Land Australien. Ein Muss für jeden Touristen – am besten während oder nach der Reise lesen!)

• Chatwin, Bruce: Traumpfade, Frankfurt 1992. (Literarisches Werk über die mystischen Traumpfade der Ureinwohner)

• Davidson, Robyn: Spuren, Berlin 2002. (Eine Frau zieht mit Kamelen allein durch die Wüste – leidenschaftliche Erzählung.)

• Fehling, Lutz: Australien Natur-Reiseführer, München 2007. (Das handliche Buch sollte im Reisegepäck nicht fehlen. Detaillierte Beschreibung von Pflanzen und Tieren mit Bildern.)

• McKinley, Tamara: Mathildas letzter Walzer, Köln 2010. (Familienepos in der Tradition der Dornenvögel. Von der Autorin gibt es noch weitere Romane, u.a. Der Duft des Jacaranda.)

• Pilkington, Doris: Long Walk Home (engl. Rabbit Prove Fence), Reinbek 2003. (Erschütternder und mutiger Bericht über die „Stolen Generation", das staatlich verordnete Kidnapping junger Aboriginal-Kinder. Das Buch wurde erfolgreich verfilmt.)

Englischsprachige Literatur

• Beadell, Len: Too Long in the Bush, Naremburn 1999. (u.a. Erzählungen des letzten Forschers und berühmten Straßenbauers Len Beadell.)

• Cook, James: The Explorations of Captain James Cook in the Pacific, Dover 1971. (Cooks Tagebücher seiner Pazifikreisen.)

• Cronin, Leonhard: Key Guide to Australian Wildflowers, Crows Nest 2008. (Botanischer Führer durch die Wildblumenwiesen Australiens.)

• Molony, John: History of Australia, London 1989. (200 Jahre australische Geschichte kompakt zusammengefasst.)

• Watson, Don: The Story of Australia, Nelson 1984 (Illustrierte Geschichte des Landes – leicht verständliches Jugendbuch.)

Die Autorin

Seit 1988 hat Veronika Pavel auf zahlreichen Touren und während beruflicher Praktika als Sportökonomin Australien intensiv kennengelernt. Kein Jahr vergeht ohne längere Reise ins Land der Koalas und Kängurus.

Hotelpreise

Je nach Lage, Ausstattung und Saison variieren die Zimmerpreise. Entsprechend der Hotelklassifizierung im Reiseteil gelten als Richtwert folgende Übernachtungspreise:

★ **bis A$ 30 pro Person**
bzw. bis A$ 75 pro Zimmer Hostel, YHA im Mehrbettzimmer bzw. Doppelzimmer

★★ **A$ 80–140 pro Zimmer**
Motelzimmer, Privatzimmer oder Cabin

★★★ **A$ 145–180 pro Zimmer**
in einem Mittelklasse-Hotel

★★★★ **A$ 185–250 pro Zimmer**
in einem Deluxe-Hotel

★★★★★ **über A$ 250 Hotelzimmer**
First-Class-Hotel oder Luxus-Resort

Ein Kind von bis zu 12 Jahren übernachtet im Zimmer der Eltern kostenlos. Frühstücke sind i.d.R. nicht im Übernachtungspreis inbegriffen. Aktuellste Preise und „Specials" auf den Webseiten der Unterkünfte.

Notfall

In ganz Australien gilt für Polizei, Feuerwehr und Notarzt die gemeinsame
Notfall-Rufnummer 000
Gift-Notruf-Nr. 131126

Vorwahlnummern

Von Deutschland/Österreich/Schweiz nach Australien: 0061
Auskunft national: 1234 oder 12455;
Auskunft international: 1225

Alle 1-800- und 1-300-Rufnummern sind gebührenfrei *(toll free)*, jedoch nur innerhalb Australiens erreichbar.

Internationale Vorwahlnummern von Australien aus:

nach Deutschland: 0011 49
in die Schweiz: 0011 41
nach Österreich: 0011 43

Sperrnummern bei Kartenverlust oder Missbrauch:

Australien:
Mastercard (BankCard): 1-800-120113;
Visa: 1-800-125440;
American Express: 1-300-132639
oder 02-92718664;
Diners Club: 1-300-360060

Deutschland: 0011-49-116116
(für Kreditkarten, Bankkarten und Mobiltelefon-SIM-Karten)

Bildnachweis

© Alle Karten REISE KNOW-HOW Verlag H. Hermann
außer S. 153 Transperth, Übersichtsplan Perth / CAT-Busse

Fotos:

Alle Fotos von Veronika Pavel, außer:

Banzhaf, Wilhelm: S. 19 (Highlight Nr. 19), 507 unten

Hermann, Helmut: S. 82, 591

Odziomek, Tobias: S. 402

Thornton, Samuel A.: S. 200, 202, 395

Fremdenverkehrsämter von South Australia, Northern Territory, Western Australia Tourist Commission, Four Wheel Drive Hire Service, Nullarbor Traveller

Fotolia.de (Bildnummer / Urheber): S. 21 (14705733 / Kwest), 28 (17191420 / Paul Liu), 59 (97033 / Leah-Anne Thompson) und Illustration „Karte" S. 20, 140, 383 (33870438 / graphit)

iStockphoto.de (Bildnummer / Urheber): Cover (23520561 / molly-keith), vordere Umschlagklappe (von oben nach unten) Foto 1 (4671199 / solarseven), Foto 2 (11697090 / travellinglight), Foto 3 (1399572 / qldian) und Foto 4 (7591517 / kgrahamjourneys); S. 2/3 (5736894 / vanbeets), 5 (15550777 / Bet_Noire), 7 (10682772 / GlobalP), 14 (14921606 / BenGoode), 15 oben (1399572 / qldian), 22 (10151454 / robynmac), 23 oben (20567818 / shells1), 23 unten (8797271 / ayzek), 25 (1353762 / stanfair), 26 (6202388 / npix), 30 rechts (20791033 / traveller1116), 38 (14987156 / samvaltenbergs), 40 (719963 / peoplez), 43 (9210466 / keiichihiki), 45 unten links (7972308 / Ben185), 46 unten links (9096629 / shannonplummer), 46 unten rechts (12242313 / ISerg), 47 oben (9707866 / surpasspro), 48 Mitte (1546115 / qldian), 48 unten (2499136 / qldian), 49 unten (13521329 / Jaykayl), 50 unten (4671199 / solarseven), 53 unten (7160997 / robynmac), 54 oben rechts (17476303 / JohnCarnemolla), 55 unten (11601714 / BenGoode), 56 unten (9258388 / t_rust), 57 oben (20236524 / tap10), 57 unten (17803855 / tap10), 60 (19516073 / Ben185), 62 (1356247 / bamse009), 63 oben (91870 / dreambuilders-church), 63 unten (5828980 / urosr), 64 (1430676 / qldian), 72 (16181180 / TimHesterPhotography), 76 unten (19727932 / DrAbbate), 80 (19434247 / Ximagination), 83 (19217666 / mrcmrc), 84 (2214791 / BenGoode), 88 (19386447 / pagadesign), 89 (24069029 / andresrimaging), 101 (25182583 / Sante09), 112 (6261275 / vanbeets), 114 (16254388 / simonkr), 119 (15450925 / TimHester Photography), 123 unten links (25212225 / Milleflorelmages), 123 unten rechts (18977432 / mollypix), 124 unten (5018341 / BenGoode), 129 (15347297 / bennyb), 134 (24860194 / GorodetskayaSvetlana), 141 (11697090 / travellinglight), 147 (19643814 / robynmac), 148 (1051951 / ajupp), 161 (6844045 / bjeayes), 167 (3864059 / ruchos), 168 (15801992 / samvaltenbergs), 178 (36525490 / ikick), 185 (18554212 / ZambeziShark), 186/186 (1771313 / JohnnyLye), 197 (6267854 / vanbeets), 218 (28725322 / GerhardSaueracker), 222 (16740622 / ianwool), 250 (13939213 / isaxar), 277 (15802426 / samvaltenbergs), 298/299 (34911596 / dagut), 319 (1068414 / marcatkins), 324 (15313433 / crisod), 344 (11168632 / ck10_9), 405 (11697090 / travellinglight), 450 (18879911 / JohnCarnemolla), 451 (65213 / jfegan), 460 (15406834 / fotofritz16), 481 (7591517 / kgrahamjourneys), 486 (15321517 / fotofritz16), 487 (17347433 / fotofritz16), 491 (13759447 / urosr), 493 (7256591 / JohnCarnemolla), 496 (15210712 / fotofritz16), 497 (4070566 / nnowack), 501 (13809355 / andrearoad), 506 (19728271 / KonArt), 502 oben (18690055 / miralex), 511 (29721428 / Ripple100), 521 (5397138 / photosbyash), 539 (9162402 / twobluedogs), 550 oben (5573654 / jobhopper), 550 unten (13530136 / zensu), 555 (15082602 / BenGoode), 564 (31942716 / outcast85), 568 (9908648 / travellinglight), 587 (32405410 / flashgordonphotog), 588 (24863074 / GorodetskayaSvetlana), 595 (1356247 / bamse009), 612 (15550777 / Bet_Noire)

Veronika Pavel

australien
osten und zentrum

Mit diesem Reisehandbuch Australiens Osten und Zentrum entdecken:

- Die schönsten Routen durch New South Wales, Queensland, Northern Territory, South Australia und Victoria sowie Tipps für Tasmanien.
- Städte und Orte mit allen wichtigen Sehenswürdigkeiten.
- Nationalparks und Naturschutzgebiete mit Wanderempfehlungen.
- Tiere und Pflanzen unterwegs entdecken. Tipps zur Beobachtung und Identifizierung.
- Das Great Barrier Reef und seine Inseln für Taucher und Badeurlauber.
- Hinweise für Aktivitäten unterwegs: Tauchen, Segeln, Wandern, Reiten, Ballonfahren, Angeln, Rundflüge und mehr.
- Ausführliche Kapitel zum Anmieten von Pkw und Campmobilen. Infos für Bus- und Bahnfahrer, Unterkünfte von preiswert bis luxuriös.
- Interessante und unterhaltsame Exkurse zu vielen Aspekten rund um das Reiseabenteuer Australien.

Veronika Pavel

Australien Osten und Zentrum
ständig neue aktuelle Auflagen

- Über 80 Stadt-, Regional-, Routen- und Nationalparkkarten
- 300 Fotos u. Abbildungen
- Ausführliches Register, Griffmarken, Seiten- und Kartenverweise zur einfachen Handhabung
- Zahlreiche Routenvorschläge
- Über 500 konkrete Hotel-, Motel-, Hostel- u. Campingplatzempfehlungen
- Jede Menge gebührenfreie Telefonnummern und geprüfte Internet-Adressen
- Strapazierfähige PUR-Bindung

erschienen im
REISE KNOW-HOW VERLAG
600 Seiten · € 23,50 [D]

Aktuelles Reise Know-How für Australien:
8 Auflagen in 9 Jahren

Veronika Pavel

australien
kompakt

Top-aktuelles Reise-Know-How für ganz Australien:

Australien kompakt ist ein Reiseführer mit hoher Informationsdichte auf dem aktuellsten Stand und für organisiert Reisende der optimale Reisebegleiter.

Australien kompakt …

> beschreibt alle Reisehöhepunkte und Attraktionen von „Down Under", wie Sydney, Melbourne, Adelaide, Perth, Darwin, Brisbane, Rotes Zentrum mit Alice Springs und Ayers Rock, Great Barrier Riff, Tasmanien, die wichtigsten Nationalparks und Naturdenkmäler sowie die schönsten Strände und Strandorte der Ost- und Westküste.

> enthält zahlreiche Restaurant-Tipps, Aktivitäten für unterwegs und Exkurse über Land und Leute, visualisiert durch viele Fotos und Abbildungen.

> beinhaltet praktische Hinweise zur Reisevorbereitung, geprüfte Internet-Adressen und Flüge nach Australien. Die zahlreichen Karten und Stadtpläne sind eng mit dem Inhalt verzahnt.

> bietet Wissenswerte zu Geographie und Klima, Kultur, Geschichte und Gegenwart.

Veronika Pavel

Australien kompakt
ständig neue aktuelle Auflagen

▸ Strapazierfähige PUR-Bindung

▸ 22 Stadt- und Regionalkarten; Übersichtskarte in der vorderen Umschlagklappe

▸ Über 200 Fotos und Abb.

▸ Griffmarken, Seiten- und Kartenverweise zur einfachen Handhabung

▸ Informative Exkurse und Tipps

▸ Internetadressen für zusätzliche Informationen

▸ Ausgewählte Unterkünfte und Restaurants

▸ Empfehlungen für Tagestouren und Ausflüge

erschienen im
REISE KNOW-HOW VERLAG
300 Seiten · € 17,50 [D]

Rad- und andere Abenteuer aus aller Welt

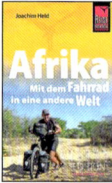

Edition Reise Know-How

In der Edition Reise Know-How erscheinen außergewöhnliche Reiseberichte, Reportagen und Abenteuerberichte, landeskundliche Essays und Geschichten. Gemeinsam ist allen Titeln dieser Reihe: Sie unterhalten, sei es unterwegs oder zu Hause – auch als ideale Ergänzung zum jeweiligen Reiseführer.

Abenteuer Anden – Eine Reise durch das Inka-Reich
ISBN 3-89662-307-9 · € 17,50

Afrika – Mit dem Fahrrad in eine andere Welt
ISBN 978-3-89662-522-9 · € 19,90

Auf Heiligen Spuren – 1700 km zu Fuß durch Indien
ISBN 3-89662-387-7 · € 17,50

Auf und davon – Auf Motorrädern durch Europa, Asien und Afrika
ISBN 978-3-89662-521-2 · € 19,50

Die Salzkarawane – Mit den Tuareg durch die Ténéré
ISBN 3-89662-380-X · € 17,50

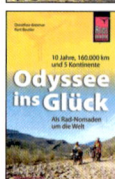

Durchgedreht – Sieben Jahre im Sattel
ISBN 3-89662-383-4 · € 17,50

Myanmar/Burma – Reisen im Land der Pagoden
ISBN 3-89662-196-3 · € 17,50

Odyssee ins Glück – Als Rad-Nomaden um die Welt 10 Jahre, 160.000 km und 5 Kontinente · ISBN 978-3-89662-520-5 · € 19,90

Panamericana südwärts – Eine Abenteuertour durch Lateinamerika
ISBN 978-3-89662-523-6 · € 19,90 **NEU ab Juli 2014**

Please wait to be seated – Bizzares und Erheiterndes von Reisen in Amerika. ISBN 3-89662-198-X · € 12,50

NEU

Rad ab – 71.000 km mit dem Fahrrad um die Welt.
ISBN 3-89662-383-4 · € 17,50

Südwärts – von San Francisco nach Santiago de Chile.
ISBN 3-89662-308-7 · € 17,50

Suerte – 8 Monate auf Motorrädern durch Südamerika.
ISBN 978-3-89662-366-9 · € 17,50

Taiga Tour – 40.000 km allein mit dem Motorrad von München durch Russland nach Korea und Japan · ISBN 3-89662-308-7 · € 17,50

USA Unlimited Mileage – Abgefahrene Episoden einer Reise durch Amerika · ISBN 3-89662-189-0 · € 14,90

Völlig losgelöst – Panamericana Mexiko–Feuerland in zwei Jahren
ISBN 978-89662-365-2 · € 14,90

Eine Finca auf Mallorca oder Geckos im Gästebett
ISBN 3-89662-176-9 · € 10,50

Eine mallorquinische Reise – Mallorca 1929
ISBN 3-89662-308-7 · € 10,50

Geschichten aus dem anderen Mallorca – Robert Graves
ISBN 978-3-89662-269-3 · € 12,50

„Rad & Bike"

Fahrrad Weltführer – Das Standardwerk für Fernreiseradler,
3. Aufl., 768 Seiten. ISBN 978-3-89662-527-4 · € 25,00

BikeBuch USA/Canada – 624 S., über 170 Fotos und 45 Karten
ISBN 3-89662-389-3 · € 23,50

Fahrrad Europaführer – 4. Auflage, 768 S., über 50 Karten und
280 Fotos und Abb. · ISBN 978-3-89662-527-4 · € 25,00

Das Lateinamerika BikeBuch 696 S., 92 SW- und 32 Farbfotos,
27 Karten · ISBN 978-3-89662-388-1 · € 25,00

Bestseller 5. Auflage

Peter Smolka

71.000 km mit dem Fahrrad um die Welt:

Rad ab!

Vier Jahre lang radelte der Erlanger Globetrotter Peter Smolka um den Erdball. Zunächst durchquert er den Nahen Osten und Afrika, wo er nur knapp den Angriff eines Elefanten überlebt. In Kapstadt heuert er auf einer Segelyacht an, die nach Brasilien bringt. Nach neun Monaten Südamerika sind die nächsten Stationen Neuseeland und Australien. Bereits seine Fahrt durch Saudi-Arabien hatte in der Reiseszene für Aufsehen gesorgt. In Südostasien erhält Peter Smolka nach zähen Verhandlungen auch die Genehmigung Mynamer (Ex-Birma) auf dem Landweg zu durchqueren. Vor der Rückreise nach Europa wagt er sich schließlich nach Afghanistan hinein … Spannend, detailliert, einfühlsam und humorvoll – ein Buch für jeden, der gern reist.

Hardcover mit Schutzumschlag, 360 Seiten, plus 16 Seiten Farbfototeil
REISE KNOW-HOW Verlag · ISBN 3-89662-383-4 · € 17,50

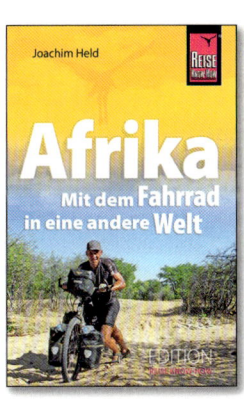

Joachim Held

NEU – nach „Abenteuer Anden" wieder im Sattel!

Afrika

Mit dem Fahrrad in eine andere Welt

Joachim Held bricht im August 2008 nach Afrika auf. Er lässt sich treiben, durchquert die Westsahara, kämpft sich durch den Kongo und weiter bis nach Kapstadt, auf dem Rückweg erklimmt er den Kilimanjaro. Am Ende ist er zwei Jahre auf 33.000 Kilometern unterwegs, fasziniert von der Lebensfreude und Hilfsbereitschaft der Menschen, aber auch tief betroffen von ihren Lebensumständen. In Sierra Leone sieht er hungernde Kinder, in Guinea gerät er in Putschwirren und in Kamerun prophezeit man ihm eine Begegnung mit dem Tod. Einen Abend sitzt er im entlegenen Dschungel Zentralafrikas mit Dorfältesten zusammen und hört Fragen, auf die er keine Antworten hat: „Warum ist Europa so reich und Afrika so arm? Was sollen wir tun? Sag' du es uns, du kommst doch aus Europa!"

Einfühlsam berichtet Joachim Held über seine Begegnungen und Erlebnisse in Afrika. Er beschreibt Höhen und Tiefen seiner Reise, gelegentlich selbst verzweifelt, aber dann auch wieder mit Humor. Angereichert mit vielen Hintergrundinformationen, ist dies ein spannendes Buch zum Mitreisen und Nachdenken.

Hardcover mit Schutzumschlag, 392 Seiten + 32 Seiten Farbteil
Reise Know-How Verlag · ISBN 978-3-89662-522-9 · € 19,90

Dorothee Krezmar und Kurt Beutler

10 Jahre, 160.000 km und 5 Kontinente

Odyssee ins Glück

Als Rad-Nomaden um die Welt

10 Jahre lang radelten Dorothee Krezmar und Kurt Beutler kreuz und quer über den Globus. Für sie war das Fahrrad das ideale Verkehrsmittel, um sich fremden Menschen und Kulturen zu nähern. Natürlich gab es auch Tiefschläge. Sie berichten von einem Bienenüberfall, in Afrika wurden sie von bewaffneten Buschmännern abgeführt und entkamen in Argentinien nur knapp den Banditen. Trotz allem stand diese Mammut-Reise unter einem Glücksstern. Auf ihrer Odyssee lernten sie eine viel bessere Welt kennen als die von den Medien gezeichnete. Beide erzählen ihre persönliche Geschichte, die gemeinsamen Erlebnisse brachten Dorothee und Kurt immer näher zusammen und sie entdeckten für sich die Langsamkeit, schließlich stand ihre Reise unter dem Motto reduce speed.

Hardcover mit Schutzumschlag, 384 Seiten, 16 S. Farbteil, mehr als 70 s/w-Fotos, 10 Karten
Reise Know-How Verlag · ISBN 978-3-89662-520-5 · € 19,90

Joachim Held

Abenteuer Anden

**Eine Radreise
durch das Inka-Reich**

Ein Jahr mit dem Fahrrad durch die faszinierende Welt der südamerikanischen Anden zwischen Chile und Peru – das sind 10.000 km durch Sturm, Sand und Schnee, über 5000 m hohe Gebirgspässe und staubtrockene Wüstenplateaus. Aber es sind auch 10.000 km durch das alte Inka-Reich, 10.000 packende Kilometer in die Vergangenheit.

Joachim Held entführt den Leser in den geheimnisvollen Zauber eine Kultur, in der noch immer Naturverbundenheit und uralte Mythen das Leben bestimmen. Zahllose Begegnungen verdichten sich zu einem einfühlsamen, vielschichtigen Porträt mit zahllosen historischen und kulturellen Aspekten. Eine aufrichtige Reportage, ein fesselndes Buch.

Hardcover, 320 S., über 100 Farb- u. s/w-Fotos, Abb. und Karten
Reise Know-How Verlag ISBN 3-89662-307-9 · € 17,50

www.reise-know-how.de

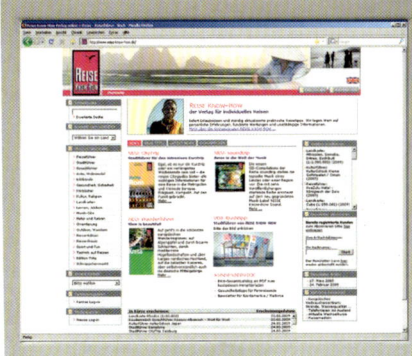

NOTIZEN

NOTIZEN

Stichwortregister A–Z

24-Stunden-Rastplätze 112, 293
25 Mile Well 393
90 Mile Straight 586

Abendessen 121
Aboriginal People 31
Aboriginalkunst 137
Abrolhos Islands 283
Adcock Gorge 418
Adelaide 538
Adelaide Hills 558
Admiral's Arch 563
Affenbrotbäume 409
Airlines 86
Akazien 53
Albany 224
Algebuckinna Bridge 531
Alice Springs 486
Alkoholausschank 123
Alkoholgrenze 91
All Parks Pass 150
Allrad-Technik 115
Anastasia's Pool 377
Ancient Empire Trail 239
Andamooka 524
Angaston 557
Anne Beadell Highway 203
Anreise per Flugzeug 85
Anschnallpflicht 91
ANZAC 27
Anzac Hill 495
Apartments 108
Apatula 530
Aquarium of Western
    Australia 167
Arbeiten 132
Architektur 56
Argyle Mine 443
Arkaroo Rock 536
Arkaroola 534
Arltunga Historical Reserve
    511
Arnhem Land 469
Arno Bay 571
Artesische Wasserbecken 39
Auburn 526
Augusta 250
Auskunft 129
Auslands-
    Krankenversicherung 78
Ausreise 74

Ausreisesteuer 74
Austern 575
Australian Rules Football 61
Australind 265
Australische Dollar 75
Auswandern 129
Autofahren 90
Avon Valley NP 178
Ayers Rock 507
Ayers Rock Resort 505

Babbage Island 309
Back Beach 272
Backpacker-Hostels 110
Baird Bay 574
Balcanoona 534
Bald Head 229
Balgo 446
Balladonia 586
Balladonia Road 215
Banjima Drive 346
Banken 129
Banknoten 75
Baobab 54
Barbecue 122
Bareback Riding 59
Bargeld 75
Barnett River Gorge 419
Barossa Valley 555
Barren Beach 218
Batavia 284
Baxter Cliffs 586
BBQ 122
Beadell, Len 197
Beadon Bay 352
Beagle Bay 382
Bed & Breakfast 109
Beedelup NP 248
Beedoboondu 315
Behinderte 129
Bell Gorge 416
Besiedlung 23
Best of Travel Group 136
Besuchervisum 73
Beuteltiere 42
Bibbulmun Track 230
Bicenntenial Tree 245
Bier 123
Big Bell Mine 391
Big Galah 576
Bildungswesen 72

Bilyuin Pool 393
Birdsville Track 534
Black Point Track 248
Black Rock 253
Blackwood River 249
Blowholes 228
Bluff Knoll 221
Boab Trees 409
Boggy Hole 503
Bomb Roads 197
Boolenup Lake 215
Border Village 583
Bornholm Beach 234
Botschaften 74
Boulder 196
Bow Bridge 238
Bowling 63
Bradshaw Paintings 423
Bradshaw, Joseph 423
Breakfast 120
Bremer Bay 220
Briefmarken 135
Broome 367
Broome Bird Observatory 380
Buccaneer Archipelago 413
Buchungsklassen 85
Buley Rockhole 476
Bull Riding 59
Bulldust 114
Bunbury 263
Bundegi Beach 331
Bundesstaaten 24
Bungle Bungle 438
Bunker Bay 260
Bunyeroo Gorge 535
Bunyeroo Valley 535
Burkett Road 337
Burringurrah Aboriginal-
    Community 393
Burringurrah Drive 314
Burrup Halbinsel 357
Burrup Lookout 358
Buschbrot 123
Bushcamps 112
Bushtucker 122
Busrundreisen 105
Busselton 260
Butterfly Gorge 479

Cabins 111
Cable Beach 377

Cactus Beach 581
Caiguna 586
Caiguna Blowhole 586
Calgardup Cave 253
Camel Cup 490
Camp Beadell 203
Camp Harry Johnston Water 202
Camper 96
Campground 112
Camping-Safari 105
Campingplätze 111
Canal Rocks 259
Canning Stock Route (CSR) 395
Canning, Alfred 395
Cape Arid NP 214
Cape Borda Lighthouse 564
Cape Don 469
Cape du Couedic 563
Cape Jervis 559
Cape Le Grand NP 211
Cape Leeuwin 251
Cape Leveque 380
Cape Naturaliste 259
Cape Range NP 333
Cape to Cape Track 258
Carnac Island 176
Carnarvon 307
Carnegie Station 202
Casley, Leonard George 286
Cathedral Gorge 440
Cattle Water Pass 512
Cave Hill Nature Reserve 204
Cave Point Lookout 218
Caves Road 252
CaveWorks 254
Ceduna 579
Cell Phone 139
Central Standard Time 41
Cervantes 274
Chambers Gorge 534
Chapel Rock 585
Chapman Valley 285
Charles Knife Canyon 327
Checkliste Gepäck 82
Chichester Range 351
Chile Creek 382
China Wall 438
Clare 526
Clare Valley 526
Classic Fossil Rock Face 414
Cleland Wildlife Park 558
Cliff Lookout 351

Cliff Top Drive 574
Coalmine Beach Road 240
Coastal Parks Drive 205
Cockatoo Island 413
Cockatoo Lagoon 431
Cockatoo Valley 556
Cockburn Range 424
Cocklebiddy 585
Cocklebiddy Cave 586
Coffin Bay 573
Coffin Bay NP 573
Commonwealth 27
Coober Pedy 520
Cooinda 473
Cook, James 24
Coolgardie 188
Coppins Gap 400
Coral Bay 320
Corrigin 184
Corrobinne Hills 577
Corroboree Rock 510
Cosmo Newbery 200
Cossack 359
Cosy Corner Road 232
Cottesloe Beach 167
Coward Springs 531
Cowboys 59
Cowell 571
Cricket 61
Crystal Springs 241
Cue 389
Curdimurka 531
Curtin Springs 505
Cutta Cutta Caves 482

D'Entrecasteaux NP 243
Dales Gorge 347
Dalhousie Springs 530
Dalwallinu 386
Daly Waters 483
Damper 123
Dampier 356
Dampier Archipelago 356
Dampier Peninsula 380
Dampier, William 24, 145
Darwin 450
Darwin Wharf Precinct 460
Dave Evans Bicentennial Tree 243
Day Dawn 389
Deep Gorge 357
Delisser Sand Dunes 584

Denham 301
Denmark 234
Derby 410
Devils Marbles 485
Devisen 75
Devonian Great Barrier Reef 437
Devonian Reef NP 435
Diamont Tree 245
Didgeridoo 32
Digitalbilder 131
Dillie Gorge 418
Dimond Gorge 418
Dingo Zaun 532
Dinner 121
Directon Island 354
Dirk Hartog Island 299
Diversion Dam 428
Dog Fence 532
Dolphin Cove 215
Dongara 275
Donkey Pool 418
Douglas, Malcolm 378
Down under 25
Drapers Gorge 312
Dreamtime 32
Drysdale River NP 422
Dugongs 303
Duke of Orleans Bay 213
Dunn Rocks 213
Dunsborough 260
Dunsky Beach 233

Eagle Bluff 300
Eagle Rock Falls 398
East MacDonnell Ranges 510
East Mount Barren 218
Eastern Standard Time 41
Echsen 45
Edith (Leliyn) Falls 479
Edwards Beach 218
Eheschließung 132
Einreise 74
Einreisekarte 74
Einreisebestimmungen 73
Einwohner 23
Eisenbahn 106
Eisenerz 339
El Questro 425
Electronic Travel Authority 73
Elephant Rocks 237
Elizabeth II. 30
Ellensbrook Homestead 258
Ellery Creek Big Hole 501

Elliot 483
Elliston 573
Elsey NP 482
eMail 129
Emily Gap 510
Emma Gorge 425
Emu 47
Emu Bay 562
Emu Hill Lookout 314
Emu Point 226
Englische Krone 25
Entfernungen 36, 117
Entfernungstabelle 590
Ernest Giles Road 504
Erste Hilfe bei Schlangenbiss 46
Esperance 206
Essen 120
Eucla 584
Eucla NP 584
Eukalyptus 53
Everard Junction 203
Ewaninga 530
Exkurse 14
Exmouth 327
Eyre Highway 568
Eyre Peninsula 570
Eyre, Edward John 568, 582
Eyre, John 26

Fahrradfahren 130
Fahrzeugausstattung 115
Fahrzeugkauf 103
Fahrzeugversicherung 91
Farina 533
Farm Stays 110
Fauna 42
Feiertage 130
Ferien 130
Fernhook Falls 241
Fernsehen 135
Festnetz 138
Film 58
Finke 530
Finke Gorge NP 503
Fire Trees 245
Fische 48
Fitzgerald Inlet 219
Fitzgerald River NP 217
Fitzroy Crossing 434
Flagge 23
Fleurieu Peninsula 559
Flinders Bay 250
Flinders Peninsula 229

Flinders Ranges 533
Flinders Ranges NP 535
Flinders, Matthew 26
Flora 42
Florence Falls 475
Fluggesellschaften 131
Flughäfen 86
Flughunde 44
Flugpreise 85
Flugrouten 85
Flugsafaris 106
Flussdurchquerungen 114
Flynn, John 78
Fogg Dam 465
Fortescue Falls 347
Fotografieren 131
Four Mile Beach 218
Fowlers Bay 581
François Peron NP 301
Fraser Range 586
Fremantle 168
Fremantle, Charles 145, 148
Frenchman Bay 228
Frenchman Peak 212
Frühstück 120
Führerschein 75
Fußball 62

Galvans Gorge 418
Gammon Ranges NP 533
Gantheaume Point 377
Garden of Eden 504
Gary Highway 203
Gascoyne Junction 312
Gascoyne Region 295
Gawler 555
Gawler Ranges 523
Gawler Ranges NP 577, 578
Gebrauchtwagenkauf 103
Geikie Gorge NP 435
Geld 75
Gem Tree 485
Genehmigungen 131
Geografie 36
Geographe Bay 260
Gepäck 82
Geraldton 277
Geschichte 24
Gesundheit 77
Getränke 123
Gewichte 133
Giant Tingle Tree 239
Giants Cave 253
Gibb River Road 408

Gibson Desert Nature Reserve 202
Giftnotruf 134
Giles Meteorological Station 200
Glattwale 219
Glen Helen Gorge 502
Glendambo 523
Glenelg 553
Gloucester NP 244
Gloucester Tree 245
Gnamma Hole 185
Gnaraloo Station 318
Golden Gate Beach 233
Golden Pipeline Heritage Trail 187
Golden Quest Discovery Trail 196
Goldfields Highway 393
Goldfunde 146
Goldrausch 26
Golf 63
Googs Track 580
Goulet Bluff 300
Gracetown 258
Great Central Road 198
Great Fingall Mine 389
Great Forest Drive 241
Great Northern Highway 384, 408
Great Ocean Drive 210
Green Head 275
Green's Pool 237
Greenough Hamlet 276
Gregory NP 432
Gregory's Tree 432
Grevillea Gorge 418
Greyhound-Bus 104
Gruppenreisen 104
Gulf of Exmouth 327
Gunbarrel Highway 198
Gunbarrel Road Construction Party 197
Gunlom Falls 473

Hahndorf 558
Halls Creek 437, 446
Hamelin Pool 297
Hamersely Dunes 218
Hamersley Gorge 344
Hamersley Inlet 218
Hammer Head Point 213
Hancock Gorge 346
Hangover Bay 273

Hannan, Paddy 194
Hartog, Dirk 24, 144
Harvey Estuary 266
Hawker 537
Hawks Head 290
Head of Bight 582
Hearson's Cove 357
Heartbreak Trail 244
Heather Highway 203
Heiraten 132
Hellfire Bay 212
Helmkasuare 48
Henbury Meteoriten Kratern 509
Hermannsburg 502
Hill Springs Homestead 215
Hillarys Boat Harbour 167
Hilltop-Circular Pool Scenic Drive 239
Hillview Lookout 253
Hippo's Yawn 185
HMAS Sydney War Memorial 281
Hog Bay 561
Höhlen 254
Holland Track 186
Holt, Harold Edward 329
Honeycomb Gorge 313
Honeymoon Bay 422
Hopetoun 217
Horrocks Beach 286
Horrocks Pass 525
Hotelgutscheine 109
Hotelpass 109
Hotels 108
Humpty Doo 465
Hutt River Province 286

Iga Warta 533
Illamutra Springs 503
Impfungen 79
Indian Ocean Drive 275
Indian Pacific 106
Injidup Rocks 259
Inlandsflüge 87
Innes NP 566
Insekten 50
Insektenschutz 79
Internet 129
Iron Knob 576
Israelite Bay 215
Italowie Gorge 533

Jabiru 471

Jackaroos 59
Jahreszeiten 22, 40
Jandamarra 415
Jansz, Willem 24
Jasper Beach 248
Jellyfish 49
Jessie Gap 510
Jewel Cave 254
Jim Jim Falls 472
Jimmy Newells Harbour 229
Jobben 132
John Forrest NP 177
John Hayes Rockhole 510
John Rate Lookout 241
Jugendherbergen 110
Juna Downs Station 347
Junction Pool 346
Jurien Bay 275

Kadina 566
Kakadu NP 468
Kalamina Gorge 347
Kalbarri 291
Kalbarri NP 288
Kalgoorlie-Boulder 190
Kalksteinhöhlen 254
Kalumburu Community 422
Kalumburu Road 419
Kamel-Wettrennen 490
Kamele 512
Kamelritte 377
Kangaroo Island 560
Kangaroo Point 273
Kängurus 42
Karijini NP 341
Karratha 356
Kartenverlust 77
Karunjie Road 424
Kata Tjuta 508
Katherine 479
Katherine Gorge 480
Kathleen Springs 504
Keep River NP 431
Kelly Hill Caves 563
Kelly Hill Conservation Park 563
Kennedy Range NP 311
Kermit's Pool 346
Kimba 576
Kimberley 401
Kimberley Region 365
Kinder 126
King Leopold Range 416
King Rocks 185

King Sound 410
Kings Canyon 503
Kingscote 562
Kingsford Smith Mail Run 317
Kitty Gap 400
Kleidung 132
Kleine Sahara (Little Sahara) 562
Kleingruppentouren 105
Kletterbeutler 44
Klima 40
Klimazonen 40
Knox Lookout 346
Koala 43
Konsulate 74
Konto 77
Kookaburra 48
Koolan Island 413
Koolpin Gorge 473
Koonalda Cave 583
Kreditkarten 76
Kreuzfahrten 106
Krokodile 45, 467
Kultur 56
Kununurra 425
Kyancutta 577

Lake Argyle 426, 429
Lake Cave 253, 254
Lake Clifton 266
Lake Eyre North 531
Lake Gairdner 578
Lake Gilles Conservation Park 576
Lake Jasper 248
Lake King 206
Lake Kununurra 428
Lake Lefroy 204
Lake MacLeod 318
Lake Newland Conservation Park 574
Lake Preston 266
Lake Thetis 274
Lake Warden Wetlands 210
Lancelin 272
Landkarten 133
Landschaftliche Großräume 37
Langstreckenflüge 85, 88
Langusten 279
Larapinta Trail 501
Lasseter Highway 504
Lasseter's Cave 201
Laverton 200

Le Grand Beach 212
Leeman 275
Leeuwin Strömung 176
Leeuwin-Naturaliste NP 252
Leigh Creek 533
Leistenkrokodile 467
Len Otte Nature Trail 214
Lennard River Gorge 416
Lesueur NP 275
Lighthouse Bay 333
Lights Beach 236
Limestone Gorge 433
Lincoln NP 572
Litchfield NP 475
Literatur 58
Literaturhinweise 592
Little Beach 231
Little Hellfire Bay 212
Lombadina 382
Lost City 476, 504
Lower Denmark Road 232
Lucky Bay 213
Ludlow Tuart Forrest NP 263
Lunch 121
Lyndoch 556

Mabo-Urteil 33
Mackerel Islands 353
Madfish Bay 237
Madura 585
Madura Pass Lookout 585
Maguk (Barramundi Gorge) 473
Mail Run 522
Malerei 56
Mammoth Cave 253, 254
Manati 303
Mandalay Beach 241
Mandurah 266
Mangkili Claypan 202
Manning Gorge 418
Manta Ray 49
Maralinga 587
Marananga 557
Marandoo View 344
Marble Bar 399
Margaret River 255
Marine Drive 226
Marree 532
Mary River NP 466
Maße 133
Mataranka 482
Mauds Landing 321
Mauritius Beach 333

Mazzoletti Beach 237
McLaren Vale 559
Medikamente 79
Meekadarabee Falls 258
Meekatharra 391
Meerestiere 48
Mengler's Hill Lookout 557
Mereenie Loop Permit 502
Mereenie Loop Road 503
Merredith 188
Mexican Hat 581
Middle Lagoon 382
Middleton Beach 226
Mietwagen 94
Mildura Wreck 333
Millstream Chichester NP 349
Mindestalter Mietwagen 91
Miners Hall of Fame 194
Miners Pathway 387
Minnipa 577
Mirima NP (Hidden Valley) 429
Misery Beach 229
Missile Park 524
Mississippi Hill 213
Mitchell Plateau 419
Mitchell River NP 420
Mittagessen 121
Mittelaustralische Tiefland 37
Mobiltelefone 139
Moll Gorge 417
Monte Bello Islands 353
Moonta 566
Monkey Mia 305
Morialta Conservation Park 558
Mornington Wildlife Sanctuary 417
Motels 108
Motorradfahren 133
Mount Arid 215
Mount Augustus 313
Mount Augustus NP 311
Mount Beadell 203
Mount Clarence 225
Mount Frankland NP 241
Mount Lindesay 236
Mount Lofty Botanic Gardens 558
Mount Lofty Lookout 558
Mount Magnet 387
Mount Melville 226
Mount Newman 397
Mount Ragged 215

Mount Shadforth Scenic Drive 236
Mount Whaleback Mine 364, 393
Mountainbike 178
Mt Remarkable NP 525
Mulka's Cave 185
Mullewa 389
Munda Biddi Trail 178
Mundrabilla 584
Munjina Gorge 348
Murchison Gorge 289
Murion Islands 333
Murphy's Haystacks 574
Murrawijinie Caves 583
Musik 57

N'Dhala Gorge 511
Nallan Lake 391
Nambung NP (Pinnacles) 273
Nanga Bay 299
Napier Range 414
NASA Tracking Station 308
Nationalpark-Campgrounds 112
Nationalpark-Gebühren in Südaustralien 528
Nationalparkgebühren in Westaustralien 150
Nationalparks in Australien 113
Nationalsportarten 61
Natural Bridge 228
Natures Window 289
Navigationsgeräte 133
Never Never Land 482
New Crown 530
New Norcia 385
Newman 393
Newman Rocks 586
Nichtalkoholische Getränke 125
Ningaloo Reef 319
Nitmiluk NP (Katherine Gorge) 480
Nitmiluk NPs 479
Nornalup 239
Norseman 204
North Adelaide 553
North Point 258
North West Cape 327
Northam 187
Northampton 285
Northcliffe 242
Northern Territory 448

Norwegian Bay 325
Notfall 134
Nourlangie Rock 471
Nullagine 399
Nullarbor NP 583
Nullarbor Plain 567
Nuriootpa 557
Nuttbush Retreat 576

Oakabella Homestea 285
Ocean Beach 236
Ochre Cliffs 533
Ochre Pits 501
Ockermine 391
Öffentliche Verkehrsmittel 104
Öffnungszeiten 134
Ökonomie 24
Old Eyre Highway 581
Old Halls Creek 438
Olgas 508
Olympische Spiele 29, 60
On-Site Vans 111
Onslow 352
Oodnadatta 530
Opale 137
Ophtalmia Dam 397
Ord River 429
Ord River Dam 428
Ormiston Gorge 502
Ostaustralische Hochland 39
OTC Space Centre 308
Outback 83, 113
Outback Coast 295
Outbackpisten im Zentrum 515

Pabelup Drive 219
Palm Springs 438
Palm Valley 503
Palmfarne 54
Pannen 94
Papageien 47
Parachilna 535
Paradies Beach 321
Parburdoo 338
Parndana 564
Parry Beach 238
Parry Lagoons Nature Reserve 443
Passenger Incoming Card 74
Paynes Find 387
Peace Gorge 392
Peaceful Bay 238

Peak Charles NP 206
Peel Inlet 266
Pemberton 244
Penneshaw 561
Perlen 369
Perlmutt 369
Permits 131
Perth 147
Perth Zoo 167
Petroglyphen 357
Pferderennen 62
Pflanzenwelt 53
Philipp, Arthur 25
Pichi Richi Pass 537
Pilbara 337
Pildappa 577
Pimba 523
Pine Creek 479
Pine Hill 216
Pink Hutt Lagoon 286
Pinnacles Desert 273
Pisten 115
Platypus Waterhole 563
Plenty Highway 512, 515
Point Ann 219
Point Brown 575
Point Cloates 325
Point D'Entrecasteaux 243
Point Edgar 325
Point Labbat 574
Point Murat – Navy Pier 332
Point Quobba 317
Point Samson Halbinsel 359
Point Sinclair 581
Porongurup NP 222
Port Adelaide 553
Port Augusta 524
Port Denison 275
Port Gregory 286
Port Hedland 361
Port Kenny 574
Port Lincoln 571
Port Neil 571
Porter Bay 571
Post 135
Prevelly 255
Princes Range 202
Prison Tree 411
Privatzimmer 109
Project Eden 305
Proteen 54
Purnululu NP (Bungle Bungle) 438
Python Pool 351

Quallen 49
Quarantäne-bestimmungen 74
Queen Victoria Head 416
Quoin Head 218
Quokkas 175
Quorn 537

R-Gespräche 139
Rabatte 135
Rabbit Flat 446
Radio 135
Radio Hill 394
Railroad Service Road 587
Railway Heritage Walk Trail 217
Rainbow Valley 289
Rainbow Valley Conservation Reserve 509
Rauchen 122, 135
Recherche Achipelago 211
Red Bluff 318
Red Bluff Beach 289
Red Centre 497
Redbank Gorge 502
Redbanks 573
Reddell Beach 377
Reiseabbruch-Versicherung 77
Reisebekleidung 132
Reisehöhepunkte 16
Reisepass 73
Reiseplanung 81
Reiserouten 117
Reiserücktrittskosten-Versicherung 77
Reisechecks 77
Reiseveranstalter 136
Reiseversicherungen 77
Reisevorbereitung 22, 73
Reisevorschläge 117
Reisezeiten 81
Remarkable Rocks 564
Resorts 109
Roadtrain 90
ROC 35
Rochen 49
Rock Lobster 279
Rockingham 267
Rocky Pool 312
Rodeos 59
Roebourne 359
Ross Graham Lookout 290
Ross Highway 510

Rossiter Bay 213
Rote Zentrum 497
Rottnest Island 172
Rowland Flat 556
Roxby Downs 524
Royal Flying Doctor Service (RFDS) 78
Ruby Gap 511
Rudall River NP 398
Rugby 62
Rundfunk 135

Sacred Canyon 535
Salmon Beach 243
Salmon Holes 229
Sand 114
Sandover Highway 516
Sandy Bight 215
Sandy Creek Falls 477
Säugetiere 42
Savannah Way 434
Scarborough Beach 167
Schildkröten 47
Schlangen 45
Schnabeligel 42
Schnabeltier 42
Schnuppertauchen 65
School of the Air 72
Schulunterricht 72
Scott's Beach 581
Sea Wasp 49
Seekühe 303
Selbstversorger 125
Seppeltsfield 557
Serpentine Gorge 501
Servicestraße 587
Sevenhill 526
Shannon 242
Shannon NP 241
Shark Bay 296
Shell Beach 300
Shelley Beach 233
Shothole Canyon 327
Sicherheit 75, 136
Simpson Desert Crossing 516
Simpson Desert Loop Road 528
Simpson Loop 516
Simpsons Gap 500
Sittiche 47
Skifahren 63
Smiths Beach 259
Smoky Bay 575
Soccer 62

Sonnenschutz 79
South Australia 517
South Beach 253
South Coast Highway 223
South Hedland 361
Southern Cross 188
Southern Right Whales 219
Souvenirs 137
Spielkasinos 57
Spinnen 50
Sport 60
Sprache 68
Sprachkurse 138
Spring Creek Track 439
Spring in the Valley 177
Stachelrochen 49
Staircase To The Moon 359
Standley Chasm 501
Stargate Observatory 185
Steckdosen 137
Steep Point 298
Steinfisch 49
Steuerrückerstattungs-verfahren 74
Stingray 49
Stirling Range NP 221
Stirling, James 145, 148
Stokes NP 216
Stolen Generation 34
Stopover-Aufenthalte 87
Störche 48
Straßenmaut 137
Streaky Bay 575
Strezelecki Track 533
Strine 68
Strom 137
Stromatoliten 298
Stuart Highway 462, 519
Stuart Pool 398
Studium 138
Sturt Creek 446
Südwesten 179
Sugarloaf Rock 259
Summit Trail 315
Super Pit Lookout 195
Surveyors Pool 421
Süßwasserkrokodile 467
Swampit Gorge 438
Swan Valley 176

Tagesausflüge 107
Tagon Coastal Trail 215
Talbot Bay 413
Talia Caves 574

Tanami Road 515
Tanami Track 445
Tanunda 556
Tasman, Abel Janszon 24
Tauchen 64
Tauchkurse 64
Tauchplätze 66
Telefonieren 138
Telefonkarten 138
Telfers 398
Temple Gorge 313
Tempolimit 91
Tennant Creek 484
Tennis 63
Terra Australis 31
Terra Australis Incognita 24
Territories 24
The Big Dish 308
The Buccaneer Archipelago 413
The Gap 228
The Ghan 106
The Granites 388
The Grotto 443
The Humps 185
The Kimberley 401
The Knoll 240
The Loop 289
The Ord River Irrigation Sheme 428
The Pebbles 483
The Perth Mint 164
Thevenard 579
Thevenard Island 353
Thistle Cove 212
Thomas Fishery 215
Thomas River 214
Thomson Bay 173
Three Mile Camp 318
Three Pools 398
Three Ways 483
Thrombosegefahr 80
Tiere 115
Tierwelt 42
Timber Creek 432
Tjukayirla 200
Tjuwaliyn (Douglas) Hot Springs 477
Tnorala 502
Tolmer Falls 476
Tom Price 338
Toolbrunup 222
Torbay Head 233
Torndirrup NP 228

Tower Peak 216
Tracks 115
Transit-Aufenthalt 87
trawberry Hill Farm 226
Tree Top Walk 239
Treibstoffversorgung 92
Trephina Gorge 510
Trinken 120
Trinkgeld 122
Tropischer Norden 81
Tumby 571
Tunnel Creek 414
Turkey Creek 442
Twin Falls 472
Two Peoples Bay Nature
    Reserve 231
Two up 57
Tylers Pass 502

Überlandbusse 104
Uluru 507
Uluru-Kata Tjuta NP 506
Umbrawarra Gorge Nature
    Park 479
Universalsteckdosen 138
Unterkünfte 107
Unterkunftspreise 108
Useless Loop 298

Valley of the Giants 238
Valley of the Winds 509
Venus Bay 574
Verwaltung 24
Victor Harbor 559
Visum 73
Vivonne Bay 563
Vlamingh Head Lighthouse
    333
Vögel 47
Von Diemen, Anthony 144
Vorsichtsregeln im Outback
    116
Vorwahlnummern 139

WA Holiday Park Pass 150
WA Maritime Museum
    Shipwreck Galleries 170
WA Museum Kalgoorlie-
    Boulder 194
Wagardu Lake 272
Waldbrände 245
Walga Rock 390
Walhaie 48, 323
Walker's Rock 574

Wallaroo 566
Walpa Gorge 509
Walpole 240
Walpole-Nornalup NP 238
Wandern 139
Wanderungen 107
Wangi Falls 476
Wanna Munna 399
Warakurna Roadhouse 200
Warburton 200
Warmun (Turkey Creek) 442
Warren Beach 243
Warren NP 243
Waschen 140
Wasser 80
Wassersport 62
Watarrka NP 503
Waterfall Beach 237
Watervale 526
Wauchope 485
Wave Rock 184
Waychinicup NP 231
Wechselkurs 75
Weeli Wolli Springs 397
Wein 123
Weinbau 124
Wellblechpisten 113
West Cape Howe 233
West Cape Howe NP 232
West Cliff Point 243
West MacDonnell Ranges 500
West Mount Barren 220
Westaustralisches Tafelland
    37
Western Australia 142
Western Australian Museum
    165
Western Standard Time 41
Westküste 83
Whale Lookout 259
Whalebone Beach 218
Whaler's Way 573
Whaleworld 229
Wharf Precinct 460
Wharton 213
Wharton's Beach 213
Whispering Wall 556
Whistling Rock 213
Whyalla 570
Widgiemooltha 204
Wildblumen 55
Wilderness Park (Broome) 378
Wildes Campen 112
Wildlife-Kalender 51

Wilgie Mia-Ockermine 391
William Bay NP 237
William Creek 531
Willie Creek Pearl Farm 380
Willunga 559
Wilmington 525
Wilpena 536
Wilpena Pound 536
Wilson Bluff 584
Wiluna 202
Wilyabrup Sea Cliffs 259
Winderabandi Point 325
Windjana Gorge NP 414
Window on the Wetlands 465
Windy Harbour 242
Winter Hill Lookout 573
Wirrulla 577
Wittenoom 348
Wittenoom Gorge 347
Wolfe Creek Meteorite Crater
    (Kandimalal) 438
Wombats 43
Wongawol Station 202
Woody Island 211
Wool Wagon Pathway 284
Woomera 523
Working Holiday Visum 73
Wubin 386
Wudinna 577
Wyndham 443

Yallingup 259
Yammera Gap 416
Yampir 347
Yanchep NP 272
Yardie Creek Run 325
Yellow Water 473
York 183
Yorke Peninsula 566
Youth Hostel Association 73
Yulara 505

Z Bend 289
Zebra Rock 429
Zeiteinteilung 117
Zeitschriften 140
Zeitungen 140
Zeitunterschied 140
Zeitzonen 41
Zentrum (Outback) 83
zum Cape Willoughby 562
Zuytdorp Cliffs 298

Schnellübersicht

Australiens wichtigste Touristen-Ziele, Städte und Nationalparks

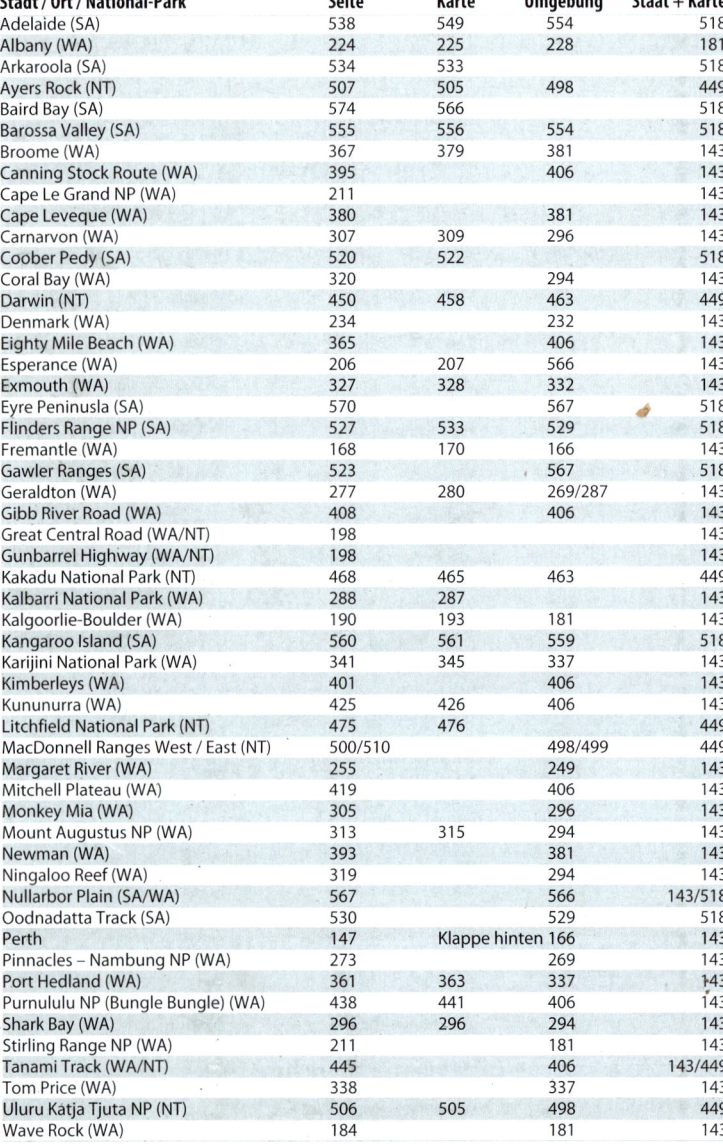

Stadt / Ort / National-Park	Seite	Karte	Umgebung	Staat + Karte
Adelaide (SA)	538	549	554	518
Albany (WA)	224	225	228	181
Arkaroola (SA)	534	533		518
Ayers Rock (NT)	507	505	498	449
Baird Bay (SA)	574	566		518
Barossa Valley (SA)	555	556	554	518
Broome (WA)	367	379	381	143
Canning Stock Route (WA)	395		406	143
Cape Le Grand NP (WA)	211			143
Cape Leveque (WA)	380		381	143
Carnarvon (WA)	307	309	296	143
Coober Pedy (SA)	520	522		518
Coral Bay (WA)	320		294	143
Darwin (NT)	450	458	463	449
Denmark (WA)	234		232	143
Eighty Mile Beach (WA)	365		406	143
Esperance (WA)	206	207	566	143
Exmouth (WA)	327	328	332	143
Eyre Peninusla (SA)	570		567	518
Flinders Range NP (SA)	527	533	529	518
Fremantle (WA)	168	170	166	143
Gawler Ranges (SA)	523		567	518
Geraldton (WA)	277	280	269/287	143
Gibb River Road (WA)	408		406	143
Great Central Road (WA/NT)	198			143
Gunbarrel Highway (WA/NT)	198			143
Kakadu National Park (NT)	468	465	463	449
Kalbarri National Park (WA)	288	287		143
Kalgoorlie-Boulder (WA)	190	193	181	143
Kangaroo Island (SA)	560	561	559	518
Karijini National Park (WA)	341	345	337	143
Kimberleys (WA)	401		406	143
Kununurra (WA)	425	426	406	143
Litchfield National Park (NT)	475	476		449
MacDonnell Ranges West / East (NT)	500/510		498/499	449
Margaret River (WA)	255		249	143
Mitchell Plateau (WA)	419		406	143
Monkey Mia (WA)	305		296	143
Mount Augustus NP (WA)	313	315	294	143
Newman (WA)	393		381	143
Ningaloo Reef (WA)	319		294	143
Nullarbor Plain (SA/WA)	567		566	143/518
Oodnadatta Track (SA)	530		529	518
Perth	147	Klappe hinten	166	143
Pinnacles – Nambung NP (WA)	273		269	143
Port Hedland (WA)	361	363	337	143
Purnululu NP (Bungle Bungle) (WA)	438	441	406	143
Shark Bay (WA)	296	296	294	143
Stirling Range NP (WA)	211		181	143
Tanami Track (WA/NT)	445		406	143/449
Tom Price (WA)	338		337	143
Uluru Katja Tjuta NP (NT)	506	505	498	449
Wave Rock (WA)	184		181	143